기업
지배
구조법

CORPORATE GOVERNANCE LAW

기업 지배 구조법

최완진 지음

HU:iNE

개정판 서문

「기업지배구조법 강의」 교재를 발간한 지 벌써 만 4년 6개월이 지났다. 「기업지배구조법 강의」는 기업지배구조에 관한 전반적인 문제를 총론과 각론으로 나누어 집필함으로써 기업법 분야에서 기업의 지배구조 문제가 우리 사회에서 얼마나 중요한 과제로 다루어져야 하는가 하는 문제의식을 제기하였는데 독자들의 호평을 받아 다행으로 생각한다.

「기업지배구조법 강의」를 출간한 후 우리 회사법 분야에서는 여러 가지 커다란 변화가 있었다. 먼저 2011년 3월 11일 국회를 통과한 「상법 회사편 개정안」이 2012년 4월 15일부터 시행되고 있는데, 주지하다시피 2011년 개정 회사법은 건국 이래 최대 규모인 약 250개의 조문에 걸쳐 개정이 이루어졌고, 자유롭고 창의적인 기업경영을 지원하고 투명한 기업경영으로 공정사회를 구현하여 국제 기준에 맞게 회사 제도를 선진화하여 글로벌 경쟁력을 강화했다는 점에서 평가할만한 일이었다. 즉 기업경영의 투명성과 효율성을 높이기 위해 자금 및 회계 관련 규정을 정비하고 정보 통신 기술을 활용하여 주식·사채의 전자등록제를 도입하고 합자조합과 유한책임회사 등 다양한 기업형태를 도입함으로써 국제적 기준에 부합하는 회사법제로 재편하였다. 그리고 이사의 자기거래 승인 대상 범위를 확대하고 이사의 회사기회 유용금지 조항을 신설하여 기업경영의 투명성을 높임으로써 활발한 투자 여건을 조성하고 급변하는 기업경영환경에 기업이 적절히 대응할 수 있는 법적 기반을 마련하였다.

2014년에는 무기명주식을 폐지하는 상법 개정이 있었고 이어서 2015년 11월 12일 「상법 회사편 개정안」이 국회 본회의를 통과하여 2016년 3월 2일부터 기업의 인수·합병 활성화를 위한 개정상법이 시행되고 있다. 법무부는 법안의 개정이유로 "기업 인수·합병 시장의 확대 및 경제활성화를 도모하기 위하여 기업의 원활한 구조 조정 및 투자 활동이 가능하도록 다양한 형태의 기업 인수·합병 방식을 도입하는 한편, 반대주주의 주식매수청구권 제도를 정비하는 등 현행 제도의 운영상 나타난 일부 미비점을 개선 · 보완하려는 것"이라고 밝혔다.

2015년 개정상법의 주요 내용을 살펴보면 다음과 같다.

첫째, 삼각분할합병 · 삼각주식교환을 도입하여 다양한 기업 인수 · 합병 수단을 마련하였다. 이것은 2011년 개정상법이 도입한 삼각합병과 더불어 삼각분할합병, 삼각주식교환, 역삼각합병 등 소위 '삼각 조직개편'이 제도화 된 것으로 볼 수 있다.

둘째, '간이영업양수도' 제도를 도입하여 영업양도, 양수, 임대 등의 행위를 하려는 회사의 총주주의 동의가 있거나, 주식 90퍼센트 이상을 그 거래의 상대방 회사가 소유하고 있는 경우에는 그 행위를 하려는 회사의 주주총회 승인은 이사회의 승인으로 갈음할 수 있도록 하였다.

셋째, 이사회 결의만으로 승인 가능한 '소규모주식교환'의 범위를 소규모합병의 요건과 동일하게, 주식교환의 대가로 신주를 발행하는 때에는 '발행주식 총수의 100분의 10 이하인 경우'로 하고, 주식 이외의 재산을 교부하는 때에는 '순자산액의 100분의 5 이하인 경우'로 확대하였다.

넷째, 무의결권 주주도 주식매수청구권을 행사할 수 있음을 명문으로 규정하고, 주식매수청구권이 인정되는 경우에는 무의결권 주주에게도 주주총회 소집을 통지하도록 규정하였다.

다섯째, 주주총회의 특별결의에 대한 반대주주의 주식매수청구권 행사시 회사의 매수의무 발생시점을 '주주로부터 매수청구를 받은 날'에서 '주주총회 결의일로부터 20일이 경과한 날'로부터 기산하도록 일원화 하였다.

여섯째, 회사의 분할 시 분할하는 해당 회사를 분할회사로, 분할을 통하여 새로 설립되는 회사를 단순분할신설회사로, 분할흡수합병의 존속회사를 분할승계회사로, 분할신설합병으로 새로 설립되는 회사를 분할합병신설회사로 용어를 명확하게 정비하고, 분할 시 자기주식의 이전을 허용하는 등 회사 분할 관련 제도를 정비하였다.

이번에 새로 출간하는 「기업지배구조법」은 과거에 개정안으로 머물러 있다 새롭게 개정된 회사법의 내용과 그동안 새롭게 형성된 회사법의 흐름을 반영하여 집필하였다. 따라서 책 이름도 종전의 「기업지배구조법 강의」에서 「기업지배구조법」으로 바꾸고, 개정 회사법의 내용에 맞추어 총론과 각론의 일부 내용을 수정하였으며, 특히 제2편 각론 부분은 종전 총 10장으로 편제되어 수록되었던 10편의 논문 중에서 1편을 삭제하고 새로운 논문 6편을 추가하여 총 15장의 편제로 새롭게 구성하였다. 특히 최근 많은 관심과 논란이 집중되었던 시사성 있는 논문으로 "임원의 보수에 관한 규제 방향", "사외이사제도의 문제점과 개선방안", "준법지원인 제도에 관한 법적 고찰", "경영판단의 원칙의 재조명", "기업구조조정의 바람직한 방향", "기업지배구조 상법개정안에 관한 종합적 검토" 부분을 새롭게 추가하였다. 아울러 부록에는 「2015년 M&A 관련 개정상법의 입법과정과 주요 내용」을 추가로 수록하여 독자들의 이해를 돕도록 하였다.

이제 본인은 교단생활 38년을 정리할 시점으로 접어들고 있다. 그동안 저자의 오늘이 있기 까지 본인의 연구 생활을 헌신적으로 지원해 준 나의 가족들, 특히 백세를 눈앞에 두고 계신 존경하는 나의 어머니 靜谷 방숙자 여사와 사랑하는 나의 아내 小井 오미영 교수와 함께 출간의 기쁨을 나누고자 한다.

또한 본인의 연구와 학문 활동을 물심양면으로 지원해 주고 있는 사랑하는 나의 모교 한국외국어대학교 당국에도 무한한 감사의 뜻을 표하는 바이다.

끝으로 이 자리를 빌려 이 책을 엮어 내는데 있어 원고 교정과 색인 작성에 수고한 한국외대 법학전문대학원에 재학 중인 이정호, 이우진 군과 연구실 조교 노재성 군, 그리고 편집의 세세한 부분까지 성심성의껏 신경을 써 준 한국외국어대학교 지식출판원 신선호 팀장을 비롯한 관계자 분들의 헌신적인 노력에 감사의 뜻을 표하고 싶다.

2016년 3월
한국외국어대학교 법학관 연구실에서
저자 씀

초판 서문

상법학을 강의한지 어느덧 30년의 세월이 흘러갔다. 회고해 보면 그동안 나의 주요 관심·연구 분야는 상법 중에서도 회사법, 그중에서도 특히 기업의 지배구조와 자본조달에 중점을 두어왔다고 할 수 있다.

자본조달 부분은 석사·박사 학위 논문의 주요테마가 되었고, 지배구조분야는 회사법을 강의하면서 그 중요성에 대한 인식이 깊어졌다고 할 수 있다. 특히, 기업의 지배구조분야는 1997년 IMF체제를 겪으면서 회사법연구의 핵심과제로 부각되었다.

주식회사의 지배구조는 주주·경영자·채권자·근로자·소비자·지역주민 등 기업의 이해관계자들 간의 이해관계를 조정하는 메커니즘, 즉 각 집단의 권한, 책임 등을 규율하는 제도적 장치와 운영체계를 말한다. 오늘날 기업지배구조는 현대기업의 운영에 있어 매우 중요한 과제로 부각되고 있으며 최근에 들어서는 전세계의 투자자, 정부, 그리고 규제기관들의 최우선적인 과제로 다루어지고 있다. 기업지배구조가 가장 이상적인 방향으로 정립되어 잘 다듬어지고 보완된다면 기업경영을 둘러싼 분쟁과 어려움도 해소되고 기업법이 원래 의도한 방향에 맞춰 경영과 관련된 모든 문제들이 원만하게 해결될 수 있다고 생각된다.

한 걸음 더 나아간다면 지배구조문제는 기업뿐 아니라 우리의 삶을 둘러싼 가정·학교·지역사회·국가 등 모든 영역에서 중요한 화두로 떠오를 수 있다고 본다. 가정의 지배구조가 제대로 돌아가야 가정이 화목할 수 있고, 대학의 지배구조가 정립될 때 학생, 교수, 직원 간의 원만한 관계가 유지되고 학교발전을 기대할 수 있을 것이며, 지역사회의 지배구조문제가 잘 해결될 때, 지역구성원 간의 이기주의와 마찰이 해소될 수 있다고 본다. 국가 경영의 면을 보더라도 입법·사법·행정부가 각자의 직분과 위치를 지키며 각 영역에서 가장 바람직하고 이상적인 지배구조를 형성할 때 국가발전이 기약될 수 있다고 본다. 이렇듯 기업의 지배구조문제는 기업에 국한되지 않고, 우리의 삶의 모든 영역에서 응용되어 삶의 질을 향상시키고 건강한 사회를 지향하며 국가사회 발전의 원동력이 되고 그 시사점과 방향을 제시할 수 있다고 생각된다.

기업의 가장 이상적인 지배구조와 그에 따른 원활한 자금조달 문제는 인간의 신체조건과 혈액순환에 비유할 수 있다고 본다. 본인은 평소 강의실에서 인간이 제대로 된 사회생활을 유지하려면, 건강한 신체조건 속에서 원활한 혈액순환이 이루어져야 우리 몸이 생기를 찾을 수 있는 것과 마찬가지로 기업이 그 본래의 목적을 달성하기 위해서는 지배구조가 제대로 형성·작동되고, 자금조달이 원활하게 이루어져야 한다고 강조하였다. 이런 관점에서 지배구조와 자본조달의 문제는 우리상법의 필수 연구 주제로서 가장 핵심적인 분야로 자리잡게 되었다고 할 수 있다. 현재 기업지배구조의 개선을 요구하는 국내·외의 기업환경을 고려할 때 합리적이고 올바른 기업지배구조의 정착과 운영문제는 우리 모두에게 매우 중요한 과제라고 생각된다.

저자는 이런 점에 착안하여 기업의 지배구조와 자금조달문제를 중심으로 상법학 연구의 방향을 정립하였고 이 책자는 기업의 지배구조문제를 둘러싼 그 간의 연구와 평소의 생각을 정리하는 의미가 있다고 생각한다.

본서는 총론에서 기업지배구조 일반론, 주요선진국의 기업지배구조, 한국의 기업지배구조의 특색, 주주와 기업지배구조, 이사회와 기업지배구조, 감독기관과 기업지배구조, 시장기능과 기업지배구조 등을 먼저 고찰한 후, 각론에서 집행임원제도, 감사제도의 실태, 감사 및 감사위원회의 효율적 운영방안, 전자주주총회, 경영판단의 원칙, 이중대표소송 등 기업지배구조와 관련된 핵심문제를 먼저 서술하고, 자금조달제도와 관련한 무액면주식제도, 종류주식의 다양화 및 그밖에 시사성 있는 주제인 포이즌 필 제도, 증권집단소송제도 등을 차례로 수록하였다. 각론 부분은 본인이 그동안 지배구조와 관련하여 집필한 많은 논문 중에서 중요논문을 발췌한 것이다.

한편 우리 상사법학계의 오랜 현안으로 되어있던 상법(회사편) 개정안이 2011년 3월 11일, 6년 만에 국회를 통과하여 2011년 4월 14일 공포, 2012년 4월 15일부터 시행하게 되었다. 개정회사법은 자유롭고 창의로운 기업 경영을 지원하고 투명한 기업경영으로 공정사회를 구현하여 국제기준에 맞게 회사제도를 선진화하여 글로벌 경쟁력을 강화하는데 그 취지가 있다. 본 저서에 수록된 논문 중에는 개정상법이 통과되기 전, 상법개정안을 중심으로 집필된 것도 있다. 이 논문들은 회사법 개정방향을 제시한 바 있는데, 그 내용들 중 상당부분이 그대로 수용되어 개정상법에 반영되었다. 독자들의 편의를 위하여 부록으로 2010년 상법총칙·상행위 편의 주요 개정내용과 2011년 개정회사법의 주요 내용을 수록하였으니 참조하기 바란다.

상법은 시대의 변화에 따라 끊임없이 바뀌어져야 한다. 특히 기업의 지배구조는 글로벌 스탠다드에 맞도록 계속적인 관심과 연구를 통하여 꾸준히 개정작업을 계속해 나아가야 할 것이다.

이 책을 엮어 내는데 있어 원고정리와 교정에는 현재 본인의 지도로 한국외국어대학교대학원 박사과정을 수료한 박한성 군과 석사과정에 재학 중인 정재진 군의 노고가 컸음을 밝히며 이 자리를 빌어서 진심으로 감사의 뜻을 표하는 바이다.

끝으로 이 책이 상법을 연구하는 학도들에게 다소나마 보탬이 되기를 기대하면서 미흡하거나 다시 정리할 필요가 있는 부분은 앞으로도 계속 보완하고 수정해 나갈 것을 다짐한다.

2011년 7월

한국외국어대학교 법학관 연구실에서

저자 씀

목 차

제1편 총론

제2편 각론

부록

CORPORATE GOVERNANCE LAW

제 1 편
총론

제1장 기업지배구조 일반론

제2장 주요선진국의 기업지배구조

제3장 한국의 기업지배구조의 특색

제4장 주주와 기업지배구조

제5장 이사회와 기업지배구조

제6장 감독기관과 기업지배구조

제7장 시장기능과 기업지배구조

제1장 기업지배구조 일반론

기업지배구조는 현대기업의 운영에 있어 중요한 과제로 부각되고 있으며, 최근에 들어서는 전 세계의 투자자, 정부, 그리고 규제 기관들의 최우선적인 과제로 다루어지고 있다. 우리나라는 지난 1997년 외환위기를 겪은 후 기업지배구조의 중요성을 새롭게 인식하고 제도개선에 박차를 가해왔다. 현재 기업지배구조의 개선을 요구하는 국내외 경영환경을 고려하면, 합리적이고 올바른 기업지배구조의 운영과 정착이 매우 시급하다 할 것이다.

주식회사의 지배구조에 관한 문제는 세계 각국이 가장 활발하게 논의하고 있는 회사법의 핵심과제 중의 하나이다. 현대 주식회사법은 소유와 경영의 분리로 인하여 실질적인 기업 소유자인 주주는 회사의 경영에 직접 참여하지 않고 그 이익을 대표하는 경영관리기구에 회사의 경영과 관리를 위임하고 있다.

따라서 회사지배구조는 건전하고 효과적인 기업경영을 가능하게 하도록 경영관리구조를 재편성하고 경영진에 맡겨진 경영권이 적절하게 행사되고 있는가를 감시하여 주주의 이익을 도모하고 동시에 주식회사가 그 사회적 책임을 다 할 수 있도록 하는 문제가 그 중심이 된다고 볼 수 있다.

즉 회사지배구조란 이해관계자들의 지위를 최대한 보호하면서 동시에 본래의 목적인 회사의 영리활동을 가장 효율적으로 수행할 수 있도록 하기 위한 회사 이해관계자 간의 권한과 책임의 분배문제에 관한 논의라고 할 수 있다.

기업지배구조 개선의 궁극적인 목적은 기업경영의 투명성, 주주에 대한 공정성, 경영의 효율성 및 경영에 대한 책임성의 강화를 통하여 기업의 경쟁력을 제고하여 기업이 시장에서 생존할 수 있도록 기업가치를 제고하고 투자자들에 대하여 회사의 가치를 극대화하는 것이라고 할 수 있다. 현실적인 기업지배구조는 각국의 경제 및 법률체제에서 비롯된 관례, 전통, 행동패턴으로 인하여 특정한 모델을 설정하거나 강요할 수 없다. 우리나라에 가장 적합한 기업지배구조는 우리나라의 사회경제적 기반과 우리 기업의 적응가능성을 고려하여 우리 토양에 맞게 설정되어야 할 것이다.

I. 기업지배구조의 개념

회사의 지배구조(Corporate Governance)는 넓은 의미로는 주주, 경영자, 채권자, 근로자, 소비자, 지역주민 등 기업의 이해관계자들 간의 이해관계를 조정하는 메커니즘 즉, 이들 각 집단의 권한, 책임 등을 규율하는 제도적 장치와 운용체계를 말한다. 좁은 의미로는 기업지배구조는 기업의 소유와 경영의 분리로 인하여 발생하는 주주와 경영자 간의 이해상충 즉, 경제학에서 말하는 대리인 문제(agency problem)로 축소될 수 있다. 어떠한 의미로 이해하건 기업지배구조는 소유구조에 기초하여 경영권을 행사하고 이를 감시. 감독하는 제도적 장치와 그 운용체계로서, 기업의 효율성과 경쟁력을 결정짓는 가장 중요한 요소라고 할 수 있다.

즉, 효과적이고 건전한 기업경영을 가능하게 하도록 경영관리 구조를 재편성하고 경영진에 맡겨진 경영권이 적절하게 행사되고 있는가를 감시하여 실질적인 기업소유자인 주주의 이익을 도모하면서 동시에 주식회사가 그 사회적 책임을 다할 수 있는가의 문제로 귀착된다. 이러한 지배구조의 개념은 논자에 따라 다양하게 사용되는바, 기업실무적인 과정에서 보면, 기업지배구조는 최고경영진과 이사회간의 관계, 주주와 이사회간의 관계, 회사와 주주 및 임직원들 간의 관계, 회사와 자본시장간의 관계, 회사와 사회 및 국가 간의 관계 등과 같은 제반 측면을 최적의 상태로 정비함으로써 기업경영의 효율을 높이고 기업가치를 제고하며 분쟁을 방지하게 하는 지식과 경험의 체계라고 정의할 수 있다.

Ⅱ. 기업지배구조의 중요성

1. 기업지배구조와 효율성

무한경쟁시대에서 기업이 생존하기 위해서는 훌륭한 경영 성과를 달성하여야만 한다. 기업의 성과에 영향을 미치는 요소는 생산성, 기술개발, 조직구성, 전략개발 등 다양하며 이들 요소는 유기적으로 결합되어 있다. 기업지배구조 또한 기업의 효율성과 긴밀한 연관성을 가지면서 기업의 성과에 중요한 영향을 미친다. 경제학계에서는 기업지배구조가 기업의 성과에 미치는 영향에 대한 실증적 연구를 통하여 이를 검증하여 왔고, 이러한 실증적 연구들은 지배구조 등급과 기업가치 간에 양(+)의 상관관계가 있고 지배구조 등급과 자본비용 간에는 음(-)의 관계가 있다는 결론을 도출하였다. 지배구조가 좋은 기업을 매수하고, 지배구조가 취약한 기업을 매도하는 투자전략은 초과수익을 발생시킨다는 사실이 입증되었고, 주주권의 보호가 강한 기업의 주식을 매수하고, 주주권의 보호가 약한 기업의 주식을 매도하는 투자전략은 초과 수익을 얻을 수 있는 반면에, 주주권의 보호가 약한 기업은 수익성과 매출액의 성장률이 감소하고, 자본비용이 높아지며, 기업인수의 가능성이 상승하는 결과가 나타나게 된다.

2. 기업지배구조의 경쟁력

기업이 지속적으로 경쟁력을 유지하기 위해서는 기술력과 설비투자의 활성화가 전제되어야 한다. 기업의 원활한 자금조달을 위해서는 자본시장이 활성화되어야만 한다. 은행은 그 특성상 위험회피적인 이익구조를 가지고 있어 고위험·고수익의 특성을 지닌 기업에 자금을 공급하기에는 적합하지 않기 때문이다. 그리고 원활한 자금조달에 필요한 자본시장이 발달하기 위해서는 정보에 있어 상대적 열위에 있는 투자자에 대한 보호가 확립되어야 한다. 투자자가 지배주주나 경영진의 사익추구로부터 보호받을 수 있어야 투자자는 안심하고 주식시장에 참여할 수 있고 건전한 자본시장이 발전할 수 있다. 그러므로 투자자 보호는 자본시장 발전의 핵심이며, 지배구조의 개선은 투자자 보호를 위한 기본적인 메커니즘이라고 할 수 있다.

Ⅲ. 기업지배구조의 분류

주식회사제도는 기업에 자금을 제공하고 그것을 소유하고 있는 주주와 경영의 중요한 의사결정을 내리는 경영자를 분리하여 분업에 의한 전문성과 효율성을 극대화하기 위하여 운영되는 조직이다.

주주와 경영진의 이해관계가 일치하는 경우 앞에서 언급한 대리인비용은 발생하지 않고 분업에 의한 효율성 증진을 통해 최선의 결과(first-best outcome)를 가져올 수 있다. 그러나 주주가 경영자에게 경영을 위임하고 경영자와 주주의 이해가 일치되지 않으면 정보의 비대칭성(information asymmetry)이 존재하는 경우 대리인 문제가 발생한다.

기업의 지배구조는 소유와 경영의 분리로 인해 발생하는 대리인비용을 효과적으로 통제하여 기업의 경영목표를 설정하고 그 경영목표가 이행되도록 규율하는 메커니즘으로 내부지배구조와 외부지배구조로 나눌 수 있다.

1. 기업의 내부지배구조

기업의 내부지배구조는 기업 내부에 존재하여 경영자를 효과적으로 감시하고 규율하기 위해 이용되는 통제장치를 말하고, 사외이사를 포함한 이사회, 경영진이 보유한 내부지분(insider ownership), 급여체계 등이 해당되며 외부통제장치로는 기업 외부에 존재하는 기관투자자, 외부대주주 등 주식소유자에 의한 감독과 경영자노동시장, 기업경영권시장, 상품시장 등이 존재한다. 이외에도 기업의 재무구조나 배당 또한 대리인비용을 통제하고 기업가치를 극대화하는 도구로 사용된다.

대리인비용은 기업의 성과에 영향을 미칠 뿐 아니라, 경제 전체의 생산성을 저하시킬 가능성이 있으므로 효과적인 대리인비용의 통제는 매우 중요한 문제이다. 특히 소유와 경영이 집중되어 있고 그에 비해 소유와 통제는 상당히 분리되어 있는 우리나라 기업집단체제하에서는 소유경영자의 의사결정에 대한 감시와 규율이 실제적으로 이루어지기 어려운 현실이다. 이러한 관점에서 효과적인 대리인비용의 통제를 개별 기업의 문제로만 다루기는 어려운 것이다.

2. 기업의 외부지배구조

기업의 외부지배구조는 기업의 내부자가 아닌 외부이해관계자에 의한 통제장치로 자본시장에 의한 규율, 기업경영권시장, 기관투자자에 의한 감시 및 감독, 경영자노동시장 등이 이에 해당한다.

지배구조는 다양한 통제장치가 시스템으로 작용하는 메커니즘이므로 지배구조를 구성하는 통제장치들 간의 상호관계를 이해하는 것이 매우 중요한 문제가 된다. 외환위기 이후 도입된 여러 통제장치와 기업성과 및 기업가치 간의 관계에 대한 선행연구들은 개별통제장치만 분석의 대상으로 고려하여 지배구조들 간의 상호관계와 전체 시스템이 기업성과에 미치는 영향에 대한 연구는 거의 없는 것이 현실이다. 개별 지배구조의 기업성과에 대한 영향은 다른 지배구조와 연관되어 나타나므로 전체 시스템을 고려하지 않고 개별 기업통제장치의 효과를 분석하는 것은 오도된 결과로 나타날 가능성이 많다. 따라서 개별 기업지배구조의 기업성과를 분석하는데 있어서는 기업의 외부구조와 관련된 요소를 정확히 이해하고, 각 통제장치들이 직·간접적으로 연결되어 있다는 점에 착안하여 전체 시스템을 고려하여 판단하여야 한다.

제 2 장 주요선진국의 기업지배구조

기업지배구조에 관한 논의는 사실상 주식회사가 등장하면서부터 시작되었다고 보아도 과언이 아니다. 다수의 사람들로부터 자금을 조달하여 대규모 기업을 설립함에 따라 소유와 경영의 분리문제가 제기되면서 기업지배구조 문제의 발생은 필연적이었다고 할 수 있다. 주요국들의 기업지배구조는 소유구조와 자본시장의 발달정도에 따라 많은 차이를 보이고 있다. 미국과 영국의 경우 자본시장이 고도로 발달되어 있고 이를 바탕으로 광범위하게 주식의 소유분산이 이루어진 가운데 소유와 경영이 분리된 전문경영인체제가 형성되어 왔다. 한편, 일본, 독일의 경우 자본시장의 발달은 상대적으로 취약하고, 기업 간 상호출자와 장기의 안정적 주주들이 많은 가운데, 소유와 경영이 분리된 전문경영인체제를 형성하고 있다. 아래에서는 주요선진국의 기업지배구조에 대해 살펴보겠다.

I. 미국

20세기 초반까지 미국의 기업소유구조는 다른 나라들과 별다른 차이가 없었다. 거대한 금융기관과 재벌 가문이 미국의 거대 성장기업의 지분 중 큰 부분을 차지하고 있었다. 이들은 이것을 기반으로 기업의 경영진을 모니터링하고 선택하고 교체하면서 기업의 방향을 결정하고 있었다. 미국에서 기업지배구조에 대한 관심은 1912년에 시작된 연방의회의 푸조위원회 조사에서 출발한다. 당시 막강한 금융자본의 산업지배와 그로 인한 폐해가 제기되어 모건(J.P. Morgan) 일가가 의회의 청문회에 출석하기에 이르렀는데 기업지배구조를 연구하는 전문가들은 모건 부자가 의회에 출석하는 장면을 담은 사진을 기업지배구조 연구의 효시를 상징적으로 보여주는 표지로 꼽고 푸조위원회의 조사는 1914년 크레이튼법(Clayton Act)의 제정으로 이루어 졌다. 또한 1930년대에 들어서 미국 주요기업들의 지분은 광범위하게 분산되고, 이들 기업은 전문경영인에 의해 지배되었다. 즉, 20세기 초의 기업은 오너의 수단이었고, 그들 인격의 표현이었다. 2004년 미국의 200대 상장기업 중에서 포드자동차를 제외하고는 오너 가족이 대기업을 지배하고 있는 경우는 찾을 수 없다.

한편, 2001년 12월 2일 미국에서는 이른바 신경제의 총아로 각광받던 시가총액 기준 미국 7대 기업 엔론(Enron)이 우리 돈으로 약 48조 원의 부채를 지고 파산신청을 하게 되어 기업지배구조는 다시 한 번 전국적인 관심을 끌게 되었다. 엔론 사태는 미국 역사상 최대 규모의 기업파산 사건으로서 소유와 경영이 분리된 미국 대기업들이 안고 있는 경영자통제 문제의 전형을 적나라하게 보여주었고 각종 불법 내부거래가 낱낱이 밝혀졌다. 3천 개가 넘는 조세피난처의 페이퍼 컴패니들을 통해 이루어진 복잡한 외부거래들이 그를 상징한다. 수많은 투자자들이 손실을 입었으며 엔론 사건과 거의 동시에 발생한 일련의 회계부정, 기업 내부거래 사건들로 인해 미국의 자본주의를 지탱해 온 시장 시스템은 국민들로부터 전반적인 신뢰를 상실하게 되었다. 월드컴(worldcom)도 2002년 사상 최대 규모 회계부정 사건에 연루되었는데 이 회사의 CEO는 이사회를 명목상의 기구로 전락시키고 황제적 지위에 올라 회사의 재산을 거의 개인 재산과 같이 운영하고 회계분식으로 그를 은폐하였다. 이 회사의 CEO는 회사로부터 약 4억 불의 차입을 하였고, 회사가 그 이자비용을 지원하였으며 이 자금은 그들의 심복들을 위해 임의로 사용되었다. 회계개혁법(sarbanes-Oxley Act of 2002)은 이러한 배경에서 등장하였다.

미국에서는 각주의 회사법에 준거하여 주식회사가 설립되기 때문에 그 경영관리기구도 당연히 주회사법에 의해 규제되고 있다. 다수의 주회사법은 미국법률가협회(ABA)가 작성한 모범사업회사법에 의거하여 제정되고 있으므로 미국의 회사업무집행체제는 공통된 특징이 있는데, 그것은 이사회가 회사의 업무집행에 관한 일반적 권한을 가지는 것이다. 그러나 실제의 업무집행행위는 이사회가 임명한 사장, 부사장, 재무이사 등의 집행임원에게 위임되고 이러한 이사회제도는 각주의 회사법이 규정하는 것이지만 회사법상 이사의 권한과 의무에 관하여는 전혀 규정하고 있지 않다. 그것은 통상 회사의 부속정관과 이사회의 결의로 규정되고 있으며 원칙적으로는 사장이 최고 집행임원으로서 업무집행임원들의 업무집행활동을 총괄한다.

경영관리기구는 이사와 임원이 분리되어 있으며, 이사회와 별개로 독립된 감사제도는 두지 않고 이사회에서 업무집행기능과 감독기능을 통합하여 운영하는 일원적 경영관리구조를 가지고 있다. 최근에는 이사회의 기능이 세분화되어 업무집행 등에 대한 의사결정은 집행위원회에 맡기고, 이사회는 업무집행감독기능만을 하는 것으로 변화하고 있다. 미국의 경영기구는 경영집행자인 CEO를 중심으로 한 경영집행진과 경영집행자를 보좌하고 감독하는 외부인들로 구성된 이사회가 분리되는 체제를 지니고 있다. 이사는 외부적인 advisor에 불과하고 당해 사무의 전문가도 아니다. 즉, 제3자적 입장에서 경영진이 제시한 사업계획에 대하여 일반적이고 상식적인 질문을 하여 필요한 정보를 입수하고 오류나 모순은 없는지, 절차가 제대로 진행되었는지를 검토하는 것이 그의 임무이다.

Ⅱ. 영국

영국의 지배구조가 속한 앵글로색슨 모형에서 소유자는 '주주'에 국한된다. 종업원들이나 장기적 거래관계를 맺고 있는 납품업자 등은 소유권을 인정받지 못하고, 그 결과 이사회에 자신들의 이익을 대변해 줄 대표자들을 이사로 파견하지도 못한다. 주주들의 분포를 보면 개인 주주들보다 기관투자가들의 지분이 높다. 이들의 지분은 1960년대부터 꾸준히 증가하여 1994년에는 주식시장에서 거래되는 전체지분의 59.8%에 이르렀다. 주로 미국계인 외국 기관투자가들의 지분까지 합치면 그 지분은 76.1%에 달한다. 주주들이 경영자들을 평가하는 기준은 지급 받은 배당금과 주식의 시세차익의 합이다. 이 합이 높을수록 기존의 경영진은 재신임될 가능성이 높다. 주주들이 경영진을 통제하는 것은 주주총회, 이사회, 적대적 인수합병 등을 들 수 있다.

또한, 정부 및 시장 관계에서 영국은 '민간주도'의 전통 혹은 '민간자율규제'의 전통을 가지고 있다. 역사적으로 보아 영국은 정부가 시장에 개입하면서 시장의 자율성이 축소된다는 이념이 강했기 때문에, 가능하면 정부의 시장개입을 차단하려고 하였다. 여기서 말하는 시장은 금융계와 산업계를 말하는데, 이들은 문제가 발생하면 정부가 개입하기 전에 스스로 해결하려고 하였다. 이러한 정부와 시장의 관계는 민주화 및 산업화의 역사 속에서 형성되었다. 일찍부터 영국은 왕의 권력이 귀족들과 부르주와들에 의해 견제되었기 때문에, 금융계는 국가로부터 독립되어 있었다. 오히려 금융계 세력들이 왕실 즉 국가재정에 영향력을 행사해왔다. 또한 영국의 산업혁명은 소규모 자금으로 가능한 면직공업으로 출발하였기 때문에 기업들이 독립적이었고, 정부의 개입에 반대하였다.

금융 및 산업 관계에서 영국은 '금융우위'의 전통을 가지고 있다. 산업혁명 초기에는 금융과 산업이 분리되어 있었지만, 20세기에 들어오면서 양 부문은 통합되기 시작하였다. 미국과 독일의 대기업들과 경쟁하기 위해 영국기업들이 합병을 하면서 대자본이 요구되자 금융계로부터 산업계로 막대한 자금이 유입되었고 이로 인해 산업계에 대한 금융계의 영향력이 확대되었다. 이때부터 경제정책들은 대부분 금융계의 이익을 옹호하게 되었는데, 이 추세는 대처정권에서 절정에 이르렀다. 이러한 관계 때문에 기업지배구조 분야에서는 금융계가 주요 기관투자가들로서 경영자들을 강하게 감독할 수 있었다.

국내 및 국제경제 관계에서 영국경제는 17세기 이래 국제적 영향력을 행사해왔다. 영국은 최초로 산업혁명을 이룩하여 19세기에 자본을 축적하고, 이것을 대부분 외국 정부가 발행하는 국공채에 투자하였다. 그 결과 영국은 다른 나라들에 대하여 막강한 영향력을 행사하고 있다. 또한 영국은 미국과 더불어 각종 국제기준 설정에서도 주도권을 행사하고 있다. 기업지배구조 제도와 관련해서도 영국은 모범규준을 활발히 설정하고 그것들을 국제기준으로 만들려고 노력하고 있다.

Ⅲ. 독일

미국과 비교하여 독일의 지배구조의 특징은 주주뿐 아니라 종업원과 채권자 등 여타 이해관계자를 중시하고 있고, 이러한 이해관계자 지배구조의 특징은 공동결정으로 집약되는 노동자의 경영참여를 통해 잘 나타난다. 독일 기업들은 이중 이사회-경영이사회와 감독이사회-제도를 시행하고 있다. 이해관계자 중에서도 채권자이자 지배주주인 은행과 보험사 등 금융기관들이 상호출자를 통해 기업의 지분을 갖고 있고 이들이 이사회에 참여해 기업경영에 강한 영향력을 행사하고 있다. 때문에 이들의 뜻을 거스르는 적대적 인수합병은 실질적으로 가능하지 않으며, 따라서 장기적 투자자 중심으로 운영되는 것이 특징이다.

이러한 독일식 기업지배구조는 역사적이고 정치적인 산물이다. 독일 기업지배구조는 복지국가의 건설을 위해 노-사-정 대타협의 이론적 기반이 되는 조합주의(Corporatism)의 영향을 많이 받았다. 조합주의적 기업지배구조의 특징은 주주보다는 이해관계자를 중시하고, 이해관계자 중에서도 특히 노동조합의 역할을 인정하는 것이다. 이러한 노동자 중심주의는 이중(二重)이사회 제도에 반영되어 있다. 1976년에 도입된 공동결정(Co-Determination)제에 의하면, 2,000명 이상을 고용하는 대규모 기업은 의무적으로 감독위원회에 노동자 대표가 절반을 차지하도록 되어 있다. 그중에서 두 자리는 반드시 노조 대표자들에게 할당되어야 한다. 또한 대부분의 대기업 감독이사회에는 은행(House Banks) 대표자들이 포함되어 있다. 독일 기업이 보유한 장기채무 중 약 80%는 은행 대출로 이루어져 있다.

독일식 기업지배구조의 또 다른 특징은 상호주식보유(Cross-Ownership)이다. 독일에서는 차등의결권이나 의결권 상한제와 같은 유럽 내 다른 국가에서 흔히 나타나는 제도는 보이지 않는다. 독일 최대 보험회사인 알리안츠 AG와 독일 최대은행인 도이체방크는 독일주식회사의 지배주주이다. 도이체방크는 27개 상장기업들의 25% 이상의 주식을 보유한 거대 기업집단의 핵심회사이다. 알리안츠는 25개, 그리고 VIAG AG와 Dresdner Bank, 뮌헨재보험은 각각 14개 상장기업의 최대 지배주주이다. 이에 따라 도이체방크와 알리안츠 등을 중심으로 하여 독일 상장기업들 간에 일종의 거미줄 같은 상호주식보유 현상이 나타나고 있다. 이 현상은 최근 들어 다소 엷어지기는 했지만 여전히 견고하게 유지되고 있다.

독일의 이해관계자 중심의 지배구조는 중립적이고 보편적인 가치로 받아들여지는 기업회계의 투명성과 관련해서도 미국과 확연한 차이를 보여 주고 있다. 미국의 경우 주주에 대한 배당은 실현이익뿐 아니라 납입자본을 재원으로 하는 것이 가능하다. 말하자면 배당에 관한 한 규제가 엄격하지 않는 주주 중심적 특성을 보여 주고 있다. 반면, 독일의 경우 상법에 의해 채권자 및 종업원을 포함한 이해관계자를 보호하기 위해 보수적인 회계원칙을 채택하고 있다. 가령 납입자본을 배당의 재원으로 사용하는 경우에는 주주배당에 앞서 모든 채권자에 대해 채무가 완전히 변제되었는지 또는 충분한 담보가 선제적으로 제공되었는지의 전제를 충족해야 한다. 또 투자자산은 일반적으로 저평가하여 취득원가를 기준으로 한다. 다만 시가가 취득원가를 하회하는 경우에는 시가로 평가한다. 다시 말해 미실현 양도손실은 반영하지만 미실현 양도이익은 반영하지 않음으로써 '부풀리지 않는다'는 것이다

1990년대 기업들의 위기사태를 통해서 독일 내부에서도 기업지배구조 개선의 논의가 촉진되어 1998년에 『기업의 통제와 투명성에 관한 법』과 『자본조달용이화법』이 제정되었다. 주식법은 이사회의 정보제공의무를 규정하고 감사회제도와 결산감사인제도의 개선, 주주의 의결권 관련조항의 개선, 자기주식취득의 완화, 스톡옵션제를 채택하는 등의 개정이 있었다. 독일 기업지배구조기준 정부위원회는 2002년 2월 26일 독일 기업지배구조기준을 제정하였는데, 이는 기업투명성을 제고하기 위하여 감사의 기능을 강화하려는 것이다.

Ⅳ. 일본

도쿠가와막부가 지배하던 시기에 미츠이나 스미토모와 같은 상인 가문들이 있기는 하였지만, 일본의 근대적 기업소유 및 지배구조는 산업화가 본격적으로 추진된 메이지유신 이후에 발전하였다. 당시 유신 주도세력은 서구산업국가들을 따라잡기 위해 국영기업들을 설립하고, 서구식 제도들을 수용하였다. 그 규모가 커지게 되면서 정부는 이 기업들의 대부분을 민영화하였는데, 미츠이나 스미토모와 같은 전통적인 상인 가문들과 미츠비시와 같은 신흥 가문들이 이 기업들을 인수하였다. 자이바츠(財閥)라는 명칭이 의미하듯이, 이 기업들의 소유구조는 가문이 계열사들을 지배하는 피라미드 형태를 갖고 있었다. 물론 닛산과 같이 소유가 분산된 기업들도 20세기에 등장하기 시작했다. 1920년대 말 세계를 휩쓴 대공황의 여파로 인해 많은 재벌기업들도 존망의 위기에 놓였다. 이때 미츠이, 스미토모, 미츠비시와 같이 은행을 소유하고 있는 재벌은 생존한 반면, 그렇지 않은 스즈키 가문은 도산하였다. 이 과정에서 은행 자산을 취약한 재벌 계열사들에게 활용하는 데 대한 비판이 고조되었다.

1930년대 군국주의가 득세하면서 군부는 소비에트식 경제정책을 도입하였다. 즉 기업들이 군국주의 목적 달성을 위해 이사회에 군부 대표자를 파견하고 생산량을 지시·감독하는 등의 조치들을 취하였다. 그 결과 주주의 권리는 완전히 무시되었으며 배당도 금지되었다. 1945년 이후 미국의 군정체제하에서 일본 기업의 지배구조는 미국의 영향을 강하게 받았다. 당시 군정 관리들은 대기업에 대한 통제를 강조하는 뉴딜정책에 많은 영향을 받고 있었기 때문에, 그들은 군국주의 하에서 성장했던 재벌들을 해체시키고 지분을 민간에 매각하였다. 대신 지배주주 가족들은 채권으로 보상을 받았다. 그 결과 1952년 대부분의 재벌기업들은 미국, 영국과 마찬가지로 소유가 분산되는 지배구조를 갖게 되었다.

이후 기업들은 적대적 M&A의 위협에 처하게 되었다. 이러한 위협에 대한 기업들의 대응은 지배구조의 개선이 아니라 악화로 귀결되었다. 그 이유는 전문경영인들이 적대적 매수를 노리는 기업 사냥꾼들에 대해 그린 메일(Greenmail)을 제공했기 때문이다. 궁극적으로 그들은 적대적 매수의 근원을 없애기 위해 게이레추(系例) 제도를 도입하였다. 이 제도의 핵심은 우호적인 경영인들이 상호협정을 통해 적대적 매수를 막을 수 있을 정도의 블록을 형성하는 것이다. 1950~60년대 이 제도가 확산됨으로써, 군정체제하에서 등장했던 영미식 지배구조는 일본에 착근하는 데 실패하였다. 따라서 일본의 경우 미국식의 자본시장을 통한 경영감독기능은 오랜 기간 일본 경제의 주요관심사에서 벗어나 있었다. 일본 기업지배구조의 특징은 사내이사들의 비중이 압도적으로 높다는 데 있다. 이는 사외이사들이 대부분인 미국기업들의 이사회와 확연하게 대비된다. 마크 로에 따르면 이러한 구조는 평생고용과 은행 중심의 자본시장에서 기인한다. 일본 기업의 특징 중의 하나인 평생고용제도는 제2차 세계대전 이후 빈번하게 발생한 과격한 노동쟁의를 줄이기 위한 방법이었다. 정부와 자본가들은 노동쟁의를 하는 노동자들을 해고하는 대신, 남아 있는 노동자들에게 애사심을 고양시키고 생산성을 높이기 위해 고용안정을 보장하였다.

은행과 관련해 기업지배구조를 살펴보더라도 일본은행들은 '한 지역 한 은행'이라는 원칙하에 대형화되어 있음을 알 수 있다. 또한 주거래은행(Main Bank) 제도하에서 은행이 대부분의 대기업들의 채권자인 동시에 지배주주였다. 은행은 기업주식의 10%까지 소유할 수 있었으며, 1987년 발효된 반독점법의 개정 이후에는 5%로 줄어들었다. 주거래은행은 사내이사들과 지속적 관계를 유지함으로써 채권자이자 지배주주로서 영향력을 행사해 왔다. 그 외에도 주거래은행은 기업에 다양한 서비스를 제공한다. 자금조달을 위해 채무보증은 물론 증권발행업무 대행 등을 하며, 경영성과가 좋지 않을 경우 이사회에 자문역을 파견하는 방식으로 경영에 직접 참여한다. 일본정부는 기업지배구조의 개혁과정에서 미국 기관투자자들의 압력에도 불구하고 인위적인 기업지배구조의 개혁에 대해 반대하고 있다. 자금조달과 배분의 측면에서 국제화가 필수적인 기업들은 영미형으로, 경쟁력의 원천을 여전히 근로자와 거래기업간의 이해관계 조정에 기반을 두고 있는 전통 제조산업에 속한 기업들은 기존의 경영구조를 부분적으로 수정하면서 변화된 환경에 적응하고 있다. 일본 감사역협회의 조사에 따르면 상장기업 중 영미형으로 전환했거나 전환을 예정하고 있는 기업은 전체의 3.1%에 지나지 않는다. 여기에는 소니, 도시바, 히타치, 오릭스 등 일본의 대표기업들이 포함되어 있다.

V. 프랑스

유럽국가중 프랑스는 시장에 대한 불신과 국가에 대한 의존 심리를 바탕으로 국가주도형 시장경제의 전통을 이어 왔고, 영국과 미국이 주식시장과 경영권 시장을 통해 경영진을 감시, 통제하는 외부통제시스템이 발달한 것과 달리 대주주인 정부에 의해 경영진을 감시, 통제하는 내부통제시스템이 발달하였다.

최근 프랑스에서는 공기업의 민영화와 기관투자자의 영향력 증대 등으로 인하여 정부에 의한 직접적 영향력 행사가 점차 줄어들고 있으며 시장에 의한 감시, 통제가 점차 중요한 역할을 담당하고 있다. 근로자는 이사회의 관찰자로 참여한다는 점이 특색이다.

프랑스는 영미제도의 이사회와 독일제도의 이사회의 선택적구조로서 전통적으로 주주간 주식의 상호 보유에 대한 간섭이 행하여지고 관료들이 끊임없는 반복적 개입을 하는 것이 특징이다. 회계검사인제도의 개선과 업무감독이사회, 경영감독인, 기업운영위원회, 결합기업운영위원회, 증권거래위원회 등을 통한 회사경영에 대한 감독이 계속 이루어지고 있으며 이사와 회계검사인의 책임을 강화하고 있다.

Ⅵ. 기업지배구조의 세계적 추세(OECD 기업지배구조원칙)

OECD는 상이한 지배구조 때문에 나타나는 국제투자와 무역에 있어서의 폐해를 없애기 위하여 1994년부터 지배구조에 관한 국제적 규범의 제정을 논의하기 시작하였다. OECD는 산업위원회의 '산업기반여건' 프로젝트에서 각국의 지배구조를 분석하여 영미의 앵글로색슨 자본주의와 독일중심의 라인 자본주의 또는 개방형시스템과 폐쇄형 시스템으로 나누어 그 특성을 규명하고자 하였고, 동 금융위원회도 이 문제를 다루었다. OECD에서 지배구조의 국제적 규범에 관한 논의가 계속되어 오던 중 1997년 말에 우리나라를 포함하여 동남아시아를 강타한 외환위기는 범세계적 차원의 기업지배구조 모델을 도출하는 직접적인 계기가 되었다.

OECD는 각료회의에서 1998년 4월 회원국 정부, 관련 국제기구 및 민간부문 등이 함께 참여한 가운데 기업지배구조 기준과 지침(Corporate Governance Standards and Guideline)을 마련하였고, 기업지배구조에 관한 각 회원국의 입장을 구체화한 일련의 비구속적 원칙을 개발하기 위하여 기업지배구조 특별작업반(Ad Hoc Task Force on Corporate Governance)을 설치하였다. 기업지배구조 특별작업반은 1998년 7월부터 1999년 4월까지 네 차례의 회의를 거치면서 같은 해 9월 'OECD 기업지배구조원칙'을 마련하였다.

OECD 기업지배구조원칙은 각국의 제도적 환경에 따라 달라지는 다양한 기업지배구조의 공통요소를 추출한 것으로 구속력을 갖지 않는 일종의 준거자료이다. OECD원칙은 기업의 자금조달비용을 줄이고 안정적인 투자를 유도하는 핵심요소로서 기업의 지배구조를 파악하고 있으며, 주주의 권리와 소유권의 주요기능, 주주에 대한 평등한 대우, 기업지배구조에서의 이해관계자의 역할, 공시와 투명성 및 이사회의 책임의 5개 항목에 걸친 원칙과 권장사항 및 주석으로 구성되어 있다. 아래에서는 'OECD 기업지배구조원칙'을 소개하겠다.

① 회원국과 비회원국의 정부가 자국의 기업지배구조에 관한 법적, 제도적 및 규제적 기본틀을 평가하고 개선하는 것을 지원하고, 건전한 기업재배구조를 개발하는 과정에서 나름의 역할을 수행하는 증권거래소. 투자자. 회사 및 기타 당사자들에게 지침과 제안을 제공하고자 의도된 것이다. 이 원칙은 금융.

비금융의 공개회사에 초점이 맞추어져 있다. 그러나 적용 가능한 범위 내에서 비공개회사 즉, 폐쇄회사 또는 국영기업에 대해서도 지배구조를 개선하는 유용한 수단으로 활용될 수 있다.

② 기업지배구조는 투자자의 신뢰도를 높일 뿐만 아니라 경제적 효율성을 제고하고 성장을 도모함에 있어서 중요한 결정요인의 하나이다. 회사의 경영진, 이사회, 주주 기타 이해관계자 간의 일련의 이해관계와 관련이 있다. 또한 기업지배구조는 회사의 목적이 설정되고 그러한 목적을 달성하며 업무를 감독하는 수단이 결정되는 틀을 제공한다. 건전한 지배구조는 이사회와 경영진이 회사와 주주의 이익을 위하여 목적을 추구하도록 적정한 인센티브를 제공하고 효율적인 감독을 용이하게 하여야 한다. 효과적인 기업지배구조 체제는 개인회사 내에서 그리고 경제 전반에 걸쳐, 시장경제가 적정하게 가능하도록 하는데 필수적인 신뢰성을 제공한다. 결과적으로 자본조달비용이 낮아지고 기업은 자원을 보다 효율적으로 사용할 수 있게 됨으로써 기초가 탄탄한 성장을 할 수 있다.

③ 기업지배구조는 기업의 활동에 영향을 미치는 경제의 큰 틀에서 단지 일부분에 불과하다. 기업지배구조는 규제적 성격의 법률적. 제도적 환경에 의하여 크게 영향을 받는다. 기업윤리, 환경 또는 지역사회에 대한 고려 등의 요인이 되어 기업의 이미지와 장기적인 성공에 영향을 미친다.

④ 기업지배구조와 기업의 장기적 성공에 영향을 미치는 다양한 요인들이 있지만, OECD원칙은 소유와 경영의 분리에 따른 기업지배구조 문제에 초점을 맞추고 있다. 기업윤리, 환경 등 기업의 의사결정과 관련된 이슈들도 원칙에서 고려되고는 있지만, OECD에서는 다른 부문에서 주로 다루어지고 있다.

⑤ 기업들이 건전한 기업지배구조의 기본원칙들을 얼마나 수용하고 있는가 하는 점은 기업에 대한 투자결정에서 중요한 요인이 되고 있다. 특히 투자가 국제적인 것일 경우 기업지배구조의 역할이 더욱 중요한 의미를 지닌다. 어느 국가가 자본의 유치 등 글로벌 자본시장의 이점을 활용할 수 있기 위해서는, 기

업지배구조에 관한 법제도와 관행이 국제적으로 인정될 수 있어야 하고, 또 신뢰받을 수 있어야 한다. 기업이 국제자본을 활용하지 않은 경우라고 하더라도 기업지배구조는 국내 투자자의 신뢰를 확보하고 자본조달비용을 낮추어 결국 안정적인 자본조달을 가능하게 한다는 점에서 중요한 의미를 갖는다.

⑥ 기업지배구조는 기업이 지배과정에 참여하는 당사자들에 의하여 영향을 받는다. 지배주주는 개인, 가족, 지분제휴, 지주회사 및 상호보유 등의 형태로 기업의 상당한 지분을 보유하여 기업활동에 지배적 영향을 미칠 수 있다. 한편 기관투자가(institutional investors)가 기업지배구조에서 차지하는 역할도 계속 증대하고 있다. 개인주주의 경우 일반적으로 지배권을 행사하려 하지는 않지만 지배주주와 경영진으로부터 주주로서 동등한 대우를 받는데 관심을 갖고 있다. 채권자는 일부 국가에서 보듯이 기업지배구조에서 중요한 역할을 담당하고 있으면서 동시에 기업성과에 대한 외부감시자로서 역할을 수행하기도 한다. 근로자 기타 이해관계자도 기업의 장기적 성공과 업무성과에 중요한 기여를 하고 있다. 정부는 일반적으로 기업지배구조의 법적 및 제도적 체계를 정비하는 역할을 수행한다. 기업지배구조에서 이들 이해관계자의 역할 및 상호관계는 OECD회원국들을 비롯한 여러 국가들에서 매우 다양한 형태로 나타나고 있다. 이러한 관계는 법제도와 시장압력에 따른 기업의 자발적 대응을 통하여 형성된다고 볼 수 있다.

⑦ 기업지배구조에는 단일모델이 있을 수 없다. 그러나 OECD와 회원국들에서 수행된 연구결과를 보면 건전한 기업지배구조의 저변에 깔려있는 공통적인 요인들을 발견할 수 있다. OECD 원칙은 현존하는 다른 모델들에서 공통적으로 발견할 수 있는 요인들에 기초하고 있다. 원칙은 '이사회(board)라는 용어는 여러 회원국의 다양한 이사회 형태를 포괄하는 것임을 밝혀두고 있다. 예를 들어, 이원적 이사회 시스템을 갖추고 있는 국가에서라면, 원칙에서의 이사회는 감독이사회를 의미하고, 집행임원은 경영이사회를 의미한다. 반면에 일원적 이사회 시스템을 갖고 있는 국가라면 이사회는 내부감사회에 의한 감시를 받는데, 원칙에서의 이사회는 이러한 두 가지를 포함하는 것으로 사용되고 있다.

⑧ OECD 원칙은 비구속적이며 특정 국가의 구체적인 법률대안을 제시하는 것도 아님을 분명히 하고 있다. 원칙은 비교기준의 목적만을 가지고 있고, 정책결정자와 기업에 의한 활용을 의도하고 있다. 정책결정자는 자국의 경제적. 법적. 사회적. 문화적 여건에 맞게 기업지배구조를 설계하고 관련된 법적. 제도적 장치를 마련하는데 OECD 원칙을 활용할 수 있을 것이며, 기업은 자신들의 보다 나은 기업지배관행을 결정하는 데 원칙을 참고할 수 있을 것이다.

⑨ OECD 원칙은 그 속성상 진화를 거듭할 수밖에 없다. 기업지배구조를 결정하는 제반 여건에 중대한 변화가 있는 경우에는 원칙도 변경될 수밖에 없을 것이다. 기업은 변화하는 세계경제환경 속에서 새로운 요구에 적절하게 대응하기 위하여 자신들의 기업지배관행을 혁신하여야 한다. 정부도 주주와 이해관계자의 기대에 부응하고, 시장이 효율적으로 기능할 수 있도록 충분한 유연성을 제공할 수 있는 법적. 제도적 여건을 조성할 책임이 있다. 규제의 비용편익이라는 고려 하에 기업지배구조의 체계를 개발함에 있어, OECD 원칙을 어떻게 적용할 것인가는 전적으로 정부와 시장참여자에게 달려 있다.

⑩ OECD 원칙에 관한 보고서는 두 부분으로 구분된다. 첫 번째 브분에서는 원칙들이 제시되어 있는데, 이는 ① 주주의 권리, ② 주주의 동등대우, ③ 기업지배구조에서 이해관계자의 역할, ④ 공시 및 투명성, ⑤ 이사회의 책임의 5개 분야로 나누어지고 각각의 분야별로 단일 원칙과 함께 이를 뒷받침하는 여러 권고사항들이 제시된다. 두 번째 부분은 원칙에 대한 주석이다. 주석은 원칙을 이해하는데 도움을 줄 뿐만 아니라 관련 사항들의 주요동향과 원칙의 구체적인 적용을 통하여 활용될 수 있는 대안들을 담고 있다.

제3장 한국의 기업지배구조의 특색

I. 기업지배구조의 현황

한국의 기업지배구조에 대한 논의는 이른바 재벌개혁론과 대체로 그 맥을 같이 한다. 이것이 경제력 집중에 대한 규제의 정비와 기업지배구조개선을 위한 개혁이 혼동되어 진행되어 온 이유들 중 하나이다. 우리나라의 이러한 특수한 상황은 기업집단 내에서 발생하는 내부거래가 경우에 따라서 지나치게 과도하고 그에 대한 통제장치가 없었기 때문이다. 따라서 기업집단자체를 규제하는 것이 경영자(총수)통제에 효과적일 것으로 생각된다.

우리나라에서 서구적인 의미에서의 기업지배구조에 관한 논의는 1994년에 본격적으로 나타났다. 기업의 지배구조가 기업의 경쟁력으로 연결된다는 생각은 당시만 해도 전혀 새로운 것이었으며 그 무렵 미국에서는 일본과 독일의 모델에 대한 연구가 활성화되고 있었다. 우리나라에서는 이사회의 개혁이 가장 먼저 논의 되었는데 법령상의 요구나 기준은 없었지만, 1996년부터 현대그룹을 포함한 몇몇 대기업들이 사외이사제도를 도입하기 시작하였고 1997년 3월에는 포스코가 당시 공기업으로서는 처음으로 사외이사제도를 채택한 바 있다. 그러던 중 1997년 말에 외환위기가 발생하였고 그 이후 기업지배구조의 개혁은 우리 경제에 가장 중요한 문제로 다가오게 되었다. 특히 외환위기를 거치면서 다수의 대기업들과 금융기관 이 도산하는 과정에서 상식을 초월하는 셀프-딜링과 회계분식, 도덕적 해이, 정경유착, 횡령과 배임 등이 세간에 공개되면서 기업지배구조의 개선문제는 정치, 사회 문제로까지 확대되어 파장이 커지게 되었다. 이후 우리나라에서는 정부차원의 노력과 함께 참여연대와 같은 시민단체가 기업지배구조의 개선에 큰 역할을 하였으며 기업들도 자체적인 노력을 통해 지배구조를 선진국 수준으로 끌어올리는 작업을 진행해 왔고 이제는 국제적인 평가기관들로부터 좋은 평가를 받는 기업들도 나타나고 있다. 이 과정에서 우리나라에 대거 진출한 외국인 투자자들이 큰 역할을 하기도 했다. 1999년 9월에는 우리나라에서도 기업지배구조 모범규준이 제정되었고, 2003년 2월에 개정되었다. 현재 기업지배구조센터의 웹 사이트에서는 2010년 기업지배구조현황을 제시하고 있는데 그 내용은 다음과 같다.

※ 주주의 권리보호에 관한 기업지배구조 현황(2010년도)

가. 주주권리의 보호 및 행사 편의성

● 기업지배구조 헌장 및 임직원 윤리규정 도입현황

단위 : 회사수(비율)

응답수	기업지배구조 헌장 도입여부		임직원 윤리규정 도입여부	
	미도입	도입	미도입	도입
690	666(96.52%)	24(3.48%)	419(60.72%)	271(39.28%)

● 집중투표제 및 서면투표제 도입현황

단위 : 회사수(비율)

응답수	집중투표제 도입여부		서면투표제 도입여부	
	미도입	도입	미도입	도입
690	660(95.65%)	30(4.35%)	619(89.71%)	71(10.29%)

● 정관에서 임원해임요건 가중

단위 : 회사수(비율)

응답수	가중요건 없음		해임요건 가중	
	회사수	비율	회사수	비율
690	650	94.35%	39	5.65%

● 정관에 합병특별결의요건 가중규정 도입 여부

단위 : 회사수(비율)

응답수	미도입		도입	
	회사수	비율	회사수	비율
690	676	97.97%	14	2.03%

● 경영권 이전 시 경영진에게 지나치게 과도한 퇴직 보상금을 지급하게 하는 규정을 두고 있는지 여부

단위 : 회사수(비율)

응답수	없음		있음	
	회사수	비율	회사수	비율
690	654	94.78%	36	5.22%

● 정기주주총회 개최 시 장소, 안건 등에 관한 사항 주주총회 몇 일전 통지

단위 : 회사수(비율)

응답수	2주전 통지		3주전 통지		4주전 통지	
	회사수	비율	회사수	비율	회사수	비율
690	50	7.25%	332	48.12%	308	44.64%

나. 소유구조

● 사외이사 지분율 합계 현황

단위 : 회사수(비율)

응답수	0.0%		0.0% 초과 0.2% 이하 또는 2억 원 이하		0.2% 초과 0.5% 이하 또는 5억 원 이하		0.5% 초과 또는 5억 원 초과	
	회사수	비율	회사수	비율	회사수	비율	회사수	비율
690	615	89.13%	49	7.10%	12	1.74%	14	2.03%

● 계열회사 지분율 합계 현황

단위 : 회사수(비율)

응답수	5% 미만		5% 이상 10% 미만		10% 이상 20% 미만		20% 이상	
	회사수	비율	회사수	비율	회사수	비율	회사수	비율
690	335	48.55%	53	7.68%	70	10.14%	232	33.62%

※ 이사회에 관한 지배구조 현황(2010년도)

가. 이사회의 구성

● 이사회내 사외이사 수의 법적 최소기준 초과현황

단위 : 회사수(비율)

응답수	0명		1명		2명		3명	
	회사수	비율	회사수	비율	회사수	비율	회사수	비율
690	550	79.71%	107	15.51%	26	3.77%	7	1.01%

● 대표이사와 이사회의장의 분리

단위 : 회사수(비율)

응답수	대표이사 = 이사회의장		대표이사가 아닌 사내이사 = 이사회의장		사외이사 = 이사회의장	
	회사수	비율	회사수	비율	회사수	비율
690	659	95.51%	21	3.04%	10	1.45%

● 추천위원회 설치여부

단위 : 회사수(비율)

응답수	미설치		설치	
	회사수	비율	회사수	비율
690	561	81.30%	129	18.70%

● 추천위원회의 사외이사 구성비율

단위 : 회사수(비율)

응답수	추천위원회가 있는 경우							추천위원회가 없는 경우
	50% 미만		50% 이상 75% 미만		75% 미만		평균	회사수
	회사수	비율	회사수	비율	회사수	비율		
690	3	2.33%	82	63.57%	44	34.11%	2.29	561

● 사외이사의 추천위원회 위원장 역임여부

단위 : 회사수(비율)

응답수	추천위원회가 있는 경우					추천위원회가 없는 경우
	아니오		예		평균	회사수
	회사수	비율	회사수	비율		
690	80	62.02%	49	37.98%	1.52	561

● 보상위원회 설치현황

단위 : 회사수(비율)

응답수	미설치		설치	
	회사수	비율	회사수	비율
690	649	94.06%	41	5.94%

● 보상위원회의 사외이사 구성비율

단위 : 회사수(비율)

응답수	보상위원회가 있는 경우							보상위원회가 없는 경우
	50% 미만		50% 이상 75% 미만		75% 미만		평균	회사수
	회사수	비율	회사수	비율	회사수	비율		
690	4	9.76%	16	39.02%	21	51.22%	1.41	649

● 사외이사의 보상위원회 위원장 역임여부

단위 : 회사수(비율)

응답수	보상위원회가 있는 경우					보상위원회가 없는 경우
	아니오		예		평균	회사수
	회사수	비율	회사수	비율		
690	13	31.71%	28	68.29%	1.37	649

나. 이사회의 운영, 평가 및 보상

● 이사회 운영규정 존재여부

단위 : 회사수(비율)

응답수	아니오		예	
	회사수	비율	회사수	비율
690	34	4.93%	656	95.07%

● 정기 이사회 규정

단위 : 회사수(비율)

응답수	아니오		이사회 규정에 따름		정관에서 규정	
	회사수	비율	회사수	비율	회사수	비율
690	415	60.14%	227	32.90%	48	6.96%

● 성과연동형 스톡옵션 지급여부

단위 : 회사수(비율)

응답수	성과연동형 스톡옵션 부여 and 처분금지 기간 3년 이상		성과연동형 스톡옵션 부여 and 처분금지 기간 3년 미만		스톡옵션 부여 but 성과연동형 아님		스톡옵션 부여 않음	
	회사수	비율	회사수	비율	회사수	비율	회사수	비율
690	8	1.16%	0	0.00%	23	3.33%	659	95.51%

● 위원회 활동 보고서 공시여부

단위 : 회사수(비율)

응답수	아니오		예	
	회사수	비율	회사수	비율
690	602	87.25%	88	12.75%

● 이사회에 대한 자체평가와 평가결과 공시여부

단위 : 회사수(비율)

응답수	아니오		예	
	회사수	비율	회사수	비율
690	686	99.42%	4	0.58%

● 사외이사의 이사회 참석율

단위 : 회사수(비율)

응답수	50% 미만		50% 이상 70% 미만		70% 이상	
	회사수	비율	회사수	비율	회사수	비율
690	127	18.41%	98	14.20%	465	67.39%

● 사외이사의 활동내용 및 평가결과 공시여부

단위 : 회사수(비율)

응답수	아니오		활동내용 or 평가결과를 공시		둘 다 공시	
	회사수	비율	회사수	비율	회사수	비율
690	59	8.55%	629	91.16%	2	0.29%

※ 감사기구에 관한 지배구조 현황(2010년도)

● 감사기구형태

단위 : 회사수(비율)

응답수	비상근감사		상근감사		감사위원회	
	회사수	비율	회사수	비율	회사수	비율
690	98	14.20%	387	56.09%	205	29.71%

● 감사위원회의 사외이사 선임비율

단위 : 회사수(비율)

응답수	감사위원회가 있는 경우					감사위원회가 없는 경우
	사외이사 2/3 이상		사외이사 100%		평균	회사수
	회사수	비율	회사수	비율		
690	64	31.22%	141	68.78%	1.69	485

● 감사위원회 의장의 사외이사 여부

단위 : 회사수(비율)

응답수	감사위원회가 있는 경우					감사위원회가 없는 경우
	사외이사 아님		사외이사		평균	회사수
	회사수	비율	회사수	비율		
690	26	12.68%	179	87.32%	3.49	485

● 감사 또는 감사위원회의 업무를 지원하는 독립된 감사업무 부서 존재여부

단위 : 회사수(비율)

응답수	아니오		예	
	회사수	비율	회사수	비율
690	355	51.45%	335	48.55%

● 감사 또는 감사위원회의 주요활동 내역 공시여부

단위 : 회사수(비율)

응답수	아니오		예	
	회사수	비율	회사수	비율
690	301	43.62%	389	56.38%

● 감사 또는 감사위원회 위원의 추천 등 선임절차에 관한 규정 공시여부

단위 : 회사수(비율)

응답수	아니오		예	
	회사수	비율	회사수	비율
690	601	87.10%	89	12.90%

Ⅱ. 기업지배구조의 개선 필요성

기업지배구조의 개선은 주어진 제도적 환경 하에서 개별 기업들이 수행하는 것이지만 제도 자체가 기업들의 개선 노력을 지원할 수도 있고, 새로운 제도를 도입하거나 도입된 제도의 집행력을 높임으로써 기업의 지배구조가 개선될 수 있기 때문에 지배구조와 관련된 제도는 지속적인 정비의 대상이 되어야 한다고 본다. 우리나라의 경우 상법에서 지배구조와 관련하여 다음과 같이 관련법제도를 개선하려는 노력이 전개되었다.

1997년 말 이후 전례 없는 외환위기를 맞이하여 온 나라의 초미의 관심사는 과연 이 난국을 어떻게 극복하느냐 하는 것이었다. 이에 정부와 기업 및 국민은 위기상황을 극복하고 경제재도약의 발판을 마련하기 위하여 금융산업의 정상화· 기업구조조정의 촉진· 도산기업의 원활한 퇴출 및 벤처기업을 포함한 중소기업의 육성에 모든 역량을 쏟아 부었다. 이 중에서도 경제의 가장 핵심적인 주체는 기업이라는 점에서, 기업이 어떠한 방식으로 구조조정을 추진하여 재무구조를 개선하고, 규모· 기술력 및 업무의 효율성을 높이며, 수익을 확대할 수 있는 기반을 구축하는가에 각별한 관심이 모아졌다. 이러한 위기상황에서 단행된 1998년 상법개정은 특히 기업구조조정의 촉진을 위한 법제도에 중점을 두었고, 기업지배구조와 관련해서는 주주의 권리 보호와 기업경영자의 책임을 강화하기 위하여 몇 가지 제도가 신설되었다. 소수주주의 권리 보호를 위하여 발행주식총수의 100분의 3이상의 주식을 보유한 주주에게 주주총회의 목적사항을 이사회에 제안할 수 있는 권한을 부여하고(제363조의2), 정관에 다른 정함이 있는 경우를 제외하고는 2인 이상의 이사 선임시 발행주식총수의 100분의 3이상의 주식을 보유한 주주가 누적투표를 청구할 수 있도록 하며(제382조의2), 주주대표소송의 요건을 발행주식 총수의 100분의 5이상

의 주식을 가진 주주에서 100분의 1이상의 주식을 가진 주주로 완화하였다(제403조 등).

연이은 1999년의 상법개정은 중·장기적으로 기업의 자생력을 회복하고 경쟁력을 높이기 위해서는 무엇보다도 기업의 지배구조가 개선되어야 한다는 인식에서 출발하였다. 1999년 상법개정은 국제경쟁시대에 대응하여 이사회의 기능과 역할을 강화하고, 기업경영의 투명성을 보장하며, 주주총회 및 이사회의 운영방법을 정비하는데 초점을 맞추었다. 1999년 상법개정은 기업지배구조와 관련하여, 이사·감사 또는 피용자에게 동기를 부여하고 회사의 유용한 인재 확보를 통한 기업발전을 도모하기 위하여 주식매수선택권(stock option)을 부여하는 제도를 도입하고(제340조의2 내지 제340조의5), 주주의 회사경영 참여기회를 보장하기 위하여 주주의 서면에 의한 의결권행사를 인정하며(제368조의3), 주주의 이사회 회의록 열람·등사청구권을 명문화 하였다. 아울러 이사회의 원활하고 효율적인 운영을 위하여 통신수단에 의한 이사회 참가를 허용하고(제391조제2항), 정관이 정하는 바에 따라 감사위원회 등 이사회 내에 각종 위원회를 설치할 수 있도록 하며(제393조의2 및 제415조의2), 이사회의 투명성을 제고하고자 이사회 의사록의 기재사항을 추가하였다.

1998년과 1999년 2년 연속으로 기업구조조정 촉진 및 기업지배구조 개선을 위하여 상법을 대폭 개정한데 이어, 2001년에도 기업경영의 투명성을 제고하고 국제경쟁력을 강화한다는 취지로 큰 폭의 개정이 있었다. 2001년 상법개정은 기업지배구조와 관련하여, 이사회의 활성화를 위하여 이사회 결의사항의 범위를 구체화하고 이사에게 회사의 업무에 관한 정보접근권을 강화함과 동시에 이사의 업무집행상황을 3개월에 1회 이상 이사회에 보고하도록 하며(제393조), 전자문서에 의한 주주총회의 소집통지를 인정하였다(제363조제1항). 아울러 주주의 의결권을 강화하여 회사 영업의 중요부분을 양도하는 경우뿐만 아니라 회사영업에 중대한 영향을 미치는 다른 회사의 영업의 일부의 양수에 대해서도 주주총회 특별결의를 얻도록 하고(제374조제1항제4호), 대표소송을 제기한 주주가 승소한 때에는 회사에 대하여 소송비용 중 상당한 금액의 지급을 청구할 수 있도록 하며(제405조제1항), 주주외의 자에게 신주를 배정하는 경우에는 정관에 의하도록 하되 신기술의 도입, 재무구조의 개선 등 회사의 경영목적상 필요한 경우로 제한하여 제3자에 대한 신주인수권 부여요건을 강화하였다(제418조제2항).

법무부는 2009년에 들어와 ① 창업절차의 획기적 간소화, ② 소규모 기업에 대한 과감한 규제개선, ③ 기업경영의 IT화 지원을 위한 녹색성장 구현 등을 목표로 상법을 개정하였는데, 그 주요개정내용을 보면 최저자본금제 폐지, 유사상호금지제도 폐지, 소규모회사의 감사선임의무 면제, 소규모회사의 이사회 구성의무 면제, 소규모회사의 창업시 정관·의사록 공증의무 면제, 소규모회사의 주주총회 소집 및 결의절차 간소화, 소규모회사 설립·증자 시 주금납입증명서 대신 잔고증명서로의 대체 허용, 주주가 주주총회에 직접 참여하지 않고 전자적 방식으로 의결권을 행사할 수 있는 전자투표제 도입, 전자문서에 의한 소수주주의 주주제안권 행사·주주총회 소집청구제도 도입 등이다.

이어서, 2011년 3월 11일 「상법 회사편」이 6년만에 국회를 통과하였고, 이후 국무회의를 거쳐 4월 14일에 공포되어, 공포후 1년 뒤인 2012년 4월 15일부터 시행되게 되었다. 이번 개정상법(회사법)의 취지는 ① 자유롭고 창의로운 기업경영을 지원하고, ② 투명한 기업경영으로 공정사회를 구현하여, ③ 국제 기준에 맞게 회사 제도를 선진화하여 글로벌 경쟁력을 강화하는데 있다고 볼 수 있다. 또한 기업경영의 투명성과 효율성을 높이기 위해 자금 및 회계관련 규정을 정비하고, 정보통신 기술을 활용하여 주식·사채의 전자등록제를 도입하였고 합자조합과 유한책임회사 등 다양한 기업형태를 도입함으로써 국제적 기준에 부합하는 회사법제로 재편하였다. 그리고 이사의 자기거래 승인 대상범위를 확대하고 이사의 회사기회 유용금지 조항을 신설하여 기업경영의 투명성을 높임으로써 활발한 투자 여건을 조성하고 급변하는 기업경영환경에 기업이 적절히 대응할 수 있는 법적 기반을 마련하였다.

이 중 기업지배구조와 관련된 내용을 보면, 2009년에는 주주총회를 활성화하고 개최비용을 절감하기 위하여 주주가 주주총회에 직접 참석하지 않더라도 전자적 방법으로 의결권을 행사할 수 있는 전자투표제도를 도입하는(개정상법 제368조의4) 등의 내용을 담고 있으며 2011년 개정상법에서는 이사회의 감독기능을 강화하고 회사 업무집행의 효율성을 제고하기 위하여 이사회의 업무집행기능을 분리하여 이를 전담하는 집행기관인 집행임원을 둘 수 있도록 하고(개정상법 제408조의2 내지 제408조의9), 이사가 현재 또는 장래에 회사에 이익이 될 수 있는 사업기회를 부당하게 유용하는 것을 방지하기 위하여 회사기회 유용금지 규정을 도입하였다(개정상법 제397조의2). 아울러 이사회의 승인을 요하는 이사의 자기거래 제한 범위를 배우자, 직계존비속등으로 확대하고 거래조건의 공정성을 명문화하는(개정상법 제

398조) 한편, 이사의 책임제도를 개선하여 고의 또는 중과실이 없는 한 최근 1년간의 보수액의 6배(사외이사의 경우 3배)를 초과하는 금액에 대하여는 이사의 책임을 면제할 수 있도록 하였다.(개정상법 제400조 제2항)

제4장 주주와 기업지배구조

주주(shareholder)란 주식의 귀속주를 말하며, 주식회사의 사원이다. 주주의 권리는 보호받아야 하고, 주주는 적절한 절차에 의해 자신의 권리를 행사할 수 있어야 한다. 주주는 주주평등의 원칙에 따라 공평하게 대우받아야 한다. 지배주주가 보유 주식에 대한 의결권 행사 이외에 기업 경영에 영향력을 행사하는 경우에는 그에 따른 책임도 부담해야 한다. 주주의 권리로서는 자익권과 공익권, 소수주주권 등이 있고 주주의 의무로서는 크게 출자의무, 충실의무를 들 수 있고 주주의 책임은 엄격한 간접 유한책임이다. 주주총회란 주주의 총의에 의하여 회사의 내부에서 상법 또는 정관에 규정된 사항에 관한 회사의 의사를 결정하는 회사 최고의 필요적 기관이다.

I. 주주의 의무와 소주주주권

1. 주주의 의무

(1) 충실의무

주주의 충실의무란 주주는 그 권리를 행사함에 있어서 회사와 다른 주주의 이익을 고려하여야 된다는 의무이다. 따라서 주주가 자신의 지위를 이용하여 회사와 거래하면서 회사의 이익을 해하거나 주주총회의 의결권을 행사하여 다른 주주의 이익을 침해하는 경우에는 그 의무위반이 있는 것이고, 그 결과 손해배상의무가 발생하고 주주총회결의는 취소 또는 무효의 원인이 있다고 한다. 주주의 충실의무는 지배주주의 권한남용을 규율하기도 하고 소수주주의 소권남용도 문제 삼는다.

주주의 충실의무는 미국에서 발달한 법리로서 소극적 부작위의무 뿐만 아니라 적극적 작위의무도 포함한다. 독일이나 일본에서는 주주의 충실의무를 주주권 특히 의결권실행의 제한과 관련하여 논의하여 왔으나, 최근에는 적극적 충실의무를 주장하는 견해도 등장하고 있다. 우리나라의 경우 특히 대부분의 회사의 지배주주가 존재한다는 점을 고려하여 소수주주의 보호를 위하여 대주주는 소수주주의 이익을 부당하게 해 하여서는 안 된다는 충실의무를 인정하는 것이 주식회사제도의 건전한 발전을 위하여 타당하다고 본다.

(2) 출자(납입)의무

주주가 회사에 대하여 지는 유일한 의무는 주식의 인수가액에 대한 납입의무뿐이다. 이 경우 주식의 인수가액이란 액면가액뿐만 아니라 발행가액이 그 액면을 초과하는 때에는 그 초과금액을 포함한다. 그리고 수인이 공동으로 주식을 인수한 때에는 연대하여 납입할 책임이 있다(상법 제333조 1항). 납입은 현금으로 하여야 하며 어음이나 수표에 의한 대물변제는 인정되지 않는다. 그러므로 어음이나 수표는 이에 의하여 실제로 지급받은 때 납입을 한 것으로 본다.

주주의 의무는 정관의 규정이나 주주총회의 결의로도 납입의무 이외에 더 이상 가중시키지 못한다. 그러나 주식인수인이 주주가 되기 위하여 인수가액의 전액을 납입하여야 되므로 주주의 자격을 취득한 다음에는 아무런 의무도 지지 않는다. 즉, 우리나라와 같이 전액납입주의를 택하는 경우 주주의 의무란 주식인수인의 의무에 불과하다고 할 수 있다.

(3) 주주의 유한책임

주주는 주식의 인수가액을 한도로 하는 출자의무를 부담할 뿐이다. 주주의 유한책임의 원칙은 주식회사의 본질적 요소이므로 정관 또는 주주총회의 결의로 이와 달리 정할 수 없다. 회사는 이를 가중할 수도 없고, 주주에 대한 납입청구권을 포기하거나 감경할 수도 없다. 그러나 주주는 유한책임의 원칙을 포기하고 회사채무를 부담하거나 추가출자를 할 수 있다.

이와 같이 주주는 유한책임을 지는 것이 원칙이지만, 법인격부인론이나 실체파악론 등에 의하여 주주가 회사의 채무에 대하여 책임을 지는 경우가 있다.

2. 소수주주권

소수주주권은 발행주식총수의 일정비율의 주식을 가진 주주만이 행사할 수 있는 권리로서 공익권의 일부에 대하여 인정하고 있다. 공익권 중에는 발행주식총수의 3% 이상에 해당하는 주식을 가진 주주에게만 인정되는 소수주주권으로서는 주주총회소집청구권, 주주제안권, 집중투표청구권, 업무와 재산상태의 검사청구권, 이사 및 감사의 해임청구권, 청산인의 해임청구권, 회계장부청구권 등이 있고, 발행주식총수의 1% 이상을 가진 주주의 소수주주권에는 이사 및 감사의 위법행위에 대한 유지청구권, 주주의 대표소송권 등이 있다. 또한 발행주식총수 10% 이상을 가진 주주가 행사할 수 있는 소수주주권은 회사의 해산청구권이 있다.

2009년 개정상법에 의하면 상장회사의 경우에는 소수주주의 지주율은 크게 완화되고 있으나 소수주주권은 상법과 달리 소정의 주식을 6월 전부터 계속하여 소유한 주주에게만 권리행사를 인정하고 있다. 이러한 주식의 보유기간을 정한 것은 소수주주권 행사의 남용을 위하여 일시적으로 주주가 된 자의 권리행사를 할 수 없도록 함으로써 회사의 이익을 보호하기 위한 것이다.

Ⅱ. 주주총회

주주총회란 회사의 기본조직과 경영에 관한 중요사항에 관하여, 주주들이 의사를 표시하는 회사내부에서 상법 또는 정관에 규정된 사항에 관한 회사의 의사를 결정하는 필요적 기관이다. 주주총회가 상설기관이라는 설도 있으나, 주주총회는 회의체로서 상설기관이 아니며, 정기적으로 필요에 따라 소집에 의하여 개최된다. 주주총회는 회사의 청산중에도 존속하며 설립중의 회사의 창립총회는 주주총회의 전신이라고 할 수 있다.

이러한 주주총회의 결의는 투명하고 공정한 절차에 의해 이루어져야 하며 주주는 주주총회참석 전에 주주총회의 일시, 장소 및 의안에 관하여 충분히 정보를 제공받아야 하고, 주주총회의 일시와 장소는 주주가 최대한 참가할 수 있도록 결정되어야 한다.

1. 주주총회 소집절차

주주총회의 소집권자로는 이사회, 소수주주(3% 이상), 감사, 감사위원회, 법원 등이 소집할 수 있다. 소집절차로는 기명식주권을 발행한 경우에는 각 주주에 대하여 2주 전에 서면으로 총회소집통지를 발송하거나, 전자문서로 통지를 발송하여야 한다. 다만, 그 통지가 주주명부상 주주의 주소에 계속하여 3년간 도달하지 아니한 경우에는 회사는 해당 주주에게 총회의 소집을 통지하지 아니할 수 있고 통지서에 회의의 목적사항을 기재하여야 한다.

1인회사의 경우나 전원출석총회의 경우에는 소집절차를 밟지 않았다고 하더라도 유효하다고 본다. 의결권 없는 주식과 주식의 상호소유로 의결권이 제한된 주식 및 자기주식에 대하여 통지·공고의 절차를 필요로 하지 않는다.

2. 주주총회의 권한과 운영

주주총회는 상법 또는 정관에 규정이 있는 사항에 한하여 결의 할 수 있다. 그러나 주주총회의 권한은 상법에 명문으로 규정된 것 이외에도 정관에 의해서도 확대될 수 있다. 그리고 기업이 주주에게 제공해야 할 정보의 양과 제공방법들이 제한될 수밖에 없는 것이 현실이지만, IT의 발달에 따른 인터넷 등 전자통신 매체를 기업들이 저렴한 비용으로 다량의 정보들을 확보하여 제공할 수 있게 되었으므로 주주에게 주주총회 의안 관련정보를 충분히 제공하도록 하여야 한다. 주주총회는 주주가 참석하기 편리하도록 결정되어야 하고, 최근 여러 기업들이 주식을 보유한 소액주주가 증가하고 있는 추세를 감안해 보면 소액주주의 참석도 유도해 볼 수 있는 분산 개최도 강구해 보아야 할 것이다.

3. 주주총회 활성화 방안

통신수단을 이용한 주주총회, 즉 화상회의방식의 주주총회와 인터넷을 이용한 주주총회가 활성화 되어야 한다. 현재 상법 제363조 4항 후단에서는 그 운영을 간소화하기 위하여 자본금 10억 원 미만 소규모주식회사의 경우 주주총회를 소집하는 경우에는 주주총회일의 10일 전에 각 주주에게 서면으로 통지를 발송하거나 각 주주의 동의를 받아 전자문서로 통지를 발송할 수 있고, 무기명식의 주권을 발행한 경우에는 주주총회일의 2주 전에 주주총회의 소집의 뜻과 회의 목적사항을 공고할 수 있다. 그리고 전원의 동의가 있는 경우 소집절차 없이 주주총회를 개최할 수 있고 , 서면에 의한 결의로써 주주총회의 결의를 갈음할 수 있다. 결의의 목적사항에 대하여 주주 전원이 서면으로 동의를 한 때에는 서면에 의한 결의가 있는 것으로 보며, 이러한 서면에 의한 결의는 주주총회의 결의와 같은 효력이 있다.

또한, 상장회사의 특례규정에는 상장회사가 주주총회를 소집하는 경우 대통령령으로 정하는 수 이하의 주식을 소유하는 주주에게는 정관으로 정하는 바에 따라 주주총회일의 2주 전에 주주총회를 소집하는 뜻과 회의의 목적사항을 둘 이상의 일간신문에 각각 2회 이상 공고하거나 대통령령으로 정하는 바에 따라 전자적 방법으로 공고함으로써 소집통지를 갈음할 수 있다.

제 5 장 이사회와 기업지배구조

이사는 이사회의 구성원이므로 회사의 업무집행에 관한 의사결정에 참여할 권한이 있음은 물론, 주주총회에 출석할 수 있고, 총회의 의사록에 기명날인 또는 서명하여야 한다. 이사는 주주총회에서 선임되고, 이사는 자본금 10억 원 이상인 회사의 경우에는 3인 이상이어야 하는데 다만, 자본금이 10억 원 미만인 회사는 1명 또는 2명으로 할 수 있다. 이사의 임기는 3년을 초과하지 못하며 정관으로 그 임기 중의 최종의 결산기에 관한 정기주주총회의 종결에 이르기까지 연장할 수 있다.

I. 이사의 의무

일반적의무로서 선관주의의무, 충실의무, 경업피지의무, 자기거래금지의무, 비밀유지의무 및 보고의무 등을 규정하고 있다.

1. 이사의 충실의무와 선관주의의무

이사는 회사와 위임관계에 있으므로 선량한 관리자의 주의를 다하여 충실하게 회사의 업무를 집행하여야 한다. 나아가 이사와 회사 간에는 신뢰관계가 존재하므로 이사는 그 지위를 이용하여 자기 또는 제3자의 이익을 도모할 목적으로 회사의 이익을 해하여서는 안 된다는 이른바 이사의 충실의무가 있다.

1998년 개정상법은 "이사는 법령과 정관의 규정에 따라 회사를 위하여 그 직무를 충실하게 수행하여야 한다"는 규정을 신설하였다. 이러한 충실의무의 법적성격에 대하여 선관의무의 구체적 표현이라고 보는 동질설과 선관의무는 이사가 직무를 수행함에 있어서 준수하여야 할 주의의 정도에 관한 규정이고 충실의무는 이사가 그 지위를 이용하여 회사의 이익을 고려하지 않고 자기 또는 제3자의 이익만을 추구하여서는 안 된다고 하는 것을 내용으로 하는 의무라고 보는 이질설이 있다.

미국법상 이사의 충실의무의 내용은 회사의 경영진이 회사를 이용하여 사기적이거나 불공정한 거래를 행하는 것과 같은 이익충돌의 가능성이 있는 상황에서 주주들의 이익을 침해하는 것을 금하는 것으로 요약된다. 미국의 클락 교수에 의하면 미국회사법의 절대다수 원칙, 이론, 판례들은 이러한 충실의무의 해석이거나 그를 집행하는데 필요한 절차규칙, 제도적 장치에 불과하며 미국회사법의 역사는 넓게 보면 충실의무 내용의 발전사로 볼 수 있다고 한다. 충실의무는 그 만큼 미국 회사법에서 큰 비중을 차지하는 규범이라 하겠다. 미국에서는 충실의무의 위반을 이유로 하는 이사에 대한 손해배상청구가 활성화되어 있으며, 그에 필요한 절차적 장치인 주주대표소송제도가 잘 정비되어 있고 이사의 책임보험가입도 널리 정착되어 있을 뿐만 아니라 변호사들이 성과비례 보수의 수령을 약정할 수 있어서 이사의 충실의무위반을 다투는 소송이 많고 그에 따라 법리도 고도로 발달되어 있다.

대판 2006.7.6. 선고 2004다8272 판결

금융기관이 보험감독원으로부터 계열사에 대한 담보대출에 관하여 추가 담보가 필요하다는 감사지적을 받고 오히려 그 담보대출을 신용대출로 전환하면서 계열사의 담보제공능력 및 대출금상환능력의 유무, 신용대출전환이 보험감독원의 감사지적사항을 시정하는 통상의 합리적인 방법인지 여부 등 위 신용대출 전환에 관여한 금융기관의 임원들이 선관주의의무 내지 충실의무를 해태하지 않았다고 단정할 수 없다고 판시함.

2. 이사의 경업피지의무

상법은 이사의 선관주의의무를 구체화하고 회사의 이익을 보호하기 위하여 이사의 경업피지의무에 대하여 규정하고 있다. 이사의 이러한 경업피지의무는 상업사용인의 그것과 마찬가지로 법으로 정한 부작위의무인데, 이에는 경업금지의무와 겸직금지의무가 있다. 먼저, 경업금지의무는 이사는 이사회의 승인이 없으면 자기 또는 제3자의 계산으로 회사의 영업부류에 속한 거래를 하지 못한다. 이사가 회사의 영업부류에 속한 거래를 자기 또는 제3자의 계산으로 하기 위하여는 상업사용인의 경우에는 영업주의 허락이 있어야 하는데, 주식회사의 경우에는 이사회의 승인이 있어야 한다. 둘째, 겸직금지의무란 이사는 이사회의 승인이 없으면 동종영업을 목적으로 하는 회사의 무한책임사원이나 이사가 될 수 없다는 의무이다. 이사의 겸직금지의무가 상업사용인의 그것과 다른 점은, 상업사용인의 경우는 '다른 모든 회사의 무한책임사원. 이사 또는 다른 상인의 사용인'이나, 주식회사의 이상의 경우는 '동종영업을 목적으로 하는 다른 회사의 무한책임 사원· 이사'에 한한다는 점이다. 이 경우 이사가 겸직금지의무를 위반한 경우 회사는 그 이사를 해임할 수 있고, 손해가 있는 경우에는 손해배상청구(상법 제385조)를 할 수 있다는 점이(상법 제399조) 상업사용인의 경우와 같다.

3. 자기거래금지

자기거래라 함은 이사가 자기 또는 제3자의 계산으로 회사를 상대방으로 하여하는 재산상의 거래를 말한다. 이러한 자기거래는 회사의 이익을 희생시킬 우려가 있으므로 그 이사가 대표이사이건 아니건 간에 사전에 개별적으로 이사회의 승인을 얻어야 한다(상법 제398조 제1문). 따라서 이사회의 승인만 있으면 이사가 대표이사라 하더라도 쌍방대리금지에 관한 민법 제124조의 규정은 적용되지 않는다(상법 제398조 제2문). 제한되는 거래는 이사와 회사 간의 직접거래뿐만 아니라 회사가 이사개인의 채무를 보증하는 행위와 같은 간접거래의 경우도 포함된다. 그러나 행위의 성질상 회사와 이사 간의 이해관계가 충돌할 염려가 없는 거래행위는 제한할 필요가 없음은 물론이다. 이사가 이사회의 승인을 얻지 아니하고 회사와 자기거래를 한 경우, 그 이사는 법령을 위반한 것으로 회사에 대하여 손해배상책임을 부담한다. 이 책임은 총주주의 동의로 면제될 수 있고, 이사의 해임사유가 될 수도 있다.

4. 비밀유지 및 보고의무

이사는 재임 중뿐만 아니라 퇴임 후에도 직무상 알게 된 회사의 영업상 비밀을 누설하여서는 안 된다(상법 제382조의4). 이 규정은 2001년 개정상법에서 신설된 것으로, 이사의 이러한 의무는 회사의 이익을 보호하기 위하여 정책적으로 인정한 법정의무로서, 이사가 퇴임 후에도 이러한 의무를 부담하도록 하는 점에서 의미가 있다고 볼 수 있다. 또한 이사는 회사에 현저하게 손해를 미칠 염려가 있는 사실을 발견한 때에는 즉시 감사 또는 감사위원회에 이를 보고하여야 한다(제412조의2, 제415조의2 6항). 이는 감사의 실효성을 확보하기 위한 것으로 1995년 개정상법에서 신설한 것이다. 이로써 이사는 소극적으로 감사 또는 감사위원회의 요구가 있을 때 보고할 의무뿐만 아니라, 그 요구가 없더라도 스스로 적극적으로 보고하여야 할 의무를 부담한다. 이사가 감사에 대한 보고의무를 부담하는 경우는 모든 업무집행과정에서 보고하는 것이 아니라, "회사에 현저하게 손해를 미칠 염려가 있는 사실을 발견한 때"에 한한다. 이때 이사의 위법행위가 존재하는지의 여부는 불문한다. 보고방법에는 제한이 없으므로 구두 또는 서면으로 보고할 수 있고, 감사가 수인이면 그중 1인에게 보고하고 감사위원회에 보고하는 경우에는 위원 중 1인에게 보고하면 된다. 이사가 이러한 보고의무에 위반하고 이로써 회사에 손해가 발생하면 이사는 회사에 대하여 법령을 위반한 것으로서 손해배상책임을 지고(제399조 1항), 감사 또는 감사위원회는 이를 감사보고서에 기재하여야 한다(제447조의4 제2항 제10호).

그리고 이사는 대표이사로 하여금 다른 이사 또는 피용자의 업무에 관하여 이사회에 보고할 것을 요구할 수 있고(제393조 3항), 이사는 3월에 1회 이상 업무의 집행상황을 이사회에 보고하여야 하므로(제393조 4항), 이사는 이사회에 대한 보고의무가 있다.

Ⅱ. 이사의 책임

이사의 책임근거로서는 회사와 이사의 법률관계는 민법의 위임규정에 따르므로

(제382조 2항, 민법 제681조), 이사는 선량한 관리자로서의 주의의무를 부담하게 되고, 그 위반에 대해서는 채무불이행이나 때로는 불법행위의 책임을 지게 된다. 그러나 이사는 이러한 일반법상의 책임 외에도 상법상 특별책임을 지고 있으니, 이사는 이사회의 구성원으로서 회사의 업무결정에 참여하므로, 그 차지하는 지위의 중요성과 그 행위가 미치는 영향의 지대성에 비추어 엄격한 법정책임을 지우고 있는 것이다.

1. 이사의 회사에 대한 책임

(1) 손해배상책임

이사가 고의 또는 과실로 법령 또는 정관에 위반한 행위를 하거나 그 임무를 게을리한 경우에는 그 이사는 회사에 대하여 연대하여 손해를 배상할 책임이 있다(제399조 제1항). 그 이사가 법령 또는 정관에 위반한 행위를 한 경우란 위법배당의안을 제출하거나 이사회의 승인 없이 자기거래를 한 경우를 말한다. 이사의 손해배상책임은 연대책임이라는 것이 특색이다. 실제로 위법행위를 하였거나 임무를 해태한 대표이사나 이사는 물론, 그 행위가 이사회의 결의에 기하여 이루어졌을 때에는 이사회에서 그 결의에 참가한 이사로서 이의를 한 기재가 의사록에 없는 자는 그 결의에 찬성한 것으로 추정한다(제399조 제3항).

(2) 자본충실책임

신주발행으로 인한 변경등기가 있은 후에 아직 인수하지 아니한 주식이 있거나 주식인수의 청약이 취소된 때에는 이사가 이를 공동으로 인수한 것으로 본다(제428조 제1항). 이것은 회사의 자본충실을 기하기 위해서 법정된 이사의 인수담보책임으로서 그 성질은 무과실책임이며, 이사 전원이 공동인수인으로 연대하여 납입할 책임을 진다(제333조 제1항). 그러나 인수담보책임을 이행한 후에도 회사에 손해가 있으면 이사는 연대하여 손해배상책임을 지는데(제428조 제2항), 이 책임은 임무해태로 인한 손해배상책임이며 과실책임이다.

(3) 책임의 추궁

회사가 이사에 대하여 책임추궁의 소를 제기하지 않는 경우에는 소수주주는 일정한 요건에 따라 직접 이사에 대하여 회사를 위하여 소를 제기할 수 있다(제403조 이하)(대표소송). 나아가 그 이사의 해임청구의 소(제385조 제2항)도 제기할 수 있다.

(4) 책임의 면제 · 해제

이사의 회사에 대한 손해배상책임은 무의결권주주를 포함한 총주주의 동의로 면제할 수 있다(제400조). 그러나 이사의 자본충실책임은 회사채권자의 보호를 위해 총주주의 동의가 있어도 면제할 수 없다고 본다. 또한 정기총회에서 재무제표의 승인을 한 후 2년 내에 다른 결의(책임추궁이나 책임보류 등)가 없는 때에는 이사에게 부정행위가 없는 한 회사는 이사의 책임을 해제한 것으로 간주한다(제450조). 그 밖에 이사의 회사에 대한 채무불이행책임은 10년의 시효완성으로 소멸하고(민법 제162조), 자본충실의 책임의 경우도 같다.

2. 이사의 제3자에 대한 책임

(1) 책임의 내용

이사가 고의 또는 중대한 과실로 인하여 그 임무를 게을리한 때에는 그 이사는 제3자에 대하여 연대하여 손해배상책임을 진다(제401조 제1항). 이 책임은 업무수행을 신중하게 하여 제3자를 보호하도록 하기 위한 것이나, 이사는 복잡한 업무를 신속하게 집단적으로 처리하여야 하기 때문에 경과실에 대하여는 책임을 지지 않게 한 것이다.

(2) 책임의 성질

이사의 제3자에 대한 책임의 성질에 관하여는, ① 법률이 제3자 보호를 위하여 특별히 인정한 책임이라는 법정책임설, ② 불법행위의 요건 중에서 경과실을 면제한 불법행위책임이라는 불법행위특칙설, ③ 상법이 인정한 특수한 불법행위책임이라는 특수불법행위(책임)설로 학설이 나뉜다. ①설과 ③설에 의하면 일반불법행위책임과의 경합이 인정될 수 있지만, ②설에 의하면 경합이 인정되지 않는다. 또한 ①설에 의하면 책임의 소멸시효는 10년이 되지만 ②설과 ③설에 의하면 소멸시효는 3년이다. 이사의 제3자에 대한 책임은 이사가 직접 제3자와의 관계에서 악의 또는 중과실로 인하여 지는 책임이 아니므로 불법행위책임과는 성질이 다르고, 따라서 이것은 제3자를 보호하기 위한 법정책임으로 본다(법정책임설·다수설).

(3) 제3자의 범위

이러한 제3자의 범위에 주주도 포함되는가에 대하여, 학설의 대립이 있다. 즉 ① 주주가 직접손해를 입은 경우(예컨대 이사의 임무해태로 주가가 하락하여 손해를 입은 경우)에는 제3자의 범위에 주주가 포함되나, 회사가 손해를 입음으로써 주주가 간접손해를 입은 경우에는 회사가 손해의 배상을 받음으로써 주주의 손해는 간접적으로 보상되는 것이므로(만일 이때 제3자의 범주에 주주를 포함시키면 주주가 회사채권자에 우선하여 변제를 받는 결과가 되므로) 제3자의 범위에 주주가 포함되지 않는다고 보는 견해(소수설)와, ② 주주는 언제나 제3자의 범위에 포함된다고 보는 견해(통설)로 나뉘어 있다.

통설과 같이 주주가 언제나 제3자의 범위에 포함된다고 보더라도 주주의 이사에 대한 손해배상청구방법에는 차이가 있다. 즉 ① 주주는 그가 입은 직접손해(예컨대 이사의 허위정보를 믿고 주식을 인수·매수하거나 또는 매도할 기회를 잃은 주주의 손해)에 대하여는 상법 제401조에 의하여 해당 이사에 대하여 직접 손해배상청구권을 행사할 수 있다. ② 그러나 주주가 입은 간접손해(예컨대 이사가 회사재산에 대하여 손해를 가하였기 때문에 이익배당을 받지 못한 주주가 입은 손해)에 대하여는 주주는 그 이사에 대하여 자기에게 직접 손해배상을 할 것을 청구할 수는 없고 회사에게 손해배상을 할 것을 청구할 수 있을 뿐이다(그러나 회사채권자인 제3자는 이러한 간접손해에 대하여도 상법 제401조에 의한 손해배상청구권이 있다). 이 때에 주주는 대표소송(제403조)을 제기할 수 있으므로 주주는 이에 의하여 그의 간접손해가 전보될 수도 있다. 이렇게 보면 이 경우에는 주주를 제3자의 범위에 포함시키는 실익이 없는 것으로 생각될 수도 있겠다. 그러나 이때 주주를 제3자의 범위에 포함시키지 않으면 주주는 대표소송(제403조 이하)의 요건이 구비된 경우에 한하여 이러한 권리를 주장할 수 있고 또 일정한 경우에는 담보를 제공하여야 하나(제403조 제5항, 제176조 제3항), 주주를 제3자의 범위에 포함시키면 이러한 요건이나 제한 없이 이사에 대하여 회사에게 손해배상을 할 것을 청구할 수 있다는 점에서 차이가 있으므로 이때에도 주주에게 상법 제401조에 의한 권리를 인정할 실익이 있게 된다. 또한 제3자의 범위에 공법관계인 국가와 지방자치단체는 포함되지 않는다.

(4) 책임의 연대성

책임사유가 있는 경우 당해 이사가 연대책임을 지는 것은 물론이고(제401조 제1항), 그 행위가 이사회의 결의에 의한 것인 때에는 그 결의에 찬성한 이사도 연대책임을 지고 결의에 참가한 이사로서 이의를 한 기재가 의사록에 없는 자는 그 결의에 찬성한 것으로 추정하는 점(제401조 제2항, 제399조 제2항·제3항)은 회사에 대한 책임의 경우와 같다.

3. 이사에 대한 업무집행지시자 등(사실상의 이사)의 책임

(1) 사실상의 이사의 의의

1998년 개정상법은 법률상의 이사는 아니지만 회사에 대한 자신의 영향력을 이용하여 사실상 이사로서의 기능을 수행하는 자(이하 '사실상의 이사'라 한다)에 대하여도 법률상의 이사와 같이 회사 또는 제3자에 대하여 책임을 지도록 하는 규정을 신설하였다(제401조의2).

사실상의 이사람 함은 법률상의 이사가 아니면서 회사에 대한 자신의 영향력을 이용하여 이사에 대하여 업무집행을 지시한 자(제401조의2 제1항 제1호), 이사의 이름으로 직접 업무를 집행한 자(제401조의2 제1항 제2호, 제1호에 해당하는 자와 합하여 배후이사라 한다)와 이사가 아니면서 명예회장·회장·사장·부사장·전무·상무·이사 기타 회사의 업무를 집행한 자(제401조의2 제1항 제3호, 이러한 자를 표현이사라 한다)를 말한다.

(2) 책임의 내용

1) 회사에 대한 책임

상법상 법률상의 이사는 회사에 대하여 자본충실책임(제428조)과 손해배상책임

(제399조)을 지나 사실상의 이사는 손해배상책임만을 부담한다. 사실상의 이사의 회사에 대한 책임의 원인·내용·추궁·면제·해제 등은 이사의 회사에 대한 손해배상책임과 동일하다(제401조의2 제1항, 제399조, 제403조).

2) 제3자에 대한 책임

사실상의 이사의 제3자에 대한 책임 역시 그 내용, 성질 등은 이사의 제3자에 대한 책임과 동일하다(제401조의2 제1항, 제401조).

3) 책임의 연대성

사실상의 이사가 회사 또는 제3자에 대하여 손해배상책임을 지는 경우에 이사도 책임이 있을 때에는 그 이사는 사실상의 이사와 연대하여 책임을 진다(제401조의2 제2항).

4. 대표소송

(1) 의의

대표소송은 소수주주가 회사를 위하여 이사의 책임을 추궁하기 위하여 제기하는 소송으로서(제403조), 미국법상의 Representative Suit제도를 계수한 것이다. 원래 이사의 책임은 회사가 추궁하는 것이 일반적이라고 생각되지만, 감사(감사위원회)나 이사들 사이에는 여러 가지 정실관계(Patronage System)가 얽혀 있어서 실제로 감사나 감사위원회가 회사를 대표하여 스스로 소를 제기하여 이사의 책임을 추궁하기를 기대하기는 어렵다. 따라서 상법은 소수주주권자가 직접 회사를 위하여 소를 제기할 수 있는 길을 열어 놓은 것이다.

이러한 대표소송은 소수주주가 회사의 이익을 위하여 회사를 대신하여 회사의 대표기관의 자격에서 소송을 수행하는 것이므로, 제3자의 소송담당에 해당한다.

참고로 유지청구권과 비교하면, 유지청구권은 사전적인 방지책인 데 반하여, 대표소송은 사후적인 구제방법이라 할 수 있다. 그리고 유지청구는 감사도 할 수 있으나, 대표소송은 소수주주권자만이 제기할 수 있다.

(2) 인정범위

대표소송의 대상이 되는 이사의 책임범위에 대하여 이사가 상법 제399조 및 제429조에 의하여 회사에 대하여 부담하는 채무만을 의미한다고 보는 견해도 있으나(소수설), 이러한 채무 이외에 이사가 회사에 대하여 부담하는 모든 채무[1])도 포함한다고 본다(다수설).

회사가 파산절차 중에는 주주가 이사나 감사의 책임을 추궁하는 이러한 대표소송을 제기하지 못한다(대판 2002.7.12, 2001다2617).

(3) 당사자

원고는 소제기시에 발행주식총수의 100분의 1이상의 주식을 가진 주주이다(제403조 제1항 전단). 대표소송을 제기하는 소수주주가 보유하여야 할 이러한 주식의 비율은 '소제기시'에만 유지하면 되고, 그의 보유주식이 제소 후 발행주식총수의 100분의 1 미만으로 감소한 경우(발행주식을 보유하지 아니하게 된 경우를 제외한다)에도 제소의 효력에는 영향이 없다(제403조 제5항).

피고는 이사 또는 이사이었던 자인데, 이사가 아닌 업무집행지시자 등도 이에 포함된다고 본다(제401조의2 제1항).

(4) 요건

대표소송은 ① 먼저 무의결권주를 포함하여 발행주식총수의 100분의 1이상에 해당하는 주식을 가진 주주(소제기시에 보유)가 회사(감사 또는 감사위원회)(제394조 후단)에 대하여 이유를 기재한 서면으로 이사의 책임을 추궁하는 소의 제기를 청구하여야 하고(제403조 제1항, 제2항), ② 다음으로 회사가 이러한 청구를 받은 날로부터 30일 내에 소를 제기하지 않을 때에는, 위의 소수주주는 즉시 회사를 위하여 직접 소를 제기할 수 있다(제403조 제3항).

---

1) 예컨대 이사와 회사 간의 거래에서 이사가 회사에 대하여 부담하는 모든 거래상의 채무 및 손해배상책임, 이사로 취임하기 전에 회사에 대하여 부담한 채무, 상속 또는 채무인수에 의하여 승계취득한 채무 등

(5) 절차

이사의 책임을 추궁하는 소는 본점소재지의 지방법원의 전속관할에 속한다(제403조 제7항, 제186조). 소수주주가 악의(원고인 주주가 피고인 이사를 해한다는 것을 아는 것)로 대표소송을 제기하는 경우, 피고인 이사는 원고인 주주의 악의를 소명하여 주주에게 상당한 담보를 제공하게 할 것을 법원에 청구할 수 있다(제403조 제7항, 제176조 제3항·제4항).

소수주주가 제소한 경우에 회사는 소송참가를 할 수 있는데(제404조 제1항), 이때 소송참가의 기회를 주기 위하여 지체 없이 회사에 대하여 소송의 고지를 하여야 한다(제404조 제2항). 회사의 이러한 소송참가의 법적 성격은 공동소송참가를 의미한다(대판 2002.3.15, 2000다9086).

소수주주가 제소한 경우 당사자는 법원의 허가를 얻은 경우에 한하여 소의 취하, 청구의 포기·인낙, 화해를 할 수 있다(제403조 제6항).

이사의 책임을 추궁하는 소가 제기된 경우에 원고와 피고의 공모로 인하여 소송의 목적인 회사의 권리를 사해할 목적으로 판결을 하게 된 때에는, 회사(소수주주가 원고인 경우) 또는 주주(회사가 원고인 경우이며, 여기에서의 주주는 소수주주에 한하지 않는다)는 확정된 종국판결에 대하여 재심의 소를 제기할 수 있다(제406조 제1항).

(6) 효과

대표소송은 제3자의 소송담당의 한 경우이므로, 원고인 주주가 승소하든 패소하든 판결의 효력은 당연히 회사에 미치게 된다(민사소송법 제218조 제3항).

원고인 소수주주가 승소하면 그 주주는 회사에 대하여 소송비용 및 그 밖에 소송으로 인하여 지출한 비용 중 상당한 금액의 지급을 청구할 수 있다(제405조 제1항 1문). 이 경우 소송비용을 지급한 회사는 패소한 이사 또는 감사에 대하여 구상권이 있다(제405조 제1항 2문). 반대로 주주가 패소한 경우에는 악의가 없는 한 비록 과실이 있다 하더라도 회사에 대하여 손해배상의 책임을 지지 아니한다(제405조 제2항).

5. 이사의 책임과 그 한계(이사책임완화론)

기업의 경영이나 사업이란 통속적인 잣대로 그 성패를 예측하기 어렵고 사실 그런 잣대도 없는 것이다. 첨단의 기술과 경영기법의 시대에는 기업의 경영과 이노베이션이란 고도의 전문성을 내포하는 것이기도 하다. 또 사업의 성공에는 수만 가지의 요소로 이루어진 환경적 뒷받침, 즉 '운'도 따라주어야 한다. 이런 기업활동의 타당성을 의회에서 만들고 사법부가 집행하는 법률이 판단할 수 있을 지는 의문이다. 우리나라에서 경영자 통제와 책임 논의가 과거 일부 우리나라 기업들의 잘못된 경영관행과 그로 인한 국가경제에의 해악이라는 지울 수 없는 그림자 때문에 지나치게 '경영자 때리기(bashing)'로 흐르는 점은 우려할 일이다. 여기서 경영자 책임완화론이 대두되게 된다.

경영자 책임완화론은 기업경영의 효율성과 그로 인한 성과를 높이는 데 목적을 두고 있으며 역설적이지만 경영자들의 책임 있는 경영을 더 장려하는 결과를 가져오는 것이다.

이를 반영하기 위해 2011년 개정상법은 상법 제400조의 '회사에 대한 책임의 면제'규정을 '회사에 대한 책임의 감면'으로 바꾸어 규정하였고, 제2항에서는 '회사는 정관으로 정하는 바에 따라 제399조에 따른 이사의 책임을 이사가 불법행위를 한 날 이전 최근 1년간의 보수액(상여금과 주식매수선택권의 행사로 인한 이익 등을 포함한다)의 6배(사외이사의 경우는 3배)를 초과하는 금액에 대하여 면제할 수 있다'는 내용을 신설하였다.

(1) 경영판단의 원칙(Business Judgement Rule)

1) 의의

미국에서 경영판단의 원칙은 법원이 이사 및 임원의 사업적 판단에 대한 사후적 타당성 심사를 자제한다는 원칙으로 이해되기도 하고 사업적 판단에 대한 이사 및 임원의 법적 책임을 면제 해 주는 원칙으로 이해되기도 한다. 그러나 경영판단의 원칙을 어떻게 이해하든 이는 이사, 임원들의 법적 책임을 완화해 주는 기능을 하게 된다. 이는 기업의 '실적악화'나 '사고발생'시 사후적으로 이사의 책임을 완화해 주는 장치이며 주로 소송절차에서 등장하게 된다.

이 원칙이 적용되기 위해서는 세 가지의 요건이 충족되어야 한다. 즉 이사는 ① 선의(good faith)로 행동하였어야 하고 ② 합리적인 수준의 정보에 입각하여 행동하였어야 하며 ③ 자신의 행동이 회사의 이익에 부합하는 것이라고 믿었어야 한다.

경영자에 의한 사업결정은 정보에 기하여 성실히 행해진 행위로서 회사에 대해 최선의 이익이 된다고 정직하게 믿고 행위 한다고 추정되는 것이다. 일반적으로 경영판단의 대상에 경영자의 개인적인 이해관계를 가지는 경우, 경영판단이 회사에 위법행위를 하게 하는 결정인 경우에는 경영판단원칙은 적용되지 않는다.

2) 판례

최근 들어 상법판례에는 '경영판단'이라는 개념이 많이 등장한다.

대판 2002.6.14. 선고, 2001다52407

금융기관의 임원은 소속 금융기관에 대하여 선량한 관리자의 주의의무를 지므로 그 의무를 충실히 한 때에야 임원으로서의 임무를 다한 것으로 된다고 할 것이지만, 금융기관이 그 임원을 상대로 대출과 관련된 임무해태를 내세워 채무불이행으로 인한 손해배상책임을 물음에 있어서는 임원이 한 대출이 결과적으로 회수곤란 또는 회수불능으로 되었다고 하더라도 그것만으로 바로 대출결정을 내린 임원에게 그러한 미회수금 손해 등의 결과가 전혀 발생하지 않도록 하여야 할 책임을 물어 그러한 대출결정을 내린 임원의 판단이 선량한 관리자로서의 주의의무 내지 충실의무를 위반한 것이라고 단정할 수 없고, 대출과 관련된 경영판단을 함에 있어 통상의 합리적인 금융기관 임원으로서 그 상황에서 합당한 정보를 가지고 적합한 절차에 따라 회사의 최대이익을 위하여 신의 성실에 따라 대출심사를 한 것이라면 그 의사결정과정에 현저한 불합리가 없는 한 그 임원의 경영판단은 허용되는 재량의 범위 내의 것으로서 회사에 대한 선량한 관리자의 주의의무 내지 충실의무를 다한 것으로 볼 것이다.

고법 2003.11.20. 선고, 2002나6595

삼성전자의 경영진이 이천전기를 인수하기 1년 전부터 미리 실무자로 하여금 중전사업에의 참여 필요성, 사업성에 관하여 검토하게 하고 이천전기의 재무구조 개선안, 향후 손익전망, 경영방침 등에 관하여 구체적으로 보고를 하게 한 점, 인수 가격결정을 위하여 수차례 협상과정을 거쳤던 점, 이사회 결의에 참석한 이사들은 실무자들이 작성한 '삼성전자의 중전사업 참여방안', '이천전기 재무구조 개선안' 등의 자료를 검토하는 한편, 최00으로부터 삼성전자가 중전사업에 참여할 필요성이 있고, 신규법인의 설립보다는 기존업체인 이천전기의 인수가 유리하며, 유상증자 및 단기 차입금의 장기저리자금으로의 전환 등을 통해 재무구조를 개선하고, 삼성전자의 경영인력을 투입하여 사업구조를 재편하는 등의 조치를 취한다면 조만간 흑자 전환이 가능할 것으로 판단된다는 설명을 들은 다음 이천전기의 인수가 삼성전자의 이익에 합치된다고 신뢰하여 인수결의를 하였던 사정 등에 비추어 보면, 당시의 이사들이 이천전기의 인수결정이 그 당시의 상황에서 경영판단의 재량권 범위를 넘는 것으로서 현저히 잘못된 것이라고 보기는 어렵다고 할 것이다.

3) 상법상 도입여부

우리 상법상 경영판단의 원칙을 도입할 것인가에 대하여 찬반의 견해가 나뉘고 있다. 경영판단의 원칙의 실체법적 이론은 이사책임의 근거가 되는 수임인의 선관주의의무의 해석론에 의해서도 도출될 수 있고, 이사들의 권한사항에 관해 이사들이 내린 의사결정에 합리적인 근거가 있고 회사의 이익을 위한 것이라는 믿음 하에 어떤 다른 고려에 의한 영향을 받지 아니하고 독립적인 판단을 통해 성실히 이루어졌다면, 이는 위임의 본지에 따라 선관주의의무를 충분히 이행한 것으로 회사의 손실은 불가항력적인 것이라고 추정하는 것이다. 또한 미국에서는 이 원칙이 단순한 실체법적인 의미이외에도 소송법적인 의미를 가진다고 볼 수 있다.

중요한 것은 '경영판단의 원칙'을 주식회사 이사의 책임에 관한 우리 상법의 구조에 어떻게 적용하여야 할 것인가 하는 문제이고, 이 법칙을 명문의 규정으로 상법에 도입하기 위해서는 미국에서 어떠한 과정을 거쳐 발전되어 왔는지를 연구함과 아울러 이 제도가 우리 상법의 틀 아래서 어떠한 기능을 할 수 있는 지를 검토하여야 하는 것이다.

(2) 임원책임보험

이사가 직무상 행위와 관련하여 소송을 당하고 패소하여 손해배상책임을 지는 경우 그를 보호해 줄 수 있는 것이 임원책임보험이다. 소송비용도 보호됨은 물론이다. 의도적인 위법행위나 사기 등 면책사유에 해당하지 않는 한 모두 보험에 부칠 수 있다. 보험료는 회사가 납부하고 '보험사고'가 발생하는 경우 회사가 보험금을 수령하기 때문에 임원책임보험료는 이사의 보수의 일부라고 해석되고 있다. 이 경우 주주총회의 승인 대상인 임원 보수의 한도에 산입되어야 할 것이다.

임원책임보험은 미국 기업들의 경우 대단히 광범위하게 활용되고 있으며 2002년 한 조사에 의하면 500명 이상의 주주가 있는 회사의 약 98%가 임원책임보험에 가입하고 있는 것으로 나타났다. 또한 1985년 트랜스유니언 판결 이후 보험회사들은 임원책임보험료를 대폭 인상하였는데 델라웨어주도 회사법을 개정하여 이사들이 재정적인 이해관계를 가지고 있지 않거나 그 밖에 충실의무를 위반한 바 없는 거래에서 회사에 발생한 손실에 대해서는 이사들을 면책하기로 하는 정관 규정을 허용해 주기로 하였다. 그 후 1990년까지 약 40개의 주가 델라웨어의 선례를 따라 이사들은 주의의무위반 책임에서 면제하는 정관을 허용하게 되었다.

6. 이사의 자본시장통합법상 책임(부실공시에 대한 이사의 책임)

증권신고서, 투자설명서, 사업보고서, 반기보고서, 분기보고서의 허위기재 또는 기재누락이 발생하는 경우, 자본시장법 제125조 제1항 및 제162조 제1항은, 당해 회사 이외도 ① 증권신고서, 사업보고서, 반기보고서, 분기보고서 제출 당시 발행인 또는 제출대상법인의 이사, ② 상법 제401조의2 제1항의 각 호의 어느 하나에 해당하는 자로서 그 신고서의 작성을 지시하거나 집행한 자도 손해배상 책임을 부담하도록 규정하고 있다. 또, 부실공시는 형사책임도 발생시킨다. 자본시장법 제444조는 "다음 각 호의 어느 하나에 해당하는 자는 5년 이하의 징역 또는 2억 원 이하의 벌금에 처한다. ~~중략~~ 13호는 다음 각 목의 어느 하나에 해당하는 서류 중 중요사항에 관하여 거짓의 기재 또는 표시를 하거나 중요사항을 기재 또는 표시하지 아니한 자 및 그 중요사항에 관하여 거짓의 기재 또는 표시가 있거나 중요사항의 기재 또는 표시가 누락되어 있는 사실을 알고도 제119조 제5항에 따른 서명을 한 자, 가목은 제119조에 따른 증권신고서 또는 일괄 신고 추가 서류~~"라고 규정하고 있다.

물론, 민사책임과 달리 형사책임을 묻기 위해서는 해당 이사 개개인의 고의가 입증되어야 한다. 이러한 자본시장법상 이사의 책임은 부진정연대책임으로 이해되어 있다. 대법원은 공동불법행위로 인한 손해배상의 범위는 피해자에 대한 관계에서 가해자 전원의 행위를 전체적으로 함께 평가하여 정해야 하고 일부 가해자의 고의가 없거나 경미한 과실만 있더라도 책임범위를 제한할 수 없다는 입장을 취하고 있다.

Ⅲ. 이사의 보수문제

우리 상법상 CEO를 포함한 사내이사들의 보수는 주주총회의 최종승인을 받아야 한다. 이는 이사의 충실의무의 한 표현이다. 그러나 주주총회는 총액에 대한 승인을 할 뿐이고 그 내용에 대해 심사하는 기능을 갖고 있지는 못하기 때문에 경영진에 대한 보수는 사실상 이사회에서 결정된다. 그리고 이사회에서 결정된다고는 하지만 사외이사들은 이 문제에 대해 적극적으로 관여하지 않는 경향이 있어서 경영진의 보수는 결국 경영진 자체에 의해 결정되는 경우가 많고, 업계 전체의 수준 등을 감안하여 총무나 기획부서 등 개별회사의 담당부서의 입안에 따라 그를 승인하는 과정을 거쳐 결정되는 것이 일반적이다. '총수'의 지배하에 있는 대규모 기업군들에 있어서는 회사의 실적과 개별 경영자들의 실적 등이 감안되어 대체로 회사별, 직급별, 직위별로 보수가 책정되게 된다.

미국 대기업들의 경우 보상위원회는 원래 천문학적인 보수를 통제하기 위한 목적에서 도입된 것이다. 충실의무위반을 이유로 한 주주들의 소송에 이르기 전에 그를 통제하려는 목적을 갖는다. 경영실적의 평가를 통해 그러한 보수가 정당성을 갖는지를 검토하는 것이 보상위원회의 주요 임무이다. 또한 이사 보수의 특수한 문제로서 적대적 M&A에 대한 방어조치의 일환으로 비자발적 퇴직의 경우 상당한 금액의 퇴직금이나 특별한 보수(위로금)를 책정하여 정관에 마련하는 기업들이 늘어나고 있는데 이 또한 경우에 따라서는 이사의 충실의무 위반 논란을 발생시킬 수 있을 것이다.

이사는 자신의 보수를 과다하게 책정하여 회사와 다른 주주들의 이익을 해할 수 있다. 이 문제는 우리나라에서는 아직 본격적으로 논의되고 있지 않으나 이사회가 이사의 보수를 결정하는 미국 등의 국가에서는 이사의 충실의무 논의의 핵심들 중 하나를 차지하고 있다. 우리나라에서 이사의 보수책정이 주주총회의 승인을 요하는 사안이기는 하지만 경영진의 보수는 실질적으로 대주주 경영자를 포함한 이사회가 결정하는 셈이므로 주주총회의 승인이라는 통제장치는 불완전한 것이다.

Ⅳ. 사외이사

1. 의의

사외이사란 회사의 임원이 아닌 이사, 또는 고용되어 있지 않은 이사를 의미한다. 즉, 전문적인 지식과 능력을 갖추고 경영실무를 담당하지 않으면서 업무집행기관으로부터 독립적인 지위에서 이사회의 구성원으로서 활동하는 이사라고 할 수 있다. 사외이사는 이사로서 상무에 종사하지 않는 자(유가증권상장규정 제2조 제12호) 또는 비상임이사(공기업경영구조개선 및 민영화에 관한 법률 제9조)로 지칭되기도 하나, 업무집행기관으로부터의 독립성 유무에 의해 사내이사와 사외이사를 구분하는 것이 적절하다. 즉 사외이사란 회사의 경영과 업무집행에는 직접 참여하지 않고 비상근으로서 이사회에 출석하여 회사의 경영에 대한 의사결정에 참가하는 이사라고 할 수 있다. 이에는 다른 회사의 경영인, 기관투자자의 대표자를 비롯하여 변호사, 공인회계사, 교수 등이 선임된다.

이에 비하여 사내이사란 상근으로 회사의 경영과 업무집행을 담당하고 있는 이사를 말한다. 사외이사는 이사회의 구성원으로서 상법상 이사에게 인정된 권한을 가지며 의무와 책임을 부담한다. 이러한 점에서 사내이사와 그 법적 지위의 면에서 차이가 없고, 다만 그 역할을 감안하여 법적 지위에 있어 몇 가지 다른 예외가 인정되고 있다.

종래에 이사회는 사내이사만으로 구성되어 형해화되기 쉬웠고 그 결과 회사의 경영은 지배주주의 독단에 의해 좌우되었다. 이러한 문제점을 해결하기 위해 경영감시장치로서 사외이사제도를 도입하였는데, 궁극적으로 이사회제도를 활성화하여 회사의 건전한 경영을 도모하고 주주와 채권자를 보호하고자 하는 것이 사외이사 제도의 취지이다. 이러한 제도적 취지에 비추어 볼 때 사외이사는 회사의 업무집행에 관한 중요한 의사결정이 이사회를 통해 이루어지도록 이사회를 활성화시키고, 경영이사가 적정하게 업무를 집행하도록 이사회를 통하여 감독권을 행사하여야 한다.

2. 요건

2011년 개정상법 제382조 제3항에서는 사외이사가 될 수 없는 소극적 요건을 열거하고 있다. 즉 ① 회사의 상무에 종사하는 이사·집행임원 및 피용자 또는 최근 2년 이내에 회사의 상무에 종사한 이사·감사·집행임원 및 피용자, ② 최대주주가 자연인인 경우 본인과 그 배우자 및 직계 존속·비속, ③ 최대주주가 법인인 경우 그 법인의 이사·감사·집행임원 및 피용자, ④ 이사·감사·집행임원의 배우자 및 직계 존속·비속, ⑤ 회사의 모회사 또는 자회사의 이사·감사·집행임원 및 피용자, ⑥ 회사와 거래관계 등 중요한 이해관계에 있는 법인의 이사·감사·집행임원 및 피용자, ⑦ 회사의 이사·집행임원 및 피용자가 이사·집행임원으로 있는 다른 회사의 이사·감사·집행임원 및 피용자 등이 이에 해당한다.

자본시장통합법(제25조 제1항)에 의하면 사외이사의 선임 및 이사회의 구성에 관하여 금융투자업자(자산규모 등을 고려하여 대통령령으로 정하는 금융투자업자를 제외한다)는 사외이사를 3인 이상 두어야 하며, 사외이사는 이사 총수의 2분의 1 이상이 되도록 하여야 한다.

*** 사외이사 독립성 문제 - 오라클 판결**

우리나라에서 사외이사제도의 기업지배구조가 본격적으로 논의되기 시작한 1994년부터 제도 개선의 핵심적인 위치를 차지해 왔다. 사외이사의 독립성확보와 선임절차는 기업지배구조 개선에서 중요한 의미를 갖는다. 그러나 법령이 사외이사의 자격요건을 상세히 규정하고 있음에도 불구하고 그 독립성이 항상 문제되어 왔는데 이는 자격요건이 친인척 관계와 경제적 관계위주로 규정되고 있다는 데도 그 이유가 있다.[2)] 이사회 구성원들 간의 사회적 · 인간적 관계가 그 독립성에 미치는 영향이 더 크기 때문에 이 문제는 베스트 프랙티스[3)]를 통해 개선해야 할 것이고 사외이사후보추천위원회의 기능제고에 더 많은 관심을 기울여야 할 것이다. 그리고 이사회 구성원들 간의 관계를 어떻게 설정할 것인지를 결정한 후에 집중투표제의 강제화를 논의하여야 할 것이다. 우리나라에서와 같은 문화적 · 사회적 배경 하에서 이사회 운영을 지나치게 경직된 형태로 하는 것이 현실적인지는 의문이며 오히려 '사외이사후보인선자문단' 같은 기구에 소수주주의 입장을 대변하는 위원을 포함시키도록 하거나 외국인 사외이사의 비중을 확대하는 것이 집중투표제의 강제화보다는 더 효과적일 것으로 생각된다.

아래에서는 사외이사의 독립성 판단에 관한 2003년 6월 17일자 미국 델라웨어 주 법원판결(In re Oracle Corp. Derivative Litigation)을 소개한다. 이 판결에서의 독립성 판단은 사외이사의 자격요건에 관한 일반적인 기준으로 바로 사용될 수는 없다 해도 이 판결은 회사법에 관해 최고의 권위를 가진 미국의 법원들 중 하나가 사외이사가 경영진으로부터 '독립적'이어야 한다는 것의 의미가 무엇인지에 대한 정확한 분석을 제공해 주었다는 점과 이 판결의 결과가 향후 대기업들의 이사회구성에 사실상의 영향을 미칠 것이라는 점 등에서 많은 논란의 대상이 되고 있다.

1) 주주대표소송과 특별위원회

주주대표소송이란 '회사'가 회사에 손해를 입힌 이사에게 그 손해를 회사에 배상하라고 제기하는 소송이다. 그런데 여기서 회사는 이사회를 통해 의사결정을 하고 경영진을 통해 행동하므로 결국 이사들이 동료이사 또는 CEO를 상대로 소송을 제기하는 형태가 되어 주주대표소송의 제기가 쉽지 않다. 우리나라 상법은 회사가 이사를 상대로 제기하는 소송에서 감사 또는 감사위원회가 원고가 되도록 하므로 주주들은 일단 감사나 감사위원회에 해당 이사를 상대로 소송을 제기하라고 요구하고 그로부터 30일 이내에 소송에 제기되지 않는 경우 직접 회사를 위하여 소송을 제기할 수 있게 하고 있다. 미국의 경우 우리나라의 주주대표소송보다 절차나 요건이 좀 복잡하기는 하지만 대체로 주주대표소송이 제기되는 구조는 위와 같다. 다만, 미국에서는 회사의 이사들이 경영판단의 원칙을 내세워 문제된 이사에 대해 소송을 제기하지 않으려는 경우가 많다는 차이가 있고 이 때문에 그를 평가하기 위한 판례법이 고도로 발달되어 있다. 여기서 발달한 실무가 이사회가 특별한 소위원회를 설치해서 주주대표소송에 대한 의견을 제시하게 하는 것이다. 이 위원회가 이사에 대해 소송을 제기하지 않는 것이 회사의 이익을 위한 최선의 방향이라는 결론을 내리면 회사는 소송을 제기하지 않기로 결정하게 되고, 그럼에도 불구하고 주주들에 의해 소송이 제기되면 법원에 그 소송을 기각해 달라고 청구하게 된다. 이러한 회사의 청구에 대한 미국 법원들의 태도는 각양각색이나 대다수 주의 법원들이 그를 무시하지 않는 태도를 취하고 있으며 델라웨어 주의 판례법은 법원이 그를 두 단계에 걸쳐 검토해야 한다는 원칙을 도입하였다. 1단계는 위원회를 구성하는 이사들의 선의(good faith)로 그러한 신청을 하였고 독립적(independent)인가를 판단하는 것이고, 2단계는 법원이 그러한 신청을 받아들일 것인지를 실질적으로 심사하는 것이다.(1981년의 Zapata Corporation V. Maldonado 판결에서 정립된 원칙).

이 사건에서도 오라클은 특별소송위원회(Special Litigation Committee)를 설치하여 이사 4인이 내부자거래를 했다는 이유로 제기된 주주대표소송에 대한 의견을 제출하도록 하였는데 위원회는 조사 후 법원에 주주대표소송을 기각해 줄 것을 구하였고 법원은 그를 배척하였다. 법원이 위원회의 청구를 배척한 이유는 위원회 멤버들에게 독립성이 결여되어 있다는 것이었다.

2) 사건의 배경

사건의 배경은 오라클의 이사들인 엘리슨, 헨리, 루카스, 보스킨 등 4인이 회사의 실적이 예상치에 미치지 못한다는 미공개 내부정보를 이용, 주식을 거래하여 회사와 주주들에게 손해를 발생시켰다 해서 제기된 주주대표소송이다. 오라클은 2002년 2월에 이 대표소송을 조사하기 위한 목적으로 위 위원회를 설치하고 이사회 멤버들 중 2인을 그 위원으로 선임하였다. 이들은 스탠포드대학교 컴퓨터공학부의 가르시아 몰리나 교수와 스탠포드 법대의 조셉 그룬트페스트 교수이며 두 사람 다 스탠포드대학교의 영향력 있는 학자이자 동창생들이다.

이 두 이사로 구성된 위원회는 심슨태처 & 바틀렛(Simpson Thacher & Bartlett)을 위원회의 법률자문역으로, 국가경제연구자문(NERA: National Economic Research Advisors)을 재무분석자문역으로 선임하여 위 대표소송에 대한 철저한 조사를 수행하였는데 위원회는 본문만 1,110페이지에 달하는 장문의 보고서를 작성하였고 보고서는 원고들의 주장에는 충분한 근거가 없기 때문에 대표소송은 중단되어야 한다는 결론을 내린 바 있다.

3) 판결의 요지

본 사건에서의 주요 논점은 위원회의 두 교수가 CEO와 다른 이사들에 대한 관계에서 독립성의 침해에 관한 것이었다. 오라클은 물론이고 엘리슨회장은 두 교수가 소속되어 있는 스탠포드대학교에 오랫동안 많은 액수의 후원을 해 온 바 있고 앞으로도 그러한 계획을 가지고 있는데 이러한 상황이 두 교수의 독립성을 침해할 수 있는 지가 쟁점이 되었던 것이다. 즉, 법률적으로는 독립성을 갖춘 사외이사들이 사회적 · 인간적 관계 때문에 독립적이지 못한 것으로 인정될 수 있는가 하는 대단히 어려운 문제가 여기서 다루어졌다. 법원은 위에서 언급한 2단계 심사원칙에 입각하여 위원회 위원들의 독립성을 우선 검토하였고 그에 대해 부정적인 결론을 내린 후 위원회의 대표소송 중단청구를 기각하였다. 법원이 위원들의 독립성을 인정 할 수 없다고 한 이유는 대체로 다음과 같다.

법원은 위원회가 그 독립성을 입증하지 못하였다고 판단하였다. 우선 법원은 두 교수가 대표소송의 피고 4인의 이사나 회사인 오라클, 나아가 회사와 이사들로부터 거액의 기부금을 받았고 앞으로도 받을 예정인 스탠포드대학교의 통제를 받는 지위에 있지는 않음을 인정하고, 또 문제의 대표소송이 계속된다 해서 두 교수의 성공적인 인생에 어떠한 장애도 발생할 일이 없음을 인정하였다. 그러나 법원은 같은 이사회에 소속된 형제의 가상 사례를 들면서 인간의 본성에 대한 고찰에 근거를 둔 고도로 심리학적인 분석방법을 이 사건에 적용하였다("The brothers are brothers …")[4]. 법원은 델라웨어 주의 법이 인간이 경제적인 동기에 의해서만 움직인다는 단산한 시각이 아니라 복잡한 사회적 · 심리적 제반 동기에 의해서 행동한다는 관점에 입각해서 해석되어야 한다는 견해를 피력하였다. 이는 이사들의 행동을 평가함에 있어서나 그 독립성을 판단함에 있어서도 마찬가지이다.

엘리슨 회장의 아들이 스탠포드대학교에 입학허가를 받지 못하였다는 사안에 대해 법원은 그러한 사실이 위원회가 엘리슨의 행동을 평가함에 있어 오히려 부정적인 영향을 미칠 수 있다고 보았는데 그 이유는 그러한 사실이 두 교수가 소속되어 있는 스탠포드 커뮤니티에게 주요 기부자인 엘리슨 회장을 두 번 상처받게 하지 않으려는 잠재적 동기를 유발시킬 수 있다는 것이었다. 또 대표소송의 피고들 중 한 사람인 보스킨 이사는 그룬트페스트 교수가 경제학 박사과정에 있을 때 그를 가르친 교수였다는 점, 그리고 그 후로도 학내 · 외의 다양한 활동을 통해 지속적인 인간관계를 유지하였다는 점 등도 그룬트페스트 교수의 독립성을 의심하게 할 만한 일이었다고 법원은 지적하였다. 법원은 그러한 사실이 그룬트페스트 교수로 하여금 통상적인 경우보다 더 개관적이고 독립적인 태도를 견지하게 할 수도 있지만 이러한 유형의 인간관계에서 발생하는 인간의식의 근저에 있는 성향은 그를 능가하는 힘을 가지고 있다는 시각을 제시하였다. 나아가 법원은 두 교수가 엘리슨 회장 및 오라클에 대해 부정적인 평가를 내리고 그 결과 스탠포드대학교가 재정적인 불이익을 받을 수 있는 잠재적인 가능성이 있다 해도 그 때문에 두 교수가 객관적인 태도를 상실할 것으로 여겨지지는 않는다고 하면서도 인간행동의 보편적인 특성에 비추어 보면 전형적인 수준의 양식을 가진 사람들이라면 자신이 속해 있는 커뮤니티에 로열티 의식의 영향을 받지 않을 수 없다고 말하고 있다. 여기에는 두 교수가 스탠포드대학교출신으로서 모교에 봉직하고 있다는 사실, 대표소송의 피고인 이사들과 학교를 통한 다양한 사회적 · 인간적 유대를 유지해 왔다는 사실 등도 고려요소가 된다는 것이다.[5]

4) 판결의 시사점

오라클 판결은 '일상적인 행동에 있어서 통상적인 영향'을 받는 개인적인 관계가 있다면 그 사외이사의 독립성 인정이 곤란하다는 메시지를 담고 있다. 물론 이 판결에서 제시된 독립성 기준은 주주대표소송을 중단시키기 위해 미국 기업들이 활용하는 소위원회의 독립성 판단에 국한되어 적용될 것이다. 그러나 대기업의 이사들이라면 항상 대표소송의 '위험'에 처해 있는 것이 현실이고 대표소송이 제기되면 사외이사들로 특별위원회를 설치해야 하므로 이 판결의 결과는 향후 미국 기업들의 이사회 구성에 큰 사실상의 영향을 미칠 것으로 보아야 한다.

사외이사의 독립성 강화가 전세계적으로 큰 과제로 대두되어 있는 현실에서 이 판결의 내용과 분석방향은 이사회의 구성과 관련하여 큰 시사점을 제공해 준다. 주식회사의 이사들 간의 관계는 어떤 것이어야 하는가에 대해 이 판결에 의하면 같은 학교출신들로만 채워지고 나아가 회사가 긴밀한 관계를 가지고 있는 학교의 교수들로 구성된 이사회를 보유한 기업들은 주주대표소송과 관련하여서는 불리한 위치에 놓이게 된다. 이는 법원에 절차중단을 신청할 수 있는 독립적인 특별위원회를 구성하기가 어렵기 때문이다. 실제로 이 판결에 대해 미국의 재계에서는 그렇다면 앞으로 이사회는 '서로 적대적이거나 서먹서먹한 관계에 있는 사람들로만 구성되어야 하는가' 라는 비판이 제기되기도 하였다. 그러나 이 판결에 대한 평가와 여기서 표명된 시각의 채택문제는 결국 이사회를 서로 냉정한 입장에서 '대립각을 세우는' 기구로 설정할 것인지, 아니면 '화합과 소통'이 지배하는 기구로 설정할 것인지에 대한 선택의 문제일 수도 있다. 미국에서 집중투표제에 대한 입법태도가 각 주마다 상이한 것도 이를 반영한다. 따라서 그에 대한 답은 각국의 경제적 · 사회적 상황에 따라 각각 달리 내려질 것이다.

사외이사의 독립성은 법령의 규정만으로는 만족스럽게 달성할 수 없기 때문에 결국에는 그 선임을 위한 장치가 중요성을 갖는다. 잘 정비된 선임장치가 없는 경우 CEO나 사내이사, 임원들을 통한 학연 · 지연, 기타 다른 인간관계 위주로 후보가 선정될 가능성이 높다. 우리나라 (구)증권거래법은 일정한 규모 이상의 기업들에게 사외이사후보추천위원회(Nominating Committee)를 설치하도록 하고 있다. 그러나 법령상의 사외이사후보추천위원회는 사외이사가 다수를 차지하는 '이사'들로 구성하도록 하고 있어서 특별한 의미를 갖는 장치라고 보기는 어려우며 오히려 국민은행 등에서 활용하고 있는 것과 같은 독립적인 신용을 가진 인사들로 구성된 사외이사후보인선자문단이 더 효과적일 것이다.

---

2) 예컨대 사외이사의 자격요건에 관한 법령들은 '회장과 친한 사람', '사내이사들 중 1인과 고등학교 동창생인 사람' 등을 결격요건으로 규정하고 있지 않다.

3) 이사회 운영의 베스트 프랙티스 리스트는 ① 이사들 간의 진솔하고 신뢰의 분위기를 조성 할 것: 이사들에게는 중요한 정보가 적시에 제공되어야 함. 이사들은 소위원회에 순환 소속되어 회사의 중요 임원들과 가까워질 수 있는 기회를 가지고 회사의 중요 사업장에 익숙해지도록 하여야 함. 이사회 내에 파벌이 형성되지 않도록 할 것. ② 공개적인 반대 입장표명을 할 수 있는 문화를 육성할 것: CEO는 공공연한 이사의 반대에 대해 부정적인 조치를 취하지 말아야 한다. 단순한 Yes Man을 기대해서는 회사의 재산과 명성을 위태롭게 하는 것이다. 이는 반역이 아닌 반대일 뿐이라는 점을 알아야 함. ③ 이사들의 고정적 역할의 탈피: 이사들로 하여금 다양한 역할을 하도록 하여 항상 전략적인 대안을 생각하게 하고 고정된 역할에 머물도록 하지 말 것. ④ 이사들이 임무수행에 책임감을 가지도록 할 것: 이사들 상호간에 업계의 동향을 탐지하고 회사의 발전에 중요한 외부 인사들과의 연계를 개발하는 등, 회사의 전략과 운영에 대해 논의해야 하는 임무를 부여할 것. ⑤ 이사들의 실적을 평가할 것: 회사 사업 운영의

3. 사외이사 선임방법

주권비상장법인의 경우는 사외이사의 선임이 강제되지는 않으나 정관으로 감사위원회를 설치하는 경우에는 그 위원회의 3분의 2이상은 사외이사이어야 한다(제415조의2 제2항). 자본시장통합법에 의하면 사외이사의 선임 및 이사회의 구성에 관하여 금융투자업자(자산규모 등을 고려하여 대통령령으로 정하는 금융투자업자를 제외한다)는 사외이사를 3인 이상 두어야 하며, 사외이사는 이사 총수의 2분의 1 이상이 되도록 하여야 한다.

그리고 다음 어느 하나에 해당하는 자는 금융투자업자의 사외이사가 될 수 없으며, 사외이사가 된 후 이에 해당하게 된 경우에는 그 직을 상실한다. 다만, 최대주주의 특수관계인을 적용함에 있어서 사외이사가 됨으로써 최대주주의 특수관계인에 해당하게 된 자의 경우에는 사외이사가 될 수 있다.(자본시장통합법 제25조 제1항, 제5항 참조)

1. 최대주주
2. 최대주주의 특수관계인
3. 주요주주 및 그의 배우자와 직계존비속
4. 해당 회사 또는 그 계열회사(「독점규제 및 공정거래에 관한 법률」에 따른 계열회사를 말한다. 이하 같다)의 상근 임직원이거나 최근 2년 이내에 상근 임직원이었던 자
5. 해당 회사의 임원의 배우자 및 직계존비속
6. 해당 회사와 대통령령으로 정하는 중요한 거래관계가 있거나 사업상 경쟁관계 또는 협력관계에 있는 법인의 상근 임직원이거나 최근 2년 이내에 상근 임직원이었던 자
7. 해당 회사의 임직원이 비상근이사로 있는 회사의 상근 임직원
8. 그 밖에 사외이사로서의 직무를 충실하게 수행하기 곤란하거나 해당 회사의

윤리성에 대한 이사들의 신뢰, 이사회 내 역할 및 토의 참가와 그 수준, 보고서의 신뢰성, 직업윤리, 대인관계 수준, 이사개인의 평판이나 이력, 창의적인 제안, 전체적인 에너지 등 전문지식 제반 측면에서 이사들을 평가할 것. 등이며 이는 예일대 소넌펠드 교수의 하버드 비즈니스 리뷰에 발표한 논문에서 제시된 사항이다.

4) 이 때문에 월스트리트 저널은 오라클의 이사들이 브룩스 브라더즈(Brooks Brothers)보다 더 밀접한 유대를 보유하고 있다는 표현을 사용하기도 했다.

5) 심지어 법원은 "too much vivid Stanford Cardinal red"라는 표현까지 사용하였다.

경영에 영향을 미칠 수 있는 자로서 대통령령으로 정하는 자

그리고 상법 제542조의8에서 상장회사의 사외이사는 제382조 제3항 각 호뿐만 아니라 다음의 어느 하나에 해당되지 아니하여야 하며, 이에 해당하게 된 경우에는 그 직을 상실하며 해당사유는, 1. 미성년자, 금치산자 또는 한정치산자 2. 파산선고를 받고 복권되지 아니한 자 3. 금고 이상의 형을 선고받고 그 집행이 끝나거나 집행이 면제된 후 2년이 지나지 아니한 자 4. 대통령령으로 별도로 정하는 법률을 위반하여 해임되거나 면직된 후 2년이 지나지 아니한 자 5. 상장회사의 주주로서 의결권 없는 주식을 제외한 발행주식 총수를 기준으로 본인 및 그와 대통령령으로 정하는 특수한 관계에 있는 자(이하 '특수관계인'이라 한다.)가 소유하는 주식의 수가 가장 많은 경우 그 본인(이하 '최대주주'라 한다.) 및 그의 특수관계인 6. 누구의 명의로 하든지 자기의 계산으로 의결권 없는 주식을 제외한 발행주식 총수의 100분의 10이상의 주식을 소유하거나 이사·감사의 선임과 해임 등 상장회사의 주요 경영사항에 대하여 사실상의 영향력을 행사하는 주주(이하 '주요주주'라 한다.) 및 그의 배우자와 직계 존속·비속 7. 그 밖에 사외이사로서의 직무를 충실하게 수행하기 곤란하거나 상장회사의 경영에 영향을 미칠 수 있는 자로서 대통령령으로 정하는 자로 사외이사의 결격사유를 규정하고 있다.

4. 권한 및 책임

사외이사는 이사회의 구성으로서의 ① 이사회의 소집권 및 참가권(제382조), ② 각종 소의 제기권(제328조, 제376조 제1항, 제429조, 제529조), ③ 검사인의 선임 청구권(제298조 제4항), ④ 주주총회의 의사록에 대한 기명날인권(제373조 제2항), ⑤ 대표이사에 대한 다른 이사 또는 피용자의 업무에 관한 보고요구권(제393조 제3항) 등을 갖고, 사외이사는 상법상의 이사이므로, 일반적 의무로서 ① 선관주의 의무(제382조 제2항), ② 충실의무(제382조의3)를 부담하며, 개별적 의무로서 ① 경업피지의무(제397조), ② 자기거래금지의무(제398조), ③ 손해위험보고의무(제412조의2) 등을 부담한다. 또한 사외이사는 이사와 마찬가지로 회사에 대한 책임(제399조), 제3자에 대한 책임(제401조), 대표소송(제403조) 등에 관한 규정의 적용을 받는다.

V. 위원회제도

1. 위원회의 근거와 권한

이사회는 정관에서 정하는 바에 따라 위원회를 설치할 수 있다(제393조의2 제1항). 이는 이사회 내에 각종의 위원회를 설치하도록 함으로써 이사회의 운영에 효율(예컨대, 이사의 수가 많고 각 이사의 사정으로 인하여 이사회를 빈번하게 개최하기가 곤란한 경우)을 기하고 의사결정의 객관성(예컨대, 경영진의 인사·보수 등과 같은 사항에 대하여 사외이사로 구성된 위원회에 위임하는 경우)을 확보하고자 하는 것으로 미국의 제도를 도입하여 1999년 개정상법이 신설한 것이다. 상법이 인정하는 이러한 위원회는 모든 주식회사가 강제적으로 두어야 하는 것은 아니고, 자율적으로 정관의 규정에 의하여 설치할 수 있다(상법 393조의2 제1항). 또한 이러한 위원회는 2인 이상의 이사로 구성되므로, 이사가 1인 또는 2인인 자본총액이 10억 원 미만인 주식회사(상법 383조 제1항 단서)는 성질상 이 위원회를 설치할 수 없다고 본다.

그 구성을 보면, 위원회는 2인 이상의 이사로 구성되는데(제393조의2 제3항), 다만 감사위원회는 3인 이상의 이사로 구성된다(제415조의2 제2항 본문). 이러한 위원회의 구성원인 이사가 법률 또는 정관에 정한 이사의 원수를 결한 경우에는 임기만료 또는 사임으로 인하여 퇴임한 이사는 새로 선임된 이사가 취임할 때까지 이사의 권리·의무가 있다(제393조의2 제5항, 제386조 제1항).

그 권한을 보면 이사회 내 위원회는 이사회의 하부조직으로서의 지위를 가지므로, 원칙적으로 이사회로부터 위임받은 업무에 대하여만 이를 결의할 권한을 갖는다. 그러나 이사회는 그의 권한을 모두 위원회에 위임할 수 있는 것은 아니고, 위임할 수 없는 권한이 있다. 즉 이사회는 ① 주주총회의 승인을 요하는 사항의 제안, ②대표이사의 선임과 해임, ③위원회의 설치와 그 위원의 선임 및 해임, ④ 정관이 정하는 사항에 대하여는 그 권한을 위원회에 위임 할 수 없다(제393조의2 제2항).

2. 위원회의 종류

위원회의 종류를 보면 참고로 미국의 예를 보면, 집행위원회(executive committee), 감사위원회(audit committee), 지명위원회(nominating committee), 보수위원회(compensation committee)등을 가진 회사가 많고, 회사에 따라서는 회사자금의 투자를 검사하고 자본의 수요와 분배를 검토하는 재무위원회(finance committee), stock-option위원회(stock-option committee), 연금위원회(pension committee), 공공정책위원회(public policy committee), 회사책임위원회(corporate responsibility committee) 및 환경위원회(environ-mental committee) 등을 두고 있고, 회사가 처한 상황에 따라 다르지만 보통 4~7개 정도의 위원회를 운영하고 있다. 그러나 일반적으로 대부분의 회사에서는 감사, 보상, 지명, 기업지배위원회 등은 반드시 구성하고, 이사회 소집사유가 많은 상황에 처해있는 기업들의 경우, 비상시의 신속한 의사결정을 하기 위해 집행위원회를 두고 있는 실정이다.

(1) 감사위원회(audit committee)

감사위원회는 일반적으로 가장 많이 채택되는 위원회로서, 뉴욕증권거래소, 미국증권거래위원회, NASDAQ 등의 기관들이 상장회사들에게 사외이사로 구성되는 감사위원회 설치를 요구하고 있기 때문이다. 감사위원회의 임무는 기본적인 감사업무에 대한 검토의무 외에, 때로는 회사의 정책과 영업계획, 실적에 대한 검토도 실시한다. 또한 정보시스템의 효율성을 평가하고 법률적인 사안들을 비롯하여 환경문제, 연금의 투자성과 등 폭 넓은 분야의 계획과 성과에 대해 다루기도 한다.

(2) 보수위원회(compensation committee)

보수위원회는 이사회 멤버 및 CEO의 봉급, 보너스, 스톡옵션, 연금등 모든 보상 및 공제프로그램의 승인에 대한 책임을 지고 있다. 이중에서도 특히 CEO를 비롯한 최고경영자들에 대한 보상문제는 그들이 직접결정하지 못하도록 하는 기능을 보수위원회의 가장 중요한 미션으로 삼고 있다. 보수위원회는 기업조직의 변화와 경영자 개발 프로그램을 검토하는 책임을 맡기도 하고, 때로는 이사회 멤버 혹은 고위직 집행임원의 교체문제를 논의하는데 중요한 역할을 수행하기도 한다. 보수위원회는 주로 기업경영의 경험이 없는 사외이사들로 구성되는 것이 일반적이다.

(3) 지명위원회(nominating committee)

지명위원회는 주주총회에서 선출될 이사회 구성원인 이사의 후보, 특히 사외이사 및 대표이사(CEO) 후보의 수배나 추천에 대한 책임을 맡고 있다. 지명위원회는 보통 CEO와 사외이사들로 구성된다.

(4) 집행위원회(executive committee)

집행위원회는 이사회가 열리지 않는 기간 중에 이사회를 대신하여 활동할 권한을 위임받고 있다. 그러므로 집행위원회는 전체이사회를 대신하여 많은 중요한 의사결정 사안을 신속히 처리하는 등 강력한 권한을 가지고 있다. 그러나 최근에는 이 위원회의 역할을 최소화하고 전체 이사회 기능을 제대로 발휘하기 위하여 전체 이사회, 임시특별회의, 원격회의 등을 소집하는 경향이 있다.

(5) 재무위원회(finance committee)

재무위원회 역시 과거에 비해 활동이 점차 줄어들고 있는 추세에 있다. 이유는 회사의 재무적인 문제들은 매우 중요하므로 전체 이사회의 구성원들이 재무적인 계획과 성과를 검토하고 평가하여야 하기 때문이다. 그러나 몇몇 회사들은 재무적 리스트럭처링, 신주발행 등의 특수한 문제를 신속히, 전문적으로 다루기 위해 그 권한을 위임하는 재무위원회를 구성하기도 한다. 또한 많은 투자프로젝트를 심도 있게 검토하여 전체 이사회에 부의하기 전에 충분한 검토가 이루어지도록 재무위원회를 구성하는 경우도 있다.

(6) 기업지배위원회(corporate governance committee)

기업지배위원회는 이사회 운영자체를 위해 구성되는 이사회의 사무국성격을 갖는 위원회이다. 이 위원회는 지명위원회에서 추천하는 복수의 새로운 이사후보자를 심사·선정하고, 이사회 규모, 이사의 정년 및 재임기간, 연간 회의 횟수, 기본적인 절차 등 이사회의 운영규정을 결정하며, 이사회 구성원에 대한 보상을 결정하며, CEO, 이사회 각 이사의 성과를 평가하는 임무를 갖는다. 이 위원회를 구성하는 기업은 점차 늘고 있으며, 이사회 기능의 활성화 및 운영의 효율화를 위해 필수적인 위원회라 할 수 있다.

3. 위원회의 책임

위원회의 회의에 관하여는 의사록을 작성하여야 하는데(제393조의2 제5항, 제391조의3 제1항), 이 의사록에는 의사의 안건, 경과요령, 그 결과, 반대하는 자와 그 반대이유를 기재하고 출석한 위원이 기명날인 또는 서명하여야 한다(상393조의2 제5항, 제391조의3 제2항), 주주는 영업시간 내에 위원회 의사록의 열람 또는 등사를 청구 할 수 있고(제393조의2 제5항, 제391조의3 제3항), 회사는 주주의 이러한 청구에 대하여 이유를 붙여 이를 거절 할 수 있는데, 이 경우 주주는 법원의 허가를 얻어 위원회 의사록을 열람 또는 등사할 수 있다(제393조의2 제5항, 제391조의3 제4항). 그리고 위원회의 운영에 관하여는 이사회의 운영에 관한 규정이 준용되며(제393조의2 제5항), 위원회는 결의된 사항을 각 이사에게 통지하여야 하는데, 이때 통지를 받은 각 이사는 이사회의 소집을 요구하여 그 결의를 번복할 수도 있다(제393조의2 제4항).

Ⅵ. 이사회 활성화 방안

1. 이사회에 대한 인식과 실무의 변화

1997년 외환위기 이전 우리나라 기업들의 이사회는 명목적인 기구인 경우가 대부분이었다. 특히 사외이사제도가 없는 상황에서의 이사회란 사내의 고위 임원들로 구성된 그룹이었기 때문에 최고경영자를 통제한다는 개념은 애당초 생소한 것이었다. 즉, 상법의 내용과 기업의 실무는 현저한 거리를 두고 있었다. 그 시기의 우리나라 기업 이사회는 일본의 이사회와 마찬가지로 오랫동안 회사에 봉직한 데 대한 보상으로 주어지는 직위인 이사(임원)의 타이틀을 가진 사람들의 모임이었고, 회사와 주주들에 대해 법률적인 책임을 부담하는 기구라는 인식은 그다지 널리 퍼

져있지 않았다. 이런 이유 때문에 이사회는 물리적으로 회합하는 경우가 드물었으며 상당수 기업의 이사들이 직인을 모두 대표이사실에 모아 보관해 두고 대표이사가 중요한 결정을 내리는 경우 이사회결의서가 필요하면 총무 직원들이 문서를 작성한 후 대표이사실에서 이사들의 직인을 날인, 서류를 만드는 것이 보통이었다. 그러나 IMF이후 기업지배구조 개편의 차원에서 이사의 법률적 책임의식이 확산되었고 사외이사 제도의 도입을 포함한 여러 가지 제도개혁의 결과 이사회의 구성과 운영에 획기적인 변화가 발생하게 되었다. 현재 우리나라 기업의 이사회에 대해서도 그것이 과연 법률이 상정하고 있는 모습의 것인가에 대해 의문이 없을 수는 없지만 최소한 7~8년 전의 상황과 비교해 보면 엄청난 변화가 일어난 것이다.

2. 이사회의 규모와 구성

회사의 이사회를 영어로는 Board of Directors라고 하는데, 그 어원은 주식회사의 원조국가인 영국이나 식민지 시절 미국에서는 회사의 사업을 감독하는 사람들이 정기적으로 회합을 할 때 당시 비싸고 제대로 된 가구가 귀하였던 탓에 톱질을 할 때 쓰는 작업대를 양쪽으로 놓고 그 사이에 긴 나무판자(board)를 걸쳐 임시 테이블로 사용하였다고 하는데, 이사회라는 말은 여기서 나온 것이다. 이사들은 테이블 주위의 불편한 의자에 앉았으나 이 그룹의 리더는 보다 나은 의자에 앉을 수 있었는데 이것이 이사회 의장을 체어맨(chair-man)이라고 부르게 된 이유이다.

이사회의 적정 규모에 대해 미국의 경우 이사 11인으로 구성된 이사회가 가장 보편적이라고 한다. 그러나 이사의 수가 많을수록 이사회의 효율성이 떨어지는 문제가 있음에 따라 미국에서는 7~9인 규모의 이사회가 가장 바람직하다고 평가되고 있다. 미국의 대기업을 대상으로 한 연구에 의하면 기업 가치와 이사 수는 반비례하며 이사 수가 7명 일 때 기업가치가 극대화된다고 한다. 최근 아메리칸인터내셔널그룹(AIG)이 20인의 이사로 구성된 이사회를 보유하고 있고 그중 9인이 내부이사라는 사실이 언론에서 비판적으로 다루어진 바도 있다. 실제로 기업지배구조 컨설팅 회사인 스펜서스튜어트(SpencerStuart)에 의하면 미국 대기업 이사회의 평균적인 규모는 1988년에 15인이었으나 1993년에는 13인, 1998년에는 12인으로 하향하는 추세를 보이고 있다. 1998년의 경우 가장 많은 수의 이사는 26인이었고 최소 규모의 이사회는 5인의 이사로 구성되었다 한다. 참고로 2005년도 우리나라 상장회사의 평균 이사 수는 6.19인 이었다.

독일에서도 감사위원회(Aufsichtsrat)의 규모가 대기업들의 경우 16인 또는 20인의 위원으로 이루어지고 있는 것이(독일의 경우 이는 법정 인원이며 종업원 대표들을 감사위원회에 반드시 포함시켜야 하기 때문에 감사위원회의 규모가 커진다) 미국이나 영국의 경제기업들에 비해 효율성을 떨어뜨리는 작용을 한다는 점이 지적되어 왔으며 12~14인 정도가 효율성 측면에서의 상한선이라는 의견이 지배적이라고 한다. 이와 관련하여, 독일에서는 종업원 대표들이 포함되지 않는 감사위원회 내 비공식적 협의기구가 많이 활용되고 있으며 그 법적인 타당성이 종종 문제되고 있다. 독일에서는 감사위원회의 종업원 대표 위원들이 회사의 경영정보를 종업원들의 이익을 위해 유출하거나 활용하는 사례가 많은 것으로 알려져 있다. 여기서 시사하는 점은 이사회의 규모가 커질수록 보안의 취약성이 증가한다는 것이다.

3. 이사회에 대한 평가

기업에 대한 이사회의 업무수행과 실적에 대한 평가를 주기적으로 이행하여 그 내용을 공시하는 방안을 검토할 필요가 있다. 즉, 미국에 있어서 이사회에 대한 평가는 1990년대에 들어와서 본격적으로 확산되기 시작하였고, 미국 1,000대 기업 중 CEO를 평가하는 시스템을 보유한 회사는 69%, 이사회 전체, 개별 이사를 평가하는 회사는 각각 25%와 16%에 이르렀다. 이러한 이사회에 대한 평가는 자체 평가가 주류를 이루기 때문에 평가에 사용되는 기준과 절차가 미리 공개되어야 한다.[6)]

참고로, 미국의 시사주간지 Business Week가 매년 발표하는 최고의 이사회와 최

6) 모토롤라(Motorola)가 사용하는 이사회 평가 설문에는 다음의 아홉 가지 질문이 가장 중요한 평가기준으로 그 서두에 제시되어 있다. 이 기준은 이사회 운영에 관한 기준으로도 사용될 수 있을 것이다.
① 차기 CEO의 선정에 이사회가 상당한 정도로 관여하는가?
② CEO를 평가하는 데 필요한 적절한 절차와 준비가 마련되어 있는가?
③ CEO의 평가에 필요한 정보가 충분히 갖추어져 있는가?
④ 회사의 장기 전략에 관하여 충분한 시간을 가지고 논의가 이루어지는가?
⑤ 회사의 사업방향 변경에 관한 제안이 이루어지는가?
⑥ 이사회 구성원 전원이 이해하는 비전과 미션이 있는가?
⑦ 예기치 못한 위기상황에 대처할 준비가 되어 있는가?
⑧ 회사의 전략과 사업목표를 평가하는 데 필요한 절차와 조직이 준비되어 있는가?
⑨ 실적 부진에 대해 효과적인 지적이 이루어지고 있는가?

악의 이사회 선정에 사용되는 평가기준[7] 은 독립성, 회사주식의 보유, 이사의 자질, 이사회의 활동 등으로 알려지고 있다.

4. 이사회 의장과 CEO의 분리

기업지배구조 평가기관들도 사장과 이사회 의장의 분리체제를 더 호의적으로 평가하며 영국의 권위 있는 캐드버리 보고서도 이사회 의장이 기업지배구조에서 차지하는 위치의 중요성에 비추어 CEO와는 분리 할 것을 권고한 바 있다. 캐나다의 기업지배구조위원회(Joint Committee on Corporate Governance)는 CEO와 이사회 의장의 분리를 토론토증권거래소의 상장요건에 포함시킬 것을 제안하기까지 하였다. 독일의 경우 감사위원회 위원이 경영위원회 위원을 겸임할 수 없으므로 감사위원회 의장은 회사의 경영진에 속하지 않는다. 그러나 CEO가 임기만료 후 감사위원회의 의장으로 자리를 옮기고 감사위원회와 경영진이 유기적으로 협조하는 관계가 설정되는 추세와 미국에서 CEO와 이사회 의장이 분리되는 추세는 이원적 이사회 제도를 채택하고 있는 독일(오스트리아, 스위스, 네덜란드 등)과 일원적 이사회 제도를 채택하고 있는 미국(영국)의 제도가 서로 수렴되어 가는 가장 좋은 증거로 인식되고 있기도 하다.

사장이 이사회 의장을 겸임하는 경우와 이사회 의장을 따로 두는 경우 각각 장단점이 있을 것이다. 그러나 이사회가 경영진의 업무집행을 감독한다는 취지를 강조한다면 양자를 분리하는 것이 더 바람직하다. 우리나라에서도 CEO와 이사회 의장

---

7) ① 독립성: 회사의 임원이거나 전직 임원이었던 이사의 수가 2인을 넘지 않을 것. 이사들은 회사와 거래관계가 없어야 하며 컨설팅이나 법률자문을 통한 수입을 얻지 않을 것. 감사위원회, 보수위원회, 인사위원회(nominating committee) 등 위원회는 사외이사로만 구성될 것.
② 회사주식의 보유: 각 이사들은 스톡옵션을 제외하고도 최소한 15만불 상당의 회사 주식을 보유할 것. 단, 신규로 선임된 이사의 경우에는 예외로 함.
③ 이사의 자질: 이사회는 최소한 1인의 사외이사를 회사의 핵심사업 분야에서 경험을 쌓은 인사로 할 것. 또 이사회는 최소한 1인의 사외이사를 최사와 같은 규모 회사의 CEO로 할 것. 본업을 가진 이사는 4개 이상의 회사에서 이사로 일하지 말 것. 본업이 없는 경우 7개 이상의 이사직을 갖지 않을 것. 각 이사는 최소한 75%의 이사회 출석률을 기록할 것.
④ 이사회의 활동: 이사회는 경영진의 참가 없이 정기적으로 회합하고 매년 자체 평가를 실시할 것. 감사위원회는 연간 최소한 4회 회합 할 것. 이사회는 CEO의 보수결정에 있어서 검소하여야 하며, CEO의 승계문제에 있어서는 냉정한 결정을 내려야 하고, 경영진의 감독을 성실히 이행하여야 하며, 회사에 문제가 발생시 신속히 행동하여야 함.

을 분리하도록 해야 한다는 의견이 많으며 은행의 경우 1999년에 이미 은행장이 이사회 의장을 겸임하도록 하는 은행법상의 관련 조항을 폐지하여 은행장과 이사회 의장을 분리할 수 있게 하는 근거가 마련된 바 있다. 이에 따라 대형 은행들의 경우 직전 은행장이 이사회 의장으로 취임하는 관행이 확산되고 있다. 다만, 은행들의 경우 합병과정에서 불가피하게 이사회 의장(회장)이 은행장과 분리되는 경우가 있을 것이다.

5. 이사회 운영의 전략

(1) 이사회 운영의 전략적 기초

미국식의 이사회 구성과 회사운영은 우리나라와는 다른 기업현실, 규제환경, 문화를 토대로 생성된 것으로서 우리나라 기업환경에서 성장한 기업들에게 쉽게 적용될 수 없는 점이 있으나 아래와 같은 점을 고려하면 적어도 장기적으로는 미국식의 모델에 의한 기업운영의 중요성이 나타날 것이다.

첫째로, 상장기업들은 국내외에서 다수의 외국인 투자자들을 보유하고 있고 그 비중은 앞으로 더 늘어날 가능성이 커지게 된다. 둘째로, 외국인투자자들의 주주권 행사의 편의 여부, 기업지배의 참여 용이성 여부 등은 기업의 국내시장에서의 주가에 영향을 미치게 되고 추가적인 자금조달의 성패를 좌우할 수도 있을 것이다. 셋째로, 상장기업이 외국의 증시(대개 미국)에 진출하는 경우 해당 스탠다드에 맞는 기업 내용의 공시와 기업운영이 필수적이다. 이들로부터 높은 평가를 받는 것은 상장기업의 금융비용을 낮추는데 대단히 중요하다고 보여진다. 넷째로, 당부를 떠나 현재 우리나라 정부의 개혁 프로그램과 여론은 미국식의 제도와 기업운영을 효율적이고 우수한 것으로 전제하고 있다. 따라서 국내의 평가에도 미국식의 기준이 지배적으로 사용되고 있고, 최근 엔론사건, 월드컴사건 등을 통해 미국 기업의 지배구조의 결함이 많이 노출되고 있지만 아직 영미식의 지배구조가 영향력을 완전히 상실한 것은 아니며 그 상대적 우수성에 대해서는 큰 의문이 없다. 또한, 상장기업은 성장할수록 소유와 경영의 분리를 전제로 발달되어 온 미국에서의 연구와 논의가 직접적으로 우리나라 상장법인에 적용 될 수 있다. 특히, 연기금 등 주요 기관투자자들이 직접 또는 투자신탁 회사들을 통해 간접적으로 큰 영향력을 보유, 적극

행사하고 있는 미국에서의 경험이 우리나라 상장기업들의 지배구조 개선과 운영에 상당부분 참고될 수 있다고 본다. 이상의 기준으로 이사회 운영의 전략적 기초가 마련되어져야 한다.

(2) 이사회 교육

이사회 교육에 관하여 우리나라에서도 상장, 등록회사의 이사, 임원들에 대한 지속적인 교육프로그램의 개발과 운영이 필요할 것이다. 특히, 사외이사들 중에는 기업의 경영과 자본시장을 접할 기회가 별로 없었던 다른 분야의 권위자들이 많을 수 있는데 이들을 위해 공개기업 이사의 역할과 책임, 기능, 그리고 자본시장의 윤리 등과 같은 내용을 소개하는 프로그램이 있다면 이들이 경영진을 효과적으로 감독하고 자본시장을 정화하는 데 기여할 수 있는 좋은 기회가 될 것이다.

(3) 최고경영자의 물색과 영입

기업에 있어서 이사회의 중요한 권리와 의무의 하나로 차기 최고경영자의 영입을 들 수 있을 것이다. 지배주주가 있는 회사의 경우 최고경영자의 영입작업에 있어서 이사회의 역할은 다분히 형식적인 것에 그치는 경우가 많으나 사회적으로 주목을 받는 기업의 경우나 소유와 경영이 완전히 분리된 기업의 경우 이에 관한 이사회의 역할은 실질적이다.

사실상 최고경영자의 영입을 위해서 이사회가 그에 필요한 작업을 하는 경우도 있으나 미국의 많은 기업들에 있어서 이사회는 이른바 '계승계획(Succession Planning)'의 의무를 지는 것으로 이해되고 있다. 왜냐하면 최고경영자가 회사의 운영이나 실적, 주가에 미치는 영향이 지대한 경우가 많은데 갑작스러운 사고나 질병, 사임 등으로 회사의 리더십에 공백이 생기는 경우에 대한 비상대책이 항상 마련되어 있어야 하기 때문이다. 이러한 경우 최고경영자승계를 둘러싸고 회사 내부에 갈등이 발생하거나 승계가 순조롭게 이루어지지 못하는 경우 회사의 주식이 일시적으로라도 저평가 될 수 있고, 경우에 따라서는 외부에 의한 적대적 M&A의 기회를 제공하는 결과가 나올 수 있다.

제 6 장 감독기관과 기업지배구조

I. 감사제도의 체계

오늘날 기업의 규모가 커지고 사업내용이 다각화되고 복잡화되면서 감사제도의 의미가 점점 더 증대되고 있다. 그리고 최근 기업경영의 투명성을 확보하기 위한 기업지배구조의 개선을 위한 논의과정에서는 효과적인 감독시스템을 구축하는 문제가 핵심적 과제로 등장하면서 감사제도에 대한 사회적 기대 또한 커지고 있다. 1962년 상법 제정 이후 단행된 수차례의 상법개정의 역사는 곧 감사제도 강화의 역사라고 할 정도로 감사제도는 상법개정의 중심적 과제가 되어 왔다. 그러나 감사제도의 실효성 확보를 위한 그간의 상법개정에서는 감사제도의 기능부진에 대한 문제의 본질을 정면으로 포착하는 작업은 이루어지지 못하였다. 따라서 수차례의 상법개정을 통하여 감사의 권한은 대폭 강화되었음에도 불구하고 감사제도에 대한 평가는 여전히 부정적이다. 상법상 감사기관인 감사는 독립적인 감사기관으로서의 위치가 제대로 확보되지 않고 있다. 감사의 독립성 확보와 관련하여 특히 중요한 것은 경영자와 감사의 인사제도이지만 이에 관한 상법의 규정은 미흡하다고 생각된다. 기업실무에서 감사기관의 인사는 피감사기관인 대표이사의 의도에 좌우되는 실정이므로 효과적인 감사를 기대하는 것은 무리일 것이다. 감사제도의 실효성 확보를 위해서는 감사와 경영자의 인사문제를 정면으로 포착하여 그 해결 방안을 모색하여야 할 것이다. 감사제도의 형성과정에서는 반드시 제도적 정합성만이 고려되는 것이 아니고 때로는 당시의 시대적 이데올로기나 기업문화에 의하여 제도 자체의 의미가 변질되기도 하였다. 감사의 실효성을 확보하기 위한 취지의 감사의 이사회의 출석·의견진술권은 오히려 감사의 지위를 이사화한 것으로 평가되고 있다. 상법상의 감사제도의 문제점을 그대로 방치 한 채 감사제도의 실효성을 논한다는 것은 사상누각이 될 수밖에 없을 것이다. 감사로 하여금 법률이 부여한 권한을 효과적으로 행사할 수 있는 감사환경을 정비하는 것이 요구되고 있는 시점이다. 감사는 경영자의 업무집행을 감시하는 일련의 과정이므로 감사의 실효성 확보를 위해서 가장 중요한 것은 적절한 감사시스템을 구축하는 문제일 것이다. 현행 감사제도가 정착되지 못하고 있는 원인의 하나는 곧 감사환경의 미비에 있는 것으로 판단된다. 이와 같이 감사제도의 운영에서 감사시스템을 중시하는 경우에는 감사의 주체가 감사인지 감사위원회인지는 그다지 중요하지 아니할 것으로 생각된다. 이하에서 효율적이고 효과적인 감사제도의 운영을 위한 감사환경의 정비와 감사제도의 기능제고를 위한 구체적인 방안을 모색하고자 한다.

1. 감사제도의 경쟁시대와 감사제도의 발전방향

(1) 글로벌경제시대에서의 감사제도

오늘날 정보기술의 발전과 국제회계기준의 정비 등으로 인하여 자본시장의 국제적 통합이 가속화되고 있다. 따라서 투자가는 국경을 초월하여 투자대상 기업을 물색하고 있으며 기업의 경우에도 국제적 자본시장에서 필요한 자금을 조달할 수 있는 시대가 되었다. 이러한 글로벌경제시대에서는 투자가의 신뢰를 받는 지배구조를 구축하지 아니한 기업은 국제적 자본시장에 참가할 수 없는 것은 물론이고 자국의 투자가로부터도 외면당하게 될 것이다. 특히 1990년대 이후에 증가하는 주식투자는 자본시장뿐만 아니라 간접적으로 회사의 활동에도 영향을 미치고 있다. 주주의 수가 급속도로 증가하면서 주주들은 단기적인 수익에 관심을 두게 되고 장기적으로 회사와의 관계를 지속하는 경우는 점점 줄어드는 현상을 보이고 있다. 이러한 현상은 회사의 경영에도 영향을 미치게 되므로 경영자는 회사가 아닌 자본시장에 대하여 책임을 지는 시대가 된 것이다. 이와 같은 기업활동의 국제화로 인하여 회사법의 국가적 경쟁과 시스템간의 제도적 경쟁의 시대가 도래한 것이다. 이러한 사정을 감안하면 국제적 자본시장, 특히 미국의 자본시장에서 자금조달을 하는 기업의 경우에는 오늘날 가히 글로벌 스탠다드라고 불리고 있는 미국 회사법의 모델에 입각한 일원제적인 지배구조를 구축할 필요성을 느끼게 될 것이다. 그러나 각국의 기업들은 각각의 지배구조를 가지고 효율성과 신뢰성을 경쟁하게 되므로 우리나라의 모든 기업이 일원제적인 지배구조로 선회할 필요는 없을 것이다. 주식회사제도의 발전과정에서 보더라도 보편타당한 기업지배구조는 역사상 존재한 적이 없으며 어느 나라의 입법자도 최상의 시스템이 어떤 것인지에 대해서는 아직까지 확실한 해법을 발견하지 못하고 있다. 주식회사제도 자체가 발전을 거듭하고 있는 미완성의 제도이므로 감사제도 또한 완전성을 기대하기 어렵다.

현행법상 감사위원회의 설치가 강제되는 대규모상장회사를 제외한 다른 회사의 경우 어떠한 제도를 선택할 것인지는 회사의 자유이다. 이런 의미에서 본다면 종래의 감사제도를 유지하고 있는 회사의 경우 투자가의 신뢰를 충족시킬 수 있는 제도적 정비가 되어 있는지를 검토하여야 할 것이다. 감사위원회제도는 종래의 감사제도가 기능을 발휘하지 못하고 있다는 전제에서 도입되었다. 종래의 감사제도를 폐지하고 모든 회사에 감사위원회제도를 도입하자는 주장도 있으나 아직 감사위원회제도의 실효성이 입증되지 아니한 상태에서 감사위원회제도를 모든 기업에 획일적으로 확대하는 것은 바람직하지 않다고 본다. 지금까지 감사제도의 강화를 위한 수차례의 상법개정은 있었으나 실효성 있는 감사제도의 운영을 위한 입법적 조치는 미흡한 상황이다. 따라서 종래의 감사제도에 대한 본질적이고 근본적인 개선작업이 요구되는 시점이다. 그리고 감사제도의 개선작업을 하는 경우 종래와 같이 단지 기업의 부정이나 비리를 방지하기 위한 목적을 위주로 하는 임시방편적 개정작업은 지양되어야 할 것이다.

(2) 제도간의 경쟁과 감사제도의 선택제

오늘날 감사제도는 두 가지 측면에서 제도간의 경쟁시대를 맞고 있다. 그 하나는 글로벌경제시대에서 국가 간의 회사법의 경쟁시대의 전면에 감사제도가 위치하고 있는 것이다. 다른 하나는 국내적으로 종래의 감사제도와 감사위원회제도간의 경쟁시대가 된 것을 의미한다. 감사위원회제도는 본래의 기능을 발휘할 수 있는 주변제도의 정비가 제대로 되지 아니한 채 도입되었다. 미국이나 일본의 경우와 같이 감사위원회제도가 제대로 기능할 수 있는 제도의 정비가 선행되어야 한다. 특히 현행 상법상의 이사회제도는 여전히 의사결정기능과 감독기능의 양면을 중시하고 있다. 이러한 전통적 모델에 입각한 이사회제도를 전제로 하는 한 감사위원회가 소기의 기능을 발휘하기에는 한계가 있다. 그리고 종래의 감사제도는 비록 그 기능상의 문제는 있으나 기업실무에서의 적응과정을 거치면서 진화하고 있다.

종래 감사제도는 수차례의 개정을 통하여 감사의 권한을 강화하였으나 그 기능이 발휘되지 않고 있다. 그러나 우리나라의 경우 업무감사권이 부여된 감사제도가 도입된 것은 20여년에 불과하고 또 감사제도가 기능할 수 있는 감사환경도 제대로 정비되지 않고 있는 점을 부정할 수 없다. 이러한 사정을 감안하면 종래의 감사제도의 무기능을 지나치게 비판하는 것은 바람직하지 않다. 이런 의미에서 종래의 감사제도가 가지고 있는 문제점을 제거하는 등의 제도적 결함을 치유하는 입법적 조치를 취할 필요가 있다.

감사위원회제도의 경우에도 제도적인 개선의 여지가 많다. 이를 보완하여야 할 것이지만 이 경우 입법자는 양 제도의 균형발전을 도모하는 것을 전제로 하는 개선작업을 하여야 할 것이다. 그리하여 감사에 의한 감사와 감사위원회에 의한 감사간에 제도적 경쟁을 통하여 궁극적으로 양 제도가 기업실무에서 정착될 수 있는 환경을 조성하여야 한다. 기업의 입장에서는 감사제도냐 감사위원회제도냐 하는 제도의 형식이 중요한 것이 아니고 기업외부의 시장 등 다양한 요인에 의한 영향을 의식하면서 어느 제도가 자신의 목적달성에 적합한 것인지를 선택하게 될 것이다. 따라서 어느 제도가 바람직한지에 대한 결정은 기업의 자율적인 선택에 맡기는 것이 합리적이다. 한 조사결과에 의하면 (구)증권거래법상의 의무설치회사를 제외하고 자율적으로 감사위원회를 설치한 회사의 수는 전체 조사대상 596개 회사 중에서 52개 사(5.2%)에 불과하다. 이런 점에서 볼 때 특정한 제도로 유도하기 위하여 특정한 제도에 대한 유리한 입법적 조치를 취하는 것은 바람직하지 않다고 본다. 그리고 (구)증권거래법에서는 회사의 업종이나 외국 자본시장에서의 자금조달여부 등을 고려하지 아니하고 회사의 자산규모라는 획일적인 기준으로 특정의 제도를 강제하고 있다. 물론 외환위기의 극복이라는 당시의 상황에서는 부득이한 조치였는지 모르겠으나 기업지배구조의 우열 여부에 대한 평가가 이루어지지 아니한 시점에서 어느 특정의 제도를 강제한 것은 합리적인 처사는 아니었다. 회사의 지배구조는 기업의 업종이나 규모 그리고 기업활동의 범위 등 여러 가지를 고려하여 기업자신이 선택하도록 하는 것이 합리적이다. 현행 감사제도가 정착되지 못한 원인의 하나는 기업규모를 불문하고 획일적인 감사제도를 강제하는 것에서도 찾을 수 있을 것이다. 영세한 규모의 폐쇄적인 회사와 상장회사 간에는 감사제도의 의미도 다를 것이다. 따라서 기업규모와 공개 여부 등을 기준으로 하여 감사제도에 대한 규제를 다르게 할 필요성이 있을 것이다.

2. 감사기관의 법적 지위의 강화

일원제적 기관구조를 취하는 회사법에서는 이사회가 회사운영의 중심축으로서의 기능을 수행하고 있다. 따라서 일원제의 경우에는 회사의 모든 권력은 이사회에 집중되고 있다. 미국의 이사회는 경영을 담당하는 집행임원의 인사권을 가지고 집행임원의 업무집행을 감독하는 기능을 중시하고 있다. 따라서 일원제의 경우 감사기관의 경영자에 대한 우위가 인정된다. 다른 한편 경영기관과 감사기관을 엄격하게 분리하는 이원제의 경우에는 회사의 내부권력이 이사회와 감사회라는 2개의 기관에 의하여 균점되고 있다. 그러나 이 경우 감사기관은 경영자의 인사권과 중요한 업무집행에 대한 동의권을 가지고 있으므로 사실상 감사기관의 경영자에 대한 우위적인 지위가 확보되고 있다. 이러한 독일식의 회사의 기관구조를 감사회중심주의라고도 한다. 이와 같이 일원제이든 이원제이든 감사기관의 업무집행기관에 대한 우위적인 지위가 확보되고 있다는 것은 공통적이다.

상법은 미국식의 일원제적인 이사회중심주의를 취하고 있다. 이사회는 업무집행기관인 대표이사의 인사권을 가지고 그의 업무집행을 감독하는 기관이다. 따라서 법정모델상의 기본구조에서 보면 감사기관인 이사회의 대표이사에 대한 우월적인 지위가 인정된다. 그러나 기업실무에서는 대표이사만이 업무집행을 담당하는 것이 아니고 이사도 업무집행을 하는 것이 관행화되어 있다. 이러한 실무관행에 의하면 이사는 곧 경영자로서의 기능을 수행한다. 그러나 상법은 경영자인 이사의 인사권을 주주총회에 부여하고 있다. 주주총회의 형해화 내지 무기능화 문제는 별론으로 하더라도 주주총회가 과연 경영자의 인사에 관하여 적절한 판단을 할 수 있을지는 의문이다.

독일이나 미국의 입법자는 우리 상법의 입법자와는 다른 견해를 가지고 있다. 즉 감사기관(독일의 감사회 내지 미국의 이사회)에게 경영자의 인사권을 부여하여 전문가적 입장에서 적임자를 인선하도록 하는 것이 일반주주들의 경우 보다는 합리적이고 효율적이라고 생각하는 것이다. 그리고 감사기관의 경영자에 대한 인사권은 효과적인 감독을 위한 가장 중요하고 기본적인 권한이라는 것을 인식하는 것이다. 다른 한편 주주총회에 경영자의 인사권을 부여하는 경우 주주들은 경영자의 무능 내지 부적격 사실을 알게 되면 의결권을 행사하는 대신에 주식을 매각하여 회사와의 관계를 정리하는 방법을 선택하거나 또는 회사명의로 주주들에게 투표권유를 하는 경우 주주들은 심리적으로 현 경영진에게 유리한 방향으로 투표를 하는 것이 일반적인 현상이라는 것이 문제점으로 지적되고 있다.

상법은 이사회와는 별개의 감사라는 독립적인 감사기관을 설치하여 이사의 업무집행을 감사하도록 하고 있으나 이사회와 감사의 관계를 병렬적으로 위치시키고 있다. 이에 따라 경영자인 이사의 인사권은 감사기관에 부여하지 아니하고 주주총회에 부여하고 있다. 경영자의 인사권을 가지고 있지 아니하는 감사기관은 일본을 제외한 다른 입법례에서는 유례가 없는 것으로서 변칙적이고 독특한 제도라고 할 수 있다.

감사기관의 업무집행기관에 대한 지위를 강화하여 업무감사의 실효성을 제고할 수 있는 가장 효과적인 방법은 감사기관에게 경영자의 인사권을 부여하는 것이다. 이는 곧 회사의 경영관리구조를 일원제와 이원제의 기본모델 중 어느 하나의 모델에 충실하게 접근하는 것을 의미하는 것이다. 즉 구체적으로는 집행임원제도의 도입을 전제로 이사회에게 경영자인 집행임원의 인사권을 부여하여 이사회를 감독기관으로 특화하는 방안과 독립적인 감사기관에게 경영자인 이사의 인사권을 부여하는 방안 등이 고려될 수 있을 것이다. 그러나 후자의 방안에 의한 경영관리구조는 곧 독일식의 감사회중심의 이원제로 전환하는 것을 의미하는 것이므로 현행법제하에서 그 실현 가능성은 매우 어려울 것으로 생각된다. 즉 독일식의 이원제가 제대로 작동되기 위해서는 그 전제로서 회사법을 비롯한 관련법제의 정비와 노동자공동결정제도의 수용 여부 등 이원제가 작동될 수 있는 사회적 기반에 대한 충분한 검증작업이 선행되어야 할 것이다. 이러한 선행작업이 전제되지 아니하는 현 시점에서 회사운영시스템을 감사회중심주의로 전환하는 것은 사실상 어려울 것으로 생각된다.

3. 감사기관의 위상제고 방안

(1) 이사의 해임청구권

감사기관의 위상을 제고하는 근본적인 방안으로서는 감사기관으로 하여금 경영자의 인사절차에 관하여 어떤 형태이든 관여할 수 있도록 하는 것이 가장 효과적일 것으로 생각된다. 그러나 독일의 경우와 같이 감사기관에 이사의 인사권을 부여하는 방안은 현행법제하에서는 곤란할 것이라는 것은 전술한 바와 같다. 따라서 그에 대한 대안을 모색하는 것이 현실적인 해법이 될 수 있을 것이다. 그 대안의 하나로서 감사에게 이사의 해임청구권을 부여하는 방안을 입법론으로 신중히 검토할 필요가 있을 것으로 생각된다. 감사에게 이사의 해임청구권을 부여하는 것은 감사의 업무감사권에 대한 자기완결적인 실효성을 확보하는 의미가 있을 것이다.

상법 제412조의3 제1항은 감사에게 주주총회소집청구권을 부여하고 있다. 감사의 주주총회소집청구권은 실제적인 의미는 별론으로 하더라도 감사의 이사에 대한 견제수단으로서 상징적인 의미는 있을 것이다. 특히 감사는 감사와 이사 간에 의견대립이 있는 경우 또는 주주총회의 결의가 요구되는 일정한 조치를 취할 필요가 있는 경우에는 주주총회의 소집을 청구하여 주주들로 하여금 최종적인 판단을 하도록 할 수 있을 것이다. 이런 의미에서 보면 감사의 주주총회소집청구권은 감사의 실효성 확보를 위한 가장 막강한 권한일 수도 있을 것이다. 그러나 학설은 감사의 주주총회소집의 사유와 관련하여 감사업무와 관련되는 경우에만 인정되는 것인지 아니면 소수주주의 주주총회 소집청구권의 경우와 같이 이사의 해임을 위한 소집청구도 가능한지에 관해서 대립하고 있다. 따라서 이를 입법적으로 해결하기 위해서는 감사에게 이사해임을 목적으로 하는 주주총회소집청구권을 명문화하는 방안을 고려할 수 있을 것이다. 중대한 위법행위 등 문제가 있는 이사의 신임 여부를 감사의 주도로 주주들의 판단에 맡기는 것은 의미가 있을 것이다.

(2) 감사(감사위원)선임시의 의결권행사제한규정의 폐지

상법 제542조의 12는 감사(감사위원)의 선임시 3%를 초과하는 주식에 대한 의결권을 제한하는 독특한 감사선임절차를 두고 있다. 상법에 의하면 발행주식의 3%를 초과하는 주식을 가진 주주는 그 초과하는 주식에 대해서는 감사선임결의에서

의결권을 행사할 수가 없다(제409조 제2항). 그리고 (구)증권거래법은 최대주주와 그 특수관계인의 주식의 합계가 위의 3%를 초과하는 경우 그 초과하는 주식에 대해서는 감사 또는 감사위원(사외이사가 아닌 위원)의 선임과 해임시에 의결권을 행사할 수 없도록 하고 있다(제191조의11 제1항). 감사선임결의시 의결권행사제한규정은 감사의 독립성을 확보하려는 취지로 1962년의 제정상법에서 도입된 독특한 제도이다. 상법과 같이 주주총회가 감사와 이사의 인사권을 독점하는 구조를 취하는 경우 지배주주는 이사뿐만 아니라 감사도 자신의 의향에 따라 선임할 수 있다. 그러나 이로 인하여 감사하는 자와 감사받는 자가 동일한 자 내지는 동일그룹에 의하여 선임되는 것은 이른바 동일 그룹의 이중대표 문제가 되므로 바람직하지 아니하다. 제정상법의 입법자는 이러한 이중대표를 차단하기 위하여 감사선임의 경우에 의결권행사의 제한규정을 둔 것으로 이해할 수 있다. 그러나 이로 인하여 상법은 이사와 감사의 선임절차 공히 다른 입법례에서 찾아보기 어려운 제도를 두게 된 것이다. 경영자인 이사선임제도의 정합성 문제는 외면한 채 감사선임의 경우에 지배주주의 영향력을 배제하려고 한 입법자의 인식에는 문제가 있다. 이러한 입법자의 인식의 저변에는 지배주주 내지 그의 대리인은 당연히 경영을 담당할 것을 암묵의 전제(暗黙의 前提)로 깔고 있는지도 모른다. 이러한 법의 정신에 따라 우리나라의 기업풍토에서 대주주는 경영능력의 유무를 불문하고 대표이사·사장이 되어서 기업경영을 지휘하려고 하는 등 경영권에 집착하는 것이 일반적인 현상이다. 그리고 상법 제409조 제2항은 기업의 경영능력은 없으나 감독권이라도 행사하고자 하는 대주주까지도 자력으로 감사로 선임되는 것을 제도적으로 봉쇄하고 있다. 이는 결과적으로 감사제도의 발전을 지체시키거나 저해시키는 요인으로 작용될 수도 있다. 상법은 독일법계의 감사제도를 계수하였으나 감사제도의 운용은 독일의 경우와는 반대로 하고 있다. 기업실무에서 감사(감사위원)의 인사는 실질적으로 대주주에 의하여 이루어지고 있으므로 의결권행사제한규정의 규범력은 사실상 그 의미를 상실하고 있다. 그리고 최근에는 당초의 입법취지와는 달리 의결권행사제한규정은 소수주주 개인의 경제적 목적이나 M&A 목적 등으로 이용되거나 또는 종래의 감사대신에 감사위원회의 설치를 유도하는 계기로 이용되기도 한다.

이사와 감사가 모두 지배주주에 의하여 선임되는 것은 이중대표의 문제 등 여러 가지 문제가 있다. 그러나 이 문제를 의결권행사를 제한하는 규정에 의하여 해결하려는 것은 바람직하지 않다고 생각한다. 따라서 당초의 입법취지가 반영될 수 있는 다른 대안을 모색하는 것이 바람직할 것이다. 입법론으로서는 후술하는 바와 같이 복수감사제에 의한 감사희를 법제화하는 것을 전제로 하여 감사선임의 경우에 집중투표제를 도입하는 방안을 고려할 수 있을 것이다. 우리나라에서는 이사선임시에 집중투표제를 도입하고 있으나 별로 활용되고 있지는 않다. 원래 집중투표제는 감사기관의 구성원의 선임의 경우에 의미가 있는 제도라고 생각된다. 집중투표제의 모법인 미국의 경우에도 감사기관인 이사회의 구성원인 이사선임시에 적용되는 것이다. 그러나 업무집행기능을 중시하는 전통적 이사회제도를 취하고 있는 현행 상법이 이사선임 시에 집중투표제를 도입한 것은 약간의 문제가 있다. 감사선임 시에 집중투표제를 도입하게 되면 경영으로부터 배제된 소수파주주의 대표가 감사로 선임될 수 있는 가능성이 있으므로 이중대표의 문제도 해결될 수 있다. 감사제도의 연혁적 배경에서 보더라도 감사는 주주의 이익보호를 주된 목적으로 하는 기관이다. 따라서 감사는 주주들의 신뢰와 지지의 기반을 전제로 하는 경우에만 그 지위가 실질적으로 향상될 수 있을 것이다.

4. 감사(감사위원)의 인사제도의 개선방향

(1) 감사(감사위원)의 인사의 현상

상법제정 이후 이루어진 수차례의 상법개정을 통하여 감사의 권한은 크게 강화되었다. 특히 주주총회소집청구권(제412조의3), 이사에 대한 영업보고요구권 및 회사업무·재산상태조사권(제412조 제2항), 이사의 위법행위유지청구권(제402조), 회사와 이사 간의 소송에서의 회사대표권(제394조) 등의 감사의 권한은 이사의 업무집행에 대한 영향력을 행사할 수 있는 강력한 의미를 가지는 권한이라고도 할 수 있을 것이다. 그러나 기업실무에서의 감사의 이러한 권한은 효과적으로 행사되지 못하고 있는 실정이다. 가장 큰 원인의 하나로서는 감사의 경영자에 대한 독립성을 약화시키는 결과로 작용하고 있는 감사의 인사제도를 들 수 있을 것이다.

상법상 감사는 주주총회에서 선임·해임된다(상법 제409조 제1항). 그러나 감사의 인사권을 가지고 있는 주주총회의 기능이 형해화되고 있으므로 주주총회는 이사회가 제출하는 감사선임에 관한 의안을 형식적으로 승인하는 역할을 담당하고 있는 실정이다. 따라서 감사의 인사는 피감사기관인 이사회와 대표이사에 의하여 사실상 결정되는 것이 기업실무에서의 일반적인 관행이라고 할 수 있을 것이다. 이러한 상황에 비추어 보면 자신의 인사권을 실질적으로 장악하고 있는 대표이사의 업무집행에 대하여 감사가 법이 부여한 권한을 엄정하게 행사할 것을 기대하는 것은 무리일 것이다. 이는 감사위원의 경우도 크게 다르지는 아니하다. 즉 사외이사의 선임도 실질적으로 대표이사 사장에 의하여 이루어지고 있는 실정이므로 사외이사의 사외성에 의한 독립성을 확보하고자 한 당초의 입법취지는 퇴색되고 있다. 따라서 감사제도를 효과적으로 운영하기 위해서는 감사의 독립성을 저해하는 요인을 제거하여야 한다.

(2) 인사제도 개선을 위한 입법론

현행법상의 감사의 인사제도의 문제는 이사회 내지는 대표이사가 자신들의 업무집행을 감사하는 자를 자유롭게 선택할 수 있다는 점이다. 다른 입법례의 경우에도 경영자의 경우와는 달리 감사의 인사권은 주주총회에 부여하는 것이 일반적이다. 그러나 감사선임에 관한 의제제안권이나 의안제안권을 이사회에 부여할 것인지 아니면 감사기관에 부여할 것인지는 각국의 사정에 따라 다르다. 감사선임에 관한 의제제안권을 이사회에 부여하는 것에 대해서는 별다른 문제는 없을 것이다. 그러나 의제의 구체적인 내용, 즉 누구를 감사로 선임할 것인가라고 하는 구체적인 의안을 피감사기관인 이사회가 제안하는 것은 문제가 있다. 현행법상 감사제도가 유효하게 기능하지 못한 가장 큰 원인의 하나는 바로 이러한 감사의 인사제도에 있는 것으로 생각된다. 감사를 받는 자가 감사를 하는 자의 인사에 관여할 수 있다는 것은 제도적인 결함이자 동시에 논리적으로도 모순적인 제도라고 할 것이다.

따라서 감사의 인사절차와 관련하여 가장 중요한 것은 주주총회에 감사선임에 관한 의안제안권을 누구에게 부여할 것인지의 문제이다. 이에 관해서는 다양한 방법이 선택될 수 있을 것이다. 즉 ① 이사회가 감사선임에 관한 의안제안권을 행사하도록 하는 제도이다. 이는 우리 상법이 채택하고 있는 제도로서 감사의 인사와 관련하여 감사기관의 의사는 전혀 고려대상이 되지 아니한다. ② 이사회가 감사선임에 관한 의안제안권이 있으나 그에 대한 감사기관의 동의를 얻도록 하는 제도이다. 따라서 이 경우 감사기관은 이사회의 감사선임의안에 대하여 거부권을 행사할 수 있다. 이는 일본 회사법이 취하고 있는 방식이다(일본회사법 제343조 제1항, 제3

항). ③ 감사기관만이 감사선임에 관한 의안제안권을 행사하도록 하고 이사회는 감사의 인사와 관련해서는 아무런 권한을 행사할 수 없도록 하는 제도이다. 이는 독일 주식법이 채택하고 있는 제도이다(독일주식법 제124조 제3항). 독일 주식법이 이사회의 감사선임에 관한 의안제안권을 배제하고 있는 취지는 이사회가 자신을 감독하는 자의 선임에 영향력을 행사하는 것을 차단하기 위한 것이다.

이와 같이 감사선임절차와 관련하여 여러 가지의 선택가능성이 열려 있다. 우리나라의 경우에는 그중에서 감사를 하는 자인 감사의 인사절차가 감사를 받는 자인 대표이사·사장에 의한 영향력 행사가능성이 가장 큰 제도인 ①의 방식을 채택하고 있다. 감사선임에 관한 이러한 현행 상법상의 제도적 결함 내지는 모순을 제거하지 아니하고는 감사의 권한을 아무리 강화하여도 감사에 의한 업무감사의 실효성은 기대하기가 어려울 것이다. 감사의 인사절차에 관한 위의 선택지 중에서 가장 이상적인 제도는 감사기관만이 감사선임에 관한 의안을 제출할 수 있도록 하는 ③의 방식이다. 그러나 이 제도를 채택하기위해서는 그 전제로서 복수감사제와 감사회제도의 법제화가 선행되어야 할 것이다. 따라서 현행법제하에서 고려할 수 있는 것은 ②의 방식일 것이다. 외감법은 외부감사인의 선임과 관련하여 이와 유사한 제도를 인정하고 있다. 즉 외감법 제4조에 의하면 외부감사인을 선임하는 경우에는 감사(감사위원회)의 승인을 얻도록 하고 있는 것이다.

5. 감사·감사위원회의 권한의 재분배와 조정

(1) 업무감사권의 범위 문제

감사의 업무감사권의 범위와 관련하여 적법성감사설과 타당성감사설이 대립하고 있으나 통설은 원칙적으로 적법성감사설을 취하고 있다. 감사의 업무감사권의 범위에 대해서 학설이 첨예하게 대립하는 원인으로서는 감사의 경우에는 타당성감사의 기초가 되는 이사의 인사권이 없다는 점과 감사 업무집행에의 개입을 배제하기 위한 점을 들 수 있다. 그러나 감사의 직무를 순수한 감사에 그치게 하여 업무집행에 전혀 관여할 수 없도록 하는 것은 결국 형식적인 감사를 요구하는 것과 다를 바가 없다.

현행 상법상의 감사제도는 19세기에 입법화된 것으로서 감사가 스스로 조사를 하고 감사하는 것을 예정하고 있다. 그러나 비교적 최근의 제도인 감사위원회제도는 감사위원회가 경영자의 업무집행을 스스로 감사하는 것이 아니라 내부통제시스템을 통하여 감사하는 것을 전제로 하는 것이다. 내부통제시스템은 업무집행의 적법성과 타당성 양자를 감시하기 위한 감시시스템이므로 일반적인 내부통제시스템의 구축과 운용이 입법화되는 경우에는 감사위원회의 업무감사의 범위와 관련하여 적법성감사와 타당성감사의 구별은 의미가 없을 것으로 생각된다.

다른 한편 최근에는 업무감사의 실효성을 도모하기 위하여 내부통제시스템의 구축·운용 등에 대한 감사(監査)를 감사(監事)의 업무감사의 대상으로 이해되고 있다. 따라서 감사의 경우에도 내부통제시스템이 유효하게 기능하고 있는지의 여부를 감시하고 검증하여야 할 의무를 부담하는 것이다. 그리고 감사가 내부통제시스템이 유효하게 기능하고 있는지의 여부를 감사하기 위해서는 내부통제시스템의 구성요소의 하나인 모니터링기능을 담당하는 내부감사부서와의 긴밀한 제휴를 토대로 내부감사부서를 활용하는 것이 효과적이다.

이와 같이 감사가 내부감사부서와의 제휴를 통하여 내부감사부서를 활용한다는 것은 곧 감사의 경우에도 업무집행라인에 접근할 수 밖에 없음을 의미하는 것이다. 이러한 감사환경의 변화의 추이에서 보면 감사의 직무를 종래와 같이 순수한 감사업무로 한정하거나 감사의 업무감사의 범위를 적법성 감사로 제한하는 것이 바람직한지는 의문이다. 이에 대하여 기업실무에서는 학설과는 달리 업무감사의 범위를 둘러싼 문제에 대해서는 그다지 예민한 반응을 보이지 않고 있다. 설문조사결과를 보더라도 감사의 중점적인 감사분야는 내부통제시스템분야가 27.4%로 가장 비중을 많이 차지하고 있으며 그 다음으로 경영타당성 분야가 21.9%에 달하고 있다.

기업실무에서 감사업무를 수행하고 있는 감사에게 업무감사권의 범위와 관련하여 타당성의 영역에는 조금도 들어가지 말고 위법성 여부만을 판단하도록 요구하는 것은 마치 '피는 한방울도 흘리지 말고 1파운드의 살만을 베어가라'고 한 '베니스 상인'에서의 포샤 판사의 논리를 강요하는 것과 다를 바가 없을 것이다.

(2) 이사의 자기거래의 승인권

상법상 회사와 이사 간의 거래에 대한 승인기관은 이사회이다(제398조). 이사가 회사와 거래를 하게 되면 이사 개인의 이익이 우선시되고 회사의 이익이 무시될 우려가 있으므로 이를 이사회의 승인을 얻도록 한 것이다. 이사의 자기거래에 대한 승인기관은 구상법 하에서는 감사이었으나 상법 제정시에 이사회제도를 도입하면서 이사회의 권한으로 한 것이다. 이사와 회사 간의 거래를 이사회에서 승인 받도록 하는 것은 당연한 것이며 독일법의 경우가 대표적이다. 이에 대하여 미국의 경우에는 이사회 이외에 별개의 감사기관이 존재하지 아니하므로 이사의 자기거래의 승인권을 이사회에 부여할 수 밖에 없다. 이런 의미에서 감사에게 업무감사권을 부여한 1984년 상법개정 이후에는 이사의 자기거래의 승인권을 감사에게 이관하였어야 할 것이다. 이사의 자기거래의 승인여부는 경영판단의 문제에 속한다는 전제에서 이사회를 승인기관으로 한 것이라는 주장은 설득력이 약하다. 이사의 자기거래는 회사와 이익간의 충돌이 생길 우려가 많은 분야이므로, 경영판단의 문제를 우선할 것이 아니라 거래의 공정성의 확보문제로 접근하여야 할 것이다. 거래 당사자와 동료관계가 아닌 중립적인 입장에 있는 감사기관으로 하여금 승인여부를 판단하도록 하는 것이 제도의 취지에도 부합된다. 그리고 감사를 승인기관으로 하는 경우에는 감사의 이사에 대한 지위가 실질적으로 향상될 수 있는 부수적인 효과도 있을 것이다. 따라서 이사의 자기거래의 승인권은 감사회를 법제화하는 것을 전제로 하여 재검토 하는 것이 좋다고 본다.

(3) 감사의 이사회소집청구권 문제

2011년 개정상법 제412조의4는 감사기능의 실효성을 확보하기 위하여 감사에게 이사회 소집청구권을 부여하고 있다. 감사기관에게 이사회의 소집청구권을 부여하는 입법례는 일본 회사법을 들 수 있다. 즉 일본은 1981년 상법개정시에 감사의 이사회의 소집청구권을 명문화하였으며 현행 회사법에서도 이를 계승하고 있다(회사법 제383조 제2항, 제3항). 감사에게 이사회소집청구권을 부여하는 취지는 감사로 하여금 이사의 위법행위를 이사회에 보고하도록 하여 이사회의 감독권의 발동을 촉구하도록 하기 위한 것으로 이해된다.

현행 감사제도는 비교법적으로는 감사제도의 기본모델의 어느 것에도 속하지 않는 절충적이고 변칙적인 제도라고 할 수 있다. 그리고 그동안 상법은 감사제도의 실효성을 확보하기 위하여 일본상법상의 제도를 무비판적으로 수용한 면이 없지 않다. 상법은 이사회와 감사라는 2개의 업무감사기관을 설치하고 있으나 감사의 이사회소집청구권은 업무감사와 관련하여 이사회에 의한 업무감사의 우월적인 지위를 전제로 하는 것으로 볼 수 있다. 즉 상법상 업무감사권의 실효성은 궁극적으로는 감사에 의해서가 아니라 이사회에 의해서 확보되도록 하는 것을 전제로 하고 있는 것을 의미하는 것이다. 감사의 실효성을 확보하고 감사제도의 정착을 위해서는 감사로 하여금 자기완결적인 감사기능을 수행할 수 있는 권한을 부여하여야 할 것이다.

감사기관이 올바르게 위치하고 있는 입법례를 보면 경영자가 감사기관의 회의에 출석하여 업무집행상황에 대해 설명을 하거나 의견을 진술하도록 하고 있는데, 우리나라와 일본의 경우에는 감사에게 이사회의 출석·의견진술권을 부여하여 감사를 이사화하고 있다. 그리고 감사에게 이사회의 소집청구권을 부여하는 것은 이러한 감사의 이사화를 더욱 공고히 하는 것으로 볼 수 있다.

(4) 감사위원회의 결의에 대한 이사회의 번복결의의 제한

감사위원회는 이사회 내부의 위원회이므로 감사위원회는 결의된 사항을 각 이사에게 통지하여야 한다. 그리고 상법 제393조의2 제4항에 의하면 통지를 받은 각 이사는 이사회의 소집을 요구하여 이사회로 하여금 감사위원회가 결의한 사항을 다시 결의할 수 있다. 그러나 감사위원회의 결의에 대하여 이사회가 번복결의를 하는 것과 관련해서는 감사위원회제도의 도입취지에 반한다는 이유로 많은 비판이 제기되었다. 이에 2009년 개정상법에서는 감사위원회의 이사회에 대한 독립성을 확보하기 위하여 예외적으로 감사위원회의 결의에 대해서는 이사회가 번복결의를 할 수 없도록 하고 있다(제415조의2 제6항). 감사위원회에 의한 감사기능의 실효성을 확보하기 위해서는 업무감사와 관련된 감사위원회의 결의에 대해서는 예외적인 규정을 둘 필요가 있을 것으로 생각된다.

6. 감사체제의 정비

(1) 문제의 소재

입법자는 그동안 주로 감사의 개별적인 권한을 강화하는 방법을 통하여 감사제도의 실효성을 확보하고자 하였다. 이에 대하여 감사가 법률이 부여한 권한을 효과적이고 효율적으로 행사할 수 있는 감사체제를 정비하는 문제에 대해서는 소극적인 편이었다. 감사제도의 정착을 위해서는 실효성있는 감사업무를 수행할 수 있는 감사체제를 구축하여야 할 것이다. 감사체제의 정비를 위하여 우선 복수감사제의 도입과 감사회제도의 법지화가 이루어져야 할 것이다. 이러한 감사체제의 정비는 기업의 입장에서는 부담으로 작용할 수 있을 것이라고 생각된다. 그러나 일정한 규모의 상장회사의 경우 효과적인 감사제도의 운영은 곧 감사제도에 대한 이해관계자의 신뢰로 이어질 것이다. 특히 오늘날의 글로벌경제시대는 지배구조의 경쟁시대이며 감사제도는 경쟁의 중심에 위치하고 있다. 이에 대해 효율적이고 효과적인 감사제도의 운영을 위한 감사체제의 정비에 관해 개선방안을 모색하기로 한다.

(2) 복수감사제의 도입과 감사회의 법제화

1) 복수감사제의 도입

현행법상 감사의 수에는 아무런 제한이 없으므로 기업의 규모 여하를 불문하고 1인 이상이면 된다. 그러나 어느 정도 규모의 회사의 경우에는 이해관계자가 많고 또 업무의 범위가 넓고 복잡하므로 1인의 감사로서 효과적인 감사를 기대하는 것은 무리이다. 이에 대하여 상법은 이사는 원칙적으로 3인 이상으로 하고 있다. 이러한 상법의 태도는 감사제도의 모법인 독일과는 정반대이다. 감사제도의 연혁적 측면에서 볼 때 감사는 주주를 대신하여 경영을 감독하는 것이므로 감사가 어느 정도의 대표성을 가지기 위해서는 감사의 수를 복수로 하였어야 할 것이다. 감사의 원수(員數)의 적정성은 회사의 규모와 업종 등에 따라서 다를 것이므로 획일적으로 말할 수는 없을 것이다. 규모가 큰 상장회사의 경우 업무는 복잡하고 광범위하므로 감사업무도 이에 비례하여 복잡하고 광범위하지 아니할 수 없을 것이다. 그리고 이들 회사의 경우에는 주주의 수가 많고 또 그 동기가 다양할 것이므로 주주간의 이해관계의 대립이 예상된다. 이러한 주주간의 이해관계의 대립을 조정하고 나아가서 주주들의 대표성 부여라고 하는 관점에서 볼 때 회사의 규모에 따른 적정한 감사의 원수에 관한 입법적 조치가 필요할 것으로 생각한다. 따라서 일정한 규모의 상장회사의 경우 감사의 원수는 적어도 3인 이상으로 법정하는 것이 바람직할 것이다. 입법례를 보더라도 감사기관의 법정 원수를 1인으로 하고 있는 경우는 드물다. 이에 대한 입법자의 인식의 전환이 요구된다고 하겠다.

복수감사제가 도입되면 ① 감사간의 상호견제에 의하여 감사업무의 공정성을 기할 수 있으며, ② 감사간의 직무분담에 의하여 감사제도의 효율적 운영을 도모할 수 있을 것이다. 그리고 ③ 업무집행기관에 대한 감사기관의 대항력을 증대할 수 있을 뿐만 아니라 감사기관의 독립성을 확보할 수 있는 계기도 될 수 있을 것이다. 설문조사에 의하면 2인 이상의 감사를 두고 있는 회사는 응답회사의 15.2%에 달하고 있다. 이와 같이 기업실무에서는 기업의 규모에 따라서 복수의 감사를 설치하는 회사가 다수 존재하므로 복수감사제도의 도입은 큰 무리가 없을 것으로 생각된다.

2) 상근감사위원제의 도입

상법은 감사의 근무형태나 자격에 관해서는 아무런 제한을 두지 아니하고 있으므로 감사가 상근이든 비상근이든 불문한다. 그리고 감사는 상근이든 비상근이든 이사의 업무집행의 전반에 대하여 감사로서의 직무권한을 행사하여야 하며 감사로서의 책임 또한 동일하다. 그러나 (구)증권거래법은 감사의 실효성을 제고하기 위하여 자산총액 1,000억 원 이상의 상장회사의 경우에는 감사위원회를 설치하는 회사를 제외하고는 반드시 1인 이상의 상근감사를 두도록 하고 있다(제191조의12 제1항). 그러나 상근이 구체적으로 무엇을 의미하는지에 대해서는 아무런 언급을 하지 아니하고 있다.

상근감사의 의의에 대해서는 크게 두 가지의 견해가 있다. 즉 상근의 의의를 형식적 기준에 의하여 해석하는 입장과 실질적 기준에 의하여 해석하는 입장이 있다. 전자에 의하면 상근감사란 회사의 영업시간 중에는 상시 감사의 직무에 전념할 의무를 부담하는 자를 말한다. 이에 의하면 상근감사는 그 직무수행에 지장이 없는 한 다른 회사의 비상근의 감사를 겸임하는 것은 허용되지만 다른 회사의 상근감사를 겸임하는 것은 허용되지 아니한다. 그러나 후자에 의하면 상근감사란 계속적이고 일관된 감사업무를 수행함에 있어서 요구되는 정도의 시간을 피감사회사의 감사업무를 위하여 할애할 수 있는 자를 말한다. 이 견해에 의하면 상근감사는 반드시 매일 회사에 출근하여 감사의 직무수행에 전념할 필요는 없으므로 격일출근도 가능하고 또 다른 회사의 상근감사도 겸임할 수 있다. (구)증권거래법이 상근감사를 요구하는 취지는 회사의 업무전반에 대한 감사업무의 실효성을 제고하기 위한 것이다. 이러한 상근감사제도의 취지에 비추어 보면 상근감사의 개념을 형식적 기준에 의하여 해석하는 것이 타당할 것이다(고등법원의 판례도 상근감사의 개념을 형식적 기준에 의하여 해석하는 입장을 취하고 있다. 즉 상근감사란 통상 회사의 업무시간 중에 상시적으로 감사업무에 전념할 수 있는 감사를 의미하는 것으로 보고 있다 : 서울고등법원 2007.3.8, 선고 2006나66885 판결 참조).

이와 같이 (구)증권거래법은 일정한 규모의 회사의 경우에는 상근감사제도를 도입하고 있으나 감사위원회의 경우에는 상근감사위원을 강제하는 규정을 두지 않고 있다. 감사위원회제도는 외환위기를 극복하는 과정에서 국제기구와 외국투자가들의 요구로 충분한 검토없이 도입되었으므로 감사위원회제도가 기능할 수 있는 제도적 기반이 취약하다. 감사위원회제도의 모법인 미국의 경우에는 감사위원회뿐만 아니라 지명위원회나 보수위원회 등 3개 위원회가 유기적인 관계를 가지고 고유한 기능을 수행하고 있다. 특히 감사위원회의 가장 중요한 역할은 회계감사인과 내부감사부서로부터 얻은 정보를 기초로 내부통제시스템의 유효성과 재무제표의 신뢰성에 의문이 있는 경우에는 이를 이사회에 보고하여 감독시정을 하도록 하는 것이다. 그리고 최근 감사위원회제도를 도입한 일본의 위원회설치회사의 경우에는 감사위원회, 지명위원회, 보수위원회 등 3개의 위원회의 설치를 강제하고 있다. 그리고 감사위원회에 의한 감사의 방법은 내부통제시스템을 통하여 감사를 하는 것이 예정되어 있다. 즉 감사위원회는 내부통제시스템이 적절하게 구축·운용되는지의 여부를 감사하고 필요한 경우에는 내부통제부서에 대하여 지시를 하는 것이 감사위원회의 직무이다. 이와 같이 감사위원회의 감사는 내부통제시스템을 통한 조직적 감사를 상정하고 있으므로 감사위원을 상근으로 하는 것을 요구하지 아니한 것이다. 이와 같이 이들 국가의 경우 감사위원회에 의한 감사는 조직적 감사를 할 수 있는 제도적 기반과 환경이 정비되어 있으므로 상근감사위원을 강제할 필요는 없을 것이다. 그러나 감사위원회의 감사환경이 정비되어 있는 일본에서도 상근감사위원을 두는 회사가 많이 존재한다고 한다.

감사의 상근 문제는 결국 각국의 기업문화와도 무관하지 않다고 본다. 입법례를 보면 업무집행기관의 구성원과 같이 상근의 감시기관을 설치하여 상시적으로 감사에 전념하도록 하는 상근감사제도는 우리나라와 일본을 제외하고는 그 유례가 없다. 독일의 감사회의 구성원이나 미국의 이사회의 사외이사의 경우에는 겸직인 것을 전제로 하고 있다. 미국의 감사위원회와 같이 감사위원회의 주된 직무가 회계감사인 경우에는 오히려 제도의 취지대로 넓은 시야와 식견을 가지고 있는 다른 직업을 가지고 있는 비상근의 감사위원이 더 바람직할 수 있을 것이다. 이에 대하여 감사위원회에 대하여 업무감사를 강조하는 경우에는 이사의 업무집행을 일상적으로 감독할 수 있는 상근감사위원이 필요할 것으로 생각된다. 상법은 감사의 권한에 관한 규정을 감사위원회에 준용하고 있으므로 감사위원회는 업무감사뿐만 아니라 회계감사도 수행한다. 그리고 우리나라의 경우에는 아직 감사위원회가 기능할 수 있는 제도적 기반이 미흡한 실정이다. 따라서 종래 감사에 의한 감사와 감사위원회에 의한 감사는 감사의 주체의 차이는 있으나 감사의 방법에 있어서는 감사위원회가 회의체라는 것 이외에는 큰 차이가 없다. 이 점이 일본이나 미국의 경우와는 다르다. 감사위원회에 의한 업무감사의 실효성을 제고하기 위해서는 제도의 원래의 취지대로 조직적 감사를 할 수 있는 기초가 마련될 때까지는 상근감사위원의 도입문제를 긍정적으로 검토할 필요가 있을 것이다. 이는 상시적 감시활동을 통한 예방감사의 차원에서도 바람직할 것이다.

3) 감사회의 법제화

① 감사회제도의 도입 필요성

상법제정 이후 이루어진 수차례의 상법개정에서는 주로 감사의 권한을 강화하는 것에 치중하였다. 그리하여 감사의 권한은 어느 정도 강화되었으나 실제로 감사가 법률이 부여한 권한을 효과적으로 행사할 수 있는 법적 환경은 미흡한 실정이다. 기업실무에서는 어느 정도 규모가 큰 회사의 경우에는 복수의 감사를 두고 있으나 이 경우에도 각 감사는 단독으로 그 직무를 수행하여야 한다. 즉 상법상 감사는 이른바 독임제기관(獨任制機關)이므로 복수의 감사를 설치하는 경우에도 각 감사는 단독으로 이사의 업무집행의 전반에 관하여 감사를 하여야 한다. 기업실무에서 복수의 감사가 있는 회사에서는 감사회라는 이름의 회의가 있으나 이는 복수의 감사가 정보교환을 하기 위한 단순한 회합에 불과한 것이므로 복수의 감사들이 다수결로 어떤 결정을 하더라도 그 결정 자체는 회사에 대하여 아무런 법적 의미가 없는 것이다.

복수의 감사를 설치하고 있는 회사의 경우 각 감사가 각각 중복하여 같은 직무권한을 행사하는 개별적 감사는 비효율적이다. 감사의 효율성을 제고하기 위해서는 감사 간에 직무분담을 전제로 하는 조직적 감사가 이루어져야 한다. 그리하여 독임제를 취하고 있는 현행법 하에서도 실무에서는 감사의 효율성을 도모하기 위하여 감사 간에 직무분담을 정하여 조직적 감사를 하는 경우가 있다. 복수의 감사가 있는 경우 감사 간에 직무를 분담하여 감사를 하면 감사의 효율화가 도모되어 그 실효성이 향상되는 것은 당연하다. 상장회사 감사의 표준직무규정 제20조 제3항에서도 복수의 감사가 있는 경우에는 감사 간에 직무분담을 하는 것을 상정하고 있다. 그러나 독임제기관을 채택하고 있는 현행 상법 하에서는 감사회라고 하는 기관이 법정되어 있는 것이 아니다. 따라서 설령 감사 전원이 합의를 하여 직무분담을 정한 경우에도 이는 법률상 단독기관인 감사를 구속하는 법적 효력은 생기지 않는다. 그러므로 감사 간에 직무의 분담을 합의한 경우에도 각 감사는 자기가 분담하지 아니한 직무에 관하여 감사로서의 지위가 제한되는 것은 아니다. 다만 현실의 직무집행의 편의적 방법으로서 그 분담을 합의할 수 있을 뿐이다. 따라서 감사는 다른 감사가 그 분담하는 직무집행을 적정하게 행하고 있는지에 대하여 선관주의의무를 부담한다. 이를 해태한 경우에는 다른 감사의 직무위반에 관해서도 회사에 대하여 책임을 부담하게 된다(상법 제414조). 그리고 직무분담의 합의가 있는 경우에도 다른 감사가 그 직무를 수행할 수 있으며 이사는 감사 상호간의 직무분담의 합의를 이유로 이것을 거부할 수 없다. 이와 같이 단순한 합의에 의한 감사간의 직무분담은 감사의 효율화를 도모하는 것에 불과하므로 독임제기관으로서의 각 감사의 전반적인 업무집행에 대한 주의의무가 면제되는 것은 아니다.

일정한 규모의 회사에 대하여 복수감사제를 도입하는 경우에는 동시에 감사회제도를 법제화하여야 할 것이다. 복수의 감사로 구성되는 감사회라는 감사기관이 법제화되는 경우에는 다음과 같은 다양한 효과가 생길 것이다. ① 그간 실무에서 감사간의 합의에 의하여 임의적으로 행해지던 직무분담이 법적 인정을 받는 것이 되므로 직무분담과 관련되는 감사간의 책임관계도 명확하게 될 수 있을 것이다. 즉, 감사회가 각 감사의 직무분담을 정한 것이 합리적인 경우에는 개개의 감사는 그 정함에 따라 분담된 직무를 성실히 수행하고 다른 감사의 직무수행에 관하여 적절한 주의를 하면 임무해태의 책임은 지지 아니한다. ② 감사회라는 법정 감사기관을 통하여 조직적 감사를 하게 되면 효율적이고 효과적인 감사를 실현할 수 있는 제도적 기반이 마련될 수 있을 것이다. ③ 감사의 경우 필수적인 정보수집과 관련하여 감사회를 통하여 각 감사의 정보공유화가 실현될 수 있을 것이다. ④ 감사회의 법제화는 업무집행기관에 대한 영향력을 강화할 수 있으므로 감사기관의 업무집행기관에 대한 독립성을 확보하는데도 기여할 것이다. 입법례를 보면 독일과 일본의 감사회와 미국의 감사위원회는 모두 회의체기관으로서 조직적 감사를 수행할 수 있도록 하고 있다. 우리나라의 경우에도 감사회를 법제화하여 조직적 감사를 실현할 수 있는 제도적 기반을 구축하여야 할 것이라고 생각된다.

② 합의체기관으로서의 감사회의 법정

복수의 감사로 구성되는 감사회라고 하는 기관을 법제화하는 경우 이를 어떠한 성질을 가진 조직체로 만드는 것이 바람직한지가 문제가 된다. 이에 관해서는 현재의 독임제의 골격을 유지하는 형태의 조직체를 만들거나 아니면 완전한 합의체기관의 형식으로 하는 방안이 있을 수 있으나 후자의 방식이 합리적이라고 생각한다. 이 경우 상법 제412조 제1항에서의 감사의 주체는 감사회라는 기관 자체가 될 것이다. 따라서 개별적인 감사는 감사회라는 회의체기관의 구성원으로 되는 것이므로 현행법의 경우와 같이 개별적 감사가 회사의 기관이 되는 것은 아니다. 이는 이사회의 경우 이사회와 이사의 관계와 같은 것을 의미하는 것이다. 감사기관을 완전한 합의제기관으로 운영하는 대표적인 입법례는 독일 주식법상의 감사회이다. 우리나라의 감사위원회는 그 성격은 다르지만 회의체기관으로서의 감사기구라는 점에서는 공통적이다. 현행 상법이 취하고 있는 독임제의 경우 복수의 감사는 각자가 회사의 기관이므로 사안에 따라서 감사기관의 의사는 복수감사의 수만큼 다양할 수 있다. 그러나 감사회를 회사의 기관으로 법제화하는 경우에는 감사 상호간에 내부적으로 의견이 다른 경우에도 다수결에 의하여 정해지는 감사기관의 의사는 1개뿐이다. 이는 업무집행의 감독을 하는 경우에도 하나의 통일된 의사를 형성할 수 있으므로 감독기능을 강화할 수 있을 것이고 나아가서 이사회에 대한 영향력도 확보될 수 있을 것이다.

감사회를 법제화하고 있는 나라의 경우 감사회와 그 구성원인 개개 감사의 관계는 각각 다르다. 독일 주식법의 경우 감사의 주체는 감사회이고 개개의 감사는 그 구성원에 불과하지만 일본의 경우에는 비록 감사회를 법제화하였으나 종래의 독임제적 성격은 그대로 유지하고 있다. 즉 일본 회사법상 감사주체는 개개의 감사이지 감사회는 감사주체가 아니다(일본회사법 제381조). 즉 감사회는 개개의 감사가 효과적으로 권한을 행사하는데 필요한 감사행정적인 사항을 결의하는 기관에 불과하다. 따라서 감사회의 주된 기능은 감사 상호간의 적절한 정보교환을 하고 개개의 감사의 감사결과를 종합하여 적절한 감사의견을 형성하여 발표하는 데에 있다. 감사회를 완전한 합의제기관으로 하는 경우에는 개개의 감사는 그 구성원에 불과하게 되어 감사의 독임제가 부정될 우려를 한 것이다. 이와 같이 일본의 경우 감사의 독임제는 일종의 도그마(dogma)적 성격을 가지고 있다. 업무집행에 관한 적법성 여부에 관한 판단은 각 감사가 독립하여 판단하여야 할 것이지 감사의 다수결로 정할 문제는 아니라고 하지만 최근 일본에서도 감사위원회라는 회의체의 감사기구를 도입하였다. 감사위원회는 다수결로 처리하므로 감사라는 직무의 성질이 다수결에 친하지 아니하다는 논리의 설득력은 점차 약해질 것으로 생각된다.

독임제를 지나치게 강조하는 것은 감사의 실효성의 관점에서도 바람직한 것은 아니며 최근 일본에서도 감사위원회제도의 도입으로 인하여 독임제에 대한 재검토의 필요성이 제기되고 있다. 감사회의 법제화의 목적이 감사의 기능을 제고하는 것이므로 감사의 주체는 합의제기관으로서의 감사회로 하는 것이 감사회의 법제화의 취지에 부합될 것이다.

(3) 정보수집체제의 정비

1) 상법상 감사의 정보수집체제

감사가 이사의 직무집행을 효과적으로 감사할 수 있기 위해서는 감사가 업무집행에 관한 정확한 정보를 가지고 있어야 한다. 상법상 감사는 업무집행기관의 구성원이 아니므로 감사를 위한 정보가 적시에 제공되지 않고 있다. 감사를 하는 자가 감사대상에 대한 정보가 없는 경우에는 효과적인 감사가 어려울 것이다. 따라서 가장 이상적인 것은 감사에게 경영자와 동일한 정보가 제공되도록 하는 것이다. 감사는 회사의 업무집행기관이 아니므로 업무집행과 관련된 정보가 자동적으로 제공되는 것은 아니다. 따라서 감사는 업무감사에 필요한 정보를 스스로 입수할 필요성이 있으나 소수의 감사가 입수할 수 있는 정보에는 한계가 있다. 따라서 감사에게 경영에 관한 충분하고 정확한 정보가 적시에 제공되는 정보수집체제가 정비되어야 한다.

상법 제412조 제2항에 의하면 감사는 언제든지 이사에 대하여 영업에 관한 보고를 요구하거나 회사의 업무와 재산상태를 조사할 수 있다. 감사라는 별개의 감사기관을 두고 있는 경우 감사는 업무집행에는 소외되어 있으므로 업무집행에 관한 정보도 부족한 것은 당연하다. 감사는 이사회의 출석이나 기타 중요회의의 참석과 각종 문서의 열람 등을 통하여 필요한 정보를 취득할 수 있을 것이다. 그러나 이러한 경우에는 이사가 제공하는 정보에 의존할 수밖에 없을 것이므로 정보의 내용이나 질 면에서 한계가 있을 것이다. 따라서 상법은 감사에게 영업보고요구권을 부여하여 필요한 정보의 제공을 이사에게 요구하도록 한 것이다.

그러나 감사의 영업보고요구권을 규정하고 있는 상법 제412조 제2항은 지나치게 막연하고 비현실적이다. 감사에게 제공되는 정보를 감사의 요구에 의하여 제공되도록 하는 것은 오늘날 점점 더 중요시되고 있는 예방감사의 차원에서 볼 때 바람직하지 아니하다. 따라서 업무집행에 관한 정보는 감사의 요구가 있는 경우 제공되도록 할 것이 아니라 업무집행에 관한 정보를 소유하고 있는 경영자가 능동적으로 감사에게 정보를 제공하는 법적 기초를 만드는 것이 요구된다고 하겠다. 즉, 감사에 대한 정보제공은 상법 제412조 제2항과 같이 감사에게 이사에 대한 보고요구권을 부여하는 방식으로 할 것이 아니라 반대로 이사에게 감사에 대한 보고의무를 부과하고 그 내용과 시기 그리고 형식 등을 구체화하는 것이 바람직할 것이다. 이 경우 이사가 보호하는 내용이 곧 감사의 구체적인 감사대상이 될 수 있을 것이다. 이를 통하여 감사의 예방감사가 가능해 질 수 있을 것이며 궁극적으로 감사의 실효성도 제고될 수 있을 것이다.

다른 한편 상법 제412조의 제2항에 의하면 이사는 회사에 현저하게 손해를 미칠 염려가 있는 사실을 발견한 때에는 즉시 감사에게 이를 보고하여야 한다. 이사의 보고의무는 예방감사의 필요성에서 1995년 개정상법에 의하여 신설되었다. 그러나 이사의 감사에 대한 보고의무의 내용이 회사에 현저한 손해를 미칠 염려가 있는 사실이라고 하는 매우 중대한 사안임에도 불구하고 보고의무위반에 대해서는 아무런 벌칙규정도 두지 아니하고 있다. 따라서 이사의 보고의무의 실효성은 의문이다.

2) 내부감사부서와의 제휴에 의한 정보수집

① 감사와 내부감사부서의 관계

상법은 감사가 스스로 감사업무를 수행하는 것을 상정하고 다양한 조사권을 감사에게 부여하고 있다. 그러나 일정규모 이상의 회사에서는 감사가 업무집행의 감사를 직접 행하는 것은 극히 곤란하고 비현실적이다. 따라서 감사의 직무수행을 지원 내지는 보조하는 감사보조기구가 필요하지만 감사보조기구를 설치하지 않고 있는 회사도 많이 있으며 감사보조기구가 있는 경우에도 감사요원은 소수이다. 실무에서 감사보조기구를 설치하지 아니하는 이유의 하나로서 이러한 내부감사부서가 존재하는 경우에는 감사가 내부감사부서를 활용하여 감사활동을 할 수 있기 때문에 비용절감 차원 등에서 특별히 감사직속의 보조기구를 설치할 필요가 없다는 점을 들고 있다. 우리나라의 경우에는 감사의 수가 적고 또 보조기구의 감사요원도 소수이므로 감사가 감사업무를 수행하기 위해서는 주로 내부감사부서에 의존을 할 수 밖에 없는 실정이다. 상장회사 감사의 표준직무규정 제17조 제1항에서도 감사보조기구의 설치가 어려운 회사의 경우에는 내부감사부서의 인력을 활용하여 감사활동을 할 수 있도록 하고 있다.

내부감사부서란 회사에 따라서 다소 차이가 있으나 대표이사 사장의 지휘명령하에 회사의 업무집행이 적법하고 적정하게 이루어지고 있는지의 여부를 체크하는 기능을 수행하는 자주적인 감사조직을 말한다. 감사와 내부감사부서는 감사대상이 중복되는 경우가 많으므로 상호 보완관계가 있는 것이다. 감사와 내부감사부서는 감사를 그 직무로 하고 있는 점은 공통이지만 감사의 목적, 대상, 영역 그리고 법적 위치는 다르다. 내부감사부서는 최고경영자, 특히 사장직속의 감사기구로서 내부통제시스템의 일환을 형성하는 것이다. 그러나 감사가 내부감사부서와 밀접한 제휴를 하면서 업무감사를 위하여 조사를 하는 것은 감사의 실효성과 효율성을 확보하는데 필요 할 것이다.

② 감사와 내부감사부서와의 제휴의 구체적 내용

감사와 내부감사부서의 제휴관계는 구체적으로 내부통제시스템의 유효성을 평가하는 경우, 일상적인 감사활동을 하는 경우 그리고 감사의견을 형성하는 경우 등에 있어서 가능할 것이다. 여기서는 감사와 내부감사부서간의 일상의 감사활동에서의 제휴로 인한 정보수집의 측면을 보기로 한다. 감사는 내부감사부서와 제휴하여 내부감사부서로 하여금 회사의 업무 및 재산상태를 조사하도록 하여 그 결과를 보고하도록 할 수 있다. 그러나 이 경우 조사결과에 대한 법적책임은 감사 자신이 부담한다. 따라서 감사가 내부감사부서의 보고에 대하여 의심이 있는 경우에는 재조사를 지시하든지 아니면 자신이 직접 조사를 하여야 할 것이다. 그리고 내부감사부서가 대표이사와 감사(위원) 쌍방으로부터 지시를 받고 쌍방에게 보고를 하는 이른바 쌍방보고체제(Double report-to)를 취하고 있는 회사도 적지 아니할 것이다. 감사위원의 경우와는 달리 감사의 경우 이러한 쌍방보고체제의 인정 여부에 대해서는 이론이 있으나 감사의 실효성 확보를 위하여 인정하는 것이 바람직할 것이다. 이 경우 겸직금지규정이나 독임제 등의 형식적 논리를 지나치게 강조하는 것은 결국 감사로 하여금 직접 감사를 하도록 강제하는 것과 같은 결과가 될 것이다. 감사가 제한된 인력으로 실사(實査)를 하는 것보다는 내부감사부서등과의 제휴를 통하여 감사를 하는 것이 감사의 효율성과 실효성을 제고하는데 도움이 될 것으로 본다.

이에 대하여 감사가 내부감사부서에 특정사항의 조사를 의뢰하여 그 결과를 감사업무의 자료로 활용하는 것은 바람직하지 않은 것으로 생각된다. 상장회사 감사의 표준직무규정 제16조 제2항은 감사 또는 감사위원회는 내부감사부서에 대하여 특정사항의 조사를 의뢰 할 수 있도록 규정하고 있다. 감사가 내부감사부서로 하여금 특정사항을 조사하게 하고 그 결과를 보고하게 하는 경우 내부감사부서의 사용인은 감사·감사위원회의 지시에 따라야 할 것이다. 그러나 다른 한편으로 이들은 회사의 취업규칙상 업무집행기관의 지휘계통에 편입되어 있는 종업원의 신분이기 때문에 특정사항의 조사와 관련하여 업무집행기관이 집행부의 입장에서 감사기관의 지시와 배치되는 지시를 하는 경우 이른바 충성(忠誠)의 갈등(葛藤) 내지는 충돌(衝突)이 생길 우려가 있다.

상근감사나 상근감사위원이 있는 경우에는 내부감사부서와의 제휴를 통하여 내부감사부서가 행하는 감사결과를 적극적으로 활용하여 중점감사를 할 수도 있을 것이다. 일상적으로 긴밀한 제휴관계를 가지는 것은 양자에 의한 감사의 효율성을 제고할 것이며 궁극적으로는 감사의 실효성도 제고될 것이다. 정기적인 회합을 통한 의견교환이나 감사결과의 보고 등에 의한 정보의 공유화는 감사에게는 현장의 상황과 문제점 등을 파악하는데 도움이 되는 것은 물론이고 중복감사를 피할 수 있는 부분도 있을 것이다. 따라서 정기적 회합은 감사업무를 효율적으로 운용하는

데 유용할 것으로 생각한다. 설문조사에 의하면 내부감사부서의 감사결과를 기초로 하여 지적사항을 정리하여 개선요망을 최고경영자에게 제안하는 회사도 있다.

③ 감사와 내부감사부서의 제휴와 겸임금지조항(상법 제411조)과의 관계

전술한 바와 같이 감사가 내부감사부서와 제휴에 의하여 감사활동을 하는 것은 감사업무의 효율성 면에서 유용한 것이다. 그러나 감사와 내부감사부서의 제휴관계가 밀접할수록 감사는 업무집행라인에 접근하게 될 것이다. 따라서 이와 관련하여 일본에서는 감사가 내부감사부서를 직접 지휘하거나 지시를 하여 조사를 하도록 하는 것은 감사의 겸직금지를 규정하고 있는 상법 제411조에 저촉되는지의 여부에 대한 논의가 있다. 그러나 겸직금지규정의 취지는 감사가 업무집행을 담당하는 경우 발생하는 자기감사의 문제를 방지하기 위한 것이므로 감사가 내부감사부서를 지휘하는 것은 이 규정의 취지에 반한다고 볼 수 없을 것이다. 그러나 이러한 자격제한은 감사위원의 경우에도 존재하므로 겸직금지를 이유로 감사의 내부통제부서에 대하여 지시나 조사의뢰를 하는 것은 특별히 문제로 삼을 필요는 없을 것이라고 생각한다. 감사(감사위원)가 내부통제부서와 긴밀하게 제휴하는 것은 감사의 실효성을 제고하는 것이지 감사기능을 저하시키는 것은 아니므로 겸직금지규정 때문에 양자 간의 제휴를 제한하는 것은 바람직하지 않다. 그리고 이사로 구성되는 감사위원회의 경우에는 이른바 후선업무(後線業務)로서 업무집행계통에 속하는 내부감사부서에 대하여 지시나 조사를 의뢰하는 것은 문제가 될 수가 없을 것이며 오히려 감사위원회가 내부감사부서와 적절한 관계를 유지하면서 내부감사부서를 활용 할 수 있도록 하는 것이 바람직할 것이다.

7. 감사(감사위원회)와 외부감사인의 협력체제의 구축

(1) 감사와 외부감사인의 협력체제의 필요성과 그 법적 기초

상법상 주식회사의 회계감사는 감사(감사위원회)에 의하여 수행된다. 그러나 외감법이 적용되는 자산총액 70억 원 이상의 주식회사와 상장회사의 경우에는 감사(감사위원회)에 의한 회계감사 이외에 추가로 외부감사인에 의한 회계감사가 강제되고 있다(외감법 제2조, 동 시행령 제2조 제1항). 이와 같이 일정한 주식회사의 경우 회계감사는 감사와 외부감사인 양자에 의하여 이루어지게 된다. 이 경우 감사와 외부감사인은 서로 독립적인 입장에 있으나 둘 다 회계감사를 수행한다는 점에서는 공통의 목적을 가지고 있다. 외감법은 이러한 양자의 관계를 고려하여 외부감사인의 선임과 보수 등의 결정 시에는 감사(감사위원회)의 승인 내지는 사전협의를 하도록 하고 있다(제4조). 그리고 이사의 부정행위 등을 발견한 경우에는 이를 서로 통보하도록 하고 있으며 회사에 의한 회계처리가 회계처리기준에 위반하는 사실이 있는 경우에는 외부감사인으로 하여금 이를 감사(감사위원회)에게 통보하도록 하고 있다(외감법 제10조). 외부감사인이 회사 또는 제3자에 대한 손해배상책임과 관련하여 감사(감사위원)도 책임이 있는 경우에는 외부감사인과 감사(감사위원)는 연대하여 손해배상책임을 지게 된다(외감법 제17조 제4항).

이와 같이 감사와 외부감사인 상호간에는 외감법에 의하여 권한과 책임관계가 설정되고 있다. 이러한 법에 의하여 부여된 권한이 적절하게 행사될 수 있기 위해서는 감사와 외부감사인은 유기적인 협력관계를 구축하는 것이 전제가 되고 있다. 이와 같이 양자 간의 협력관계는 법률에 의하여 그것이 요구되고 있는 경우에는 당연한 것이다. 따라서 양자 간의 협력관계가 효율적이고 실효성을 발휘하기 위해서는 오히려 법률에서 규정되지 아니한 영역에서 양자 간의 협력관계를 어떻게 구축할 것인지의 문제가 더욱 중요할 것이라고 생각된다. 특히 오늘날의 기업지배구조론에서 효과적인 경영감시시스템을 구축하는 문제는 매우 중요한 사안이다. 업무감사의 영역에 치중되는 감사의 경우에는 전문적 자격이 요구되지 아니하므로 감사가 회계감사를 실시하는 경우 외부감사인의 전문적 지식을 적극적으로 활용할 수 있는 양자 간의 긴밀한 협력관계를 구축하는 것은 효과적이고 효율적인 감사를 위해서 매우 유용할 것이다. 다른 한편 기업회계는 경영자에 의한 영업활동의 성과를 수직적으로 표현하는 것이므로 외부감사인의 경우에도 효과적이고 효율적인 회계감사를 수행함에 있어서는 업무감사기관인 감사와의 협력관계가 필요할 것이다. 이하에서는 이러한 인식을 전제로 하여 감사(감사위원회)와 외부감사인이 상호 유기적인 협력과 신뢰관계를 강화할 수 있는 영역을 구체적으로 보기로 한다.

(2) 감사와 외부감사인의 협력체제의 강화방안

1) 감사보고서 제출시기의 조정

감사(감사위원회)와 외부감사인은 이사가 제출한 재무제표 등을 감사하고 그 결과에 대하여 감사보고서를 작성하여야 한다. 일반 주식회사의 감사는 정기총회 회일 2주일 전까지 감사보고서를 이사에게 제출하여야 하지만(상법 제447조의4 제1항) 상장회사의 감사(감사위원회)는 정기총회 회일 1주일 전까지 감사보고서를 이사에게 제출하도록 하고 있다((구)증권거래법 제191조의11 제3항). 그리고 주식회사의 외부감사에 관한 법률에 의하여 외부감사를 받아야 하는 회사의 외부감사인은 정기총회 회일 1주일 전까지 감사보고서를 감사(감사위원회)에게 제출하여야 한다(외감법 제8조 제1항, 동 시행령 제7조 제1항). 이와 같이 현행법에 의하면 외부감사가 강제되고 있는 회사의 경우 외부감사인의 감사보고서 제출시기가 감사의 감사보고서의 제출시기와 동일하게 되어 있다. 이는 결국 감사(감사위원회)로 하여금 감사보고서의 작성단계에서 직업적 전문가인 외부감사인의 감사결과를 활용할 수 없도록 만드는 결과로 작용된다. 이러한 현행법의 입법태도는 문제가 있다고 생각된다.

외국의 입법례의 경우 외부감사인은 감사기관보다 먼저 감사보고서를 작성하여 감사기관에게 제출하도록 하고 있다. 일본의 경우 외부감사인(회계감사인)의 회계감사보고의 내용은 감사회의 감사보고서 보다 1주일 먼저 작성되고 그 내용은 감사에게 통보된다(일본회사계산규칙 제160조 제1항). 그리고 독일의 경우에는 외부감사인(결산감사인)의 감사보고서는 피감사자인 이사가 아니라 감사기관인 감사회에게 직접 제출하도록 하고 있다(독일상법 제321조 제5항 제2문). 이와 같이 독일이나 일본의 경우 외부감사인의 회계감사는 감사기관의 감사보다 시간적으로 먼저 행해지도록 하고 있다. 이러한 입법취지는 감사기관과 외부감사인의 협력관계를 강화하기 위한 것이다. 즉 외부감사인의 감사보고서의 제출시기를 감사의 감사보고서의 제출시기보다 선행시킨 것은 감사기관이 감사보고서의 작성 시에 외부감사인의 감사결과를 중요한 수단으로 활용하도록 하고 나아가서 감사기관으로 하여금 주주총회에서 외부감사인의 감사결과에 대한 의견표명을 할 수 있도록 하기 위한 것이다.

이와 같이 독일의 경우에는 감사보고서의 작성단계에서 감사기관과 외부감사인의 협력관계의 구축을 위한 법적 기초가 마련되고 있는 것이다. 일본에서도 회계감사의 경우에는 외부감사인이 주도적인 역할을 하도록 하고 있다. 따라서 감사회가 외부감사인의 감사의 방법과 결과를 상당하지 아니한 것으로 인정한 경우에 한하여 감사회의 감사보고서에는 회계감사의 부분에 대한 자신의 외부감사인의 감사결과와 정보제공을 기초로 하여 행해지는 것을 기본구조로 하고 있으므로 양자 간의 협력관계와 신뢰관계는 더욱 강조되고 있다. 감사기관과 외부감사인은 재무제표 등 동일한 것을 감사대상으로 하고 있다. 따라서 감사기관은 회계감사의 경우에는 이에 대한 회계전문가인 외부감사인의 감사결과를 신뢰할 수 있다는 것을 전제로 하여 양자에 의한 중복감사를 피하는 결과가 되기도 한다. 이로 인하여 감사기관은 감사보고서를 작성함에 있어서 외부감사인의 회계감사의 결과를 활용할 수 있게 되는 것이다.

우리나라의 현행법은 감사의 감사보고서와 외부감사인의 감사보고서의 제출시기가 동일하게 규정하고 있으므로 감사가 외부감사인의 감사결과를 활용할 수 없는 구조적 문제점을 가지고 있다. 이는 양자 간의 형식적인 독립성을 지나치게 강조하는 과정에서 비롯된 것이다. 따라서 입법론으로서는 감사보고서의 작성단계에서 감사가 외부감사인의 감사결과를 활용할 수 있도록 하는 것이 현실적이며 나아가서 양자 간의 긴밀한 협력관계가 구축될 수 있는 법적 기초가 공고해 질 것이다. 이를 위해서는 외부감사인의 감사보고서의 제출시기를 감사의 감사보고서의 제출시기보다 1주일 정도 앞선 시점으로 하는 방향으로 관련법을 개정하는 것이 바람직할 것으로 생각한다.

다른 한편 현행법에 의하면 외부감사인의 감사보고서는 감사(감사위원회)에게 제출하도록 하고 있으나 감사의 감사보고서는 외부감사인에게 제출되지 아니하고 있다. 이에 따라 감사는 외부감사인의 감사결과를 알 수 있으나 외부감사인의 경우에는 회사의 감사기관인 감사의 감사결과를 알 수가 없다. 설문조사에 의하면 감사가 외부감사인에게 협조할 사항으로서 내부감사결과의 제공 및 의견교환이 21.4%로서 가장 많이 요구되는 사항으로 조사되었다(2007년도 감사(감사위원회) 및 감사실 운영현황, 상장협 연구보고서, 74면). 그러나 현행법에서는 이에 대한 양자 간의 협력관계는 제도적으로 뒷받침되지 않고 있다. 감사와 외부감사인은 회계감사의 경우에는 감사대상이 동일하므로 양자는 각자의 감사보고서의 교환을 통하여 각각의 감사결과에 대하여 서로 협의를 하거나 의견조정 등을 할 수 있는 절차를 부여하는 것이 바람직할 것이다. 이러한 감사보고서의 교환을 통하여 양자의 협력 내지는 신뢰관계가 강화될 수 있을 것이고 나아가서 각자의 감사보고서를 재검토할 수 있는 기회도 될 수 있을 것이다(일본의 경우에는 외부감사인 뿐만 아니라 감사회도 자신의 감사보고의 내용을 외부감사인에게 통지하여야 한다. 일본회사계산규칙 제158조, 제160조).

2) 유기적 정보교환체제의 구축

감사와 외부감사인간의 정보제공과 관련하여 현행법은 이사의 부정행위 등의 보고의무에 관한 규정을 두고 있다(외감법 제10조). 그러나 이사의 부정행위 등의 통보는 부정행위 등 특별한 사정이 있는 경우를 전제로 하는 것이므로 양자 간의 협력관계를 제고하는 기능이라고는 볼 수 없을 것이다. 양자 간의 협력관계는 감사가 회계전문가인 외부감사인의 감사를 적극적으로 활용할 수 있는 신뢰관계를 구축할 수 있는 법적 기초를 만드는 것을 의미한다. 외국의 입법례를 보면 이러한 의미의 양자 간의 협력관계를 구축하기 위하여 두 가지의 방법을 이용하고 있다. 즉 하나는 감사기관의 외부감사인에 대한 보고요구권과 다른 하나는 외부감사인에게 감사기관의 회의 등에 출석할 의무를 부과하는 것이다.

전술한 바와 같이 독일과 일본의 경우 감사기관에 의한 회계감사는 궁극적으로는 외부감사인의 감사결과와 정보제공에 의하여 이루어지는 것을 전제로 하고 있다. 이러한 회계감사제도가 그 기능을 발휘하기 위해서는 양자 간의 협력관계는 더욱 중요하다. 독일의 경우 결산감사인은 연도결산서를 심의하는 감사회의 전체회의나 회계위원회에 출석할 의무를 부담한다(주식법 제171조 제1항). 그리고 일본의 경우에도 감사가 그 직무를 행하기 위하여 필요한 경우에는 외부감사인에 대하여 감사에 관한 보고를 요구할 수 있도록 하고 있다(회사법 제397조 제2항). 이를 통하여 감사와 외부감사인의 협력관계가 강화되고 감사의 정보수집능력의 강화될 것을 기대하는 것이다. 감사가 업무감사와 회계감사라는 두 가지 영역의 감사를 효과적으로 하기 위해서는 가능한 한 회계에 관한 정보를 수시로 수집하는 것이 바람직하다. 이러한 감사의 보고청구권은 감사의 정보수집능력의 강화와 기중감사의 충실을 도모함은 물론이고 나아가서 감사와 외부감사인의 협력관계의 강화를 위해서도 유용할 것이다.

외감법에 의하면 외부감사인이 그 직무를 수행함에 있어서 이사의 부정행위나 법령 또는 정관에 위반되는 중대한 사실을 발견한 경우에는 이를 감사(감사위원회)에 통보하도록 하고 있으며 감사(감사위원회)의 경우에도 이와 대응하는 형태의 통보의무를 부과하고 있다(외감법 제10조 제1항, 제3항). 이사의 부정행위 등은 장부의 조작 등의 방법으로 행해지는 것이 많을 것이므로 외부감사인이 회계감사를 수행하는 과정에서 이러한 부정행위를 발견하기가 용이할 것이다. 따라서 외부감사인이 회계감사를 수행하는 과정에서 이사의 부정행위나 위법행위 등을 발견한 경우에는 이사의 업무집행을 감독하는 지위에 있는 감사에게 그 사실을 알려서 감사로 하여금 이사에 대하여 위법행위유지청구권 등의 권한 행사를 촉구하기 위한 것으로 이해 할 수 있을 것이다. 이에 대하여 외부감사인의 경우에는 감사와 같이 이사의 업무집행에 대하여 사전적인 감독권한이 없다. 따라서 이사가 부정행위나 위법행위를 하는 경우에도 외부감사인은 감사보고서에 이에 대한 의견표명의 가능성을 기초로 하여 이사에 대하여 당해 행위의 시정을 촉구할 수는 있을 것이다. 이사의 위법한 업무집행에 대하여 직접적인 시정조치를 취할 수 있는 권한을 가지고 있는 것은 감사이다. 이런 의미에서 보면 외감법이 감사에게도 이사의 부정행위 등에 대하여 외부감시인에게 통보하도록 규정하고 있는 것은 양자 간의 대등한 지위 보장을 도모하기 위한 것 이외에는 별다른 의미가 없을 것으로 생각된다. 외감법은 양자 간의 협력관계를 Give & Take 방식으로 접근하고 있다. 정보교환을 위한 감사와 외부감사인의 협력관계는 신뢰관계를 기초로 하여 형성되는 것이지 법률에 의하여 대등한 권한이 부여되는 방법을 통하여 강제적으로 형성되는 것은 아닐 것이다.

3) 외부감사인과의 협력관계의 강화를 위한 실무지침의 제정

한국상장회사협의회가 제정한 상장회사 감사의 표준직무규정 제17조에서는 감사(감사위원회)와 외부감사인의 긴밀한 관계의 유지와 감사(감사위원회)에게 외부감사인의 감사계획 및 절차와 결과를 적극적으로 활용할 것을 제안하면서 양자 간의 구체적인 협력관계의 방안을 제시하고 있다. 이러한 감사기관 차원의 직무규정을 통하여 실무에서 감사가 외부감사인과의 협력관계의 관행이 형성되는 것은 매우 바람직한 것이라고 생각된다. 외부감사인과의 협력관계가 관행화되기 위해서는

감사의 직무규정에서 이를 강조하는 것만으로는 효과 면에서 한계가 있을 것이다. 설문조사에 의하면 정기적인 회의 등에 의한 협력관계를 유지하고 있는 경우는 응답회사의 9%에 불과하다. 그러나 적절한 의견교환을 하고 있는 회사는 63.1%이고 전혀 협력관계가 존재하지 아니하거나 협력관계라고 할 수 없을 정도의 관계를 유지하는 회사의 비율이 26%에 달하고 있다. 이러한 조사결과에 의하면 기업실무에서는 아직 양자 간의 협력관계가 제대로 형성되지 못하고 있는 것을 보여주는 것이다. 상장회사 감사의 표준직무규정이 정하는 바와 같이 양자의 협력관계를 강화하기 위해서는 감사는 외부감사인과 기중(期中)에도 감사계획이나 감사경과 등에 논의를 함으로써 정보수집능력이 강화될 수 있을 것이다. 따라서 양자 간에 유기적인 협력체제가 구축될 수 있도록 하기 위해서는 양자 간에 정례적인 회합을 통하여 감사와 외부감사인이 가능한 한 많은 정보를 교환하고 의견을 교환하는 기회를 만드는 것이 중요하다고 할 수 있다.

감사와 외부감사인간의 긴밀한 협력관계가 구축될 수 있기 위해서는 감사(감사위원회)와 외부감사인의 소속단체 차원에서 적극적인 역할을 할 필요가 있을 것이다. 이에 관해서는 일본의 예가 참고가 될 수 있을 것으로 생각된다. 일본의 경우에는 일본감사역협회와 일본공인회계사협회 간에 협의를 통하여 감사와 외부감사인 간의 협력관계를 제고하기 위한 실무지침을 제정하였다. 이러한 실무지침에 의하여 일본의 경우 양자 간의 협력관계는 어느 정도 관행화된 것이라고 한다. 일본감사역협회와 일본공인회계사협회 간에 체결된 실무지침에 의하면 ① 감사와 외부감사인은 가능한 한 정례적인 회합을 가지고, ② 이 회합에서는 상호 필요한 자료를 제출하고 감사의 방법에 관한 이해와 협조 하에 의견교환을 행한다는 기본원칙을 선언하고, ③ 감사가 외부감사인에게 설명을 구할 구체적인 내용으로서는 당해 영업년도의 감사계획, 기중감사의 감사경과보고, 기말감사에 관한 사항, 부정행위나 법령위반행위 등의 특별한 보고사항 등이다. 이러한 실무지침은 감사와 외부감사인의 소속단체의 협의에 의하여 자주적으로 작성된 것이므로 실무에서 관행화되기가 용이할 것이다.

Ⅱ. 감사위원회

1. 감사위원회의 의의 및 법적지위

이사회의 위원회 중 상법에 규정된 것으로 감사위원회가 있다. 즉, 회사는 정관이 정한 바에 따라 감사에 갈음하여 이사회 내의 위원회의 하나로서 감사위원회를 설치할 수 있다(제415조의2 제1항 제1문). 즉, 감사위원회는 이사회의 하위기관이다. 감사위원회를 설치한 경우에는 감사를 둘 수 없다(제415조의2 제1항 제2문). 다만 (구)증권거래법상 일정규모 이상의 자산을 가진 상장법인과 협회등록법인, 금융·증권·보험·신탁회사는 반드시 감사위원회제도를 채택하여야 하고 2001년부터는 2분의 1이상의 사외이사로써 이사회를 구성하여야 한다.

2. 감사위원회의 구성 및 운영

감사에 갈음하여 감사위원회를 설치하는 경우, 감사위원회는 이사회 내 위원회의 일종이기는 하나 이사회 내 위원회가 2인 이상의 이사로 구성되는 데 반하여(제393조의2 제3항), 감사위원회는 반드시 3인 이상의 이사로 구성한다(제415조의2 제2항 본문). 다만 각호에 해당하는 자가 위원의 3분의 1을 넘을 수 없다. 즉, ① 회사의 업무를 담당하는 이사 및 피용자 또는 선임된 날부터 2년 이내에 업무를 담당한 이사 및 피용자이었던 자, ② 최대주주가 자연인인 경우 본인·배우자 및 직계존·비속, ③ 최대주주가 법인인 경우 그 법인의 이사·감사 및 피용자, ④ 이사의 배우자 및 직계존·비속, ⑤ 회사의 모회사 또는 자회사의 이사·감사 및 피용자, ⑥ 회사와 거래관계 등 중요한 이해관계에 있는 법인의 이사·감사 및 피용자, ⑦ 회사의 이사 및 피용자가 이사로 있는 다른 회사의 이사·감사 및 피용자 등이다(구 상법 제415조의2 제2항 단서). 즉 이는 회사의 업무를 집행하는 이사·피용자 및 이에 영향을 미치거나 이해관계를 갖는 자와 독립된 지위를 갖는 사외이사인 감사위원회 위원의 비율이 감사위원회 총위원 중 3분의 2 이상이어야 한다는 것이다. 그러나 2009년 개정상법 415조의2 제2항에서는 감사위원회는 제393조의2 제3항에도 불구하고 3명 이상의 이사로 구성하되 사외이사가 위원의 3분의 2 이상이어야만 한다고 규정하였다.

3. 감사위원회의 권한과 책임

회사가 감사위원회를 채택하는 경우 감사제도는 폐지하여야 하며, 대신 감사가 행사할 수 있는 모든 권한은 감사위원회가 이를 행사할 수 있게 된다. 상법상 감사의 권한에 관한 조문은 모두 감사위원회에 준용된다(제415조의2 제6항). 즉, 발기설립의 경우 임원선임(제296조), 모집설립의 경우 임원의 선임(제312조), 검사인의 선임(제367조), 자격주(제387조), 이사의 위법행위에 대한 감사의 보고권(제391조의2 제2항), 이사와 회사 간의 소에 관한 대표(제394조 제1항)(감사위원회 위원이 소의 당사자가 된 경우에는 감사위원회 또는 이사는 법원에 회사를 대표할 자를 선임하여 줄 것을 신청하여야 한다.), 회사에 대한 책임면제(제400조), 유지청구권(제402조), 주주의 대표소송(제403조 내지 제407조의3), 감사보고서(제447조의4), 감사의 책임해제(제450조), 감사의 임기(제527조의4), 분할계획서상의 감사의 성명과 주민등록번호기재(제530조의5 제1항 제9호), 분할합병계약서상의 감사의 성명과 주민등록번호기재(제530조의6 제1항 제10호), 대차대조표·사무보고서·부속명세서의 감사(제534조) 등에 관한 규정은 모두 감사위원회에 준용되고, 상기 법조문에서 '감사'는 '감사위원회의 위원'으로 보면 된다.

제 7 장 시장기능과 기업지배구조

I. M&A 등에 의한 기업지배

1. M&A의 일반론

(1) M&A 개념

M&A는 대상회사의 지배권취득을 목적으로 하는 일체의 거래를 뜻하며, 그것은 Merger and Acquisition의 약자이다. 그러나 M&A는 법률상의 용어라고 하기보다는 경영학상의 용어이며, 흔히 기업의 매수 또는 기업의 인수라고 번역하여 사용하고 있다. 법률상으로는 M&A라는 말 대신에 taker-over, tender offer, merger 또는 combination등의 용어가 사용된다.

대상회사에 대한 지배권은 대상회사의 경영권을 장악함으로써 가능하고, 경영권은 이사회가 가지고 있으므로 경영권의 장악은 이사회를 장악함으로써 가능하다. 그리고 이사회의 장악은 과반수 이사의 선임권을 확보함으로써 가능하고, 이사선임권의 확보는 이사의 선임에 필요한 의결권을 확보하면 가능하다. 그런데 의결권을 확보하는 방법에는 주식 자체를 매수하여 보유하는 것과 주식을 매수하지 않고 그 의결권을 위임받는 것의 두 가지가 있다. 따라서 주식의 매입과 의결권대리행사의 위임장의 취득이 M&A의 가장 전형적인 수단이 된다. 그런데 상대방회사를 완전히 지배하려면 상대방회사를 흡수합병하면 되고, 상대방회사의 중요한 영업용재산을 양도받으면 상대방회사를 지배한 것과 같은 경제적 효과를 얻을 수 있다. 그러므로 합병과 영업의 양수도 M&A의 수단이 된다. 결국 기업매수의 수단은 대상회사와의 합병, 대상회사의 주식의 취득, 대상회사주식의 의결권대리형사의 위임장의 쟁탈 및 영업의 양수 등 네 가지이다.

(2) 분류

우선 M&A는 경제적 기능을 기준으로 하여 수평적 인수와 수직적 인수 및 복합적 인수로 나누어진다.

① 수평적 인수는 서로 경쟁관계에 있는 동종업종의 기업(예컨대 설탕과 인공감미료) 간에 이루어지는 기업인수로서, 규모의 경제에 따른 생산비용의 절감, 중복설비의 제거 및 경쟁의 제한 등을 목적으로 한다.

② 수직적 인수는 원자재공급회사와 제조회사 또는 제품의 생산회사와 판매회사와 같이 동일한 상품 또는 서비스의 생산·공급에 종사하지만 상이한 공급단계에 있는 회사 간에 이루어지는 기업인수로서, 지속적인 공급의 확보, 유통경로의 단축과 관리비용의 절감을 통한 경영효율의 증진 및 시장의 독과점 등을 목적으로 한다.

③ 복합적 인수는 수직적으로도 수평적으로도 관련이 없는 회사(예컨대 의류회사와 제약회사) 간에 이루어지는 기업인수로서, 사업의 다각화를 목적으로 한다.

다음 M&A는 대상회사의 대응방법에 따라 우호적 인수와 적대적 인수 및 중립적 인수로 나누어진다.

① 우호적 인수는 대상회사의 경영진과의 합의에 따라 그들의 협조를 받아 하는 기업의 인수를 말한다. 우호적 기업인수의 방법으로서는 영업양도, 합병, 지배적 주주로부터의 프리미엄부 지배권매수 등이 있다.

② 적대적 인수는 대상회사의 경영진이 반대하는 상황에서 행하는 기업의 인수를 의미한다. 적대적 기업인수의 방법으로서는 증권시장을 통한 주식의 매집, 공개매수, 의결권대리행사를 위한 위임장쟁탈 등이 있다.

③ 중립적 인수는 대상회사의 경영진이 협력도 반대도 하지 않는 상황에서 행하는 기업의 인수이다.

2. 공개매수

자본시장법상 공개매수라 함은 불특정다수인에 대하여 주식 등의 매수(다른 유가증권과의 교환을 포함한다)의 청약을 하거나 매도(다른 유가증권과의 교환을 포함한다)의 청약을 권유하여 유가증권시장 및 한국증권업협회가 운영하는 협회중개시장 밖에서 당해 주식 등을 매수하는 것을 말한다((구)증권거래법 제21조 제3항). 그러나 구체적으로 어느 정도의 사람을 대상으로 매수의 청약을 하거나 매도의 청약의 권유를 하여야 불특정다수인의 요건을 충족시켜 공개매수로 되느냐에 대하여는 법에 명시적인 규정이 없고 해석론에 맡겨져 있다. 이에 대하여는 증권거래법 제21조 제1항의 요건인 "6개월 이내에 10인 이상"이 불특정다수인의 범위를 명확히 밝히고 있다는 견해도 있으나, 그렇게 보지 않는 견해도 유력하다. 어느 경우든 유가증권시장 또는 협회중개시장에서 주식 등을 매수하는 것은 공개매수에 해당하지 아니한다.

자본시장법 제 134조 이하에서 주식공개매수의 요건과 절차에 대하여 상세하게 규정하고 있었다. 소정 사항을 기재한 공개매수신고서의 금융감독위원회에의 제출·공개매수신고서 사본의 발행회사에의 송부·공개매수설명서의 비치 및 열람제공 등이 그것이다((구)증권거래법 제21조의2 내지 제27조의2). 이에 위반하여 주식 등의 매수 등을 한 경우에는 당해주식 등의 매수 등의 날로부터 해당 주식 등을 처분한 후 6월이 경과할 때까지 그 결정권이 정지된다(자본시장법 제145조).

다른 회사의 주식을 공개매수에 의하여 취득하게 되면 그 과정과 결과가 대상회사의 경영진·그 채권자·주주 등의 이해관계자 모두에게 투명하게 공개된다. 그리하여 공개매수는 특히 지배주식의 거래와 관련하여 큰 의미가 있다. 공개매수에 의한 소위 적대적 M&A의 경우에 대상회사의 경영진으로서는 사전에 그 대비책을 마련할 기회를 갖게 되고 또한 지배주식 무관한 소수파 주주들에게 공개매수에 참여함으로써 지배프리미엄이 반영된 가격으로 자신의 주식을 처분할 기회를 부여하기 때문이다. 그러나 공개매수가 항상 적대적인 것만 있는 것은 아니고, 대상회사 경영진의 양해 하에 이루어지는 우호적인 것도 있다.

공개매수에 의한 적대적 인수·합병에 있어서는 대상회사 경영진에 의한 방어수단이 첨예한 관심사로 대두된다. 주식양도의 제한·합병이나 영업양드에 대한 의결정족수의 강화·이사회 결의요건의 강화 등을 내용으로 하는 정관변경(shark repellent)에서부터 전환사채의 발행·신주인수권부사채의 발행·주식매입선택권의 부여·신주인수권의 제3자 배정 등을 통한 우호적 세력에의 주식매수권의 부여(poison pill), 인수 대상이 되는 핵심 영업 부문의 자회사로의 분할, 차등의결권제의 도입(disparate voting right plan), 자기주식의 취득, 퇴직금 계약(golden parachutes), 의결권구속계약(voting agreements) 등의 다양한 수단들이 바로 그것이다. 이들 방어기법은 주로 미국 회사법상 발전되어 온 것이기 때문에 대륙법계 회사법의 골격을 갖고 있는 우리 상법상 그대로 통용되지는 않는다. 따라서 이들 수단들 중 어느 것이 얼마만큼 우리 상법과 양립 가능한지는 앞으로의 회사법학의 연구에 달려 있다고 하겠다.

3. 신주인수권 등과 기업지배

신주의 발행은 회사의 자본의 증가를 통한 금융이다. 상법은 제416조 내지 제432조에서 이를 규율한다. 그런데, 신주의 발행에 있어서는 주주의 신주인수권이 항상 문제된다. 상법 제418조 제1항은 '주주는 그가 가진 주식 수에 따라서 신주의 배정을 받을 권리가 있다'고 규정하는데 이 규정은 회사법의 가장 중요한 규정들 중 하나이다. 주주의 신주인수권은 상법 제418조 제2항의 규정에 따라서만 배제될 수 있다. 따라서 주식회사의 유상증자는 신주인수권을 존중한 주주우선배당 방식과, 신주인수권을 배제한 기타 방식으로 나누어진다. 주주의 신주인수권은 주주가 회사의 자본과 회사의 지배에 대한 비례적이익을 보장 받는 수단이다. 그러나 신주인수권은 회사금융의 신속성과 효율성측면에서는 장애 요인이므로 항상 제도상의 논란거리이다. 특히 상장회사의 경우 신주인수권을 배제할 수 있는 여지는 더 커야 한다고 주장된다. 기업금융과 지배구조 상의 고려가 여기서도 충돌하고 있다. 또, 상법 제418조 제2항의 예외규정에 근거한 주주의 신주인수권 배제는 경영권 분쟁에서 항상 심각한 분쟁을 발생시켜 왔다. 즉, 기업지배구조 상의 고려가 기업금융 수단을 통해 현출된다. 그러나 주주의 회사 자본과 지배에 대한 비례적 이익의 보호는 주식회사제도의 존립 기반들 중 하나이고 유상증자는 대개 할인발행으로 행해지기 때문에 그로부터 부당한 부의 이전이 발생할 수 있다는 점 등을 생각해 보면 주주의 신주인수권은 쉽게 제한 될 수 있는 성질의 것이 아니다. 또, 신주의 제3자 배정발행은 기존 주주의 주식을 부분적으로 강제매수하는 것과 같은 효과를 가진다. 즉, 주주를 회사로부터 축출하는 결과를 발생시킨다. 개정상법은 일정한 경우 주주를 회사로부터 축출시킬 수 있는 강제매수제도를 도입하였지만(제360조의24 내지 제360조의26) 강제매수제도는 경제적 필요에 의해 예외적으로 인정되는 것으로 그 실질적 범위를 확대하는 것은 신중히 해야 할 일이다. 한편, 주주의 신주인수권에 대한 법령의 취급에 따라 최근 논란의 대상인 자기주식의 처분에도 상응하는 변화가 발생하게 될 것이다.

Ⅱ. 타회사와의 계약에 의한 기업결합

타회사와의 계약에 의한 기업결합으로는 회사가 다른 회사와 협력, 제휴, 경영위임 등의 계약을 체결하는 방법에 의하여서도 구조조정 내지 재편의 목적을 달성할 수 있다. 오히려 경우에 따라서는 이러한 계약적 결합이 위험 부담이 큰 합병이나 분할보다 더 간편하고 효율적일 수도 있을 것이다.

기업구조조정의 목적을 달성하기 위하여 필요한 계약의 종류와 이들 개개의 종류의 계약들의 내용에 대해 우리 상법은 특별한 규정을 두고 있지 아니하다. 다른 기업과의 계약에 의한 결합에 관하여 언급하고 있는 규정을 든다면 상법 제374조 제1항(제576조 제1항에 의하여 유한회사에도 준용됨)에서 영업전부의 임대계약, 영업 전부의 경영위임계약, 손익공통계약 및 이들에 준하는 계약에 대하여 주주총회의 특별결의를 거치도록 한 것이 있을 뿐이다. 이하에서는 영업전부의 임대계약, 경영위임계약, 경영관리계약, 지배계약, 이익이전계약에 대하여 살펴본다.

1. 영업전부의 임대차 계약

(1) 개념

영업전부의 임대계약에서 영업의 임대라 함은 인적·물적 요소가 유기적으로 결합된 기능적 일체로서의 영업, 즉 영업양도에 있어서와 동일한 의미의 영업을 그 동일성을 유지하면서 타인에게 임대하는 계약을 말한다. 그 대상이 영업이라는 점을 제외하고는 민법상의 임대차계약(민법 제618조)과 큰 차이가 없다. 여기서 영업임대차계약의 개념을 상법 제374조의 표현대로 '영업 전부'의 임대차로 한정할 것인지 아니면 영업일부의 임대차도 포함시킬 것인지가 문제 된다. 독일 주식법상의 경영임대차계약에 대하여는 '영업전부'의 임대차만을 의미하는 견해와 영업 일부의 임대차도 포함한다는 견해가 대립하고 있는바, 전자가 통설로 되어 있다.

이러한 영업의 임대차계약은 대부분 지배종속회사 사이에 체결되기 때문에, 임대회사가 받아야 하는 차임을 둘러싸고 임대회사의 소수파 주주나 채권자의 지위를 해할 우려가 크다. 그리하여 법은 주주(사원)총회의 특별결의를 거치도록 하고 있는 것이다.

(2) 법적 성격

법적 성격으로는 영업의 임대차계약도 민법상의 임대차계약과 같은 유상의 채권계약이다. 영업의 임대계약은 당사자 간의 합의에 의한 채권계약이므로, 다른 사법상의 계약에서처럼 하자가 있으면 설사 주주총회의 승인을 그쳤더라도 취소 할 수 있다고 해석된다. 특히 차임이 부당하게 적은 경우에는 당해 계약자체가 무효로 될 수 있다.

(3) 법적 효과

법적 효과로서 먼저, 영업 전부를 임대한 회사는 스스로 경영을 하는 대신에 자신의 기업 전부를 임차인에게 제공하고 그 대가로 차임을 받는 소위 연금생활자회사로 전락하게 된다. 즉, 임대회사는 여전히 그 독립성을 유지하나, 대외적으로 영업은 임차인의 명의와 계산으로 이루어지고, 임차인은 임대회사에 대하여 계약에서 정한 차임을 지급할 의무를 진다. 임대영업의 경영으로 인한 위험은 이에 따라

임차인이 부담한다.

그리고, 내부관계에 있어서 임차인이 영업을 경영할 의무까지 부담하느냐에 대하여는 학설이 대립하고 있다. 문제는 임차인이 자신의 명의와 계산으로 경영을 하는 경우에 어디까지 단독으로 영업에 관한 근본적인 의사결정을 할 수 있느냐에 있다. 이에 대하여는, 영업임대차가 영업의 양도는 아니므로 임차인은 임대회사의 이익을 침해하는 의사결정에 대하여는 임대회사와 협의할 의무가 있다고 본다. 이에 상응하여 임대회사 역시 생산수단의 현대화를 위한 재투자나 이에 대한 감가상각 등에 관하여 임차인에게 협력할 의무를 면하지 못한다고 할 것이다.

(4) 문제점

영업전부 임대계약의 문제점으로는 먼저, 영업임대차계약이 서로 독립된 회사 사이에 체결되는 때도 있지만, 그보다는 지배종속회사 사이에 또는 기업집단의 계열회사 사이에 체결되는 예가 더 많다. 후자의 경우에 임대회사인 종속회사와 그 외부주주 및 채권자를 보호하기 위한 법적 조치가 있어야 하지 않느냐 하는 주장이 독일에서 유력하게 제기되고 있다. 주주총회의 특별결의가 이들의 이익보호 장치로서 완벽하게 기능한다고는 볼 수 없기 때문이다. 상법은 다행스럽게도 주식매수청구권을 인정하고 있어 어느 정도 외부의 소수파 주주 보호 역할을 할 것으로 기대된다.

또한 영업임차인이 임대회사의 상호를 계속 사용하는 경우에 영업으로 인한 제3자에 대한 채무에 대하여 임대회사도 책임을 지느냐 하는 점이 의문으로 제기되는데, 이에 대하여는 입법적인 해결이 필요하지 않나 생각된다. 현행법의 해석상으로는 임대회사가 상법 제24조의 명의대여자의 책임을 질 여지가 많은데, 이는 차임만을 받는 임대회사에게 가혹하기 때문이다. 나아가 영업양도에 관한 이해조정 규정인 상법 제42조 이하가 영업임대차에 어느 정도 유추적용될 수 있는가도 의문이다. 이러한 문제들을 해결하기 위하여는 영업임대차를 등기하여 공시시키는 제도적 장치가 반드시 필요하다고 생각된다.

2. 경영위임계약

경영위임계약은 수임자인 제3의 경영자가 자기의 계산으로, 위임회사의 수권 하에 위임회사 명의로 그 영업을 수행하는 것을 내용으로 하는 채권계약이다. 이는 임대차 계약으로서, 개념상으로는 영업임대차 및 경영관리계약의 상위 개념이다.

경영위임계약은 단지 제3 경영자가 위임회사의 수권을 받아 위임회사의 명의로 영업을 수행한다는 점에서만 전술한 영업임대차와 차이가 날 뿐 그 이외의 점에서는 영업임대차와 같아, 이를 내부임대차라 하기도 한다.

법적 성격으로는 경영위임계약 역시 채권계약의 성격을 갖는다. 영업임대차와는 달리 반드시 유상이어야 할 필요도 없다. 그러나 내부관계에서 수임자인 제3 경영자가 위임회사에 대하여 배당이나 보수의 지급을 약속하는 것이 보편적이다.

법적 효과는 영업 전부의 경영위임계약이 체결되면, 수임자인 제3 경영자가 영업을 하게 된다. 그러나 대외적으로 여전히 위임회사의 명의로 모든 법적 행위가 이루어진다. 즉, 영업의 경영으로 인한 권리의무의 주체는 위임회사이다. 그리하여 제3 경영자에 대한 위임회사의 대리권 및 업무집행권의 수여가 필수적인데, 구체적인 범위는 수권계약에 의하여 정하여진다. 실제에서는 제3 경영자를 아예 대표이사로 선임하는 형식이 선호될 것으로 예산된다. 다만, 제3 경영자로 하여금 예컨대 위임회사의 이사회의 모든 기능을 다할 수 있도록 하는 포괄적인 권한의 수여는 금지된다고 해석된다.

그러나 내부적으로는 영업의 경영으로 인한 경제적 효과가 제3 경영자에게 귀속된다. 즉, 제3 경영자가 영업의 경영으로 인한 위험을 부담한다. 따라서 내부관계에서 제3 경영자는 위임회사에 대하여 영업의 경영으로 인한 경제적 결과를 자신에게 이전하여 줄 것을 청구할 권리를 갖는다. 반대로 영업의 수행으로 인하여 위임회사가 부담한 채무와 비용에 대하여는 이를 보전하여 줄 의무를 진다.

3. 경영관리계약, 지배계약, 이익이전계약

(1) 경영관리계약

경영관리계약은 회사가 제3경영자에게 자신의 영업을 자기 명의의 계산으로 수행하도록 위임하는 계약을 말한다.

상법상 경영관리계약이 허용된다고 할 때, 무상으로 체결되는 한 그것은 고용계약적 성질을 갖는 위임계약으로 보는 것이 일반적이다. 이에 대하여도 주주총회의 승인이 필요한가가 문제되는 데, 사실상의 정관변경에 해당한다거나, 회사의 조직구도에 대한 중대한 침해에 해당한다거나 혹은 경제적인 측면에서 볼 때 경영위임계약과 실질적으로 동일하다고 하여 주주총회의 승인결의가 필요하다고 보는 것이 독일의 다수견해이다. 경영관리계약은 상법 제374조 제1항 제2호의 "이에 준하는 계약"에 해당한다고 볼 수 있을 것이다.

(2) 지배계약

지배계약이란 어느 회사가 자신의 경영을 다른 기업에게 전적으로 복종시키는 것을 내용으로 하는 계약을 말한다(독일주식법 제291조 제1항). 지배계약의 체결에 의하여 지배기업은 종속회사의 이사회에 대하여 합법적인 지시권을 갖고(독일주식법 제308조), 종속회사는 이 지시에 따라야 할 의무를 진다. 따라서 종속회사의 이사회는 자신의 독자적인 판단에 따른 경영을 할 수 없게 됨은 물론, 경영의 목표도 종속회사의 고유이익이 아니라 지배기업의 이익으로 변경된다.

우리 상법의 해석상 지배계약이 허용되는가에 대한 논의가 있으나 이는 부정되어야 할 것이다. 지배계약에 관한 명문규정이 없는 현재의 상황은 독일의 1965년 주식법 개정 이전의 상황과 비슷하고, 과거의 독일 판례에 의해 발전된 소위 '기관관계·기관이론'은 우리의 현행 세법체계상 인정될 수 없기 때문이다. 결국 현행법체계상 지배계약은 명문규정이 없는 한 허용되지 아니하며, 현행 상법 제374조 제1항 제2호의 "기타 이에 준하는 계약"에도 포함되지 않는다고 본다.

(3) 이익이전계약

어느 회사가 자신의 이익의 전부나 일부를 다른 기업에게 이전할 것을 내용으로 하는 계약을 이익이전계약이라고 한다. 우리 상법상 이익이전계약이 허용되는가의 문제가 있는데, 상법이 정하는 절차에 따라 이익배당의 방법으로 예컨대 자회사가 그 이익의 전부를 모회사에 이전하는 것은 가능하다고 볼 수 있으나, 그 이외의 경우에는 어떠한 형태의 이익이전계약도 무효라고 보아야 한다. 회사채권자의 이익

침해는 주주총회 결의로도 구제될 수 없기 때문이다. 따라서 이익이전계약도 상법 제374조 제1항 제2호의 "기타 이에 준하는 계약"에 포함되지 않는다고 본다.

CORPORATE GOVERNANCE LAW

제 2 편
각론

제1장 집행임원제도에 관한 재조명

-2008년 상법개정안을 중심으로-

I. 서언

우리나라는 1962년 상법이 제정된 이래 50여년 가까운 세월이 흐르는 동안 여러 차례의 상법개정작업이 이루어졌고, 특히 IMF 외환위기 이후에는 기업의 지배구조 개선에 초점을 맞춘 상법개정노력이 꾸준히 전개되어왔다. 이와 관련하여 최근의 우리나라의 상법 개정경과를 살펴보면 먼저, 2009년에는 종전의 증권거래법, 선물거래법, 간접투자자산운용업법, 신탁업법, 종합금융회사에 관한 법률, 한국증권선물거래소법 등 6개의 중요한 법률이 통합된 「자본시장과 금융투자업에 관한 법률」(약칭 자본시장법, 2007년 8월 3일 법률 제8635호로 공포되어 1년 6개월이 경과한 2009년 2월 4일부터 시행됨)이 새롭게 탄생되었고 이어서 우여곡절 끝에 사외이사 및 상장회사에 대한 특례를 규정한 상법 일부 개정법률(법률 제9362호)이 2009년 1월 30일 공포되어 2009년 2월 4일부터 시행되게 되었다[8].

곧 이어, 창업절차를 간소화하고 기업경영의 IT화 지원내용을 담은 상법일부개정법률(법률 제9746호)이 2009년 5월 28일 공포되었다[9].

---

8) 이러한 개정으로 (구)증권거래법상의 상장회사에 관한 특례규정 중 회사의 지배구조에 관한 부분은 상법으로 편입되고 회사의 재무관리에 관한 부분은 자본시장법에 그대로 남겨두게 되었다.

9) 이 법안은 법무부가 2005년부터 추진해온 창업절차 간소화 노력이 결실을 맺은 것으로 경제위기 극복을 위한 시급한 필요성을 인식하여 창업절차간소화 규정 등을 다른 상법 개정안과 분리하여 신속하게 처리하게 된 것이다. 이러한 상법개정의 의미는 ① 창업절차의 획기적 간소화 ② 소규모기업에 대한 과감한 규제개선 ③ 기업경영의 IT화 지원을 위한 녹색성장 구현의 세 가지로 요약될 수 있다. 창업절

법무부는 회사법개정작업에 특히 관심을 기울여 상법(회사편)개정특별분과위원회를 구성하여 2006년 10월 4일 상법개정시안을 입법예고하고 2007년 9월 20일 국회로 상법(회사편)개정안을 이송하였으나, 17대 국회가 회기만료되면서 이 법안은 자동폐기 되었고 이어 2008년 5월 27일 법무부는 다시 회사법개정안을 입법예고하고 2008년 10월 21일 국회에 제출하였다[10].

우리 상법은 이원적 이사회체제를 취하는 미국식의 이사회제도를 도입하여 이사회로 하여금 업무집행기능과 경영감독기능을 겸하게 하고 있다. 우리나라에서는 주식회사의 지배구조의 선진화·국제화를 도모하기 위하여 계속적인 노력을 전개하여 왔으며 이사회의 감독기능을 강화하기 위하여 감사위원회제도, 이사회 내 위원회제도, 사외이사제도 등을 속속 도입하였으나 그 효율적인 기능을 발휘하지 못하는 것으로 평가되고 있다. 또한 집행임원제도에 대해서는 현행법상 명시적인 규정이 없어 그 법적 성격 및 지위에 대하여 논란이 있었으며, 집행임원제도를 도입한 일부 금융기관 등에서는 이 제도를 둘러싼 법적 쟁송에 휘말리고 있고 우리나라 대법원에서는 집행임원의 법적지위를 부정하고 있다[11]. 한편, 경영실무에서는 많은 기업들은 미등기이사를 임원 혹은 집행임원이라는 명칭으로 적극 활용하고 있으나 집행임원에 대한 법적근거의 미비로 인하여 문제점이 나타나고 있었으며, 이번 회사법개정안은 많은 논란이 있었던 집행임원제도를 도입하기로 한 것이다.[12]

본고에서는 먼저 집행임원제도의 개요 및 운영현황에 대하여 먼저 언급한 다음 집행임원제도의 도입과 관련한 찬·반론에 대하여 살펴보고, 2008년 상법개정안이 도입한 집행임원제도를 재조명해 보고자 한다.

차 간소화 부분은 공포일인 2009.5.28로부터 즉시 시행되고, 기업경영의 IT화 지원부분은 공포일로부터 1년 후인 2010.5.28부터 시행되게 되었다.

10) 2008년 상법(회사편)개정안의 주요 내용은 새로운 기업형태 및 유한책임회사의 도입, 주식제도의 개선, IT화에 관한 규정, 집행임원제도의 도입, 이사의 의무와 책임, 회계규정, 사채제도, 소규모 주식회사에 관한 특칙, 상장회사에 관한 특칙, 유한회사에 관한 규정 등이다.

11) 대법원 2005.5.27. 선고 2005두524 판결; 대법원 2003.9.26. 선고 2002다64681 판결.

12) 집행임원제도에 대해서는 현행법상 명시적 규정이 없어 그 법적 성격 및 지위에 대하여 논란이 있으며 법적인 근거 없이 집행임원제도를 도입한 일부 금융기관 및 기업들이 집행임원을 둘러싼 법적 쟁송에 휘말리고 있다. 현재 우리나라 대법원에서는 집행임원의 법적 지위를 부정하고 있다(대판 2005.5.27. 선고 2005두524 판결 ; 대판 2003.9.26. 선고 2002다64681 판결).

Ⅱ. 집행임원제도의 개요 및 운영현황

1. 집행임원제도의 개요

(1) 개념

원래 집행임원(officer) 또는 업무집행임원이란 미국의 회사제도에서 유래한 것으로서, 미국 회사법에서는 집행임원에 관한 개념을 명확하게 정의하고 있지 않으며 다만, 집행임원의 직무유형 등에 대해서만 규정하고 있다. 또한, 일본은 미국의 officer제도를 참고로 하여 실무상의 필요에 따라 집행임원제도를 입법화하였는데 일본신회사법의 규정을 보면 "집행임원은 이사회에 의해 선임되어 이사회에서 위임받은 사항에 대한 의사결정 및 업무집행을 담당한다"라고 되어있다(일본신회사법 제402조 제1항, 제2항).

우리나라에서는 집행임원의 개념에 관하여, "집행임원은 대표이사(사장)를 보좌하고 이사회에서 정하는 바에 따라 이 회사의 업무를 분장 집행한다"고 규정하면서 "집행임원이라 함은 등기된 이사가 아니면서 전무이사, 상무이사 등에 준하여 회사의 업무를 집행하는 자를 말한다".[13)]고 파악하고 있는 견해가 있고, "이사가 아닌 집행임원은 대표이사의 복대리인으로서 단순한 사용인이 아니라 중요한 위임관계에 있는 사용인이며 그 하위에 있는 다른 사용인을 지위, 감독하는 지위에 있는 자"라고 보기도 하고, "대표이사의 지위, 감독 하에서 업무를 담당하는 상급사용인"이라고 하기도 한다.[14)]

(2) 집행임원의 법적지위

이사회가 집행임원을 선임하는 것은 이사회의 권한을 위임하는 것에 해당하여 이를 허용하는 것은 법적으로 문제될 것이 없다고 본다. 다만, 현재 문제가 되고 있는 부분은 정관에서 주주총회가 집행임원을 선임·해임할 것을 규정한 경우인데, 이 제도를 도입하고 있는 일부 기업은 집행임원의 법적지위에 대하여 실질적으로

13) 한국상장회사협의회 작성 '상장회사 표준정관' 제34조의2 ②항 참조.

14) 강희갑, "미국법상의 집행임원제도의 도입에 관한 연구", 『비교사법』, 제7권 제2호, 한국비교사법학회, 2000. 699면.

이사에 준하는 지위를 인정하고 있으므로 단순한 상업사용인과는 구별하여 쓰여지고 있다고 볼 수 있다.

주주총회에서 이사회의 구성원인 이사를 선임하는 것은 회사의 경영권을 수임한 이사를 통하여 회사의 업무집행권을 행사할 집행임원에 대하여 통제를 할 수 있다는 의미로 해석할 수 있다. 따라서 주주총회를 통하여 집행임원의 선임·해임을 가능하도록 규정하는 정관규정도 유효하다고 본다. 그러나 대부분의 회사는 이사회에 집행임원의 선임권한을 부여하고 있다.

2. 우리나라의 집행임원 운영현황

일반적으로 임원이라고 함은 기업경영실무에서는 직원과는 구별되는 신분으로 사장(대표이사)을 포함한 이사 및 감사 또는 이에 준하는 직위를 의미한다고 볼 수 있다.[15] 일부법률(금융산업구조개선에 관한 법률 제2조 제9호, 국민연금법 제28조, 정부투자기본관리법 제11조 등)에서는 이런 의미로 임원의 범위를 정한 경우도 있지만, 법률상 명확한 개념은 아니다. 일반적으로 임원은 사장(president), 회장(chairman of the board of directors), 부사장(vice president), 총무담당임원(secretary), 회계담당임원(treasure) 등으로 나눌 수 있는데, 과거에는 이사의 자격을 요구하였으나, 현재는 이사의 자격을 요구하지 않고 있다.[16] 이하에서는 우리나라 주권상장법인의 등기 및 집행임원 현황·직위별 분포와 사외이사의 운영현황에 대하여 살펴보고자 한다.

(1) 주권상장법인의 등기임원 및 집행임원 현황[17]

주권상장법인의 전체임원(집행임원 포함)은 총 12,392명으로 등기임원 4,804명, 집행임원 7,588명이며 1사당 전체임원은 전년보다 0.86명이 증가한 18.4명으로 나타나고 있다. 1사당 평균 등기임원은 전년보다 0.02명이 감소한 7.1명으로 그중 이사는 6.2명, 감사는 0.9명이며 1사당 평균 집행임원은 전년보다 0.88명이 증가한 11.2명인 것으로 나타났다. 이는 기업경영환경의 급속한 변화에 따라 업무집행기능

15) 양동석, "임원제도 도입에 따른 법적 문제", 『상사법연구』, 제20권 제2호, 한국상사법학회, 2001, 116면.
16) 양동석, "집행임원의 역할과 법적지위", 『상장협』, 제48호, 한국상장회사협의회, 2003, 163면.
17) 한국상장회사협의회(2010.9.25. 방문) 〈http://www.klca.or.kr/자료실/통계자료〉 참조.

을 수행하는 집행임원의 필요성이 증가한 때문인 것으로 보여 진다.

〈등기임원 및 집행임원 현황〉

(단위 : 명, %)

구분 / 연도		2007년 (675개사)				2006년 (673개사)			
		인원수	비율	1사당 평균		인원수	비율	1사당 평균	
				인원수	증감			인원수	증감
등기임원	이사	4,170	33.7	6.18	-	4,156	35.3	6.18	▲0.01
	감사	634	5.1	0.94	▲0.02	651	5.5	0.96	▲0.06
	소계	4,804	38.8	7.12	▲0.02	4,807	40.8	7.14	▲0.07
집행임원		7,588	61.2	11.24	0.88	6,972	59.2	10.36	0.59
전체임원 計		12,392	100.0	18.36	0.86	11,779	100.0	17.50	0.52

(2) 주권상장법인의 등기임원 및 집행임원의 직위별 분포.[18)]

2007년 주권상장법인의 등기임원 및 집행임원의 직위별 분포(사외이사와 감사를 제외)를 보면, 사장(13.8%), 이사(12.6%), 회장(7.4%) 순으로 높게 나타났으며, 집행임원의 경우에는 상무(42.1%), 상무보(17.3%), 이사(17.3%), 전무(10.1%) 순으로 구성되어 있다. 주권상장법의 등기임원 중 상근은 56.5%, 비상근은 43.5%로 2006년 대비 상근은 1.1% 감소한 반면 비상근은 1.1% 증가하였다.

〈직위별 분포〉

(단위 : 명, %)

구분 / 직위		등기임원				집행임원				전체임원 計			
		2007년		2006년		2007년		2006년		2007년		2006년	
		인원수	구성비	인원수	구성비	인원수	구성비	인원수	구성비	인원수	구성비	인원수	구성비
이사	회장	355	7.4	365	7.6	28	0.4	20	0.3	383	3.1	385	3.3
	부회장	141	2.9	124	2.6	27	0.4	29	0.4	168	1.4	153	1.3
	사장	**665**	**13.8**	660	13.7	59	0.8	55	0.8	724	5.8	715	6.1
	부사장	304	6.3	302	6.3	543	7.2	472	6.8	847	6.8	774	6.6
	부사장보	-	-	-	-	-	-	8	0.1	-	-	8	0.1
	전무	262	5.6	301	6.3	765	10.1	657	9.4	1,027	8.3	958	8.1
	상무	282	5.9	234	5.9	**3,198**	**42.1**	2,949	42.3	**3,480**	**28.1**	3,233	27.4

18) 한국상장회사협의회(2010.9.25), 〈http://www.klca.or.kr/자료실/통계자료〉 참조.

구분 직위		등기임원				집행임원				전체임원 計			
		2007년		2006년		2007년		2006년		2007년		2006년	
		인원수	구성비	인원수	구성비	인원수	구성비	인원수	구성비	인원수	구성비	인원수	구성비
이사	상무보	12	0.2	21	0.4	1,316	17.3	1,119	16.0	1,328	10.7	1,140	9.7
	이사	603	12.6	582	12.1	1,313	17.3	1,294	18.6	1,916	15.5	1,876	15.9
	이사대우	2	-	-	-	217	2.8	239	3.4	219	1.8	239	2.0
	사외이사	1,538	32.0	1,511	31.4	-	-	-	-	1,538	12.4	1,511	12.8
	기타	6	0.1	6	0.1	118	1.5	130	1.8	124	1.0	136	1.1
	소계	4,170	86.8	4,156	86.5	7,584	99.9	6,972	100.0	11,754	94.9	11,128	94.5
감사		634	13.2	651	13.5	4	0.1	-	-	638	5.1	651	5.5
계		4,804	100.0	4,807	100.0	7,588	100.0	6,972	100.0	12,392	100.0	11,779	100.0

주) 1. 금융업의 은행장은 사장에, 부행장은 부사장으로 구분하였음.
2. 구체적인 직위 표현 없이 본부장 등으로 표기한 경우는 이사로 구분하였음.
3. 대표이사로만 표기한 경우에는 사장으로 구분하였음.

(3) 주권상장법인의 사외이사 현황[19)]

집행임원제도가 제대로 정착되기 위해서는 사외이사와의 관계설정이 중요하다고 생각되는 바, 현재 주권상장법인의 사외이사 현황을 살펴볼 필요가 있다. 즉, 주권상장법인 1사당 사외이사수는 2.3명으로 전년대비 0.03명이 증가하였는데 이는 지난 2001년(2.03명)을 저점으로 하여 매년 증가추세를 보이고 있고, 등기이사 중 사외이사가 차지하는 비율은 전년(36.4%)보다 0.5% 증가한 36.9%(4,170명 중 1,538명)인 것으로 나타났는데, 이처럼 사외이사의 경영참여가 지속적으로 확대되는 것은 기업들이 이사회 운영에 대한 개선을 적극적으로 시도하는 것으로 보인다. 2008년 3월 현재 1,509개사의 상장법인에서 총 3,002명의 사외이사가 선임되어 활동하고 있다. 이는 2007년의 1,403개사 총 2,693명 보다 309명 더 늘어난 수치이다.

〈사외이사 현황〉

(단위 : 명, %)

구 분		2007년 (675개사)			2006년 (673개사)		
		인원수	1사당 평균		인원수	1사당 평균	
			인원수	증감		인원수	증감
등 기	이사	4,170	6.18	-	4,156	6.18	▲0.01
	사외이사	1,538	2.28	0.03	1,511	2.25	0.03

19) 한국상장회사협의회(2010.9.25), 〈http://www.klca.or.kr/자료실/통계자료〉 참조.

Ⅲ. 집행임원제도의 도입 찬·반론

1. 도입 찬성론

집행임원제도의 도입을 찬성하는 견해의 논거는 대체로 다음과 같이 정리해 볼 수 있다.

(1) 이사회의 감독기능 강화

1998년 사외이사를 처음 도입할 당시에는 사외이사의 독립성 확보가 주요 논제가 되었으나, 최근의 논의의 중심은 집행임원제도의 도입여부로 모아지고 있다. 상법개정안 제408조의4의 규정을 보면 집행임원의 권한은 "1. 집행임원 설치회사의 업무집행, 2. 정관이나 이사회의 결의에 의하여 위임받은 업무집행에 관한 의사결정"이라고 되어 있어 회사의 업무집행은 이사회와 집행임원에게 맡기고 있다.

이사회의 감독기능을 보다 강화하는 방안으로는 미국식 집행임원제도를 확대함으로써, 이사회는 기업의 중요한 경영전략에 대한 의사결정과 업무집행에 대한 감독기능만 행하도록 하고, 회사의 업무집행은 집행임원이 담당함으로써 회사의 경영감독과 업무집행을 제도적으로 분리하는 방안[20]을 검토할 필요가 있다. 이처럼 집행임원제도를 채택함으로써 회사의 경영감독기능과 업무집행기능을 분리하게 되면 기업지배구조의 투명성을 보다 강화할 수 있다고 본다.[21]

---

20) 회사의 업무집행기능과 업무감독기능을 분리하여 의사결정의 투명성을 제고하는 것은 오늘날 기업지배구조에 있어서 세계적인 추세라고 할 수 있다. 회사 내 별도의 감독기관이 존재하지 않는 미국식 일원적 경영구조(one-tire system) 하에서도 이사회에서 사외이사의 비중이 높아질수록 회사의 업무집행은 최고경영자를 비롯한 임원들이 행하고 이사회는 최고경영자 내지 집행임원에 대한 감독에 치중함으로써 이사회 내 기능의 분화를 가져올 수 있다. 이와 달리 회사 내 이사회와 감독기관인 감사회가 별도로 존재하는 독일식 이원적 경영구조(two-tire system)에서는 감사회는 경영을 담당하는 이사회의 임면권을 가지지만, 회사의 업무집행에는 직접 관여하지 않는 것이 원칙이다. 또한 독일의 경우 이원적 경영구조 아래 원칙적으로 집행임원에 대한 개념은 없다.

21) 이와 관련하여, "집행임원제도를 도입할 경우 이사회는 감독기능만을 담당하게 됨으로서 기존감사위원회의 지위가 불분명해지는 점이 있으며, 이들과 집행임원과의 관계가 문제가 된다. 즉, 집행임원에 대하여는 회사의 중요한 업무를 수행하는 지위에서 업무집행에 관한 한 이사회와 밀접한 관계가 있으며, 이사회 내 위원회와 동등하나 별개의 독자적인 기관으로 보아야 할 것이다"고 주장하는 견해가 있다(박진태, "감사위원회제도의 입법적 과제", 『정책연구 02-5』, 국회 법제사법위원회, 2002, 36~37면).

또한 상법상 주식회사의 업무집행기관인 이사회(상법 제393조 1항)가 다시 업무집행기관(대표이사)에 대한 감독기관의 역할을 한다는 것은 문제가 있고, 업무집행기관에 대한 감독의 실효성도 기대하기 어렵다고 생각된다. 따라서 이를 보완하는 차원에서 집행임원제도의 도입이 필요하다고 주장한다.

(2) 집행임원의 법적지위 명확화

회사의 이사는 회사와 위임관계에 있기 때문에 회사는 언제든지 이사를 해임할 수 있다. 그러나 등기이사와 같이 활동하는(집행)임원에 대하여는 판례는 그 지위를 위임계약에 의한 임원이 아닌 고용계약에 의한 노동자로 보고 있다. 따라서 회사가(집행)임원을 업무실적부진 등의 이유로 해임할 경우 노동법상 부당해고라고 하여 회사 임원 사이 분쟁이 야기 되었고, 기업에서는 해당임원의 임기를 1년으로 정하고 임기만료 때 해임여부를 결정하고 있는 바, 이는 집행임원들로 하여금 단기실적에 집착한 나머지 기업의 경영계획 수립과 집행에 방해가 되는 부작용을 낳는다. 집행임원 도입 찬성론자들은 집행임원의 도입과 운용에 관하여 그 지위나 임기 등을 명확히 하고 등기하도록 함으로써 안정적 경영활동을 보장하고, 경우에 따라 발생할 수 있는 회사 및 제3자에 대한 손해를 담보할 수 있다고 생각한다.[22] 이러한 관점에서 집행임원의 법적지위를 명확히 할 필요가 있다고 주장한다.

(3) 집행임원의 법적책임 강화

집행임원은 주요 대기업에서 적어도 전체임원의 과반수를 차지할 정도로 많이 활용되고 있는 실정이다. 그러나 기업의 현실을 보면 집행임원은 종래(등기)이사에 상응하는 권한을 행사하면서도 상법상 근거규정이 없었기 때문에 법적 지위나 권한·책임 및 임기 등에 있어서 많은 문제점이 발생하였다. 회사의 정관이나 내규를 보더라도 집행임원에 대해 규율하고 있는 사항은 회사와 집행임원 사이의 내부관계에 국한될 뿐 대외적인 권한이나 책임관계에 대하여는 규율하고 있지 않다. 따라서 집행임원의 도입을 찬성하는 견해에서는 기업의 책임경영의 확립을 위해서는 집행임원의 책임추궁의 근거를 법적으로 명확하게 할 필요가 있다고 주장한다.

---

22) 황근수, 한국에 있어서 집행임원제도의 현황과 향후의 운용방안",『서울대학교 법학』, 제49권 제2호, 2008. 147면.

(4) 사외이사제도의 보완수단

외환위기 이후 기업경영의 투명성을 제고하기 위하여 상장회사에 도입된 사외이사제도는 그 운영상 많은 문제점을 야기하였고 기업들은 사외이사의 수를 최소화할 목적으로 등기이사의 수를 대폭 축소하였다. 이는 사외이사의 수가 증가함에 따른 기업의 비용부담, 기업경영에 대한 의사결정의 지연, 기업정보의 외부유출 등에 대한 우려가 제기되었기 때문이었다. 기업의 운영현실을 살펴보면 등기이사를 줄이고 정관이나 회사내규 등에 의해 집행임원(비등기임원)을 두어 과거 등기이사가 수행하던 직무를 담당하게 하고, 보수 및 기타 각종 대우도 등기이사에 준하여 처리하고 있다. 이와 같은 실정을 감안할 때 도입찬성론자들은 "집행임원제도는 사외이사제도의 보완수단으로서 그 역할을 기대할 수 있다"고 주장한다.[23]

(5) 집행임원의 「강행규정화」를 통한 업무공백 최소화

각 기업들은 사외이사제도가 도입됨에 따라 이사회에서 결의한 사항을 직접 집행할 경영 실무진이 부족하여 업무공백이 우려되었고, 이를 해결하기 위한 방안으로 자체적으로 사실상의 집행임원을 선임하여 경영활동의 업무공백 상태를 보완·대체 하였다. 집행임원제도의 도입을 찬성하는 논자들은 만일에 집행임원제도를 상법상 강행규정이 아닌 임의규정으로 방치한다면 법적인 의미에서 경영의 공백상태가 계속되고 기업들이 자발적으로 상법상의 집행임원을 채택하지 않는 한 집행임원제도의 실효성을 확보하기가 어렵다고 주장한다.

또한 우리나라의 경우 많은 상장기업들이 집행임원제도를 자체적인 제도로 도입하고 있는 상황이므로 기존의 내규상 집행임원제도('사실상 집행임원'이라 함)를 유지할 경우, 사실상 집행임원의 법적위상과 상법상의 집행임원과의 관계가 문제될 수 있다고 한다.[24] 따라서 도입 찬성론자들은 집행임원제도를 강행규정을 통하여 도입한다면, 이러한 문제도 해결되고 업무공백을 최소할 수 있다고 주장한다.

---

23) 황근수, "앞의 논문", 2008. 147면.

24) 원동욱, "기업지배구조관련 상법개정안의 주요 내용 및 향후과제", 『법학논집』, 제32권 제1호, 2008, 245면.

2. 도입 반대론

집행임원제도의 도입을 반대하는 논거는 대체로 다음과 같이 정리해 볼 수 있다.[25]

(1) 갈등구조 형성 및 경영효율성 약화

집행임원제가 도입될 경우 집행기능과 감독기능이 분리되어 회사 내부에 갈등구조가 형성될 가능성이 크고 그 결과 회사내부의 일사불란한 지휘체계가 가동되기 어렵게 된다고 한다. 또한 경영위기가 닥칠 경우 이를 돌파하기가 어렵고, 경영효율성이 약화되어 모험투자나 공격경영이 힘들어 지게 된다고 본다. 기업들이 등기이사 수를 축소하고 비등기임원을 운용하는 것은 경영환경의 급변에 대처하기 위한 것이고 이사회를 슬림화하고 신속하고 효율적인 경영을 하는 것이 세계적 추세인 점을 감안할 때 구태여 집행임원제도를 도입할 필요가 없다고 주장한다.[26]

---

25) 집행임원제도의 도입의 문제점을 주로 다룬 논문으로는 서완석, "집행임원제도의 도입에 따른 문제점 및 개선방안 연구", 「성균관법학」, 제20권 제1호(2008.4); 홍복기, "주식회사에 있어서 집행임원제도의 도입과 그 과제" 「상사판례연구」, 제19권 제4호(2006); 이영주, " 집행임원제도 도입에 따른 법적 제문제", 「기업법연구」, 제10권(2002) 등을 들 수 있다.

26) 이에 대한 반대의견으로는 "회사의 사정을 잘 알지 못하는 사외이사들이 경영에 관한 의사결정에 참여하는 것을 많이 꺼리고, 특히 회사의 기밀이 사외이사를 통하여 외부에 유출되지 않을까 하는 우려가 있는 점 등으로 인하여 사외이사의 수를 최소화하고자 등기이사 수를 축소하는 것이 솔직한 현실이고, 기업들이 등기이사 수를 축소하는 것이 설사 사외이사 수를 줄이고자 하는 목적보다 이사회를 슬림화하여 신속하고 효율적인 경영을 하고자 하는 것이라고 하여도 회사의 영업범위가 업종 및 지역별로 매우 확대된 대회사의 경우에는 이와 같이 슬림화된 이사회에서 회사의 모든 업무결정을 할 수 없는 것이 솔직한 현실이다. 따라서 그러한 대회사의 경우 이사회는 회사의 중요하거나 기본적인 업무에 대해서만 의사를 결정하고 각 업종 및 지역별로 이러한 업무를 집행할 수많은 집행임원을 두고 있는 것이 현실이고, 이러한 집행임원은 사실상 과거에 상법상 이사가 하던 업무를 그대로 수행하고 있는 것이 현실이다. 그런데 이러한 집행임원에 대하여 현재 근거법이 전혀 없고 각 회사의 정관 또는 내규 등에만 규정되어 있고 내규 등도 집행임원의 선임에 대하여만 규정하고 있고 그의 지위·의무·책임 등에 대하여는 규정이 거의 없다. 따라서 자주 법률분쟁이 발생하고 있는데 상법개정안에서는 이러한 현실을 반영하여 집행임원에 대하여 법률상의 제도로서 규정함으로써 법의 흠결에서 발생하는 법률문제를 해결하고 또한 글로벌 스탠다드에 맞는 기업 지배구조를 갖출 수 있도록 하고자 하는 것이다. 따라서 이는 기업에 대하여 새로운 부담을 준다거나 기업 활동에 지장을 가져오는 제도가 아니라, 기업 활동의 효율성을 도모하고 이에 대한 법률문제를 사전에 방지하기 위하여 현재 각 기업이 실시하고 있는 현실을 반영한 입법일 뿐이다. 사실상 시행되고 있는 집행임원에 대하여 그에 대한 법적 근거가 없어 많은 분쟁이 야기되고 있는데, 이를 기업의 내규에만 맡기고 입법을 하지 않고 방치한다면 국가 및 법의 목적에 반하는 것"이라고 주장한다(정찬형, " 주식회사의 지배구조", 『한국상사법학회 2009년 하계학술대회-상법학의 현대적 과제와 전망』, 2009, 7, 23~24면).

(2) 집행임원의 책임문제(현행 제도의 보완 · 활용 가능)

집행임원제도의 도입긍정론자들은 집행임원의 책임추궁문제 때문에 새로운 제도를 도입해야 한다고 주장하나, 이 문제는 현행 감사위원회제도나 업무집행지시자의 책임규정 등을 보완하여 어느 정도 해결될 수 있다고 본다.[27] 현재 기업에서 운용하는 비등기 이사를 모두 집행임원으로 선임하면 효율적 업무집행이라는 제도의 도입의 취지에 반하게 되고, 일부만 집행임원으로 선임하면 나머지 임원의 처리문제가 미해결로 남게 된다고 한다. 또한 집행임원의 책임이 법에 명시되면 개별 집행임원의 업무집행에 대한 책임추궁이 용이해지기 때문에 집행임원들은 신속 과감한 의사결정보다는 위험회피적인 의사결정을 하게 될 가능성도 배제할 수 없다고 주장한다. 집행임원의 책임 추궁은 등기이사가 아니라도 사실상 업무집행을 하거나 업무집행을 지시한 자를 이사로 간주하여 책임을 물을 수 있는 업무집행 지시자의 책임규정이나 표현대표이사제도 등 현행 법규를 통해서도 충분히 해결할 수 있다고 주장한다.

---

27) 이에 대한 반대의견으로는 "집행임원제도는 이사회에서 업무집행 기능을 분리하여 집행임원에게 업무집행권을 부여하고 이사회는 업무집행기관(집행임원)에 대한 업무감독의 임무를 보다 더 충실히 하도록 하고자 하는 제도이다. 즉 이러한 이사회와 분리된 집행임원을 둠으로써 이사회는 보다 더 업무집행기관에 대한 감독업무를 충실히 할 수 있고, 이러한 감독기관에 종속한 이사회 내 위원회의 하나인 감사위원회는 보다 더 충실한 감사업무를 수행할 수 있는 것이다. 현재와 같이 집행임원제도가 없어 이사회가 업무집행기능을 갖게 되면 이사회는 업무집행기능과 업무감독기능을 공유하므로 이사회의 업무감독기능은 유명무실하게 되고 이에 종속된 감사위원회의 감사기능도 따라서 유명무실하게 되어 종래의 감사보다 훨씬 그 효율성이 떨어지는 것이다. 따라서 감사위원회의 감사기능의 효율성을 더 높이기 위하여는 이사회와는 분리된 집행임원을 두도록 하여야 하는 것이다. 또한 상법은 IMF 환란 직후인 1998년 개정상법에서 지배주주가 사실상 경영권을 행사하면서 이사 등으로 등기가 되지 않은 사실상 이사가 이사로서 면책되는 것을 방지하기 위하여 업무집행 지시자 등의 회사 및 제3자에 대한 책임을 인정한 것이다.(상법 제401조의2) 그런데, 집행임원은 이러한 지배주주에 의하여 업무집행을 위하여 선임된 자로서 위의 업무집행지시자 등과는 반대의 입장이다. 이러한 집행임원에 대하여 그의 책임을 묻기 위하여 상법상 업무집행지시자 등의 책임에 관한 규정(상법 제401조의2)을 유추 적용하는 것은 동 규정의 입법취지와도 맞지 않는다. 또한 집행임원에 관한 입법에서는 그의 책임에 관한 사항도 있지만 그의 지위 · 의무 · 권한 등의 사항이 있으므로 이를 종합적으로 규정할 필요가 있다. 따라서 집행임원에 관한 종합적인 사항을 입법하여 집행임원에 관한 제반 법적 문제를 사전에 해결하고 예측 가능하도록 하는 것이 타당하다고 보며, 이에 관한 입법은 하지 않고, 입법취지가 달라 논쟁을 가져올 수 있는 업무집행지시자 등의 책임에 관한 규정(상법 제401조의2)을 그의 책임에 관해서만 억지로 유추 적용하는 것은 타당하지 않다고 본다"고 주장한다.(정찬형, " 주식회사의 지배구조", 『한국상사법학회 2009년 하계학술대회-상법학의 현대적 과제와 전망』, 2009, 7,24면).

(3) 기업가 정신의 훼손(이사회의 추진력 약화)

집행임원제도를 도입할 경우 집행임원의 독립성은 일부 강화될 수 있으나 대표이사를 중심으로 한 신속한 의사결정과 협력시스템의 작동이 어려워짐에 따라 한국경제모델의 장점인 진취적 기업가 정신이 훼손될 가능성이 있다고 한다. 또한 집행임원이 이사회에 의해 임면되는 경우 CEO(대표집행임원)의 영향력이 약화되므로 위험회피적 결정을 할 가능성이 높아 업무추진력이 떨어질 가능성이 있다고 본다.[28] 참고로 200대 기업에 대한 설문조사 결과, 기업들은 집행임원제도를 도입하면 신속한 의사결정 및 추진력 훼손으로 경영효율성이 저하되는 것을 가장 큰 문제점으로 지적하였다고 한다.[29]

(4) 기업지배구조의 자유로운 선택권 제한 우려

집행임원제도를 상법에서 임의규정방식으로 택하더라도 증권거래법(현재 폐지됨) 등 하위 법에서 도입이 강제되면 입법취지와 다르게 기업의 자유로운 지배구조 선택권이 제약받게 된다고 한다.[30] 당초 상법개정 특위에서는 이 제도의 도입을 강

---

28) 이에 대한 반대의견으로는 "현행 상법상 이사는 주주총회에 선임되나(상법 제382조 1항) 대표이사는 원칙적으로 이사회에서 선임되므로(상법 제389조 본문) 현행 대표이사에 해당하는 대표집행임원(CEO)이 이사회에 의하여 선임되는 점(상법개정안 제408조의5 제1항 본문)에서 양자는 선임기관이 같다. 상법개정안에 의하면 집행임원을 이사회가 선임하나(상법개정안 제408조의2 제3항 제1호) 이는 주주총회에 의하여 선임된 이사들로 구성된 이사회에 의하여 선임되므로 이러한 집행임원은 주주총회에 의한 복 대리인이라고 볼 수 있으므로 현행 업무를 집행하는 이사와 그 지위에 있어서 큰 차이가 없다고 본다. 또한 상법개정안에 의하면 이사회 의장과 대표집행임원(CEO)의 겸직을 금하고 있지 않으므로 대표집행임원이 이사회의장을 겸하면 그는 현행 대표이사의 지위와 같게 되므로 현재의 대표이사보다 대표집행임원이 그 영향력이 약화되거나 추진력이 떨어진다고 볼 수는 없다"고 주장 한다.(정찬형, "주식회사의 지배구조", 『한국상사법학회 2009년 하계학술대회-상법학의 현대적 과제와 전망』, 2009, 7, 24~25면).

29) 임상혁, "집행임원제도 도입의 문제점", 전경련(CEO-Report), 2006.8, 8면 참조.

30) 이에 대한 반대의견으로는 "기업의 지배구조에 관하여 무한정 기업의 자유에 맡길 수는 없고 그 기업과 관련된 많은 이해관계인의 이익을 보호하기 위하여 법은 일정한 기준을 규정하여야 한다고 본다. 이번의 상법개정안은 종래의 증권거래법(현재 자본시장과 금융 투자업에 관한 법률)과는 전혀 무관한데 종래의 증권거래법과 관련하여 상법개정안의 내용을 비난하는 것은 옳지 않다고 본다. 2009년 개정상법은 주식회사에 '상장회사에 관한 특례'(제13절)를 신설하여 특히 상장회사의 지배구조에 관한 사항을 규정하고 있으므로 앞으로 집행임원에 관한 사항은 상장회사이든 비상장회사이든, 전부 상법개정사항이기 때문에 이를 다른 법률과 관련시키는 것은 그 근거를 상실하고 있다."라고 주장한다.(정찬형, " 주식회사의 지배구조", 『한국상사법학회 2009년 하계학술대회-상법학의 현대적 과제와 전망』, 2009, 7, 25면).

제하고 이사회 의장과 대표집행임원의 겸직을 금지시키는 등 법률로 집행임원제도를 강제화 하고자 하는 의도가 있었기 때문에 집행임원제도의 도입 반대론자들은 향후 하위 법을 통해 요건을 강화하고 제도를 강제화할 가능성이 매우 큰 것으로 전망하고 있다. 참고로 200대 기업조사 결과 응답기업의 72%는 동 제도가 기업경영에 부정적 영향을 미칠 것으로 예상하였으며 특히 자산 2조 원 이상 기업들은 더욱 부정적인(78%)것으로 보고 있는 것으로 나타났다고 한다. 이는 이 제도가 하위법에서 강제화 될 것을 우려한 현상으로 파악하고 있다.[31]

(5) 정관을 통한 자율적 도입

도입 반대론자들은 집행임원제도를 상법에 규정하기보다는 기업이 필요시 구체적인 권리와 의무 등을 정관으로 정해 자율적으로 도입하는 것이 바람직하다고 한다. 현재 집행임원제도를 운용하는 기업들은 대부분 개정안과 다른 방식으로 운영하고 있으며, 회사마다 특성을 고려하여 다양한 방식으로 운용되고 있는 실정이라고 한다. 따라서 기업지배구조는 기업의 경쟁력을 훼손하지 않으면서 개별 기업의 특성에 따라 경영 투명성을 제고할 수 있는 최적의 지배구조를 스스로 선택하도록 기업의 자율에 맡기는 것이 바람직하다고 주장한다. 따라서 정관을 통해 자율적으로 도입하도록 하는 것이 보다 합리적이라고 주장한다.

Ⅳ. 2008년 상법개정안의 집행임원제도

1. 도입 배경

우리상법은 주식회사를 대회사·중회사·소회사[32]로 구별하여 그 지배구조를 달리 규정하고 있다. 대회사의 경우 업무집행기관(집행임원)과 이에 대한 감독기관(이사회)을 분리하여 경영전문기관인 업무집행기관을 별도로 두어 경영의 효율성

31) 임상혁, "전게 보고서", 11면 참조.
32) 대회사는 '최근 사업연도 말 현재의 자산총액이 2조 원 이상인 상장회사'를 말하고, 중회사는 '자본금 총액이 10억 원 이상이고, 최근 사업연도 말 현재의 자산총액이 2조 원 미만인 회사', 소회사는 '자본금 총액이 10억 원 미만인 회사'를 의미한다.

을 극대화 하는 것이 모범적이고 표준적인 지배구조라고 할 수 있다. 집행임원제도는 기업 내에서 업무집행을 전담하고 있는 전문경영인에 대한 법적 지위를 부여하여 내부적으로 경영의 안정성을 확보하고 대외적으로 거래의 안전을 도모하기 위한 것이다.[33)]

우리나라의 대규모주식회사의 경우 이사회의 사외이사를 3인 이상으로 하고 이사총수의 과반수가 되도록 하여(상법 542조의8 제1항 단서) 이사회를 사외이사 중심으로 구성하고 있는데, 이 경우 이사회는 업무집행기관(집행임원)을 별도로 두는 것을 전제로 하여 업무집행기관에 대한 감독기능을 충실하게 수행할 수 있도록 하기 위한 것이다. 그런데 우리 상법은 사외이사에 관한 위와 같은 입법을 하면서도 이사회와는 별도의 집행임원에 대한 입법을 하지 않고, 이사회로 하여금 업무집행기관에 대한 업무감독기능(상법 제393조 제2항)과 동시에 업무집행 및 의사결정기능(상법 제393조 제1항)을 부여함으로써 많은 부작용과 문제점이 발생하였다.

따라서 집행임원제도의 도입 찬성론자들은 집행기능과 감독기능을 분리함으로써 이사회의 경영감독권을 강화할 수 있는 방안을 찾아야 하며 그 구체적인 방법으로 집행임원제의 도입을 계속 주장하여 왔다. 즉, 이사회는 중요한 전략적 의사결정과 경영감독기능만을 담당하도록 하여야 하고, '집행'과 '감독'을 분리함으로써 이사회의 경영감독권을 보다 강화할 수 있다는 것이다. 이러한 배경으로 2008년 상법개정안(회사법)은 집행임원제도를 도입하게 된 것이다.

2. 주요 내용

(1) 개괄적 고찰

법무부의 2008년 상법개정안의 집행임원에 관한 중요한 내용을 살펴보면 다음과 같다.

---

33) 미국에서는 일반적으로 업무감독기관인 이사회와 업무집행기관인 집행임원(executive officer)을 분리하여 경영의 투명성과 효율성을 제고하고 있으며, 일본에서는 기존 이사회 이외에 별도의 3개위원회(감사·지명·보수위원회)를 설치한 회사에 집행임원이 도입되고 있다. 집행임원 또는 업무집행임원이란 미국의 회사제도에서 유래한 것으로서 미국회사법에서는 집행임원에 대한 개념을 명확하게 정의하지는 않고 있으며 집행임원의 직무종류만 규정하고 있다. 미국에서의 집행임원제도는 기존 이사회제도에 대한 개혁의 결과로 등장한 것이다.

첫째, 회사와 집행임원의 관계는 회사와 이사와의 관계와 같이 위임관계이다. 즉, 집행임원설치회사와 집행임원의 관계는 민법중 위임에 관한 규정을 준용한다(상법 개정안 제408조의2 제2항). 집행임원설치회사의 이사회는 집행임원과 대표집행임원의 선임·해임권 및 보수결정권 등을 가짐으로써 집행임원에 대한 실질적인 감독권을 행사할 수 있도록 하였으며, 집행임원설치회사의 이사회는 이 외에도 집행임원과 회사와의 소(訴)에서 회사를 대표할 자를 선임할 수 있고, 집행임원에 대하여 업무집행에 관한 의사결정을 위임할 수 있으며(다만 이 법에서 이사회의 권한사항으로 정한 경우는 제외함), 집행임원이 수인인 경우 집행임원의 직무분담 및 지휘·명령관계 그 밖에 집행임원의 상호관계에 관한 사항을 결정할 수 있다(상법개정안 제408조의2 제3항).

둘째, 집행임원설치회사는 이사회의 회의를 주관하기 위하여 이사회의장을 두어야 하는데, 이사회의장은 정관의 규정이 없으면 이사회 결의로 선임한다(상법개정안 제408조의2 제4항).

셋째, 집행임원의 임기는 정관에 달리 정한 바가 없으면 2년을 초과하지 못하는 것으로 하고(상법개정안 제408조의3 제1항), 임기는 정관에 그 임기 중의 최종 결산기에 관한 정기주주총회가 종결한 후 가장 먼저 소집하는 이사회의 종결시까지로 정할 수 있다(동조 제2항). 집행임원은 현행 상법상 대표이사의 기능을 수행할 수 있는 권한을 가지며(상법개정안 제408조의4 제408조의5), 2인 이상의 집행임원이 선임된 경우 이사회의 결의로 대표집행임원을 선임하는데, 이러한 대표집행임원에 대하여는 대표이사에 관한 상법의 규정을 준용하는 것으로 하고 있다(상법개정안 제408조의5).

넷째, 집행임원은 필요시 회의의 목적사항과 소집이유를 기재한 서면을 이사(소집권자)에게 제출하여 이사회의 소집을 청구할 수 있는데, 이사(소집권자)가 이러한 소집절차를 밟지 아니한 때에는 그 집행임원은 법원의 허가를 얻어 이사회를 소집할 수 있다(상법개정안 제408조의7). 이와 함께 집행임원에 대하여는 이사(대표이사)와 유사한 의무를 부과하여, 집행임원은 3개월에 1회 이상 업무의 집행상황을 이사회에 보고하여야 하고, 집행임원은 이외에도 이사회의 요구가 있는 때에는 언제든지 이사회에 출석하여 요구한 사항을 보고하여야 하며, 이사는 대표집행임원으로 하여금 다른 집행임원과 피용자의 업무에 관하여 이사회에 보고할 것을 요구할 수 있도록 하고 있다(상법개정안 제408조의6).

다섯째, 집행임원에 대하여도 이사와 유사하게 회사 및 제3자에 대한 책임을 인정하고 있다(상법개정안 제408조의8)[34], 또한 집행임원의 성명과 주민등록번호는 등기사항으로 하여 공시하도록 하고 있다(상법개정안 제317조 제2항).

여섯째, 집행임원이 고의 또는 과실로 법령이나 정관을 위반한 행위를 하거나 그 임무를 게을리 한 경우에는 그 집행임원은 집행임원 설치회사에 대하여 손해를 배상할 책임이 있으며, 집행임원이 악의 또는 중대한 과실로 인하여 그 임무를 게을리 한 경우에는 그 집행임원은 제3자에 대하여 손해를 배상할 책임이 있다. 집행임원이 집행임원 설치회사 또는 제3자에 대하여 손해를 배상할 책임이 있는 경우에는 다른 집행임원·이사 또는 감사도 그 책임이 있으면 다른 집행임원·이사 또는 감사와 연대하여 손해를 배상할 책임이 있다(상법개정안 제408조의8).[35]

일곱째, 상법개정안 제408조의9에서는 상법 제382조의3(이사의 충실의무), 제382조의4(이사의 비밀유지의무), 제396조(정관 등 비치공시의무), 제397조(경업금지의무), 제398조(이사와 회사간의 거래), 제400조(회사에 대한 책임면제), 제401조의2(업무집행지시자등의 책임), 제402조(유지청구권), 제403조 내지 제408조(주주의 대표소송), 제412조의2(이사의 보고의무)의 규정을 준용하도록 규정하고 있다.

(2) 집행임원의 의무와 책임

1) 집행임원의 의무

집행임원의 회사와의 관계를 위임관계로 볼 것인지, 혹은 고용관계로 파악할 것

34) 그러나 집행임원이 수인인 경우에도 이사회와 같은 회의체를 구성하지 않으므로 회의체의 결의와 관련된 연대책임은 없다고 보아야 할 것이다(정찬형, "주식회사의 지배구조", 『한국상사법학회 2009년 하계학술대회-상법학의 현대적 과제와 전망』, 2009, 7, 19면.

35) 일본 신회사법에 의하면 이사에 대해서는 일정한 경우 무과실 책임이나 책임면제와 관련하여서는 총주주의 동의를 요하는 등 엄격한 책임규정을 두고 있으나, '위원 등 설치이사'의 이사나 집행역에 대해서는 과실책임을 원칙으로 하고 있다(일본 신회사법 제423조 제1항).

인지에 대하여는 그동안 학설과 판례가 나뉘어 있었지만, 상법 개정안은 제408조의2 제2항에서 회사와 집행임원의 관계를 위임관계로 규정하고 있다. 회사와 집행임원과의 관계를 위임관계 혹은 고용관계로 파악하더라도 집행임원은 회사에 대하여 선량한 관리자로서 주의의무를 부담한다고 할 것이다. 집행임원에게도 상법개정안 제408조의9의 준용에 의하여 상법상 이사에게 인정되고 있는 이사의 충실의무, 이사의 비밀유지의무, 경업금지의무, 자기거래금지의무가 부과된다.

집행임원이 회사의 업무를 집행하는 과정에서 회사와 이해가 상충되는 사례가 발생할 가능성이 많으므로 집행임원에게도 이사에게 인정하는 것과 동일하게 충실의무를 인정하는 것은 당연하며 경업피지의무와 자기거래금지의무와 같은 이사에 대한 상법상의 규정이 집행임원에게도 준용되는 것은 타당한 것으로 평가할 수 있다.[36] 또한 이사회의 감독기능의 정상화를 위하여 집행임원은 업무집행상황을 정기적으로 이사회에 보고하여야 한다.

2) 집행임원의 책임

집행임원의 책임은 회사에 대한 책임과 제3자에 대한 책임으로 나눌 수 있는데, 집행임원이 회사의 업무틀 집행하는 과정에서 자신의 귀책사유로 인하여 회사 또는 제3자에 대하여 손해를 가한 경우에는 이사의 경우와 동일하게 손해배상책임을 부담하도록 하는 것이 타당하다. 따라서 이사의 책임과 관련된 상법 제389조, 제399조 제401조, 제401조의2의 규정은 집행임원에게 준용된다.

가. 집행임원에 회사에 대한 책임

상법개정안은 집행임원의 책임에 대하여 이사의 책임과 동일한 구조를 취하고 있는 것으로 보인다. 책임의 범위에 대하여는 이사의 책임과 집행임원의 책임을 동일한 것으로 파악하여도 크게 무리가 없을 것으로 생각된다. 이사와 업무집행임원이 회사에 대하여 손해배상책임을 부담하게 되는 것은 고의 또는 과실로 법령 또는 정관에 위반한 행위를 한 경우이거나 이사와 업무집행임원이 그 임무를 해태한 경우 등이다. 위의 경우 이러한 행위로 인하여 회사에 손해가 발생한 경우에 이사와 업무집행임원은 회사에 대하여 연대하여 손해를 배상할 책임이 있다(상법 제399조,

36) 송양호 · 김영, "집행임원의 책임에 관한 연구", 『법학연구』, 통권 제28집, 전북대학교 법학연구, 2009, 7, 118면.

상법개정안 제408조의8 제1항), 위의 위반 행위가 이사회결의에 의한 것인 때에는 결의에 찬성한 이사, 결의에 참가한 자로서 의사록에 이의기재를 하지 않은 이사도 연대책임을 진다(상법 제399조 제2항). 이사가 제3자에 대해 지는 손해배상책임도 마찬가지이다(상법 제401조, 상법개정안 제408조의8 제3항). 상법개정안 제399조 제1항은 현행상법에서 '임무를 해태한 경우'라는 표현을 '임무를 게을리 한 경우'로 개정하고 있으나, 이는 단순히 한자용어를 우리말로 변경한 것으로 동일한 의미로 이해하여야 할 것이다.

이사가 임무를 게을리 하여 회사에 대하여 손해를 발생하게 한 경우에는 손해배상책임을 부담하게 되는데, 이러한 이사의 책임은 민법상 수임인으로서의 선관주의 의무를 근거로 한 것이며, 이는 민법 제390조와 제750조에 대한 특칙으로 파악할 수 있을 것이다.

나. 집행임원의 제3자에 대한 책임

주식회사의 이사와 집행임원은 악의 또는 중대한 과실로 임무를 게을리함으로써 발생한 제3자의 손해에 대하여 배상할 책임을 부담한다(상법 제401조, 상법개정안 제408조의8 제2항 제3항). 이사의 제3자에 대한 책임규정은 회사채권자와 제3자의 이익보호를 위해 중요한 규정이며, 그 법적성질에 대하여는 법정책임설과 불법행위특칙설, 특수불법행위설의 대립이 있다.

제3자에 대한 이사의 책임이 성립하기 위하여 이사는 악의 또는 중대한 과실로 인하여 그 임무를 해태하여야 하고, 이로 인하여 제3자에게 손해가 발생하여야 한다. 악의 또는 중대한 과실은 회사에 대한 임무해태에 관하여 존재하면 되고, 제3자에 대한 권리침해 또는 위법성의 입증을 필요로 하지 않으며, 이사의 행위가 이사회 또는 주주총회의 결의에 의한 경우에도 같다.[37] 이사가 책임을 지는 행위의 예로는 주식청약서, 사채청약서, 신주인수권증서, 신주인수권증권, 재무제표 기타 서류에 허위의 기재를 하거나 허위의 등기 또는 공고를 한 때, 무리한 사업 확대, 회사재산의 횡령, 이사의 상호감시의무해태 등을 들 수 있을 것이다. 법리의 구성상 이사와 집행임원의 제3자에 대한 책임은 다르게 취급할 내용은 없는 것으로 보이며, 이사와 집행임원은 제3자에 대하여 같은 책임을 부담한다고 보아도 무리가 없을 것으로 생각된다.

---

37) 대판 1989.10.3, 선고 89도1012 판결.

V. 결언

본고에서는 먼저 집행임원제도의 개괄적 고찰을 한 다음 집행임원제도의 도입 찬·반론을 검토하고, 법무부의 상법 개정안의 집행임원에 관한 내용과 집행임원의 의무와 책임에 관하여 살펴보았다. 우리나라는 IMF 경제위기를 겪은 후 기업지배구조를 글로벌 스탠다드에 적합하게 개선해야 한다는 국민적 공감대가 형성되었고 이에 따라 사외이사제도와 감사위원회제도가 도입되었다. 이와 함께 집행임원제도의 채택여부를 둘러싸고 찬·반논쟁이 뜨겁게 전개되었다. 재계 일부에서는 집행임원제도를 상법에 규정하기 보다는 기업이 필요시 구체적인 권리와 의무 등을 정관으로 정하여 자율적으로 정하는 것이 바람직하다는 의견을 제시하였다. 아울러 지배구조관련 많은 제도들이 단기간 집중적으로 도입된 점을 감안하여 집행임원제도의 채택을 서두를 필요가 없으며 집행임원의 소극적인 회사 경영으로 인하여 회사의 발전기회를 저해시킬 우려가 있다는 점 등을 들어 반대의견을 피력하였다.

그러나 집행임원제도를 도입할 경우 회사의 경영감독기능과 업무집행기능을 분리하게 되어 기업지배구조의 투명성을 보다 강화할 수 있다고 본다. 또한 기업의 경영책임의 확립을 위해서는 집행임원의 책임추궁의 근거를 법적으로 명확하게 할 필요가 있다. 아울러 집행임원에 대한 책임강화는 건실한 기업경영을 유도할 수 있고, 적절한 책임부담은 오히려 창의력을 발휘시키고, 기업투자를 활성화할 수 있어서 회사와 주주의 이익으로 되고 회사의 발전에도 도움이 된다고 생각한다. 이러한 관점에서 2008년 법무부의 상법개정안은 그동안의 여러 논의 들을 종합하여 바람직한 입법방향을 제시한 것으로 평가된다.

> 2011년 개정상법에서는 이사회의 감독기능을 강화하고 회사의 업무집행의 효율성을 제고하기 위하여 이사회의 업무집행기능을 분리하여 이를 전담할 집행기관인 집행임원제도를 도입하였다. 이 제도의 도입여부는 개별 회사가 자율적으로 선택할 수 있다(제408조의 2~408조의 9). 집행임원이나 대표집행임원은 회사의 기관으로서 집행임원제도를 도입하지 않은 회사의 업무담당이사나 대표이사와 유사하지만 이사가 아니라도 될 수 있다는 점이 다르다.

제 2 장 「경영판단의 원칙」의 재조명

I. 서언

기업경영에는 필연적으로 어느 정도 리스크가 수반된다. 시시각각 변천하는 경영환경 속에서 이사의 경영상의 결정에 따른 결과가 회사에 손해로 돌아올 경우에 경영상의 결정을 내린 이사에게 손해배상책임 등을 쉽게 인정한다면, 이사로서는 경영상의 실패에 따른 책임을 면하기 위해 소극적인 경영을 펼칠 수밖에 없을 것이다. 기업의 발전과 성공을 위해서는 이사에 대한 책임추궁에 집착하기 보다는 이사가 어느 정도의 위험을 감수하고 적극적으로 경영에 참여하여 본인이 가지고 있는 기업가정신을 최대한 발휘할 수 있도록 하는 것이 요구된다.

이러한 관점에서 미국에서는 일찍부터 학설과 판례를 중심으로 '경영판단의 원칙'에 대한 논의가 전개되어 왔다. 우리나라에서도 약 15년 전부터 '경영판단의 원칙'의 법리에 대하여 학계에서 많은 논의가 있었지만 다른 사안에 밀려 아직까지 명확한 개념과 운영방향이 정립되지 못하고 있는 상황이다. 1998년 서울지방법원 '제일은행 주주대표소송사건' 판결 중 '이사의 주의의무'가 '경영판단의 원칙'에 의하여 완화 될 여지가 있다는 취지의 판결 내용이 나오고, 2000년 대구지방법원 '대구종합무역센터사건' 판결에서 '경영판단의 원칙'이 처음으로 적용된 후, 10여개의 대법원 판결에서 '경영판단의 법리'를 원용하는 등 실무에서는 본격적으로 이 제도를 적용하는 양상을 보이고 있다. 한편 '경영판단의 원칙'과 관련하여 초기에는 경영진의 임무해태로 인한 손해배상 책임문제가 논의의 중심이 되었지만, 최근에는 경영진의 업무상배임행위 등 형사책임에도 이를 적용하자는 주장도 나오고 있다.[38)]

본고에서는 먼저 '경영판단의 원칙'에 대한 개괄적인 내용을 살펴보고 '경영판단의 원칙'과 관련한 우리나라 판례의 동향을 검토한 후, 우리나라 상법에 '경영판단의 원칙'에 관한 규정을 새로이 마련할 것을 제안하고자 한다.

Ⅱ. 「경영판단의 원칙」 개관

1. 경영판단의 원칙의 정의

'경영판단의 원칙'은 이사가 본인의 권한 내의 경영사항에 관하여 합리적인 근거에 의하여 성실하게 회사에 최상의 이익이 된다고 신뢰하는 바에 따라 독자적인 결단을 하면 그 결과 회사에 손해가 발생하더라도 이사에게 손해배상책임을 물어서는 안된다는 원칙이다. 즉, "이사가 업무를 집행함에 있어 회사의 기능 및 자신의 권한범위 내에서 합리적인 근거를 가지고, 일정한 경영상의 결정에 드달하였으며, 그 독자적인 재량과 판단의 결과에 따라 성실하게 행동하였다면, 법원은 결과적으로 초래된 손해에 관하여 배상책임을 부과하기 위하여 회사의 내부적인 경영사항에 간섭하고 법관의 판단으로서 이사의 판단을 대신해서는 안된다는 원칙"이라고 정의할 수 있다.[39] 이 견해는 '경영판단의 원칙'이 가지는 사법심사에 대한 억제적 기능을 강조한 것이라고 볼 수 있다. 물론 이사의 충실의무를 위반한 경영상의 결정은 경영판단의 원칙에 의해서 보호받지 못한다.

2. 경영판단의 원칙의 적용요건

(1) 미국의 학설 및 판례에서 제시된 적용요건

1) 의식적인 경영판단이 있을 것

'경영판단의 원칙'은 회사의 경영자인 이사가 행한 경영상 판단을 존중하려는 것

---

38) 최준선, "상법상 특별배임죄규정의 개정방향", 「경제법연구」 제11권 2호, 한국경제법학회, 2012. 12. 89면 참조.

39) Harry G. Henn & John R. Alexander, Laws of Corporations and Other Business Enterprise, West Publishing Co., p.661(3rd ed. 1983).

이다. 따라서 이사가 어떠한 행위를 결정한 경우, 즉 작위적 행위가 있었던 경우에만 적용되는 것이며, 의식적인 결정이 없었던 경우 및 행위를 해태한 경우에는 적용되지 않는다.[40)]

델라웨어주 대법원은 Aronson v. Lewis 사건[41)]에서 "'경영판단의 원칙'은 이사의 작위적 행위와 관련하여서만 적용된다. 이사들이 직무를 유기하였다든지 의식적인 결정 없이 어떠한 행동을 하지 않은 경우에는 '경영판단의 원칙'은 아무런 역할을 하지 못한다. 그러나 어떠한 행위를 하지 않기로 한 의식적인 결정은 오히려 경영판단의 유효한 행사이고 또한 원칙의 보호를 향유할 수 있는 것인 때에는 '경영판단의 원칙'이 적용된다"고 판시하고 있다.

2) 개인적 이해관계가 없을 것

'경영판단의 원칙'이 적용되기 위해서는 이사는 경영상의 결정에 관하여 이해관계가 없어야 한다. 어떠한 결정을 내리는 이사가 당해 결정에 이해관계를 갖고 있다면 이사 자신의 이익이 아닌 회사의 이익을 위한 판단을 기대할 수 없다. 또한 다른 사람의 신뢰를 이용하여 자신의 개인적 이익을 도모하는 것은 허용될 수 없으며, 이러한 경우 이사는 충실의무에 위배되어 '경영판단의 원칙'의 적용을 받을 수 없다고 본다.[42)]

3) 합리적인 정보에 기한 결정일 것

'경영판단의 원칙'이 적용되기 위해서는 이사가 경영상의 중요한 결정을 하기 전

---

40) Dennis J. Block, Nancy E. Barton and Stephen A. Radin, The Business Judgement Rule: Fiduciary Duties of Corporate Directors, Prentice Hall Law & Business, p.21(1993).

41) Aronson v. Lewis, 473 A. 2d 805(Del. Sup. Ct. 1984) 본 사건에서는 메이야스 사(주차장설비의 리스업과 그 관련 업무를 하고 있는 회사)와 회사 전직 이사인 팽크와의 사이에 이루어진 거래가 문제되었다. 거래의 내용은 팽크에게 일방적으로 유리한 조건이 붙은 회사 고문계약과 다액의 대출을 담고 있었다. 주주대표소송에서 원고들은 이들 거래가 팽크 개인의 이사회에 대한 영향력 하에 승인된 것이며, 그가 고령으로 이미 고문직을 수행할 수 없을 뿐만 아니라, 특히 당해 거래는 적법한 사업목적을 가지고 있지 않으므로 회사재산의 낭비라고 주장하였다. 이에 대해 피고들은 원고가 메이야스 사에 대해 소송제기의 사전청구를 하지 않았음을 들어 소송 각하신청을 하였던 바, 이 신청이 기각되자 항고를 하였다. 동 사건에서 델라웨어 최고법원은 원심판결을 파기환송하면서 '경영판단의 원칙'을 설시하였다.

42) Marcel Kahan, Paramount or Paradox: The Delaware Supreme Court's Takeover Jurisprudence, J. Corp. L. 588, p.617(spring, 1994).

에 합리적으로 이용할 수 있는 모든 중요한 정보를 알고 있어야 한다. '합리적으로 이용할 수 있는 정보'란 경영판단의 중요성, 정보수집에 사용한 시간, 정보수집에 관한 비용, 당해 사항을 조사한 자 또는 기재한 자에 대한 이사의 신뢰도, 회사의 재정상태 등 제반적인 요소를 포함한다고 할 수 있다.[43)]

델라웨어주 대법원은 Smith v. Van Gorkom 사건[44)]에서 "이사가 합리적인 정보에 기한 결정을 하지 않은 경우에는 그 이사는 책임을 면할 수 없다"고 판시하고 있다.

4) 선의일 것

'경영판단의 원칙'은 이사의 행위가 회사의 최선의 이익을 위하여 이루어진다고 선의로 믿고 있다는 것을 추정한다.[45)]

델라웨어주 법원은 "'경영판단의 원칙'에 의하여 이사는 충분한 정보를 바탕으로 선의로 그리고 회사의 최선의 이익이 된다는 믿음 속에서 경영상의 판단을 하였을 것이라는 추정의 이익을 누리고 있다"[46)]고 판시하고 있다.

여기에서 '선의'의 개념에 관해 미국의 대부분의 판례는 선의의 개념을 적극적으로 정의하지 않고, 악의에 의한 행위를 '경영판단의 원칙'의 보호에서 제외하여 '악의'의 입증책임을 원고에게 부담시키고 있다.[47)] '악의'란 단순히 잘못된 판단 또는 과실을 의미하는 것이 아니라, 부정한 목적 또는 도덕적 부정으로 인한 의식적인 불법행위를 의미한다. "회사의 복지를 증진시키려는 의도 이외의 목적을 위해 어떠한 거래를 하거나 그 거러가 현행법의 규정을 명백히 위반하는 때, 이사가 주주를 오도할 목적으로 중요하다고 생각하는 정보를 고의로 숨기는 경우에는 '악의'가 인정될 수 있다"[48)]고 판시한 판례를 볼 수 있다.

43) Charles M. Elson, Fairness Opinion: Are They Fair or Should We Care? 53 Ohio State L. J. 951, 954-955면 (1992).

44) Smith v. Van Gorkom, 488 A 2d 858, 872(Del, 1985). 이 사건에서 법원은 Trans Union 사의 이사회가 회사의 본래적 가치에 관한 믿을 만한 증거도 없이 단 2시간 동안의 회의 결과로 공개매수를 승인하였으므로 충분한 정보에 근거한 경영상의 결정이 아니라고 하는 원고의 주장을 받아들여 '경영판단의 원칙'을 적용하지 않고 있다.

45) 강대섭, "이사의 책임과 경영판단의 원칙", 「사회과학연구」 제7집 창원대학교, 2000, 49면.

46) Smith v. Van Gorkom, 488 A. 2d 858, 872(Del, 1985).

47) Regina A. Iorii, Defensive Strategies and the Business Judgement Rule: Does Almost Anything Go in Delaware, 11 Del. J. Corp. L. 535, p.537(1986).

48) Potter v. Pohlad, 560 N. W. 2d 389, 395.

5) 재량의 남용 또는 회사자금의 낭비가 아닐 것

어느 회사에서 이해관계 없는 어떠한 이사가 상당한 주의를 다하여 선의로 경영상의 결정을 내렸다고 할지라도 그 결정이 외견상 너무나 잘못되어 있어 이사회의 승인이 경영판단의 기준을 충족하지 못한 때에는 '경영판단의 원칙'은 적용되지 않는다. 즉 법원은 이사회의 결정행위가 어느 이사의 일방적인 재량권의 남용에 의한 것이었는지에 대한 판단을 제대로 하였는가 여부에 대해 조사할 수 있다는 것이다. 미국의 판례는 주주가 어느 이사의 판단이 너무나 분별없고 불합리하여 이사의 건전한 재량권의 허용범위를 벗어난다고 주장하는 경우에는 법원은 그 경영판단의 합리성을 직접 분석하여야 한다고 판시하여 이 요건을 밝히고 있다.

(2) ALI의 회사지배구조원칙에서 제시된 적용요건[49)]

1) 의식적인 경영판단의 존재

ALI 원칙 §4.01(c)에서는 '경영판단의 원칙'에 대해 규정하고 있는데, ALI원칙 §4.01(c)에서 규정하는 경영판단의 보호를 받기 위해서는 의식적인 경영판단이 존재하여야 한다. 기업의 의사결정자는 단호한 결정과, 법원의 사후심사로부터 비교적 자유롭게 행동하도록 허용되어야 한다. 이는 이사나 임원들이 새로운 시장을 개척하고 새로운 상품을 개발하도록 장려하여야 하며 기업을 혁신하고 경영상의 위험을 인수할 수 있도록 환경을 조성하는 것이 바람직하기 때문이다.

기업의 의사결정이 존재하지 않는 경우 즉, 이사의 부작위에 의하여 회사가 손해를 입은 경우에는 ALI 원칙 §4.01(a)의 주의의무의 위반여부가 문제될 뿐 '경영판단의 원칙'에 의하여 보호받을 수는 없다.

2) 악의와 이해관계의 부존재

'경영판단의 원칙'에 의한 보호를 받기 위해서는 이사의 의사결정이 악의와 이해관계 없이 이루어져야 한다. 이는 미국의 경영판단에 관한 이론과 판례에서 제시되

---

49) 1992년 미국법조협회(American Law Institute: ALI)가 채택한 '코포레이트 가버넌스의 원리-분석과 권고(Principles of Corporate Governance: Analysis and Recommendation)'는 제Ⅳ편 「주의의무와 경영판단의 원칙」에서 '경영판단의 원칙'에 관한 개념정의를 시도하였고, ALI는 §4.01(a)는 주의의무에 대해서, §4.01(c)는 '경영판단의 원칙'의 채택에 관하여 권고하고 있다.

는 내용과 동일한 입장이다.

3) 충분한 정보에 기한 의사결정

ALI 원칙 §4.01(c)(2)에서 규정하고 있는 정보를 토대로 한 결정요건은 영업결정을 함에 있어서 이사나 임원이 준비해야 할 것에 초점을 두고 있다. 이사나 임원에게 요구되는 정보는 그 상황에서 적절하다고 합리적으로 믿을 정도로 충분하면 된다. 합리적으로 믿는다는 의미는 객관적인 내용과 주관적인 내용을 모두 포함하고 있다. 경우에 따라 이사는 시간상의 압력을 받고 있는 경우가 있을 수 있다. 그러므로 실제 사건에서 합리적인 믿음이라는 요건의 판단을 하기위해서는, ① 이미 행한 경영판단의 중요성, ② 정보를 얻는데 이용할 수 있는 시간, ③ 정보를 얻는데 관련된 비용들, ④ 자료를 조사하는 자와 제출하는 자에 대한 이사의 신뢰, ⑤ 이사의 당시의 영업상태 등을 고려하여야 한다.

4) 상당성

이상의 요건들이 충족되면 ALI 원칙 §4.01(c)(3)은 이사가 경영판단이 회사의 최상의 이익에 합치된다고 상당하게 믿는 경우에는 경영판단에 대한 책임으로부터 이사를 보호한다. 이 상당성 기준은 객관적인 내용과 주관적인 내용을 모두 포함하고 있다. 객관적으로 상당하지 않은 결정은 주관적으로 선의라 하여도 경영판단의 원칙에 의해 보호될 수 없다. 상당성의 요건을 충족시키지 못하는 경영판단의 예로는 '확실히 설명이 불가능한 결정'이나 '무모한 행동'을 들 수 있다.

5) 입증책임

ALI 원칙 §4.01(d)에 의하면 이사의 책임을 추궁하기 위해서는 (b)항 또는 (c)항에서 정한 의무의 이행에 관한 조항의 적용이 없는 것을 포함하여 주의의무의 위반을 증명할 책임을 진다고 규정하고 있다. 즉 원고 측이 당해 이사의 결정이 경영판단의 원칙의 요건을 충족하지 못하였다는 것과 이사의 주의의무위반을 증명하여야 한다.

3. 경영판단의 원칙의 적용효과

(1) 면책적 효과

'경영판단의 원칙'이 적용되어 이사의 경영상의 결정이 책임으로부터 자유롭기 위해서는 ① 의식적인 경영판단이 행하여졌을 것, ② 이사에게 사적인 이해관계가 존재하지 않을 것, ③ 합리적인 정보에 의하여 결정할 것, ④ 선의였을 것, ⑤ 재량의 남용 또는 회사자금의 낭비로 인정되는 결정이 아닐 것 등의 요건이 충족되어야 한다.[50] 즉 이사의 경영상의 결정이 일정요건을 충족할 경우 이사는 경영상의 결정으로부터 책임을 부담하지 않는다는 면책적 효과가 발생한다. 이러한 면책적 효과를 '경영판단의 원칙'의 본질적 효과라고 한다.[51] 이에 반해 동 원칙의 본질적 효과는 추정적 효과라고 보는 것이 타당하는 견해도 있다.[52]

(2) 추정적 효과

델라웨어주 대법원은 '경영판단의 원칙'을 "이사들이 충분한 정보를 기초로 하여 신의성실에 좇아 그 행위가 회사의 최상의 이익을 위한 것이라는 신뢰 위에서 행동하였다는 추정"[53]이라고 판시하고 있다. 또한 전통적인 '경영판단의 원칙'에서는 이사들이 그들이 경영상의 결정을 함에 있어 충분한 정보를 바탕으로, 선의로, 회사의 최상의 이익이 된다는 정직한 신뢰 위에서 행동하였다는 추정을 받는다고 한다.[54] 이러한 추정적 효력에 관한 다른 판결을 살펴보면, Kaplan v. Contex Corp. 사건[55]에서 법원은 "이사들의 행위는 추정적으로 선의로 그리고 회사의 최선의 이익을 위하여 행해졌으며 목적의 선의에 이의를 제기하는 소수주주가 입증책임을

50) Babatunde M. Animashaun, The Business Judgement Rule: Fiduciary Duties and Liabilities of Corporate Directors, 16 Southern Univ. L. Rev. 345, pp.354-355(1989).

51) 이영봉, "경영판단의 법칙의 수용에 관한 검토", 「상사법연구」 제19권 제1호, 한국상사법학회, 2000, 52면.

52) 권재열, "경영판단의 원칙의 도입여부를 다시 논함", 「상사법연구」 제19권 제2호, 한국상사법학회, 2000, 511면.

53) Patrick J. Ryan, Strange Bedfellows: Corporate Fiduciaries and the General Law Compliance Obligation in Section 2.01(a) of The American Law Institute's Principle of Corporate Governance, 66 Wash. Law Rev. 413, pp.444-445(1991).

54) Steven G. Bradbury, Corporate Auctions and Director's Fiduciary Duties: A Third-Generation Business Judgement Rule, 87 Mich L. Rev. 276, pp.280-281(1988).

55) Kaplan v. Contex Corp., 284 A. 2d 119(Del. Ch. 1971).

부담한다"고 하고 있다. 이처럼 '경영판단의 원칙'은 추정적 효과를 가지고 있으며, 이러한 추정적 효과로 인해 경영상의 결정에 관해 이의를 제기하는 자는 그러한 추정을 반박하는 사실의 입증책임을 부담하게 된다.[56)]

(3) 사법심사의 제한

'경영판단의 원칙'은 이사가 선의로, 정보에 기초한 판단으로, 회사에 최선의 이익이 된다는 정직한 신뢰에 의해 내린 경영상의 결정에 대해 사법적인 심사를 억제한다. 사법심사의 억제와 관련된 판결을 보면, Minstar Acquiring Corp. v. AMF Inc. 사건[57)]에서 법원은 "'경영판단의 원칙'은 스스로의 이해관계 없이 선의로 행동한 이사들의 경영상의 판단에 대하여는 법원이 심사하지 않도록 하는 '사법억제의 원칙'이다"라고 판시하고 있다.

(4) 남소의 방지

'경영판단의 원칙'은 이사들이 충분한 정보를 기초로 하여 신의성실에 좇아 그 행위가 회사의 최상의 이익을 위한 것이라는 신뢰 위에서 행동하였다는 추정적 효과를 부여하기 때문에 경영상의 결정에 관해 이의를 제기하는 자가 그러한 추정을 반박하는 사실의 입증책임을 부담하게 된다. 그러나 입증책임을 부담하는 주주들의 경우 세세한 회사의 내부정보에 접근하는 것이 어려우며, 이사 역시 자신의 경영상의 결정과 관련된 내용의 공개를 꺼릴 것이다. 따라서 소송결과가 불확실한 상황에서 주주들이 많은 비용과 노력을 들여 소(訴)를 제기한다는 것은 쉽지 않을 것이며, 이는 결국 남소를 방지하는 효과를 가져 올 수 있다.

(5) 기타의 효과

그 밖에 '경영판단의 원칙'의 적용으로 기대할 수 있는 긍정적인 효과는 유능한 경영자의 고용이 쉬워진다는 것이다. 회사나 법원이 개인의 창의성, 기업가 정신,

---

56) Patrick J. Ryan, Strange Bedfellows: Corporate Fiduciaries and the General Law Compliance Obligation in Section 2.01(a) of The American Law Institute's Principle of Corporate Governance, 66 Wash. Law Rev. 413, p.445(1991).

57) Minstar Acquiring Corp. v. AMF Inc., 621 F. Supp. 1252(U.S. Dist. 1985).

모험심을 억제하지 않고, 경영자의 능력을 최대한 발휘할 수 있도록 이사에게 광범위한 재량권을 부여하여 그 집행이 실패할 경우에도 법적 책임을 면하게 하기 위하여 이 원칙이 등장하게 되었다는 생성배경에서도 알 수 있듯이, '경영판단의 원칙'의 적용으로 경영자는 실패로 끝난 경영상의 결정에 대한 사후적 심사의 내재적 부담으로부터 보호받게 되어 과감하고 적극적인 경영이 가능하게 된다.

Ⅲ. 「경영판단의 원칙」에 대한 우리나라 판례의 검토

1. 관련판례의 개요

(1) 주식회사 대운상호저축은행 사건 (대법원 2011. 10. 13. 선고 2009다80521 판결)

이 사건은 이사의 프로젝트 파이낸스 대출행위[58])가 허용되는 경영판단의 재량범위 내에 있는 것인지 여부가 쟁점이 되었다. 이와 관련하여 대법원은 금융기관이 그 임원에 대하여 대출과 관련된 임무 해태를 근거로 채무불이행으로 인한 손해배상책임을 청구함에 있어서 "임원이 행한 대출이 결과적으로 회수곤란 또는 회수불능으로 되었다고 하더라도 그것만으로 바로 대출결정을 내린 임원에게 그러한 미회수금 손해 등의 결과가 전혀 발생하지 않도록 하여야 할 책임을 물어 그러한 대출결정을 내린 임원의 판단이 선량한 관리자로서의 주의의무 내지 충실의무를 위반한 것이라고 단정할 수 없다"고 판시하였다.

아울러, 대법원은 "대표이사나 이사의 직무수행상의 채무는 미회수금 손해 등의 결과가 전혀 발생하지 않도록 하여야 할 결과채무가 아니라, 회사의 이익을 위하여 선량한 관리자로서의 주의의무를 가지고 필요하고 적절한 조치를 다해야 할 채무이므로 회사에게 대출금 중 미회수금 손해가 발생하였다는 결과만을 가지고 곧바로 채무불이행 사실을 추정할 수도 없다"고 판시하고 있다.

특히 이 사건과 같은 프로젝트 파이낸스 대출의 경우, 금융기관의 이사가 대출

58) 프로젝트 파이낸스 대출은 부동산 개발 관련 특정 프로젝트의 사업성을 평가하여 그 사업에서 발생할 미래의 현금흐름을 대출원리금의 주된 변제재원으로 하는 금융거래이므로 대출을 함에 있어서 이루어지는 대출상환능력에 대한 판단은 그 프로젝트의 사업성에 대한 평가에 주로 의존하게 된다. (대법원 2011. 10.13. 선고 2009다 80521판결).

요건으로서의 프로젝트의 사업성에 관하여 심사함에 있어서 필요한 정보를 충분히 수집·조사하고 검토하는 절차를 거친 다음 이를 근거로 금융기관의 최대 이익에 부합한다고 합리적으로 신뢰하고 신의성실에 따라 경영상의 판단을 내렸고, 그 내용이 현저히 불합리하지 아니하여 이사로서 통상 선택할 수 있는 범위 안에 있는 것이라면 그 임원의 경영판단은 허용되는 재량의 범위 내의 것으로서 회사에 대한 선량한 관리자의 주의의무 내지 충실의무를 다한 것으로 볼 수 있으므로, 비록 사후에 회사가 손해를 입게 되는 결과가 발생하였다고 하더라도 그로 인하여 이사가 회사에 대하여 손해배상책임을 부담한다고 할 수 없다는 것이다. 이러한 법리 적용은 미국에서의 '경영판단의 원칙'의 내용과 적용요건을 비교할 때 매우 흡사한 것으로 보여 진다.

한편 대법원은 "금융기관의 임원이 위와 같은 선량한 관리자의 주의의무에 위반하여 자신의 임무를 해태하였는지의 여부는 그 대출결정에 통상의 대출 담당임원으로서 간과해서는 안 될 잘못이 있는지의 여부를 대출의 조건과 내용, 규모, 변제계획, 담보의 유무와 내용, 채무자의 재산 및 경영상황, 성장가능성 등 여러 가지 사항에 비추어 종합적으로 판정해야 한다."고 판시하였다.59)

결론적으로 대법원은 이 사건의 경우 "금융기관의 이사가 이러한 과정을 거쳐 임무를 수행한 것이 아니라 단순히 회사의 영업에 이익이 될 것이라는 일반적·추상적인 기대 하에 일방적으로 임무를 수행하여 회사에 손해를 입게 한 경우에 해당하고, 그와 같은 이사의 행위는 허용되는 경영판단의 재량범위 내에 있는 것이라고 할 수 없다"고 판시하였다.

(2) 주식회사 고합 사건 (대법원 2011. 4. 14. 선고 2008다14633 판결.)

이 사건은 이사 또는 감사 등이 기업회계기준에 위반하여 허위의 재무제표를 작성 공시하거나 이를 방치한 행위가 경영판단 행위에 해당하는지 여부가 쟁점이 되었다. 대법원은 이 사건에서 "이사가 임무를 수행함에 있어서 법령을 위반한 행위를 한 때에는 그 행위 자체가 회사에 대하여 채무불이행에 해당하므로, 그로 인하여 회사에 손해가 발생한 이상 손해배상책임을 면할 수 없고, 위와 같은 법령을 위반한 행위에 대하여는 이사가 임무를 수행함에 있어서 선량한 관리자의 주의의무

59) 대법원 2002. 6. 14. 선고 2001다52407 판결, 2006. 11. 9. 선고 2004다41651, 41668 판결 등

를 위반하여 임무해태로 인한 손해배상책임이 문제되는 경우에 고려될 수 있는 '경영판단의 원칙'은 적용될 여지가 없다."고 하였다.

특히 대법원은 "회사의 이사가 법령에 위반됨이 없이 관계회사에게 자금을 대여하거나 관계회사의 유상증자에 참여하여 그 발행 신주를 인수함에 있어서 관계회사의 회사 영업에 대한 기여도, 관계회사의 회생에 필요한 적정 지원자금의 액수 및 관계회사의 지원이 회사에 미치는 재정적 부담의 정도, 관계회사를 지원할 경우와 지원하지 아니할 경우 관계회사의 회생 또는 도산가능성과 그로 인하여 회사에 미칠 것으로 예상되는 이익 및 불이익의 정도 등에 관하여 합리적으로 이용 가능한 범위 내에서 필요한 정보를 충분히 수집·조사하고 검토하는 절차를 거친 다음, 이를 근거로 회사의 최대 이익에 부합한다고 합리적으로 신뢰하고 신의성실을 다하여 경영상의 판단을 내렸고, 그 내용이 현저히 불합리하지 않은 것으로서 통상의 이사를 기준으로 할 때 합리적으로 선택할 수 있는 범위 안에 있는 것이라면, 비록 사후에 회사가 손해를 입게 되는 결과가 발생하였다 하더라도 그 이사의 행위는 허용되는 경영판단의 재량범위 내에 있는 것이어서 회사에 대하여 손해배상책임을 부담한다고 할 수 없다."고 하였다.

한편 대법원은 이 사건 피고 등이 "고합과 고려석유화학의 이사로서 관계회사인 서울염직에 대하여 자금을 지원한 행위가 허용되는 경영판단의 재량범위 내에 있기 위하여 필요한 절차적 요건을 갖추었다고 볼 수 없고, 나아가 위와 같이 아무런 채권확보조치 없이 자금을 지원하였다면 그 행위는 고합과 고려석유화학에 대하여 배임행위가 된다는 점까지 고려할 때 이 사건 자금지원 행위에는 '경영판단의 원칙'이 적용되지 않는다."고 하였다.

(3) 동아건설산업 주식회사 사건(대법원 2010. 1. 14. 선고 2007다35787 판결.)

대법원은 이 사건의 경우에도 앞에서 살펴본 '주식회사 대운상호저축은행 사건' 및 '주식회사 고합 사건' 판결들에서와 같은 이유로 "회사의 이사가 일반적·추상적인 기대 하에 일방적으로 관계회사에 자금을 지원하게 하여 회사에 손해를 입게 한 경우 등에 해당하므로 '경영판단의 원칙'에 의한 면책이 인정되지 않는다."고 하였다.

(4) 주식회사 정리금융공사 사건(대법원 2008. 4. 10. 선고 2004다68519 판결.)

이 사건은 이사가 법령을 위반한 행위로 회사에 손해를 입힌 경우에도 '경영판단의 원칙'이 적용되는지 여부가 쟁점이 되었다. 이에 대법원은 "상법 제 399조는 이사가 법령에 위반한 행위를 한 경우에 회사에 대하여 손해배상책임을 지도록 규정하고 있는데, 이사가 임무를 수행함에 있어서 위와 같이 법령에 위반한 행위를 한 때에는 그 행위 자체가 회사에 대하여 채무불이행에 해당하므로, 그로 인하여 회사에 손해가 발생한 이상 특별한 사정이 없는 한 손해배상책임을 면할 수 없고, 법령에 위반한 행위에 대하여는 원칙적으로 '경영판단의 원칙'이 적용되지 않는다"고 판시하였다. 특히 이 사건 피고의 경우 "신규 대출한 액수보다 기존 대출액의 회수액이 많다고 하더라고 부실경영에 책임이 있는 임원이 아니라고 볼 수 없다"고 하였다. 이 판결은 기존 대출액의 회수액의 정도는 손해배상책임을 면책할 기준이 되지 못한다고 판시한 점에서 의미가 있다고 할 수 있다.

(5) 주식회사 오렌지신용금고 사건(대법원 2007. 11. 16. 선고 2005다58830판결)

이 사건은 '주식회사 정리금융공사 사건'과 같이 이사의 법령 위반행위에 대하여 감사가 경영판단의 재량권을 이유로 감사 의무를 면할 수 있는지 여부가 문제되었다. 대법원은 "이사가 임무를 수행함에 있어서 법령에 위반한 행위를 한 때에는 감사는 경영판단의 재량권을 들어 감사의무를 면할 수 없고, 회사의 감사직무규정에서 최종결재자의 결재에 앞서 내용을 검토하고 의견을 첨부하는 방법에 의하여 사전감사를 할 의무를 정하고 있는 사항에 대하여는 감사에게 그와 같은 사전감사가 충실히 이루어질 수 있도록 할 의무가 있는 것이므로 결재절차가 마련되어 있지 않았다거나 이사의 임의적인 업무처리로 인하여 감사사항을 알지 못하였다는 사정만으로는 그 책임을 면할 수 없다"고 판시하였다.

(6) 영남종합금융 주식회사 사건(대법원 2006. 11. 9. 선고 2004다41651 판결)

이 사건에서 대법원은 앞서 검토한 판결들에서와 같이 이사의 법령 위반 행위에 대해서는 '경영판단의 원칙'이 적용될 수 없다고 판시하였다. 즉 "'법령'은 일반적인 의미에서의 법령, 즉 법률과 그 밖의 법규명령으로서의 대통령령, 총리령, 부령, 등을 의미하는 것으로 이 사건에서 원고가 내세우고 있는 종합금융회사 업무운용지침, 외화자금거래취급요령, 외국환업무·외국환 은행신설 및 대외환거래계약체결 인가공문, 외국환관리규정, 영남종금 내부의 심사관리규정 등은 여기에서 말하는 '법령'에 해당하지 아니한다"고 판시하였다.

(7) 고려생명보험주식회사 사건(대법원 2006. 7. 6. 선고 2004다8272 판결.)

대법원은 이 사건에서도 "금융기관의 임원이 위와 같은 선량한 관리자의 주의의무에 위반하여 자신의 임무를 해태하였는지의 여부는 그 대출결정에 통상의 대출담당임원으로서 간과해서는 안 될 잘못이 있는지의 여부를 대출의 조건과 내용, 규모, 변제계획, 담보의 유무와 내용, 채무자의 재산 및 경영상황, 성장가능성 등 여러 가지 사항에 비추어 종합적으로 판정해야 할 것"이라고 판시하였다. 또한 앞에서 본 판결들에서와 같이 법령 위반 행위에 대해서는 '경영판단의 원칙'은 적용될 여지가 없다고 하였다. 결국 이 사건에서는 실질적으로 보험계약자에게 보험료를 할인하여 주는 것과 동일하여 보험업법에서 금지하고 있는 특별한 이익을 제공하는 행위에 대하여 법령 위반이 인정됨으로써 '경영판단의 원칙'의 적용이 거부되었다.

(8) 삼성전자 사건(대법원 2005. 10. 28. 선고 2003다69638 판결.)

이 사건은 상법 제399조에 정한 '법령에 위반한 행위'의 의미 및 이사가 '법령에 위반한 행위'로 회사에 손해를 입힌 경우에도 '경영판단의 원칙'이 적용될 수 있는지 여부가 문제되었다. 이에 대법원은 앞에서 본 판결에서와 같이 "이사가 회사에 대하여 손해배상책임을 지는 사유가 되는 법령에 위반한 행위는 이사로서 임무를 수행함에 있어서 준수하여야 할 의무를 개별적으로 규정하고 있는 상법 등의 제 규정과 회사가 기업활동을 함에 있어서 준수하여야 할 제 규정을 위반한 경우를 말한다"고 하였다. 따라서 대법원은 "뇌물 공여를 금지하는 형법규정은 회사가 기업활동을 함에 있어서 준수하여야 할 것으로서 이사가 회사의 업무를 집행하면서 회사의 자금으로서 뇌물을 공여하였다면 이는 상법 제399조에서 규정하고 있는 법령에 위반된 행위에 해당되므로 이로 인하여 회사가 입은 뇌물액 상당의 손해를 배상할 책임이 있으며 '경영판단의 원칙'은 적용될 수 없다"고 하였다.

(9) 현대생명보험주식회사 사건(대법원 2005. 7. 15. 선고 2004다34929 판결)

대법원은 이 사건에서도 "법령에 위반한 행위에 대하여는 이사가 임무를 수행함에 있어서 선관주의의무를 위반하여 임무해태로 인한 손해배상책임이 문제되는 경우에 고려될 수 있는 '경영판단의 원칙'은 적용될 여지가 없다"고 판시하였다. 따라서 이 사건 "피고가 소외 회사의 임원으로서 보험계약의 유치를 위하여 보험계약자가 발행한 회사채를 유통금리보다 싼 표면금리에 의하여 매입하였다면, 이는 실질적으로 보험계약자에게 보험료를 할인하여 주는 것과 동일하여 위 보험업법에서 금지하고 있는 특별한 이익을 제공하는 행위에 해당된다고 할 것이므로, 피고로서는 위 법규정 위반으로 인하여 소외 회사가 입은 손해를 배상할 책임이 있다"고 판시하였다.

(10) 대구종합무역센터 사건(대구지방법원 2000. 5. 30. 선고 99가합13533판결)

이 사건에서 법원은 "대표이사의 행위가 회사의 경영에 관한 것인 경우에는, 대표이사가 법령이나 정관의 규정에 위배되지 아니하는 범위 안에서 회사의 경영에 대한 판단재량권을 가지고 있고, 또한 회사경영이란 것이 그 성질상 다소의 모험을 수반하기 마련이므로, 대표이사가 업무를 집행함에 있어 경영자로서 요구되는 합리적 선택의 범위 안에서 판단하고 이에 따라 업무를 집행하였다면 사후 그의 행위로 인하여 회사가 손해를 입었다고 할지라도 대표이사에게 선량한 관리자로서의 주의의무를 위반하였다고 하여 책임을 물을 수는 없다 할 것이나, 대표이사가 경영에 관한 판단을 함에 있어 판단의 자료가 될 정보를 용이하게 수집할 수 있었음에도 불구하고 이용 가능한 정보를 수집하기 위한 노력을 태만하거나 이용 가능한 정보를 얻을 때까지 판단을 유보하지 아니한 채 무모하거나 경솔한 판단을 내리는 경우는 경영판단에 관하여 허용된 재량권의 범위를 일탈한 것으로서 선량한 관리자로서의 주의의무에 위반된다"고 판시하였다. 이 사건 판결은 법원이 '경영판단의 원칙'을 최초로 도입·적용한 것으로 평가되고 있다.

2. 관련판례의 검토

앞에서 살펴본 판례들은 한결같이 '경영판단의 원칙'의 적용이 거부되었다는 점이 특징이라고 할 수 있다. 즉 우리나라는 '경영판단의 원칙'을 수용하여 사건을 해결한 판례는 하나도 없다는 것이 확인되었다. 관련판례에서 나타난 주요쟁점을 정리하면 다음과 같이 요약할 수 있다. ① 금융기관 이사의 대출관련 임무수행과 관련된 '경영판단의 원칙'의 적용. ② 상법 제399조에 정한 '법령에 위반한 행위'의 의미 및 이사의 법령위반행위에 대한 '경영판단의 원칙'의 적용 가능성. ③ 관계회사에 대한 자금지원으로 회사에 손해를 입힌 이사의 행위에 대한 '경영판단의 원칙'의 적용요건. ④ 금융기관임원에게 부과되는 선관의무내용과 '경영판단의 원칙'과의 관계 및 금융기관임원의 선관의무위반으로 인한 임무해태여부의 판단기준. ⑤ 이사의 법령위반과 '경영판단의 원칙'의 적용. ⑥ 대표이사가 경영판단을 함에 있어 이용 가능한 정보를 수집하기 위한 노력을 태만하거나 이용 가능한 정보를 얻을 때 까지 판단을 유보하지 아니한 채 무모하거나 경솔한 판단을 내리는 경우와 '경영판단의 원칙'의 적용가능성 등이다[60].

이와 같은 사례와 관련하여 대법원의 입장은 대체적으로 회사의 임원진에 해당 경영행위가 경영판단에 의하여 허용되는 재량 범위 내의 것으로 인정되는 경우에는 그 임원진은 회사에 대한 선량한 관리자의 주의의무 내지 충실의무를 다한 것으로 볼 수 있다는 것으로 이해할 수 있다. 즉 대법원은 경영판단에 의하여 허용될 수 있는 재량범위 내에 있는 경영행위로 인정하기 위한 판단의 기준으로 해당임원이 ① 필요한 정보를 충분히 수집·조사 하고 검토하는 절차를 거쳤는지, ② 이를 근거로 금융기관의 최대 이익에 부합한다고 합리적으로 신뢰하고 신의성실에 따라 경영상의 판단을 내렸는지, ③ 그러한 경영판단의 내용이 현저히 불합리하지 아니하여 임원진이 통상 선택할 수 있는 범위 안에 있는 것인지, ④ 해당 경영 판단으로 인한 행위가 법령에 위반되는지 여부 등을 들고 있음을 알 수 있다.

이렇게 볼 때 우리나라 판례에서 나타나고 있는 '경영판단의 원칙'의 적용요건과 내용은 미국판례에서 인정되고 있는 '경영판단의 원칙'의 적용요건과 내용 등과 매우 흡사한 것을 알 수 있다. 다만 우리나라의 경우는 미국과 달리 이사 등 임원진의 주의의무 위반여부를 판단하기 위하여 그 의사결정에 관한 절차와 실질 모두를 심사하는 것으로 운영되고 있고, '경영판단의 원칙'이 일반적으로 인정하고 있는 추정적 효력이 그대로 인정되지 않는 점이 차이점이라고 볼 수 있다.

60) '경영판단의 원칙'과 상법상의 '특별배임죄'와의 관계에 대해서는 양동석·박승남, "회사법상의 특별배임죄", 「기업법연구」, 제28권 제1호, 한국기업법학회 2014. 3., 187면~209면을 참조할 것

Ⅳ. 우리나라에서의 '경영판단의 원칙' 도입 논의

1. 도입찬성론

'경영판단의 원칙'의 도입에 대해서는 대다수의 학자들이 긍정적인 입장을 보이고 있다[61]. 도입찬성론의 논거로서는 ① 소액주주들의 목소리가 커지고 실제로 소액주주에의한 대표소송제기가 빈번하게 일어나고 있는 상황에서, 유능한 전문 경영인을 보호함으로써 적극적인 기업 활동을 지원하는 의미에서 경영진의 주의의무를 경감시키는 '경영판단의 원칙'을 도입할 필요가 있다는 점. ② 경쟁이 치열하고 수시로 경제환경이 변화하는 시대의 기업경영에 있어서 회사가 손해가 발생할 때마다 이사가 항상 선관주의의무위반으로 책임을 진다고 한다면 이는 이사들에게 가혹한 결과가 될 것이며, 회사의 경영에 대한 전문적 지식이 부족한 법관이 사후적으로 경영상 판단의 당부를 가리도록 하는 것은 부적절하다는 점. ③ 경영진의 적극적인 경영을 지원하기 위해서는 경영진에게 부과되고 있는 현재의 추상적인 주의의무에 대하여 그 구체적인 기준을 입법적으로 명시할 필요가 있다는 점 등을 들고 있다.

요컨대 도입찬성론자들은 '경영판단의 원칙'을 도입함으로써 경영진의 주의의무를 경감시키거나 적어도 주의의무위반여부에 대한 사법심사의 기준을 완화할 수 있다고 보고 있다.

2. 도입반대론

도입반대론자들은 우리의 전반적인 경제상황에 비추어 볼 때 이 원칙을 도입하는 것은 아직 시기상조라고 주장한다. 그 논거로는 ① '경영판단의 원칙'은 미국에서 소유와 경영이 분리된 공개기업에 적용되는 원리인데 우리나라는 대부분의 중소기업들은 말할 것도 없고 대기업조차 폐쇄회사적 특성을 가지고 있으므로 소수주주를 보호하기 위해서는 동 원칙을 도입할 수 없다고 한다.[62] ② 우리나라에서

---

61) 도입찬반론에 관한 상세는 최완진, 「기업지배구조법강의」, 한국외국어대학교 지식출판원, 2011, 226면~234면을 참조할 것.

62) 권재열, "경영판단 원칙의 도입여부에 관한 비판적 검토", 「비교사법」 제6권 제1호, 한국비교사법학

는 이사의 주의의무기준과 책임추궁기준이 명확히 확립되어 있지 않는데 이러한 상황에서 이 원칙을 도입하는 것은 논리적으로나 법적으로 타당하지 않다고 한다.[63] ③ 우리나라는 이사에 대한 시장의 통제기능이 제대로 발달되어 있지 않으므로 시장의 기능을 보완할 수 있는 역할을 사법부가 맡아야 하는데, '경영판단의 원칙'을 도입하게 되면 우리나라 사법부의 소극적 태도로 말미암아 결국은 이사의 의무위반행위를 조장하게 되는 결과가 발생될 수 있다고 한다.

요컨대 도입반대론자들은 폐쇄회사적 성격이 강한 기업이 대다수인 우리나라의 현실에서 경영진의 보호보다는 소액주주 등 회사관련 이해관계자를 보호하는데 중점을 두어야한다고 하면서 경영진의 비리에 대한 사법부의 역할을 제고하고 구체적 사건에서 주의의무의 내용을 합리적으로 해석하는 것이 더 바람직하다고 주장한다.

V. 결언

'경영판단의 원칙'이 도입되면 이사가 충분한 정보에 기초하여 회사에 최선의 이익이 된다고 판단한 경영상의 결정에 대해서는 책임을 추궁할 수 없게 된다. 우리나라의 이사들은 선량한 관리자의 주의의무를 지고 있는데, 이때 선량한 관리자의 주의의무는 추상적 경과실로서, 이는 미국에서 요구하는 중과실 기준과 비교해 볼 때 우리나라 이사들의 책임정도는 훨씬 엄격하다고 할 수 있다. 따라서 엄격한 주의의무를 부담하고 있는 우리나라 이사들의 업무상 결정에 대해서는 '경영판단의 원칙'을 적용하는 것이 타당할 것이다. 참고로 미국에서는 '경영판단의 원칙'의 기준에 대해 A.L.I.의 회사지배구조원칙에서 제시된 적용요건과 개정 모범사업회사법(R.M.B.C.A.) 및 각 주의 주법으로 규정하고 있으며, 그 적용범위도 일반적인 기업 이사의 업무수행범위에서부터 특별소송위원회의 소송종료행위, 적대적 기업인수시 대상회사 이사의 방어행위까지 그 범위를 확대하고 있다.

'경영판단의 원칙'을 우리나라 상법에 수용할 것인지 여부에 대해서는 '이사의

회, 1999, 30-31면.

63) 경익수, "경영판단원칙의 적용에 대한 검토", 「현대상사법논집」-지석 김인제박사 정년기념논문집-, 두남, 1997, 72-73면.

주의의무' 및 '경영판단의 원칙'의 개념을 어떻게 설정할 것인가 하는 문제와 '경영판단의 원칙'과 '이사의 주의의무' 간의 관계를 어떻게 정립할 것인가 하는 문제에 대하여 계속적인 연구가 진행되어야 할 것으로 생각된다. 또한 '경영판단의 원칙'을 우리 상법에서 수용한다면 이사의 임무해태로 인한 책임요건으로서 '과실'의 개념을 어떻게 결부시킬 것인가의 문제도 같이 검토되어야 할 것이다.

'경영판단의 원칙'은 미국 이외에도 영국, 독일, 오스트리아, 호주, 일본 등 여러 국가에서 이미 명문 규정화되었거나 혹은 판례 및 학설에 의하여 인정되고 있다.[64)]

앞에서 검토한 여러 판례에서 '경영판단의 원칙'이 구체적으로 언급되고 있는 상황과 회사법의 세계적인 흐름을 볼 때 이제는 우리도 상법전에 '경영판단의 원칙'을 도입할 시점이 되었다고 생각한다. 구체적 입법론으로는 현행 상법 제400조가 '이사의 회사에 대한 책임의 감면'을 규정하고 있으므로 이어서 상법 제400조의 2로 '경영판단의 원칙'규정을 신설하든가 아니면 상법 제 399조 '회사에 대한 책임'에 이어서 상법 제 399조의 2로 '경영판단의 원칙'에 관한 예외규정을 마련하는 것이 바람직하다고 생각된다. 그 구체적 입법제안 내용은 다음과 같다.

> 이사는 다음의 각 요건을 충족하는 경우에 그의 경영판단으로 인하여 비록 사후에 회사가 손해를 입게 되는 결과가 발생하더라도 회사에 대한 그 손해배상책임이 면제된다.
>
> 1. 의사결정에 있어 필요한 정보를 충분히 수집·조사 하고 종합적으로 검토하는 절차를 거친 경우
> 2. 이를 근거로 회사의 최대이익에 부합한다고 합리적으로 신뢰하여 신의성실에 따라 경영상 판단을 내린 경우
> 3. 그 내용이 현저히 불합리하지 아니하여 이사로서 통상 선택할 수 있는 범위 안에 있는 경우
> 4. 그 행위가 선의이고 재량의 남용 또는 회사자금의 낭비가 아닌 경우
> 5. 경영판단으로 인한 당해 행위가 관계 법령에 위반되지 않는 경우

64) 참고로, 독일은 우리의 회사법에 해당하는 주식법 제 93조에 '경영판단의 원칙'을 도입 하였다. 한편, 미국은 엔론(Enron)사태 및 2007년 8월부터 시작된 금융위기를 계기로 이 원칙을 보다 더 신중하게 적용하는 경향을 보이고 있다는 주장이 있다. 이에 관한 상세는 손창일, "미국회사법상 적대적 M&A 상황에서의 강화된 경영판단의 원칙", 「상사판례연구」 제 25집 제 3권, 한국상사판례학회, 2012. 9., 381면~419면 참조.

제3장 임원의 보수에 관한 규제 방향

Ⅰ. 서언

임원의 보수는 회사업무수행에 대한 대가로 지급되는 것이므로, 회사의 업무수행에 적합한 합리적인 범위 내에서 책정되어야 하고, 회사의 재무적인 상황도 고려하여 적정성이 유지되어야 한다. 따라서 임원의 업적이나 회사의 재무 상태에 견주어 보아 과도한 임원의 보수의 책정은 회사의 자본충실을 해하게 되고 주주는 물론 회사채권자에게 손실을 안겨주게 될 염려가 있다.

우리나라 현행 상법 제388조에 의하면 임원(이사)의 보수는 정관 또는 주주총회의 결의를 통해서 정할 수 있으나, 임원의 보수의 종류를 확실하게 구분하여 정하고 있지 않고, 개별임원이 아닌 임원 전원에 대한 보수총액만 정하면 된다. 정관 또는 주주총회에서 한 번 임원의 보수액을 정한 이상 변경 할 때까지는 모든 정기총회에서 일일이 결의할 필요는 없고, 주주총회에서 이사의 보수의 구체적 분배에 관한 결정을 위임 받은 이사회가 그 분배의 집행에 관하여 대표이사에게 위임하는 것도 가능하다고 본다. 실제로 우리나라의 대부분의 상장회사는 정관 또는 주주총회의 결의로 이사 전원의 보수의 합계액의 상한액만을 정하고 그 구체적인 배분의 결정을 이사회에 위임하고 몇 년이 지나서 그 상한액에 근접하게 되면 주주총회에서 그 증액 제안을 하여 승인하는 형식을 취하고 있다. 그러나 아무리 회사의 정관이나 주주총회의 결의로 임원의 보수를 책정했다 하더라도 그 책정된 보수액 자체가 과다하다고 인정될 경우에는 그러한 회사의 정관규정 및 주주총회의 결의는 자본충실의 원칙에 위반되는 것으로서 무효라고 보아야 할 것이다. 또한 정관이나 주주총회의 결의를 통하여 이사회에 임원의 보수집행을 위임하였더라드 임원의 보수결정이 적정성을 결여 하였다면 그 이사회의 결의도 무효로 보아야 한다.

임원의 보수수준이나 적정성 등은 기업규모, 업종, 기업문화, 경제환경 등 기업의 대내외적 상황에 따라 영향을 받게 된다. 보다 중요한 문제는 임원의 보수를 산출한 근거와 주체 및 과정, 즉 임원보수 산출기준을 충실히 반영한 제반 관련사항을 명확히 구체적으로 공시하는 것이다.

2013년 5월 「자본시장과 금융투자업에 관한 법률」(이하 자본시장법)이 개정되면서 연봉 5억 원 이상의 임원에 대한 보수공개가 2014년 처음으로 시행되었다. 그러나 임원보수의 공시에 대해서는 자본시장법이 개정될 때부터 찬성과 반대의 입장이 극명하게 대립되면서 계속 논란이 되어 왔고, 이와 관련한 새로운 쟁점이 제기되면서 관련법 개정을 위한 논의가 계속 되고 있다. 본고에서는 임원의 보수규제에 관한 각국의 입법례를 먼저 살펴보고 임원의 보수규제의 찬반론을 검토함으로써 임원의 보수규제의 바람직한 개선방안을 모색하고자 한다.

Ⅱ. 임원의 보수 규제에 관한 각국의 입법동향

1. 미국

미국에서 임원보수의 공시는 1933년 연방법인 「증권법(Securities Act of 1933)」 및 1934년 「증권거래법(Securities Exchange Act of 1934)」이 제정되면서 법률적 근거규정이 마련되었고, 각 주의 Blue Sky 법률 및 뉴욕증권거래소의 상장규정(Listing Requirements of the New York Stock Exchange's)등에 이사의 보수통제 공시규정을 두고 있다. 1938년에는 위임장설명서(Proxy Statements)에 기재하여 임원의 보수를 공개하기 시작하였다.[65] 일찍이 미국의 대법관 루이스 브란데스(Louis Brandeis)는 "햇빛이 가장 훌륭한 치유제가 된다(Sunlight is said to be the best of disinfectants)"는 논거로서 임원의 보수에 대하여 증권발행회사의 완전한 공시가

65) 장병섭, "임원보수의 공시에 관한 법적 연구", 동국대학교 대학원 법학박사 학위논문(2014), 114면 참조.

필요하다는 주장을 하였다. 미국의 증권거래위원회(Securities and Exchange Commission; SEC)는 1938년 8월 11일 「임원보수 공시기준(Executive Compensation and Related Person Disclosure)」을 제정하여 연봉 2만 5천 달러가 넘는 임원의 보수는 모두 공개하는 등 공시를 요구하는 규정과 기준을 마련하였다. 이어서 1942년에는 처음으로 표양식(Table)에 의하여 임원보수를 공시하도록 기준을 설정하였다.

1992년에 증권거래위원회는 새로운 임원보수 공시기준을 공표하여 회사의 보수위원회가 회사의 보수정책을 주주들에게 공시하도록 하는 한편, 총 임원보수를 표양식에 따라 작성할 것을 요구하는 '표준화된 임원보수 공시 도표(Standardized Compensation Disclosure Table)'를 새로이 규정하였고, 최근의 총 보수액이 10만 달러를 초과하는 상위 4명의 임원보수를 도표에 포함하도록 의무화하였다.

1990년대 이후 미국은 CEO의 보수수준은 상당히 높아졌는데, S&P 500기업 CEO의 평균보수는 1993년 200만 달러에서 2008년 770만 달러로 증가하였다고 한다. 이는 매년 약 9,4% 증가한 것으로 일반적인 미국 근로자들의 평균보수증가율과 비교해 볼 때 엄청난 수준이다. 1993년 미국 CEO들의 총 보수는 평균 가계수입의 100배에 미치지 못하였으나 2006년에는 이것이 200배 이상으로 증가하였다.[66)]

그러나 미국에서 CEO의 보수는 주주들이 결정하는 것이 아니라 기업의 이사회가 주주들을 대신하여 CEO와 일반 이사들의 보수를 결정하는 권한을 행사하고 있다. 주주들은 그들이 기업의 주인임에도 불구하고 CEO의 보수를 결정하는 데 직접 관여하지 않는다. 대부분의 기업들은 이사회내의 특별위원회인 '보수위원회(executive compensation committee)'에 보수를 결정하는 권한을 위임하고 있다. 관례적으로 '보수위원회'는 보수자문기관으로부터 용역을 제공받고 있는바, 그 자문기관은 자료제공, 조언 또는 그 기업에 대한 평가·분석 작업을 하고 그에 따라 이사회가 이사의 보수에 대한 최종적인 결정을 하게 된다. 그러나 이 보수자문기관이 제대로 역할을 수행하는지에 대해서는 논란이 있다.[67)]

미국에서는 서브프라임 모기지 사태를 계기로 '금융위기의 원인 규명과 재발방지'라는 취지하에 임원보수의 규제 필요성이 본격적으로 논의되기 시작하였다. 즉,

---

66) Martin J. Conyon, "Executive Compensation Consultants and CEO Pay", *Vanderbilt Law Review*, Vol, 64:2:339(2011), pp, 400-401.

67) 보수자문기관들이 정말 과도한 보수를 지급하도록 하는지, 주주의 입장에서 적정수준의 CEO 보수를 결정하는지에 대하여 현재까지의 연구결과는 보수자문기관은 나름대로 긍정적인 역할을 하는 것으로 평가되고 있다.

미국 정부는 거액의 손실 발생 및 자기자본의 부족을 초래한 금융기관과 유동성 위기에 빠진 자동차업계에 대한 공적자금을 투입함과 동시에 구제 대상 기업의 경영책임을 명확히 하고자 임원 보수에 대한 규제도 함께 강화하였다. 2008년 9월 15일의 리먼 브라더스 쇼크 후에 성립한 포괄적인 금융안정화법인 2008년 긴급경제안정화법(The Emergency Economic Stabilization Act of 2008, 2008년 10월 3일 성립) Section 111(Executive compensation and corporate governace)에서는 미국 재무부의 공적자금범위 7,000억 달러를 활용하는 부실자산구제 프로그램(Troubled Asset Relief Program, TARP)의 대상기업 임원에 대한 보수도 함께 규제하기로 하였다.

미국 재무부는 이러한 긴급경제안정화법에 따라 TARP 구제대상기업에 '적절한 임원 보수· 기업통치기준'에 따를 것을 의무화함과 동시에 2008년 10월 14일 금융경제안정화법의 시행규칙을 공표하였다. 이에 따라 금융기관의 불량자산입찰프로그램(Troubled Asset Auction Program :TAAP, 미실시), 자본투입 프로그램(Capital Purchase Program : CPP) 및 AIG지원(시스템상 중요한 파탄금융기관 프로그램(Systmeically Significant Falling Institution Program : SSFI)) 등 프로그램에 대하여 임원 보수규제에 관한 내용을 명시하도록 하였다.[68)]

2010년 7월 21일 오바마 대통령은 Dodd-Frank법(Dodd-Frank Wall Street Reform and Consumer Protection Act)을 인준하였다. 이 법은 기업의 지배구조와 이사의 보수에 관련된 규정을 개정함으로써 금융기관은 물론 모든 상장법인에까지 영향을 미치는데, 특히, 이사의 보수자문기관과 관련한 공시의무를 강화한 내용을 담고 있다. Dodd-Frank법에서는 상장회사의 '보수위원회'가 독립성기준을 보다 엄격히 준수하는 것을 내용으로 증권거래소의 상장요건을 강화하였다. 이 법의 Subtitle E(제951조 내지 제957조)에서는 이사의 책임과 보수를 규정하고 있는바, 제952조에서 '보수위원회'의 위원들은 독립성을 갖추어야 하며, 독립성을 판단하는 기준으로 이사회의 구성원에게 지급하는 컨설팅비용, 자문비용 또는 여타 보상을 포함한 보수의 세부내역을 밝히도록 하고 있다. 나아가, 이사회 구성원이 해당법인 또는 다른 자회사의 관계인인지 여부를 독립성 판단의 기준으로 삼고 있다. Dodd-Frank법은 보수자문기관과 여타 자문기관의 독립성을 평가하도록 하고 있다.

68) 상세는 고재종, "임원의 적정 보수 지급에 대한 법적 규제 -각국의 입법 동향을 중심으로-", 법학연구 제18권 제2호 (2010. 8), 130면 참조.

또한, '보수위원회'는 증권거래위원회(SEC) 규정에 따라 위원회 자문위원의 독립성에 영향을 미칠 수 있는 잠재적인 요소를 심사한 이후에 자문기관을 선정할 수 있다. 그 판단기준으로는 자문기관에 지급하는 비용의 총액, 업무상 또는 사적인 관계, 자문기관이 소유하고 있는 그 회사의 주식, 업무내용 등이 포함된다. 또한 관련법을 보면 보수자문기관의 자문결과를 수용할지 여부는 전적으로 '보수위원회'가 결정하도록 재량권 및 보수자문기관의 선정, 대우, 감독에 관한 권한이 부여되고 있다. 이번에 제정된 Dodd-Frank법은 이사의 보상과 보수자문기관에 관한 공시를 한층 더 강화함으로써 은행을 포함한 기업의 이사에 대한 보수수준의 결정과 지급의 공정성을 도모하고 있지만, '보수위원회'에 대하여 직접적으로'독립성'을 갖출 것을 의무화하고 있으므로 단순한 공시가 아니라 선정기준에 직접적으로 관여하고 있다고 볼 수 있다.

2. 영국

2006년 전면 개정된 영국「회사법(Companies Act 2006)」은 이사의 보수와 관련하여 상장회사 이사는 매 회계연도마다 '이사보수보고서(executive remuneration report)'를 작성해야 하고 상장회사는 주주총회 개최 이전에 소집통지를 해야 할 주주에게 보수지침을 포함한 '이사보수보고서'에 대하여 주주총회의 승인결의를 얻도록 규정하고 있다.[69] 이러한 이사의 보수에 대한 규정을 개정하기 시작한 것은 1990년 회사지배구조의 개선을 목적으로 공표한 각종 보고서(1992년 공표한 캐드베리 보고서, 1995년 그린베리 보고서, 1998년 함펠보고서)에 이사의 보수에 대한 규정을 마련하면서부터인데, 추후 이들 보고서를 종합한 통합규범 및 동 규범을 강화하기 위한 회사법의 개정에서도 이에 대한 규정을 두고 있다.

영국은 1998년 함펠위원회(the Hampel Committee)가 공표한 통합규범(Combined Code)을 지속적으로 개정해왔는데, 2009년 12월에는 이사의 보수를 주주에 의해 결정할 수 있도록 하면서 각 이사의 보수액은 회사 내지 해당 이사 개인의 업적에 적절하게 연동되도록 하였다. 만약 이러한 원칙들이 준수되지 않는 경우 그 이유를

69) 영국법상 이사는 회사에 대하여 당연히 보수청구권을 갖는 것은 아니며, 통상 정관(articles of association)에 보수에 관한 규정을 두고 있었다. Geoffrey Morse/Palmers, Palmer's Company Law, Sweet & Maxwell, 2007. 3. §8.038.

연차보고서 및 연차결산서에 공시하도록 함으로써 상장회사에 대한 간접적 강제력을 확보하였다.

이후 2010년 4월 8일 제정된 「금융서비스법(Financial Services Act 2010)」은 금융기관 임원의 보수규제규정을 강화하여 금융안정을 도모하였다. 특히 임원보수보고서에는 금융기관 관련 임원의 보수 내지 그에 관한 사항을 기재하도록 하였고 일정한 임원의 보수공시를 의무화하였는데, 보수공시에 있어서 임원의 보수보고서에 기재하여야 하는 정보 및 보수보고서에 '정보를 공시하는 방법' 등에 관한 규칙을 제정할 수 있도록 하겠다(Financial Services Act §4·§6).

또한 2010년 7월 30일에는 영국 금융감독청(FSA, Financial Services Authority)은 Financial Services Act 2010에서 요구하고 있는 보상규범(Remuneration Code)을 개편하기 위한 일환으로 Consultation Paper를 발간하였다. 동 보상규범에는 보상체계와 관련하여 고정급여와 변동급여의 조합, 이연지급, 성과조정 및 퇴직금 등의 보상구조에 대한 원칙이 제시되고 있다.

즉 기업은 zero bonus가 가능하도록 고정급여와 변동급여의 적절한 비율을 설정해야 하고 임직원에 대하여 변동급여의 최소 40%는 반드시 최소 3년의 이연기간을 통하여 지급해야 하며 변동급여가 50만 파운드를 초과하는 경우 최소 60%를 이연 지급하도록 명시하고 있다.[70]

영국 금융감독청은 2009년 8월 독립적인 이사로 '보수위원회'의 과반수를 구성하도록 하고, 상여금의 이연지급과 환수조항을 규정한 '보상규정(Code on Remuneration)'을 확정하였다. 재무부는 2009년 11월 보상규정을 제정하고 규정위반계약을 금지하며 위반계약을 원상회복하도록 할 수 있는 권한을 금융감독청에 부여하는 내용의 금융서비스 법안(Financial Service Bill)을 의회에 제출하였다.[71] 특히 2009년 12월 9일 영국 정부는 은행의 경영진으로 하여금 과도한 위험을 추구(excessive risk taking)하게 했던 보상관행에 제동을 걸기 위하여, 2009년 12월 9일부터 2010년 4월 5일까지 지급되었거나 지급하기로 합의된 보너스 중 25,000파운드($40,800, 4500만 원)를 초과하는 금액에 대해서는 한시적으로 전체 보너스의 50%의 근로소득세(payroll tax)를 부과하는 방안을 발표하였다.[72]

---

70) 맹수석, "금융기관 임원의 과도한 보수규제 및 투명성 제고 방안에 관한 연구", 「법학논총」 제34집 제1호, 전남대학교 법학연구소(2014.4), 248~249 면 참조.

71) 금융위원회, FSB와 글로벌 금융규제개혁, 2010. 4, 59~60면

72) 적용대상 회사는 은행 및 주택금융조합과 그 그룹에 속한 금융회사이다. 영국정부는 일단은 2010년

영국에서는 이사의 보수와 관련하여 기본원칙으로서 각 이사의 보수액이 회사 내지 그 이사 개인의 업적에 적절하게 연동되도록 하고, 회사는 보수 결정에 있어서 투명한 절차가 확보되도록 하였다. 즉, 경영자로부터 독립한 비업무집행이사로 구성되는 보수위원회를 설치하여 그들로 하여금 경영자의 보수 책정을 하도록 하였고, 또한 보수에 대한 정보도 공시하도록 의무화 하였다.[73] 즉, 주주에 대한 정보공시로서, 주주총회에 있어서 보수방침 및 이사보수의 명세를 기재한 연차보수보고서(연차보고서 및 연차결산서의 일부로서도 가능)를 제출하도록 의무화하였다.

3. 독일

독일은 이사의 보수 제한을 입법을 통하여 보완하려는 노력을 기울여 왔다.[74] 그 결과 'Mannesmann 사건'[75] 이후 2006년 「이사보수의 공개에 관한 법률(VorstOG, Vorstandsvergütungsoffenlegungsgesetz)」과 2008년 「금융시장안정기금법(FMStG, Finanzmarktstabilisierungsfondgesetz)」 및 2009년 「이사보수의 적정성에 관한 법률(VorstAG, das Gesetz zur Angemessenheit der Vorstandsvergütung)」 등을 제정·공포하였는데, 이들 법률은 공통적으로 지속적인 기업경영이 가능한 보수구조를 형성하도록 하는데 그 주된 목적이 있었다.

「이사보수의 공개에 관한 법률」의 핵심은 상장주식회사의 연말결산서 부속서류인 사업보고서에 모든 이사들의 개별적인 보수를 공개하는 것에 있다. 한편, 「주식

4월 5일까지의 보너스에 한해 한시적으로 적용하기로 하였으나, 은행 임직원 보너스 규제 내용이 포함된 금융서비스법안(Financial Services Bill, 2009년 9월 의회 제출)이 시행될 때까지 동 특별세제 적용시기를 연장할지 여부를 검토하고 있으므로 대상기간은 연장될 수도 있다. 정경아, 주요국의 금융회사 임직원 보수 규제 동향, 금융리스크리뷰, 2010년 봄호, 70면.

73) Combined Code(1998), B. 2.1(Principles of Corporate Governance)

74) 독일은 2002. 법적 구속력이 없는 '기업지배구조규범(Deutsche Corporate Governance Kodex)'을 통하여 주주나 투자자에 대한 투명성을 강화하고 시장에서의 보수 통제수단으로서 보수공시의무를 권고하였으나 법적 구속력이 없는 관계로 대다수의 회사들이 동규범의 권고규정을 무시하였다. 따라서 입법가의 개입이 강력히 요구되었고, 유럽연합차원에서도 회원국에 대하여 이사보수를 공개하도록 유도하였다. 정성숙, "이사보수에 관한 독일의 법적범주", 「강원법학」 제2권, 강원대학교 법학연구소, 2011, 462면.

75) 영국의 보다폰사(Vodafone)가 만네스만사(Mannesmann)를 인수하는 과정에서 총 5명의 경영진들에게 퇴직금과 퇴직위로금 및 보다폰사의 인수성공에 대한 사례금 명목으로 약 4천만 유로의 퇴직금을 지급한 사건이다. 상세는 김동근, 기업의 임원보수 규제에 관한 고찰, 「법학논고」 제38집, 경북대학교 법학연구원(2012.2), 361면 참조.

법」 제3조 제2항에서 의미하는 회사는 상장주식회사임에도 불구하고 「이사보수의 공개에 관한 법률」은 스톡옵션과 주식에 기반하는 보수 모델의 관점에서 비상장주식회사를 위한 규정도 포함하고 있다. 「이사보수의 공개에 관한 법률」에 따르면 개별 이사에게 지급되는 경제적 가치를 가지는 모든 급부가 공개의 대상이 되며[76] 부양료도 그 대상이지만 이사에게 지급되는 부양료가 근로자에게 지급되는 부양료와 차이가 크지 않을 경우에는 공개하지 않아도 된다.[77] 또한 독일 「상법」 제286조 제5항에 의하면 주주총회에서 3/4 이상에 해당하는 다수의 결의가 있는 경우에는 개별 이사의 보수를 공개하지 않아도 되고 이때 이사보수의 공개와 직접적인 관련이 있는 주주는 「주식법」 제136조 제1항에 따라 의결권을 행사할 수 없으며 보수공개의 면제는 반복적으로 이루어질 수 있다.[78]

독일에서는 주식법 제87조 제1항에 의하여 "감사회는 이사의 보수(이익참가, 비용보상지급, 보험료 지급, 수당, 신주인수권과 같은 동기연계형 포함)를 결정함에 있어서 보수가 이사의 과제와 업적 및 회사의 상황에 적정한 관계가 있도록 하여야 하고 또한 그 보수가 특별한 이유 없이 통상적인 보수를 넘지 않도록 하여야 한다.[79] 이 때 보수구조는 상장회사의 경우에는 장기적인 회사의 발전을 염두에 두어야 한다. 감사회는 이사의 보수결정을 소위원회에 위임할 수 없다."(주식법 제107조 제3항 제3문)고 규정하고 있다. 또한 '이사보수의 적정성에 관한 법률'(VorestAG)[80]에서는 장기적이고 지속적인 기업경영의 촉진, 임원 보수의 산정에 대한 감사위원회 책임의 구체화 및 책임강화, 주주와 대중에 대한 임원 보수의 투명성 제고 등의 내용이 포함되어 있다.[81] 독일의 경우에는 Deustsch Bank 등 8개 대형은행과

76) 예를 들어 일회적 내지 정기적인 현금 지급·현물 급부·업무용자동차의 공여와 같은 금전적 가치가 있는 이익의 제공 및 생명보험사에 대한 보험료 지급과 같이 이사를 위하여 제3자에게 지급한 금전 등이 이에 속한다(최문희, "경영자 보수규제에 관한 외국의 동향", 「기업지배구조리뷰」 Vol.40, 한국기업지배구조개선지원센터, 2008. 9, 32면).

77) Ausschussbericht BT-Dr 15/5860 S. 4 (9f.). 또한 이사가 먼저 지출한 다음 상환받은 비용은 이사의 업무 활동의 대가인 보수가 아니기 때문에 공개의무의 범위에 속하지 않는다(성승제, "독일의 이사 보수 규제", 「법학연구」 제18권 제2호, 경상대학교 법학연구소, 2010. 8, 79면).

78) 또한 공개면제의 결의는 이사의 최장임기에 맞추어 최대 5년간 가능하며 면제결의는 사업연도 이전이나 중간에 행해질 수 없다(Dieter Leuering/Stefan Simon, Offene Fragen zur Offenlegung der Vorstands- vergüung, NZG, 945, (2005)).

79) 독일에서의 이사의 보수에 대한 규제에 관한 상세는 성승제, "독일의 이사보수 적정화에 관한 법률 제정동향", 최신외국법제정보, 한국법제연구원 2010, 65면 이하 참조.

80) 이 법률의 상세한 내용은 정성숙, "이사보수의 공개에 관한 독일과 우리나라의 입법동향", 기업법제의 최근동향과 쟁점, 건국대학교 법학연구소 세미나 자료집, 2010.3.19. 참조.

Allianz 등 3개 보험사 등 총 11개 금융회사들이 자체적으로 성과보수 지급 상한 설정에 합의하고 동 금융회사들이 지난 9월 G20회담에서 제안된 은행업계 보수산정 기준을 준수하기로 서약하는 등 자발적인 보수 제한 움직임도 나타나고 있다.[82)]

4. 일본

일본은 우리나라와 같이 이사의 보수는 주주총회에서 정하고 집행임원은 이사회내 위원회인 보수위원회에서 집행임원에 대한 보수방침 및 개인별 보수를 결정토록 하고 있다. 즉, 일본은 주주에 의한 보수통제가 미치지 않는 집행임원에 한해 그 투명성을 강화하고 있다(일본 회사법 제361조, 제404조, 제409조). 그리고 일본 회사법 시행규칙에서 사업보고의 기재사항을 보면 공개회사의 임원의 보수에 관하여 공시할 것을 규정하고 있다(일본 회사법 시행규칙 제131조 제3호, 제4호). 이에 의하면 이사, 회계참여, 감사 또는 집행임원별 보수 등의 총액과 인원수를 기재하도록 되어 있다. 개별적 공시가 아닌 합계액만 기재하면 되지만, 만약 회사가 원하면 개별적 공시도 허용한다. 물론 일부 임원에 대하여는 개별공시, 나머지 임원에 대하여는 합계액을 공시하여도 된다.[83)]

일본에서는 2010년 3월 31일 공포와 동시에 시행된 "기업내용 등의 공시에 관한 내각부령"의 개정으로 상장회사 등의 유가증권보고서의 제출이 의무로 되어있는 주식회사에 대해서 다음과 같은 내용을 공시할 것을 의무화 하였다. 즉, ① 이사(사외이사를 제외), 감사(사외감사를 제외), 집행역, 사외이사 및 사외감사를 합한 사외임원의 4가지로 나누어 그 보수 등의 총액, 보수 등의 종류(기본보수, 스톡옵션, 보너스, 퇴직위로금 등 종류별내역공시)의 금액, ② 단일체 및 주요 연결자회사의 임원보수의 총액이 1억엔을 초과하는 자에 관해서는 개별 임원보수액(단일체와 자회사별, 종류별 개별 공시), ③ 유가증권보고서 제출일에 보수 등의 액 또는 그 산정방법의 결정방침이 있을 경우에는 그 내용 및 결정방법(결정방침의 내용 등)을

---

81) 이에 관한 상세는 최병규, "적정한 이사의 보수를 위한 독일 법 개정과 유럽연합권고," 상사판례연구 제22집 제3권(2009.9) 참조.

82) 최준선, "주식회사 이사의 보수는 규제되어야 하는가?", 성균관법학 제22권 제3호 (2010.12), 1005면 참조.

83) 최문희, "임원의 보수규제에 관한 법적 고찰-최근의 국제적 동향과 입법례를 중심으로=", 한국경영법률학회, 경영법률 제20집 제3호, 2010, 163면 참조.

유가증권보고서의 '기업통치구조의 상황'에 기재하여 공시하도록 하였다.[84]

이 중에서 특히 1억엔 이상의 보수 등을 수령하는 임원에 관한 개별적인 금액의 공시는 3월에 결산을 하는 상장회사에서는 2010년 6월말 유가증권보고서를 제출할 때부터 그 공시가 요구되고 있다.[85]

Ⅲ. 우리나라 임원보수규제에 관한 상법규정과 임원보수공시현황

1. 임원보수규제에 관한 상법규정

우리나라의 임원보수규제에 관한 상법규정을 보면 이사의 보수는 정관에 그 액을 정하지 아니한 때에는 주주총회의 결의로 정하도록 하고 있다(상법 제388조 및 제415조). 이에 따라 대부분의 기업에서는 주주총회 보통결의를 통해 임원보수를 결정하고 이사의 개인별 브수는 이사회에서 결정하고 있다. 또한 "상장회사가 주주총회 소집의 통지 또는 공고를 하는 경우에는 '사외이사 등의 활동너역과 보수에 관한 사항, 사업개요 등 대통령령으로 정하는 사항'을 통지 또는 공고하여야 한다.[86] 다만, 상장회사가 그 사항을 대통령령으로 정하는 방법으로 일탄인이 열람할 수 있도록 하는 경우에는 그러하지 아니하다"(상법 제542조의 4 제3항).

임원의 보수의 공시에 관하여는, 주권상장법인, 그 밖에 대통령령으로 정하는 법인(이하 "사업보고서 제출대상법인"이라 한다)은 그 사업보고서를 각 사업연도 경과 후 90일 이내에 금융위원회와 거래소에 제출하여야 한다(자본시장법 제159조

84) 이에 관한 상세는 양만식, "상장회사의 임원의 보수공시에 관한 고찰", 금융법연구 제10권 제1호(2013), 616 ~ 617면 참조.

85) 참고로, 2013년 3월 결산기의 상장회사 2,505사 중, 6월 30일까지 임원보수 1억엔 이상을 공시한 기업은 175개사, 그 인원은 301명에 이르고 있다. 임원보수의 최고액은 닛산자동차의 대표이사 사장 겸 최고경영책임자가 9억 8,800만엔으로 조사되었다. 임원의 보수제도가 공시된 이래 4년이 되었는데, 2010년 3월기부터 4년 연속 개별공시를 행한 기업은 38개사이고(구성비 21.7%), 공시된 인원은 135명(구성비 44.8%)에 이르고 있다.

86) 여기서 "사외이사 등의 활동내역과 보수에 관한 사항, 사업개요 등 대통령령으로 정하는 사항"이란 다음 각 호의 사항을 말하는데, 특히 "1. 사외이사, 그 밖의 해당 회사의 상무에 종사하지 아니하는 이사의 이사회 출석률, 이사회 의안에 대한 찬반 여부 등 활동 내역과 보수에 관한 사항"을 말한다(상법 시행령 제10조 제4항 제1호).

제1항). 사업보고서 제출대상법인은 제1항의 사업보고서에 그 회사의 목적, 상호, 사업내용, 임원보수(상법, 그 밖의 법률에 따른 주식매수선택권을 포함하되, 대통령령으로 정하는 것에 한한다), 재무에 관한 사항, 그 밖에 대통령령으로 정하는 사항을 기재하고, 대통령령으로 정하는 서류를 첨부하여야 한다(자본시장법 제159조 제2항). 그리고 법 제159조 제2항에서 "대통령령으로 정하는 것"이란 임원 모두에게 지급된 그 사업연도의 보수 총액을 말한다(자본시장법 시행령 제168조 제1항)고 되어있다.[87)]

이에 따라 사업보고서에는 이사 등의 보수지급기준 및 지급총액, 주주총회 승인금액과 주식매수선택권의 내용 등을 기재하여야 한다(기업공시서식 작성기준 제9-2-1-조). 보수지급기준은 등기이사(사외이사, 감사위원회 위원 제외), 사외이사(감사위원회 위원인 사외이사 제외), 감사위원회 위원, 감사 등으로 구분하여 기재하여야 하나, 주주총회에서 구분방식을 달리하여 보수총액을 승인한 경우에는 주주총회의 구분방식에 따라 기재하여도 무방하다. 한국거래소에 제출된 사업보고서는 전자공시시스템 등을 통해 투자자 등에게 공시된다.

이 밖에 '증권의 발행 및 공시 등에 관한 규정'에서도 보수공시에 관한 사항을 규정하고 있다. 의결권대리행사의 권유 시 참고서류에, 주주총회 목적사항이 이사 또는 감사의 보수한도 승인에 관한 건인 경우에는 당기 및 전기의 이사 또는 감사의 수와 이사 또는 감사 전원에 대한 '보수 총액 또는 최고 한도액'을 기재하여야한다(발행공시규정 제3-15조 제2항 제9호, 제10호).[88)]

2. 임원보수공시 현황

지난 해 상장기업의 5억 원 이상 등기임원의 보수 총액이 공개된 데에 이어 올해는 해당 등기임원의 보수 산정근거와 산출방식 등을 구체적으로 공개하도록 '기업

---

87) 참고로, 우리나라의 임원과 근로자간의 보수격차를 보면 30대 그룹 상장사 평균 임원 연봉은 7억 5000만 원으로 직원의 약11배로 임직원간 보수 격차가 심한 것으로 나타나고 있다. 특히 현대백화점 그룹 계열 상장사 임원은 평균 11억5704만 원의 연봉을 받았지만 직원들의 평균연봉은 4448만 원에 그쳤다. 이 경우 임원 연봉은 직원의 26배 수준이다. 또한 삼성전자 임원의 지난해 평균 연봉은 83억3000만 원에 달해 직원 평균 연봉 1억200만 원의 81.7배에 달했다고 한다. 매경닷컴 디지털 뉴스 2015. 8. 9. 참조.

88) 최준선, 전게논문, 1011 ~ 1012면 참조.

공시서식 작성기준'이 개정되었다. 금융감독원이 제시한 작성예시를 살펴보면 개인별 보수총액과 함께 보수의 종류, 지급근거, 산정항목, 산출과정 등을 명확히 기재하도록 하였는데 보수총액을 소득세법에 따라 근로소득, 퇴직소득, 기타소득으로 분류하였고, 근로소득은 급여와 상여, 주식매수선택권 행사이익, 기타 근로소득으로 구분하였다. 특히 기본 급여 이외에 성과급 개념의 상여는 산출 방식을 계량·비계량 지표와 함께 상세히 서술해야 하며, 더불어 주식매수선택권의 행사이익을 산출한 내역과 기타 근로소득[89] 등을 포함하도록 명시하였다.

임원 보수와 관련된 조사 결과를 보면 2014년 임원 보수 공시율은 공시 대상 임원을 기준으로 약 5.9%로 2013년 7.5%와 비교하여 다소 감소한 것으로 나타났다.[90] 이는 공시 대상자 비율이 낮아진 것에 기인한 것으로 보인다.

시가총액 상위권 30사의 사업보고서를 살펴보면 표본 수에 비해 다양한 업종이 분포하고 있는데[91] 임원 보수 공시와 관련하여 ① 소득을 세부적으로 구분하여 공시하였는지 여부, ② 급여 산정에 활용된 내부 기준과 판단 주체인 위원회를 언급하였는지 여부, ③ 기타 계량 지표와 비계량 지표를 상세히 서술하였는지 여부 등을 중점적으로 분석한 결과 전반적으로 변경된 공시서식을 따르기 위해 노력하였으나 대부분 금융감독원이 제시한 작성예시에서 크게 벗어나지 않거나 일부는 지난해와 다를 바 없이 소득을 구분하지 않고 평가지표를 생략하는 등 이에 못 미치는 공시 수준을 보이고 있다.[92]

또한 급여 및 상여의 산정은 기업에 따라 '경영진평가보수규정'이나 '사내이사보수지급규정' 등 내부 기준을 바탕으로 보상 관련 위원회가 판단하는 것으로 공시하였고, 계량·비계량 지표의 경우 비교적 구체적으로 명시한 기업이 있는 반면 대부분 일반적인 재무 관련 지표를 단순 나열하거나 비계량 지표의 경우 1-2 문장의 짧은 코멘트에 그쳐 모호하고 형식적인 공시 형식을 보이고 있다.[93]

---

89) 근로소득지급명세서상 임원 퇴직소득금액 한도초과액, 인정상여, 우리사주조합인출금 등.

90) 강정민, 2015.5.4., "2014년 임원보수공시 현황 분석", 「경제개혁리포트」, 2015-05호, 경제개혁연구소.

91) 2015년 4월 17일 기준 시가총액 상위 기업 중 5억 원 이상 임원 보수를 공시한 30사 현황 조사.

92) 참고로, 현대자동차, 현대모비스, 기아자동차 등 현대 기업집단에 속한 일부 기업은 단순히 연봉총액만 공개하는 등 지난해와 비슷한 형식을 보였는데 이와 같이 동일한 기업 집단에 속하는 기업의 공시 양상이 (숫자만 변경하는 등) 거의 유사한 경우도 다수 확인되었다.

93) 이에 관한 상세는 이다원, "임원 보수공시에 관한 현황 분석 및 제도 점검", CGS Report 제5권 제7호 통권 제72호 (2015.5), 2~8면 참조.

Ⅳ. 임원 보수규제의 찬반론 검토[94)]

1. 임원 보수규제의 찬성론

임원의 보수 규제에 찬성하는 학자들의 논거는 다음과 같이 요약할 수 있다.

① 투자자의 합리적인 의사결정을 위한 충분한 정보를 제공 받을 수 있는 점, ② 투자자가 임원보수 관련 정보를 손쉽게 제공 받음으로써 관련기업의 공정한 가치평가가 이루어질 수 있다는 점, ③ 임원보수의 정확한 공개에 따른 임원능력의 검증이 가능하다는 점, ④ 공시된 기업정보의 비교평가에 의한 임원의 과도한 보수지급을 억제할 수 있다는 점, ⑤ 기업정보공개에 의한 경영자의 적정한 업무수행을 유도할 수 있다는 점, ⑥ 임원의 보수 동향 등 관련 기업정보의 신용도가 주가에 반영됨으로써 투자자의 이익을 극대화 할 수 있다는 점, ⑦ 임원에 대한 민형사상 책임을 부과할 경우 책임을 추궁할 수 있는 보충적 자료가 확보된다는 점 등이다.

2. 임원 보수규제의 반대론

임원의 보수를 포함하여 개인정보 공개를 반대하는 학자들의 논거를 요약하면 다음과 같다.[95)]

① 임원의 개인정보와 공개는 개인 사생활 보호 차원에서 문제가 있다. 이사는 자신의 개인정보 보호와 관련한 합법적인 권리를 가지고 있지만, 개인정보의 보호범위를 어디까지 인정할 것인가와, 기본적 인적정보를 넘어서서 보수까지 공개해야 하는가에 대해서는 논란이 있다. 개인정보 공개의무는 공개대상의 내용 또는 사실의 중대성 여부에 따라 달라질 수 있다. 참고로 미국의 대법원 판례는 주주가 합리적인 투자결정에 중요한 정보로 고려할 수 있거나 전체 의사결정에 영향을 줄 수 있는 것은 중대한 내용이 될 수 있다고 보고 있다. 중대한 정보는 구체적으로

94) 이에 관한 상세는 김병태, "임원보수의 공시기준에 관한 최근의 쟁점과 미국의 시사점", 이화대학교 법학논집 제19권 제1호 (2014. 9), 225 ~ 227면 참조.

95) 특히 최준선 교수는 자본주의 경제체제에서 기업임원의 보수를 제한할 수 있다는 발상의 당위성에 의문을 제기하고 있다. 왜 학자들이 임원의 보수에 관하여 그토록 민감하여야 하는지 의문이라고 주장한다. 최준선, "자본주의 변천과 주식회사 이사의 보수", 상사법연구 제29권 제3호(2010), 216면 ~ 217면 참조.

개별 주주와 상황에 따라 달라질 수 있겠지만, 증권거래위원회가 투자결정에 중요한 정보의 공개를 강제화하는 것은 가능하다고 하더라도 사전 동의가 이루지지 않은 이사 개인의 정보를 공개하는 것은 회사와 이사 간에 다툼의 여지가 있기 때문에 보수 문제에 있어서도 이사로부터 사전에 공개에 관한 동의를 받는 것이 필요하다고 본다.

② 임원보수의 공개는 본래의 공개 취지와 달리 회사 구성원간의 반목과 갈등을 부추기고 한 걸음 더 나아가 사회적 불만 세력의 규합과 불평등의 심화현상 같은 부정적 영향이 나타날 수 있다. 특히 임원의 보수에 있어 비슷한 규모의 다른 회사 임원의 보수 수준과 현격히 차이가 나거나 임원의 평균 보수가 일반 직원의 평균 급여에 비하여 지나치게 높을 경우에는 커다란 사회문제로 발전될 수 있는 소지도 있다.

③ 임원의 보수공개는 일반적으로 보수 상승억제의 효과는 거의 기대하기 어렵고 실제로는 임원의 보수 수준이 낱낱이 공개될 경우 예상하지 못한 부작용만 심화되는 결과를 가져오기도 한다. 임원의 보수가 공시되면 회사 내부에서는 임원 개인의 보수인상을 위한 협상수단으로 활용되기도 하고, 일부 경영자들은 자기보다 더 많은 동료의 보수수준에 대해 불만을 갖게 되는 상황이 초래되기도 한다. 참고로, 미국에서는 1992년 증권거래위원회의 임원보수 공시기준이 변경된 이후 기업의 임원에 대한 보수가 급격히 상승하였으며 이보다 먼저 임원보수 공시기준을 채택하였던 캐나다에서도 동일한 현상이 나타났다고 한다.[96]

④ 임원보수의 강제적 공시와 금융사기는 별로 관련이 없으며, 과거 기업의 자율적인 공시제도하에서도 투자자의 의사결정에 필요한 재무정보는 기업이 자발적으로 제공하였고, 임원의 보수를 비롯한 개인정보의 공시는 투자자에게 별 의미가 없었다고 평가되고 있다.

96) 김병태, 전게논문, 227면 참조.

V. 임원의 보수규제의 개선방안

1. 임원보수의 산정기준 명확화

현행 제도 하에서는 이사회에서 어떠한 기준과 절차에 따라 등기임원의 업적을 평가하고 보수를 지급했는지 전혀 알 수 없게 되어 있다.

우리나라의 경우에는 임원보수의 총액 내지 최고액에 대해서만 주주총회에서 결의하도록 하고 나머지 구체적인 내용은 이사회에 위임하고 있다. 물론 실무상 주주총회에서 임원의 보수에 대하여 승인을 받을 경우 예년의 임원보수 총액, 동종업계의 지급 현황, 물가 상승률, 전년도 회사의 실적 등을 참고하여 임원보수가 결정된다고 한다.[97] 그러나 그것은 의무사항이 아니어서 기업 측에는 스스로 보수를 결정할 수 있는 광범위한 재량권이 인정되고 있다. 자본시장법은 연간보수액 5억 원을 넘는 임원들에 대해 임원별 보수액과 함께 구체적인 산정기준과 방법 등을 공시하도록 규정하고 있다.[98] 그러나 금융위원회는 세부 시행방안을 담은 내부규정에서 이를 회사자율에 맡겼다. 보수액만 공개되고 어떻게 이 금액을 받게 되었는지에 대한 기준도 없고 설명도 부족하니 주주입장에서는 보수가 적절한지 제대로 평가할 수 없다. 따라서 임원 보수에 관하여는 경영 성과의 다양한 내용, 기업의 개별적 상황에 따른 구체적 산술계산에 의한 다수 구성원이 수긍할 수 있는 합리적인 산정기준을 제시할 필요가 있다. 금융위원회는 최근 보수산정기준과 방법까지 공시하는 방안에 대한 내부검토에 착수했다고 한다.[99]

---

97) 참고로 경제개혁연대의 2013년 개별 임원의 보수액 분석보고서를 보면 등기 임원의 평균보수는 3억8천6백만 원이다. 반면, 재벌 총수일가인 등기임원의 평균보수는 17억5천9백만 원으로 4.6배에 달한다. 참고로 한국시엑스오연구소는 '2013년 매출액 상위 1500대 상장기업 등기임원보수의 적정성분석보고서'에서 등기임원의 평균보수는 직원1인당 평균 급여보다 7배 많고 그 격차가 30배를 넘는 기업도 19개사나 된다고 밝혔다. 한편 에스케이이노베이션은 그 격차가 무려 70.4배에 달한다고 한다. 총수 일가라는 이유만으로 전문경영인보다 훨씬 많은 보수를 받는다거나 임원보수가 직원에 비해 너무 많다는 지적이 따른다.

98) 김우찬 고려대 경제개혁연구소 소장의 말에 의하면 "미국은 등기임원여부와 무관하게 최고경영자(CEO), 최고재무책임자(CFO) 그리고 그 밖의 보수총액기준 상위 3명을 의무공시 대상자에 포함시키고 있고 일본도 보수총액이 1억엔을 초과하면 역시 등기여부와 관계없이 보수를 공개하고 있다"고 한다.

99) 한겨레신문, "5억 이하 임원보수, 그걸 왜 감추지?". 2015.2.8. 인터넷판.

2. 임원 개개인의 산정내역 공시 강화

임원에게 지급되는 보수의 내용에 대해서는 상장기업의 경우 사업보고서를 보면 알 수 있는데 사업보고서는 개별임원들의 지급명세는 공개하지 않고 등기이사들이 연간 받은 총 보수와 1인당 평균 보수만이 공시되어 있다. 개별 임원 보수 공시 제도는 누가 얼마의 보수를 받는가 하는 대중적 호기심을 충족시키기 위한 것이 결코 아니다. 지배주주가 임원보수의 결정권한을 통해 이사회를 장악할 위험을 사전에 차단하고 임원들의 보수가 결코 최고 경영자나 총수일가에 대한 충성심이 아니라 기업의 성과에 연동되어 어떻게 결정되는가를 주주들이 볼 수 있도록 하여 기업의 경영투명성을 높이자는데 그 취지가 있다고 보아야 한다.[100] 2014년 이전 까지는 임원보수 공시는 사내이사 사외이사 등 등기임원 유형별로 보수 총액만 공개해 왔으므로 임원 개개인이 얼마의 보수를 받는지 전혀 알 수 없었다. 재계에서는 임원의 보수와 그 세부적인 산정내역은 해당 기업의 경영전략이나 경영효율성 제고와 관련된 영업 비밀에 해당하며 임원 개개인의 사생활 보호와 밀접한 관계를 갖고 있다는 점에서 헌법상 과잉금지의 원칙에 위배될 수 있다고 반대하고 있다. 이에 대해 참여연대 경제개혁 센터는 2000년대 초반인 17대 국회부터 개별임원 보수공개 필요성을 지속적으로 주장해왔고 기업부담을 내세운 재계의 반대[101]에 부딪혀 10여년이 흐른 2013년에야 자본시장법이 개정되었다.

한편, 2014년 4월 8일 새정치민주연합의 민병두 의원 외 13인은 「자본시장법」 개정의안을 발의하였다. 이는 임원 개인별 보수공개 대상을 기존 등기임원에서 「상법」 제401조의2 제1항의 각호에서 규정하고 있는 자 및 「상법」 제408조의2에서 규정하고 있는 집행임원을 포함하여 그 공개대상을 확대하여 미등기임원에 대한

---

100) 회사 임원의 개인별 보수를 구체적으로 공시하는 것은 세계적인 추세라고 할 수 있다. 미국은 이미 1930년대 초반부터 연방법인 증권법과 증권거래소법에서 상장회사 이사의 보수를 공시하도로고 규정하고 있다. 뉴욕증권거래소의 상장규정과 각주의 블루스카이 법률에도 관련 규정이 있는데, 사업보고서등에 개별 임원 보수를 구체적으로 기재하는 것은 물론 회사의 보수 정책 설명에도 상당한 지면을 할애하고 있다. 참고로 유럽연합 집행위원회는 2014년 발표한 주주권리 개정지침에서 임원과 일반직원간의 보수격차를 명시하고 적절성까지 설명하도록 규정하였다. 독일은 2005년 발효된 '경영임원 보수의 공개법'에서 모든 등기임원의 항목별 보수액과 산정방법을 상세히 공시하도록 하고 이를 어긴 임원은 5만유르 이하의 벌금에 처하도록 엄격하게 규정하고 있다.

101) 전국경제인연합회의 반대논거는 주주총회에서 이미 임원보수한도를 승인받고 있고 개별은 아니지만 보수 총액은 이미 공개되고 있다는 것이다. 또 조직 내 갈등과 노사갈등, 눈치보기에 따른 보수의 하향 평준화, 유능한 인재의 영입 제약 등과 같은 부작용이 우려된다고 주장하고 있다.

보수도 공개대상으로 하자는 것이었고, 이를 통하여 회사 경영진의 보수에 대한 주주들의 알 권리를 보장하고 이에 대한 감시를 강화하여 회사 경영의 투명성을 제고하고자 한 것이었다.102)

새정치민주연합의 김기준 의원은 2015년 초 등기임원이 아니라도 보수총액기준 상위 5명에 해당하면 개인별 보수를 의무적으로 공개하도록 하는 자본시장법 개정안을 대표 발의하였다. 한국시엑스오연구소에 의하면 매출액 상위 1500대 상장기업 중에서 개별임원 보수를 공개한 곳은 26.5%에 그치고 있고 또 전체 등기임원 중에서 보수를 공개한 사람은 12.1%에 불과하다고 한다. 그 주된 이유는 보수 공개대상을 등기임원으로 한정했기 때문이라는 지적이 많다.103)

기업경영투명성을 확보하고 기업의 국제경쟁력을 높이기 위해서는 등기, 비등기 임원을 구별할 필요 없이 임원 개개인별 산정 내역을 보다 명확하게 공시할 필요가 있다고 생각 된다.

3. 임원보수결정에 대한 감시기능의 강화

일반적으로 임원의 보수결정에 대하여는 이사회 내부통제와 함께 감사 내지 감사위원회의 통제를 받게 된다. 우리나라의 경우 이사회 내부통제 기능이 제대로 작동되고 있지 않다. 다만, KT, KT&G, 포스코 등 민영화된 일부 공기업은 이사의 보수를 정하기 위한 보수위원회를 이사회 내에 설치하고 있지만 나머지 대부분의 기업은 이를 설치하고 있지 않다. 참고로 미국과 영국 등은 이사회 내 보수위원회를 두고 거기에서 임원의 보수를 결정하도록 하고 있다. 특히 보수위원회의 구성은 독립되고 중립적인 사외이사로 구성하여 회사의 임원과는 독립시킴으로써 이사의 보수산정 시 견제의 기능을 수행하도록 하고 있다. 일본도 2002년 상법개정을 통하여 위원회 등 설치회사의 특례를 두고 있는데, 이 특례에 의하면 위원회 등 설치회

---

102) 이 발의안에 대해서는 미등기임원에 대한 명확한 법적 정의나 해석 기준이 정립되어 있지 않은 상황에서 선임철자 · 보수 · 업무수행권한 및 책임 등 등기임원과 구분되어 운용되는 미등기임원에게 등기임원과 동일한 보수의 공시를 부담하게 되는 것은 법체계적 형평성을 상실한 자의 자의적 주장이 될 수 있다는 반대의견도 개진되고 있다. 김현종 · 김수연, "임원보수 개별공시 논의에 대한 쟁점 및 평가". 「KERI Brief」 14-09, 한국경제연구원, 2014.8.18., 8~10면 참조.

103) 실제로 대표재벌인 삼성의 경우 이건희 삼성회장의 세 자녀 중 이재용 삼성전자 부회장과 이서현 제일모직 사장은 미등기 임원으로 보수를 공개하지 않고 있고 또 법적미비점을 악용해 정용진 신세계 부회장처럼 등기임원을 사퇴하는 사례도 나타나고 있다.

사는 지명위원회, 보수위원회, 감사위원회를 설치하여야 하고, 집행임원을 두도록 되어있다. 나아가 보수위원회는 임원의 보수를 자세히 공시하도록 권한을 법정화하고 있다.

우리나라도 미국, 영국, 일본 등의 입법례를 참고하여 보수위원회의 설치를 의무화하여 경영성과 평가와 보상결정에 관한 전문성 및 절차적 투명성을 확보할 필요가 있다.[104] 아울러 선진국처럼 모든 회사들이 임원 보수에 관한 사항을 회사 경영의 중요한 자료로 인식하고 회사의 보수 정책을 주주 및 투자자에게 설명함과 아울러 주주발언권 제도도 도입할 필요가 있다. 우리나라의 경우 임원보수와 관련하여 주주총회에서 보수총액 내지 최고액만을 정하고 주주들의 승인을 받도록 하고 있는데 주주들은 임원보수에 대한 다른 어떠한 정보도 제공받지 못하고 있는 실정이다. 그 결과 사실상 주주들은 주주권을 행사한다고 하여도 그에 대한 견제기능을 발휘할 수 없는 구조이다. 따라서 미국의 경우와 같이 주주총회에서 주주발언권을 의무화하는 제도를 검토할 필요가 있다고 본다.

VI. 결언

임원의 보수 수준이나 적정성 등은 기업 규모, 업종, 기업 문화, 경제 환경등 기업의 대내외 상황에 따라 다를 수 있다고 본다. 임원의 보수문제를 논함에 있어 더 중요한 것은 해당 보수를 산출한 근거와 주체 및 과정, 즉 보수와 관련된 구체적 상황이 담긴 내부 기준을 마련하고 해당 기준을 충실히 반영한 보수 산출 관련 사항을 구체적으로 공시하는 것이라고 생각된다.

우리나라는 5억 원 이상 등기임원의 보수 공개 2년차인 금년에 해당 임원의 보수 산출근거와 산정기준을 공시하도록 규정과 서식을 개정하였다. 즉 이번 서식 규정은 2014년 임원 개인별 보수 공시의 시행에서 나타난 문제점을 반영한 것으로 보수 항목별 산정기준 및 방법을 구분하여 기재하고, 특히 상여항목의 경우 회사가 실제로 적용하고 있는 산정 근거, 산정 항목, 산출 과정 등을 각각 구분하여 기재하

104) 미국의 주주승인권제도의 논의와 도입 과정에 대해서는 문상일, "임원보수제도의 개혁 - 미국의 주주승인권(Say-on-Pay) 제도를 중심으로-", 「상사법연구」 제28권 제3호, 2009, 411면 이하 참조.

도록 구체적 예시를 담음으로써 성과와 보수의 연계성 파악 측면에서 진일보한 측면이 있다고 볼 수 있다. 그러나 우리나라의 경우 임원보수의 규제와 공시문제에 있어서 앞서 살펴본 선진국의 입법례와 비교하여 볼 때 아직도 미흡한 점이 많다. 먼저 '5억 원 이상 등기 임원'이라는 법적 기준은 일부러 등기임원직을 사퇴하고 회사를 지배하려는 일부 경영진의 문제에서도 볼 수 있듯이 논란의 여지가 있다. 2014년의 경우 1700여개의 상장회사 중 임원 개인별 보수 공시를 한 회사는 30% 수준인 501개 회사에 불과했고 나머지 70%의 상장회사는 여전히 외부 감시의 사각지대에 놓여있다고 할 수 있다. 또한 현행 제도 하에서는 보수 공시 요건에 해당되는 일부 기업만 임원보수의 산정근거와 산출방식 등을 공시할 뿐 그 외 대다수 상장기업의 공시 현황을 살펴보면 형식적인 공시 행태를 보이고 있는 실정이다.

이러한 한계점을 보완하기 위해서는 단순히 전년도 실적에 대비한 계량지표만을 예시할 것이 아니라, 먼저 임원의 보수정책을 공개하고 성과평가를 위한 경영 목표치가 합리적으로 설정되었는지, 장기성과에 연동되어 있는지의 여부도 예시할 필요가 있다. 또한 보수금액과 산정기준 등을 조정하여 단계별로 적용 대상을 확대하는 방안을 마련할 필요가 있다. 특히 CEO(최고경영자)와 CFO(최고재무책임자)의 보수 공시는 그들이 경영상 주요 의사결정을 한다는 점에서 보수공개의 당위성을 찾을 수 있는데 특히 미국(Regulation S-K, Item 402)의 경우 CEO와 CFO 등 보수총액 상위 5인 임원의 연도별 상세보수내역과 금액(급여, 상여금, 주식형급여, 주식매수선택권, 비자산형 상여금, 이연보수, 기타보수 등으로 세분화 되어 있음) 및 산정 근거 등을 구체적으로 공시하도록 의무화 하고 있다. 우리나라도 등기임원 이외에 CEO, CFO는 물론 그 밖에 보수 총액 기준 상위 3인에 대해 전 상장기업이 보수액의 산출근거와 산정방식에 관한 내부 규정을 마련하여 공시하도록 제도를 개선하여야 할 것이다. 아울러 임원보수의 공시서식 서술 방식이나 기준 등을 더욱 명확히 규정하고 보완할 필요가 있다.

이와 같은 임원 보수의 충실한 공시를 위한 정보공개 수준을 강화 하는 등 제반 노력을 계속적으로 기울여 나갈 때 현재 현안으로 대두되고 있는 임원 성과 및 보수의 적정성에 관한 논란을 잠재울 수 있을 것이다.

제4장 전자주주총회에 관한 법적 고찰

-주주의 의결권 행사의 전자화를 중심으로 -

I. 서언

우리나라 상법은 1999년의 개정을 통하여 주주의 의결권 행사의 편의를 도모하고 외국인 주주나 소수주주들의 주주총회 참석을 용이하게 함으로써 주주총회의 형해화를 시정하고 주주민주주의를 실현하기 위해 서면에 의한 의결권 행사의 제도를 도입하였다(상법 제368조의3 제1항). 이러한 서면투표제도의 활용은 소유와 경영의 분리가 심화된 대규모 상장회사에서 경영자에 대해서는 위임장 권유제도와 함께 주주총회 정족수의 확보수단으로 작용하고, 주주에게는 회사의 의사결정에 적극적으로 참여할 수 있는 기회를 제공하게 될 것으로 기대되었다. 그러나 구체적 절차규정이 미비하고 주주들도 관심을 보이지 않아, 현재 서면투표제도는 활성화되지 못하고 있는 실정이다.105)

그러나 이러한 서면투표제도를 전자투표화하게 되면 주주의 의결권 행사가 보다 간편해지고, 의결권의 행사비율이 향상되는 효과를 기대할 수 있다. 또한 주주총회

105) 서면투표가 활성화되지 못하는 또 다른 이유로는 의사정족수 규정이 폐지되고, 발행회사의 요청에 의한 증권예탁원의 의결권 행사제도 등으로 인하여 회사가 서면투표제도를 이용하지 않더라도 주주총회를 운영하는데 문제가 없기 때문이라는 주장(김재범, '서면투표제도를 이용한 주주총회의 운영', 경영법률 제12집, 한국경영법률학회, 2001, 182면)과 서면투표제도를 채택할 경우 회사측의 개입 여지가 없기 때문에 서면투표제도가 강제되지 않는 현행 제도 아래에서는 경영자가 이를 채택할 이유가 없다는 견해(권종호, '서면투표제도, 과연 입법상의 성과인가?', 상사법연구 제19권 제2호, 한국상사법학회, 2000, 491면)도 있다.

개최에 따른 경비와 시간이 절약되고, 기관투자가에 의한 감시의 효율성을 높일 수 있다.[106] 특히, 외국인 주주의 증가 등으로 정족수 확보에 어려움을 겪고 있는 회사의 경우 이 제도의 도입 필요성이 크며, 주주 측에서는 의안에 대해 검토할 시간적 여유를 가질 수 있기 때문에 이른바 '현명한 의결권 행사'에도 기여할 수 있을 것으로 생각된다.[107] 또한 우리나라의 IT산업의 발전이 세계최고의 수준이라는 점을 고려할 때 이 제도의 도입을 적극적으로 검토할 시점이 되었다고 본다. 참고로 2001년에 전자투표제도를 채택한 일본의 경우 「2004年版 株主總會白書」를 보면 211개 회사(전체 응답회사 1,924개사의 11%, 전년대비 3.8% 증가)가 전자투표제도를 채용하고 있고 점진적으로 이를 이용하는 회사가 증가하는 추세이다.[108]

주주총회의 전자화는 정보·통신 기술적 진보로 인한 주주총회의 활성화 방안으로서 필연적인 요청이지만, 우리나라 현행 상법은 주주총회의 소집통지를 전자문서에 의하여 할 수 있다는 규정(상법 제363조 제1항)만 두고 있고, 이와 관련된 구체적이고 실질적인 규정은 마련되고 있지 않다.

본고에서는 전자주주총회에서 핵심적인 사항이라고 할 수 있는 주주의 의결권 행사의 전자화와 관련하여 먼저 선진제국의 입법례를 살펴보고, 우리나라 상법상 서면투표 대신 전자투표가 인정될 수 있는지의 여부와 전자적 방법에 의한 의결권 행사를 인정하는 경우에 본인 또는 그 대리인의 진정성 여부의 확인, 의결권 행사의 시기·방법과 그 제한 등을 검토하고, 전자적 방법에 의한 주주의 의결권 행사를 인정하는 경우에 발생할 수 있는 문제점과 그에 대한 개선방안을 제시하고자 한다.

Ⅱ. 의결권 행사의 전자화에 관한 각국의 입법례

1. 미국

미국은 1990년대부터 각 주(州)의 회사법의 개정이 빈번하게 논의되어 왔다. 미

106) 양만식, '상법상의 IT화-일본상법에 있어서의 주주총회의 전산화를 중심으로', 인터넷법연구 제1호, 한국인터넷법학회, 2002, 563~566면.
107) 권종호, '주주총회의 IT화-2001년 일본개정상법을 중심으로', 증권예탁 제41호, 증권예탁원, 2002, 9면.
108) 김순석, 주주관리비용 효율화에 관한 연구, 한국상장회사협의회, 2005, 42면.

국의 회사법에 관한 중요입법으로는, 각주의 회사법 통일을 위한 지침이 되는 모범사업회사법(Model Business Corporation Act), 뉴욕 주의 사업회사법(New York Business Corporation Law), 델라웨어 주의 일반회사법(Delaware General Corporation Law), 캘리포니아 주의 회사법(California Corporation Code) 등이 있다. 그중에서도 많은 공개주식회사(publicly held corporation)가 설립준거법으로 삼고 있는 델라웨어 주 일반회사법이 가장 잘 알려져 있다. 여기서는 이를 중심으로 살펴보기로 한다.

델라웨어 주의 일반회사법은 전자주주총회에 관하여 최초로 규정한 법률이다. 이 법은 1998년의 개정에 의하여 의결권 행사의 위임을 전자적 방법에 의하여 할 수 있게 하였다.

델라웨어 주 일반회사법 제211조 (e)항은 주주총회에 참석하지 않고도 의결권을 행사할 수 있는 부재자 투표가 가능하도록 서면투표(written ballot)의 개념에 전자적 문서전송에 의한 의결권 행사가 포함되는 것으로 하였다.

동법 제212조는 대리인에 의한 의결권 행사에 필요한 위임장에 특별한 형식을 요구하고 있지 않고, 주주가 유효한 위임장으로 인정할 수 있는 수단을 열거하고 있다.[109] 동조 (c)항은 「위임은 무선(telegram), 유선(cable) 기타의 전자적 송신(electronic transmission)의 수단으로도 가능하다.」고 규정하고 있다. 또 동조 (d)항은 「전자적 송신에는 그것이 주주에 의하여 수권이 된 것을 나타내는 정보를 포함하거나 또는 그러한 정보와 함께 제출되어야 하며, 복사등본·팩시밀리·원격통신(telecommuni- cation) 기타 신뢰할 수 있는 복제물은 위임장으로 인정된다.」고 하고 있다.

2. 영국

영국에서는 1980년대 후반부터 대규모 주식회사들의 부실경영이 국가적인 문제로 대두됨에 따라 1990년 이후 회사법 개정에 대한 논의가 활발하게 전개되었다.[110] 영국의 통상산업부(Department of Trade and Industry)와 법률위원회(Law

109) Michael P. Dooley & Michael D. Goldman, 'Some Comparisons Between the Model Business Corporation Act and the Delaware General Corporation Law', The Business Lawyer, Vol.56, February, 2001, p.757.

110) 강희갑, '주요 서구국가의 회사법 개정의 최근 동향', 비교사법 제8권 제1호(하), 한국비교사법학회,

Commission)의 입법작업으로 전자통신법(Electronic Communication Act)에 의한 무역산업부령인 2000년 12월 22일의 'The Company Act 1985(Electronic Communications) Order 2000'이 제정되었다. 그 후 이 명령은 2003년의 'Electronic Communication Act 2003(Consequential Amendment) Order 2003'으로 개정되어 더욱 많은 법률에 대해 전자통신법을 적용하도록 하고 있다. 이 명령에 따라서 회사법이 개정되어 전자문서 등을 통한 주주총회의 소집통지(영국 회사법 제369조), 전자적 방법에 의한 회계장부 등의 송부·개시(영국 회사법 제238조, 제239조), 전자적 방법에 의한 의결권 행사와 대리인의 선임(영국 회사법 제372조) 등이 규정되었다.

영국 회사법에서는 서면에 의한 주주의 의결권 행사는 인정되지 않으며, 또한 전자투표에 관하여 회사법에 아무런 규정이 없다. 따라서 본인 또는 적어도 대리인이 실제로 주주총회에 출석하는 것이 요구된다.

영국 회사법 제372조는 「주주는 본인 스스로 또는 대리인에 의하여 의결권을 행사할 수 있고, 대리인에 의하여 의결권을 행사하는 경우에는 대리인을 서면에 의하여 선임하여야 한다.」고 규정하고 있다. 이에 대하여, 명령 제18조는 「회사의 정관에 반대의 규정이 있더라도 의결권의 위임은 전자적 방법으로 할 수 있다.」고 하고 있다. 따라서 대리인의 선임은 정관의 규정과 관계없이 이를 목적으로 회사에 의해 또는 회사를 위해 통지된 주소에 송신된 전자적 방법으로 가능하다. 그러나 전자적 방법으로 선임된 대리인의 대리권의 증명(authentication)에 관한 규정은 없다.

3. 독일

독일은 2001년 「기명주식과 의결권 행사 간소화를 위한 법률(Gesetz zur Namensaktie und zur Erleichterung der Stimmrechtsausübung; NaStraG 이하 기명주식법)」, 「기업의 통제와 투명성에 관한 법률(Gesetz zur weitere Kontrolle und Transparenz im Unternehmensbereich; KonTraG)」, 「현대적 법률적 거래를 위한 사법 및 기타 법률의 형식규정의 조정에 관한 법률(Gesetz zur Anpassung der Formvorschriften des Privatrechts und anderer Vorshriften an den modernen

2001, 1127면.

Rechtsges- chäftsverkehr: FormVAnpG)」 및 「주식법 · 대차대조법의 계속적인 개혁, 투명성 및 공시에 관한 법률(Gesetz zur weiteren Reform des Aktien-und Bilanzrechts, zu Transparenz und Publizität; TransPuG)」에 의하여 주식법(AktG)을 상당 부분 개정함으로써 전자정보매체의 이용가능성을 회사법의 요소요소에 도입하기 시작하였다.[111)]

2001년 기명주식법(KonTraG)에 의하여 개정된 주식법은 전자정보매체를 통한 의결권 행사에 관하여 명확한 태도를 보이고 있지 않다.

의결권 행사의 위임(Bevollmächtigung, proxy)도 정관의 정함이 있는 경우에는 서면 형식이 불필요하고(주식법 제1324조 제3항 2문), 또한 주주의 결의사항에 대한 지시(Weisung, instruction)를 수령하는 데도 형식의 제한이 없어졌기 때문에 단말기를 통한 전자문서양식(Bildschirmfor- mular)을 이용할 수 있다(주식법 제128조 제2항 5문).

4. 일본

일본에서는 회사운영의 전자화 추진방안으로서 '상법 등 일부를 개정하는 법률'이 2001년 11월에 제정되어 주주총회 의사록 등 서류의 작성과 공시, 주주총회의 소집통지와 의결권 행사, 주주제안권의 행사 등을 전자적 방법에 의해서도 할 수 있도록 하고 있다.

그리고 2005년 6월에 회사법제의 현대화에 따라 「회사법안」과 그 「정비법안」이 국회에서 통과하여 7월 26일에 공포되었다. 신회사법은 2006년 5월부터 시행될 예정인데, 주주총회의 전자화에 관련하여서는 현행 일본상법 규정과 별다른 차이가 없다.[112)]

일본 상법상 회사는 이사회의 결의에 의하여 전자적 방법에 의한 의결권 행사, 즉 전자투표제도를 채택할 수 있다(일본 상법 제239조의3 제1항). 그리고 서면투표제도의 경우와 마찬가지로 의결권 행사에 필요한 참고자료를 송부하여야 한다(일본 상법 제239조의2 제2항).

111) 정대익, '전자공시제도에 대한 법적 고찰', 상사법연구 제22권 제3호, 한국상사법학회, 2003, 228면.

112) 신회사법 제299조 제2항(전자적 방법에 의한 주주총회의 소집통지), 신회사법 제301조, 제302조, 제312조(전자투표), 신회사법 제310조 제4항(전자적 방법에 의한 의결권 대리행사) 등 참조(落合誠一, 特輯 新會社法の制定 '株主總會', ジュ—リスト, No.1295, 2005, 53~63면).

전자투표는 주주가 회사의 승낙을 얻어 의결권 행사서면 또는 투표용지의 내용을 기록한 전자적 기록에 필요한 정보를 입력하여 이를 총회 회일의 전일까지 전자적 방법으로 회사에 제공하는 방식으로 이루어진다(일본 상법 제239조의3 제5항). 다만, 주주가 전자적 방법에 의한 소집통지를 승낙한 경우 회사는 해당 정기총회가 종결할 때까지는 정당한 사유가 없는 한 주주의 승낙을 거절할 수 없다(일본 상법 제239조의5 제5항 후단, 제204조의2 제3항).

전자투표에 의하여 행사된 의결권의 數도 출석한 주주의 의결권의 數에 산정된다(일본 상법 제239조의3 제6항, 제239조의2 제6항). 의결권 행사의 기록은 본점에 비치하여야 하며, 주주는 영업시간 내에는 언제든지 그 열람·등사를 청구할 수 있다(일본 상법 제239조의3 제7항, 제239조 제7항 제2호).

Ⅲ. 전자적 방법에 의한 의결권 행사

1. 전자적 방법에 의한 의결권 행사의 인정여부

상법 제368조의3은 "주주는 정관이 정한 바에 따라 총회에 출석하지 아니하고 서면에 의하여 의결권을 행사할 수 있다"고 규정하여 서면에 의한 의결권 행사를 인정하고 있다. 이러한 서면에 전자문서도 포함되거나 이로써 서면을 대체할 수 있다고 해석하면 전자적 방법에 의한 의결권 행사도 가능할 것이다. 전자적 방법에 의한 의결권 행사를 인정할 것인지의 여부에 대하여는 학설의 대립이 있다.

먼저, 긍정설에 의하면, 주주의 의결권 행사가 서면으로 이루어지느냐 전자적으로 이루어지느냐는 그 자체로서 법적인 의미를 가지는 것이 아니라, 다만 이용되는 수단이 무엇이냐 라는 의미밖에 없다고 한다. 따라서 서면투표가 전자적으로 이루어질 수 있음은 당연하다고 한다.[113)]

이에 대해 부정설에 따르면, 인터넷을 통한 의결권 행사가 상법 제368조의3에서

113) 권종호, '서면투표제도, 과연 입법상의 성과인가?', 상사법연구 제19권 제2호, 한국상사법학회, 2000, 480~481면; 박상근, '인터넷과 주주총회', 법학 제42권 제1호, 서울대학교 법학연구소, 2001, 123면; 정쾌영, '주주총회의 전자화에 관한 입법론적 고찰', 상사법연구 제21권 제3호, 한국상사법학회, 2002, 328면.

규정하고 있는 요건을 충족하려면 인터넷을 통하여 전달되는 투표용지가 동조가 규정하고 있는 「의결권을 행사하는 데 필요한 서면」으로 인정되어야 하는데, 인터넷상의 투표용지는 전자적 형태의 문서, 즉 전자문서로 되어 있고 주주의 의결권 행사는 전자거래기본법의 적용대상이 아니어서 전자문서의 형태의 투표용지를 서면으로 인정할 수 없다고 한다. 따라서 인터넷을 통한 의결권 행사는 상법 제368조의3에서 규정하는 서면투표에 해당할 수 없다고 한다.114)

상법 제368조의3의 서면은 의결권 행사의 서면 곧 종이문서가 예정되어 있다고 해석하는 것이 일반적이다. 그러나 의결권 행사가 전자문서로 실행되어도 어떤 법적인 의미를 가지는 것이 아니라 서면투표에 이용되는 기술적 수단으로서의 차이밖에 없으므로, 서면투표가 전자문서에 의하여 이루어진다고 해석하여도 크게 무리는 없을 것이다. 다만, 서면투표를 전자적으로 할 수 있게 하는 것을 명문화하는 것에 대해 대부분의 학자들이 동의하고 있지만, 현재로서는 법해석상 논란이 있기 때문에, 법적 안정성을 위하여 주주가 전자투표를 통하여 의결권을 행사할 수 있도록 상법에 근거규정을 명확히 마련하는 것이 바람직할 것이다.

참고로 개정상법은 제368조의 4에서 '전자적 방법에 의한 의결권의 행사'규정을 마련하였다.

2. 본인의 진정성 문제

전자적 방법으로 총회소집의 통지를 받고 정당한 주주가 권리를 행사하게 되면 특별히 문제될 것이 없으나, 주주나 회사 직원의 실수로 진정한 주주가 아닌 자가 주주총회의 소집통지를 받고 주주로 가장하여 주주권을 행사하는 경우가 문제가 될 수 있다. 전자투표제도를 채택한 회사에서 주주는 회사의 승낙을 얻어 전자적 방법에 의해 의결권을 행사할 수 있지만, 실무상으로는 회사 또는 명의개서대리인의 홈페이지에 마련된 의결권 행사의 전용 웹사이트를 통해 의결권 행사가 이루어진다.

114) 이철송, '전자거래기본법의 개정방향-전자문서를 중심으로-', 인터넷법률 제5호, 법무부, 2001, 12면; 고재종, '가상공간상 주주총회의 운용에 관한 검토', 상사법연구 제21권 제1호, 한국상사법학회, 2002, 243면; 정대익, '전자공시제도에 관한 법적 고찰', 상사법연구 제22권 제3호, 한국상사법학회, 2003, 262면.

이러한 전자투표에서 해킹 등에 의해 제3자가 본인임을 가장하는 경우가 문제가 됨에 따라 본인 여부의 확인을 위한 조치가 필요하게 된다. 즉 서면에 의한 의결권 행사에 관하여는 회사가 송부한 서면에 주주의 계출인(届出印)을 찍어 이를 반송하면 그것이 주주 본인에 의한 것이라는 개연성이 인정되지만, 전자적 기록에 의할 경우는 주주의 ID나 Password를 인터넷에서 도용한 자가 서면투표를 무단으로 행사할 위험이 있으므로, ID와 Password를 입력한 것만으로는 본인이라고 확실하게 판단하기 어려운 문제점이 있다. 이를 방지하기 위하여는 편의성 면에서는 다소 문제가 있지만,[115][116] 전자서명·전자인증 제도를 인정하는 방안도 고려할 수 있다. 물론, 전자서명이나 전자인증 제도의 채택은 회사의 자율에 맡기는 것이 바람직할 것이다.

참고로 미국에서는 어느 정도 관리의 안전성이 보장되는 사회보장번호(Social Security Number)를 활용하는 방안이 제안되고 있으나, 우리나라 법제 아래에서는 이를 인정하기 어려울 것이다.[117] 이에 대하여, 회사는 주주에 교부한 전용ID나 Password를 통하여 본인인지의 여부를 확인할 수 있고, 이러한 방법에 의하여 의결권 행사가 접수되면 비록 그것이 제3자에 의한 가장행사라고 하더라도 회사는 면책되도록 하는 것이 바람직하다.[118] 다만, 제3자의 악용을 방지하기 위하여 ID와 Password를 정기적으로 변경하는 등 보완조치를 검토할 필요가 있을 것이다.

또한 최근에 개발된 IC카드제도의 채용이나, 홍체인식 시스템, 장문이나 지문 인

115) 전자인증·전자서명을 요구하는 절차는 의결권행사의 목적인 편리성을 저해한다고 하는 견해가 있다(홍복기, '전자주주총회 제도의 도입', 상사법연구 제22권 제3호, 한국상사법학회, 2003, 211면). 그러나 편리성을 강조하여 사후에 주주총회결의취소의 소와 같은 법률분쟁의 원인을 제공하는 경우에 더 큰 비용이 들 것이다. 실제로 서면투표의 경우 인감증명을 하는 것과 비교해서 전자서명을 받는 것이 더 불편하다고 볼 수 없다.

116) 인증서 발급순서는 다음과 같다. 인증서 발급이 지정된 등록기관에 신청→공인인증기관 또는 등록기관의 홈페이지에 접속→인증서 관리 프로그램 자동 다운로드→개인비밀번호 입력→인증서 신청→인증서 발급(공인인증기관에서 발급)→개인 PC에 저장. 이렇게 저장된 인증서를 필요할 때마다 사용하면 된다. 한편 인감증명 발급은 다음과 같다. 본인 또는 대리인이 증명청에 방문하여 신청→필요시마다 증명청에 인감증명서 교부를 신청. 인감증명은 인증서와 등록하는 절차는 비슷하나, 인감증명의 경우 증명청에 신청 및 교부의 절차를 별도로 요구하므로 증명을 요하는 일은 인증서가 더욱 편리하다.

117) 주민등록번호의 경우 일정한 방법을 통하여 생성되기 때문에 쉽게 도용이 가능하고 우리나라 현실상 주민등록번호나 인적사항에 대하여는 비밀이 유지되지 않기 때문에 주민등록번호만으로 본인인지의 여부를 확인하는 것은 불가능한 것으로 보인다.

118) 株主總會のIT化研究會, "株主總會のIT化の實務と問題點(下)', 商事法務 No.1600, 2001, 20면.

식 등의 생체인식 시스템을 통하여 본인여부를 확인하는 것도 가능할 것이다. 이러한 본인확인 문제는 현재 일반 회사뿐만 아니라 기존의 은행이나 증권회사의 본인확인 절차에서도 널리 그 해결 방법이 강구되고 있으므로, 그 적용상의 어려움은 없을 것으로 생각된다.

3. 주주와 회사의 동의

주주의 의결권 행사에 있어 종전의 방식과 전자적 방식 중에서 어느 것에 의할 것인가는 주주로 하여금 선택할 수 있도록 하여야 할 것이므로, 회사로서는 주주로부터 그것에 대한 개별적인 동의를 받아야 할 것이다. 그러므로 정관규정에 의하거나 주주의 다수결에 의하더라도 개별 주주의 의사에 반하여 전자적 방법에 의한 의결권 행사를 모든 주주에게 강행할 수는 없다고 본다.119)

전자적 방법에 의한 의결권 행사를 위한 전제로서는, 주주가 회사에 대하여 전자적 방법에 의하여 의결권을 행사할 것이라는 의사표시를 하여야 한다. 그 구체적인 방법으로는 주주총회의 소집통지의 수령을 전자적 방법에 의할 것이라는 취지를 회사에 통보할 때 의결권 행사도 역시 같은 방법으로 할 것이라는 뜻을 기재하면 될 것이다.

전자적 방법으로는, 인터넷, 전화, 팩시밀리 등을 이용한 방법 등을 생각할 수 있다. 우선 인터넷을 통한 의결권 행사의 방법은 인터넷의 회사 웹사이트에 접속하여 소집통지를 받고자 할 때 회사에 등록한 전자우편주소나 회사로부터 부여받은 ID와 Password를 입력하고, 전자서명·인증을 거쳐, 의결권 행사의 각 사안에 대하여 클릭(click)을 하는 것이다. 회사측은 이러한 의결권 행사의 확실성을 담보하기 위하여 인터넷에서 주주가 클릭한 의결권 행사의 내용을 전산상에 저장하여야 하며,120) 주주의 열람청구가 있을 경우 그 내용을 주주에게 통지할 수 있어야 할 것이다.

전화를 이용하는 경우 회사의 자동응답 전화번호에 주주가 전화를 걸어 주주ID

119) 박상근, '인터넷시대의 회사법을 위한 일시론', 법학 제43권 제1호, 서울대학교 법학연구소, 2002, 284면.

120) Christian Kirchner & Richard W. Painter, 'Takeover Defenses under Delaware Law, the Proposed Thirteenth Eu Directive and the New German Takeover', American Journal of Comparative Law, Summer 2002, p.472.

또는 주주번호와 비밀번호를 입력하고 안내되는 메시지의 순서에 따라 의결사항을 입력하면 될 것이다. 또한 팩시밀리를 이용하는 경우 의결권 행사 서면 내지 인터넷에서 다운로드한 서면에 의결권 행사의 표시를 하고 주주가 ID 등 본인을 식별할 수 있는 사항을 기재하여 서명을 한 후 찬성·반대의 기재를 하여 전용 팩시밀리 번호로 송부하면 될 것이다.

전자적 방법으로 의결권을 행사할 경우 이에 대하여 주주로부터 동의를 받거나 또는 전자적 방법으로 의결권을 행사하기를 원하는 주주의 요청을 받아 회사가 그것에 대해 승낙을 하여야 하고,[121] 정당한 사유가 없는 한 회사는 이를 거절할 수 없다고 보아야 한다. 회사의 승낙을 요하는 이유는 전자서면에 의하여 소집통지를 받기로 동의한 주주라고 하더라도 주주총회에 직접 출석하여 의결권을 행사할 수 있으므로 이에 대비한 회사의 업무처리를 위하여 필요하기 때문이다. 한편, 전자적 방법에 의한 소집통지에 동의를 하지 않은 주주에 대해서도 전자적 방법에 의하여 의결권을 행사할 수 있는 길을 열어 두어야 할 것이다.[122]

4. 전자투표의 행사기한

서면에 의한 의결권 행사의 경우 투표용지는 정관에 특별한 정함이 없으면 주주총회 회일의 전일까지 회사에 도착하여야 한다. 전자투표제도도 기본적으로는 서면투표제도와 같은 구조이기 때문에 총회에 출석하지 않고 전자투표를 하는 주주는 「총회 회일의 전일(前日)」까지 전자적 방법에 의하여 의결권 행사를 할 필요가 있다(일본 상법 제239조의3 제5항).

서면투표의 경우는 우편물의 최종적인 도달시간이 사실상의 기한이지만, 전자투

121) 양만식, '상법상의 IT화-일본상법에 있어서의 주주총회의 전산화를 중심으로', 인터넷법연구 제1호, 한국인터넷법학회, 2002, 563면. 참고로 일본 상법은 이를 명시적으로 규정하고 있다(일본 상법 제239조의3 제5항). 실제 처리에 있어서는 총회소집을 전자문서에 의하여 받기로 하는 주주의 동의와 의결권행사를 전자적 방식으로 행사하겠다는 주주의 청구를 한꺼번에 하는 것은 가능하다. 이 같은 경우 회사가 그 주주에 대해서는 전자문서에 의한 소집통지를 할 때에 전자투표용지를 함께 송부하면 될 것이다.

122) 참고로 일본 상법에서는 이를 명시적으로 규정하고 있다. 즉 전자적 방법에 의한 주주총회 소집통지를 승낙하지 않은 주주로부터 총회 회일의 1주간 전까지 의결권행사서의 제공을 전자적 방법에 의할 것을 청구받은 때에는 의결권행사서를 당해 주주에게 전자적 방법으로 제공하여야 한다고 규정하고 있다(일본 상법 제239조의3 제4항).

표의 경우 주주에 의한 온라인상의 조작이 거의 실시간으로 회사에 전달되기 때문에, 「총회 회일 전일」까지라고 하면, 회사로서는 전일의 24시까지 주주로부터 의결권 행사를 받을 수 있게 된다. 이 경우 주주로서는 IT를 활용하여 편리한 시간에 언제든지 의결권을 행사할 수 있는 이점이 있으나, 반면에 회사로서는 철야작업을 부득이 하게 되는 경우도 생길 수 있다. 참고로 일본의 경우 실무상으로는, 예컨대 오후 5시까지 투표를 호소하는 회사도 있지만, 이것도 권장사항에 불과한 것이고 주주에 대한 구속력은 없다. 이에 대해 정관의 정함이 있으면 전자투표의 경우도 총회 회일 전일의 오후 6시까지로 기한을 설정하는 것이 현행 일본 상법상 가능하다는 견해가 있다.[123] 반면에, 의결권의 행사기한에 관한 규정을 편면적 강행규정으로 보고, 전자투표의 기한을 단축하는 것은 허용되지 않지만 연장하는 것은 가능하다는 견해도 있다.[124]

주주의 의결권 행사기한에 관해서는, 총회 전일의 영업시간 이내로 하자는 견해,[125] 총회 전일의 24시까지로 하자는 견해,[126] 총회 개최 직전까지로 하자는 견해,[127] 총회개최 후 의결 전까지로 하자는 견해[128] 등이 다양하게 제기되고 있다. 이렇듯 주주의 의결권 행사기한에 대하여는 논란이 있으므로, 법적 안정성을 위해 전자투표의 경우 그 행사기한을 입법을 통하여 명확히 하는 것이 바람직하다.

물론, 전자투표제도의 마감시한은 전자투표제도 자체뿐만 아니라, 앞으로의 전자주주총회의 전개방향과 IT기술의 발전 등을 고려하여 결정되어야 할 것이다. 우선 현재로서는 「총회 전일의 영업시간」까지로 마감시한을 정하고, 장래 IT기술의 발전과 병행하여 주주의 전자투표집계가 안정적으로 실시간에 가능하게 된다면 「총

123) 株主總會のIT化研究會, "株主總會のIT化の實務と問題點(下)', 商事法務 No.1600, 2001, 21면.

124) 原田晃治 編著, Q&A 株式制度の改善·會社運營の電子化, 商事法務, 2002, 130면.

125) 林 勇, '株主總會運營の電子化·彈力化と株主總會制度のゆくえ', 21世紀の企業法制(酒卷俊雄先生古稀記念), 商事法務(株), 2003, 624면; 株主總會のIT化研究會, "株主總會のIT化の實務と問題點(下)', 商事法務 No.1600, 2001, 21면.

126) 양만식, '상법상의 IT화-일본상법에 있어서의 주주총회의 전산화를 중심으로', 인터넷법연구 제1호, 한국인터넷법학회, 2002, 569면.

127) 홍복기, '전자주주총회 제도의 도입', 상사법연구 제22권 제3호, 한국상사법학회, 2003, 214면.

128) 이 견해는 주주총회에서 심의 전에 투표가 마감된다는 것은 토의 후 표결한다는 회의의 기본원칙에 반한다고 한다. 이에 따라 주주총회의 긴장감이 없어지고 주주총회가 형해화한다는 것이다. 정보처리기술의 발달로 전자투표의 집계시간이 별로 걸리지 않는다는 점을 감안하여, 이러한 의사결정 직전의 집계시간 등을 고려한 합리적인 시점에 마감하자고 한다(山田尙武, '會社運營の電子化-株主總會の電子化を中心に', ジュ一リスト No.1206, 2001, 89면); 정쾌영, '주주총회의 전자화에 관한 입법론적 고찰', 상사법연구 제21권 제3호, 한국상사법학회, 2002, 334면.

회 개최 후 의결 전」까지로 전자투표의 마감시한을 연장해 나가는 것이 좋을 것이다.

또한 마감시한은 전자투표의 철회 문제와 연관지어 생각할 필요가 있는데, 주주가 전자투표를 한 후에 총회에 출석하여 표결에 참가하고자 하는 경우에는 전자투표를 철회한 것으로 보아야 할 것이다. 따라서 주주총회의 회의장에 입장할 때 당해 주주가 전자투표를 하였는지의 여부를 확인할 필요가 있다는 측면에서, 전자주주총회가 도입되기 전의 전자투표는 최소한 총회 개최 이전에 마감하는 것이 바람직할 것이다.

5. 전자투표의 철회 또는 변경

서면에 의한 의결권 행사는 사실상 그 철회·변경이 어려운 데 비하여, 인터넷이나 전화 등의 전자적 방법에 의한 의결권 행사의 경우에는 이에 대한 철회나 변경이 비교적 자유로워서 그 철회·변경의 빈도도 훨씬 높을 것으로 예상된다.[129] 따라서 회사의 입장에서는 이러한 상황에 대응하는 것도 쉽지 않을 것이다. 이에 대한 대응책으로는, 인터넷을 통한 의결권 행사의 경우에는 회사의 웹사이트 상에 의결권을 행사할 수 있는 링크(link)를 마련하고 일정기간 동안만 이를 개방하여 의결권 행사의 철회·변경이 가능하도록 하고, 이 기간이 경과하면 클릭이 되지 않도록 하여 의결권 행사에 대한 철회나 변경을 할 수 없도록 하는 방안을 생각할 수 있다. 전화를 통한 의결권 행사의 경우에는 회사의 자동응답 메시지에 그 철회·변경이 가능하도록 하고, 이 경우 역시 시간적 제한을 두는 방법을 생각할 수 있다.

그런데 서면에 의하여 최초의 의결권을 행사한 후 전자적 방법으로 이를 철회·변경을 하는 경우가 문제이다. 참고로 일본에서는 이를 회사에 도달하는 순서를 기준으로 판단하자는 견해와 주주의 진정한 의결권 보호를 위하여 발송시점을 기준으로 판단하자는 견해가 대립되고 있다.[130] 이에 대하여는 주주의 진정한 의결권 보호를 위하여 발송시점을 기준으로 판단하는 것이 타당하다고 볼 수 있으나, 이렇게 보면 전자적 방법에 의한 주주총회의 도입 취지가 무색하게 되는 문제점이 발생하게 된다.

---

129) 전통적인 offline상의 주주총회에서 의결권 행사의 철회가 어느 시점까지 가능한가의 문제에 대해서는 김정호, 상법강의(상), 법문사, 2005, 606~609면 참조.

130) 株主總會のIT化研究會, "株主總會のIT化の實務と問題點(下)", 商事法務 No.1600, 2001, 21면.

회사가 서면에 의한 의결권 행사 및 전자적 방법에 의한 의결권 행사를 인정하는 경우, 주주는 서면 또는 전자적 방법에 의한 의결권 행사 중 하나를 선택하여야 할 것이므로 교차적 의결권 행사는 부적절한 것이고, 이를 인정한다면 전자적 주주총회의 목적을 달성하기 어려울 것이다. 따라서 이러한 문제의 예방을 위해서는 두 가지의 방법 중 어느 한 가지의 방법만으로 의결권을 행사할 수 있도록 제한하여야 할 것이다.

Ⅳ. 전자적 방법에 의한 의결권 행사의 위임

1. 전자위임의 필요성

일부 주주는 대리인에게 의결권의 행사를 위임하고 있다. 이때 대리인은 대리권을 증명하는 서면을 주주총회에 제출하여야 하고, 보통 인감과 인감증명서도 같이 제출한다. 또한 대리권 수여의 진정성을 추정하기 위하여 회사에서 송부한 위임장에 주주가 기명날인한 원본을 제출하거나, 또는 그 밖에 위임장에 기계출(旣届出)의 날인을 하는 방법이 많이 이용되고 있다. 회사에서 송부한 위임장에 주주가 기명날인한 원본을 제출하는 방법은 위임장 교부의 진정성이 문제될 수 있고, 계출인감제도가 없는 예탁원 명의로 명의개서가 된 주권을 소지하고 있는 실질주주의 경우에는 기계출의 날인방법으로 진정성을 추정하는 것은 불가능하다. 이에 따라 발생할 수 있는 법적 분쟁에 대비하기 위해서 인감날인과 행정기관으로부터 발급받은 인감증명서를 첨부하는 것이 통상적인 관행이 되고 있다. 그러나 인감도장 날인과 인감증명서 첨부에 많은 시간이 소요되고, 인감도장을 지참할 경우에는 도난의 위험성도 있으므로, 주주총회의 전자화와 이를 통한 주주의 의결권 행사의 편의성을 제고하기 위하여 주주의 의결권의 전자위임이 필요하다. 전자위임제도를 채택한다면 주주총회의 운영에 있어 비용의 절감과 주주총회에 대한 주주의 참여비율의 증대를 통한 기업지배구조 개선효과를 기대할 수 있을 것이다.

전자주주총회를 인정하면 주주의 직접적인 의결권 행사가 용이해지므로, 현실의 주주총회 개최의 경우에 비하여 의결권의 대리행사제도를 이용할 필요성이 그만큼 줄어들 것이다. 그러나 전자주주총회에서도 주주가 미성년자 등의 행위무능력자인 경우에는 법정대리인을 통하여, 그리고 주주가 법인인 경우에는 대표기관에 의하여, 의결권을 행사할 수밖에 없다. 또한 주주가 전자주주총회에 참여할 수 있는 인터넷 환경을 갖추고 있지 않거나, 의결권 행사의 내용에 대하여 대리인에게 일임하고자 하는 경우 전자주주총회에서도 의결권의 대리행사제도가 이용될 수 있다.

2. 전자위임의 가능성

우리나라 상법 제368조 제3항은 주주는 대리인으로 하여금 그 의결권을 행사하게 할 수 있다고 규정하고 있다. 이 경우에 대리인은 대리권을 증명하는 서면을 총회에 제출하여야 한다. 주주의 의결권의 대리행사를 인정하는 것은 주주의 개성이 중시되지 않기 때문이다. 이로써 회사는 널리 분산된 주식에 관하여 용이하게 총회의 정족수를 확보할 수 있고, 주주는 의결권 행사를 용이하게 할 수 있다.

주주의 의결권의 대리행사에 관한 전자위임이란 전자문서로 대리권의 수여 사실이 증명되는 대리인으로 하여금 주주의 의결권을 행사시키는 것을 말한다. 그러나 현행 상법은 대리권을 증명하는 방식으로 서면만을 명문으로 규정하고 있다(상법 제368조 제3항).[131)]

따라서 상법상 의결권의 대리행사에 관한 대리권의 증명을 서면 대신에 전자문서로써 하는 것이 가능한가의 문제가 제기되고, 또 정관으로 서면 대신 전자문서로써 대리권을 증명할 수 있게 할 수 있는 것인지의 여부도 문제가 된다.

3. 의결권의 위임을 전자문서로 할 수 있는가의 여부

(1) 긍정설

긍정설[132)]은 전자서명이 있는 전자문서에 의하여 대리권을 수여하는 경우에 그

131) 주주가 대리인으로 하여금 의결권을 행사하게 할 경우 그 대리인은 대리권을 증명하는 서면을 총회에 제출하여야 한다는 상법 제368조 제3항의 규정은 대리권의 존부에 관한 법률관계를 명확히 하여 주주총회 결의의 성립을 원활하게 하기 위한 것이므로, 대리권을 증명하는 서면은 위조나 변조 여부를 쉽게 식별할 수 있는 원본이어야 하고, 특별한 사정이 없는 한 사본은 그 서면에 해당하지 아니한다고 할 것이어서 팩스를 통하여 출력된 팩스본 위임장으로는 대리권을 증명할 수 없다(대법원 2004.4.27. 선고, 2003다29616 판결 참조).

전자문서의 위조 또는 변조 여부는 전자서명으로 확인이 가능하며, 대리권의 존부에 대한 조사는 주주총회 현장에서 충분히 이루어질 수 있다는 점을 들어 전자문서에 의한 의결권 행사의 위임이 가능하다고 보는 견해이다. 이 견해에 의하면, 전자문서에 의하여 대리권의 증명을 하더라도 대리권의 존부에 관한 법률관계를 명확히 하여 회사의 사무처리를 원활하게 하려는 상법 제368조 제3항 제2문의 취지에 어긋나지 않는다고 한다. 그러므로 상법 제368조 제3항에 따른 대리권을 증명하는 서면을 전자문서로 제출하는 것, 즉 전자위임을 인정할 수 있다고 본다.

(2) 부정설

부정설[133]은 위임장을 주주에게 전자적 소집통지서와 함께 전자문서로 보낼 수는 있으나 의결권 행사의 위임을 전자문서로는 할 수 없다고 한다. 부정설은 상법 제368조 제3항(의결권 위임)과 상법 제368조의3 제2항(서면에 의한 의결권 행사)에 상법 제363조 제1항을 준용한다는 내용이 없고, 또한 현행 상법 중에는 주주의 회사에 대한 법률행위에 관한 전자화를 규정한 조항은 없다는 것을 그 논거로 들고 있다.

그리고 전자거래기본법은 제3조에서 그 적용범위를 전자문서에 의하여 이루어지는 거래에 한정하고 있으며, 동법 제2조 제4호는 전자거래를 재화나 용역의 거래에 있어서 그 전부 또는 일부가 전자문서에 의하여 처리되는 거래로 정의하고 있다. 그리고 동법 제3조의 거래는 동법 제2조 제4호의 전자거래를 의미한다고 보아야 하므로, 전자거래기본법은 재화나 용역의 거래에 대하여 적용되는 법률로 보아야 한다는 것이다. 따라서 상법의 회사법상의 행위에 대하여는 전자거래기본법을 적용할 수 없다고 한다. 상법상의 서면행위를 전자문서와 전자서명으로 대신할 수 없으므로 전자위임은 현행 상법의 해석상 인정할 수 없다고 본다.

---

132) 권종호, '서면투표제도, 과연 입법상의 성과인가', 상사법연구 제19권 제2호, 2000, 한국상사법학회, 479면.

133) 정대익, '전자공시제도에 대한 법적 고찰', 상사법연구 제22권 제3호, 한국상사법학회, 2003, 262면; 홍복기, '전자주주총회의 도입', 상사법연구 제22권 제3호, 한국상사법학회, 2003, 216면; 이철송, '전자거래기본법의 개정방향-전자문서를 중심으로-', 인터넷법률 제5호, 법무부, 2001, 9~11면. 그러나 이러한 논문 모두 해석론으로는 반대하면서도 입법론으로 상법에 전자위임을 도입해야 한다고 한다.

(3) 검 토

현행 상법 제368조 제3항에 의하면, 의결권의 대리행사를 할 때 대리인은 대리권을 증명하는 서면을 총회에 제출할 것이 요구되고 있다. 따라서 주주의 기명날인 또는 서명이 없는 서면에 의한 대리권의 수여는 효력이 없고, 대리권을 증명하는 서면은 위조나 변조여부를 쉽게 식별할 수 있는 원본이어야 하고 특별한 사정이 없는 한 사본은 그 서면에 해당하지 않는다(대법원 1995.2.28. 선고, 94다34579 판결 참조). 이는 대리권의 존부에 관한 법률관계를 명확히 하여 주주총회 결의의 성립을 원활하게 하기 위한 취지(대법원 1995.2.28. 선고, 94다34579 판결 참조)이고, 대리권에 대하여 본인인 주주에게 문의하지 않고도 주주총회 현장에서 대리권에 대한 조사가 이루어질 수 있도록 하기 위한 것이다. 그러므로 이러한 취지가 충분히 살려질 수 있다면 서면요건을 엄격하게 적용할 필요는 없다고 본다.

전자문서로 된 위임장은 전자서명으로 그 진정성이 보장된다. 전자서명법 제3조 제1항에서는 전자서명은 법령이 정한 서명 또는 기명날인으로 본다고 규정하고 있고, 동조 제2항은 전자서명이 있는 경우는 당해 전자서명이 당해 전자문서의 명의자의 서명 또는 기명날인이며, 당해 전자문서가 전자서명이 된 후 그 내용이 변경되지 아니하였다고 추정된다고 규정하고 있다. 즉 전자서명은 서명 또는 기명날인과 동일한 효력이 있으며, 본인임을 확인하는 기능이 있고, 전자서명이 포함된 전자문서의 진정성을 보장하는 것이다.

따라서 전자서명이 있는 전자문서에 의하여 대리권을 수여하는 경우에 그 전자문서의 위조나 변조 여부는 전자서명에 의하여 확인이 가능하고, 대리권의 존부에 대한 조사가 주주총회 현장에서 충분히 이루어질 수 있으므로, 전자문서에 의한 대리권의 증명을 인정하더라도 대리권의 존부에 관한 법률관계를 명확히 하여 회사의 사무처리를 원활하게 하려는 상법 제368조 제3항 2문의 취지에 어긋나지 않는다고 보아야 할 것이다.[134)]

상법은 전자문서로서 주주총회의 소집을 통지하는 것은 명문으로 인정하고 있지만 전자위임에 관하여는 명문의 규정이 없어서, 실제로 소집통지는 전자문서로 하고 위임장권유(proxy solicitation)[135)]는 서면으로 하게 될 경우에는, 회사 입장에서

134) 同旨: 박상근, '인터넷과 주주총회', 법학 제42권 제1호, 서울대학교 법학연구소, 2001, 120면.

135) 회사에 의한 위임장 권유는 회사가 총회정족수를 성립시키고 또 주주의 의사를 적극 반영하기 위하여 이용되나, 이를 남용하면 주주총회를 허구화시키고, 경영자의 지배권 유지를 위한 수단으로 될

이중의 비용이 발생하므로 주주총회의 전자화를 회피하게 되는 원인이 될 수 있다.

V. 전자적 방법에 의한 의결권 행사의 문제점 검토

1. 전자적 방법에 의한 결의로 인한 한계

(1) 의사운영에 관한 동의의 문제

서면투표제도는 비대면의 결의로 주주총회에 의한 회사의 의사결정에 참가하는 것이기 때문에 그 운용상 한계가 있다. 이러한 한계 때문에 의사진행에 관한 동의와 수정동의의 문제에 대하여 서면투표제도는 능동적으로 대처할 수 없다. 이러한 점은 서면투표와 유사한 전자투표에서도 역시 문제점으로 제기된다.

주주총회의 의사운영에 관한 동의는 의사진행 · 휴식 · 정회 · 속회 · 의장불신임 등에 대한 동의가 포함된다. 의사 운영에 관한 동의에 대해 그 결의에 참가할 수 있는 자는 총회에 직접 출석한 주주 또는 그 대리인에 한정된다는 견해가 통설이다.[136] 그 이유는 직접 회의에 참석하지 않은 자는 의사 운영에 관한 내용을 전혀 알 수 없고 그것에 관한 의결을 할 수 있는 방법이 전혀 없어서 그러한 주주의 의사는 불명확하며, 의사 진행에 관한 동의의 경우 수정동의와는 달리 전자투표를 한 주주의 의사를 의제할 수 있는 근거가 없기 때문이다.

참고로 일본의 경우 의사의 운영에 관한 결의는 총회에 직접 참석하지 않은 주주의 이해관계에 중대한 영향을 미치는 것은 아니기 때문에, 실무상으로 의결권 행사와 관련하여 서면 또는 전자적 기록에 「의사의 운영에 관하여 동의가 제출된 경우 그 채택여부에 관하여는 의장의 결정에 따른다」라는 문구를 기재하는 방법으로 법률적인 분쟁을 피할 수 있다고 보는 견해가 있다.[137] 그러나 이러한 문구는 단순한 위임문구일 뿐만 아니라, 문제가 되는 동의의 내용이 특정되지 않아서 의결권 행사

가능성이 잠재되어 있다. 따라서 증권거래법 제199조 제1항에서 간접규제를 하고 있다.

136) 권재열, '상법상 서면투표제도의 문제점과 그 해결방안', 상사법연구 제19권 제1호, 한국상사법학회, 2000, 268면; 河本一朗, '議決權行使書-書面投票制度(その二)', 法學セミナー, 1984, 107면.

137) 박민영, '전자투표제도 도입 방안에 관한 소고', 한국증권법학회 제5회 정기세미나 자료집, 2004년 1월, 13면.

에 뚜렷한 논거가 없이 동의가 행해지게 되는 결과가 되는 것이다. 이러한 문제점이 있음에도 불구하고 의장의 판단에 따라 의결권을 행사하도록 하는 것은 전자투표제도의 취지에 정면으로 반하는 것으로 허용되지 않는다고 보아야 할 것이다.[138)]

(2) 수정동의의 문제

전자투표제도를 채택한 회사의 주주총회에서 수정동의가 제출되어 표결된 경우 전자투표에 의한 의결권의 행사를 어떻게 취급할 것인가에 대하여 다음과 같은 학설의 대립이 있다.

1) 결석설

결석설[139)]에 따르면, 전자투표에 의해 의결권을 행사한 주주는 투표용지에 기재된 의안에 대하여 찬성·반대의 의사를 표명하였으므로, 총회 당일의 회의장에서 제출된 수정동의안에 대해서는 어떤 의사도 표명할 수 없다고 한다. 즉, 이는 전자투표의 방식으로 행사된 의결권의 수를 수정안에 대한 의사정족수나 의결정족수에 산입하지 않는다는 견해이다. 이 학설은 전자투표를 하는 주주에게 원안에 대한 의결권만 부여하고 수정동의에 대해서는 의결권을 행사할 기회를 모두 배제하는 결과를 초래하게 되는데, 이는 주주에게 의사결정에 대한 실질적인 참가기회를 보장하고 위임장제도를 개선하기 위하여 도입된 전자투표제도의 취지에 비추어 그 타당성이 문제된다.

2) 기권설

기권설[140)]은 원안에 대한 찬성·반대 여부에 관계없이 이미 행사된 전자투표를 수정동의안에 대해 모두 기권한 것으로 취급하는 견해이다. 이는 전자투표는 사전투표로서 수정안에 대한 주주의 찬성·반대의 의사가 불명확하기 때문에, 이를 기권으로 처리하여 수정안에 대한 결의의 성립을 소극적으로 저지하는 방식으로 결의에 참가한 것이라고 할 수밖에 없다는 것이다.

---

138) 同旨: 권재열, '상법상 서면투표제도의 문제점과 그 해결방안', 상사법연구 제19권 제1호, 한국상사법학회, 2000, 268면.
139) 元木伸, '議決權の代理行使と書面投票等', 商事法務 No.937, 1982, 14면.
140) 前田中行, 株主總會制度の研究, 有斐閣, 1997, 94면.

3) 제한적 기권설

제한적 기권설[141]은 원안에 찬성한 전자투표는 수정안에 반대한 것으로 보고, 원안에 반대하거나 기권한 전자투표는 수정안에 기권한 것으로 보는 견해이다.[142] 여기서는 기권표도 출석주주의 의결권의 수에 산입되기 때문에 결의의 성립을 소극적으로 저지하는 기능을 한다. 이 견해는 법적으로 허용된 범위 내의 법적의제에 의해 문제를 해결하고자 하는 것이어서, 가장 타당한 결과를 가져온다고 주장한다.[143] 이는 일본의 다수설인데, 이 학설에 대하여는 주주의 의사를 획일적으로 의제함으로써 주주의 의사가 무시된다는 비판이 제기된다.

4) 검토

결석설은 전자투표를 한 주주에게 원안에 대한 의결권만 부여하고 수정안에 대한 의결권 행사의 기회를 박탈함으로써 궁극적으로 주주에게 의사결정에 대한 실질적인 참가의 기회를 보장하고 위임장제도를 개선하기 위하여 채용된 전자투표제도의 취지를 몰각시킨다는 점에서 부당하다고 본다. 기권설은 결석설과 크게 다를 바가 없고 결석설의 경우와 마찬가지의 이유로 부당하며, 또 제한적 기권설은 주주의 의사를 의제하여 획일적으로 처리함으로써 주주의 의사를 무시한다는 점에서 부당하다고 할 수 있다.[144]

주주가 실제로 주주총회에 참석하지 않는 한 수정동의에 대한 주주의 의결권의 행사를 인정하기는 어렵다. 따라서 주주의 의사에 대한 해석론보다는 주주의 명백한 의사에 기초를 둔 해결, 즉 의결권 행사의 서면 또는 전자적 기록에 「어떠한 수정안이 제출되더라도 원안에 찬성한다」와 「수정안이 제출되면 그 결의에 관하여는 기권한다」는 내용의 기재를 하여 주주가 선택하도록 하는 방안이 합리적일 것이다. 주주가 수정안을 확인하지도 않고 사전에 합리적으로 의사 선택을 하는 것을 기대하기는 어려우므로 이러한 의제적 방법에 대하여도 비판의 여지는 있겠지만, 이는 전자투표제도가 가지는 제도적 한계로 수용할 수밖에 없을 것이다.

---

141) 西尾信一, '書面投票の實務的背景', 上柳克郎先生還曆記念 商事法の解釋と展望, 有斐閣, 1987, 107면.
142) 안동섭, '주주총회의 활성화를 위한 연구', 비교사법 창간호, 한국비교사법학회, 1995, 237~238면.
143) 上柳克郎·鴻常夫·竹内昭夫, 新版註釋會社法(6), 有斐閣, 1997, 641면.
144) 同旨: 박민영, '전자투표제도 도입방안에 관한 소고', 한국증권법학회 제5회 정기세미나 자료집, 2004년 1월, 13면. 反對: 권재열, '주주의 서면투표에 의한 의결권 행사', 상장협 제41호, 한국상장회사협의회, 2000, 20면(기권설의 입장).

전자주주총회가 개최되어 여기서 전자투표가 이루어진다면, 이러한 수정동의안에 대한 문제가 처음부터 나오지 않을 것이다. 왜냐하면, 실시간으로 대화와 토론이 가능하고 그것에 따라 주주들이 전자적 방법에 의하여 의결권을 행사할 것이기 때문이다.

2. 전자투표의 공정성 확보

(1) 제3자 기관을 통한 투표관리문제

전자투표제도를 시행할 경우에는 회사나 대주주에 의한 투표결과의 사전공개나 임의조작으로 주주총회 결의의 공정성에 관한 문제가 제기될 수 있다.

전자투표의 공정성을 확보하기 위한 관리방법으로는 세 가지 방안을 생각해 볼 수 있다. 즉, 이사회로부터 독립한 제3자 기관을 선정하여 투표관리를 하게 하는 방안, 소수주주에게 주주총회 검사인의 선임을 법원에 청구할 수 있도록 하는 방안, 주주총회가 종결된 후 전자투표 관련문서를 일정한 기간 보관하여 주주가 열람·등사할 수 있도록 하는 방안 등이다.

먼저 전자투표제도의 공정한 관리를 위해서는 상정된 안건과 이해관계가 없는 독립적인 제3자를 선정하여 투표관리를 할 수 있도록 하는 것을 상정할 수 있다. 그러나 주주총회를 개최할 때마다 회사 이외의 제3기관에 개표사무와 관리를 맡기는 것은 실무상 번잡하고 실행이 곤란하다는 점이 지적된다. 이에 대한 차선책으로 감사에게 이러한 업무를 맡기자는 의견도 제기된다.[145)]

주주의 의결권 행사와 관련하여 위임장권유가 활성화되어 있는 미국의 경우에는 투표(선거)검사인(inspector of election)의 제도[146)]를 채택하여 이 문제를 해결하고 있다. 미국은 투표검사인의 선임이 각 주(州)의 회사법에서 강제되는 것은 아니며, 다만 주주 또는 그 대리인의 요구가 있는 경우나 회사의 업무규정(by-law)에 그 선임을 규정하고 있는 때에는 투표검사인을 선임하여야 한다. 통상 업무규정에서 주

145) 前田中行, 株主總會制度の研究, 有斐閣, 1997, 91~92면.

146) 미국 델라웨어 일반회사법 제214조(① 검사인은 의결권주식(outstanding share)의 수와 각 의결권을 확인하고, ② 주주총회에 출석한 주식과 위임장 및 투표용지의 유효성을 결정하며, ③ 모든 투표용지를 계산하고, ④ 상당기간 동안 검사인의 결정에 대한 이의제기 기록을 결정하며 보관하며, ⑤ 주주총회에 출석한 주식과 의결권행사의 수를 산정하고 확인해야 한다. ⑥ 검사인은 검사업무 수행에 있어 검사인을 보조할 자 또는 기관을 임명하거나 위촉할 수 있다).

주총회 의장 또는 이사회 의장이 투표검사인을 선임한다고 규정되어 있다. 그러나 이러한 규정이 없는 경우에도 총회 스스로 검사인을 선임할 수 있다고 해석된다. 따라서 미국의 경우 투표검사인은 특정한 총회에 임시적으로 설치된 조사기관이 아니라 총회에 속하는 일상적인 기관이며, 지배권쟁탈전이 일어나는 경우뿐만 아니라 일상적인 총회에서 투표와 개표의 감시를 하고, 특히 이사가 권유한 위임장의 감시 등을 통하여 위임장권유 제도의 공정한 관리를 한다.

투표검사인의 임무는 주주총회에서 의결권 행사의 결과인 투표를 집계하고 확인하는 것을 주된 임무로 한다. 따라서 위임장에 의한 출석이 많은 대규모 회사의 총회에서는 투표검사인의 중요한 임무는 이사나 주주로부터 송부된 위임장의 수량이나 그 유효성을 체크하는 것이며, 이러한 의미에서 위임장 권유쟁탈전이 발생하는 경우 심판관으로서의 기능을 담당한다.

(2) 검사인의 선임문제

검사인의 선임과 관련하여 일본에서는 소수주주에 의한 검사인 선임청구권이 인정되고 있다. 즉, 일본 상법에서는 6개월 전부터 계속하여 발행주식 총수의 100분의 1 이상의 주식을 보유한 주주는 주주총회의 소집절차 및 결의방법의 조사를 위해 총회 전에 검사역(檢査役) 곧 검사인의 선임을 법원에 청구할 수 있다고 규정하고 있다(일본 상법 제237조의2).

일본의 총회검사인제도는 미국의 투표검사인 제도를 모델로 한 것으로 보이지만, 미국의 제도와는 상당한 차이가 있다. 일본의 총회검사인은 선임기관이 법원이라는 점에서 중립성은 확보되지만, 선임청구권이 소수주주권으로 규정되어 있기 때문에 총회마다 선임된다는 보장이 없고 지배권쟁탈전과 같은 특별한 경우에만 임시기관으로서의 기능을 하는데 불과하다. 총회검사인제도를 채용한 입법 의도는 지배권쟁탈전에 대한 심판관의 역할 뿐만 아니라 일상적인 총회에서도 서면투표나 위임장 관리의 공정성 등을 확보하기 위한 것이었다. 따라서 이러한 목적을 위해서는 소수주주권이 아니라 단독주주권으로 하는 것이 타당하다고 보는 견해가 있다.[147)]

한편 1976년 일본 상법 개정시 회사에 대해서도 검사인의 선임청구권을 부여하

147) 前田中行, 株主總會制度の研究, 有斐閣, 1997, 251면.

는 문제가 검토된 바 있었으나, 이를 인정하게 되면 회사가 자기 기관인 주주총회의 공정성 확보를 위해 회사 스스로 관여하는 것이 되어 제도의 합리성을 결여한다는 이유로 실현되지 않았다. 그러나 회사 스스로의 노력과는 별개로, 객관적인 측면에서 총회의 공정성을 확보하기 위하여 공정한 제3자 기관에 감시를 의뢰하는 것 자체는 반드시 제도의 취지와 모순된다고 할 수 없을 것이다. 오히려 이사 스스로 총회의 공정한 운영을 위하여 제3자 기관을 이용할 수 있는 여지를 마련하는 것이 총회에 대한 일반 주주의 신뢰를 얻는 데, 유익할 것이다. 따라서 회사에 대해서도 검사인의 선임청구권을 인정하는 것이 타당하다고 본다.

그리고 제3자 기관에 의하여 전자투표를 관리하게 하는 제도를 채택할 경우 주주총회 검사인의 선임은 소수주주권으로 하여도 무방하다고 본다. 다만 앞에서 언급한 제3자 기관에 의한 투표관리제도가 채택되지 아니할 경우에는 단독주주권으로 하는 방안을 검토할 필요가 있다고 본다.

(3) 전자투표 내역의 열람 · 등사권문제

주주, 검사인 등이 전자투표에 의한 의결권의 행사가 공정하고 적법하게 이루어졌는가에 관하여 사후적으로 확인하기 위해서는 그 의결권 행사의 내역을 일정한 기간 관리할 필요가 있다. 즉, 주주총회의 종결 이후 주주에게 일정한 기간 전자투표에 관한 서류의 열람 · 등사권 등을 인정할 필요가 있을 것이다. 열람이나 등사를 위한 기간은 주주총회결의 취소의 소의 제소기간이 2개월(상법 제376조 제1항)인 점을 고려하여 3개월 정도로 하는 것이 타당하다고 본다.[148]

생각건대, 전자투표제도는 주주총회에 출석하지 않는 주주를 배려한 제도이므로, 이러한 수동적인 자세를 가진 주주들에게 검사인 선임청구권을 행사하거나, 또는 투표 내역을 열람하고 등사하여 감시하는 등의 적극적인 자세를 기대하기 어려울 것이다. 따라서 제3의 독립적인 기관이 투표관리를 하는 것이 바람직하다고 보며, 전자투표를 실시하는 회사의 경우 주주총회 개최 전에 이를 선임하도록 의무화할

148) 참고로 일본의 경우도 이사에게 총회 종결일로부터 3개월간 회사의 본점에 의결권행사서를 비치하고, 영업시간내에는 언제든지 주주가 열람할 수 있도록 하고 있다(일본상법 제239조의2 제8항). 이에 비해 2개월로 하여야 한다는 주장으로는 권재열, '상법상 서면투표제도의 문제점과 그 해결방안', 상사법연구 제19권 제1호, 한국상사법학회, 2000, 273면; 김병연, '상법상 서면투표제도와 그 문제점', 연세법학연구 제7집 제1권, 연세대학교 법학연구소, 2000, 648면.

필요가 있다. 제3의 독립기관의 선임 및 담당업무에 관한 구체적인 사항은 정관에서 정하도록 하는 것이 바람직할 것이다. 제3자 기관의 선임은 미국의 경우처럼 총회 의장이나 이사회 의장이 하도록 할 수 있을 것이다.

3. 전자적 방법에 의한 의결권 행사와 결의의 하자

(1) 결의의 방법이 법령·정관에 위반한 경우

결의방법이 법령이나 정관에 위반하는 경우는 원칙적으로 주주총회의 결의취소의 사유가 되며, 그것이 총회결의가 있었다고 볼 수 없게 할 정도로 중대한 경우에는 결의부존재의 사유가 된다(상법 제376조, 제380조).[149]

전자투표에서 가장 중요한 문제는 본인 여부를 확인하는 것이다. 전자우편을 통해 투표를 하는 경우 서면에 의한 투표의 경우와 동일하게 보면 되지만,[150] 주주가 인터넷 웹사이트에 접속하여 의결권을 행사하는 경우에는 회사측에서 본인 여부를 확인하는 것이 어렵게 된다.

주주가 아닌 자가 의결권을 행사하여 결의가 이루어진 경우에는 결의의 취소 내지 부존재가 되며,[151] 또한 의결권이 제한된 자가 의결권을 행사한 경우는 결의취소의 사유가 되거나, 또는 결의부존재의 사유가 될 것이다.[152]

그러나 물리적 공간에서 이루어지는 주주총회의 경우와 달리 인터넷 웹사이트에 접속하는 경우에 회사가 본인 여부를 확인할 수 있는 방법은 현실적으로 ID와

---

149) 졸저, 상법학강의, 법문사, 2005, 314면.

150) 전자우편으로 투표를 하는 경우 본인을 확인하는 방법으로 공인인증기관을 통한 전자서명을 이용하는 방안을 생각해 볼 수 있으나, 이는 서면에 의한 경우와 비교해 볼 때 그 형평성에 문제가 있다고 하는 견해가 있다. 즉 현행법상 주주총회 소집통지서에는 등기된 대표자의 인감이나 서명을 요구하고 있지 않으며, 의결권행사 서면에서도 인장이 필요한지의 여부를 회사의 판단에 위임하고 있으며, 또한 대부분의 회사가 날인없는 의결권행사서면을 유효한 것으로 취급하고 있는 것이 현재의 실정이기 때문에 전자서명을 거치도록 하는 것은 전자적 방법에 의해 의결권을 행사하는 주주에게 별도의 번거로움을 준다고 한다(홍복기, '전자주주총회 제도의 도입', 상사법연구 제22권 제3호, 한국상사법학회, 2003, 209면).

151) 대법원 1983.3.23. 선고, 83도748 판결(주주총회가 적법하게 소집되어 개회된 이상 의결권이 없는 자가 의결권을 행사하였으며 동인이 의결권을 행사한 주식 수를 제외하면 의결정족수에 미달하여 총회결의에 하자가 있었다는 주장은 주주총회 결의방법이 법령 또는 정관에 위반한 경우에 해당하여 결의취소의 사유에 해당한다) 참조.

152) 대법원 1965.11.16. 선고, 65다1683 판결 참조.

Password 등을 이용한 인증 방법이다. 따라서 회사의 귀책사유 없이 주주의 잘못으로 Password 등이 노출되어 타인이 의결권을 행사한 경우까지 주주총회결의 취소의 사유로 보는 것은 회사 측에 너무 가혹할 것이다.

그러므로 회사가 ID와 Password를 부여하고 회원등록을 하게 하는 등의 방법으로 권한 있는 자만 접근할 수 있도록 합리적인 방안을 강구하고 있는 경우에는, 명의를 도용당한 주주에게는 결의 하자의 주장을 제한할 필요가 있다.153)

그리고 전자적 방법에 의하여 의결권을 행사하는 경우 시스템의 결함으로 인하여 주주가 의결권을 행사하지 못하게 된 것이 주주총회의 결의에 어떤 영향을 미치는가가 문제가 된다. 이에 대하여는, 두 가지 상황을 생각할 수 있다. 첫째는 주주가 이용하고 있는 인터넷 제공자(internet provider)의 서버가 다운된 경우이고, 둘째는 인터넷 제공자에게는 아무런 문제가 없으나 다수 주주의 접속시도로 인하여 주주의 의결권 행사를 위한 회사의 컴퓨터가 다운된 경우이다. 첫째의 경우에는 회사 측에 귀책사유가 없으므로 회사는 그것에 대해 면책된다. 둘째의 경우에는, 대량의 접속이 한꺼번에 집중되어 시스템 다운이나 정전이 일어난 것이라고 볼 수 있는데, 회사가 컴퓨터의 보수 등을 해태한 것이 원인이라면 당해 총회의 결의에 하자가 있는 것으로 취급할 가능성이 높다고 할 것이다.154)

(2) 결의의 방법이 현저하게 불공정한 경우

주주가 전자투표를 하거나 인터넷 사이트에 접속하기 위하여 이용해야 하는 프로그램이 지나치게 최신 버전의 것으로 요구되는 경우에도 문제가 발생한다. 주주가 사용할 수 없는 프로그램으로 전자투표 용지를 주주에게 발송하거나, 인터넷 웹사이트에 접속하기 위해 지나치게 높은 버전의 프로그램을 요구하거나, 또는 일반적으로 사용하지 않는 프로그램을 요구하는 경우에는, 실질적으로 주주의 총회 참가가 제한되는 결과를 가져온다. 이는 특정 주주에 대해 회의장 입장을 부당하게 방해하는 행위와 동일한 결과를 가져올 수 있으므로, 결의의 방법이 현저하게 불공

153) 同旨: 홍복기, '전자주주총회 제도의 도입', 상사법연구 제22권 제3호, 한국상사법학회, 2003, 211면; 神作裕之, '株主總會のIT化', 民商法雜誌 제126권 제6호, 2002, 790면(현재 일본의 실무에서는 회사의 웹사이트의 어드레스와 ID 및 Password를 이용하여 본인확인을 하고 있다. 본인확인의 방법을 법률에서 규제하면 불필요하게 현재의 기술수준에 고정하여 기술의 발전을 저해할 위험이 있기 때문에 자기책임원칙 하에서 각사에 위임하는 것이라고 한다).

154) 홍복기, '전자주주총회 제도의 도입', 상사법연구 제22권 제3호, 한국상사법학회, 2003, 214~215면.

정한 경우에 해당하여 결의취소의 사유가 될 것이다.

또한 전자적 방법에 의한 주주총회에서도 물리적 공간에서의 주주총회의 경우와 동일하게 의안의 설명, 주주의 질문과 의견의 표명, 수정동의의 제출 등이 이루어져야 할 것이다. 따라서 회사는 전자적 방법에 의한 주주총회의 경우에도 주주들이 실질적으로 총회에 참여할 수 있도록 합리적 방법을 강구해야 하며, 그렇지 않은 경우는 주주총회 결의취소의 원인이 된다고 보아야 할 것이다.

(3) 결의의 내용이 정관이나 법령을 위반한 경우

현행 상법은 주주총회의 결의내용이 정관에 위반한 경우는 결의취소의 소의 원인으로 되며(상법 제376조 제1항), 결의내용이 법령을 위반하는 경우는 결의무효확인의 소의 원인이 된다고 규정하고 있다(상법 제380조).

전자투표의 경우에도 이와 동일한 문제가 발생할 수 있는데, 결의내용에 관한 문제는 전자투표라고 해서 다를 이유가 없다. 전자투표의 이용은 결국 결의의 수단 또는 방법에 관한 문제이기 때문이다. 따라서 결의내용이 정관 또는 법령을 위반한 경우에는 전자적으로 의결권을 행사하였다고 하여 별도의 논의가 필요하지는 않을 것이다.

VI. 결언

주주총회의 전자화는 회사의 의사결정의 신속성과 비용절감 등 효율성·경제성을 증진할 수 있고, 기업의 선진화된 홍보효과를 기대할 수 있다. 주주로서는 총회에 출석하기 위한 비용과 시간을 절약할 수 있고, 전자적 방법에 의하여 손쉽게 회사의 각종 서류를 열람함으로써 의결권의 위임이나 주주의 의결권 행사를 용이하게 하는 효과도 기대할 수 있다. 또한 회사와 주주 및 회사채권자 등의 회사의 이해관계인간의 의사소통을 원활하게 하여 주주총회의 형해화를 방지함으로써 회사경영의 투명성과 지배구조의 개선효과도 기대할 수 있다.

주주총회 운영의 전자화가 현행 법규의 테두리 내에서도 일부 실현가능한 부분이 있음에도 활성화되지 못하고 있는 것은 기업들이 명문의 규정이 없다는 이유로 위험부담을 감수하지 않으려 하기 때문이다. 따라서 주주의 의결권 행사, 주주제안권, 주주명부·주주총회 의사록의 관리 등과 같은 구체적인 운영절차에서 전자적 방법이 적극적으로 활용될 수 있는 입법이 이루어져야 한다고 본다.

전자적 방법에 의한 주주의 의결권 행사와 관련하여 특히 다음과 같은 점이 입법에 적극 반영되어야 할 것이다.

첫째, 전자투표의 경우 주주가 아닌 자에 의한 의결권 행사를 방지하기 위하여 주주와 회사 모두 ID와 Password를 엄격히 관리하여야 하고, 그 안전성의 확보를 위하여 회사의 선택에 따라 전자서명제도나 전자인증제도를 활용할 수 있도록 하여야 할 것이다(상법 시행령 제13조 제1항 참조).

둘째, 주주의 의결권 행사의 기한과 관련하여 법적 안정성을 위하여 전자투표의 행사기한을 명확히 입법하는 것이 바람직할 것이다.

셋째, 전자투표를 시행할 경우 회사나 대주주에 의한 투표결과의 사전공개나 임의조작으로 인한 주주총회 결의의 공정성에 관한 문제가 제기될 수 있으므로, 전자투표의 공정한 관리를 위한 방안을 상법에 규정하는 것이 요구된다(상법 시행령 제13조 제4항 참조).

이밖에도 주주의 의결권 행사를 위한 참고자료 등을 전자문서화하여 전자적 방법으로 송부하는 경우에도 기술적으로 가능한 한 기존의 서면을 우편으로 송부하는 경우와 비교하여 그 형식상·내용상의 동일성이 최대한 유지되도록 하여야 할 것이다.

이러한 주주의 의결권 행사의 전자화에 관한 구체적 입법작업을 통하여 전자주주총회의 긍정적인 면을 더욱 부각시킨다면 주식회사의 실질적 의결기구로서의 주주총회의 위상을 강화하는 결과를 가져올 수 있을 것이고, 궁극적으로 주주의 권익을 보호하는데도 기여할 수 있다고 생각된다.

제 5 장 사외이사제도의 문제점과 개선방안

I. 서언

정부는 1998년 2월 6일 경제위기를 극복하고 회사의 경영투명성 제고를 위하여 회사구조조정 추진방안을 발표하고 주권상장법인에 대하여 사외이사의 선임을 의무화하기로 정하였다. 이에 따라 1998년 2월 20일 유가증권상장규정을 개정하여 주권상장법인은 회사경영의 공정과 투자자의 보호를 위하여 이사수의 4분의 1(최소 1인)이상 의무적으로 사외이사를 두도록 하였고, 사외이사의 적극적 자격요건과 소극적 자격요건을 규정한 바 있다(유가증권상장규정 제48조의5). 2000년 1월 21일 법률 제6176호로 증권거래법이 개정되어 사외이사에 관하여 "주권상장 법인은 사외이사를 이사총수의 4분의 1 이상이 되도록 하여야 한다. 다만 대통령령이 정하는 주권상장법인의 사외이사는 3인 이상으로 하되, 이사총수의 2분의 1 이상이 되도록 하여야 한다."고 규정함으로써(동법 제191조의16 제1항) 유가증권상장규정상의 사외이사에 관한 규정은 삭제되었다. 그 후 2001년 3월 28일 법률 제6423호로 증권거래법이 개정되어 사외이사를 의무적으로 두어야 할 회사의 주권상장법인 뿐만 아니라 대통령령이 정하는 협회등록법인을 추가하고(동법 제191조의16 제1항), 이어서 2003년 12월 31일 법률 제7025호로 증권거래법이 다시 개정되어 대통령령이 정하는 주권상장법인 또는 협회등록법인의 사외이사는 3인 이상으로 하되 이사총수의 2분의 1 이상에서 과반수로 상향 조정 되었다(증권거래법 제191조의16 제1항 단서). 이러한 사외이사에 관한 내용은 증권거래법이 폐지되면서 2009년 1월 30

일 법률 제9362호의 개정상법에 의하여 신설된 「상장회사에 대한 특례」에서 규정되고 있다(상법 제542조의8).

이와 같이 사외이사제도는 10여년에 걸쳐 개정·보완되고 있으나 과연 사외이사제도가 원래의 의도대로 운영되고 있는지는 다시 한 번 점검할 필요가 있다고 생각된다. 사외이사제도는 사외이사가 이사회에 참여하여 이사회의 업무집행기관에 대한 감독기능(상법 제393조 제2항)을 활성화 하고 또한 이사회 내 위원회의 하나인 감사위원회(상법 제415조의2)에 참여하여 업무집행기관의 직무집행을 효율적으로 감사하여(상법 제415조의2 제7항, 제412조) 종래의 감사에 의한 감사보다 훨씬 더 실효성있는 감사를 함으로써 회사경영의 투명성을 확보하고자 하는데 목적이 있다.

그런데 사외이사와 관련하여 최근의 보도자료[155]를 보면 우리나라 사외이사 10명중 9명은 상정된 이사회 안건에 대해 100% 찬성표를 던진 것으로 나타났고, 시가총액 상위 100개 상장사의 이사회의 안건결의를 취합한 결과를 보면 전체 466명의 사외이사 중 420명(90.1%)이 상정된 모든 안건에 찬성표를 던졌고, 반대 의견을 한 번이라도 제시한 사외이사는 전체의 9.9%인 46명에 불과한 것으로 나타나고 있다. 이와 같은 사외이사의 거수기 논란은 사외이사제도의 본래의 취지를 무색하게 하는 것으로서 사외이사제도의 본질을 다시 한 번 생각 하는 계기가 되고 있다.

따라서 본 연구에서는 먼저 사외이사제도의 개념, 도입배경과 기능을 개관하고 주요국의 사외이사제도의 운영현황을 살펴 본 후 현행 사외이사제도의 운영상 문제점을 검토하여 그 개선방안을 제시하고자 한다.

Ⅱ. 사외이사제도의 개관

1. 사외이사의 의의[156]

상법 제382조 제3항은 "사외이사는 해당회사의 상무에 종사하지 아니하는 이사

155) 조선일보, 2011. 7. 11, A6면.

156) 사외이사는 비경영적(non-management), 비고용적(non-employees), 시간제적(part-time), 명예적(honorific), 독립적(independent), 전문적(professional)인 것을 특성으로 한다. 최완진, "사외이사제도", 고시연구 제27집 5호, 고시연구사, 2000. 5, 17면.

로서 다음 각 호의 어느 하나에 해당하지 아니하는 자를 말한다. 사외이사가 다음 각 호의 어느 하나에 해당하는 경우에는 그 직을 상실한다"고 규정하고 그 해당사유로서 1. 회사의 상무에 종사하는 이사 및 피용자 또는 최근 2년 이내에 회사의 상무에 종사한 이사· 감사 및 피용자 2. 최대주주가 자연인인 경우 본인과 그 배우자 및 직계 존속· 비속 3. 최대주주가 법인인 경우 그 법인의 이사· 감사 및 피용자 4. 이사· 감사의 배우자 및 직계 존속· 비속 5. 회사의 모회사 또는 자회사의 이사 · 감사 및 피용자 6. 회사와 거래관계 등 중요한 이해관계에 있는 법인의 이사· 감사 및 피용자 7. 회사의 이사 및 피용자가 이사로 있는 다른 회사의 이사· 감사 및 피용자를 들고 있다. 또한 사외이사의 선임과 관련하여 상법 제542조의 8에서는 "상장회사는 자산규모 등을 고려하여 대통령령으로 정하는 경우를 제외하고는 이사총수의 4분의 1이상을 사외이사로 하도록 하고 다만, 최근 사업년도 말 현재의 자산총액이 2조 원 이상인 상장회사의 사외이사는 3인 이상으로 하되 이사총수의 과반수가 되도록 하여야 한다."고 규정하고 있다.

상장회사의 사외이사의 경우에는 위의 결격사유 이외에도 그 결격사유가 추가되어 있는데, 이는 아래와 같고, 상장회사의 사외이사가 된 경우에도 아래의 결격사유에 해당하면 그 직을 상실한다(상법 제542조의8 제2항, 동법시행령 제13조 제3항~제6항). 1) 미성년자, 금치산자 또는 한정치산자. 2) 파산선고를 받고 복권되지 아니한 자. 3) 금고 이상의 형을 선고받고 그 집행이 끝나거나 집행이 면제된 후 2년이 지나지 아니한 자. 4) 대통령령으로 별도로 정하는 법률을 위반하여 해임되거나 면직된 후 2년이 지나지 아니한 자. 5) 상장회사의 주주로서 의결권 없는 주식을 제외한 발행주식총수를 기준으로 본인 및 그와 대통령령으로 정하는 특수한 관계에 있는 자(이하 "특수관계인"이라 한다)가 소유하는 주식의 수가 가장 많은 경우 그 본인(이하 "최대주주"라 한다) 및 그의 특수관계인. 6) 누구의 명의로 하든지 자기의 계산으로 의결권 없는 주식을 제외한 발행주식총수의 100분의 10 이상의 주식을 소유하거나 이사 · 감사의 선임과 해임 등 상장회사의 주요 경영사항에 대하여 사실상의 영향력을 행사하는 주주(이하 "주요주주"라 한다) 및 그의 배우자와 직계 존속 · 비속. 7) 그 밖에 사외이사로서의 직무를 충실하게 수행하기 곤란하거나 상장회사의 경영에 영향을 미칠 수 있는 자로서 대통령령으로 정하는 자.

따라서 우리 상법상 대표이사만이 업무집행기관이지만 회사는 일반적으로 대표이사 이외의 이사에게도 대내적으로 업무집행권을 부여하는데 이러한 이사를 「사내이사」라고 하고, 회사의 내부에서 업무를 담당하지 않는 이사 중 위의 요건을 갖추고 결격사유에 해당하지 않는 경우의 이사를 「사외이사」라고 하며, 위의 요건을 갖추지 않은 결격사유에 해당하는 경우의 이사를 「그 밖에 상무에 종사하지 아니하는 이사」라고 한다. 따라서 「사내이사」·「사외이사」·「그 밖에 상무에 종사하지 아니하는 이사」 라는 용어는 우리 상법상의 용어가 되었고, 상업 등기부에도 이와 같이 나누어서 등기된다(상법 제317조 제2항 제8호).[157)]

참고로 미국에서는 이사를 상급집행임원인 이사, 상급집행임원과 중요한 관계를 가진 이사, 그러한 관계로부터 자유로운 이사로 구분하고 있다.[158)] 사외이사에서 가장 핵심적인 것은 독립성인데 주식회사의 이사를 그 독립성의 유무에 따라 사내이사(inside director, managing director)와 사외이사(outside director)로 구분하여, 사내이사는 업무집행기관으로 독립적 지위에 있지 않은 자로서, 회사 또는 현 경영진과 혈연이나 경제적 이해관계 등으로 인하여 이사의 독립적 지위가 보장되지 않는 자를 말하고, 사외이사는 업무집행기관으로부터 독립적인 지위를 갖고 그 임무수행을 할 수 있는 자를 의미하는 것으로 보기도 한다.[159)]

---

157) 참고로 미국법조협회(ALI)는 「회사지배의 원칙: 분석과 권고(Principles of Corporate Governance: Analysis and Recommendations)」에서 사외이사의 정의개념과 관련하여 사외이사(Outside Director) 나 독립이사(Independent Director)라는 용어를 사용하지 않고, "이사의 직무수행에 있어서 객관성을 해친다고 여겨지는 '중요한 관계'(Significant Relation)"라는 개념을 도입하고 있다. 여기에서 중요한 관계란 ① 이사가 현재 회사에 고용되어 있는 경우 또는 최근 2년간 회사에 고용되어 있던 경우, ② 임원의 가족 또는 최근 2년간 회사의 임원이었던 자의 가족인 경우, ③ 최근 2년간 기간 중 어느 해 회사와 총액 2만 달러를 초과하는 상업거래를 행한 경우 또는 회사와 상업거래를 한 사업체에 지분을 가지고 있고 최근 2년간 어느 해의 거래액에서 지분비율을 나눈 액이 20만 달러를 초과하는 경우, ④ 다른 사업체의 경영자이고 최근 2년간 어느 해에 그 사업체와 회사와의 상업거래액이 20만 달러 또는 당해 사업체의 당해 연도 연결총수익의 5%중 하나를 초과하는 경우, ⑤ 최근 2년간 회사법 또는 증권법에 관하여 회사의 법률고문이었던 법률사무소, 또는 회사의 고문이거나 증권발행인수사였던 투자은행에 직업적 전문가의 자격으로 소속되어 있는 경우 또는 그러한 법률사무소나 투자은행이 회사의 고문이 되거나 인수사로 된 시점에서 직업적 전문가로 소속되어 있는 경우 등을 뜻한다.

158) American Law Institute, Principles of Corporate Governance; Analysis and Recommendations I, § 1.34(1994).

159) 정동윤, 『상법(상)』, 법문사, 2009, 582면.

2. 사외이사제도의 도입배경

(1) 기업경영의 투명성 확보

우리나라는 대부분 창업자와 그 이해관계인들이 지배주식을 점유하고 있고, 기업경영은 지배주주의 선단적인 경영방식에 의존하였으므로 급변하는 경제 환경에 부응하지 못하였다. 이러한 상황에서 1997년 IMF체제의 외환위기를 맞이하면서 대기업의 지배구조의 문제점이 본격적으로 부각되고 기업지배구조에 대한 개선 논의가 활발하게 이루어졌다. 즉, 그동안 우리나라의 기업들은 새로운 기술개발이나 새로운 경영기법을 도입하는데 열중하기보다는 정부로부터의 독점적인 영업허가나 금융지원 등의 각종 특혜에 힘입어 문어발식 확장을 꾀하여 왔다. 도한, 대기업들은 정부로부터 각종 지원을 받기 위하여 사업의 타당성보다는 정부의 정책에 의존하여 무모한 투자결정을 하는 문제점을 안고 있었고, 이러한 대기업의 운영행태는 경영실패로 이어져 국가적 경제위기의 하나의 원인이 되었다고 할 수 있다.

이러한 문제의식에서 우리상법은 1998년 이후 계속적 개정작업을 전개하여 기업구조조정을 원활히 하기 위한 제도의 보완, 자본조달의 용이성 확보, 기업 경영의 효율성 제고 및 투명성 확보를 위한 제도 도입, 소액주주들의 이익을 보호하기 위한 장치를 마련하였다.

오늘날 세계시장은 국경을 넘어 하나의 시장으로 통합되고 있으며, 기업이 필요로 하는 자금 조달과 투자가 전세계적으로 확대되고 있다. 투자자들은 투명한 경영과 주주의 이익을 최대한 보장해 줄 수 있는 조직을 갖춘 기업을 투자대상으로 삼게 되고 오늘날의 기업은 이러한 환경에서 외국 투자자 등 많은 이해관계자들의 요구를 제대로 수용하여야만 한다. 따라서 이사회의 경영감시 기능 회복을 통하여 우리나라의 기업관행을 시정하고 기업경영의 투명성을 확보하는 것은 매우 중요한 과제라고 할 수 있다. 이와 같이 우리나라는 IMF관리체제 하에서 재벌총수 중심의 기업지배구조를 개혁하고 이사회를 개혁하여 경영의 투명성을 확보하기 위한 방안으로 사외이사제도를 도입하게 되었다.[160)]

---

160) 미국에서 사외이사제도가 등장하게 된 배경은 크게 나누어 이사회의 권한강화라는 측면과 기업의 사회적 책임의 감독이라는 측면에서 찾아볼 수 있다. 전통적인 조직에서 회사의 궁극적 정책을 결정하는 것은 이사회의 임무이지만, 실제적으로는 이사가 허수아비가 되어 집행임원의 결정을 자동적으로 승인하는 수동적인 역할 밖에 하지 못하고 있다. 즉 회사의 목표는 이사회에서 논의되기 이전

(2) 경영감독제도의 개혁

이사회는 회사의 업무집행에 대한 의사결정권을 가지며, 이사는 직무집행에 대한 감시·감독권을 가진다. 그동안 우리나라 대다수의 대기업에서는 기업오너인 총수가 경영의 감시·감독기관인 이사회를 장악하여 이사회를 지휘하고 통제하여 기업경영을 독점했다. 즉 우리나라의 기업경영실상을 보면 이사선임과정의 객관성결여, 이사회의 형해화, 재벌총수나 지배주주의 전횡적 경영 등으로 경영의 투명성이 확보될 수 없는 구조이다. 따라서 이사회의 본래적 기능이 마비되어 비효율적이고 무리한 투자를 감행하는 등 불투명한 기업경영으로 많은 문제점이 나타나게 되었다. 또한 감사의 경우도 기업의 총수와 밀접한 관련이 있는 해당기업의 이사였거나, 이해관계인을 선임하는 경우가 빈번하였고, 기업오너 등 지배주주가 다수의 지분을 가지고 자신의 이해관계에 따라 감사를 임의적으로 선임하여 감사기능의 본질인 이사의 직무집행 및 회계에 대한 감사기능을 제대로 수행하지 못하고 있다.[161)]

이러한 관점에서 이사회가 이러한 비효율적 경영과 폐단을 방지하고 이사회의 경영감독기능을 회복하여 건전한 기업경영을 도모하고 업무집행의 전문성을 제고하기 위한 시도의 하나로서 사외이사제도가 도입된 것이다.[162)]

3. 사외이사제도의 기능

사외이사제도는 전문성과 독립성을 바탕으로 기업경영의 투명성을 확보하고 경영에 있어 조언이나 자문기능을 담당할 수 있는 긍정적 기능이 있다.[163)] 이러한 긍

에 결정되고 이사회의 결의도 회사의 목표를 정하는 임원이 제공하는 정보에 의존하기 때문에, 이사회의 결정은 아무런 실제적인 의의를 갖지 못한다. 따라서 이사회의 권한 강화적 측면에서 이사회의 구성원으로서 요구되는 인물은 최고경영진의 의견에 언제나 동의하는 인사가 아니라, 사안을 달리 보고 다른 의견을 제시하며 의문점을 제기하는 인사인 것이다.

161) 최근에 불거진 부산저축은행사태를 보면 2008년 글로벌 금융위기 이후 부동산 경기침체 등으로 재무건전성이 악화되고 과도한 PF(프로젝트 파이낸싱)대출로 인하여 부채가 자산을 216억 원 초과해 자기자본이 완전히 잠식된 상황이었는데도 감독기관은 아무런 역할을 하지 못한 것으로 파악되고 있다.

162) 강희갑, "우리나라 주식회사의 이사회 및 사외이사의 실태와 그 개선방안-경영감독기능을 중심으로", 비교사법, 제9권 2호, 한국비교사법학회, 2002, 237~238면.

163) 사외이사제도의 도입취지가 기업의 경영투명성을 유도하여 기업이익을 극대화하는 것임에도 불구하고, 기업들은 교묘하게 규정을 피해 사실상 내부인사에 준하는 자를 사외이사로 선임하고 있다. 즉, 지배대주주와 가까운 전직 고위공무원, 전직 임직원 등 내부관계인이 사외이사로 선임되고, 지

정적 기능을 살려 이사회의 활성화와 함께 기업경영에 관한 의사결정과 경영진의 업무집행에 대한 감시 · 감독기능을 활성화 하여 경영진이 선량한 관리자의 의무를 다하도록 하여 투자자인 주주의 이익을 극대화하고 궁극적으로는 기업의 건전한 발전을 도모하여야 한다. 특히 기업의 사회적 책임(회계의 투명성, 윤리경영 등)이 강조되고 있는 이 시점에서 사외이사제도의 올바른 정착은 우리나라 기업을 국제화하고 선진화하는데 있어 촉매제가 된다고 생각한다. 사외이사의 주요기능을 살펴보면 다음과 같다.

(1) 경영진 감독 · 감시기능

사외이사는 이사회를 통해 대표이사나 업무담당이사인 사내이사, 즉 경영진을 감독 · 감시함으로써 그 업무집행의 적법성과 타당성을 확보하는 기능을 수행한다. 이는 독립적인 사외이사를 이사회 내지는 감사위원회 구성원으로 참여시켜, 형식적 기관으로 전락한 이사회를 활성화시킴으로써 대표이사를 비롯한 업무담당이사를 적절하게 견제 · 통제하자는 것이다. 또한 사외이사의 감독기능은 성실성 감독과 효율성 감독을 포함한다. 즉 성실성 감독은 경영진과 회사와의 이해가 충돌되는 경우에 경영진이 회사의 이익을 위하여 얼마나 성실하게 행동하는 가에 대한 감독을 일컫고, 효율성 감독은 경영진이 주주들의 이익을 극대화하는 최선의 노력을 다하는가에 대한 감독을 말한다. 사외이사는 이러한 감독을 통하여 경영진이 회사와 일반 주주의 이익을 위하여 최선을 다하도록 유도할 수 있다.

종래 사내이사만으로 구성된 이사회는 대표이사 등 경영진을 현실적으로 감독할 수 없었으므로 경영진으로부터 독립된 사외이사를 이사회에 참여시킴으로써 경영진의 업무집행을 실효성 있게 감독할 수 있게 될 것이다. 따라서 사외이사에게 요구되는 가장 중요한 역할은 경영진의 감시 · 감독기능이라고 볼 수 있다.

배대주주가 사외이사의 선임추천권을 행사하고 있어, 사외이사가 경영진으로부터 독립하여 경영에 대한 감시기능을 능동적으로 수행하기를 기대하기는 어려운 실정이다. 또한 사외이사를 전체 위원의 3분의 2 이상으로 하는 감사위원회도 이러한 사외이사를 구성원으로 하는 한 대주주나 경영진의 영향력으로부터 자유로울 수 없게 된다. 박강익 · 박수영, "사외이사의 현황과 문제점에 관한 연구", 기업법연구 제21권 제1호(통권 제28호), 한국기업법학회, 2007, 187~188면.

(2) 자문 기능

사외이사는 자신의 특별한 전문적 지식, 경험을 바탕으로 선임되는 것이 일반적이므로 이사회에 대해 조언과 권고를 하고 기업의 경영통제 장치로서 경영악화에 대비하여 최고경영자의 의견이나 결심을 재검토하게 하여 기업의 미래에 대한 투자 전략에 대한 자문역할을 한다. 이러한 사외이사의 기능은 이사회의 정책결정의 수준을 향상시킬 수 있고, 회사의 현안을 객관적으로 판단하도록 한다. 사내이사는 업무집행책임 때문에 특정 주주, 경영자나 다른 이해관계집단의 이익을 앞세우기 쉽지만, 사외이사는 객관적인 입장에서 이사회의 현안문제에 올바른 판단을 할 것을 기대할 수 있다. 즉 사외이사는 회사의 사업전략을 수립하는데 있어 전문적 지식, 경험, 기술을 제공하기도 하고 이익충돌이 발생할 수 있는 문제에 관하여도 어느 쪽에도 치우치지 않는 공정한 의견을 제시하여 기업의 미래에 대한 올바른 방향을 정립하여 기업과 주주들의 이익을 다 같이 향상시킬 수 있게 한다.[164)]

(3) 견제적 · 대체적 기능

사외이사는 적시에 의견을 제시하여 사장의 적정한 업무집행을 돕는 견제적 · 수동적 기능을 담당하고 회사의 긴급사태시 구원자로 투입되어 중요한 정책결정을 담당하기도 한다. 예컨대, 사장이 갑자기 사망하여 회사의 후계구도가 문제 될 때, 일시적으로 사장의 지위에 취임하여 회사 내의 세력다툼에 의한 분쟁을 예방하고 지배구조를 정상화시키는 기능을 담당하기도 한다. 또한 회사의 업무집행 임원이 현저한 위법행위를 저지른 경우에 적절한 조치를 통하여 회사의 명성을 유지하고 회사를 정상궤도에 올리는 역할을 담당할 수도 있다.

(4) 이사회 활성화기능

상법상 이사회는 회사의 업무집행에 관한 의사 결정권과 이사의 직무 집행에 대한 감독권을 갖는다. 특히 이사회의 핵심 기능은 각 이사가 주주를 대신하여 경영진을 감독하고, 이사회 안에서의 활발한 토론을 통하여 다양한 이해관계자들의 의견을 반영하여 경영에 대한 전문지식을 경영진에게 제공하는 것이다. 이것은 사내

---

164) 최완진, "사외이사제도에 관한 재검토", 기업법연구 제5집, 한국기업법학회, 2000, 76면.

이사가 아닌 사외이사가 그들이 가진 전문지식과 폭넓은 경험을 발휘하여 이사회의 합리적인 의사결정에 기여 하게 될 때 가능한 것이다. 이와 같이 사외이사는 종래의 사내이사로 인한 이사회 기능의 형해화를 개선하여 이사회를 활성화시키는 역할을 하게 된다.

Ⅲ. 주요국의 사외이사제도 운영규정

1. 미국

미국법상 회사의 이사회는 업무집행에 관한 의사를 결정하는 의사결정기관과 업무집행을 감독하는 감독기관의 지위를 모두 갖는 일원적 경영기구(one-tier or single-board system)로 되어 있었으나[165] 이사회는 업무집행에 관한 의사결정기능과 업무감독기능 중 어느 것도 제대로 수행하지 못하였고, 업무집행기능은 실제로 이사회가 선임하는 집행임원(officer)이 수행하는 것이 관행이었다. 회사법도 이러한 관행을 반영하여 이사회에 관한 규정을 변경하였다. 즉, 1950년 및 1960년의 모범사업회사법(Model Business Corporation Act: M.B.C.A.)은 「… 회사의 영업과 업무는 이사회에 의하여 수행되어야 한다」고 규정하였는데(MBCA 제33조), 1969년의 개정에서 「… 정관에 달리 규정이 있는 경우를 제외하고…」가 추가되었고, 1974년의 개정에서 「회사의 모든 권한은 이사회에 의하여 또는 이사회의 수권에 의하여 행사되어야 하고, 회사의 영업과 업무는 이사회의 지휘로 수행되어야 한다.」는 것이 추가되었다. 1969년의 개정은 주주가 50인 이하 소규모 폐쇄회사(가족회사 및 합작회사를 포함)의 실무관행을 고려하여 입법한 것이고 1974년의 개정은 사외이사가 있는 대규모 공개회사에서는 이사회가 회사의 일상의 업무를 하는 것이 적합하지 않고 이를 이사회의 지휘 하에 집행임원이 집행하는 점을 반영한 입법이다.[166] 1999년의 모범사업회사법은 이사회의 권한에 대하여 「회사의 모든 권한은

165) 이에 비하여 독일의 주식회사의 경영기구는 업무집행기능을 담당하는 이사회와 업무집행을 감독하는 감사회가 분리되어 있는 이원적 경영기구(two-tier or dual-board system)이다.

166) American Bar Association(ABA), Model Business Corporation Act Annotated, Vol. 2, 3rd ed.(1999), p.8.

정관 또는 주주들의 합의에 달리 정한 바가 없으면 이사회에 의하여 또는 이사회의 수권에 의하여 행사되어야 하고, 또한 회사의 영업과 업무는 이사회에 의하여 또는 이사회의 지휘로 수행되어야 한다.」고 규정하고(MBCA 제8.01조 (b)항), 집행임원에 대하여 「회사는 정관에 따라 이사회가 선임한 집행임원을 둔다」고 규정하며(MBCA 제8.40조 (a)항) 또한 「이사회는 1인 또는 수인의 집행임원을 선임할 수 있는데, 집행임원은 정관 또는 이사회의 수권이 있으면 1인 또는 수인의 다른 집행임원을 임명할 수 있다」고 규정하고 있다(MBCA 제8.40조 (b)항).

미국의 대기업이 사외이사제도를 도입하기 시작한 것은 1960년대 중반이었고, 그 당시의 사외이사는 이사회 전체의 3분의 1을 차지하는 정도에 그쳤다. 그러나 1970년대에 들어서면서 펜센트럴 철도회사의 도산을 계기로 주주의 이익을 보호하려고 하는 사람들은 기업지배구조에 대한 더 많은 관심을 가지게 되었고, 1973년 워터게이트 사건이 터져 기업의 해외 자회사의 손실과 관련한 위법 정치헌금이 밝혀지게 됨에 따라 기업운영에 관한 관심이 더욱 높아지게 되었다.

이러한 계기로 이사회에 사외이사를 참여시키자는 논의가 본격적으로 제기되었고, 이사회의 감독기능을 활성화하려는 시도가 지지를 얻어 미국법조협회(American Law Institute : ALI)는 1977년에 「기업통치의 절차」에 관한 사업을 시작으로 1982년에 「기업통치와 회사구조의 원리」, 1984년에 「기업통치와 회사구조의 원리」, 1984년에「기업통치의 원리」, 1992년에는 「회사지배구조의 원칙:분석과 권고」(Principles of Corporate Governance : Analysis and Recommendations, 이하 ALI 원칙이라 칭함)를 차례로 발표하였다.[167] 이에 따라 대부분의 대규모 기업들

167) ALI 원칙에 대하여 간략히 살펴보면, 대규모 공개회사의 이사회는 동회사의 상급임원과 중대한 이해관계(significant relationship)가 없는 과반수의 이사(사외이사)로 구성되어야 한다. 다만 동회사의 의결권 있는 주식을 1인, 한 가족 또는 하나의 지배그룹이 소유하는 경우에는 그러하지 아니하다(ALI의 원칙 제3A.01조 (a)항). 위의 대규모 공개회사에 해당하지 않는 공개회사의 이사회는 동 회사의 상급임원과 중대한 이해관계가 없는 3인 이상의 사외이사로 구성되어야 한다(ALI의 원칙 제3A.01조 (b)항). 이때 대규모 공개회사란 최근, 정기주주총회의 소집을 위한 기준일 현재 주주 수가 2,000명 이상이고 총 자산이 1억 달러 이상인 회사를 말한다(ALI의 원칙 제1.24조). 또한 중대한 이해관계란 동 회사의 최근 사업연도 말 현재, ① 이사가 동 회사의 상근이거나 또는 과거 2년 내에 상근이었던 사실이 있는 경우, ② 이사가 동 회사의 현재 임원의 직계가족이거나 또는 최근 2년 내에 상급임원이었던 자의 직계가족인 경우, ③ 이사가 동 회사와 과거 2년간 20만 달러를 초과하는 상사지급을 수반하는 거래를 한 사실이 있거나 또는 이사가 회사의 조직 내에서 이러한 거래를 승인하는 의결권을 갖는 경우, ④ 이사가 동 회사의 과거 2년 동안 연간 총 수입의 5%를 초과하거나 또는 20만 달러를 초과하는 거래를 하는 기업의 주요 관리자(principal manager)인 경우, 또는 ⑤ 이사가 일반 회사법이나 증권법의 문제에 관한 동 회사의 중요한 법률고문인 법무법인에 전문직업상 관여되어 있거

은 과반수 이상의 사외이사와 함께 사외이사들로만 구성된 위원회를 두어 이사후보자의 선정, 경영자의 보수에 대한 권고 등의 임무를 담당하도록 하고 있다.[168)]

ALI 원칙에 의하면 공개회사의 이사회가 수행하여야 하는 기능으로는 ① 주요 상급임원의 선임· 정기적인 평가· 보수의 결정 및 필요한 경우 이의 교체, ② 회사의 영업이 정당하게 수행되고 있는지 여부를 평가하기 위한 회사의 영업행위의 감독, ③ 회사의 금융지원의 대상 및 주요 회사의 계획 및 실행에 대한 검사와 필요한 경우 동의, ④ 회사의 재무제표를 작성하는데 사용되는 해당 감사 및 회계원칙의 주요 변경과 선택 등의 중요한 문제의 결정에 대한 검사 및 필요한 경우 동의, ⑤ 법률 또는 정관의 규정 등에 의하여 이사회에 위임된 기타 업무의 수행 등을 규정하고 있다(ALI 원칙 제3.02조 (a)항).[169)]

한편, 2001년 12월에 터진 엔론 사건을 계기로 부시 대통령은 기업개혁법(사베인스· 옥슬리법, Sarbanes-Oxley Act)을 제정하도록 하였고, 뉴욕증권거래소도 경영감독과 관련한 새로운 규제방안을 마련하였다.

뉴욕증권거래소(NYSE)는 1956년, 2인 이상인 사외이사의 참가를 의무화하기 시작하였고, 1973년에는 상장회사에 3명 이상의 사외이사를 참가시킬 것을 권장하였으며 1978년에는 모든 상장회사로 의무화되었다.

증권거래법 제10A조 (m)항은 감사위원회의 모든 위원은 이사회의 구성원이면서 사외이사이어야 함을 규정하고 있고, 감사위원회의 위원의 독립성을 위하여 감사위원회 위원은 감사위원회 위원(이사 또는 다른 위원회의 위원)으로서의 보수 이외에 당해 회사로부터 컨설팅· 자문· 기타 보상적 급여 등 어떠한 보수를 받지 않아야 하고, 당해 회사 및 자회사의 특수관계인 이어서는 아니 된다고 규정하고 있다.[170)]

이와 같은 미국의 증권거래법상 감사위원회에 관한 규정은 사베인스· 옥슬리법

나, 또는 동 회사가 소유하는 투자금융회사에 고문으로 관여하고 있거나 과거 2년 내에 동 회사가 증권을 발행하는 경우 인수인으로서의 업무를 수행한 사실이 있는 경우이다(ALI의 원칙 제1.34조 (a)항).

168) 박종구, "사외이사제도의 개선방안에 관한 법적 고찰", 한국외국어대학교 대학원 법학석사학위논문, 2011. 6, 34면. 참조

169) 또한, ALI 원칙에 의하면 이사회가 가지는 권한으로는 ① 회사의 계획의 수립과 채택, 이의 위임 및 시행, ② 회계원칙의 변경의 수립 및 채택, ③ 주요 상급임원에 대한 조언 및 상의, ④ 위원회 · 주요 상급임원 또는 기타 임원에 대한 지시 및 그들의 활동에 대한 감사, ⑤ 주주총회에 대한 제안, ⑥ 회사의 영업의 관리, ⑦ 주주총회의 승인을 요하지 않는 기타 모든 회사의 업무에 관한 행위 등을 규정하고 있다(ALI의 원칙 제3.02조 (b)항).

170) Securities Exchange Act of 1934(approved Oct. 13, 2009) sec. 10A (m) (3) (A) (B).

에 의하여 개정된 것인데, 상장하고자 하는 회사가 이사회 내에 감사위원회를 두고 감사위원회의 위원 전원을 사외이사로 하지 않으면 상장이 금지되는 것으로 규정하고 있다.171)

이에 따라, 증권거래법이 개정됨으로써 뉴욕증권거래소의 상장규정에는 상장회사가 증권거래법 제10A조의 요건을 갖춘 감사위원회를 두어야 한다고 규정하고 있다.172) 또한 동 규정은 이에 추가하여, 감사위원회의 위원은 3인 이상이어야 하고,173) 상장회사는 이사회에 이사총수의 과반수의 사외이사를 두어야 한다고 규정하며,174) 사외이사의 결격사유에 대하여 규정하고 있다.175)

한편 코넷티컷주 회사법 제33-753조 (c)항 (1)호는 "주주가 100명 이상인 회사의 경우에는, 위원회에 관한 부속정관(bylaws)의 규정여하에 불문하고, 2명 이상의 이사로 구성되는 감사위원회(audit committee)를 설치하여야 하는데, 그 위원 중 1인 이상은 사외이사(independent director)이어야 한다."고 규정하고, 아울러 사외이사의 결격사유에 대하여 규정하고 있다.176) 따라서 코넷티컷주는 미국의 주법으로서는 유일하게 감사위원회를 의무적으로 설치하도록 되어있고 이러한 감사위원회에 사외이사를 두어야 하는 점을 규정하고 있다.

2. 영국

영국은 사외이사에 관하여 「회사지배구조에 관한 통합법177)」(Combined Code on Corporate Governance June 2006)에서 규정하고 있다. 이 통합법은 법률은 아니나, 상장규칙에 반영되어 상장회사에 대하여 막강한 영향력을 행사한다.

영국은 상장회사의 감독을 위하여 금융감독청을 설치하고 있는데, 금융감독청은

---

171) Sarbanes-Oxley Act of 2002 sec. 301.

172) NYSE Listed Company Manual(Amended Nov. 25, 2009) sec. 303A. 06.

173) Supra NYSE Listed Company Manual sec. 303A. 07 (a).

174) Supra NYSE Listed Company Manual sec. 303A. 01.

175) 참고로 나스닥 상장회사에 대하여도 종래에는 뉴욕 증권거래소 상장회사와 같이 '이사회에 사외이사를 과반수 두어야 하고 또한 감사위원회는 3인 이상의 위원으로 구성하되 전원이 사외이사이어야 한다.'고 규정하였으나, 이러한 규정이 삭제되어 2009년 4월 13일 이후에는 적용되지 않게 되었다.

176) Connecticut Business Corporation Act(Rev. 2009. 1. 1) sec. 33-753 (c) (1).

177) 영국은 캐드베리 위원회(Cadbury Committee)와 그린베리 위원회(Greenbury Committee) 및 함펠위원회(Hampel Committee)가 보고서를 작성하고, 런던 증권거래소가 이를 통합하여 새로운 모범규범(London Stock Exchange's The Combined Code)을 제정하였다.

상장회사와의 개별 상담을 통하여 각 회사가 통합법을 어떻게 적용했는지를 공시할 것을 상장규칙상 공식적으로 요구할 수 있다. 즉 상장회사가 통합법상의 원칙을 어떻게 적용했는지와 상장회사가 통합법의 규정에 맞게 업무를 수행하고 있는지 여부에 대하여 확인하고 그렇지 않을 경우 그 이유를 설명하도록 하고 있다.[178] 이러한 상담은 2006년 9월부터 시작되고 이러한 의견을 수렴하여 2006년 통합법이 2007년 2분기부터 상장규칙에 적용될 것으로 전망되고 있다. 통합법상 사외이사에 관한 규정을 구체적으로 살펴보면 소회사(상장회사 중 순위 350위 이하)를 제외하고 상장회사는 이사회에 이사회 의장을 포함한 총이사의 2분의 1 이상의 사외이사를 두어야 하고, 소회사인 상장회사는 2인 이상의 사외이사를 두어야 한다(통합법 제1조 A. 3. 2.).

이사회는 1인 이상의 사외이사를 상급(주임)사외이사(senior independent director)로 선임하여야 하는데, 이사회 의장· 대표집행임원 또는 재무집행임원의 정상적인 채널을 통해서는 주주와의 접촉이 어렵거나 적절하지 않은 경우에는 주주를 이러한 상급사외이사로 선임할 수 있다(통합법 제1조 A. 3. 3.).

상장회사의 이사회는 3인 이상(소회사인 상장회사는 2인 이상)의 의원으로 구성된 감사위원회를 설치하여야 하는데, 감사위원회 위원은 전부 사외이사이어야 한다. 또한 감사위원회 위원의 1인 이상은 최근 금융과 관련된 경험이 있는 자이어야 한다(통합법 제1조 C. 3. 1).

영국의 회사지배구조는 미국의 회사지배구조와 유사한 형태를 보이고 있는데 기업지배구조에 관한 본격적 논의는 1990년대에 들어와 활성화되었다. 영국에서는 사외이사 대신 비집행이사(Independent Non-Executive Director)라는 개념이 사용되고 있으며 이사회가 회사의 업무집행을 결정하고, 동시에 이사의 구체적인 업무집행을 감독하는 일원적 경영구조를 가지고 있다.

영국의 사외이사제도의 특징으로는 이사회의 비집행이사들 중 한 사람을 주임독립이사로 지명하여 비업무집행의사들과 경영진과의 소통을 장려한다는 점[179] 및 비업무집행이사들에게는 업무의 전수와 정기적인 자기개발 및 그들의 능력과 지식을 새롭게 하며, 회사와의 친밀성을 가질 것이 의무로 되어 있다는 점이다.[180]

---

178) Financial Reporting Council, The Combined Code on Corporate Governance, 2006. 6, Preamble 4.
179) The Combined Code on Corporate Governance §A.33.
180) The Combined Code on Corporate Governance §A.5, provision §A.5.1.

3. 독일

독일주식법(Aktiengesetz)상 업무집행기관은 이사회로 되어 있고, 이사회의 업무집행에 대한 감독 및 공동경영기구로서는 감사회(Aufsichtsrat)가 설치되어 있다.

독일주식법상 이사회는 순수하게 사내이사로만 구성되며 업무집행에 관한 모든 책임을 지는데(독일주식법 제76조 제1항), 이사회의 이러한 업무집행권은 모든 이사에게 공동으로 귀속되므로 모든 업무는 이사회의 다수결이 아니라 이사 전원의 승인을 받아야 한다(독일주식법 제77조 제1항 제1문). 그러나 정관 또는 이사회규칙에 의하여 이와 달리 규정할 수 있다(독일주식법 제77조 제1항 제2문). 따라서 대부분의 경우에 이사회는 정관 또는 이사회규칙에 의하여 일정한 다수결에 의하여 업무에 관한 의사를 결정한다.

독일 주식법상 이사회는 1인 또는 수인으로 구성되는데(독일주식법 제76조 제2항 제1문), 일정규모 이상의 자본을 가진 주식회사는 정관상 이사회를 1인의 이사로 구성한다는 규정이 없는 한 2인 이상의 이사로 구성하여야 한다(독일주식법 제76조 제2항 제2문).

독일 주식법상 이사회 의장이 선임될 수 있으나(독일주식법 제84조 제2항), 이러한 이사회 의장에게는 단지 회의의 의장에게 일반적으로 부여되는 권한만이 있다.

독일 주식법상 이사회의 업무집행에 대하여는 감사회가 감독하는데, 감사회의 가장 중요한 두 가지의 권한은 이사회의 업무집행에 대한 계속적인 감독권(독일주식법 제111조 제1항)과 이사의 임면권(독일주식법 제84조)이다. 감사회는 이 외에도 정관에 규정이 있는 경우 이사회의 업무집행에 대한 동의권(독일주식법 제11조 제4항 제2문), 이사 · 감사 등에 대한 신용부여의 동의권(독일주식법 제89조, 제115조), 재무제표의 확정권(독일주식법 제172조), 이사의 보수결정권(독일주식법 제87조) 등을 갖는다.

독일 주식회사의 감사회는 반드시 3인 이상의 복수의 감사로 구성되는 회의체기관이며(독일주식법 제95조), 또 일정규모 이상의 회사는 특별법에 의하여 주주대표의 감사와 근로자대표의 감사로 공동 구성된다. 이점은 우리 주식회사의 감사제도와는 현저하게 다른 것이다.

이러한 독일의 감사회는 영미에서 사외이사 전원으로 구성되는 이사회와 유사하다고 볼 수 있는데, 이사의 경험이 있는 자가 보통 감사로 선임되는 점에서 사외이사와 감사는 구별된다고 볼 수 있다. 독일의 기업지배구조는 업무집행기관(이사회)과 이를 감독하는 감독기관(감사회)이 명확히 구별되어 이원적으로 규정되어 있는 점이 특색이다.[181]

4. 일본

일본은 2005년 7월 26일 법률 제86호로 「회사법」을 전면 개정하여 상법에서 분리하여 별도 법전으로 규정하고 있다. 신회사법은 종래 각 법률에 산재해 있던 회사관련법 규정을 하나로 통합한 것으로써 기존의 상법 제2편(회사)을 상법으로부터 떼어내고 이를 "주식회사의 감사 등에 관한 상법특례에 관한 법률" 및 "유한회사법" 등과 합쳐 단행법으로 한 것이다. 신회사법은 명치32년에 제정된 일본상법을 전면적으로 개정한 것인데 개정범위는 회사법제 전체에 미치며 개정내용은 획기적인 것들이 많다.[182] 일본회사법의 사외이사 관련 이사회 및 감사위원회의 구성에 관한 내용을 살펴보면 다음과 같다. 일본 회사법상 사외이사란 주식희사의 이사로서 해당 주식회사 또는 그 자회사의 업무집행이사에 열거된 이사 및 해당주식회사의 업무를 집행하는 집행역 또는 지배인 기타 사용인이 아니고 동시에 과거에 해당 주식회사 또는 그 자회사의 업무집행이사, 집행역 또는 지배인 기타 사용인 이었던 적이 없는 자이다(일본회사법 제2조 제15호). 「위원회설치회사」는 지명위원회 · 감사위원회 · 보수위원회를 두어야 하지만(일본회사법 제2조 제12호), 이러한 각 위원회는 3인 이상의 이사로 조직하여야 하고 (일본회사법 제400조 제1항, 제2항), 각 위원회의 위원의 과반수는 사외이사이어야 하므로(일본회사법 제400조 제3항) 최저 2인 이상의 사외이사의 선임이 필요하다. 반면 「위원회 설치회사 이외의 주식회사」에서는 사외이사의 선임은 각 회사가 임의로 할 수 있지만, 특별이사에 의한 이사회결의제도(일본회사법 제373조)이용할 때에는 6인 이상의 이사가 있어야 하며, 그 중 1인 이상이 사외이사이어야 한다(일본회사법 제373조 제1항 제2호).

---

181) 정찬형, "사외이사제도 개선방안에 관한 연구", 한국상장회사협의회, 2010. 10, p.79.

182) 신회사법은 기존의 회사에 관한 실체적 규정, 소송· 벌칙에 관한 규정에 새롭게 회사비송사건에 관한 규정을 포함시켜, 종래 각 법률에 산재해 있던 회사관련규정을 통합한 것인데, 총8편, 즉 ① 제1편 총칙, ② 제2편 주식회사, ③ 제3편 지분회사, ④ 제4편 사채, ⑤ 제5편 조직변경, 합병, 회사분할, 주식교환 및 주식이전, ⑥ 제6편 외국회사, ⑦ 제7편 잡칙, ⑧ 제8편 벌칙으로 구성되어 있다. 전국경제인연합회, "주요국 회사법", 2009, 245면. 참조.

한편 사외감사는 주식회사의 감사로서 과거에 해당 주식회사 또는 그 자회사의 이사, 회계참여, 집행역 또는 지배인 기타의 사용인이 아니었던 자이다(일본회사법 제2조 제16호). 감사회설치회사(일본회사법 제2조 제10호)는 감사회를 구성하는 3인 이상의 감사를 선임하여야 하며(일본회사법 제335조 제3항, 제390조) 그 과반수 이상은 사외감사로 하여야 한다(일본회사법 제335조 제3항).

또한 사외이사와 사외감사의 회사에 대한 임무해태책임(일본회사법 제423조 제1항)에 관해 회사법은 사외이사 · 사외감사가 직무를 수행함에 있어서 선의 · 무중과실인 경우에는 「정관에서 정한 금액의 범위 내에서 미리 주식회사가 정한 금액과 최저책임한도액」중 큰 금액을 한도로 배상책임을 지는 계약을 사외이사, 사외감사와 체결할 수 있도록 하는 취지를 정관으로 정할 수 있도록 하고 있다(일본 회사법 제427조 제1항).

일본에서 사외이사제도가 도입된 것은 2002년 개정상법에서 미국의 사외이사제도와 유사한 위원회설치회사제도가 선택적으로 도입되고, 그 중 3개의 위원회의 경우에는 사외이사가 과반수를 차지하여야 한다고 규정한 이 후라고 할 수 있다.[183] 이어서 2003년 4월 개정법이 시행되면서 5개 기업이 종래의 감사역제도를 폐지하고 위원회설치회사제도를 마련하게 되어 2003년부터 본격적으로 사외이사제도가 출범하게 되었다.

5. 기타

이 밖에 캐나다, 호주, 뉴질랜드의 사외이사제도의 규정현황을 차례로 살펴보면 다음과 같다.

먼저, 「캐나다 회사법」(Canada Business Corporation Act, current to June 30, 2010: CBCA)에 의하면, "이사는 총사원의 동의에 의하여 회사의 업무집행을 직접 수행하거나 또는 집행임원을 두고 업무집행을 감독하여야 한다(CBCA sec. 102 (1)). 회사는, 청산회사나 1인 주주인 경우에는 1인 이상의 이사를 두어야 하지만, 그 이외의 경우에는 3인 이상의 이사를 두어야 하고 그 중 2인 이상은 당해 회사 또는 자회사의 집행임원이나 피용자가 아니어야 한다. 즉 2인 이상의 사외이사를

183) 이효경, "일본의 사외이사를 둘러싼 최근 동향과 과제, 재산법연구 제27권 제2호, 한국재산법학회 2010, 388면.

두어야 한다(CBCA sec. 102 (2)). 아울러 캐나다 회사법상 위와 같이 3인 이상의 이사(그 중 2인 이상은 사외이사)를 두어야 하는 회사는 3인 이상의 이사로 구성된 감사위원회를 설치하여야 하는데 감사위원회 위원의 과반수는 당해 회사 또는 자회사의 집행임원이나 피용자이어서는 안 된다. 즉, 과반수는 사외이사이어야 한다(CBCA sec. 171 (1)). 그런데 이사(이사회)는 회사의 신청에 의하여 그가 타당하다고 생각하는 이유에 따라 감사위원회를 설치하지 않을 수 있다(CBCA sec. 171 (2))"고 규정하고 있다.

다음으로 호주의 경우에는 「호주의 회사지배구조 개정안」[184]에서 상장회사의 이사회와 감사위원회에 대하여 다음과 같이 그 개정을 권고하고 있다. 그 내용을 보면 "이사회에서 이사총수의 과반수는 사외이사(independent directors)이어야 한다(Principle 2 Recommendation 2. 1). 또한 이사회 의장은 사외이사이어야 하고(Recommendation 2.2), 이사회의장과 대표집행임원(CEO)은 동일인이어서는 안된다(Recommendation 2. 3). 또한 이사회는 감사위원회를 설치하여야 한다(Principle 4 Recommendation 4. 1). 감사위원회는 ① 업무집행을 하지 않은 이사(non-executive directors)만으로, ② 사외이사(independent directors)가 과반수로, ③ 감사위원회 의장은 이사회 의장이 아니면서 사외이사이어야 하고, 3인 이상으로 구성되어야 한다(Recommendation 4. 2)"고 하고 있다.

끝으로 뉴질랜드의 경우에는 「뉴질랜드 증권거래소 상장규정」[185]에서 상장회사의 이사회 및 감사위원회에 관한 규정을 마련하고 있는데, 그 내용을 보면 "상장회사의 이사회는 3인 이상의 이사이어야 하고, 그 중 2인 이상은 뉴질랜드 내의 상시 거주자이어야 하며, 사외이사(independent directors)는 2인 이상이어야 하는데 8인 이상의 이사가 있으면 그 중 3인 또는 총이사의 3분의 1 이상이 사외이사 이어야 한다(Rule 3. 3. 1). 그리고 모든 상장회사는 감사위원회를 설치하여야 하는데, 이러한 감사위원회는 당해 회사의 3인 이상의 이사로만 구성되는데 동위원의 과반수는 사외이사이어야 하고 1인 이상은 회계 또는 금융의 경험을 가지고 있어야 한다(Rule 3. 6. 1, 3. 6. 2)."고 규정하고 있다.

---

184) ASX Corporate Governance Council, Principles of Good Corporate Governance And Good Practice Recommendation (Exposure Draft of Changes), 2006. 11. 2.

185) New Zealand Stock Exchange / New Zealand Debt Securities(NZSX/ NZDX) Listing Rule.

Ⅳ. 우리나라 사외이사제도의 운영현황 및 문제점

1. 사외이사제도의 운영현황

(1) 사외이사의 수

한국상장회사협의회의 "2010년 8월 상장법인 사외이사 선임현황 분석"의 결과를 보면, 2010년 8월 31일 현재 유가증권시장 및 코스닥시장 주권상장법인(이하 "상장법인"이라 함) 1,553개사를 대상으로 사외이사 현황을 조사한 결과, 총 3,015명(중복선임 제외시 2,851명)의 사외이사가 선임되어 활동 중인 것으로 나타났다. 1회사당 평균 사외이사 수는 2009년 3월(1.98명)보다 다소 감소한 1.94명으로 나타나 매년 증가 추세를 보이던 1회사당 평균 사외이사 수가 2009년에 이어 2010년에도 다소 줄어든 것으로 나타났다.[186] 또한 유가증권시장과 코스닥시장 상장법인으로 나누어 사외이사 현황을 조사한 결과를 보면 유가증권시장 상장법인의 경우 2009년 3월(2.38명)보다 감소한 2.37명, 코스닥시장 상장법인은 2010년 8월 현재 1.58명으로 2009년 보다 0.07명 감소한 1.58명인 것을 알 수 있다.[187] 사외이사의 수가 증가하면 사외이사들이 서로 협력하여 상근이사를 감독할 수 있는 체제를 구축할 수 있고, 상호간의 정보와 의견교환을 통하여 상근이사를 견제하고 감독할 수 있는 기회가 늘어날 수 있다고 보는데,[188] 사외이사의 인원수를 적정한 수준으로 늘리는 방안을 검토할 필요가 있다.

〈표 1〉 상장법인 1사당 평균 사외이사 인원 상황[189]

2005년3월	1.85명
2006년3월	1.90명
2007년3월	1.92명
2008년3월	1.99명
2009년3월	1.98명
2010년3월	1.94명

186) 박종구, 전게논문, 21면. 참조.
187) 한국상장회사협의회 "2010년 상장법인 사외이사 선임현황 분석", 상장, 2010년 10월호, 32면
188) 김영균, "사외이사의 책임면제 · 완화론에 대한 비판적 검토", 기업법연구 제21권 제2호(통권 제29호), 한국기업법학회 2007, 106면.
189) 한국상장회사협의회, "2010년 상장법인 사외이사 선임현황 분석", 상장, 2010년 4월호, 48면; 10월호, 32면.

〈표 2〉 사외이사 선임 현황[190]

(단위 : 개사, 명)

구 분		대상 회사 수	사외 이사 수	1사당 사외 이사 수
유가 증권 시장 상장 법인	2010.8	710	1,684	2.37
	2009.3	712	1,693	2.38
코스닥 시장 상장 법인	2010.8	843	1,331	1.58
	2009.3	866	1,432	1.65
전 체	2010.8	1,553	3,015	1.94
	2009.3	1,578	3,125	1.98

(2) 사외이사의 학력수준

상장법인의 사외이사의 학력을 보면 2명중 1명(1,503명, 49.9%)이 대학원 이상의 학력자로서, 대졸 학력자(1,361명, 45.1%)보다 4.8%(2009년 3.3%)높은 것으로 나타났다. 유가증권시장 상장법인은 대학원 이상(917명, 54.5%)의 학력자가 가장 높았으며, 코스닥시장 상장법인은 대학교 이상(684명, 51.4%)의 학력자가 가장 높은 것으로 나타나 유가증권시장 상장법인과 차이를 보이고 있다. 대학졸업이상의 고학력자가 많다는 것은 회사운영에 있어 해당 분야의 전문적 지식을 겸비한 사람

〈표 3〉 사외이사의 학력별 분포 현황[191]

(단위 : 명, %)

구 분	유가증권 시장 상장법인		코스닥 시장 상장법인		전 체		
	인 원	구성비	인 원	구성비	인원	구성비	
						2010.8	2009.3
대학원 이상	917	54.5	586	44.0	1,503	49.9	49.5
대학교	677	40.2	684	51.4	1,361	45.1	46.2
고등학교 이하	45	2.7	28	2.1	73	2.4	1.9
기 타	45	2.7	33	2.5	78	2.6	2.4
계	1,684	100.0	1,331	100.0	3,015	100.0	100.0

190) 한국상장회사협의회, “2010년 상장법인 사외이사 선임현황 분석”, 상장, 2010년 4월호, 48면; 10월호, 32면.

191) 최종학력 기준(중퇴자는 중퇴 전 학력 기준)이며 대학교에는 육 · 해 · 공군사관학교와 전문대를 포함하며, 기타는 학력을 확인할 수 없는 경우임. 한국상장회사협의회 “2010년 상장법인 사외이사 선임현황 분석”, 상장, 2010년, 10월호, 34면.

들의 경험을 살려 회사의 경영현황에 대한 정확한 진단을 내리는데 도움이 될 수 있는 요소로 작용될 수 있을 것이다.

(3) 사외이사의 전공분포

상장법인 사외이사의 경우 전공은 경상계열 출신(1,077명, 35.7%)이 가장 높았고, 그 다음으로 이공계열(454명, 15.1%), 법정계열(396명, 13.1%)순으로 나타났다. 유가증권시장 상장법인의 경우에는 경상계열(668명, 39.7%), 법정계열(268명, 15.9%), 이공계열(206명, 12.2%)순으로 나타났고, 코스닥시장 상장법인은 경상계열(409명, 30.7%), 이공계열(248명, 18.6%), 법정계열(128명, 9.6%)순으로 조사되었다. 이러한 분포도를 볼 때 다양한 분야를 전공한 사람들이 사외이사로 선임되었음을 알 수 있는데, 각 기업의 특성별로 이러한 인재들을 잘 활용할 필요가 있다고 본다.

〈표 4〉 사외이사의 전공 분포192)

(단위 : 명, %)

구 분	유가증권 시장 상장법인		코스닥 시장 상장법인		전 체		
	인 원	구성비	인 원	구성비	인원	구성비	
						2010.8	2009.3
경상계열	668	39.7	409	30.7	1,077	35.7	36.2
이공계열	206	12.2	248	18.6	454	15.1	15.4
법정계열	268	15.9	128	9.6	396	13.1	13.6
인문사회계열	160	9.5	101	7.6	261	8.7	9.1
의약계열	39	2.3	37	2.8	76	2.5	2.8
기 타	343	20.4	408	30.7	751	24.9	22.8
계	1,684	100.0	1,371	100.0	3,015	100.0	100.0

(4) 사외이사의 직업군

상장법인의 사외이사를 직업군별로 살펴보면, 기업인(1,023명, 33.9%)이 가장 많

192) 고등학교 이하 학력자 제외, 기타 - 대학교 이상 학력자 중 전공 미기재 포함, 한국상장회사협의회 “2010년 상장법인 사외이사 선임현황 분석”, 상장, 2010년, 4월호, 51면; 10월호, 34면.

은 것으로 나타났으며, 그 다음으로 교수(679명, 22.5%), 변호사(338명, 11.2%)순으로 조사되었다. 이러한 분포는 사외이사들이 상근이사의 업무집행을 감독하고 견제할 수 있는 충분한 전문적 소양을 구비한 것으로 평가할 수 있다. 다만, 기업인 출신이 많은 것은 많은 기업들이 당해 기업에 우호적인 자를 손쉽게 사외이사로 선임하고자 한 취지가 엿 보이는 바, 보다 객관적 인력풀을 통하여 사외이사가 선임될 수 있도록 노력해야 할 것으로 본다.

〈표 5〉 직업군별 분포[193)]

(단위 : 명, %)

구 분	유가증권 시장 상장법인		코스닥 시장 상장법인		전 체		
	인 원	구성비	인 원	구성비	인원	구성비 2010.8	구성비 2009.3
기업인	506	30.0	517	38.8	1,023	33.9	35.0
교 수	415	24.6	264	19.8	679	22.5	21.8
변호사	204	12.1	134	10.1	338	11.2	10.8
전직 공무원	136	8.1	72	5.4	208	6.9	6.4
기관/협회/단체 등	129	7.7	74	5.6	203	6.7	4.7
회계사/세무사	88	5.2	82	6.2	170	5.6	6.3
연구원	44	2.6	19	1.4	63	2.1	2.5
언론인	30	1.8	24	1.8	54	1.8	1.7
기 타	132	7.8	145	10.9	277	9.2	10.9
계	1,684	100.0	1,331	100.0	3,015	100.0	100.0

(5) 사외이사의 임기 · 겸직현황

상장법인 사외이사의 임기는 3년(2,363명, 78.4%)이 가장 많은 것으로 조사되었으며, 다음으로 2년(443명, 14.7%), 1년(209명, 6.9%)순으로 나타났다. 기업의 경영현황을 숙지하여 경영감독을 원활하게 하기 위해서는 사외이사의 임기는 최소한

193) 직업 구분은 전직과 현직을 포함한 것이고, 기타는 명예직, 자영업, 의사 등 위 분류기준에 포함하기 어려운 경우임, 한국상장회사협의회, "2010년 상장법인 사외이사 선임현황 분석", 상장, 2010년 10월호, 35면.

2년 이상으로 보장해 해 주는 것이 바람직한 것으로 생각된다. 상장법인 사외이사의 겸직과 관련하여 현행법에서는 2개회사 이내의 상장법인에서 사외이사로 활동하는 것이 가능하도록 되어있는데(상법 시행령 제13조 5항 제3호), 겸직을 하고 있는 사외이사 수(164명)는 2009년 203명에 비해 다소 감소한 것으로 나타났다. 이것은 특정인의 사외이사 겸직 편중현상이 줄어든 것으로서 회사의 올바른 경영감독을 위하여는 바람직한 것으로 평가된다.

〈표 6〉 **사외이사의 임기**194)

(단위 : 명, %)

구 분	유가증권 시장 상장법인		코스닥 시장 상장법인		전 체		
	인 원	구성비	인 원	구성비	인원	구성비	
						2010.8	2009.3
1년	155	9.2	54	4.1	209	6.9	6.1
2년	344	20.4	99	7.4	443	14.7	13.7
3년	1,185	70.4	1,178	88.5	2,363	78.4	80.2
계	1,684	100.0	1,331	100.0	3,015	100.0	100.0

〈표 7〉 **사외이사 겸직 현황**195)

(단위 : 명, %)

겸직 현황 구분	사외이사 수		증 감
	2010.8	2009.3	
유가증권시장 상장법인 2개사 겸직	106	115	▲9
코스닥시장 상장법인 2개사 겸직	20	34	▲14
유가증권시장 상장법인과 코스닥시장 상장법인 각각 1개사 겸직	38	54	▲16
계	164	203	▲39

194) 한국상장회사협의회, "2010년 상장법인 사외이사 선임현황 분석", 상장, 2010년, 10월호, 35면.
195) 169명이 2개사 사외이사를 겸직, 한국상장회사협의회, "2010년 상장법인 사외이사 선임현황 분석", 상장, 2010년 4월호, 52면; 10월호, 35면.

2. 사외이사제도의 운영상 문제점

(1) 회사경영의 투명성

우리나라 상장기업을 보면 지배주주가 대부분의 이사를 선임하고 또한 대표이사는 지배주주인 이사 또는 지배주주가 선호하는 이사 중에서 선임되므로 이사회는 사실상 지배주주에 의하여 지배되고, 이사회의 업무집행 기관에 대한 감독기능은 형해화 될 수밖에 없는 구조이다. 따라서 업무집행기관에 대한 감독기관이 사실상 존재하지 않게 되므로, 지배주주나 대표이사에 의한 광범위한 회사 비리가 자행되게 되었다. 이는 소수주주, 근로자, 소비자 및 그 밖의 많은 회사의 이해관계자들에게 손실을 끼치게 되고, 대외적인 회사의 신인도에 먹칠을 하고 회사경영 전반에 불신을 초래하게 된다. 따라서 회사경영의 투명성을 확보하기 위하여 지배주주나 대표이사로부터 독립된 사외이사를 이사회에 의무적으로 참여시켜야 하는 것이다.

(2) 회사경영의 전문성 제고 및 효율성

이사회의 업무를 직접 담당하는 사내이사는 내부정보에 정통하고, 회사의 업무집행에 전념하므로 사외이사보다 회사경영의 전문성과 효율성을 제고할 수 있다는 견해가 있다. 그러나 대표이사 1인 또는 소수의 사내이사가 업무집행의 의사를 결정하는 것보다는 다수의 다양한 의견을 종합하여 업무집행에 반영하는 것이 훨씬 업무집행의 효율성과 전문성을 제고할 수 있다고 본다. 회사의 업무집행에 관한 중요한 의사를 결정하는데 있어서는 최고경영자의 경영방침을 그대로 따를 가능성이 많은 사내이사에게만 의존할 수는 없다. 그보다는 회사의 외부환경에 관한 정보와 전문적 지식이 풍부한 사외이사와 사내이사가 함께 결정하는 것이 경영상의 위험을 줄일 수 있고 또한 회사경영을 합리화 할 수 있을 것이다.

(3) 사외이사의 책임과 보수

상법상 감사위원회는 감사를 갈음하기 때문에 사외이사가 감사위원인 경우에 그 위원인 사외이사는 이사로서 업무집행과 관련된 책임을 져야 할 뿐만 아니라 감사위원으로서 감사의 책임도 부담하여야 하므로 그 책임은 사내이사에 비하여 가중될 수밖에 없다. 사외이사의 이와 같은 무거운 책임은 유능한 인재들이 사외이사로 영입되는 것을 가로막는 장애요인이 될 수 있다.

또한 사외이사의 보수는 정관 또는 주주총회의 결의로 정해지도록 규정되어 있으나, 실제로는 이사회에서 이사의 보수에 대한 안건을 제시하고 이를 형식적으로 추인하는 형태로 운영되는 경우가 많다. 실질적으로 이사회에 의해 정해지는 사외이사의 보수는 상근사내이사보다 낮은 것이 일반적인데 사외이사의 책임을 강화함과 아울러 이에 상응하는 적정한 수준의 보수를 책정하는 문제를 검토할 필요가 있다.

(4) 사외이사의 교육과 평가

사외이사들은 특정분야에 있어서 각자의 전공이나 직업에 따른 전문적 지식만 가지고 있을 뿐, 회사의 업무집행 전반에 관하여 구체적인 전문지식을 보유하고 있지 못하다. 따라서 사외이사의 전문성을 높이기 위해서는 해당기업의 사업과 관련한 전문가를 선임하도록 하고, 해당업무에 관한 전문성이 부족할 경우에는 적절한 사내교육을 실시하고 외부교육에 참가시켜 사외이사로서의 기본적인 소양과 윤리를 지속적으로 교육시키는 것이 바람직하다고 생각된다. 즉 기업은 사외이사가 그 본래의 역할을 제대로 수행할 수 있도록 지속적이고 정기적인 교육 프로그램을 개발하고 실시할 필요가 있다.

또한, 사외이사의 업무수행에 대하여 정기적으로 평가하고 또한 이를 공시함으로써 사외이사가 최고경영자의 의사 결정에 대한 자문과 감시의 역할을 잘 수행하고 있는지를 확인하는 것도 사외이사제도의 운영에 있어 중요한 문제가 될 것이다. 사외이사 중 전문성을 가진 이사의 비중이 높을수록 공개매수대상회사의 주주들이 받는 공개매수의 프리미엄이 높은 점은 참고할 만하다. 사외이사에 대한 적정한 평가는 같은 사외이사나 회사의 경영진이 하도록 할 것이 아니라 회사이외의 공신력 높은 기관이 담당하는 것이 객관성을 담보할 수 있을 것이다.

V. 사외이사제도의 개선방안

1. 사외이사의 자격강화 및 선임 투명성 확보

사외이사의 의의에서 이미 살펴 본 바와 같이 우리 상법은 제382조 제3항에서 모든 주식회사에 공통되는 사외이사의 결격사유를 규정하고 사외이사가 이러한 결격사유에 해당하면 그 직을 상실하는 것으로 규정하고 있다. 또한 상법 제542조의8 제2항에서는 상장회사의 사외이사의 경우에는 추가적인 결격사유를 나열하여 결격사유에 해당하면 그 직을 상실하는 것으로 규정하고 있다. 즉, 현행 상법상 사외이사의 결격사유는 「모든 주식회사의 사외이사에 공통적으로 적용되는 결격사유」와 「상장회사의 사외이사에 대하여만 추가하여 적용되는 결격사유」 등으로 구분하여 이중으로 규정되어 있고 또한 상장회사 사외이사에 대하여 추가적으로 적용되는 결격사유는 지나치게 복잡하게 나열되어 있어 이를 정비할 필요가 있다고 본다. 또한 사외이사는 전문성을 가지고 있어야 하므로 이에 관한 적극적 요건을 어느 정도 규정하는 것이 요구된다. 상법은 대회사의 감사위원회 위원에 대하여는 적극적 자격요건을 규정하고 있는데(상법 제542조의 11제2항, 동법시행령 제16조 제2항), 현행 상법은 사외이사에 대한 결격사유에 대하여 비교적 상세하고 복잡하게 규정하고 있으나, 사외이사의 선임자격의 적극적 요건에 대하여는 최소한의 규정도 마련되고 있지 않다. 따라서 상법 등에서 사외이사의 전문성을 담보할 수 있는 최소한의 규정을 마련하도록 하고 이러한 취지에 따라 각 회사의 정관이나 내규 등에 사외이사의 전문성을 담보할 수 있는 상세한 규정을 두도록 하고, 이러한 규정에 따라 각 회사에 가장 적합한 사외이사를 선임하도록 할 필요가 있다.

한편, 현행상법상 사외이사는 주주총회에서 선임되나 이 주주총회에서 사외이사를 추천하는 기관은 자산총액 2조 원 미만인 상장회사는 이사회이고 자산총액 2조 원 이상인 상장회사는 사외이사후보추천위원회이다. 중회사이든 대회사이든 소수주주는 주주제안권을 행사하여 사외이사후보를 추천할 수 있다. 대회사의 경우 사외이사 후보추천위원회가 사외이사를 추천하는데, 사외이사가 총 위원의 2분의 1 이상으로 구성된 사외이사후보추천위원회가 사외이사후보를 추천하는 것은 자기를 추천하는 결과가 될 수도 있으므로 문제점이 있다고 본다. 이러한 사외이사 후보추천 위원회는 지배주주가 있는 회사의 경우에는 동 위원회가 지배주주의 영향하에 있어 사외이사 선임의 독립성을 담보하지 못하고 지배주주가 없는 회사의 경우에는 사외이사중심의 동 위원회가 사외이사의 원래의 취지를 일탈하여 경영권을 장악하는 수단으로 남용될 수 있다. 따라서 대회사의 경우 경영진으로부터 독립되고 경영권의 장악에 남용되지 않는 사외이사 추천기관이 필요한데 이러한 추천기관은 공익적 성격이 있는 외부기관이 적합하다고 본다. 이와 같이 회사의 이사회가 현재와 같은 사외이사후보추천위원회의 추천보다는 인력풀이 풍부한 외부기관의 추천에 의한 도움을 받아서 주주총회에 사외이사후보를 추천하는 것이 사외이사제도의 본래의 취지에 부합될 것이다.

2. 공정하고 객관화된 사외이사 추천기관 활용

사외이사의 업무에 있어서 전문성을 제고하기 위하여는 사외이사에게 전문적인 지식과 그 업무에 관한 경험이 있어야 한다. 사외이사의 전문성과 관련하여 대회사는 교수· 연구원등 전문지식을 중요시 하고 있으나, 중회사의 경우에는 동종업종의 재직경험을 중요시하는 것으로 나타나고 있다. 사외이사의 전문성은 회사의 규모와 업종에 따라 상이할 수밖에 없고, 따라서 모든 회사에 공통되는 사외이사의 전문성을 논하기는 어렵다.

한편, 사외이사 후보는 회사외부의 공신력이 있는 추천기관이 추천하도록 하고 이러한 추천기관은 이미 공시되고 있는 다양한 사외이사 인력풀을 이용하여 그 회사에 가장 적합한 사외이사후보를 추천하도록 하면 전문성이 많이 향상될 것으로 본다. 사외이사의 인력풀에는 다양한 회사와 다양한 업종에서의 경험을 가진 자는 말할 것도 없고, 다양한 전문지식을 가진 자들을 등록시켜 그들의 인적사항을 사전에 모두 공시하여 사외이사후보로서의 자격과 능력에 대하여 공개, 검증을 받도록 한 후, 이러한 공정하고 객관화된 인력풀에서 사외이사후보를 추천한다면 전문성과 효율성 제고에 크게 도움이 될 것으로 본다.

3. 경영판단의 원칙의 수용[196)]

기업경영을 성공적으로 실현하기 위해서는 동일한 업종의 다른 기업보다 앞선 독창적 기획, 정확한 예측, 과감한 투자 등이 요구된다. 또한 기업을 경영하는데 있어서는 필연적으로 어느 정도 경영리스크가 수반되기 마련이다. 이러한 상황에서 이사(사외이사 포함)의 경영상의 결정에 따른 결과가 회사에 손해로 돌아올 경우에 경영상의 결정을 내린 이사에게 손해배상책임 등을 쉽게 인정한다면, 이사로서는 경영상의 실패에 따른 책임을 면하기 위해 소극적인 경영을 펼칠 수밖에 없게 된다. 또한 회사경영과 관련된 전문적인 지식이 부족한 상태에서 법원이 사후판단만으로 이사의 경영판단을 재단한다면 이사의 활동은 부득이 위축될 수밖에 없다. 따라서 기업의 발전과 성공을 위해서는 이사에 대한 지나친 책임추궁보다는 이사가 어느 정도의 위험을 무릅쓰고 적극적으로 경영에 임할 수 있는 환경을 조성하여 기업가 정신을 발휘하도록 할 필요가 있다.

즉, 기업의 발전과 성공을 위해서는 이사에 대한 지나친 책임추궁을 강조하기 보다는 이사가 어느 정도의 위험을 감수하고 적극적으로 경영에 참여하여 본인이 가지고 있는 기업가정신을 최대한 발휘할 수 있도록 하는 것이 요구된다고 생각된다. 이러한 관점에서 미국 회사법에서는 일찍부터 판례를 중심으로 「경영판단의 원칙」에 대한 논의가 전개되어 왔다.[197)]

「경영판단의 원칙」[198)]은 이사가 권한 내의 경영사항에 관하여 합리적인 근거에

---

196) 이에 대하여는 최완진, "경영판단의 원칙의 새로운 동향과 한국상법수용론", 안암법학, 2008년 통권 제26호 249~277면. 참조.

197) 이사는 법령 또는 정관에 위반하는 행위를 한 때 회사에 대하여 손해배상책임을 진다(상법 제399조 제1항 참조). 직무의 수행과 관련하여 이사가 악의 또는 중대한 과실로 인하여 그 임무를 해태한 때에는 제3자에 대하여 손해배상책임을 부담한다(상법 제401조 참조). 그리고 이사는 회사에 대해서 위임계약관계에 있으므로 위임에 관한 민법 제681조가 준용된다. 그러므로 이사는 회사에 대해 선량한 관리자의 주의로써 사무를 처리할 의무, 이른바 선관주의의무를 부담하고, 이 의무에 위반한 때에는 채무불이행책임을 부담한다. 회사 또는 제3자에 대하여 불법행위책임을 질 수도 있다. 이와는 별도로 상법은 제382조의3에 이사의 충실의무를 정하고 있다. 김상규·이형규, "이사의 책임강화에 따른 대응방안에 관한 연구", 코협연구보고서 02-4, 코스닥등록법인협의회, 2002. 12, 48면 참조.

198) 「경영판단의 원칙」이란 선의로 경영판단을 한 이사는 그 판단이 회사에 손해를 가져왔다고 할지라도 일정한 요건을 충족하는 경우 법원이 사후적으로 개입하여 주의의무위반으로 이사의 책임을 물을 수 없다는 원칙이다. 그 요건을 보면 첫째, 이사가 그 사안에 대하여 개인적인 이해관계가 없으며 독립성이 있어야 하고, 둘째, 이사가 그 사안과 관련된 합리적으로 이용할 수 있는 모든 중요한 정보를 알아야 하며, 셋째, 그 판단이 회사에 최선의 이익을 위하여 이루어진다는 것을 선의로 믿어야 하

의하여 회사에 최상의 이익이 된다고 신뢰하는 바에 따라 성실하게 독자적인 결단을 하면 그 결과 회사에 손해가 발생하더라도 이사에게 손해배상책임을 물어서는 안된다는 원칙이다.[199] 다시 말하면 "이사가 업무를 집행함에 있어 자신의 권한범위 내에서 합리적인 근거를 가지고, 일정한 경영상의 결정에 도달하였으며, 자신이 회사의 최상의 이익에 합치한다고 성실하게 믿었던 사항 이외의 요인으로부터는 아무런 영향을 받지 않고 그 독자적인 재량과 판단의 결과에 따라 성실하게 행동하였다면, 법원은 당해 행위를 해지 또는 무효로 하거나 이사에게 결과적으로 초래된 손해에 관하여 배상책임을 부과하기 위하여 회사의 내부적인 경영사항에 간섭하고 법관의 판단으로서 이사의 판단을 대신하여서는 아니된다는 원칙"이라고 정의할 수 있다.[200] 이 견해는 「경영판단의 원칙」이 가지는 사법심사에 대한 억제적 기능을 강조한 것이라고 볼 수 있다. 물론 이사의 충실의무를 위반한 경영상의 결정은 「경영판단의 원칙」에 의해서 보호받지 못한다.[201] 우리나라에서는 「경영판단의 원칙」의 도입을 긍정하는 학설과 부정하는 학설이 대립되고 있는데 다수설은 이 원칙의 도입을 찬성하고 있다. 다만 구체적인 도입방안을 제시하기 보다는 미국에서의 「경영판단의 원칙」을 인정한 데 대한 취지를 고려하여 우리 상법의 해석에 적용할 수 있다는 입장을 보이고 있다.

도입긍정설의 논거는 다음과 같다. ① 이사의 행위로 인하여 회사에 손해가 생긴 때에는 항상 선관주의의무 위반으로 이사의 책임을 인정하는 것은 대단히 가혹하고, 결과적으로 유능한 인재를 이사로 기용할 수 없는 상황을 초래할 수 있다. ② 오늘날 주식회사의 경영은 복잡하기 때문에 이사회의 경영판단의 적부를 사후적으로 심사하여 과실의 유무를 판단하는 것은 용이하지 않으므로 이사들의 경영상의 판단에 과오가 있었느냐를 판가름함에 있어서 법원은 매우 신중하여야 하고 선관주의의무의 위반을 인정할 것은 아니다.[202] ③ 「경영판단의 원칙」을 도입함으로써

고, 넷째, 이사에게 충실의무 위반이나 사기 또는 중과실에 의한 주의의무 위반이 없어야 한다고 되어있다. 이러한 「경영판단의 원칙」은 적어도 150여년 이상 보통법상의 원칙의 일부로 되어 있다. Solomon, Palmiter, "Corporations Examples and Explanations", Aspen Law & Business, 1999, p.201; Hamilton, R. W., "The Law of Corporations in a Nutshell", West Publishing, 1996, p.386. 참조.

199) Franklin A. Gevurtz, The business Judgement Rule: Meaningless Verbiage or Misguided Notion?, 67 S. Cal. L. Rev. pp.287~291(1994).

200) Harry G. Henn & John R. Alexander, Laws of Corporations and Other Business Enterprise, West Publishing Co., p.661(3rd ed. 1983).

201) Donald E. Pease, Aronson v. Lewis: When Demand is Excused and Delaware's Business Judgement Rule, 9 Del. J. Corp. L. 39, p.63(1984).

창출되는 효율성 증대의 효과는 궁극적으로 회사와 주주에게 더 많은 이익을 얻을 수 있게 한다. 이사가 사기, 위법한 행위를 하거나, 이사의 행위가 경영목적의 합리성 결여 또는 중대한 과실이 입증된 경우에는 이사의 책임을 추궁할 수 있으므로 소주주주의 보호에 역행하는 것은 아니다.[203] ④ 경영판단은 이사의 독자적인 재량에 맡겨져야 하고, 설사 이사의 경영판단으로 인하여 회사에 손해를 끼쳤다 하더라도 법원이 이에 간섭하지 않는 것이 이사의 창의력과 기업가정신을 위축시키지 않고 경영자들에게 활력을 가져다 줄 수 있다.

이에 대해 도입부정설은 ① 미국에서의 「경영판단의 원칙」은 소유와 경영이 분리된 공개기업에 적용되는 원리이므로 대부분의 중소기업들뿐만 아니라 대기업조차 폐쇄회사적 특성을 가지고 있는 우리나라에서는 소수주주를 보호하기 위해서는 법원의 역할이 중요하므르 동 원칙을 도입할 수 없다고 한다.[204] ② 우리나라는 이사의 주의의무기준이 제대로 확립되어 있지 않는데 이사들에게 책임을 물을 기준도 확립하지 않고서 이 원칙을 도입하는 것은 논리적으로나 법적으로도 타당하지 않다고 한다.[205] ③ 우리나라는 이사에 대한 시장의 통제기능이 제대로 발달되어 있지 않아서 사법부가 시장의 기능을 보완할 수 있는 역할을 맡아야 하는데, 우리나라 사법부는 능동적 · 적극적이지 않으므로 「경영판단의 원칙」을 도입하게 되면 사법부의 소극적 태도로 말미암아 결국은 이사의 의무위반행위를 조장하게 되는 결과를 발생시킨다고 한다.[206] ④ 「경영판단의 원칙」은 이사가 선의로 회사의 최선의 이익을 위하여 행동하였다는 것을 추정하는 추정적 효력을 브여하고 있으므로 원고 주주가 이러한 추정을 번복시킬 수 있는 입증의 책임을 부담하게 된다. 따라서 주주대표소송이 제기될 경우 우리나라에는 증거개시제도가 인정되고 있지 않기 때문에 이사는 자신에게 불리한 정보의 공개를 회피하게 될 것이고 주주는 가중된 입증책임과 그에 따르는 비용부담을 하게 되는 문제점이 발생하게 된다고

202) 강희갑, "경영판단의 원칙에 대한 미국법의 최근 동향", 상사법연구 제15권 제2호, 한국상사법학회, 1996. 134면; 김대연, "주주대표소송과 경영판단의 원칙", 상사법연구 제17권 제3호, 한국상사법학회, 1999, 143~144면.

203) 유진희, "미국 회사법상 이사의 주의의무", 서강법학연구 제3권, 2001, 140면.

204) 권재열, "경영판단 원칙의 도입여부에 관한 비판적 검토", 비교사법 제6권 제1호, 한국비교사법학회, 1999, 30~31면.

205) 경익수, "경영판단원칙의 적용에 대한 검토", 현대상사법논집-지석 김인제박사 정년기념논문집, 두남, 1997, 72~73면.

206) 권재열, "경영판단 원칙의 도입여부에 관한 비판적 검토", 비교사법 제6권 제1호, 한국비교사법학회, 1999, 31면.

한다.[207)]

「경영판단의 원칙」이 도입되면 이사가 충분한 정보에 기초하여 회사에 최선의 이익이 된다고 판단한 경영상의 결정에 대해서는 책임을 추궁할 수 없게 된다. 우리나라의 이사들은 선량한 관리자의 주의의무를 지고 있는데, 이때 선량한 관리자의 주의의무는 추상적 경과실로서, 이는 미국에서 요구하는 중과실 기준과 비교해 볼 때 우리나라 이사들의 책임정도가 훨씬 엄격하다고 할 수 있다. 따라서 엄격한 주의의무를 부담하고 있는 우리나라 이사들의 업무상 결정에 대해서는 「경영판단의 원칙」을 적용하는 것이 타당할 것이다. 참고로 미국은 「경영판단의 원칙」의 적용요건에 대해 학설 · 판례 및 ALI원칙을 통해 규정하고 있으며, 그 적용범위도 일반적인 기업 이사의 업무수행범위에서부터 특별소송위원회의 소송종료행위, 적대적 기업인수시 대상회사 이사의 방어행위까지 그 범위를 확대하고 있다.

「경영판단의 원칙」을 미국법과 동일하게 도입하게 된다면, 이사의 면책 범위가 확대되어 대주주의 입지를 더욱 강화시켜줄 우려가 있으므로 대주주에 대한 견제장치를 충분히 마련하고 이 원칙을 도입하는 것이 좋다고 본다.[208)]

4. 임원배상책임보험의 도입

이사(사외이사 포함)나 임원이 업무를 수행하는 도중에 직무와 관련된 위법행위로 말미암아 부담하는 배상금과 소송비용을 전보할 목적으로 가입하는 보험을 「임원배상책임보험」[209)]이라고 한다.[210)] 임원배상책임보험은 임원이 부담해야 하는

---

207) 권재열, 상게논문, 1999, 35~36면.

208) 이와 관련하여 과반수 이상의 사외이사의 임명이 강제되는 자산총액 2조 원 이상의 회사에 한하여 「경영판단의 원칙」을 도입하는 것이 좋고 또한 과반수 이상의 사외이사가 참여하여 결의한 이사회의 결정사항에 대하여는 「경영판단의 원칙」을 적용할 수 있는 요건을 충족하고, 이사의 독립성에 큰 하자가 없는 한 사법심사를 대폭 완화하는 것이 필요하다는 주장이 있다. 안택식, "기업경쟁력 강화를 위한 사외이사 제도의 개선방안", 상사법연구 제21권 제2호, 한국상사법학회, 2002, 270~272면. 참조.

209) 「임원배상책임보험」, Director's and Officer's Liability Insurance)은 회사가 이사나 임원에게 보상한 금원을 보험회사가 회사에게 보상하는 방식(Corporate Reimbursement Form)과 보험회사가 회사로부터 보상받지 아니한 개별 이사나 임원에게 직접 보상해 주는 방식(Director's Form)으로 나눌 수 있다. James D. Cox & Thomas Lee Hazen & F. Hodge O'neal, Corporations, Aspen Law & Business, 1977, p.454.

210) 미국의 임원배상책임보험은 500인 이상의 주주로 구성된 공개회사의 9할 이상이 가입하고 있고, 주주소송사건에 관련된 회사의 80%가 가입하고 있으며, 화해 금액의 50%내지 80%가 이 보험에 의해

손해배상책임을 보상하는 것으로 기본적으로 책임보험의 일종이라고 할 수 있다. 그리고 전문직배상책임보험에 해당하여, 담보의 범위가 임원으로서의 업무와 관련하여 행한 행위에 기인한 것에 한정되고, 보험사고의 기준은 배상청구기준(claims-made basis)이 채택되고 있다. 또한 보상한도액을 1청구당(per claim)의 한도액과 총보상한도액(aggregate limit)로 정하여 보험자의 책임의 상한을 제한하고 있으며, 고의면책이 아닌 인식있는 법령위반을 면책사유로 하고 있다.[211] 즉 이사가 회사에게 위법행위를 범한 경우에는 임원배상책임보험에 의한 보상은 허용되지 않는다.[212] 그 이유로는 자기 회사에게 위법행위를 한 이사에게 보상할 목적으로 회사가 보험에 가입하는 것은 공서양속에 위반되기 때문이다. 임원배상책임보험은 고지의무에 있어 독특한 문제를 지니고 있다. 즉 이 보험의 피보험자는 회사의 모든 이사임에도 불구하고 보험계약을 청약하고 보험자의 질문서에 응답하는 자는 대표이사라는 것이다.[213] 따라서 대표이사가 고지의무를 위반한다 하더라도 여타 이사들은 고지의무가 위반되고 있다는 사실조차도 모르는 경우가 존재하게 되고 이 경우 그러한 이사들은 보험보호를 받지 못하게 되는 문제가 발생한다. 또한 담보범위와 관련하여 약관상의 중요한 내용을 이루는 임원배상책임보험의 면책약관은 그 특성상 다른 보험에서는 찾아볼 수 없는 사유를 포함하고 있는데, 대표적으로 현행의 보통약관이 가지고 있는 특이한 규정으로 미국의 피보험자간 배상청구면책에 기원을 두는 이사에 대한 회사배상청구면책과 대표소송면책이 그것이다. 특히 이 양자면책 사유는 임원배상책임보험의 존재의의와 관련하여 중요한 점을 내포하고 있다. 현행 상법상 이사에 대한 책임추궁의 방법은 회사의 직접청구와 주주에 의한 대표소송 양자의 방법뿐 임에도 이 양자를 모두 면책으로 정해두고 있는 보통약관에 대한 타당성 검토가 반드시 필요하다고 본다.

서 지불된다고 한다.

211) 임원배상책임보험에 관하여는 최병규, "회사임원배상책임보험", 보험학회지, 제54집, 1999. 12, 21~45면, 장덕조, "임원배상책임보험의 고지의무와 면책약관 연구", 보험학회지, 제60집, 2001. 12, 3~28면. 참조.

212) Janet Cooper Alexander, Do The Merits Matter? A Study of Settlements in Securities Class Actions, 43 Stan. L. Rev. 497, February. 1991. p.555.

213) 현행 임원배상책임약관의 용어의 정의에서 피보험자를 "법인의 모든 임원을 말하며, 이미 퇴임한 임원 및 이 보험계약의 보험기간 중에 새로 선임된 임원을 포함한다. 다만, 초년도 계약의 보험기간의 개시일 이전에 퇴임한 임원을 제외한다. 또한 임원이 사망하였을 경우에는, 그 임원과 그 임원 상속인 또는 상속재산 법인을, 임원이 파산하였을 경우에는 그 임원과 그 임원의 파산관재인을 동일한 피보험자로 간주한다."라는 규정을 두고 있다.

일반적으로 임원배상책임보험이 가입된 경우, 이사들은 판결보다 화해를 선호하는 경향이 있다.[214] 오늘날 미국에서 대다수의 소송은 확정판결이 나오기 전 화해로 종결되기 때문에 이사가 직접적으로 배상금을 부담하는 위험은 감소하고 있다.[215]

임원배상책임보험은 회사의 전체 임원을 피보험자로 하여 일괄가입하여 가입하는 단체보험으로서의 성격을 갖는다. 이에 따라 어느 한 피보험자의 행위가 보험계약의 무효, 해지 또는 면책사유에 해당하는 경우 그것이 다른 선의의 피보험자에 대해서도 효력이 미치게 된다. 그러나 대표이사가 보험계약청약서나 질문서에 한 부실기재의 내용이 개별적이고 회사나 다른 이사의 책임문제가 발생하지 않는 경우에는 다른 이사에 대한 계약부분까지 해지하도록 할 필요는 없고, 선의인 피보험자는 보호되어야 한다고 생각된다. 이러한 경우에 선의의 임원을 확실하게 보호하기 위해서 약관에 개별담보조항을 두는 것이 바람직할 것이다.

Ⅵ. 결언

지금까지 살펴본 바와 같이 현행 사외이사제도는 원래의 도입취지와 다르게 운영되는 실정이므로 사외이사제도의 문제점을 개선하여 사외이사의 독립성과 효율성을 확보할 수 있는 방안들을 모색할 필요가 있다. 그 방안은 대체로 다음과 같다고 본다.

첫째, 사외이사제도를 도입하였다고 하여 회사경영의 투명성이 담보되는 것은 아니기 때문에 사외이사제도를 활성화하기 위하여는 먼저 업무집행기관과 감독기관을 분리하여 사외이사를 감독기관 및 감사기관에 참여시키는 토양이 마련될 수 있는 기업지배구조를 정립할 필요가 있다. 둘째, 상법을 비롯한 관련법령에서는 독

214) Janet Cooper Alexander, supra note 58, pp.550~554.

215) 미국은 주법에 의해서 회사의 보험료 지급을 인정하고 있다(RMBCA 제8.57조, 뉴욕주회사법 제726(b)조, 델라웨어 주회사법 제145(g)조). 회사가 스스로 보험료를 부담하면서 이사를 위하여 임원배상책임보험을 가입하는 것이 허용될 수 있는가에 관해서는 이사는 회사의 위임사무를 처리하는 자로서 회사가 부담하는 보험료는 위임비용으로서 허용된다는 견해와 임원배상책임보험은 결과적으로 이사의 책임을 면제해 주고, 회사가 보험료는 이사에게 무상의 이익을 제공하는 것이기 때문에 주주총회의 승인이나 총주주의 동의가 없으면 허용되지 않는다는 견해가 대립하고 있다.

립적 사외이사를 선임할 수 있는 자격요건을 명시적으로 규정하고 있으나, 실제로 사외이사로 선임 되는 경우를 보면, 회사의 전직계열사임원 또는 지배주주와 지연과 학연 등으로 얽혀진 비독립적인 인사들이 많다. 따라서 당해 회사 및 계열회사의 임직원이었거나 중요거래관계가 있는 법인의 임직원이었던 자가 사외이사로 선임되는 것을 금지하는 냉각기간을 연장하고 대주주나 경영진으로부터 독립된 추천기관이 사외이사를 추천하도록 하여 사외이사후보의 자격을 더욱 강화할 필요가 있다. 셋째, 사외이사 선임의 독립성을 확보하는 방안을 사외이사 후보 추천과정에서 인력풀이 보다 원활하게 활용될 수 있도록 노력하여야 한다. 즉, 사외이사의 인력풀에 있어서 공익성과 공공성을 고려하여 사외이사 인력뱅크이외에 상장회사협의회, 코스탁상장회사법인회, 기타 비영리 증권유관기관 등이 운영주체가 될 수 있도록 제도를 정비할 필요가 있다. 넷째, 사외이사의 독립성을 확보하기 위하여는 선임과정에서 투자자의 감시를 위한 공시가 강화될 필요가 있다. 즉, 사외이사 선임을 위한 주주총회 소집통지서에는 최대주주와의 관계를 비롯하여 경영진과의 관계, 추천사유등을 보다 상세히 공시할 필요가 있다. 다섯째, 이사회의 감독기능을 활성화 하고 사외이사제도를 보완하기 위하여는 개정상법(회사편 제408조의 2 ~ 제408조의9)이 채택한 미국식 집행임원제도를 도입하여 업무집행은 집행임원에게 맡기고 이사회는 중요한 전략적의사결정과 업무집행에 대한 경영감독기능만을 담당시켜 업무집행과 경영감독을 제도적으로 분리할 필요가 있다. 여섯째, 현재 상장법인의 사외이사에 대한 지원조직은 매우 미미한 상태이므로 회의 안건의 의사결정에 관한 경영정보파악을 위해 사외이사를 보좌할 수 있는 조직의 설치와 공시를 강화하고 각 기업은 사외이사에게 매월 또는 일정분기별로 회사의 중요한 경영정보를 제공하고 사외이사에게 회사의 경영상황, 경영전략, 영업현황, 이사 직무수행규정등에 대한 정기적인 교육을 통하여 사외이사의 전문성을 제고하여야 할 것이다. 일곱째, 이사가 업무를 수행함에 있어 발생할 수 있는 위험과 불필요한 소송으로부터 이사를 보호하고 유능한 경영자를 영입하여 보다 적극적인 경영을 할 수 있도록 하기 위하여는 개정상법 제400조 제2항(이사의 회사에 대한 책임)이 채택한 바와 같이 사외이사의 책임을 정관이 정하는 바에 따라 그 행위를 한 날 이전 최근 1년간의 보수액이 3배를 초과하는 금액에 대하여 면제할 수 있도록 규정할 필요가 있다. 여덟째, 사외이사가 본래의 기능을 효율성있게 수행하기 위하여는 이사회 의장과 대표집행임원을 원칙적으로 분리하여 이사회의장은 원칙적으로 사외이사가 담당하도록 하고, 사외이사의 수를 5인 이상으로 확대하되 사외이사의 연속 재임기간을 최대 5년으로 제한하는 방안 등을 검토할 필요가 있다. 아홉째, 사외이사는 과다한 책임에 비하여 보상은 상대적으로 낮은 수준으로 인센티브 시스템이 미흡하므로 사외이사의 책임을 제한 또는 경감할 수 있도록 제도적 장치를 마련하고 임원배상책임보험을 현실화하여 적극 활용할 수 있도록 하며 「경영판단의 원칙」을 적용하여 사외이사의 책임을 제한할 필요가 있다.

끝으로, 미국식 사외이사 제도가 글로벌 스탠다드로 자리잡는 현실에서 각 기업들은 사외이사를 회사에 도움이 되는 건전한 감시자로 인식하고 회사경쟁력 제고를 위하여 유능한 사외이사를 선임하여 회사의 발전에 기여할 수 있도록 하고, 타사의 CEO를 사외이사로 활용함과 아울러 외국인 사외이사의 선임도 확대할 필요가 있다고 본다.

제 6 장 비교법적 고찰을 통한 우리나라 감사제도의 실태와 개선방안

I. 서론

주식회사의 지배구조에 있어서 감사제도는 우리나라 상법의 개정 역사에 있어 가장 중요한 논제중의 하나였다고 생각된다. 기업경영의 불투명성과 기업지배구조의 후진성이 IMF경제위기 사태를 초래한 중요한 단초가 되었다는 지적이 있은 지 벌써 10년이 지났다. 현시점에서 지난 몇 년에 걸쳐서 이루어졌던 기업경영 투명성과 지배구조 개선작업의 일환이었던 감사제도가 원래의 의도대로 제대로 작동하고 있는가를 점검해 보는 것은 꼭 필요한 작업이라고 생각된다.

우리나라는 감사제도와 함께 미국식감사위원회를 도입하였고 일정한 규모의 금융기관의 경우에는 미국식 준법감시인(compliance officer)의 설치가 의무화되기도 하였다. 현행 상법 체계상 기업경영에 대한 내부적 감독 및 감사기관은 2가지로 되어있다. 즉 이사의 직무집행에 대한 감독기관으로서의 이사회와 이사의 직무집행에 대한 감사기관으로서의 감사 및 감사 위원회가 그것이다.

감사제도에 관한 외국의 입법례로는 ① 이사회의 과반 수 이상을 독립된 사외이사(outside director)로 구성하고 사외이사로 구성되는 감사위원회(audit committee)를 설치·운영하는 방식(미국), ② 3인 이상의 감사로 감사회(Aufsichtsrat)를 설치·운영하는 방식(독일), ③ 사외감사와 감사회를 활용하는 방식(일본) 등이 있다.

현행 상법은 1999년 개정에 따라 미국식의 감사위원회를 회사의 선택에 따라서 도입함으로써 주식회사는 이사회 내 위원회의 하나인 감사위원회 제도를 감사에 갈음하여 채택할 수 있으며, 감사위원회는 3인 이상의 이사로 구성하고 3분의 2 이상은 사외이사로 선임하도록 규정하고 있다(상법 제415조의 2). 따라서 이러한 감사위원회란 감사에 갈음하여 이사의 업무집행과 회계를 감사할 권한을 가진 이사회 내 위원회의 하나인 필요상설기관이라고 볼 수 있다. 이러한 감사위원회는 합의체의 의결기관인 점에서 감사가 수인이 있는 경우와 구별된다.[216]

본고에서는 먼저 선진외국의 감사제도의 운영에 관하여 살펴보고 우리나라의 감사제도의 운영 실태와 문제점을 지적한 다음 우리나라의 바람직한 감사제도의 개선방안에 대하여 고찰 하고자 한다.

Ⅱ. 선진외국의 감사제도의 운영에 관한 비교법적 고찰

1. 미국의 감사제도

(1) 개요

미국의 감사제도는 우리나라의 법제와 달리 감사제도에 관하여 회사법의 규정이 별도로 존재하지 않고, 실무적으로 사내이사 중에서 내부감사가 회계 및 경영감시 관련부서를 총괄하며 내부통제시스템을 운영하는 식으로 운영된다. 그리고 우리나라와 같이 재무제표 기타 감사관련 보고서를 작성하는 업무는 외부감사 즉, 외부의 회계전문가에 의뢰하도록 하고 있다. 그러나 이사회에 내에 감사위원회를 두어 동 위원회가 경영진과 독립적으로 내부감사 및 외부감사를 통제하도록 하여 회사의 감사의 투명성을 제고하고자 감사위원회제도를 발전시켰다.

Enron사건[217]이후 2002년의 사베인옥슬리법(Sarbanes-Oxley Act: SOX)의 제정으로 미국의 감사 및 회계제도는 많은 변화가 있었다. 종래의 증권거래법상의 감시제도를 개혁하여 감사위원회의 독립성과 책임 등의 측면에서 더욱 감시 장치를 강

216) 감사위원회의 상세한 내용에 관해서는 최완진, "감사위원회에 관한 법적 고찰" 경영법률 제12집, 2001. 12. 203면 이하를 참조할 것.

217) 2001년 발생한 Enron사건이란 에너지 회사로서 미국의 최대 지주회사 그룹인 Enron회사의 분식회계사건을 말하며 이로 인하여 동 회사는 파산하였고 주주의 손실과 종업원의 실직으로 사회문제화 되었던 사건이다. 경영진 또한 주식의 내부 거래로 문제시 되었던 부실경영의 대표적인 사례이다.

화한 것이 두드러진다. 즉, 종래 미국에서 회사의 경영권이 경영진에게 있었다면, SOX의 제정과 개정된 증권거래법 및 일련의 시행규칙의 개정 등으로 회사의 경영과 관련된 주요 권한이 회사의 임원진(Executive Officer)으로부터 독립이사, 감사위원회 그리고 주주에게로 전환된 것이라 할 수 있다.[218)]

(2) 특징

SOX(사베인옥슬리법)는 우선 동법의 집행기관인 공개회사 회계감시위원회(Public Company Accounting Oversight Board: PCAOB)를 신설하고 동 위원회를 통하여 회사의 내부통제시스템의 운영에 대한 기준의 제정과 특히 외부감사를 집중적으로 감시하도록 하고 있다.

미국 기업의 감사제도의 구조를 보면 기업 내부에서 회계업무를 수행하고 이 회계업무와 경영에 관한 감시를 위하여 내부통제시스템을 운영하며, 이는 통상 사내이사(이를 통상 내부감사라 칭한다)가 맡는다. 재무제표 등은 외부감사인인 회계전문가에 의해 수행되며 감사위원회는 내부감사와 외부감사 양측 모두를 감시한다. 그리고 SOX는 동법의 집행기관인 감시위원회(PCAOB)로 하여금 외부감사의 회계업무에 대하여 집중적으로 감시(각종의 조사권 행사가능)하도록 규정하고 있다(SOX 제104(a), 제105조).

SOX 제정으로 내부감사제도의 특징이 두드러졌다. 우선 감사관련자의 책임이 가중되었는데, 예를 들어 각종 감사보고서 등의 작성자 실명제와 보고서에 대한 작성자의 직접 검토의무를 부과하면서 작성자의 책임을 부과하고 있다(SOX 제302조). 또한 회사의 임원이 회계장부 작성 과정에서 회계전문가에 대하여 사기적 행위를 강요하거나 허위조작의 지시, 기타 회계업무를 방해하는 행위에 대하여 제재조치를 취할 수 있다(SOX 제303조). 이밖에도 회계조작에 의해 지급된 상여금이나 각종의 보수는 변상하여야 한다.

SOX(제302조(a)(4))에서는 회사의 내부감사로 하여금 내부통제시스템을 운영하도록 의무화하였다. 이와 관련하여 감시위원회(PCAOB)는 기준을 제정하여 내부감사의 권한 등 내부통제시스템에 대한 감시방법을 제도화하고 있다. SOX상의 감시

218) Corporate Governance, The View from NASDAQ, by Michael S, Emen, Senior Vice President NASDAQ Listing Qualifications, P. 1.

위원회(PCAOB)는 2006년 2월 내부통제시스템 운영에 대한 감사와 관련한 기준(Standards)을 제정하였다.

SOX를 통하여 감사위원회의 독립성에 관한 규정도 대폭 강화되었다. 예를 들어, 외부감사(회계법인 등)의 직접의 감사업무서비스 이외의 비감사업무 서비스의 수행을 원칙적으로 금지하고 이에 대한 보수의 지급도 금지토록 하였고(SOX 제201조(a)), 모든 감사업무 서비스 및 비감사업무 서비스는 감사위원회의 사전승인을 받도록 하였다(SOX 제202조). 또한 외부감사(회계법인 등)는 동일 회사의 감사업무를 5년간 계속적으로 수행할 수 없으며(SOX 제203조), 회사의 임직원으로 있던 자(예컨대, 회장, 재무담당 상무, 경리부장 등)가 퇴직하고 외부감사(회계법인 등)의 조직에 취업한 시점이 감사업무개시 시점에서 1년이 경과하지 아니한 경우에는 당해 회계법인 등은 당회사의 감사업무를 수임할 수 없도록 하였다(SOX 제206조).[219)]

(3) 주요 내용

미국회사법상 회사의 의사결정기관으로는 주주총회(Shareholders Meeting)와 이사회(Board of Director)가 있으며 업무집행기관으로 임원제도가 있다. 업무집행기관이 이사회와 분리된 것이 우리나라와 다른 점이다. 미국의 법제는 이사가 아닌 이사와 전혀 별개의 기관인 임원제도를 두어 동 임원이 회사의 경영업무를 집행하도록 한 것이다.

각 주(State)의 회사법을 보면 회사 내에 독립된 감사기관의 설치가 법제화 되어 있지 않다. 다만 이사회가 의사결정기관이면서 동시에 실질적인 감사기관의 역할을 한다. 회사의 회계감시업무를 총괄하거나 회사가 내부통제시스템(업무감사 및 회계감사)을 운영할 경우에 총괄책임은 내부감사(사내이사)가 담당한다. 회계와 관련된 재무제표 등에 대한 감사는 회사내부의 기관이 아닌 외부에서 회계전문가를 외부감사로 선임하여 감사토록 한다. SOX의 제정으로, 상장(등록)회사 및 증권거래법의 적용을 받는 회사는 모두 감사위원회의 존재와 상관없이 SOX의 감사위원

---

219) ALI 지배구조원칙상의 감사위원회의 권한으로는 ① 외부감사의 추천권 및 해임 검토권 ② 외부감사의 보수, 독립성 등의 조사권 ③ 내부감사의 임면권 ④ 외부감사와 이사회간의 연결, 내부감사와 이사회간의 연결의 고리역할 ⑤ 외부감사의 감사업무에 대한 조사권 ⑥ 회사의 재무제표 등의 조사권 ⑦ 회사의 내부통제 시스템에 대하여 외부감사 및 내부감사와의 검토권 ⑧ 각종의 회계기준의 선택 및 이의 적정성의 검토권 등이다(원칙 제3A, 03). American Law Institute, Principles of Corporate Governance : Analysis and Recommendations, 1994, ALI, Vol. 1. p115.

회 관련규정의 적용을 받게 되었다. 그리고 증권거래소 회원사는 SOX 및 증권거래법이나 각각의 당해 증권거래소의 운영규칙상의 감사위원회 규정이 적용된다. 결국 현재 각 주의 회사법이 감사위원회의 설치에 관한 의무규정을 두고 있지 않는 한 일반회사의 경우에는 감사위원회의 설치가 강제되지 않으므로, 감사위원회의 제도 및 규정은 상장회사 등 증권거래법의 적용을 받는 회사에 국한하여 적용된다.

미국 기업의 감사제도의 구조는 첫째, 회사법상의 제도가 아니면서 회사 내부에서 회계업무와 경영에 관한 감시를 총괄하는 자 또는 내부통제시스템을 운영하는 경우에는 이를 총괄하는 책임자를 내부감사라 하고, 둘째, 재무제표 등은 외부감사인 회계전문가에 의해 수행되며, 셋째, 감사위원회는 상장회사 및 증권거래법이 적용되는 회사가 반드시 설치하여 운영하여야 하며 동 위원회는 내부감사와 외부감사 양측 모두를 감시하는 것으로 정리될 수 있다. 그리고 SOX는 동법의 집행기관인 감시위원회(PCAOB)로 하여금 외부감사의 회계업무에 대하여 집중적으로 감시하도록 규정하고 있다.220)

2. 일본의 감사제도

(1) 개요

일본의 감사제도는 기본적으로 우리나라 감사제도와 유사한 점이 많다. 즉 감사는 이사와 함께 주주총회에서 선임되며, 주식회사의 필요적 상설기관이라는 점에서 동일하고, 제도의 운영에 있어서 형해화가 항상 문제되고 있다. 나아가 기업관련 법제가 개정될 때마다 감사제도에 관한 개정이 이루어져 왔다는 점에서도 역시 공통점을 가지고 있다. 그러나 내용면에서는 법규의 개정이 거듭되면서 상이점이 나타나게 되었다.221) 특히 일본은 1993년의 "감사의 권한행사의 용이화"에 초점을 둔 법 개정에 따라 감사회와 사외감사제도가 도입되면서 우리나라와는 내용면에서 현저한 차이를 보이게 되었다. 그 후 2002년 상법개정을 통해 일본에서도 감사위원회제도가 도입되었으나, 도입 자체가 회사의 선택에 맡겨져 있는 등 그 구체적 내

220) 미국의 감사제도의 주요 내용은 "우리나라와 주요국의 감사제도", 한국상장회사협의회 2007. 3. 38면 이하를 참조할 것.

221) 이에 관한 상세한 내용은 권종호, "일본의 감사제도" 「인권과 정의」 제274호(1999), 103면 이하를 참조할 것.

용을 보면 우리나라와는 상당히 다르다고 볼 수 있다. 2005년 신회사법이 제정됨으로써 감사제도는 다시 큰 변화를 맞이하게 되는데, 신회사법에서는 감사체제의 구축에 기업의 자율성을 대폭적으로 강화하였다. 즉 일본의 감사제도는 2005년 신회사법의 제정을 계기로 ① 회계참여제도의 도입, ② 보결감사제도의 창설[222], ③ 감사제도에 관한 정관자치의 확대, ④ 회계감사인의 준임원화, ⑤ 내부통제시스템의 강화 등의 변화를 가져왔다. 이러한 사항들은 중소기업의 재무제표에 관한 투명성을 높이고, 감사 결원시 회사가 부담하게 될 불필요한 비용을 제거하는 효과가 있을 것으로 평가된다.

(2) 특징

일본의 전통적인 감사체제는, 경영을 담당하는 이사와 경영을 감사하는 감사가 공히 주주총회에서 선임된다는 의미에서 감사를 하는 기관과 받는 기관이 대등하고 병립적인 관계를 이루면서 기업경영(업무집행)에 대하여 감사에 의한 감사와 이사회에 의한 감독이 중첩적으로 이루어지는 구조로 되어 있다. 다만 이러한 구조에서도 2002년 상법개정 전까지는 감사제도의 강화 쪽에 무게의 중심이 있었으나, 개정 이후에는 사외이사중심의 감사위원회제도가 도입되면서 이사회의 감독기능의 충실 쪽에도 비중을 두려는 경향이 나타나고 있다.

또한 2002년 상법개정에서는 대회사 또는 간주대회사(대회사는 아니지만 정관을 통해 대회사에서 인정되는 지배구조를 선택한 회사)의 경우에 기존의 감사에 갈음하여 감사위원회제도를 도입할 수 있게 되어, 이러한 회사에서는 미국식의 감사체제를 구축하는 것이 가능하게 되었다. 다만 감사위원회를 도입하려면 반드시 집행임원제도와 함께 보수위원회 및 지명위원회도 제도를 동시에 도입하여야 한다는 점에서는 미국식과는 차이가 있다.

(3) 주요 내용

2005년 제정된 신회사법은 상법 제3편의 회사법을 상법에서 떼어내고, 여기에 유한회사법과 상법특례법 등을 합쳐서 하나의 단행법으로 한 것이다. 그런 만큼 감

222) 회사법에서는 이사나 감사 등 임원의 결원이 발생할 경우를 대비하여 사전에 보결 임원을 선임해둘 수 있도록 하였다. 이사나 감사의 결원이 발생하면 회사는 임시주주총회를 개최하여 후임자를 선임하든지, 임시이사나 임시감사의 선임을 법원에 청구하여야 한다(회사법 346조 2항).

사제도에 관해서도 체제와 내용 면에서 큰 변화가 있게 되었다. 감사제도와 관련된 신회사법의 주요 내용은, ① 회계참여제도의 신설, ② 감사 등에 대한 규제의 유연화, ③ 회계감사인의 준임원화, ④ 회계감사인의 선임에 대한 감사기관의 관여, ⑤ 보결감사제도 등을 들 수 있다.[223)]

신회사법의 특징의 하나로, 기관의 구성에 있어서 기업의 선택과 자유를 상당히 존중하는 측면이 부각되는데, 그중의 하나가 바로 「회계참여제도」이다. 회계참여는 재무제표 등을 이사와 공동으로 작성하는 것을 주된 임무로 하는 자로서(제374조 제1항, 제5항), 정관에 정함이 있으면 둘 수 있는 주식회사의 이른바 임의 기관이다(제326조 제2항). 선임과 해임, 회사와의 관계, 임기, 책임, 등기 등에 있어서는 이사 특히 사외이사에 준하는 규제가 이루어지고(제329조, 제330조, 제334조, 제342조 등), 겸임금지, 선임과 해임 등에 관한 의견진술, 회계참여보고서의 작성, 회계에 관한 조사권, 이사회에 출석, 주주총회에서의 의견진술, 보수, 비용청구 등은 감사에 준하는 규제를 받는다. 다만 회계감사인이 외부감사기관인데 반해 회계참여는 내부감사기관이다.

그 설치가 대회사에 한해 강제되고 있던 우리나라의 외부감사인에 해당하는 감사회나 회계감사인에 대해서도, 신회사법에서는 정관을 통해 임의로 설치할 수 있도록 대폭적으로 확대하였다. 감사위원회제도의 경우도 또한 같다. 그러나 대회사의 경우에는 감사회의 설치의무를 완화 하면서도 회계감사인과 감사의 선임을 소폭 강화하는 규정을 마련하였다(제326조 제2항, 제327조, 제328조). 중소규모의 주식양도제한회사의 경우에는 감사를 의무적으로 선임하도록 하는 종래의 규제를 대폭적으로 완화하여, 정관을 통해서 감사 대신에 회계참여자를 둘 수 있도록 하였다(법 제327조 제2항). 또한 신회사법은 회사의 규모를 불문하고 감사는 원칙적으로 업무감사권한을 갖는 것으로 하였으며(법 제381조 내지 제386조), 다만 중소의 주식양도제한회사의 경우는 정관으로 감사의 감사범위를 회계감사로 국한할 수 있도록 하였다(제389조).

일본의 신회사법은 회계감사인의 책임에 관해서는 이사나 집행역 등 임원에 준하는 취급을 하고 있다. 회계감사인의 책임을 주주대표소송의 대상으로 하면서(법 제847조), 회사에 대한 책임에 있어서는 사외이사와 같이 취급하고 있다.

---

223) 이에 관한 상세 내용은 권종호, 「일본의 기업법개정에 관한 연구」(코스닥상장회사협의회 2004. 2) 161면 이하를 참조할 것.

종래에는 감사회나 감사위원회를 둘 수 있는 회사는 대회사나 간주대회사에 한정되고, 이러한 회사는 반드시 회계감사인을 두도록 하고 있었다(상법특례법 제2조). 그러나 신회사법에서는 회계감사인 설치회사는 감사도 둘 수 있도록 함으로써(제327조 제3항) 회계감사인의 선임·해임안에 대한 동의권 및 제안권은 종래 감사회에만 부여되고 있던 것이 감사에게도 부여할 수 있게 되었다(제344조). 그리고 신회사법에서는 회계감사인의 보수결정에도 감사, 감사회, 감사위원회의 동의를 얻도록 하고 있는데(제399조), 이는 보수결정과정에서의 대표이사 등의 영향력을 제한하고 회계감사인의 독립성을 확보하기 위한 것이다.

이밖에, 신회사법에서는 이사나 감사 등 임원에 결원이 발행할 경우를 대비하여 사전에 보결임원을 선임해 둘 수 있도록 하였다. 따라서 이 보결임원을 선임해 두면 특정 임원의 사임 등으로 결원이 발생할 경우 임시 총회의 개최나 법원에 임시임원의 선임을 청구할 필요 없이 사전에 선임해 둔 보결임원이 퇴임한 임원의 후임이 된다.[224]

3. 독일의 감사제도

(1) 개요

독일은 1996년 도이취텔레콤의 수십억 달러 분식회계 스캔들 이후 사회적으로 감독이사회제도의 개선이 필요하다는 요구가 높았다. 이에 따라 1998년 "기업경영에 대한 통제와 투명성에 관한 법률"(Gesetz zur Kontrolle und Transparenz im Unternehmensbereich: KonTraG)을 제정하여 감독이사회의 권한과 의무를 대폭 개선하는 등 기업지배구조 개선을 본격적으로 시행하였다. 독일의 감독이사회(Aufsichtsrat)는 주식회사를 비롯한 유한회사의 필요적 상설기관으로, 이사의 업무집행감독을 주요업무로 하고 있다. 또한 감독업무의 효율성 확보를 위해 감독이사회에 이사의 선임 및 해임권을 부여하고 있을 뿐만 아니라, 이사와 회사 간의 자기거래나 회사가 이사에 대하여 신용제공을 하는 경우 감독이사회가 회사를 대표할 수도 있다.

---

224) 이에 관한 상세 내용은 이효경, "일본의 감사제도에 대한 최근 동향 -내부통제제도를 중심으로-", 상장회사감사회 회보, 2008. 3.(제99호), 9~12면을 참조할 것.

이밖에 주식회사의 경우, 정관으로 감독이사회의 권한에 관한 특별 규정을 둘 수 있도록 한 점이나(주식법 제111조 제4항 제2문) 감독이사회의 회계결산서승인권(주식법 제172조)등을 부여하고 있는 점들을 볼 때, 감독이사회는 순수한 감독기관이라기 보다는 오히려 경영 전반에 걸쳐 총괄적 기능을 하는 최고의 기관이라고 할 수 있다.

현재 우리나라에서 논의되는 근로자 경영참가 문제는 그 모델을 독일 감독이사회 및 공동결정제도에서 찾고 있다는 점에서 독일 감독이사회는 우리나라 기업지배구조 개선논의와 관련하여 나름대로 의미를 지닌다. 그러나 독일 감독이사회제도는 미국식 일원적 감사제도보다 상대적으로 대리인비용이 과다하고, 자본시장이 위축되는 결과를 초래하였다는 점과 주주의 권리가 약화되면서 감사들에 대한 시장통제나 주주통제가 매우 미약한 상황이라는 점이 문제점으로 지적되고 있다.

(2) 특징

독일의 감사제도는 미국과 달리 주식회사의 경우, 업무집행을 이사회가 하고 감독은 별개의 독립된 감독이사회가 담당하는 이원적 제도를 구축하고 있다. 또한 감사기관 구성에 있어서는 공동결정법이 적용되어 노사 동수가 참여하고 있으며, 그 사상적 기초는 이해관계자 자본주의에 있다는 특징을 갖는다.

이러한 이원적 감사제도는 감독기관이 이사회보다 상위 기관이고 동시에 감독기관이라는 점에서 볼 때, 외견상으로는 일원적 감사제도보다 경영투명성을 확보하고 이사회와 감독기관간의 이익충돌을 회피하는데 효과적인 제도로 인식될 수 있다. 그러나 독일기업들의 부실화가 심해지면서, 이를 개선하기 위해 1998년 주식법을 개정하여 감독이사회 내에 미국식의 위원회제도를 도입하였다. 따라서 독일은 형식적으로 이원적 감사제도를 운영하고 있는 것으로 보이지만, 실질적으로는 감독이사회가 미국의 이사회와 동일한 지위를 갖고 있다고 평가할 수 있다.

독일 감사제도의 또 다른 특징으로는 경영조직법 및 공동결정법등의 특별법에 따라 감사기관의 구성에 근로자가 참여하도록 강제하고 있다는 점이다. 이러한 공동결정제도는 근로자를 회사의 정책결정과정에 참여시킴으로써 자본과 노동의 상호협력을 제고하여 회사의 목적을 실현하는데 주안점을 두고 있다. 이밖에, 독일의 감사제도는 주주만을 위한 경영감독기관으로서 존재하는 것이 아니라, 근로자와

채권자를 위한 경영감독에 두고 있는 이해관계자 자본주의 실현의 장이 되고 있다.[225)]

(3) 주요 내용

기본적으로 독일의 주식회사는 이사회가 경영을 담당하고, 감독이사회는 이사회를 감독하는 이원적 구조를 갖고 있다. 주주총회는 형식적으로 회사의 최고의결기관이지만, 법제도적 측면이나 실질적인 측면에서 모두 유명무실한 기관으로 전락하였다. 즉, 주주총회의 최소한의 권리인 이사의 선임권과 해임권도 보장되고 있지 않아 사실상 주주총회로서의 기능을 상실한지 오래되었다.[226)]

감사기관인 감독이사회의 구성은 근로자 수에 따라 근로자대표의 참여여부와 구성 비율을 정하고 있으며, 이에 관한 근거법이 경영조직법, 공동결정법, 광산업공동결정법 등으로서 각각 다른 형태를 취하고 있다. 감사의 자격과 관련하여, 근로자대표 감사인 경우에는 공동결정법 등에서 그 자격요건을 규정하고 있으나 주주대표 감사에 대하여는 그 자격에 대한 명확한 규정이 없다. 다만, 개별규정을 통하여 감사는 행위능력이 있는 자연인에 한하고, 회사 및 자회사의 이사와 지배인 등은 감사가 될 수 없도록 하고 있을 뿐이다(주식법 제100조 제1항, 제105조 제1항).

감사회는 이사를 선임함에 있어 자유로운 판단에 따라 선임할 수 있다. 이는 독일 주식회사의 감사회가 노사동수의 공동결정제도가 실시되는 기관이라는 성격에 비추어 볼 때, 감사를 선임함에 있어 전문성보다는 주주대표성 또는 근로자대표성의 여부를 중시하기 때문이라고 여겨진다. 반면에 이사회는 주주총회나 감사회의 하위기관으로서 경영상의 권한과 의무를 지지만, 의무는 과중한 반면 권한은 매우 미약한 구조적 한계를 갖고 있다.

독일의 감독이사회는 주식법상 업무집행감독권과 이사의 선임·해임권, 회사대표권 등을 갖는다. 독일 주식법은 감독이사회가 이사의 업무집행을 감독할 수 있도

225) 독일의 감사제도가 오히려 미국의 일원적 시스템에 가깝다는 주장도 있다. 그 이유는 1998년 주식법 개정 후 대부분의 주식회사들이 감사회 내에 위원회를 두고 있다는 점과 공동 결정제도를 논외로 친다면 주주총회에서 선임된 감사회 위원들이 이사를 선임하기 때문이며, 이는 미국처럼 주주총회에서 선임된 이사들이 집행임원을 선임하는 것과 유사하다고 볼 수 있다는 것이다. "주요국의 최근 감사제도 변화와 우리나라 감사제도의 개선과제" 좌담회(2006. 12. 6.)에서 전삼현 교수가 언급함.

226) 독일 감사제도의 주요 내용에 대해서는 "우리나라와 주요국의 감사제도", 2007.3 한국상장회사협의회 51면을 참조할 것.

록 구체적인 권한을 부여하고 있는데, 감독이사회의 감독범위와 관련하여 이사의 업무보고사항에 한하여 감독권을 행사할 수 있다고 보는 것이 지배적인 견해이다. 따라서 일상의 업무집행과 관련된 구체적인 이사회의 업무는 감사회의 감독 대상이 아니다. 또한 독일 주식법은 구체적인 감독이사회의 감독권으로 영업보고요구권(주식법 제90조), 회계장부 및 재산의 조사 및 열람권(주식법 제111조 제2항 제1문), 업무집행에 대한 동의권(주식법 제111조 제4항 제2문), 재무제표 등의 승인권(주식법 제172조), 외부감사인의 선임권(주식법 제111조 제2항), 주주총회소집권(주식법 제111조 제3항), 각종의 소제기권(주식법 제275조, 제246조) 등을 규정하고 있다.

또한 감독이사회는 이사의 선임과 해임, 재선임 뿐 아니라(주식법 제84조) 임기의 연장, 이사회의장의 지명, 이사회의장의 해임 등을 할 수 있는 권한을 갖고 있다(주식법 제107조 제3항). 광산업공동결정법(제13조)과 공동결정법(제33조)이 적용되는 주식회사의 경우에는 1명의 노무이사(Arbeitsdirektor)를 두도록 하고 있으며, 노무이사는 다른 이사와 동등한 권리를 갖는다. 이러한 노무이사는 감독이사회에 의하여 임명된다. 이밖에 독일의 감독이사회는 이사와 회사 간의 법률관계에 대하여는 예외적으로 감사회가 회사를 대표하도록 규정하고 있다(주식법 제112조). 이 경우 감사회의 대표권은 회사와 이사 간의 모든 거래행위와 소송행위에 미친다.

공동결정법 등 특별법의 적용을 받는 주식회사의 감독이사회는 동수의 주주대표와 근로자대표로 구성되어 모든 감사는 동등한 권한과 의무를 갖는다. 따라서 영업상의 비밀을 유지하여야 할 의무를 진다.

감사의 의무와 책임에 관해서는 이사의 책임에 관한 규정(주식법 제93조)을 준용하도록 학고 있으므로(주식법 제116조)감사는 그 직무를 수행함에 있어서 선량한 관리자의 주의의무를 다하여야 한다. 감사에게 손해배상책임이 추궁되지 않는 경우에는, 자본의 5% 이상 또는 50만 유로 이상의 자본에 대한 지분을 가지고 있는 주주가 법원에 대하여 감사의 책임을 추궁할 특별대표인의 선임을 청구할 수 있다. 법원에 의하여 선임된 특별대리인은 권리실행의 승산이 충분하다고 판단되는 경우에 이사와 감사에 대한 손해배상책임을 추궁하여야 한다(주식법 제147조 제3항).

4. 영국의 감사제도

(1) 개요

영국의 감사제도가 최초로 등장한 것은 1862년 회사법(the Companies Act 1862)이었다. 그러나 당시의 감사제도는 법적 강제의 단계에는 이르지 못했다. 감사제도에 대한 법적 강제는 1900년 회사법에서 비로소 실현되었고, 1985년 회사법에 의해서 감사제도의 기본체계가 새롭게 정립되었다.

1998년 법률, 경영, 회계 등의 전문가로 구성된 스티어링그룹(Steering Group)이 회사법 전체에 대한 심도 있는 개정논의를 진행하였는데, 다수의 보고서에 이어 회사법개정최종보고서(Company Law Reform Final Report)가 2001년에 발간되었다. 이후 최종보고서를 반영한 회사법개정안(Company Law Reform Bill)이 2005년에 의회에 상정되어 2006년 회사법으로 제정됨으로써 현재에 이르고 있다.[227)]

(2) 특징

영국법은 주식회사의 이사회가 경영기능(executive function)과 감사기능(supervisory function)을 동시에 수행하는 단일위원회(unitary board)의 역할을 하게 함으로써 일원주의를 채용하고 있다. 이점은 이원주의를 채택하고 있는 독일법과 구분된다. 단일위원회가 경영기능과 감사기능을 동시에 수행하는 경우 자기감사라는 모순이 발생한다는 것이 단점으로 지적된다. 그러나 영국에서는, 사내이사의 경영경험과 사외이사의 보다 광범위한 경험을 이사회 내에서 동시에 활용할 수 있는 것이 일원주의의 장점이라고 강조하면서 이원주의의 새로운 도입보다는 일원주의의 계속적 유지를 바탕으로 하면서 이사회 내에 최소 3인 이상의 전원 사외이사로 구성된 감사위원회의 운영을 통해서 감사기능을 보완할 수 있다는 보고서가 나왔고, 이에 따라 영국법은 감사(auditor)제도를 마련하고 있다.[228)]

이와 같이 영국은, 이사회가 경영기능 및 감사기능을 수행하는 일원주의의 전통을 고수하면서 감사(auditor)제도를 활성화하여 일원주의의 단점을 보완하려는 노

---

227) 2006년 회사법은 기존의 회사법들을 전부 망라한 완전히 단일화된 법 에는 이르지 못했다. 따라서 2006년 회사법과 충돌하지 않는 범위 내에서는 1985년 회사법 등도 병존하게 된다. 다만 완전한 단일화 작업이 향후 추진될 예정이다.

228) Derek Higgs, Review of the Role and Effectiveness of the Non-executive Directors, 2003.DTI

력을 하고 있다. 최근의 동향을 보면, 감사의 업무는 회계감사가 중심이지만 감사대상을 종래 회계장부, 이사보고서에서 운영재무 검토서 까지 포함시키면서 그 역할의 확대를 추구하고, 감사의 독립성 확보와 이익상충의 방지장치를 강화하며 감사의 주의의무의 범위나 손해배상책임을 적절히 제한함으로써 감사제도의 활성화를 도모하고 있다.

(3) 주요 내용

영국 회사법에 따르면, 소규모 회사나 휴면회사를 제외한 모든 회사는 원칙적으로 감사를 선임해야 하고 감사의 수에는 제한이 없다(제384(1)조). 판례법은 감사가 이사회나 주주총회와 같은 회사의 기관(organ)은 아니며 집행임원(officer)에 해당한다고 보았다. 감사는 감사보고서를 작성할 권한과 의무를 갖는데(제235조), 감사보고서는 이사가 작성하는 일정한 문서들을 감사한 내용을 담는다. 즉, 회계장부가 회사법에 부합하고 진정하며 공정한 관점에서 적절히 작성되었는지 여부, 회계장부 및 이사보고서에 포함된 이익배당에 대한 제안의 적법성 여부, 이사보고서에 포함되어있는 정보와 회계장부가 일치하는지 여부, 이사보수보고서가 회사법을 준수하고 있는지 여부 등이 감사보고서를 통해 검토되는 것이다. 따라서 영국법상 감사는 업무감사보다는 회계감사를 중심으로 권한과 의무를 보유한다.229)

영국 회사법상 감사는 감사보고서를 작성하기 위해서 필요한 조사를 하는데(제237조), 이를 위해서 감사는 각종 장부에 대한 접근권한을 갖고 있고 회사의 임직원으로부터 필요한 정보와 설명을 들을 권리를 가진다(제389A조 (1)(a)). 감사는 자신의 업무를 수행함에 있어서 선관주의의무를 부담한다. 고의 또는 과실로 주의의무를 위반한 감사는 회사에 대해서 계약위반 또는 불법행위로 인한 손해배상책임을 지게 된다. 감사와 회사 이외의 제3자 사이에는 계약관계가 존재하지 않는 것이 보통이므로, 주로 문제가 되는 것은 불법행위로 인한 손해배상책임이다. 이에 대해서, 판례법은 주식의 매수여부를 결정할 때 회계장부를 신뢰한 대중이나 주주에 대해서 감사는 주의의무를 부담하지 않는다고 하였다. 이는 회계장부에 대한 감사보고서를 작성하게 하는 취지가 주주의 공익권을 보호하는 데 있을 뿐이지, 주주

229) The Companies Act 1985(Operating and Financial Review and Directors' Report etc.) Regulations 2005에 규정되어 있다.

나 대중이 주식을 (추가)매입하는데 판단자료를 제공하는데 있지 않다는 점에 근거를 두고 있다.

공개회사(public company)의 경우 회사 설립 후 최초로 회계장부 등이 상정되는 주주총회가 종료되기 전까지는 이사가 감사를 선임할 수 있는 것이 원칙이고, 그 이후에는 회계장부 등이 상정되는 주주총회마다 감사를 선임하도록 규정하고 있다(제385조). 회사법에 따르면, 비공개회사(private companies)의 경우도 공개회사와 동일한 규정이 적용되지만, 만약 회사법의 규정에 의거해서 매년 감사를 선임하지 않아도 되는 제도를 선택하거나 주주총회에 회계장부를 상정하지 않아도 되는 제도를 선택한 경우에는 그러하지 아니하다. 회사는 언제라도 보통결의를 통해서 감사를 해임할 수 있다. 다만, 해임 이전에 감사는 자신의 입장을 서면으로 밝힐 수 있고, 주주총회의 개최 이전에 감사해임 안건과 더불어 그 서면이 사원에게 통지되어야만 한다. 이렇게 선임된 감사의 보수는 주주총회에서 확정되거나, 또는 주주총회가 정하는 바에 따라 확정된다(제390A조(1)).

감사제도와 관련하여, 1985년 회사법 등과 같은 성문법 이외에, 상장회사(listed companies)를 위한 자율규제로서 감사관련 규정을 담고 있는 상장규정이 존재한다. 가장 최근의 상장규정으로는 2003년에 재무보고위원회(Financial Reporting Council)가 제정한 '기업지배구조에 관한 종합규정'이다.[230] 2003년 상장규정에 의하면, 이사회는 3인 이상(소규모회사의 경우는 2인)으로 구성된 감사위원회를 두어야 하고, 감사위원회 구성원 전원은 사외이사로 하며, 최소한 1인 이상은 최근에 적절한 재무적 경험을 갖고 있어야 한다. 감사위원회는 재무제표의 적절성을 감사하고, 내부감사절차의 효율성을 감시하는 동시에 내부감사절차의 필요성 검토와 이사회에 대한 권고를 할 수 있다. 또한 외부감사인의 선임에 대한 권고의 일차적 책임을 부담하며, 이러한 권고를 이사회가 따르지 않는 경우 그 이유를 이사보고서에서 설명해야 한다.

230) 이에 관한 상세 내용은 "우리나라와 주요국의 감사제도" 한국상장회사협의회 2007. 3. 75면 이하를 참조할 것.

Ⅲ. 우리나라의 감사제도의 운영 실태와 문제점

1. 운영실태

(1) 감사체제의 운영 및 채택 형태

우리나라는 감사제도의 실효성을 확보하기 위하여 수차례의 상법개정을 단행하였으나 실무를 보면 여전히 감사제도가 제자리를 찾지 못하고 있는 상황이다.

한국상장회사협의회가 2007년 5월 상장회사를 대상으로 실시한 감사체제의 운영형태를 보면 설문조사에 응답한 회사 총 122개사 중 75.4%인 92개사가 감사제도를 채택하고 있고 23.8%인 29개사는 감사위원회를 채택하고 있는 회사로 조사되었다.231) 감사위원회를 채택한 회사 중에는 감사위원회를 의무적으로 채택하여야 하는 회사인 19개사가 포함되어있다. 따라서 19개의 감사위원회 채택 의무회사를 제외하면 자발적으로 감사위원회를 채택한 회사는 10개 사 정도에 불과하여 상당히 저조한 숫자를 기록하고 있다. 감사기능의 제고를 위하여 어떤 제도가 바람직한 제도인가를 묻는 설문에서는 감사제도가 더 효율적이라고 응답한 비율이 62%이고 감사위원회가 더 효율적이라고 응답한 회사는 16.3%에 머무르고 있다. 또한 2006년 12월 결산 상장회사 중 조사대상 596개사 중에서 감사를 채택한 회사는 79.5%인 474개사 이고 감사위원회를 채택한 회사는 20.5%인 122개사로 조사되고 있다.232) 이러한 조사결과를 종합해 볼 때 감사위원회제도가 도입 된 지 8년이 지난 시점임에도 불구하고 기업실무에서 감사위원회제도는 별로 활용되지 않는 것으로 판단할 수 있다.

또한 상법상 감사의 수는 아무런 제한이 없으므로 1인 이상이면 되는데 감사채택회사의 경우 감사의 수는 상근감사 1인만을 두고 있는 회사가 61개사로서 전체 응답회사의 66.3%를 차지하고 있다. 그리고 응답회사의 17.4%인 16개사는 1인의

231) 동 설문조사에는 전체 상장회사의 18.07%인 122개사가 응답하였으며 응답회사 중 24.6%는 '자산총액 1,000억 원 미만', 58.2% 회사는 '자산총액 1,000억 원~2조 원'; 그리고 15.6%의 회사는 '자산총액 2조 원 이상'의 회사이다. 설문조사의 응답률이 전체 상장회사의 18%정도에 불과하므로 상장회사 전체의 상황을 파악하는 자료로서는 한계가 있지만, 설문조사의 대상자가 응답회사의 감사·감사위원 그리고 감사업무 담당 익원·감사(부속)실 책임자 및 실무자이므로 조사결과의 신뢰성은 있다고 본다.

232) "12월 결산 상장회사 감사 및 감사위원 현황", 상장회사감사회회보, 2007년 4월호(제88호). 8면.

비상근감사만을 두고 있다. 3인 이상의 감사를 두고 있는 회사는 1개사도 없는 것으로 나타났다. 또한 상근과 비상근감사를 통하여 1인의 감사만을 두고 있는 회사가 전체응답 회사의 83.7%에 달하고 있다. 이러한 조사결과를 볼 때 기업실무에서는 대부분의 회사들이 법정최소요건만을 충족하는 1인의 감사만을 두고 있으므로 제대로 된 실효성 있는 업무감사가 실시되기를 기대하기는 매우 난망한 상황이라고 할 수 있다.<표 1 참조>

〈표 1〉 감사의 수 및 상근여부 현황

(단위 : 회사 수, %)

구분	2007년		2006년	
	회사 수	구성비	회사 수	구성비
1. 상근 0명, 비상근 1명	16	17.4	12	13.3
2. 상근 0명, 비상근 2면	1	1.1	-	-
3. 상근 1명, 비상근 0명	61	66.3	55	61.2
4. 상근 1명, 비상근 1명	13	14.1	17	18.9
5. 상근 1명, 비상근 2명	-	-	1	1.1
6. 상근 2명, 비상근 0명	1	1.1	3	3.3
7. 상근 2명, 비상근 1명	-	-	1	1.1
무응답	-	-	1	1.1
합계	92	100.0	90	100.0

자료 : 상장 제392호, 2007년 8월호

(2) 감사후보자의 추천·선임방법

감사는 주주총회에서 선임되지만 주주총회가 형식적으로 운영되는 상황에서 감사가 독립성을 확보하여 그 직무를 담당하기 위해서는 감사후보자가 누구에 의하여 추천되는 것인가가 중요한 의미를 갖는다. 응답회사의 반수를 넘는 51.1%의 회사는 이사회가 감사후보자를 추천하는 것으로 조사되었으며 대표이사 등의 경영진이 추천하는 경우는 20.2%로 나타나고 있다. 따라서 총 71.3%의 회사는 감사후보자가 피감사기관인 이사회내지는 경영진에 의하여 추천되고 있는 상황이다. 감사후보추천위원회 등 객관적으로 공정성을 확보할 수 있는 방법으로 감사를 추천하는 회사는 3.2%에 불과한 것으로 나타나고 있다. 이와 같은 자료들을 종합해 볼 때 감사업무를 객관적이고 독립적으로 수행할 감사의 선임을 기대하는 것은 현실

적으로 어렵게 되어있다고 판단된다.<표 2 참조>

〈표 2〉 감사후보자의 실제 추천자

(단위 : 회사 수, %)

구분	2007년		2006년	
	회사 수	구성비	회사 수	구성비
1. 이사회	48	51.1	47	52.2
2. 대주주 및 주요주주	19	20.2	23	25.6
3. 대표이사 및 경영진	19	20.2	8	8.9
4. 임원(감사) 후보추천위원회	3	3.2	2	2.21
5. 기타	4	4.3	10	11.1
무응답	1	1.0	-	-
합계	94	100.0	90	100.0

자료 : 상장 제392호, 2007년 8월호
*2007년도 복수응답 2개사

(3) 감사실시의 현황

감사의 실효성을 확보하기 위해서는 감사에 필요한 회사의 정보가 정확하게 감사에게 제공되는 것이 매우 중요하다고 할 수 있다. <표 3>에서 보는 바와 같이 정보수집의 방법과 관련한 설문조사를 보면 감사가 해당 회사 및 그룹 회사의 정보에 자유롭게 접근이 가능하다고 응답한 비율은 58.2%로 나타나고 있다. 회사 그리고 회사 내의 정보에만 접근이 가능하다고 응답한 비율은 14.8%, 회사의 정보에 접근할 수 있는 구조는 되어 있지 않으나 접근은 가능하다고 응답한 비율은 23%, 그리고 회사의 정보에 접근할 수 있는 구조가 아예 없다고 응답한 비율 2.5%이다. 또한 감사는 이사회 출석을 통하여 감사에 필요한 정보를 수집 할 수 있는바 이사회의 회의 자료 등의 정보의 제공시기와 관련하여 이사회 개최 7일 이전이라고 응답한 비율이 33.6%로 가장 많고 회의 개최 1~2일전 이라고 응답한 비율은 22.1%, 그리고 회의 당일에 자료를 제공하였다고 응답한 비율도 4.1%로 조사되고 있다. 이와 같은 상황을 고려할 때 감사가 회사와 관련된 정보 수집을 하는 통로가 원만하지 않은 것으로 파악할 수 있다.

또한 감사가 실제 직접 현장에 가서 감사를 하는 경우는 45.9%에 불과하고 필요할 경우 에만 감사를 가끔 실시하는 비율이 36.1%로 나타났다. 실지감사의 방법으로는 대조·실사 25.9%, 문서열람 24.4%, 조회 및 현물확인 23.2% 그리고 면담 또는 설명청취 22.6% 에 달하는 것으로 조사되고 있다.[233] 감사의 실지감사의 횟수는 응답회사의 31.5%가 년 2~3회 실시하고 있고 전혀 실시하지 않는 회사도 13.7%에 이르고 있다. 계획된 감사일정 이외에 감사의 판단에 의하여 특별감사나 기획 감사가 실시된 경우는 56.6%의 회사가 경험이 있다고 답했고, 46.2%의 회사는 한번도 실시한 적이 없다고 응답하였다.<표 3 참조>

〈표 3〉 감사의 회사정보의 접근성 여부

(단위 : 회사 수, %)

구분	2007년		2006년	
	회사 수	구성비	회사 수	구성비
1. 자유롭게 접근 가능하다	71	58.2	72	61.5
2. 회사내 정보에만 접근이 자유롭다.	18	14.8	19	16.2
3. 구조는 없지만 접근은 가능하다	28	23.0	20	17.1
4. 접근할 수 있는 구조가 없다	3	2.5	1	0.9
5. 기타	1	0.8	1	0.9
무응답	1	0.8	4	3.4
합계	122	100.0	117	100.0

자료 : 상장 제392호, 2007년 8월호

2. 문제점

현행감사제도의 일반적인 문제점으로는 주로 ① 감사위원의 전문성 및 독립성 결여, ② 상근감사의 부존재(비상근감사만으로 구성된 감사조직), ③ 감사·감사위원회의 보조기구의 지원취약, ④ 내부회계관리제도의 미비 및 회계분야위주의 감사, ⑤ 감사기간의 부족, ⑥ 최고경영자의 인식부족, ⑦ 외부감사인 선임 시 객관적 인사선정의 문제 및 형식적인 감사 등을 들 수 있다.[234]<표 4 참조>

233) "2007년도 감사(감사위원회) 및 감사실 운영현황", 상장, 2007년 8월호(제392호). 68면.
234) "2007년도, 감사(감사위원회) 및 감사실 운영현황", 상장, 2007년 8월호(제392호). 75면 참조.

〈표 4〉 현행감사제도의 일반적인 문제점

(단위 : 회사 수, %)

구 분	2006년		2005년	
	회사 수	구성비	회사 수	구성비
1. 감사(위원) 독립성 결여	70	21.3	47	17.7
2. 감사보조기구의 지원취약	53	16.1	-	-
3. 형식적인 감사	38	11.9	38	14.3
4. 회계분야 위주의 감사	36	10.9	24	9.0
5. 최고경영자의 인식부족	22	6.7	25	9.4
6. 감사(위원)의 전문성 결여	21	6.4	32	12.0
7. 감사기간 등의 부족	20	6.1	14	5.3
8. 내부회계관리제도 (내부통제제도)의 미비	19	5.8	-	-
9. 감사(위원)의 해당분야 경험부족	15	4.6	29	10.9
10. 외부감사와의 업무중복	7	2.1	9	3.4
11. 외부감사 감사의견의 불명확성	6	1.8	6	2.3
12. 상근감사(위원)가 없음	6	1.8	5	1.9
13. 감사(위원)과 이사의 교류부족	5	1.5	12	4.5
14. 외부감사인 선임시 영향력 부족	5	1.5	9	3.4
15. 기타	5	1.5	4	1.5
무응답	-	-	12	4.4
합계	329	100	241	100

자료 : 상장회사감사회 회보 2006. 8월호(제80호)

(1) 감사의 독립성 문제

감사의 기본적인 직무는 이사의 직무집행을 감사하는 것이므로(상법 제412조 제1항) 감사는 업무집행자인 이사로부터의 독립성을 확보하는 것이 매우 중요하다. 감사의 독립성이 보장되지 않는다면 감사의 권한을 아무리 강화하여도 감사의 실효성의 확보에는 한계가 있을 수밖에 없다. 기업 실무에서 감사제도가 제대로 정착되지 못한 중요한 원인 중의 하나는 감사의 독립성의 결여에 있다고 할 수 있다. 감사의 독립성의 결여는 감사의 인사문제와 밀접하게 연결되어 있는데, 현행법상 감사의 선임기관이 주주총회로 되어 있으나 감사 선임 의안을 주주총회에 제안하는 것은 피감사기관인 이사회가 담당하고 있다는 점을 주목할 필요가 있다. 이와 같이 감사하는 자가 감사받는 자에 의하여 실질적으로 선임된 경우에는 효과적인

감사업무를 수행하기 어렵다고 생각된다.235)

(2) 감독기관과 업무집행기관의 병렬적 위치

현행 상법은 이사와 감사는 다 같이 주주총회에서 선임하도록 되어 있다. 이와 같이 주주총회에 업무 집행 기관과 감독 기관의 구성원의 인사권을 독점시키는 구조는 일본을 제외한 다른 나라의 입법례에서는 찾아보기 어렵다. 이러한 지배구조를 설정한 이유는 3권분립의 정치사상의 이념을 주식회사 제도에 실현시키기 위한 것이라고 한다. 다시 말해서 업무집행 기관인 이사회와 감독기관인 감사의 지휘를 병렬화 하여 양자 간의 견제와 균형을 유지하기 위한 것이라고 주장한다.236) 그러나 첨예한 이해관계의 갈등이 상존하는 주식회사의 경우에 이러한 접근 방법은 바람직하지 못하다고 생각된다. 업무집행기관과 감독기관의 병렬적 위치는 감사제도가 무기력화된 가장 큰 원인 중의 하나로 지적할 수 있다. 주주총회가 이사와 감사에 대한 인사권을 독점하고 있는 상법상의 기관권한의 분배질서는 소유와 경영의 미분리에 기초한 19세기적인 입법형태라고 볼 수 있을 것이다.237) 비교법적으로 볼 때 독일의 주식법은 회사조직법상으로는 이사와 감사회의 관계를 수평적 관계로 설정하여 상호간의 권한존중과 협력을 통한 각각의 고유한 기능이 수행되도록 하고 있다. 그러나 독일의 감사회는 이사에 대한 인사권을 가지고 있으므로 사실상 이사의 상위 기관으로서 기능하고 있다.238) 또한 미국의 이사회는 회사조직법상으로 경영자인 집행임원이 상위기관으로 위치하고 있다. 감독하는 자가 감독받는 자보다 상위에 위치하지 아니하면 효과적인 감독이 이루어 질 수 없기 때문이다. 이러한 점을 고려할 때 우리의 입법형식은 일원제와 이원제의 어느 모델에도 속하지 않는 절충형으로 볼 수 있고, 이러한 점은 감사제도의 실효성을 확보하는 데 있어 문제점으로 지적될 수 있다.

---

235) "2007년도, 감사(감사위원회) 및 감사실 운영현황", 전게서. 63면 참조.

236) "감사·감사위원회제도의 효율적 운영과 기능제고방안", 한국상장회사협의회, 2007. 11. 83면 참조.

237) 상법상의 감사제도의 모델인 일본상법이 감사와 이사를 병렬적 관계로 설정한 실질적인 배경은 19세기말 재벌기업의 실무관행을 입법적으로 수용한 것에 있다. 당시 일본의 회사는 三井 등 주로 재벌계 회사들이었으며 지주회사격인 재벌본사가 자회사의 이사와 감사 전부에 대한 인사권을 행사하였다. 元木 伸, 監査役制度의 變遷, 企業會計 No. 51, 93면 이하.

238) Selmer, Leitung und Überwachung der Aktiengesellschaft. 7f.

(3) 감사의 법적지위 왜곡 현상

상법 제391조 제1항에 의하면 감사는 이사회에 출석하여 의견을 진술할 수 있다. 업무집행 라인에 속하지 아니하는 감사가 이사회에 출석하여 업무감사에 필요한 정보를 수집할 수 있다는 점에서는 일응 유용한 것으로 생각될 수도 있으나 감사의 이사회 출석·의견진술권은 감사의 법적지위의 확립이라는 측면에서 보면 문제가 있다. 즉 감사에게 이사회 출석·의견진술권을 부여하는 규정에 의하여 감사는 사실상 '의결권 없는 이사회의 구성원' 내지는 '감사담당이사'로서의 기능을 수행하게 된 것이다.[239] 일본의 입법례를 우리상법이 무조건 수용함으로써 감사는 독립적인 감사기관이라는 형식적인 법적지위 와는 달리 실질적으로는 '감독기관'으로서의 이사회의 구성원이 된 것이다.[240] 이러한 상황을 고려할 때 이사회의 출석·의견진술권에 관한 상법 제391조의2 제1항은 감사를 사실상 이사화 한 규정으로서 감사의 법적지위를 일부 왜곡한 측면이 있다고 생각된다. 참고로 독일주식법의 경우에는 우리 상법과 반대로 이사로 하여금 감사회의 회의에 출석하도록 하고 있다.(독일주식법 제109조 제1항) 즉 이사는 감사회의 회의에 출석할 권한은 없으나 감사회가 요구하는 경우에는 감사회의 회의에 출석하여 설명하는 의무를 부담하게 된다.

(4) 감사보조기구의 설치 및 법제도화 문제

상법 및 (구)증권거래법 등 법체계에서는 법정감사기관 이외의 감사부속기구나 내부통제기구에 관하여 별도의 명문 규정을 두거나 그 설치를 강제하는 규정을 마련하고 있지 않다. 다만 상법 제415조의2 제5항에서 "감사위원회는 회사의 비용으로 전문가의 조력을 구할 수 있다."는 임의규정만을 두고 있을 뿐이다. 또한 한국상장회사협의회가 제정한 「상장회사 감사의 표준직무규정」에서는 상장회사 감사기능의 효율성 제고를 위하여 이러한 하부기구에 관한 규정을 두고 있을 뿐이다. 동 직무규정은 감사관련 하부기구를 감사부설기구와 내부감사부서로 구분하여 그 설치 시에 필요한 사항을 권고하고 있다.(동 직무규정 제12조 내지 제16조). 이와 같

---

239) 감사의 이사회출석의견진술권은 일본의 기업문화를 고려하면서 감사의 독립성을 확보하는 방안으로 고안된 것이라고 한다, 倉澤康一郎, 監査役制度 强化의 方向, 月刊 監査役 No. 312, 17면.

240) 따라서 일본에서는 감사를 이사회 내부에 설치된 감사위원회의 구성원의 지위와 유사한 것으로 보는 견해도 있다.

이 경영조직으로서의 내부통제 조직과 함께 감사부속기구는 전체적인 회사 내의 감사 체계상 핵심적인 역할을 수행하게 되는데, 경영 조직 및 경영진으로부터 감사 또는 내부통제 기능과 관련한 정보를 교환하는 등 유기적인 업무 분담과 협조체제를 유지하는 연결선이라고 할 수 있다. 또한 감사부속기구는 법정감사기관의 사무국으로서 실질적으로 감사업무의 실행 주체로서의 역할을 수행한다. 즉 감사나 감사위원회의 감사위원은 회사의 모든 업무 집행 과정을 일일이 확인하거나 검증하는 것이 불가능하기 때문에 정확한 정보의 접근과 유효한 감독 업무의 수행은 그만큼 제한적일 수밖에 없다. 따라서 전문성·독립성을 갖춘 감사보조기구가 필연적으로 요구되게 된다. 최근의 설문조사결과를 보면 감사관련 실무자들이 가장 먼저 개선해야 될 문제점으로 지적한 것은 감사보조기구 지원의 취약성이다. 응답회사의 66.4%는 감사보조기구를 설치하여 운영하고 있다고 답하였으나 감사보조기구를 설치하지 않은 회사도 32.8%로 나타나고 있다. 또한 감사보조기구의 인원(감사요원) 수는 30.9%의 회사가 3~5인을 두고 있었고, 1~2인을 두는 회사는 17.9%로 나타났다.[241] <표 5 참조>

〈표 5〉 **감사보조기구(감사부속실등)의 설치 유무**

(단위 : 회사 수, %)

구분	2007년		2006년	
	회사 수	구성비	회사 수	구성비
1. 있다	81	66.4	81	69.2
2. 없다	40	32.8	35	29.9
무응답	1	0.8	1	0.9
합계	122	100	117	100

자료 : 상장 제392호, 2007년 8월호

또한 감사·감사위원의 대주주, 주요주주, 경영진 등에 대한 실질적인 독립성의 정도를 묻는 설문에 대해서는 매우 독립적이라고 응답한 회사는 29.5%, 독립적인 편이라고 응답한 회사는 61.5%인 것으로 조사되었다. 결국 전체 응답 회사의 91%가 감사·감사위원은 독립성을 유지하고 있는 것으로 답하였다. 그러나 감사후보자의 추천은 피감사자인 이사회나 대표이사 등의 경영진에 의하여 이루어지고 있는

241) "2007년도 감사(감사위원회) 및 감사실 운영현황", 상장, 2007년 8월호(제392호), 67면 참조.

현실에 비추어 볼 때 감사 자신은 비록 실질적 독립성을 유지하고 있는 것으로 생각하더라도 회사 이해관계자들이 감사결과에 대하여 신뢰성을 가질 수 있을지는 의문이다.

이와 관련하여 감사가 독립적이지 못하다고 응답한 회사의 경우, 그 원인은 71.4%가 감사의 선임 시에 대주주나 경영진이 주로 추천권을 행사하고, 선임에 있어서도 실질적인 영향을 미쳤기 때문이라고 응답하였다. 그 밖에 감사의 독립성 결여의 원인으로는 감사업무에만 전념하기가 곤란한 기업의 현실(21.4%)과 대주주나 경영진의 인식부족(7.1%)이 지적되었다.[242) <표 6 참조>

〈표 6〉 감사(감사위원)의 실질적 독립성 여부

(단위 : 회사 수, %)

구분	2007년		2006년	
	회사 수	구성비	회사 수	구성비
1. 매우 독립적이다.	36	29.5	34	29.0
2. 독립적인 편이다.	75	61.5	69	59.0
3. 독립적이지 않다.	10	8.2	14	12.0
무응답	1	0.8	-	-
합계	122	100	117	100

(자료: 상장 제392호, 2007년 8월호)

한편 감사보조기구의 임직원 수는 대규모 상장 회사의 경우 1명 내지 5명 이하가 과반수를 차지하였고 책임자에 대한 감사의 임명권 동의권 문제와 감사보조기구에 대한 지휘 체계에 있어서는 아직도 개선해야 될 점이 많은 것으로 조사 되었다.<표 7 참조>

〈표 7〉 감사(위원회)의 감사보조기구의 책임자에 대한 임명동의권 행사여부

(단위 : 회사 수, %)

구분	2006년		2005년	
	회사 수	구성비	회사 수	구성비
1. 규정근거 있고 실제 행사	38	46.9	33	51.6
2. 규정근거 없지만 사실상 행사	22	27.2	14	21.9

242) "2007년도 감사(감사위원회) 및 감사실 운영현황", 상장, 2007년 8월호(제392호) 65면 참조.

구분	2006년		2005년	
	회사 수	구성비	회사 수	구성비
3. 규정근거 있지만 미행사	8	9.9	5	7.8
4. 규정근거 없고 미행사	13	16.0	9	14.1
무응답	-	-	3	4.6
합계	81	100	61	100

자료 : 상장회사감사회 회보 2006. 8월호(제80호)

Ⅳ. 우리나라 감사제도의 개선방안

기존의 감사제도가 본래의 기능을 발휘하지 못하였다는 점은 학계와 실무계의 의견이 일치되고 있는데, 그 이유로는 감사제도를 구성하는 상법상 기관으로서의 감사 및 감사위원회의 조직과 이사회를 중심으로 하는 내부감사 조직이 각각 독자적인 체제로 운영되어 온 점과, 양 기관의 기능·역할 분담체계가 정립되지 않은 점이 지적되어 왔다. 또한 감사의 자의적 선택이나 강요도 감사체제가 왜곡 될 수 있는 한 요인이 되었다고 생각한다. 따라서 이러한 구조적 문제점을 시정하는 방안이 모색되어야 한다고 본다. 현행 감사제도의 개선방안을 살펴보면 다음과 같다.

1. 감사 또는 감사위원회의 위상정립

현행상법은 회사가 정관이 정하는 바에 따라 감사에 갈음하여 감사위원회를 설치할 수 있도록 하고 감사위원회를 설치한 경우에는 따로 감사를 둘 수 없도록 하여 양자 중에 회사가 정관으로 선택하도록 하고 있다. 한편 증권거래법은 사업 연도 말 현재 2조 원 이상인 상장회사에 대하여는 반드시 감사위원회의 설치를 의무화 하고 있다. 기존의 감사제도는 이사회와는 분리된 독립된 기관으로서 사후적인 적법성 감사에 한정되는 법 제도 이고 감사위원회는 이사회 내의 위원회로서 이사회가 갖는 본래적 내부 감사권한의 범위는 적법성 감사뿐만 아니라 업무집행에 관한 타당성 감사 까지도 허용된다고 볼 때 이 두 제도를 대등한 조건으로 선택하도록 한 것은 문제가 있다고 본다. 각 제도의 장단점을 살펴 현명한 대응을 할 필요가 있을 것이다.

(1) 감사제도의 장단점

감사제도의 장점은 이사회로부터 분리되고 독립된 제3자 기관이 경영진의 업무집행권과 회계감사권을 가진다는 점이다. 이것은 국회가 행정부를 견제·감시 하는 것과 같은 권력분립이론에 입각한 것으로 볼 수 있다. 그러나 이러한 이상적인 기관구조에도 불구하고 각국의 법률상 감사의 선임이나 운영에 있어서는 그 독립성이나 전문성이 제대로 발휘될 수 있는 제도적 조건이 갖추어지지 못했다는 점이 문제점으로 지적되어 왔다. 특히 대주주나 회사대표에 의하여 추천·선임된 감사는 제대로 그 기능을 발휘할 수 없고, 실효적인 통제와 감독 기능도 행사하기 어렵다고 볼 수 있다. 감사제도의 또 다른 단점은 감사의 기능이 사후적인 감독에 치우치게 되어 경영상 오류의 사전방지기능을 제대로 발휘할 수 없다는 점이다.

(2) 감사위원회제도의 장단점[243)]

감사위원회 제도는 법률상 감사위원회의 대다수를 이사회의 구성원인 사외이사로 구성되도록 하여 경영을 위한 의사결정 체계에 포섭하고 있기 때문에 뚜렷한 장점이 있다고 할 수 있다. 이들 사외이사들은 기존의 경영진의 획일적이고 타성적인 사고의 젖은 의사결정을 시정하여 객관적이고 다양한 의견을 제시함으로써 의사결정의 오류를 방지하는 역할을 할 수 있다. 그러나 한편 사외이사는 회사 외부로부터 영입되어 이사회에 형식적으로만 참석 할 경우 회사의 경영정보에 대한 자유로운 접근이 가능하지 못하다는 관점에서 문제가 있다고 본다. 한편 기업과 특별한 이해관계가 없는 사외이사들로만 구성된 감사위원회는 열성적으로 회사업무를 살피고, 의도한대로 경영진을 견제하기가 쉽지 않을 것이다.[244)]

2. 고유한 업무감사권과 내부감사기능의 효율적 협조체제

법정감사기관의 감사직무와 이사회의 직무집행 감독 및 내부통제 기능 간에 어떠한 업무분담이 이루어지며 그 권한과 역할은 구체적으로 어떻게 구별되는지 불

243) 이에 관해서는 최완진, "감사위원회 위원자격 적정성과 업무수행의 효율성에 관한 고찰", 상장회사감사회 회보, 2008. 3(제99호) 1~5면 참조.
244) 정광선·김영호·문형구, "한국형사외이사제도에 관한 연구", 한국상장회사협의회, 1999, 41면 참조.

분명 한 점이 있다. 특히 감사의 고유한 업무감사권과 이사회 및 내부통제부서에 의한 내부통제기능 간에 업무 및 권한의 범위가 혼동되어 있거나 중복되어 있는 문제가 제기 되고 있다. 기업이 처한 상황에 따라 다르지만 현재 내부통제의 직무를 실제로 수행하는 기구는 다양한 형태로 존재하고 있고 지휘체계 또한 통일되어 있지 않다. 최근 기업의 전체 리스크 관리 차원에서 내부통제제도의 중요성이 부각되면서 이를 담당할 새로운 형태의 유사감독기구가 등장하게 되었다. 물론 내부통제부서는 대개 경영조직의 일부를 구성하지만 이 내부통제기능을 수행하는 경영조직이 법정감사기관의 직무를 침범하는 문제가 종종 발생하는데 그 원인은 법정감사기관의 직무범위와 내부통제기구의 범위가 명확하게 구분되어 있지 않은 데에 기인하고 있다고 본다. 이에 대한 직무범위의 구분은 법령으로 정할 수 있는 부분도 있고, 그렇지 않은 부분도 있을 것이다. 따라서 이에 대한 정리작업이 요구된다. 또한 준법감시인 제도의 경우도 금융관련 특별법상 금융기관 등에 의무적으로 도입되어 시행되고 있지만 그 기구의 성격은 어떠하며 누구의 관할이고 지휘를 받는지 또한 직무범위는 어디까지인지에 대하여 논란이 제기되고 있다. 금융관련특별법에서는 준법감시인에 대하여 내부통제기능전체를 감독하는 직무를 부여 하였음에도 불구하고 실무에서는 이를 내부통제부서자체로 이해하여 소속과 지휘 체계도 경영진의 관할로 오해하는 경우가 있다. 현행법의 취지에 비추어 볼 때 그 소속과 지휘 체계는 법정감사기관의 관할과 지휘를 받는 것으로 보아야 할 것 이다.

3. 감사업무수행의 효율화를 위한 구체적 방안

(1) 상근감사위원제의 도입

상법은 감사의 근무형태나 자격에 관해서는 아무런 제한을 두고 있지 않으므로 감사는 상근이든 비상근이든 불문하고 이사의 업무집행의 전반에 대하여 감사로서의 직무권한을 행사하여야 하며 감사로서의 책임도 동일하게 되어있다. 그러나 증권거래법은 감사의 효율성을 제고하기 위하여 자산총액 1천억 원 이상의 상장회사의 경우에는 감사위원회를 설치하는 회사를 제외하고는 반드시 1인 이상의 상근감사를 두도록 하고 있다((구)증권거래법 제191조의12 제1항, 상 542조의 10).

즉 (구)증권거래법은 일정한 규모의 회사의 경우에는 상근감사제도를 도입하고 있으나, 감사위원회의 경우에는 상근감사위원을 강제하는 규정을 두고 있지 않다. 감사위원회제도의 모법인 미국의 경우에는 감사위원회뿐만 아니라 지명위원회나 보수위원회 등 3개 위원회가 유기적인 관계를 가지고 고유한 기능을 수행하고 있으며, 특히 감사위원회의 가장 중요한 역할은 회계감사인과 내부감사부서로부터 얻은 정보를 기초로 내부통제시스템의 유효성과 재무제표의 신뢰성에 의문이 있는 경우에는 이를 이사회에 보고하여 감독시정을 하도록 하는 것이다.

감사의 상근여부는 각국의 기업문화와도 관련이 된다고 볼 수 있는데, 감사위원회의 주된 직무가 회계감사인 경우에는 반드시 상근직으로 할 필요는 없다고 하겠으나, 우리나라와 같이 회계감사권과 업무감사권이 다 같이 감사위원회에 부여되어 있는 경우에는 감사위원회에 의한 업무감사의 실효성을 높이기 위해서는 조직적 감사를 할 수 있는 기초가 마련될 때까지 상근감사위원제도를 도입하도록 해야 할 것이다.

(2) 감사위원회 위원의 독립성 확보

감사위원회의 구성원이 경영진이나 대주주로부터 독립성을 유지하는 것은 매우 중요한 문제이다. 경영자의 친인척이나 과거 임원과 같은 이사로 감사위원회가 구성될 경우 독립성을 확보하기가 매우 어려우므로 효과적인 감사위원회가 될 수 없다. 상법 제415조의 2에 의하면 감사위원회 구성원의 3분의 2 이상은 사외이사로 할 것으로 규정하고 있는데, 감사위원회의 독립성을 완벽하게 보장하기 위해서는 장기적인 관점에서 감사위원회는 독립적인 사외이사로만 구성되는 것이 바람직하다. 아울러 감사위원회의 독립성과 관련하여서 일정 수의 위원을 기관투자자나 채권자대표가 선출하는 방안을 고려할 필요가 있다. 주식투자에 있어서 기관투자자의 비중이 크게 증가함에 따라서 기관투자자의 경영자에 대한 감독책임에 관한 인식이 자본시장에서 널리 확산되고 있으므로 기관투자자가 감사위원회 위원의 선출에 일정한 역할을 담당하면 감독기능을 보다 효과적으로 수행할 수 있을 것이다. 또한 경영투명성을 보다 확고히 한다는 측면에서는 소액주주대표를 참여시키는 방안도 고려할 수 있을 것이다.

(3) 감사위원회 위원의 전문성 제고

감사위원회 위원은 업무수행에 적합한 경험을 충분히 쌓은 전문성을 갖춘 이사로 구성하는 것이 요구된다. 즉 감사위원은 해당 업무 및 리스크 평가에 대한 충분한 이해과 내부통제, 재무보고 등에 대한 전문적인 지식을 보유할 필요가 있다는 것이다. 그러나 실제로 감사위원이 선임되는 실태를 보면 대개의 경우 다른 직업과 겸직하고 있어서 감사업무에 전념할 수 없는 형편이고, 기업의 오너나 지배주주들의 실질적인 영향력 때문에 전문성을 갖추지 못한 위원이 선임되는 경우도 많다. 이러한 점을 개선하기 위해서는 감사위원의 선임시부터 대주주 등의 영향력이 행사될 수 없도록 하고 합리성과 전문성을 겸비한 감사위원회 위원이 정당한 권한을 행사할 수 있도록 제도적 보완이 요구된다고 할 것이다.

(구)증권거래법에 따르면 감사위원회 위원 중 1인 이상은 회계 또는 재무전문가로 구성하도록 되어 있는바, 증권거래법이 아닌 상법의 규정을 통하여 감사위원회 위원의 자격요건이 규율되도록 하는 것이 보다 바람직할 것이다.

(4) 감사부서책임자의 임면권 부여

감사위원들은 거의 사외이사들로서 감사업무에 관한 일상 업무를 일일이 파악하는데 한계가 있다. 감사위원회가 스스로 모든 업무집행과정을 감독할 수는 없으므로 내부감사업무를 수행하는 직원으로부터 많은 지원을 받아야 한다. 따라서 감사업무에 관해 상시적으로 일상업무를 알고 있는 내부감사직원들을 장악할 수 있는 권한을 감사위원회에 부여해야 할 필요가 있다. 이를 위해 감사부서책임자의 임면권을 감사위원회에 부여하는 방안을 검토할 필요가 있다. 감사부서의 책임자의 임면권이 감사위원회에 부여되면 감사부서직원들은 감사위원회의 지휘·통제 하에서 경영진의 간섭을 배제하고 소신 있는 감사업무를 수행할 수 있을 것이다.

(5) 외부감사인의 임면권 부여

현재 우리나라의 외부감사인의 선임은 먼저 감사 또는 전문성과 독립성이 확보된 감사인 선임위원회의 승인을 받아야 한다 다만, 주권 상장법인은 감사인선임위원회의 승인을 받아야 한다(외감법 제4조 제2항). 그리고 감사업무의 공정성을 보장하기 위하여 증권선물위원회에 감사보고서의 감리 등 외부감사인의 감독권을 부여하였으며(외감법 제15조), 징계제도(외감법 제16조), 벌칙(외감법 제19조-제21조)이 규정되어 있다. 보다 독립적이고 효율적인 감사업무를 수행하기 위해서는 감사위원회에 외부감사인을 선임하고 해임할 수 있는 권한을 부여하여야 할 것이다. 이와 함께 외부감사인의 보수를 포함한 고용조건 전반에 관하여 결정할 수 있는 권한을 부여하여야 할 것이다.

(6) 이사회로부터의 독립

개정상법상 감사위원회는 이사회 내의 소위원회로서 이사회는 소위원회가 결의한 사항에 대하여 다시 결의함으로써 이를 시정할 수 있다고 규정되어 있다(상법 제393조의2 제4항). 이 구정을 문리해석하면 감사위원회의 감사결과에 대하여 이사회가 번복할 수 있다는 뜻이 된다. 이에 대하여 상법 제393조의2 제4항에서 이사회 내 위원회의 결의사항을 이사회가 번복할 수 있다고 규정한 것은 감사위원회를 제외한 나머지 위원회에만 적용되는 규정이라고 보아야 한다고 해석하는 견해가 있다. 그 논거로서 감사위원회는 감사에 갈음하는 제도로서 이사회 내의 다른 위원회와 상이한 위상과 기능을 가지고 있고, 상법상 감사는 이사회로부터 독립하여 이사의 직무집행을 감독하는 것이므로 감사에 갈음하는 감사위원회도 이사회로부터 독립하여 감사업무를 수행한다고 해석하는 것이 옳으며, 제393조의2 제4항과 제415조의2 제1항의「감사에 갈음하여」라는 표현과 조화시키려면 그러한 해석이 가능하다는 것이다. 생각건대 이 문제를 근본적으로 해결하기 위해서는 감사위원회의 감사결과에 대해서 이사회에서 번복할 수 없다는 명문규정을 상법에 마련하는 조치가 필요할 것이다.

V. 결론

감사제도가 그 본래의 목적에 따라 효율적으로 작동하기 위해서는 기존의 제도들의 문제점을 파악하여 감사와 감사위원회가 그 소정의 역할을 다 할 수 있도록 체제를 정비해야 할 것이다. 특히 법정의 감사기관인 감사 및 감사위원회와 내부감독기관(이사회) 간의 관계설정 및 역할 분담의 문제 그리고 법정감사기관과 내부통제기구간의 관계설정 및 역할 분담 문제를 명확히 검토하여야 할 것이다. 이를 위해서는 현행 상법이 일괄하여 회사로 하여금 기존의 감사와 감사위원회를 선택하도록 하거나 또는 일정한 규모의 회사로 하여금 감사위원회의 설치를 의무화 한 것이 감사제도 본래의 취지를 훼손하는 측면은 없는가 하는 점을 점검해야 할 것이다.[245)]

이 밖에도 효과적인 감사위원회를 위해서는 감사위원회를 대표하는 위원장이 주주총회에서 감사위원회의 연간 활동사항에 대하여 보고하도록 하여 투자자들이 감사위원회의 활동사항을 객관적으로 평가할 수 있는 제도적 장치가 마련되어야 할 것이다. 따라서 기업이 자율적으로 회사정관에 감사위원회의 기능, 회의개최횟수 등 운영에 관한 사항을 규정하도록 하고 상장기업의 경우 관계법령에 감사위원회의 운영에 관한 최소한의 규정을 마련할 필요가 있다. 또한 감사위원회와 외부감사인은 회사의 내부통제제도에 관하여 의견을 교환하여 개선안을 모색하도록 하고, 외부감사인의 감사가 완료된 후에 외부감사인과 경영진간의 특정회계처리에 관하여 의견이 일치되지 않을 경우 외부감사인과 감사위원회가 의견교환을 하여 조정하는 역할을 하도록 해야 할 것이다.

아울러 현행법상 감사 및 감사위원회의 독립성 및 전문성 제고를 위한 제도적 장치가 중요하다고 생각되는 바, 일정 규모 이상의 상장회사에 대해서만 인정되는 상근 감사의 채택의무를 확대하여 모든 상장회사에 대하여 상근감사제도의 채택을 의무화 하는 방안을 고려해 보아야 할 것이다. 또한 외부감사와 내부감사, 내부통제기구간의 개념정립을 확실히 하여 혼동을 방지하고 회사의 규모와 기준을 고려하여 감사부속기구의 설치를 의무화 하는 방안도 검토할 필요가 있다. 끝으로 법정감사기능과 내부감사기능과의 효율적 업무 분담과 협조체계를 구축하기 위하여 각 체계별 직무 범위를 명확히 하여 이사회 및 경영진은 내부통제기능을 전담·감독하도록 하고 법정감사기관은 업무감사권과 회계감사권을 확실히 행사하도록 하여야 한다. 경영진의 내부통제기능과 법정감사기관의 감사 기능 간의 역할 분담과 기능의 상호순환체계가 원만하게 구축되어 질 때에 우리나라의 감사제도는 그 본래의 목적에 합당한 제도로 자리 잡게 될 것이다.

---

245) 이와 관련한 최근 자료로는 "기업환경변화에 따른 감사·감사위원의 과제와 역할", 상장회사감사회 회보, 2009. 1(제109호) 2~19면을 참조할 것.

제 7 장 주식회사의 감사 및 감사위원회제도의 효율적 운영방안에 관한 법적 연구

I. 서언

우리나라의 기업경영에 관한 중요한 논제 중의 하나는 기업지배구조와 관련하여 중요한 일익을 담당하고 있는 감사제도라고 할 수 있다. 현행상법은 수차례에 걸쳐 감사제도를 개정하여 왔고 감사와 함께 감사위원회 제도까지 도입하여 기업경영에 대한 감독 및 감시 체제를 강화하여 왔다. 그러나 아직도 감사제도에 대한 효율적 운영방안은 명쾌하게 정립되지 않은 상황이다. IMF의 관리체제를 벗어 난지 10년이 흘렀으나, 다시금 불어 닥친 미국발 경제위기는 우리나라를 비롯한 세계 경제 전반에 걸쳐 어두운 그림자를 드리우고 있다. 이러한 상황에서 기업의 구조조정과 더불어 지배구조문제가 또 다시 수면 위로 부상하고 있다.

본고에서는 먼저 우리나라 상법상 감사제도의 변천과정과 감사위원회 제도의 도입에 관하여 소개하고 현행 감사와 감사위원회제도의 운영상의 문제점을 살펴본다. 아울러 감사기능의 효율화를 위한 법적·제도적 개선방안에 관하여 고찰해 보고자 한다.

II. 상법상 감사제도의 변천과 감사위원회제도 개관

우리나라 상법상의 주식회사 감사제도는 1962년 상법이 제정되기 전까지 시행된 의용상법상의 제도, 상법이 제정된 1963년부터 1984년 개정상법 전까지 시행된 상법상의 제도, 1984년 개정상법상의 제도, 1995년 개정상법상의 제도, 그리고 1999년과 2009년 개정상법상의 제도로 나누어 고찰해 볼 수 있다. 아래에서는 각 시기별로 감사제도의 내용과 문제점을 살펴보기로 한다.[246]

1. 의용상법

의용상법상 주식회사의 기관은 현행 상법과 같이 의사기관으로서 주주총회, 업무집행기관으로서 이사(取締役), 감독기관으로서 감사(監査役)가 있었다. 감사는 이사의 업무집행을 감독하는 기관으로서 업무감사권과 회계감사권 양자를 부여받았다.[247] 때로는 스스로 업무집행권(총회소집권, 이사의 자기거래의 승인권, 각종의 소제기권)을 행사하였다.[248] 그러나 이러한 권한은 형식적인 것에 불과하였다. 이는 감사의 선임이 주로 대주주에 의해 사용인의 고용 차원에서 이루어졌고, 기업이 가족적 경영의 틀을 탈피하지 못하여 별도의 주주 혹은 회사채권자 등 이해관계자가 적어 감사의 공익적 기능이 기대되지 않은 점에서 그 원인을 찾을 수 있다.[249] 그러나 감사가 비록 형식적인 것에 불과하였다 하더라도 일반 이해관계인이 많지 아니하였으므로 설사 부실이 있더라도 회사제도의 남용에 대한 문제는 제기 되었으나 당시 일반주주에 대한 피해는 그리 우려할 만한 것은 아니었다.[250]

2. 1962년 제정상법

(1) 내 용

1962년 제정상법의 감사에 대한 규정은 감사기능의 실효성을 확보하기 위해 감사의 권한과 선임방법에 있어 대대적인 개혁을 단행하였다. 즉 의용상법에서 감사

---

246) 우리나라 감사제도의 변천과정에 대해서는 최완진, 주식회사의 감사제도의 개선방안에 관한 연구, 외법논집 제11집, 한국외대 법학연구소 2001, 104~117면 참조.

247) 정동윤, 회사법, 법문사, 2001, 302면.

248) 정찬형, "주식회사의 감사제도의 개선방향", 백산상사법논집, 박영사. 2008, 495~522면.
정찬형 외, "주식회사의 감사제도의 개선방안에 관한 연구", 한국상장회사협의회, 1995, 55면 참조.

249) 최기원, "상법개정의 문제점에 관한 연구", 법학(서울대) 18권 2호, 1978, 14~15면.

250) 김영균, "주식회사의 감사제도", 경북대 법학박사학위논문, 1996, 39면.

(감사역)는 이사의 업무집행을 감독하는 기관으로 업무 및 회계감사의 직무권한을 가지고 있었으나, 근대적 대기업의 경영이 복잡하고 광범위하게 변함에 따라 업무집행으로부터 소외된 감사에게는 업무집행의 합목적성에 관한 판단능력을 기대할 수 없었다. 뿐만 아니라, 감사가 이사에 의하여 사실상 추천되어 그 영향 하에 있게 되는 한 이사들을 감독할 수 없고, 실제에 있어서는 오히려 업무집행기관에 종속되어 감독기능을 발휘하지 못하였다. 더욱이 이사회제도 하에서는 이사회에서 대표이사의 업무집행을 감독하는 것이 합리적이란 이유에서 업무감사에 관한 권한을 이사회에 위양하고 감사의 직무권한을 원칙적으로 회사의 계산서류에 대한 회계감사에 한정하였다(1962년 상법 제412조). 또한 주주총회에서 이사와 같은 방식에 의하여 감사를 선임하는 한 이사를 선임한 대주주가 이사에 실질적으로 종속하는 사람을 감사로 선임하게 됨으로써 감사는 독자적인 감독기능을 발휘할 수 없게 된다는 점을 고려하여, 감사선임결의에 있어서의 대주주의 의결권제한이라는 특수한 제한방법을 채택하였다.[251)]

그 외에도 임시적 감사기관인 검사인제도(1962년 상법 제298조, 제310조 등)를 두고 있는 외에, 개개 주주 또는 소수주주의 권리를 강화하여 이사의 위법행위의 유지청구권(1962년 상법 제402조, 제424조), 이사의 책임추궁의 대표소송권(제403조, 제406조), 계산서류의 부속명세서나 회계의 장부 및 서류의 열람권(제465조 제3항, 제466조)등을 인정함으로써 회사운영의 공정성을 보장할 수 있다는 입장에서 구상법상 감사가 가지고 있던 업무감사권을 박탈하였다.[252)]

(2) 문제점[253)]

1962년 제정상법은 영미법상의 이사회제도를 도입하면서 감사는 회계감사권만을 가지게 되었다. 이사의 업무감독과 감사의 업무감사는 그 성격이 다름에도 불구하고 그 지위를 강화하기보다는 감사의 법률상 권한을 크게 약화시켰다는 비판이 있었다. 그 외에 감사의 정원이나 자격에 있어서 아무런 제한이 없다는 점과, 이사

251) 발행주식총수의 100분의 3을 초과하는 주식을 가진 주주는 그 초과하는 주식에 관하여는 감사선임결의에 있어서 의결권을 행사하지 못하도록 규정하고 회사는 정관으로도 이러한 비율보다 낮은 비율을 정할 수는 있어도 그 비율을 높일 수는 없도록 하여 군소주주의 지반으로부터 감사가 선임될 수 있는 소지를 제도적으로 확보하여 놓았다(1962년 상법 제410조 제2항 참조).

252) 이범찬, 주식회사감사제도론, 법문사, 1976, 101면.

253) 이범찬, "감사제도의 제문제", 회사법의 제문제, 삼지원, 1998, 362면 이하.

회에 업무감독권을 부여함으로써 자기감독의 문제가 있다는 점이 지적되었다.[254] 또한 감사의 직무집행의 독립성을 확보하기 위해 그 지위가 보장되어야 한다고 하여 임기를 1년(1962년 상법 제409조 제2항)으로 정하고 있는 것은 부당하여 감사의 이사에 대한 우월적 지위를 지향하는 뜻에서도 적어도 이사의 임기보다 장기인 3년으로 하는 것이 제안되기도 하였다.

3. 1984년 개정상법[255]

1962년 제정상법이 감사에게 회계감사권만을 인정하는 등의 경영기구의 개편과 권한의 세분화라는 중대변혁을 단행하였으나, 그 시행과정 중 이사회제도의 토착화실패와 업무집행감독제도의 부실화, 이사회의 종속화, 비효율화 등의 문제점이 드러나 감사기능의 실효성 확보를 위하여 1984년 다음과 같이 감사제도를 대폭 개정하였다.

(1) 내 용

1) 감사의 임기연장

감사의 임기를 1962년 제정상법상의 최장기 1년에서 2년으로 연장하고, 임기 중의 최종 결산기에 관한 정기총회의 종결시까지 계속되는 것으로 개정하였다(1984년 상법 제410조). 개정의 이유는 임기가 1년인 경우 감사는 1회·2회의 감사보고서로서 그 임기가 끝나게 되므로, 취임 후 재선여부에 관한 이사회의 의중에 민감할 수밖에 없다. 따라서 충실한 감사를 실행할 수 없을 뿐만 아니라 이사와는 독립된 입장에서 감사의견을 표명하기도 어렵다고 판단되기 때문에 임기를 2년으로 연장함으로써 감사의 지위를 안정시키고 감사의 실효를 거두고자 한 것이다.

2) 감사의 권한 강화

상법은 주식회사의 건전한 운영과 더불어 투자자인 주주 및 회사채권자보호를 강화한다는 목적으로 감사의 임기를 2년으로 연장함과 동시에 그 직무권한도 크게

---

254) 최기원, 전게논문, 15면 참조.

255) 손주찬 외, 상법개정안 해설, 삼영사, 1984, 78~94면; 정찬형 외, 전게연구보고서, 56~60면.

확대하여 “감사는 이사의 직무집행을 감사한다”고 규정하였다(제412조 제1항). 그리고 동조 제2항에서 “감사는 언제든지 이사에 대해 영업에 관한 보고를 요구하거나 회사의 업무와 재산상태를 조사할 수 있다”고 규정하였다.

개정상법은 이사뿐만 아니라 감사에게도 이사회 소집통지를 하도록 하고(제390조 제2항), 이사회 소집절차의 생략도 이사전원의 동의 이외에 감사의 동의도 받도록 규정하였다(제390조 제3항).

개정 전 상법에서는 감사가 이사회에 출석할 권한이 있는지 불명확하였으나 제391조의2를 신설하여 감사의 이사회 출석 및 의견진술권을 명문화하였다. 그리고 제391조의3을 신설하여 제1항에서는 “이사회의 의사에 관하여는 의사록을 작성하여야 한다”고 규정하고, 제2항에서는 “의사록에는 의사의 경과요령과 그 결과를 기재하고 출석한 이사 및 감사가 기명날인하여야 한다”고 규정하여 감사가 이사회의 사록의 기재내용을 충분히 검토하여 그 진정성을 보장하도록 하였다.

회사와 이사 간의 소에 관하여 감사가 당연히 그 소에 관하여 회사대표권을 갖는 것으로 하고 이사회 또는 주주총회에 의한 회사대표자의 선정은 인정하지 아니하였다(제394조 1문). 소수주주가 이사의 책임을 추궁하는 소를 회사에 청구하였을 때에도(제403조), 회사를 대표하여 감사가 문제된 이사를 상대로 소를 제기하도록 하였다(제394조 2문). 또한 이사 및 주주에 추가하여 감사에게도 회사설립무효의 소를 비롯하여 주주총회결의취소의 소, 신주발행무효의 소, 자본감소무효의 소, 합병무효의 소 등과 같은 각종의 소권을 인정하였으며, 이사의 위법행위에 대한 유지청구권을 소수주주 외에 감사에게도 인정하였다(제402조).

3) 감사의 충실화 도모

감사의 직무권한 강화와 더불어 감사의 의무도 확대되었다. 감사는 이사가 법령 또는 정관에 위반한 행위를 하거나 그러한 행위를 할 염려가 있는 때에는 이를 이사회에 보고하여 이사의 위법행위로 구체적 손해가 발생할 때까지 기다리지 아니하고 사전에 이를 견제할 수 있도록 하였다(상법 제391조의2 제2항). 또한 감사가 충실하게 이루어지는 것을 돕기 위하여 감사로 하여금 감사록을 작성하도록 하고(제413조의2 제1항) 감사보고서를 이사에게 제출할 의무를 부과하면서 그 제출시기와 기재사항을 명시하였다(제447조의4). 그리고 종전의 감사기간이 1주간이었던 것을 4주간으로 연장하였다(제447조의4 제1항).

(2) 문제점[256)]

감사 선임시 재임 중인 감사가 법적으로 관여할 기회가 없는데, 비록 결정적인 역할은 아니더라도 감사의 견해를 진술할 권리를 주는 것이 타당하고, 회사의 규모에 따라 감사의 인원을 1인이 아닌 2인 이상으로도 규정할 필요가 있었다. 감사의 보수 결정을 이사의 영향 아래 있는 주주총회가 아닌 다른 독립적 기관에서 정하는 것을 제안하고, 1984년 도입된 모회사에 대한 감사를 할 경우 그 실효성을 확보하기 위해 적어도 모회사에 대한 감사는 자회사에 대한 감사도 할 수 있어야 한다는 비판이 있었다.

4. 1995년 개정상법[257)]

1995년 개정상법은 경영의 투명성과 업무집행감독의 충실화를 요구하는 사회분위기를 배경으로 감사의 독립성 강화를 위하여 임기연장 및 겸직금지범위를 확대하였고, 감사의 지위안정을 위한 감사의 의견진술권을 신설하였으며, 감사업무의 실효성 확보를 위하여 자회사조사권, 주주총회소집권 등을 인정하였다.

(1) 내 용

1) 감사의 해임에 관한 의견진술권 부여

상법 제409조의2를 신설하여 "감사는 주주총회에서 감사의 해임에 관하여 의견을 진술할 수 있다"고 규정함으로써, 주주총회가 감사의 해임결의를 함에 있어 적정을 기하고 아울러 감사의 독립성을 보장하여 감사의 지위를 안정 강화시키려 하였다.

256) 김교창, "현행 상법상의 감사제도와 그 개선방안", 상장협, 제27호, 1992, 17~23면.
257) 손주찬 외, 상법개정안해설, 법문사, 1995, 135~145면; 정찬형 외, 전게연구보고서, 61~63면.

2) 감사의 임기연장

상법 제410조를 개정하여 "감사의 임기는 취임 후 3년 내의 최종결산기에 관한 정기총회의 종결시까지로 한다"고 개정하여 감사의 임기를 2년에서 3년으로 연장하였다. 이는 이사의 임기가 3년(상법 제383조 제2항)으로 되어 있는 점과 균형을 맞추면서, 감사의 지위를 안정시키고 독립성을 보장하고자 한 것이다.

3) 감사의 겸직금지범위의 확대

상법 제411조를 "감사는 회사 및 자회사의 이사 또는 지배인 기타의 사용인의 직무를 겸하지 못한다"고 개정함으로써, 감사는 피감사회사가 지배하는 자회사가 있는 때에 그 자회사의 이사와 지배인 기타의 사용인도 겸임하지 못하도록 하였다.

4) 감사의 권한확대

상법 제412조의2를 신설하여 "이사는 회사에 현저하게 손해를 미칠 염려가 있는 사실을 발견한 때에는 즉시 감사에게 이를 보고하여야 한다"고 규정하고 있다. 이로 인해 감사는 자신이 스스로 조사하는 것 이외에 회사에 현저한 손해를 미칠 염려가 있는 사실이 발생하고, 이사가 그것을 발견한 때에는 감사의 요구가 없더라도 자발적으로 감사에게 보고할 적극적인 보고의무를 부과하였다.

상법 제412조의3을 신설하여 "① 감사는 회의의 목적사항과 소집이유를 기재한 서면을 이사회에 제출하여 임시총회의 소집을 청구할 수 있다. ② 제366조 제2항의 규정은 감사가 총회를 소집하는 경우에 이를 준용한다"고 규정함으로써 감사의 임시총회소집청구권을 인정하였다.

상법 제412조의4를 신설하여 "① 모회사의 감사는 그 직무를 수행하기 위하여 필요한 때에는 자회사에 대하여 영업의 보고를 요구할 수 있다. ② 모회사의 감사는 제1항의 경우에 자회사가 지체 없이 보고를 하지 아니할 때 또는 그 보고의 진부를 확인할 필요가 있을 때에는 자회사의 업무와 재산상태를 조사할 수 있다. ③ 자회사는 정당한 이유가 없는 한 제1항의 규정에 의한 보고 또는 제2항의 규정에 의한 조사를 거부하지 못한다"고 규정함으로써 모회사에 대한 감사의 실효를 거두기 위하여 모회사 감사가 자회사에 대하여도 조사할 수 있도록 하고 있다.

(2) 문제점

종전 상법상 주식회사의 감사제도는 독일의 감사회제도와 영미의 감사제도의 장점을 도입하려고 한 것 이었으나, 결과적으로 어느 제도에도 충실하지 못하게 된 측면이 있다. 즉 우리나라 상법상 주식회사의 감사는 독일의 감사회제도에 충실하지 못하여(독립성 결여) 이사의 업무집행에 대한 업무감사에도 소홀하게 되었고, 영미의 감사제도에도 충실하지 못하여(전문성 결여) 이사의 직무집행에 대한 회계감사도 만족하지 못하게 진행되었다고 할 수 있다. 이를 극복하기 위하여 1995년의 개정상법은 감사의 권한과 의무를 대폭 확대하기는 하였으나, 근본적인 개정이 없는 한 유명무실한 감사제도는 그대로 이어질 수밖에 없을 것이라는 지적이 많았다.[258)]

상법상 회사의 감사에 대한 인사는 주주총회에서 결정하도록 규정되어 있다(상법 제409조 제1항). 그러나 실제 기업실무에서 감사의 선임권은 주주총회가 아닌 대주주·이사회 등이 행하였다.[259)] 우리나라 상법상 감사는 '이사의 직무집행'을 감사하는 것을 그 본연의 임무로 하고 있는데, 실제의 기업운영에서는 피감사기관인 대주주에 의하여 선임된 대표이사·이사회가 오히려 자신의 업무집행을 감사하는 기관인 감사의 인사권을 가지고 있는 실정이었다. 이러한 상황 하에서 과연 공정한 감사활동을 감사에게 기대할 수 있을지는 의문이었다.

감사는 감사업무 수행과 관련하여 감사업무 전반에 대하여 상법에 규정된 감사권을 독자적으로 행사할 수 있어야 한다. 그러나 실무에서는 감사가 직접 감사대상업무를 선정하고 감사계획을 작성하는 경우는 드문 편이고 감사가 감사업무전반에 대한 결정권을 가지지 못하는 경우에 사장이 결정권을 행사하는 경우가 많았다고 한다.

또한 이상적인 감사제도의 운영을 위해서는 감사와 외부감사인 사이에 업무에 관한 사전협의와 조정이 유기적으로 이루어져야 한다. 그러나 실제 기업현실에서는 대다수의 회사가 외부감사인뿐 아니라 감사 스스로도 감사에 관한 사전협의를

---

258) 정찬형, 상법강의(상), 박영사 2008년. 917면, 정찬형, "영미법상의 감사제도", 월간고시, 1988년 10월호, 50면.

259) 1995년에 한국상장회사협의회와 고려대학교 법학연구소가 조사한 바에 의하면, 전체 응답회사 중 회사내부적으로 대주주나 대표이사·이사회에 의해서 감사가 선임된다고 응답한 비율이 93.4%에 이르고 특히 상장회사의 경우에는 96%, 비상장회사의 경우에는 98%에 달하였다(정찬형 외, 전게연구보고서, 11면).

거의 하지 않거나 심지어 한 번도 협의를 한 적이 없는 경우가 많아 통일적인 감사가 되지 못하였다. 또, 감사는 감사 나름대로, 외부감사인은 그 나름대로 감사활동을 수행함으로써 비효율적인 감사활동이 진행되었다. 또한 감사보고서 작성에 있어서도 감사와 외부감사인간에 업무수행을 위한 실질적인 논의는 거의 이루어지지 못한 상황이었다.

이와 같이 우리나라의 주식회사에 있어서 업무집행기관에 대한 내부적인 감시체제는 거의 유명무실하고 또한 외부적인 감시체제(기관투자가 등)도 없다. 우리나라의 주식회사의 업무집행기관은 대주주에 의해 독점화되어 소수주주의 이익을 희생하면서 부실경영을 초래하여왔으므로 우리 상법 및 특별법상의 회사의 업무집행기관에 대한 내부적인 감시체제의 규정은 그 실효성을 확보하기 위해 근본적인 개정이 요구되었다.

5. 1999년 개정상법

(1) 내용

1997년 말 외환위기 하에서 국제구제금융의 지원을 받기 위한 조건으로 기업구조조정에 대한 사항을 합의하였다. 그중에 부당한 기업운영을 독립적 시각에서 감독함으로써 기업의 정책결정과정의 투명성을 제고하기 위해 종래의 감사와는 달리 미국 등에서 발달한 감사위원회를 도입한다는 내용이 포함되었다.[260] 이에 따라 정부는 기업 감사제도의 유명무실한 점을 개선하고 경영의 투명성을 높이기 위해 감사위원회를 도입하기로 하고 구체적인 방안마련을 위해 2000년부터 기업에 감사위원회를 둔다는 목표 아래 실무팀을 구성, 위원회의 구체적인 성격과 권한 등에 대한 연구 작업에 착수하였다. 1년여 동안의 연구 및 각종 공청회와 심포지엄 등을 거치면서 감사위원회 도입에 대한 의견을 수렴한 뒤 그간의 기업풍토와 감사현실에서 종래의 감사가 그 실효를 거두지 못하였고 자본시장의 국제화에 따라 회사의 지배구조에 관한 세계적인 추세를 반영한다는 등의 이유로 미국 감사위원회제도를 채택하고 1999년 입법화하였다.[261]

---

260) 감사위원회의 설치와 운영에 관해서는 최완진, 주식회사의 감사제도의 개선방안에 관한 연구, 외법논집 제11집, 한국외대 법학연구소 2001, 118~124면 참조.

261) 이에 관한 상세는 최완진, 감사위원회에 관한 법적 고찰, 경영법률 제12집, 한국경영법률학회 2001.

결국 감사위원회의 도입은, 1998년 12월 금융감독위원회가 국제회계기준(International Accounting Standards)에 부합하도록 기업회계기준을 대폭 개정함으로써, 우리 정부와 IMF 및 IBRD와의 합의사항을 이행하고 기업회계를 국제적인 표준에 한걸음 더 접근시킨 조치였다고 평가할 수 있다. 외국기관들은 이러한 기업회계의 투명성은 감사위원회의 설치 없이는 담보될 수 없다고 보기 때문에 이에 부응하고자 하는 점을 그 배경으로 한다.[262)]

1999년 상법개정을 통해 회사는 정관의 정한 바에 따라 감사에 갈음하여 감사위원회를 둘 수 있게 되었다(상법 제415조의2). 따라서 감사위원회란 "감사에 갈음하여 이사의 업무집행과 회계를 감사할 권한을 가진 이사회 내 위원회의 하나인 필요상설기관"이라고 볼 수 있다. 이러한 감사위원회는 합의체(board)의 의결기관인 점에서 단순히 감사가 수인인 경우(협의체, meeting)와는 구별된다. 감사위원회는 상법 제393조의2의 규정에 의하여 이사회 내에 설치되어 종전의 감사에 갈음하여 그 권한을 행사하고 의무를 부담하는 위원회이다. 감사위원회는 미국의 제도를 본받아 도입한 것인데, 비교법적으로 볼 때 감사위원회는 미국회사법상의 전유물은 아니다. 최근에는 이사회는 경영·감사회는 감독이라는 이원주의를 택하고 있는 독일에서도 감사회 내에 감사위원회를 두는 대기업이 점차 많아지고 있다. 다만 우리나라의 경우와 같이 감사위원회에 대하여 감사에 갈음하는 막강한 지위를 법으로 부여한 경우는 매우 독특한 것이다. 상법상으로는 감사위원회를 설치할 것인지 아니면 종전과 같이 감사를 둘 것인지는 전적으로 개별회사의 선택에 의한다(상법 제415조의2 제1항). 즉 개별회사의 정관자치에 맡겨져 있다고 할 수 있다.

한편 대통령령이 정하는 일정 규모 이상의 증권회사·증권투자신탁회사·주권상장법인·협회등록법인·보험회사·은행의 경우에는 그 정원의 3분의 2 이상을 사외이사로 구성하는 감사위원회의 설치가 의무사항으로 되어 있다. 즉 이들 회사에서는 정관자치가 인정되지 아니하고 무조건 감사 대신 감사위원회를 설치하여야 한다.[263)]

(2) 문제점

감사위원회는 영미의 감사위원회(audit committee)제도를 본받아 도입된 것인데,

12, 203~228면 참조.

262) 정찬형, 상법강의(상), 박영사, 2008, 926면.

263) 최완진, 개정상법상의 감사위원회, 고시계, 2001년 5월호, 통권 531호, 54~64면 참조.

영미에서는 회계감사권만을 가짐에 반하여 우리나라 상법상으로는 업무감사권도 가지게 되어 여러 가지 혼란을 초래하였다. 즉 이사회의 업무감사권과 감사위원회의 업무감사권 관련 상호관계와 그 우열, 일부 이사로 구성되는 감사위원회가 이사 전원으로 구성되는 이사회와 똑같이 업무감사권을 가지는 것에 대한 當否, 감사위원회 위원은 이사회의 구성원인데 이사회의 결의에 기한 업무집행을 감사하는 경우에는 자기가 결의한 것을 자기가 감사하는 모순이 생기는 점 등 많은 난점이 지적되었다.[264] 또한 종래 감사제도와 감사위원회제도를 회사가 선택할 수 있게 함으로써 모든 주식회사의 감사제도의 운용에 통일을 기할 수 없는 점과 업무집행에 대한 의사결정에 참가한 이사가 감사위원이 된다는 것은 그 지위의 독립성에 문제가 있으며, '주식회사의 외부감사에 관한 법률'의 적용을 받는 주식회사의 경우에는 유사한 내용에 관하여 유사한 두 기관으로부터 이중으로 독립적인 감사를 받게 한 점 등이 문제점으로 제기되었다.[265]

위와 같은 문제점이 이미 법 제정 전부터 제기되어 왔음에도 1999년 개정을 통해 감사위원회제도는 우리나라 상법에 도입되었다. 그리고 (구)증권거래법에도 제54조의6을 신설하여 일정한 규모 이상의 상장기업들에게는 이를 강제하였으며, 이에 따라 국내에 많은 기업들이 이 제도를 채택·시행하였다.[266] 그러나 여전히 주식회사 업무집행감독의 실효성 달성에 의문이 제기되었다.

6. 2009년 개정상법의 감사 및 감사위원회제도의 개선

상법상의 감사 및 감사위원회에 대한 많은 문제점이 지적되었고 새로운 입법의 필요성이 대두되었다. 따라서 2009년 새롭게 개정된 상법에서는 감사 및 감사위원회에 관한 몇 가지 규정들이 신설되었다. 즉, 대통령령으로 정하는 상장회사에 대하여는 1명 이상의 상근감사를 두어야 하며(제542조의10 신설), 대통령령으로 정

264) 정동윤, 전게서, 484면, 이어 대해 우리나라 감사위원회의 권한에 대해서 영미와 같이 업무감사권을 배제하고 회계감사권만을 부여하자는 주장도 있다(정동윤 교수).

265) 손주찬, "상법(회사법)의 개정과 2000년의 과제", 법조 제520호, 2000. 1, 131-132권.

266) LG그룹의 5개 계열사 감사위원회 도입 및 전원 사외이사로 구성(동아일보, 2000년 3월 16일자), 현대전자 위원의 3분의 2 이상을 사외이사로 구성하는 감사위원회 설치 예정(동아일보, 2000년 3월 24일자), 증권거래소의 3월 결산법인의 주요정관변경내역 조사결과 5월 20일 현재 정기주총 개최 신고법인 56개사 중 16개사가 감사위원회 도입근거를 정관에 신설할 방침임을 증권거래소에 신고함(동아일보, 2000년 5월 22일자).

하는 대규모 상장회사에 대하여는 감사위원회를 의무적으로 설치하도록 하였다(제542조의11 신설). 또한 감사위원회 위원의 선임, 해임권이 주주총회에 있음을 명문으로 규정하였고, 선임방식을 일괄선출방식으로 통일하며, 위원 선임시 의결권 없는 주식을 제외한 발행주식총수의 100분의 3을 초과하는 주식에 대하여는 의결권을 제한하였다(제542조의12 신설).

이 밖에 감사위원회와 관련된 기존의 상법 규정들이 새롭게 정비되었다. 즉 상법 제415조의2 제2항에서는 감사위원회를 3명 이상의 이사로 구성하며, 사외이사가 위원의 3분의2 이상이어야 한다고 규정하였다.[267] 이와 같이 새로 개정된 상법상의 감사 및 감사위원회 규정은 자본시장통합법 등과 연결되어, 기관구성 및 권한에 있어서 보다 상세한 규제를 하고 있다.

Ⅲ. 현행감사 및 감사위원회제도의 문제점

1. 감사제도의 문제점

1962년 제정상법은 영미회사법상의 이사회제도를 도입하면서 이사회에게 업무집행기관과 감사기관으로서의 기능을 동시에 수행하도록 하였다. 그리고 1984년의 개정상법은 감사에게 업무감사권을 부여하여 별도의 독립적인 감사기관을 설치하도록 하였다.

이에 따라 상법은 이사의 직무집행에 관한 일반적인 업무감사기관을 이원적으로 운영하는 독특한 구조를 취하고 있다. 이러한 업무감사기관의 양립으로 인하여 예상되는 양 기관의 의견대립 또는 권한 상충의 문제는 다음과 같은 두 가지 방법에 의하여 조정되고 있다

우선 이사회와 감사에 의한 업무감사의 중복문제를 해결하기 위하여 감사의 업무감사권의 범위를 적법성감사로 제한하는 해석론이 등장하게 된 것이다. 이러한 해석론은 감사에게 타당성검사를 인정하게 되면 감사가 경영에 개입할 우려가 있다는 것을 전제로 하는 것이다. 그러나 감사의 직무를 업무집행의 적법성감사로 제

---

267) 관련 규정들은 본 논문의 부록을 참조할 것.

한하고 타당성여부에 대하서는 전혀 관여할 수 없도록 하는 것은 결국 형식적 감사나 소극적 감사를 요구하는 것과 다를 바 없게 된다. 한편 상법은 형식상으로는 이원적 업무감사기관을 병존시키고 있으나 실질적으로는 이사회의 우월적인 권한을 부여하는 방법을 취하고 있다는 점이다. 상법은 회사와 이사 간의 소송의 경우나 이사의 위법행위의 경우에는 감사에게 이사의 행위에 대하여 직접적인 조치를 취할 수 있는 권한을 부여하고 있다(상법 제394조, 제402조). 그러나 감사에 의한 이사의 위법행위유지청구의 실효성은 매우 제한적이다. 감사는 상법 제402조에 따라 이사의 위법행위에 대하여 그 중지를 청구할 수 있으나 이 경우 유지청구는 이사의 일반적인 직무집행의 정지를 목적으로 하는 것이 아니고 이사의 개별적인 위법행위를 대상으로 하고 있으며 절차진행 중에도 당해 이사의 업무활동은 제약되지 않는다. 따라서 감사의 유지청구에 의한 사전적 감독기능의 실효성은 제한적 일수밖에 없게 된다. 이와 같이 상법은 이사회에게 우월적 지위를 부여하는 방법을 통하여 이원적인 업무감사기관의 양립으로 인한 양 기관간의 권한상충문제를 해결하고 있는 것이다. 따라서 감사에게 완전무결한 감독기능을 수행하리라고 기대하는 것은 무리라 할 수 있다.

2. 감사위원회제도의 문제점[268)]

앞서 언급한 바와 같이, 2009년의 개정상법은 감사 및 감사위원회제도에 여러 가지 법적 보완책을 강구하였다. 이에 따라서 그동안 지적되어온 많은 문제점들 중 일부의 개선이 이루어졌다. 예를 들면 개정된 상법 제415조의2 제6항에 따라 감사위원회에 대하여는 더 이상 제393조의2 제4항 후단의 내용을 적용하지 않게 되었으므로, 이사회는 감사위원회가 결의한 사항에 대하여 다시 결의할 수 없게 되었다.

그럼에도 불구하고 상법상 감사위원회는 여전히 많은 문제점을 안고 있다. 즉 2009년 상법개정으로 대규모 상장회사 등의 경우에 주주총회에 의한 감사위원회 구성이 명문화되었으나, 여전히 일반적인 상법상 감사위원회는 이사회내부의 위원회의 하나로서 위치하고 있으며 감사위원회를 구성하는 감사위원은 이사 중에서

268) 이에 관한 상세한 내용은 홍복기, 주식회사의 경영구조의 변화와 그 전망-감사위원회제도의 도입을 중심으로 "21세기의 기업지배구조"(대한상공회의소·성균관대학교 비교법연구소 공동세미나자료, 1999.11.26), 52~54면 참조.

이사회가 선임한다(상법 제415조의2). 따라서 이러한 경우의 감사위원회는 회사조직법상으로는 이사회의 하부기구로 볼 수 있을 것이다. 그러나 상법은 이사회의 감독기능을 강화하기 위하여 감사위원회를 종래의 감사에 갈음하는 기구 즉, 종래의 감사제도의 대체적 기구로서 설계하고 있다.

이에 따라 감사위원회의 많은 권한은 이사회의 위임에 근거하는 것이 아니고, 법률에 의하여 부여되고 있다.269) 즉, 상법은 감사의 직무권한에 관한 규정을 감사위원회에 준용하는 방식을 취하고 있다(상법 제415조의2 제7항). 감사위원회의 기능의 측면에서 보면 감사위원회를 이사회 내부의 단순한 하나의 위원회에 불과한 것으로 보는 것은 문제가 있다고 생각한다.

또한 상법은 업무감사권 등 종래의 독립적인 감사기관인 감사의 권한과 거의 동일한 권한을 감사위원회에게 부여하고 있어 감사위원회를 설치하는 회사의 경우 이사의 업무집행에 대한 일반적인 업무감사는 이사회와 감사위원회에 의하여 이중적으로 이루어지는 문제점이 그대로 나타나게 된다. 감사위원회제도는 사외이사가 어느 정도 확보되고 정착되어 있을 때만 가능한 제도이다. 사외이사가 제대로 정착되지 않은 토양 위에서 감사위원회를 도입한다면 감사위원회 제도는 현실과 이상간의 괴리만큼이나 형식화 될 것이고, 감사위원회제도의 단점만 부각되어 오히려 현행 감사제도보다 감독기능이 약화될 가능성이 있다.

제도적인 측면에서도 감사위원회제도가 현행 상법상의 감사제도보다 못한 면이 있다. 첫째, 현행법상의 감사제도는 이사회와 독립적이고 동등한 지위를 가지고 있는데 반하여, 감사위원회는 이사회 내부의 하부기관으로서 설치된다는 것이다. 이사회와 동등한 지위를 가진 감사제도도 제 기능을 발휘하지 못하는데, 그 하부기관인 감사위원회가 제 기능을 발휘할 지는 의문이다. 특히 이사회가 대표이사에 의하여 지배된다면 더욱 그러할 것이다. 둘째로 감사위원회는 상무에 종사하지 않는 사외이사로 구성되는 비상근형태인데 반하여, 감사제도는 상근감사를 둘 수 있어 정보의 접근성에 있어서 보다 유리할 수 있다. 이는 경영진과 감사위원회의 마찰이 심화되든가 감사위원회에서 경영자에게 불리한 결정을 하려는 경우 또는 경영상의

269) 사외이사인 감사위원의 선임기관의 대해서는 종전 증권거래법상 명시적인 언급이 없으나 주주총회에서 선임되는 것으로 해석되었다((구)증권거래법 제191조의11 제1항, 제191조의17 제2항, 제54조의6 제6항 참조). 2009년 2월 4일부터 시행된 「자본시장과 금융투자업에 관한 법률」(자본시장통합법)은 상법상의 감사위원회를 설치할 것을 요구하고 있으며(자본시장통합법 제26조 참조), 상법상 감사위원회의 위원은 주주총회에서 선임한다.

비밀을 유지하려는 목적에서 사외이사에게 정보를 제공하지 않으려는 경우에 더욱 그러하다.

3. 감사제도의 운영상의 문제점

우리나라의 감사제도가 정착되지 못한 가장 큰 원인은 제도적 결함이 있다고 할 수 있으나 다른 한편으로는 기업실무에서 감사제도의 기본취지에 어긋나게 제도를 운영하는 점이 문제점으로 부각되고 있다.[270)]

최근 한국상장회사협의회가 상장회사를 대상으로 실시한 감사실 운영현황에 대한 설문조사를 보면 기업실무에서 현행 감사제도의 문제점으로는 다음과 같은 사항이 지적되었다. ① 감사·감사위원회의 보조기구에 대한 지원취약 27.3%, ② 회계분야 위주의 감사 15.6%, ③ 감사·감사위원의 당해회사 관련업무의 경험부족 10%, ④ 최고경영자의 인식부족 8.2%, ⑤ 내부회계관리제도(내부통제제도)의 미비 7.8%, ⑥ 감사기간 등의 부족 7.4%, ⑦ 비상근감사만으로 구성된 감사조직 5.2%, ⑧ 외부감사와의 업무중복 4.8%, ⑨ 감사·감사위원과 이사와의 교류부족 3.5%, ⑩ 외부감사인선임시의 영향력부족 3% 등이다(복수응답).[271)]

이와 같은 운영상의 문제점의 배경에는 기본적으로 법제도 및 구조적인 문제가 제기되고 있다고 본다. 즉 감사 및 감사위원회와 내부통제기구 간 원칙적인 역할 및 기능 분담에 대한 기준과 원칙이 결여되어 있는 문제, 감사 및 감사위원회에 소속된 감사부설기구에 대한 법적근거가 희박하다는 문제, 대표이사 및 이사회의 소속 및 지휘를 받는 내부통제기구에 대한 법적 근거도 부족하다는 점 등을 들 수 있다.

또한 기업실무를 살펴보면 감사의 지위는 정년을 앞두고 있는 장기근속자의 예우차원에서 이루어지는 경우도 있으며, 유능한 임원은 감사보다는 이사로 선임되기를 희망함으로서 결과적으로 감사의 독립성을 약화시키고 감사제도의 운영을 저해시키는 요인으로 작용하게 되는 것이다. 한편 감사가 스스로 필요한 정보를 수집하거나 회사의 업무 및 재산상태를 조사하는 것은 사실상 어렵게 되어 있어 실무에서는 감사실, 경영진단팀, 법무팀 등의 명칭으로 감사보조기구를 설치하여 운영하

270) 홍복기, 사외감사제도에 대하여 상사법연구 제13집, 1994. 170면 이하.

271) 2007년도 감사(감사위원회) 및 감사실 운영현황, 상장, 2007년 8월호(제392호), 74면 참조.

는 경우가 많다. 감사제도의 실효성을 확보하기 위해서는 감사제도를 바라보고 있는 경영자의 인식전환이 꼭 필요하다고 생각한다.

Ⅳ. 감사기능의 효율화를 위한 법적, 제도적 개선방안

1. 감사기관의 법적 지위의 강화

일원제적 기관구조를 취하는 회사법에서는 이사회가 회사운영의 중심축으로서의 기능을 수행하고 있으므로 회사의 모든 권력은 이사회에 집중되고 있다. 반면, 경영기관과 감사기관을 엄격하게 분리하는 이원제의 경우에는 회사의 내부권력이 이사회와 감사라는 2개의 기관에 의하여 균점되고 있다. 그러나 이 경우에는 감사기관은 경영자의 인사권과 중요한 업무집행에 대한 동의권을 가지고 있으므로 사실상 감사기관의 경영자에 대한 우월적인 지위가 확보되고 있다고 할 수 있다. 상법은 미국식의 일원제적인 이사회중심주의를 취하고 있다.

또한 상법은 이사회와는 별개로 감사라는 독립적인 감사기관을 설치하여 이사의 업무집행을 감사하도록 하고 있으나 이사회와 감사의 관계를 병렬적으로 위치시키고 있다. 이에 따라 경영자인 이사의 인사권은 감사기관에 부여하지 아니하고 주주총회에 부여하고 있다. 경영자의 인사권을 가지고 있지 않은 감사기관은 일본을 제외한 입법례에서는 별로 찾아 볼 수 없는 것으로서 독특한 제도라고 할 수 있다. 감사기관의 업무집행에 관한 지휘를 강화하여 업무감사의 실효성을 제고 할 수 있는 가장 효과적인 방법은 감사기관에게 경영자의 인사권을 부여하는 것이다. 구체적으로는 집행임원제도의 도입을 전제로 이사회에게 경영자인 집행임원의 인사권을 부여하여 이사회를 감독기관으로 특화하는 방안[272]과 독립적인 감사기관에게 경영자인 이사의 인사권을 부여하는 방안[273] 등을 고려할 수 있을 것이다.

---

272) 2006년의 상법개정안 제408조의2에서는 집행임원제도의 도입을 전제로 집행임원설치회사의 이사회에게 경영자인 집행임원의 인사권을 부여하고 있다.

273) 정찬형, "주식회사의 감사제도의 개선방향", 백산상사법논집, 박영사. 2008, 516~520면 참조.
정찬형 외, "주식회사의 감사제도의 개선방안에 관한 연구", 한국상장회사협의회 1995, 253면.

2. 감사·감사위원회의 권한의 재분배와 조정

감사의 업무감사권의 범위와 관련하여 적법성 감사설과 타당성 감사설이 대립하고 있으나 적법성 감사설이 다수의 견해이다. 감사의 업무감사권이 범위와 관련하여 학설이 대립되는 이유로서는 감사의 경우에는 타당성 감사의 기초가 되는 이사의 인사권이 없다는 점과 감사의 업무집행의 개입을 배제하기 위한 것을 들 수 있다. 그러나 감사의 직무를 순수한 감사에 그치게 하여 업무집행에 전혀 관여할 수 없도록 하는 것은 결국 형식적인 감사를 요구하는 것과 다를 바가 없다고 생각된다. 기존의 감사제도가 감사가 스스로 조사를 하고 감사하는 것을 예정하고 있다면 최근의 감사위원회제도는 감사 위원회가 경영자의 업무집행을 스스로 감사하는 것이 아니라 내부통제시스템을 통하여 감사하는 것을 전제로 하고 있다.[274] 내부통제시스템은 업무집행의 적법성과 타당성 양자를 감시하기 위한 감시시스템이므로 일반적인 내부통제시스템의 구축과 운용이 입법화 되는 경우에는 감사위원회의 업무감사의 범위와 관련하여 적법성 감사와 타당성 감사의 구별은 큰 의미가 없을 것이다. 또한 최근에는 업무감사의 실효성을 도모하기 위하여 내부통제시스템의 구축·운용 등에 관한 감사가 중요한 영역으로 대두되고 있다. 따라서 감사의 경우에도 내부통제시스템이 유효하게 기능하고 있는지 여부를 감시하고 검증하여야 할 의무를 부담하게 되는 것이다. 이와 같은 관점에서 감사의 직무를 종례와 같이 순수한 감사 업무로 한정하거나 감사의 업무감사의 범위를 적법성 감사로 제한하는 것은 별 의미가 없다고 생각된다.

3. 감사의 인사제도의 개선방안 및 감사체제의 정비

현행법상 감사의 수에는 아무런 제한이 없으므로 기업의 규모여하를 불문하고 1인 이상이면 가능하게 되어 있다. 그러나 대규모 회사의 경우에는 이해관계자도 많고 업무의 범위가 넓고 복잡하므로 1인의 감사로서 효과적인 감사업무를 기대하는 것은 무리이다. 복수감사제가 도입되면 ① 감사 간의 상호견제에 의하여 감사업무의 공정성을 기할 수 있고 ② 감사 간의 직무분담에 의하여 감사제도의 효율적

---

274) 박세화, 내부통제시스템의 설계와 기업지배 구조에 관한 회사법적 고찰, 상사법연구 2007. 제26권 제2호 314면.

운영을 도모할 수 있고 ③ 업무집행기관에 대한 감사기관의 대항력을 증대하여 감사기관의 독립성을 확보할 수 있는 계기로 삼을 수도 있을 것이다.

한편 2009년 상법 개정으로 일정규모 이상의 상장회사의 경우에 상근감사를 두도록 하였다. 그러나 상근이 구체적으로 무엇을 의미하는 지에 대하여는 아무런 언급이 없다. 상근 감사의 해석 기준에 대하여는 형식적 기준과 실질적 기준으로 견해가 나누어져 있다.[275] 전자는 상근감사란 회사의 영업시간 중에는 상시감사의 직무에 전념할 의무를 부담하는 자를 말하므로 그 직무수행에 지장이 없는 한 다른 회사의 비상근감사를 겸임하는 것은 허용되지만 다른 회사의 상근감사를 겸임하는 것은 허용되지 않는다고 한다. 이에 대하여 후자는 상근감사란 계속적이고 일관된 감사업무를 수행함에 있어서 요구되는 정도의 시간을 피감사회사의 감사업무를 위하여 할애할 수 있는 자를 의미하므로 반드시 매일 회사에 출근하여 감사의 직무수행에 전념할 필요는 없고 격일출근도 가능하고 또 다른 회사의 상근감사도 겸임할 수 있다고 본다. 법규의 기본취지가 회사의 업무전반에 대한 감사업무의 실효성을 제고 하는 것이라고 볼 때 상근감사의 개념은 형식적 기준에 의하여 해석하는 것이 타당할 것이다.[276]

V. 결언 – 글로벌시대의 감사제도의 발전방향

오늘날 정보기술의 발전과 국제회계기준의 확립은 자본시장의 국제적 통합을 가속화 시키고 있다. 투자자는 국경을 초월한 투자대상기업을 물색하고 있고, 기업은 국제적 자본시장에서 필요한 자금을 조달할 수 있게 되었다. 현행 주식회사제도는 완전히 성숙한 체제가 아닌 불완전한 모습을 지니고 있고 이에 따라 완전무결한 감사제도를 마련한다는 것이 쉬운 일은 아닐 것이다. 그러나 이러한 글로벌 경제시대에서는 투자자의 신뢰를 받을 수 있는 지배구조를 필연적으로 구축하여만 한다.

275) 상근감사와 비상근감사는 법률상 부담할 책임의 내용에서 차이가 없으나 책임이 문제가 되는 경우 그 주관적 요건인 과실유무에 대한 입증에 있어서 난이도의 차이는 있을 수 있다. 유영일, 상근감사와 사외감사제도의 도입의의와 경영 효율화 방안, 상장협 제37호 1998, 45면.

276) 최근 서울고등법원의 판례도 상근감사의 개념을 형식적 기준에 의하여 해석하는 입장을 취하고 있다. 즉 상근감사란 통상 회사의 업무시간 중에 상시적으로 감사업무에 전념할 수 있는 감사를 의미하는 것으로 보고 있다. 서울고등법원 2007.3.8 선고 2006나66885 판결.

현행법상 감사위원회의 설치가 강제되는 대규모 상장회사를 제외한 일반회사의 경우에 어떠한 제도를 선택할 것인가는 회사의 자유이다. 종래의 감사제도를 유지하고 있는 회사의 경우 과연 투자자의 신뢰를 얻을 수 있는 제도적 장치가 되어 있는가를 점검할 필요가 있다고 생각된다. 감사위원회제도는 종래의 감사제도가 그 기능을 발휘하지 못하고 있다는 전제하에서 도입 되었으나 종래의 감사제도를 완전히 폐지하고 감사위원회제도를 획일적으로 모든 기업에 확대하는 것은 신중한 검토가 요구된다고 하겠다.

회사의 지배구조는 기업의 업종이나 규모 그리고 기업활동의 영역 등 여러 가지 요소를 고려하여 기업이 선택하도록 하는 것이 합리적이라고 생각한다. 감사 및 감사위원회제도가 효율적으로 운영되기 위하여는 기업규모를 불문하고 획일적인 감사제도를 강요할 것이 아니라 법적, 제도적 개선을 통하여 각 기업의 규모에 적합한 감사제도가 마련될 수 있도록 지혜를 모아야 할 것이다.

부 록

2009년 상법개정 중 감사 및 감사위원회 관련 규정

제415조의2(감사위원회)

① 회사는 정관이 정한 바에 따라 감사에 갈음하여 제393조의2의 규정에 의한 위원회로서 감사위원회를 설치할 수 있다. 감사위원회를 설치한 경우에는 감사를 둘 수 없다.

② 감사위원회는 제393조의2 제3항에도 불구하고 3명 이상의 이사로 구성한다. 다만, 사외이사가 위원의 3분의 2 이상이어야 한다.<개정 2009.1.30>

③ 감사위원회의 위원의 해임에 관한 이사회의 결의는 이사 총수의 3분의2이상의 결의로 하여야 한다.

④ 감사위원회는 그 결의로 위원회를 대표할 자를 선정하여야 한다. 이 경우 수인의 위원이 공동으로 위원회를 대표할 것을 정할 수 있다.

⑤ 감사위원회는 회사의 비용으로 전문가의 조력을 구할 수 있다.

⑥ 감사위원회에 대하여는 제393조의2 제4항 후단을 적용하지 아니한다.<신설 2009.1.30>

⑦ 제296조·제312조·제367조·제387조·제391조의2 제2항·제394조 제1항·제400조·제402조 내지 제407조·제412조 내지 제414조·제447조의3·제447조의4·제450조·제527조의4·제530조의5 제1항 제9호·제530조의6 제1항 제10호 및 제534조의 규정은 감사위원회에 관하여 이를 준용한다. 이 경우 제530조의5 제1항 제9호 및 제530조의6 제1항 제10호중 "감사"는 "감사위원회 위원"으로 본다.

제542조의10(상근감사)

① 대통령령으로 정하는 상장회사는 주주총회 결의에 의하여 회사에 상근하면서 감사업무를 수행하는 감사(이하 "상근감사"라고 한다)를 1명 이상 두어야 한다. 다만, 이 법 및 다른 법률에 따라 감사위원회를 설치한 경우(감사위원회 설치 의무가 없는 상장회사가 이 절의 요건을 갖춘 감사위원회를 설치한 경우를 포함한다)에는 그러하지 아니하다.

② 다음 각 호의 어느 하나에 해당하는 자는 제1항 본문의 상장회사의 상근감사가 되지 못하며, 이에 해당하게 되는 경우에는 그 직을 상실한다.

1. 제542조의8 제2항 제1호부터 제4호까지 및 제6호에 해당하는 자
2. 회사의 상무(常務)에 종사하는 이사 및 피용자 또는 최근 2년 이내에 회사의 상무에 종사한 이사 및 피용자. 다만, 이 절에 따른 감사위원회 위원으로 재임 중이거나 재임하였던 이사는 제외한다.
3. 제1호 및 제2호 외에 회사의 경영에 영향을 미칠 수 있는 자로서 대통령령으로 정하는 자

[본조신설 2009.1.30]

제542조의11(감사위원회)

① 자산 규모 등을 고려하여 대통령령으로 정하는 상장회사는 감사위원회를 설치하여야 한다.

② 제1항의 상장회사의 감사위원회는 제415조의2 제2항의 요건 및 다음 각 호의

요건을 모두 갖추어야 한다.

1. 위원 중 1명 이상은 대통령령으로 정하는 회계 또는 재무 전문가일 것
2. 감사위원회의 대표는 사외이사일 것

③ 제542조의10 제2항 각 호의 어느 하나에 해당하는 자는 제1항의 상장회사의 사외이사가 아닌 감사위원회위원이 될 수 없고, 이에 해당하게 된 경우에는 그 직을 상실한다.

④ 상장회사는 감사위원회위원인 사외이사의 사임·사망 등의 사유로 인하여 사외이사의 수가 다음 각 호의 감사위원회의 구성요건에 미달하게 되면 그 사유가 발생한 후 처음으로 소집되는 주주총회에서 그 요건에 합치되도록 하여야 한다.

1. 제1항에 따라 감사위원회를 설치한 상장회사는 제2항 각 호 및 제415조의2제2항의 요건
2. 제415조의2 제1항에 따라 감사위원회를 설치한 상장회사는 제415조의2 제2항의 요건

[본조신설 2009.1.30]

제542조의12(감사위원회의 구성 등)

① 제542조의11 제1항의 상장회사의 경우 제393조의2에도 불구하고 감사위원회위원을 선임하거나 해임하는 권한은 주주총회에 있다.

② 제542조의11 제1항의 상장회사는 주주총회에서 이사를 선임한 후 선임된 이사 중에서 감사위원회위원을 선임하여야 한다.

③ 최대주주, 최대주주의 특수관계인, 그 밖에 대통령령으로 정하는 자가 소유하는 상장회사의 의결권 있는 주식의 합계가 그 회사의 의결권 없는 주식을 제외한 발행주식총수의 100분의 3을 초과하는 경우 그 주주는 그 초과하는 주식에 관하여 감사 또는 사외이사가 아닌 감사위원회위원을 선임하거나 해임할 때에는 의결권을 행사하지 못한다. 다만, 정관에서 이보다 낮은 주식 보유비율을 정할 수 있다.

④ 대통령령으로 정하는 상장회사의 의결권 없는 주식을 제외한 발행주식총수의 100분의 3을 초과하는 수의 주식을 가진 주주는 그 초과하는 주식에 관하여

사외이사인 감사위원회위원을 선임할 때에 의결권을 행사하지 못한다. 다만, 정관에서 이보다 낮은 주식 보유비율을 정할 수 있다.

⑤ 상장회사가 주주총회의 목적사항으로 감사의 선임 또는 감사의 보수결정을 위한 의안을 상정하려는 경우에는 이사의 선임 또는 이사의 보수결정을 위한 의안과는 별도로 상정하여 의결하여야 한다.

⑥ 상장회사의 감사 또는 감사위원회는 제447조의4 제1항에도 불구하고 이사에게 감사보고서를 주주총회일의 1주 전까지 제출할 수 있다.

[본조신설 2009.1.30]

제 8 장 준법지원인 제도에 관한 법적 고찰

I. 서언

상법 회사편 개정안이 2011년 3월 11일 국회를 통과하여, 국무회의를 거쳐 4월 14일에 공포되었고, 1년 후인 2012년 4월 15일부터 시행되고 있다.[277] 2011년 개정회사법은 건국이래 최대 규모인 약 250개의 조문에 걸쳐 개정이 이루어졌다.[278] 이번 개정회사법의 취지는 ① 자유롭고 창의로운 기업경영을 지원하고 ② 투명한 기업경영으로 공정사회를 구현하여 ③ 국제 기준에 맞게 회사제도를 선진화하여 글로벌 경쟁력을 강화하는데 있다고 볼 수 있다. 개정회사법의 주요 내용은 크게 새로운 기업형태의 도입, 기업지배구조의 개선, 기업재무구조의 개선 등으로 나누어 볼 수 있다. 이 중 기업지배구조개선과 관련하여 새로이 도입된 제도 중의 하나

277) 개정상법은 유한책임회사 등 새로운 회사형태의 도입, 주식종류의 다양화, 기업선택에 따른 집행임원제의 실시, 회사기회유용금지의 성문화, 자기거래의 승인대상 확대, 이사의 책임제한, 소수주식의 강제매수제도, 합병대가의 유연화 및 준법지원인제 도입 등 많은 부분에서 변화가 있었다. 1997년의 경제위기를 맞은 이후 우리회사법은 IMF나 IBRD같은 국제금융기관의 요구에 의하여 1998년, 1999년, 2001년 잇달아 타율적으로 부분적인 개정을 거치게 되는 일도 겪었지만, 이번 개정은 자주적으로 추진한 개정이라는 데에서 그 의미를 찾을 수 있다.

278) 그 동안의 상법개정작업은 그야말로 우여곡절을 겪었는데 2006년 상법 개정안은 2007년 9월 제17대 국회에 제출되었으나 17대 국회의 회기종료로 법안이 폐기되어 2008년 10월에 제18대 국회에 다시 제출되었고, 제18대 국회 제출 후 2009년 1월 「자본시장과 금융투자업에 관한 법률」 시행을 앞두고 구증권거래법에서 상법으로 옮겨오는 상장회사특례규정 19개 조문만 발췌되어 국회를 통과하였고 2009년 4월에는 창업절차 간소화와 기업경영의 IT화 지원에 관한 12개 조문이 발췌되어 국회를 통과하였다.

가 준법지원인제도이다.

역사적으로 볼 때 우리나라 기업들은 오랫동안 정경유착, 관치금융 등의 타성에 젖어 있었고, 경영투명성이 확보되지 못하여 불법행위가 발생하는 등 많은 비판을 받아 왔다. 특히 1997년 외환위기에 따른 IMF관리 체제는 기업과 금융회사의 내부경영에 광범위한 공적규제를 불러오게 되었다. 즉, 기업에게는 사외이사, 감사위원회 등 모범적 지배구조와 내부회계관리제도의 채택이 의무화 되었으며, 금융회사는 이에 더하여 포괄적인 내부통제시스템과 준법감시인제도의 설치를 법령상 요구받게 되었다.

내부통제 및 준법감시제도는 이미 주식회사의 외부감사에 관한 법률, 은행법, 자본시장법 등의 금융관계법에 법제화 되어 있지만, 국내외의 기업환경을 고려할 때 금융기관이외의 기업도 준법경영을 위한 법제가 필요하다는 판단 하에 상법에 새로이 준법통제제도를 도입하게 된 것이라고 할 수 있다.[279)]

준법지원인제도는 일정규모이상의 상장회사에게 준법통제기준을 설정하고 이에 관한 직무를 수행하는 준법지원인 선임을 강제하는 제도이다.[280)]

원래 준법지원인제도를 도입하는 상법 제542조의13은 법무부에서 마련한 정부제출안이 아니라 노철래 의원이 대표발의한 의원발의 법안 이었으나 정부안과 함께 상정되어 논의 되었다.[281)] 법안의 취지가 기업의 준법경영을 제고하기 위한 것이었고, 도입대상회사의 범위도 대통령령으로 정하도록 위임되어 있었기 때문에 국회 논의 과정에서 법무부뿐만 아니라 국회의원 어느 누구도 문제를 제기하지 않았다. 그러나 법안이 국회를 통과한 이후 기업 측에서 준법지원인을 두는 것이 부담이 된다고 하면서 이제도는 변호사 등 특정 직역의 이익을 위한 것이라고 비판하였고 이로 인하여 상법 회사편 전체에 대하여 대통령 거부권 행사가 거론되는 등 사회적으로 큰 이슈가 되었다.

개정상법은 준법통제기준의 설정과 준법지원인의 선임이 강제되는 상장회사의

279) 졸고, "준법지원인제 잘 활용하면 득이다." 「고시계」, 2011년 5월호, 137~138면.

280) 준법지원인제도는 최종적으로 자산 1조 원 이상인 상장사에 우선 적용한 후 2014년부터 자산5천억 원 이상의 상장사로 확대하기로 최종결정 되었다. 또한 준법지원인의 자격은 상장사 법무관련부서 근무경력 10년 이상인 사람, 법률학석사로서 상장사 법무관련부서 근무경력 5년 이상인 사람으로 규정하였고, 기업이 준법지원인을 두지 않을 경우에도 이를 제재하는 규정을 따로 마련하지 않아 사실상 준법지원인의 선임여부를 기업들이 자유롭게 결정할 수 있도록 하였다.

281) 구승모, "2012년 개정상법 시행령의 주요 내용", 「상사법 연구」 제31권 제1호 (통권 제74호), 2012. 5, 110면.

규모에 관한 결정을 시행령에 위임하고 있다(개정상법 제542조의13 제1항).

한편 개정상법의 시행에 발맞추어 2012년 4월 3일 국무회의에서 의결되어 2012년 4월 15일부터 시행되고 있는 상법시행령개정령은 2011년 개정된 상법회사편의 시행을 위한 것으로, 모법인 회사편 개정 법률이 상당부분을 대통령령으로 위임함에 따라 조문 수도 27개에서 49개로 대폭 늘어나게 되었다.282) 특히 준법지원인 제도의 시행과 관련하여 여러 문제점이 제기 됨에 따라 시행령마련에 많은 시간이 소요되었다.

본고에서는 상법이 새르이 도입한 준법지원인제도의 관련규정을 먼저 검토하고 외국의 준법통제제도의 입법과 운용상황을 살펴 본 후 우리나라의 준법지원인 제도의 문제점을 지적하여 그 개선방안을 제시해 보고자 한다.

Ⅱ. 개정상법 및 상법 시행령 상의 준법지원인 제도의 개관

1. 준법통제기준

개정상법 제542조의13 제1항은 "자산규모 등을 고려하여 대통령령으로 정하는 상장회사는 법령을 준수하고 회사경영을 적정하게 하기 위하여 임직원이 그 직무를 수행할 때 따라야 할 준법통제에 관한 기준 및 절차를 마련하여야 한다"고 규정하면서 제12항에서 준법통제기준의 내용을 시행령에 위임하고 있다. 이에 개정상법 시행령 제40조 제1항은 "준법통제기준에는 다음의 각호의 사항이 포함되어야

282) 법무부는 2005년 글로벌 스탠더드에 맞는 선진상사법제 구축사업 추진의 일환으로 회사편 개정위원회를 발족하여 2007년에 회사편 개정안을 국회에 제출한 이후 그 후속 조치로서 2008년에 상법시행령 제정위원회를 발족하여 상법시행령개정안 초안을 2009년에 마련하였다고 한다. 그러나 모법인 상법회사편 개정법률이 국회제출 4년 만에 통과되면서 많은 시간이 경과하였고, 그 내용에 많은 변화가 있었으며 2011년 상법회사편국회통과 이후 약 1년간의 시행령개정과정에서 실무상 개정필요가 있는 내용을 추가로 반영하는 바람에 이번에 개정된 상법시행령은 2009년 시행령안과 많은 부분에서 변화가 있었다.
법무부는 이 제도가 기업현실에서 성공적으로 정착되고 상법시행령에 합리적인 기준을 설정하기 위하여 '상법시행령 개정을 위한 준법경영 법제개선단(준법위원회)'을 2011년 5월에 발족하여 상법시행령 초안을 마련하였고 2011년 9월 공청회를 거쳐 사회 각계의 의견을 수렴하여 시행령안을 마련하였다.

한다"고 규정하고, 그 내용은 ① 준법통제기준의 제정 및 변경의 절차에 관한 사항 ② 준법지원인의 임면절차에 관한 사항 ③ 준법지원인의 독립적 직무수행의 보장에 관한 사항 ④ 임직원이 업무수행과정에서 준수해야 할 법규 및 법적 절차에 관한 사항 ⑤ 임직원에 대한 준법통제기준 교육에 관한 사항 ⑥ 임직원의 준법통제기준 준수 여부를 확인할 수 있는 절차 및 방법에 관한 사항 ⑦ 준법통제기준을 위반하여 업무 집행한 임직원의 처리에 관한 사항 ⑧ 준법통제에 필요한 정보가 준법지원인에게 전달될 수 있는 방법에 관한 사항 ⑨ 준법통제기준의 유효성 평가에 관한 사항을 담고 있고, 제2항은 "준법통제기준을 정하거나 변경하는 경우에는 이사회의 결의를 거쳐야 한다"라고 규정하고 있다.

학술적의미의 내부통제[283]는 준법통제, 회계통제, 경영위험통제 등으로 구분 될 수 있는데, 상법 제542조의13은 그 중에서 준법통제만을 규정한 것이라고 볼 수 있다. 현재 우리나라 자본시장과 금융투자업에 관한 법률 제28조, 은행법 제23조의3, 보험업법 제17조, 여신전문금융업법 제50조의6, 상호저축은행법 제22조의3 등 금융관계법에서는 내부통제기준을 이사회의 결의로 마련하도록 하고 내부통제기준 위반여부를 조사하여 감사위원회에 보고하는 것을 업무로 하는 준법감시인을 의무화하였다. 그러나 상법은 금융관계법과는 달리 '내부통제기준'이란 용어를 사용하지 않고 '준법통제기준'이란 용어를 사용하고 있어서 위험관리에 관한 포괄적인 내부통제기준이 아니고 법률위험관리만을 담은 준법통제기준의 설정이라는 점을 분명히 하고 있어 시행령에서도 그 범위에서 준법통제기준에 담겨야할 주요 내용을 규정하였다.[284]

283) 1992년 미국의 COSO 보고서에서 '내부통제'란, 재무보고의 신뢰성, 사업운영의 실효성과 효율성, 법령준수라는 3가지 주요 목적을 성공적으로 달성하기 위하여 5개의 내부 구성요소 '통제환경', '위험평가', '통제행위', '정보 및 의사소통', '감시'를 유기적으로 연결한 종합관리시스템이라고 설명한다. COSO Report 1992 Committee of Sponsoring Organization of the Treadway Commission, Internal Control-Integrated Framwork(http://www.coso.org/publications/esecutive_summary_integrated_framework.htm).

284) 법무부는 새로이 도입되는 제도인 준법지원인 및 준법통제기준제도가 기업들에게 낯설어 준비가 부담이 되지 않도록 하기 위하여 한국상장회사협의회와 공동으로 '상장회사표준준법통제기준'을 작성하여 배포하였다. '상장회사표준준법통제기준'은 각 기업들의 사정에 맞추어 쉽게 변경하여 사용할 수 있도록 상법 및 상법시행령에서 요구하고 있는 준법통제기준에 포함 되어야 할 사항을 모두 포함하고 있고, 조문별로 상세한 부연설명을 덧붙이고 있다. 특히 기존회사내의 기관과 준법지원인간의 관계에 관한 부연설명은 새로이 도입된 준법지원인의 위상에 대하여 시사점을 제시하고 있다.

2. 준법지원인 제도의 적용대상

개정상법은 일정 규모 이상의 상장법인은 법령을 준수하고 회사경영을 적정하게 하기 위해 임직원이 직무수행상 따라야 할 준법통제기준을 설정해야 하고 적용대상회사의 이사회는 준법통제업무를 담당할 준법지원인을 1인 이상 반드시 선임하도록 하는 규정을 신설하였다(개정상법 제542조의13). 또한 준법지원인 제도의 도입과 관련하여 금융기관에게 준법지원인제도의 도입을 강제하는 것은 중복적 규제라는 문제가 제기됨에 따라, 동법시행령은 다른 법률에 따라 내부통지기준 및 준법감시인을 두어야 하는 경우에는 준법지원인제도 적용대상에서 제외시킴으로써 중복적 규제의 문제점을 제거하였다(시행령 제38조 단서).

상법 시행령 제39조에서는 준법통제기준 및 준법지원인제도를 도입해야 하는 범위를 "자산총액 5천억 이상인 회사"로 정하는 한편, 부칙 제5조 에서는 "제39조의 개정규정에도 불구하고 이 영 시행일로부터 2013년 12월 31일까지는 같은 조 중 '5천억 원은'은 '1조 원'으로 본다."고 규정하여 단계적으로 적용범위를 확대하였다.

준법통제 기준 및 준법지원인제도의 도입범위는 준법위원회에서도 가장 첨예한 논란이 있었던 쟁점사안이었는데, 이와 관련하여서는 자산 총액 ① '2조 원 이상이 적합하다는 견해'[285], ② '자산 총액 1천억 원이 적합하다는 견해'[286] ③ '자산 총액 5천억 원 이상을 제시하는 견해'[287]가 각각 제시되었다. 법무부는 여러 의견을 고려하여 절충안으로 도입범위를 '자산총액 3천억 원'을 대상으로 하여 상법시행령안을 입법예고하였다.[288]

---

285) 법무부, "상법 시행령 개정 공청회-준법통제기준 및 준법지원인 제도", 자료집, 이원선, 지정토론 (2), 38면.

286) 변호사업계는 상장회사 1,767개의 절반(53.2%)인 자산총액 1천억 원 이상 940개 회사에 준법지원인을 두어야 한다고 주장하고 있다(서울지방변호사회는 자산 500억 원 이상 회사에 준법지원인을 설치할 것을 주장). 법무부, "전게 자료집", 김현, 지정토론 (1), 29~31면 참조.

287) 기업의 현실적 부담을 고려하고 새로운 제도의 안정적 정착을 강조하는 2조 원 견해와 준법경영체제의 강화라는 제도의 긍정적 측면을 강조하는 1천억 원 견해의 절충적 방안이다. 자산총액 5천억 원 이상으로 기준을 설정하면, 총 상장회사의 17.9%에 해당하는 316개사가 적용대상이 된다. 법무부, "전게 자료집", 13면 참조.

288) 법무부는 준법위원회의 논의를 바탕으로 시행령의 근거조항인 법률을 만든 국회의 의견을 존중하여야 한다는 입장이었다. 따라서 이 법률 조항 도입 시 기업경영을 투명하게 하기 위한 제도의 입법취지상 최소 '자산총액 1천억 원 이상'인 회사를 상정하였던 것이므로 제도의 도입범위가 축소되지 않아야 한다는 국회 법제사법위원회의 의견을 고려하여 '자산총액 3천억 원 이상'인 회사를 대상으로 하여 상법 시행령안을 입법예고하였다고 한다. 구승모, "전게논문", 114면, 참조.

그러나 입법예고 이후 중소기업에게 현실적으로 부담이 크다는 경제계의 주장이 강력히 제기되었으며, 모법인 상법에 대한 공포시 국무회의에서도 중소기업의 불필요한 부담이 가지 않도록 하여야 한다는 의견이 있었던 점을 고려하여, 대기업과 중소기업을 구분하는 기준이 되는 '자산 총액 5천억 원 이상인 회사'로 법무부 안이 확정되었다.[289)]

이후 상법 시행령의 차관회의 및 국무회의를 위한 부처협의 과정에서, 기획재정부와 지식경제부 등 경제부처에서 제도 도입에 따른 기업의 경제적 부담을 우려하며 도입범위 축소를 지속적으로 요청하였다. 이에 새로운 제도의 정착 초기에 기업의 준비기간을 부여하며 자발적인 도입을 유도한다는 취지에서 결국 2013년 12월 31일까지는 자산 1조 원 이상 회사에 대하여 적용하기로 하는 절충안으로 시행령이 확정되기에 이르렀다.

3. 준법지원인의 자격

개정상법 제542조의13 제5항은 준법지원인의 자격을 ① 변호사 자격을 가진 사람 ② 법률학을 가르치는 조교수 이상의 직에 5년 이상 근무한 사람 ③ 그 밖에 법률적 지식과 경험이 풍부한 사람으로서 대통령령으로 정하는 사람으로 제한하였다. 개정상법 시행령에서는 준법지원인 제도가 변호사 직역을 확장하기 위한 제도로 비춰질 수 있다는 의견을 고려하여 기타 법률전문가의 범위를 상장회사에서 감사·감사위원·준법감시인 및 이와 관련된 법무부서에서 근무한 경력이 합산하여 10년 이상인 사람, 법률학 석사 학위 이상의 학위를 취득한 사람으로서 상장회사에서 감사·감사위원·준법감시인 및 이와 관련된 법무부서에서 근무한 경력이 합산하여 5년 이상인 사람으로 규정하였다(시행령 제41조). ④ 준법지원인의 독립성을 위해 '상장회사는 준법지원인이 그 직무를 독립적으로 수행할 수 있도록 하여야 하고, 상장회사의 임직원은 준법지원인이 그 직무를 수행할 때 자료나 정보의 제출을 요구하는 경우 이에 성실하게 응해야 한다'는 것을 명시하고 아울러 '준법지원인은

289) 2011. 12. 18, 법무부 상법시행령 입법예고에 대하여 경제계 및 기획재정부, 지식 경제부는 기업의 현실적 부담을 고려하여 2조 원 기준이 상당하다는 주장을 하였고, 변호사 업계는 1천억 원 주장이 수용되지 않은 점에 불만을 표시하였다. 이에 법무부는 입법예고기간이 종료된 이후 2012. 1. 19, 법무부 정책위원회를 개최하였고 여기서 기업과 경제계는 단계적로 도입범위를 확대하여야 한다는 의견을 제시하였고, 학계와 여성계, 문화계는 모두 법무부 입법예고안에 찬성하였다.

임기는 3년으로 하고 상근으로 한다'고 규정하고 있다(개정상법 제542조의13 제6항, 제9항).

이는 준법지원인의 자격으로서의 법무경력에 대한 논란을 일단락 지운 것으로 볼 수 있다(동법시행령 제41조). 또한 준법지원인 이었던 자에 대하여 그 직무수행과 관련된 사유로 부당한 인사상의 불이익을 주어서는 아니 된다(개정상법 제542조의13 제10항)고 규정하여 준법통제업무 수행의 실효성을 보장하기 위한 장치를 마련하였다. 또한 준법지원인은 직무상 알게 된 회사의 영업상 비밀을 재임 중 뿐만 아니라 퇴임 후에 까지 누설해서는 아니 된다는 비밀유지의무규정을 마련하였고(개정상법 제542조의13 제8항), 준법지원인이 자신의 업무수행에 영향을 줄 수 있는 영업 관련 업무를 담당하지 못하도록 하였다(동법시행령 제42조).

준법지원인의 자격과 관련하여 개정상법 제542의13 제5항 제3호에서 규정하고 있는 "그 밖의 법률적 지식과 경험이 풍부한 사람"의 요건을 어떻게 정할 것인지와, 준법지원인은 기본적으로 최소한의 법학학력을 보유하고 있어야 하는 것이 문제되었는데, 준법위원회에서는 준법지원인은 준법여부를 체크하는 법률전문가를 상정한 것이므로 법학사이상의 학력을 갖추어야 하고, 또한 상장회사에서의 준법감시, 감사 및 이에 준하는 업무수행능력을 고려하여 준법지원인의 자격을 인정해야한다는 것이 다수의 견해였다고 한다.[290] 다만 상장회사의 법무경력의 기간에 관하여는 ① 기업들에게 원하는 준법지원인을 선택할 수 있는 폭을 넓혀줄 필요가 있고 현실적으로 준법감시나 감사 업무만 10년을 근무한 것이 흔한 경우가 아니라는 이유에서 '5년이면 족하다는 견해'와 ② 준법지원인의 업무성격상 중견임원급의 경험과 지위를 요구할 필요가 있다는 점에서 '10년 이상의 근무경력을 요구해야 한다는 견해', ③ 기본적으로 변호사자격을 가진 자에게 자격을 인정하는 것이 바람직 한데 예외적으로 상당기간동안의 법무경력을 인정하는 것이므로 '15년 이상의 경력을 요구하여야 한다는 견해' 등이 제시되었고 최종적으로는 학력요건을 규정하는 만큼 상장회사의 법무경력은 10년 이상을 기준으로 해도 충분하다는데 의견을 모았다고 한다.[291] 이 밖에도 준법지원인의 결격사유를 시행령으로 규정할 것인지의 여부, 변호사의 자격요건과 관련하여 다른 법에서 규정하고 있는 준법감시인과의 형평성 문제, 외국변호사에게도 준법지원인의 자격을 부여할 것인지 여부, 준법지

290) 구승모, "전게논문", 122면, 참조.
291) 구승모, "전게논문", 123면, 참조.

원인의 자격을 인정받을 수 있는 직종을 추가로 규정할 것인지에 대하여 시행령에 포함시킬 것인지의 논란이 있었다.[292)]

4. 준법지원인의 임면 · 임기 · 의무

준법지원인의 임면은 이사회의 결의를 거쳐야 한다(개정상법 제542조의13 제4항). 준법지원인의 임기는 3년이며(동조 제6항), 이들은 선량한 관리자의 주의를 다하여 그 직무를 수행하여야 한다(동조 제7항). 준법지원인으로 선임된 자는 재임 중 뿐만 아니라 퇴임 후에도 직무상 알게 된 회사의 영업상 비밀을 누설하지 않을 의무를 부담하며(동조 제8항), 회사는 준법지원인이 그 직무를 수행할 때 자료나 정보의 제출을 요구하는 경우 이에 성실하게 응할 의무를 진다(동조 제9항), 개정상법은 준법통제시스템의 구축 및 운용에 대한 최종적 의무가 이사회에 있음을 분명히 하였다(개정상법 제542조의13 제3항).

Ⅲ. 외국의 준법통제제도의 입법과 운용

1. 미국

미국에서는 1970년대에 정치헌금, 외국정치인에 대한 뇌물수수 등으로 인한 회계부정사건이 증가하면서 외국부패관행방지법(Foreign Corrupt Practices Act, FCPA, 1977)을 제정하고, 회사에 대하여 내부통제체제(internal control framework)를 수립 · 시행할 것을 요구하였다. 이에 부응하기 위하여 1985년 민간기구인 Treadway 위원회는 1987년 최초의 보고서를 제출하면서 내부통제에 관한 지침을 제정할 것을 권고하였고, 이에 따라 COSO(committee of Sponsoring Organization of the Treadway Commission)가 설립되었다. COSO는 Coopers & Lybrand라는 회계법인에 그 작업을 의뢰하여, 1992년 「내부통제-통합체제」(Internal Control-Integrated Framework)라는 보고서를 작성하고, 1994년 수정을 거쳐 이를 공표하였

292) 상법 시행령은 학력요건을 폐지하여 자격요건을 넓힌 가운데, 일정한 전문직을 열거하는 방식으로 자격요건을 규정하지 않고 있다.

다. 이 보고서는 내부통제의 개념을 정의하고 내부통제제도의 평가와 발전을 기할 수 있는 체제를 제공하였다. 2004년에 이르러 COSO는 「전사적 위험관리-통합체제」라는 이름으로 종전의 체제를 확대한 내부통제체제를 공표하였는데, 이를 보통 「COSO Ⅱ」라고 부른다.[293)]

COSO Ⅱ는 여덟 개의 구성요소를 통하여 네 개의 범주로 나누어 기업목적의 달성여부를 감시 관리한다. 8개의 구성요소는 내부통제환경, 목적설정, 사건의 분석, 위험평가, 위험대응, 통제행위, 정보전달, 및 감시이고, 4개의 범주는 경영감사, 업무감사, 회계감사 및 준법감사 등이다. 목적 설정, 사건분석 및 위험대응 등 3개의 구성요소와 준법감사의 범주는 COSO Ⅱ에서 추가된 항목이다.[294)]

한편, 내부통제체제의 법제화에 따라 기업실무에서 내부통제체제의 구축이 촉진되었지만 결정적인 역할을 한 것은 SOX법의 제정이라고 할 수 있다. SOX법은 엔론사의 도산을 계기로 미국도 회계부정으로부터 자유로운 나라가 아니라는 점이 분명해 지면서 미국 자본시장에 대해 팽배해진 불신감을 극복하기 위하여 제정된 법률이다.[295)] SOX법은 총 11장 69개 조문으로 구성된 법률로서 회계, 감사, 기업지배구조의 3분야에 관하여 규정하고 있다. 내부통제보고제도에 관해서는 제404조에서 규정하고 있는데, 그 내용은 먼저 경영자에 대해 회계정보의 적정성을 담보할 수 있는 내부회계통제시스템을 구축할 책임이 있으며, 또한 내부회계통제시스템의 유효성에 관해 평가하고 이를 내부통제보고서의 형태로 작성하여 SEC에 연차보고서와 함께 제출하여야 한다는 점을 규정하고(§404(a)), 외부감사인에게는 내부회계통제시스템에 관하여 경영자가 한 평가에 대해 감사를 하도록 하고 있다(§404(b)).[296)]

미국의 내부회계통제제도와 관련한 법규나 감사기준에서 볼 수 있는 특징은 ① 최고경영자의 책임을 강조하는 이른바 톱-다운방식에 의한 위험관리 방식(top-down

---

293) 이에 관한 상세는 정동윤, 「상법(상)」[제6판], 법문사 (2012. 5), 665면 참조.

294) 미국에서 시작된 COSO에 의한 내부통제제도는 우리나라에 은행법, 보험업법, 자본시장법, 주식회사의 외부감사에 관한 법률 등을 통하여 내부통제기준 및 준법감시인 또는 내부회계관리제도 등의 형태로 도입되었는데, 2011년 개정상법은 이 제도를 확대하여 대통령령으로 정하는 상장회사 등은 「준법통제기준」을 마련하고, 그 준수여부를 점검하여 이사회에 보고하는 「준법지원인」을 1명 이상 두도록 하였다. 일본은 회사법, 금융상품거래법 등에서 이에 관한 규정을 두고 있다.

295) Jennifer K. Clalson, The Sarbanse-Oxley Act of 2002: Are Stricter Internal Controls Comstricting International Companies? 35 Ga. J. Int'l & Comp. L. 647, 654(2008).

296) 권종호, "기업내부통제제도의 바람직한 입법방향", 「기업법연구」 제25권 제4호(통권 제47호), 131면, 참조.

risk management approach)이 중시되고, ② 전사적 위험관리시스템의 효율적 구축을 전제로 업무처리단계에서의 내부통제제도에 대한 감사를 감경함으로써 감사비용의 적정화를 도모하고 있다는 점, ③ 경영자의 부정에 대해 효과적으로 대처할 수 있는 내부통제체제의 구축, ④ 회사내부감사부문의 활용이 강조되고 있다는 점이다.

2. 독일

독일에서는 '기업의 도산과 자본시장의 글로벌화'에 대한 대응이라는 관점에서 기업지배구조의 개선 필요성이 인식되었고, 이에 대한 수차례의 정치적 논의를 거쳐 1998년 4월 27일에 「기업영역에서의 통제와 투명성에 관한 법률(Gesetz zur Kontrolle und Transparenz im Unternehmensbereich: KonTraG)」이 성립하였다. 이 법률은 주식법 · 상법을 중심으로 하는 기업 및 자본시장에 관련된 다수의 법률을 개정하는 것으로 기업의 통제 및 투명성의 개선을 통해 기업과 자본시장의 글로벌 경쟁력을 향상시키는 것을 목적으로 하고 있다. KonTraG의 성립 후에 동일한 목적을 가진 법개정이 계속적으로 추진되었고, 2002년에는 「투명성과 공개성확립을 위한 주식법 및 대차대조표법을 개혁하기 위한 법률(TransPuG)」[297]이 성립되었다.[298]

독일에서는, 1990년대에 들어서는 회계부정행위로 인하여 많은 회사가 파산하였다. 이러한 기업의 불상사는 결국 회사의 경영 및 감독시스템이 정상적으로 작동하지 않은데 기인한다는 비판이 제기되었다. 즉 주식회사의 감사회가 이사의 업무집행을 효과적으로 감사·감독하지 못하였다는 것이다.[299]

이러한 일련의 사건이 터진 후 독일 정부는 주식회사의 기업지배구조의 건전성을 확보하기 위한 작업에 착수하였는데, 그 결과물이 2002년 2월 26일 확정되어

---

297) Gesetz zur weiteren Reform des Aktien-und Bilanzrechts, Transparenz und Publiait t vom 19.7.2002, BGB1 2002 Ⅰ, 2681.

298) KonTraG에 의해 신설된 주식법 제91조 제2항은 "이사는 회사의 존속을 위태롭게 하는 상황을 조기에 발견하는 것을 가능하게 하는 적절한 조치, 특히 감시시스템을 정비하지 않으면 안 된다"고 규정하고 있다. 이것은 "이사는 자기의 책임으로 회사를 지휘하지 않으면 안 된다"고 하는 주식법 제76조 제1항에 의한 이사의 포괄적 지휘의무 하에 인정되는 의무의 일부를 명확하게 한 것이다.

299) 정대, "글로벌 스탠더드로서의 내부통제: 상장회사의 준법지원인제도", 「법학연구」 제43집, 2011. 8. 25, 281면.

공표된 "독일의 기업지배구조의 원칙"이다.300) 이 중 내부통제시스템과 관련이 있는 사항을 소개하면 다음과 같다.

첫째, 이사는 자기책임으로 기업을 경영한다. 이 때, 이사는 기업의 이익에 구속되고, 지속적으로 기업의 가치를 증가시킬 의무를 부담한다. 이사는 기업의 전략적 방향을 발전시키고, 그것에 대해 감사회와 의견을 조정하고, 또한 그 실시에 주의를 기울여야만 한다. 이사는 법률의 규정의 준수를 위하여 노력하여야 한다. 그리고 콘체른기업도 법률의 규정을 반드시 준수하여야 한다. 이사는 기업의 적절한 리스크 관리와 통제에 주의를 기울여야 한다.

둘째, 감사회의 기본적 임무는 기업의 경영에 있어서 이사에게 정기적으로 조언을 함과 아울러 이사를 감시하는 것이다. 감사회는 기업에 있어서 기븐적으로 중요한 결정에 반드시 참가하여야 한다.

셋째, 이사는 기업의 전략적 방향을 감사회와 서로 조율하여 의견을 조정하고, 감사회와 함께 전략의 실행상태를 정기적으로 검토하여야 한다. 이사는 감사회에 대하여 사업계획, 사업의 발전, 리스크 상태 및 리스크 관리 등과 관련된 기업의 중요한 문제에 대해 정기적으로 포괄적 정보를 제공하여야 한다. 이사는 작성된 계획 및 목표가 실제의 사업성과와 다를 때 이유를 들어 설명하여야 한다. 한편, 감사회는 이사의 감사회에 대한 정보제공의무 및 보고의무를 보다 구체적으로 확정하여야 한다. 이사는 감사회에 대해 원칙적으로 서면으로 보고하여야 한다.

3. 일본

일본에서는 대화은행사건, 세이브철도사건, 가네보우사건 등 대형 분식회계사건이 잇따르면서 2002년 개정상법에서 '위원회설치회사'에 한해 의무화 하였던 내부통제체제의 구축을 2005년 신회사법에서는 대회사로 확대하였다. 이어서 2006년에 제정된 '금융상품거래법'에서 미국 SOX법을 모델로 한 '내부통제보고제도'를 새로이 도입하였다.301)

일본회사법에서는 ① 자본금 5억 엔 이상이거나 부채의 합계액이 200억 엔 이상

300) "독일의 기업지배구조의 원칙"의 내용은 서문, 주주 및 주주총회, 이사와 감사회의 협력, 이사, 감사회, 투명성, 그리고 계산 및 감사로 구성되어 있다.

301) 이에 관한 상세는 양만식, "이사의 내부통제시스템의 구축책임과 현상에 관한 연구", 「기업법연구」 제25권 제1호(2010) 256면 이하 참조.

인 대회사에 대하여 이사의 직무집행이 법령 및 정관에 적합할 것을 확보하기 위한 체제를 확립하고 ② 내부통제제도를 이사의 과반수로서 구축할 것을 의무화 하고(회사법 제348조 제3항 · 제4항) ③ 법무성령에서는 법령준수체제, 리스크관리체제, 정보관리체제 등 총9개 항목에 걸쳐 기업활동의 전 영역에 해당하는 거의 모든 요소에 관하여 규정하고 있다(회사법 시행규칙 제98조 제1항 · 제4항, 제100조 제1항 · 제3항).[302)] 특히 주목할 점은 모회사와 자회사로 구성되는 기업집단에 대해서도 내부통제시스템의 구축을 의무화 있다는 점인데 이것에 의해 자회사에서 법령·정관 위반에 의한 손해가 발생하거나 리스크관리에 중대한 과실 등이 있게 되면 모회사의 이사는 임무해태의 책임을 져야한다.

내부통제제도에 관해 이사회가 결의한 내용에 대해서는 사업보고서에 기재하여야 하며(회사법 시행규칙 제118조 제2호) 감사는 내부통제제도의 내용에 대하여 감사를 하여야 하고 그 내용이 타당하지 않다고 판단한 경우에는 감사보고서에 그 취지와 이유를 기재하여야 한다(회사법 시행규칙 제129조 제1항 제5호).

한편, 일본 금융상품거래법에서는 재무보고서의 신뢰성 확보, 즉 기업회계의 적정성과 투명성을 확보하기 위하여 기업회계와 관련된 내부통제체제만을 대상으로 하고 있다. 즉 금융상품거래법은 확인서제도의 법정화, 재무보고에 관한 내부통제체제의 구축, 내부통제보고서의 법정화, 내부통제보고서의 감사증명의 법정화 등에 관하여 규정하고 있다.[303)]

금융상품거래법상의 내부통제보고제도는 이처럼 재무보고의 신뢰성확보에 초점을 맞추고 있지만, 동제도의 평가 및 감사를 위해 기업회계심의회가 공표한 기준[304)]에서는 내부통제의 일반적인 목적으로 ① 업무의 유효성 및 효율성 제고, ② 재무보고의 신뢰성확보, ③ 사업활동에 관련된 법령 등의 준수, ④ 자산의 보전의 4가지를 들고 있다.

---

302) 권종호, "전게논문", 134면 참조.

303) 즉, ① 상장회사 기타 정령에서 정하는 회사에 대해 유가증권보고서 · 분기보고서 및 반기보고서의 기재내용이 적정한 것임을 확인하는 확인서의 제출을 의무화하고(제24조의4의2), ② 사업연도마다 재무에 관한 서류 기타 정보의 적정성을 확보하기 위한 체제의 구축(제24조의4의4 제1항)과 ③ 이 체제를 평가한 내부통제보고서를 내각총리대신에게 제출하도록 하고(제24조의4의4 제1항) ④ 내부통제보고서에 대해서는 공인회계사 또는 감사법인의 감사증명을 받도록 하고 있는(제193조의2 제2항)내용 등 이다.

304) 이것은 "재무보고에 관련된 내부통제의 평가 및 감사기준 및 재무보고에 관련된 내부통제의 평가 및 감사에 관한 실시기준"을 의미한다.

일본의 경우에는 내부통제제도에 관해 회사법과 금융상품거래법에서 각각 규제하고 있다는 점을 특징으로 들 수 있다.[305)]

Ⅳ. 준법지원인 제도의 문제점

1. 준법통제기준의 설정

현재 우리 자본시장과 금융투자업에 관한 법률, 은행법, 보험업법, 여신전문금융업법, 상호저축은행법 등 금융관계법에서는 '내부통제기준'을 이사회의 결의로 마련하도록 하고, 내부통제기준 위반여부를 조사하여 감사위원회에 보고하는 것을 업무로 하는 '준법감시인'을 의무화하고 있다.[306)] 기존의 금융관계법에 의해 금융기관은 이미 내부통제기준을 설정하고 이에 관한 업무를 담당하는 '준법감시인'을 두고 있다. 그러나 상법은 '준법감시인' 대신에 '준법지원인'을 '내부통제기준' 대신

305) 이에 관한 상세는 양만식, "전게논문", 259면 참조.

306) 은행·보험회사 및 금융투자업자(구 증권회사 등)에 대해서는 은행법·보험업법 및 자본시장과 금융투자업에 관한 법률의 규정에 의해 이미 2000년부터 내부통제기준 및 준법감시인이 실시되고 있었다. 즉, 은행은 법령을 준수하고 경영을 건전하게 하며 주주 및 예금자 등을 보호하기 위하여 그 은행의 임직원이 직무를 수행할 때 따라야할 기본적인 절차와 기준(내부통제기준)을 정하고(은행법 제23조의3 제1항), 은행은 내부통제기준의 준수 여부를 점검하고 내부통제 기준을 위반하는 경우 이를 조사하여 감사위원회에 보고하는 자(준법감시인)를 1명 이상 두어야 한다(은행법 제23조의3 제2항). 또한 보험회사는 법령을 준수하고 자산운용을 건전하게 하며 보험계약자를 보호하기 위하여 그 임직원이 직무를 수행할 때 따라야 할 기본적인 절차와 기준(내부통제기준)을 정하여야 하고(보험업법 제17조 제1항), 보험회사는 내부통제기준의 준수 여부를 점검하고 그 위반사항을 조사하여 감사 또는 감사위원회에 보고하는 자(준법감시인)를 1명 이상 두어야 한다(보험업법 제17조 제2항). 또한 금융투자업자는 법령을 준수하고 자산을 건전하게 운용하며 이해상충 등 투자자를 보호하기 위하여 금융투자업자의 임직원이 직무를 수행함에 있어서 준수하여야 할 적절한 기준 및 절차(내부통제기준)를 정하여야 하고(자본시장법 제28조 제1항), 금융투자업자(투자자문업이나 투자일임업 이외 다른 금융투자업을 경영하지 아니하는 자로서 최근 사업연도 말을 기준으로 그 자가 운용하는 투자일임재산의 합계액이 5천억 원 미만인 자를 제외한다)는 내부통제기준의 준수 여부를 점검하고 내부통제기준을 위반하는 경우 이를 조사하여 감사위원회 또는 감사에게 보고하는 자를 1인 이상 두어야 한다(자본시장법 제28조 제2항, 동법 시행령 제32조 제1항).
그러나 상장회사는 대통령령으로 정하는 일정 규모 이상의 상장회사만 준법지원인을 두어야 한다. 또한 은행·보험회사 및 금융투자업자의 준법감시인은 임직원이 내부통제기준을 위반하는 경우 이를 감사위원회 또는 감사에게 보고하여야 할 의무가 있는데, 상법상 상장회사의 준법지원인은 이사회에 보고하여야 할 의무를 진다(상법 제542조의13 제3항)는 점이 차이점이다.

에 '준법통제기준'이라는 용어를 사용하고 있다. 또한 상법은 위험관리에 관한 포괄적인 '내부통제기준'이 아니고 법률위험관리만을 담은 '준법통제기준'의 설정이라는 점을 분명히 하고, 상법시행령에서는 내부통제기준과 준법감시인을 갖춘 금융기관 등에 준법통제와 준법지원인을 강제하는 것은 중복과 갈등구조를 야기 할 수 있으므로 이를 해결하여야 한다는 관점에서 적극적으로 적용을 배제한다는 내용을 명문화 하였다.

상법 시행령 제40조는 필수적이고 핵심적인 준법통제기준의 내용을 규정하여, 경영진과 업무담당직원이나 사용인들 사이에 업무집행과 관련한 상호 소통이 구조적으로 어렵고 의사결정의 전문성과 복잡성이 강하게 나타나는 상장법인에 한해서라도, 이사회에 대하여 일정한 형식을 갖춘 준법통제시스템의 구축을 확고하게 요구한 것이다. 준법통제기준에 관한 상법 시행령의 내용은 상당부분 적정한 내용을 담고 있다고 평가할 수 있다. 그러나 개별적인 기업의 특성이나 그 기업이 속해있는 산업의 속성을 고려하지 않고 일률적인 준법통제기준을 설정한 것은 문제점으로 지적될 수 있다.[307] 예컨대 선박회사와 건설회사에게 동일한 준법통제기준을 적용하는 것은 바람직하지 못하며 같은 건설업이라 할지라도 주력분야가 주택인지, 항만건설인지, 철도사업인지에 따라 각각의 준법통제기준의 내용이 상이할 수 있다는 점이 간과 된 것은 문제가 있다고 본다.[308]

---

307) 이와 관련하여 상장회사에 대하여 준법지원인 제도를 반드시 채택하도록 회사법에서 강제하는 것은 타당하지 않다고 주장하는 견해가 있다. 윤성승, "개정상법상 준법지원인 제도의 문제점과 그 개선방안", 「기업법연구」 제25권 제4호(통권 제47호), 2011. 12, 157면.

308) 참고로 금융관련법상의 내부통제기준을 살펴보면 은행, 증권, 보험분야는 금융산업이라는 공통점에 기반을 두어 일정한 공통적인 내부통제기준을 마련하고 있고, 각 분야의 특수성을 고려하여 추가적으로 그 분야에만 존재하는 내부통제 기준을 마련하고 있다. 예를 들어, 이해상충의 파악 · 평가와 관리에 관한 사항은 은행과 증권분야에만 존재하고 보험분야에는 존재하지 아니하며, 광고의 제작 및 내용에 관하여 지켜야 할 사항은 은행분야에만 존재하며, 집합투자재산이나 신탁재산에 속하는 주식에 대한 의결권 행사와 관련된 법규 및 내부 지침의 준수여부에 관한 사항은 증권분야에만 존재하는 사안이다.

2. 준법지원인의 영업업무제한

개정상법은 준법지원인이 회사의 다른 직을 겸직할 수 있는지에 관해 명문의 규정을 두고 있지 않고, 개정상법 시행령은 제42조에서 "준법지원인은 자신의 업무수행에 영향을 줄 수 있는 영업 관련 업무를 담당해서는 아니 된다."라고 규정하여 준법지원인의 영업업무를 제한하고 있다. 이에 관해서는 원칙적으로 준법지원인은 회사고유의 영업업무에 관여하지 않고 준법통제업무만 독립적으로 담당하는 것이 바람직하다는 견해와, 준법지원인이 준법통제기준업무만 담당하는 것은 인력관리상 비효율적일 수 있으므로 준법지원인의 직무수행이 독립성이 침해되거나 가중한 업무 부담이 되지 않는 범위 내에서 준법지원과 연관된 다른 업무를 일부 겸할 수 있다고 보는 의견이 대립되었다. 생각건대 업무분장이 잘 되어 있고 비용부담에 별무리가 없는 대기업에서는 준법지원인이 준법통제업무를 독립적으로 담당하는 것이 좋다고 생각하는 것이 당연하고, 중·소기업에서는 비용절감 및 인력관리에 효율적 운용을 위해 준법지원인이 준법지원인과 관련된 다른 업무를 일부 겸할 수 있도록 하는 것을 선호하게 될 것은 당연한 이치라고 생각된다. 이러한 점을 고려하여 법무부는 이러한 두 입장을 절충하여 준법지원인이 직무수행의 독립성이 침해되거나 과중한 업무 부담이 되지 않는 범위 내에서 준법통제업무외의 다른 업무도 겸할 수 있도록 하되 다만, 이 같은 겸무가 준법지원업무에 영향을 주어서는 안 되므로 시행령에 준법지원인은 준법지원업무에 영향을 줄 수 있는 회사의 영업행위를 하여서는 아니 된다고 규정하게 되었다고 한다.[309] 한편 상법 시행령이 영업 관련 업무라고 규정하고 있는 것은 업무집행을 담당하는 이사 또는 기타 사용인의 지위의 겸직은 허용되지 않지만, 감사나 감사위원회의 위원의 지위의 겸직은 허용된다는 취지로 해석된다. 이와 관련하여 "자신의 업무수행에 영향을 줄 수 있는"이라는 법문의 표현에 따른 해석과 "영업관련 업무 등의 범위"의 내용이 불명확하다는 문제점이 제기되고 있다.

---

309) 구승모, "우리나라 2012년 개정상법 시행령(회사편)의 주요 내용", 한국상사법학회, 2012년 춘계학술대회 발표 자료집, 61면 참조.

3. 준법지원인의 해임

개정상법 제542조의13 제6항은 "준법지원인의 임기를 3년으로 하고 준법지원인은 상근으로 한다"고 규정하고 있다. 즉, 준법지원인의 경우에는 임기내 해임가능 여부에 관한 규정이 없다. 만약 임기중 해임을 가능한 것으로 보면, 준법지원인의 신분보장에 관한 문제가 발생하게 되고, 임기중 해임이 불가능하다고 하면, 준법지원인의 임무해태, 위법행위 등의 사유가 발생할 경우에도 준법지원인을 해임하는 것이 쉽지 않다.310) 이와 같이 준법지원인의 경우 임기중 해임에 관한 명확한 규정을 두고 있지 않다는 점이 문제점으로 지적되고 있다.

4. 준법지원인과 감사 또는 감사위원회와의 관계

개정상법은 준법지원인과 감사 또는 감사위원회와의 관계에 대한 명확한 규정을 마련하고 있지 않다. 개정상법542조의13 제4항은 준법지원인의 임면은 이사회의 결의로 하도록 하고 있는데, 상법상 감사나 감사위원회의 위원은 주주총회에서 선임되므로 감사 또는 감사위원회를 준법지원인의 상급기관으로 보아야 하는 지 논란이 되고 있다.311)

개정상법 제542조의13 제3항은 "준법지원인은 준법통제기준의 준수여부를 점검하여 그 결과를 이사회에 보고하여야 한다."라고 규정하고 있다. 법문상 준법지원인이 직접 이사회에 보고하는 것으로 규정되어 있으나, 만약 감사 또는 감사위원회를 준법지원인의 상급기관으로 본다면 회사의 감독체계상 감사나 감사위원회를 통하여 이사회에 보고해야 하는 것으로 보아야 하는지 법문상 분명하지 않은 문제점이 제기되고 있다.312)

---

310) 참고로 이사와 감사의 경우에는 임기 내 언제든지 주주총회의 특별결의로 해임할 수 있으며, 정당한 이유 없이 임기만료 전에 해임한 경우에는 그 해임으로 인한 손해를 회사에 청구할 수 있도록 규정하고 함으로써(제385조 제1항, 제415조), 임기내 해임 가능 여부와 해임으로 인한 손해배상을 명확히 하고 있고, 집행임원의 경우에도 임기 내 언제든지 이사회의 결의로 해임할 수 있다고 해석되고 있다(개정상법 제408조의2 제2항, 제3항, 민법 제689조).

311) 남유선, "개정상법 및 시행령상 기업지배구조 변화에 관한 연구-집행임원·사외이사·준법지원인 제도를 중심으로-", 「한국기업법학회 동계학술대회 자료집-상법시행령의 제 문제와 그 해결책-」, 2012. 02. 28, 33면 참조.

312) 참고로 자본시장법상 준법감시인은 내부통제기준 준수여부를 감사 또는 감사위원회에 보고하도록 되어 있다. 이에 관한 상세는 서완석, "내부통제와 준법감시인제도", 「기업법연구」 제23권 제4호(통

V. 준법지원인 제도의 개선방안

1. 준법지원인제도 도입 대상회사의 범위

준법지원인제도의 도입 대상회사의 범위는 가장 의견이 첨예하게 대립되었던 사항인데 이와 관련하여 '자산총액 2조 원 이상', '5천억 원 이상', '1천억 원 이상'이 적합하다는 견해 등이 주장되었다.

먼저 '자산총액 2조 원 이상을 주장하는 견해'에서는 ① 효용성이 검증되지 않은 준법통제제도를 폭넓게 강제하는 것은 기업들에게 정서적이나 비용적인 측면에서 지나친 부담이 될 수 있다는 점. ② 기업들이 준법통제제도를 올바르게 수용하는 데에 일정한 시간이 필요하다는 점. ③ 무엇보다도 제도의 안정적 정착을 위해 초기에는 강제범위를 최소화할 필요가 있다는 점 등을 논거로 들고 있다.

다음으로 '자산총액 5천억 원 이상이 적합하다는 견해'는 ① 자산총액 5천억으로 할 경우에 사내변호사 수가 급격히 감소하는 자산총액 2조 원 이하의 상당수 회사들에게 준법통제시스템을 갖추도록 요구할 수 있어 준법통제제도 도입의 효과적 측면을 어느 정도 충족할 수 있다는 점. ② 적용범위를 총상장회사의 20%정도로 설정할 수 있어 기업마다 자신들의 특성을 반영하여 자율적으로 고안 운용하는 것이 바람직한 준법통제시스템을 일정하게 고정된 제도로 강제하면서 시행초기부터 너무 넓은 범위를 대상으로 한다는 기업계의 비판을 상당히 완화시킬 수 있다는 점을 들고 있다.[313)]

끝으로 '자산총액 1천억 원 이상이 적합하다는 견해'[314)]는 ① 상법개정과정 뿐만 아니라 지금도 준법통제시스템을 정비하고 갖추어야 한다는 사회구성원전체의 공감대가 형성되어 있다는 점. ② 궁극적으로 기업이나 사회에 모두 유익하다는

권 제39호), 2009. 12, 312면 이하 참조.

313) 박세화, "준법지원인제도의 안정적이고 효율적인 운용을 위한 법적 과제", 「상사법연구」 제30권 제2호, 2011, 274면 이하 참조.

314) 자산총액 1천억 원 이상이 적합하다고 주장하는 견해는, 현재 상장회사의 사내 변호사 367명중 322명이 자산총액 2조 원 이상의 상장법인에 근무하고 있는 현상을 고려할 때, 만일 자산총액 2조 원 이상으로 한다면 준법통제제도의 도입은 실질적으로 기존의 사내변호사를 준법지원인으로 명칭만 전환하는 효과밖에 없을 것이라고 주장하며 2조 원 이상이 적합하다고 주장하는 측의 문제점을 지적하고 있다. 구승모, "전게 자료집", 50면 참조.

점. ③ 아직도 상장회사의 임직원이 횡령이나 배임 등으로 실형을 받는 경우가 적지 않고 횡령이나 분식회계 때문에 상장 폐지되는 회사들이 신규상장회사 보다 많다는 점을 들고 있다.

생각건대 우리나라의 대규모와 중소기업을 구분하는 기준이 되는 자산총액 5천억 원 이상인 회사로 하는 것이 합리적이라고 생각된다. 준법지원인 제도는 새로운 제도이므로 이 제도 도입에 따른 기업의 경제적 부담을 고려하고 제도의 정착까지의 완충적인 방향이 좋다고 생각한다.

2. 준법지원인의 자격

법무부는 '준법통제기준은 엄격하게 준법지원인은 유연하게'라는 정책방향으로 법률의 위임취지를 존중하는 취지에서 당초 준법지원인의 자격요건을 '법률학 학사학위이상의 소지자로써 상장회사에서 준법감시, 감사 및 이에 준하는 부서에서 합산하여 10년 이상 근무한 경력이 있는 사람' 및 '법률학 석사학위이상의 소지자로서 상장회사에서 준법감시, 감사 및 이에 준하는 부서에서 합산하여 5년 이상 근무한 경력이 있는 사람'으로 정한 상법 시행령안을 입법예고 하였는데 최종안에서는 금융관계법상의 준법감시인에 비하여 자격요건이 엄격하다는 점을 고려하고 변호사 직역주의 논란을 종식시킨다는 취지에서 법률학 학사학력요건을 삭제하여 시행령 최종안이 마련되었다고 한다.[315] 그러나 법률학 학사학위도 없이 준법지원인의 역할을 제대로 수행할 수 있는지 문제가 되고 있다. 또한 준법지원인의 자격에 대하여 변호사에 대하여는 그 자격과 관련한 업무경력을 요하지 않는 것으로 규정하고 있는데, 이는 은행 등의 준법감시인의 적극적 요건과도 균형을 잃고 또한 상법 제542조의13 제5항 제2호(법률학 조교수 이상의 직에 5년 이상 근무한 사람)와도 균형을 잃은 규정이라고 본다. 또한 준법지원인에 대하여도 은행법 등에 의한

315) 한편, 준법위원회는 준법지원인의 결격사유를 규정할 필요성이 있다고 결정하여, 시행령 입법예고안에서는 ① 미성년자나 금치산 또는 한정치산의 선고를 받은 사람, ② 금고 이상의 실형을 선고받고 그 집행이 끝나거나 (집행이 끝난 것으로 보는 경우를 포함한다)집행이 면제된 날부터 5년이 지나지 않은 사람, ③ 금고 이상의 형의 집행유예를 선고받고 그 유예기간 중에 있는 사람, ④ 법원의 판결에 따라 자격이 상실되거나 정지된 사람으로 최소한의 결격사유를 정하였다. 그러나 최종안에서는 삭제되었는데 이는 개인의 권리를 제한하는 사항으로서 법률에 규정되어야 할 사항이므로 향후 상법개정시 법률에 규정되어야 할 것이다.

준법감시인의 경우와 같이 소극적 요건을 규정하는 것이 좋다고 생각된다.

3. 준법지원인의 위상정립과 책임

준법지원인이 감사의 지위를 겸할 수 있는지와 관련하여[316] 상법 조문상으로는 준법지원인은 이사회의 결의로 임명되어 준법통제기준의 준수여부 결과를 이사회에 보고하는 회사의 사용인이라고 볼 수 있고, 감사는 회사의 사용인 직무를 겸하지 못하므로 감사는 준법지원인을 겸직하지 못한다고 본다는 것이 타당할 것이다. 또한 준법지원인이 이사의 직위를 겸직할 수 있는가와 관련하여서는[317] 상법 규정상 또는 이론상 불가능 하다고 볼 근거는 없으나, 준법지원인의 지위 강화라는 순기능과 준법지원인의 독립성 저하라는 역기능이 동시에 예상되므로 각 회사가 정책적으로 판단 할 수밖에 없다고 본다.

한편, 개정상법은 집행임원제도를 도입하면서 집행임원의 책임에 대하여 이사의 책임과 유사한 규정을 두면서 이사의 회사에 대한 책임의 감면도 준용하고 있다. 준법지원인은 그 역할에 비추어볼 때 집행임원과 유사한 중요한 임무를 수행하게 되므로 그 임무에 상응하는 책임규정이 반드시 필요할 것이다. 즉, 준법지원인에 대하여 집행임원에 준하는 책임을 지도록 법규정을 명확히 할 필요가 있다. 준법지원인의 책임에 관한 규정이 마련되지 않은 것은 준법지원인의 법적지위가 불명확

316) 감사와 준법지원인 과의 관계에 대하여는 "준법지원인은 준법통제와 관련하여 이사회를 지원하고 그 업무결과를 보고하는 법적 지위를 가지고 있으며, 상법상 이사회와 감사는 상호 독립적인 지위를 가져야 하므로 준법지원인과 감사는 상호 겸직할 수도 없고, 준법지원인이 감사의 하부조직이 될 수도 없다. 한편 상법상 감사는 이사의 업무에 대한 감사권이 있으므로, 감사는 적정하고 유효한 준법통제체제가 구축되고 운용되고 있는지를 감독한다. 감사는 이를 위해 준법지원인에게 일정한 사항의 보고를 요구하거나 이사회에 출석하여 점검 및 평가내용을 진술할 수 있고, 준법통제체제가 법령 또는 정관에 위반하는 중대한 사실이 있거나 이사의 부정행위에 해당하는 경우에는 감사보고서에 기재할 수 있다(상장회사표준준법통제기준 제6조 참고부분설명 참조)."

317) 이사와 준법지원인과의 관계에 대해서는 "준법지원인이 이사를 겸직할 수 있는지 여부에 대하여는 상법상 아무런 언급이 없다. 이사가 이사회의 구성원으로서 회사의 모든 중요한 의사결정에 참여한다는 점에서 경우에 따라서는 이사 겸직이 준법지원인의 독립적 직무수행에 영향을 줄 경우도 발생할 수 있다는 우려도 있을 수 있다. 그러나 회사의 중요한 의사결정시 법령을 준수하고 경영을 적정하게 하도록 준법지원인이 활동하기 위해서는 이사 겸직이 더 바람직할 수도 있다. 이 점은 각 회사의 상화에 맞추어 결정할 필요가 있다. 물론 이사 겸직시 준법지원인 직무수행의 독립성을 훼손하거나 과중한 업무 부담을 초래하는 다른 업무를 맡아서는 안 될 것이다. 그러나 준법지원인이 감사를 겸직할 수 없는 것과 마찬가지 이유에서 감사위원을 겸직할 수는 없다(상장회사표준준법통제기준 제11조 참고부분 설명참조)."

한 점과 관련이 있다고 본다. 준법지원인이 집행임원에 해당한다면 당연히 집행임원과 동일한 책임을 져야 할 것이고, 준법지원인이 회사의 피용자에 불과하다면 회사는 사용자로서 책임을 지고 준법지원인은 집행임원으로서의 책임을 지지 않게 되는 결과가 된다. 이러한 문제를 보다 분명히 하기 위해서는 준법지원인의 명확한 위상정립이 필요하다고 생각된다.

4. 준법지원인의 업무제한

준법지원인의 경우 그 담당업무의 성격과 지위에 비추어 볼 때 일정한 범위 내에서 업무를 제한할 필요성이 있는 것은 당연하다. 다만 준법지원인의 업무제한에 관한 개정상법시행령 제42조는 그 범위가 불명확하고 법률상의 근거가 없으며 포괄위임금지원칙에 반할 소지가 있다는 문제점을 지니고 있으므로 이에 대한 명확한 근거를 마련해야 할 것이다. 또한 '자신의 업무수행에 영향을 줄 수 있는 영업 관련 업무'라는 기준은 상당히 추상적인 내용으로 구성되어 있어서 보다 분명하고 예측가능성이 높은 기준을 구체적으로 설정할 필요가 있다고 생각된다.

5. 준법지원인의 해임

준법지원인을 이사회의 결의로 자유롭게 해임할 수 있도록 한다면 준법지원인의 독립성이 크게 훼손되어 준법지원인 제도의 취지가 퇴색될 가능성이 있다. 따라서 준법지원인의 최소한의 지위를 보장하기 위해서는 상법에 준법지원인의 해임에 관한 명시적인 규정을 마련할 필요가 있다. 구체적으로 이사회가 준법지원인을 해임할 수 있는 사항을 제한적으로 열거할 필요가 있을 것이다.[318)]

6. 법제도입에 따른 기업의 인센티브부여

개정상법은 준법통제시스템설치를 강제하는 한편, 기업들이 스스로 적절한 수준

318) 참고로 이사나 집행임원의 경우에는 회사의 경영사항에 속하는 업무집행을 담당하는 지위에 있다는 점에서 임기중 회사의 경영상의 판단에 따른 자유로운 해임을 보장 할 필요가 있을 것이다. 감사의 경우는 주주총회의 특별결의를 거쳐 임기 중 해임이 가능하도록 되어 있다.

의 준법통제시스템을 마련하도록 유도하기 위하여 일정거래위반의 경우에는 양벌을 면제하는 조항을 함께 입법하였다. 즉, 상장회사가 상법 제542조의9(주요주주 등 이해관계자와의 거래)를 위반하여 상법 제624조의2(주요주주 등 이해관계자와의 거래위반의 죄)에 의허 벌금형을 받게 되는 경우(상법 제634조의3)에 준법통제시스템을 성실하게 구축하여 운용한 경우에는 벌금형이 면제되도록 하고 있다.

그러나 이 규정은 특정거래위반에 한정 하는 것으로 인센티브부여에 있어 제한적의미를 갖는다고 본다. 참고로 미국의 준법지원인제도의 운용의 시사점[319]은 회사가 효율적인 내부통제 제도와 준법지원인제도를 둔 경우에는 회사와 이사의 형사책임에서 형량을 감경하는 제도를 둠으로써 회사가 준법지원인제도를 채택하는데 대한 유인책을 제공하고 있다는 점이다. 따라서 개정상법에도 준법지원인제도를 채택하여 이를 효율적으로 운용하는 회사의 경우에는 형사책임을 감경하는 규정을 둘 필요가 있다.[320] 예를 들어 상법 제626조의 '부실보고죄'와 제625조의 '회사재산을 위태롭게 하는 죄' 등의 경우 회사가 준법지원인을 두고 효율적인 내부통제제도를 두고 있음에도 불구하고 결과적으로 부실보고 또는 사실을 은폐한 결과를 초래한 경우에는 형량을 감경하는 규정을 마련할 수 있을 것이다.

Ⅵ. 결언

2012년 4월 15일 전면 개정된 상법 시행령이 시행됨으로써 2011년 4월 상법개정으로 시작된 준법통제제도의 법제화가 마무리 되었다. 즉, 일정규모이상의 상장회사에게 준법통제기준을 설정하고 이에 관한 직무를 수행하는 준법지원인 선임을 강제하는 준법지원인 제도가 입법되었다.

원래 준법지원인제도는 기업의 의사결정 및 업무집행과정에서 법률전문가가 상시적으로 법적 위험을 진단하여 분쟁을 사전에 예방하기 위한 바람직한 제도이다. 물론 기업의 내부통제장치로는 사외이사와 상근 감사, 감사위원회가 설치되어 가동되고 있으나, 기존의 제도들은 회사의 업무파악 및 실질적인 감사기능의 수행에 한계가 있고, 회사조직의 특성상 신속한 의사결정과 중요 업무에 대한 사전통제의

319) 미국의 연방양형지침(U.S. sentencing Guidelines for Organization) 참조.
320) 동지, 박세화, "전게논문", 287면.

역할을 제대로 수행하기에는 역부족인 측면이 있다.

따라서 준법지원인제도는 기존의 제도와 기능과 역할에 있어 차이점이 있고 기존회사가 지니고 있는 내부통제제도의 빈틈을 메워, 사전적 감사·감독을 통한 기업경영의 실효적 통제를 가능하게 하여 기업과 주주의 이익을 다 같이 도모하는 제도로 기능할 수 있다고 본다. 준법지원인제도는 회사의 내부통제의 여러 제도 중 하나로서, 업무위험통제, 재무회계통제와 함께 이루어져야 그 기능을 제대로 발휘할 수 있다. 그런데 우리나라 상법은 준법통제만을 우선 도입한 것이다. 준법통제제도를 도입하는 회사는 법령을 준수하고 회사경영을 적정하게 하기위하여 임직원이 그 직무를 수행할 때 따라야할 준법통제에 관한 기준 및 절차를 마련하여야 한다. 우리나라의 내부통제제도는 체계적으로 도입되지 못하고 내부통제의 일부가 특별법에서 각각 개별적으로 규정되고 있다. 따라서 준법지원인과 준법감시인으로 나눠진 부분을 통합하고 내부통제제도에 관한 법체계를 통일적으로 규율하는 방안을 모색해야 할 것이다.

일부에서는 이 제도가 변호사의 직역확대수단으로 작용하지 않을까 우려하고, 준법지원인의 활동에 대한 독립성 및 책임성을 담보할 장치가 미흡하여 준법지원인이 기업의 실질적인 감시자의 역할을 제대로 수행할 수 있을지에 대한 의문을 제기하기도 한다. 그러나 준법지원시스템은 준법경영을 위한 사전점검 및 조언을 하는 경영진의 보호 조직이자 지배구조의 내부적 취약점을 보완하는 제도라는 점에 착안 할 필요가 있다. 준법통제제도가 준법경영이나 윤리경영의 안정장치로 기업에 뿌리 내리기 위해서는 실제로 기업에서 이 제도를 긍정적이고 우호적인 제도로 인식하는 기업문화의 조성이 중요하다고 생각한다. 준법통제기준이 더욱 발전하기 위해서는 다양한 준법지원부서의 구성, 준법통제체제에 관한 공시제도, 준법통제체제의 IT화 등에 대해서도 계속적인 연구가 필요할 것이다.

또한 개정상법상 준법지원인 제도는 일정규모 이상의 상장회사에 대해서 의무적으로 설치하도록 하고 있으므로 이 제도의 실효성을 확보하기 위한 노력이 병행되어야 한다. 또한 성공적인 준법지원인제도의 정착을 위해서는 적법한 준법지원인 시스템을 구축·운용하는 회사들에게는 보다 많은 인센티브가 제공될 수 있는 방안을 모색할 필요가 있다.

끝으로 기업의 윤리경영과 투명경영 분위기를 만드는 것은 국제적인 흐름이므로, 우리 회사법도 글로벌 스탠다드에 맞게 계속 개정되어야 하고, 기업도 응분의 사회적 책임에 항상 관심을 기울여 나아가야만 한다. 다만 이 제도가 시행됨에 따라서 발생되는 문제점은 기업과 학계 등의 여론을 폭넓게 수용하여 계속해서 보완해 나아가야 할 것이다.

제 9 장 무액면주식제도에 관한 법적 고찰

I. 서언

우리나라는 1962년 상법제정시 액면주식제도를 채택한 이래 지금까지 액면주식만을 인정하고 무액면주식은 인정하지 않고 있다. IMF 경제환란 이후 재계에서는 기업의 자본조달을 원활히 하기 위하여 무액면주식제도를 도입하자는 요청을 계속 제기하였으나, 1997년 12월의 증권거래법 개정에 이어 1998년의 개정상법 제329조 제4항에서는 당시 5,000원이었던 주식의 최저액면금액을 100원 이상으로 하여야 한다고 하여 액면금액을 대폭 낮추는데 그쳤다. 우리나라의 경제현실에서 볼 때 100원의 가치는 극히 적으므로 주식의 액면금액은 사실상 명목적인 것에 지나지 않는다고 할 수 있다. 현행 상법이 주식의 액면금액을 100원으로 하면서까지 액면주식제도를 고집하는 것이 타당한가에 관해서는 많은 의문이 제기되어 온 것이 사실이다. 따라서 2006년 상법 개정안 제291조에서는 현행 액면제도를 유지하되 무액면주식의 발행을 허용하여 회사는 액면주식과 무액면주식 중에서 하나를 선택할 수 있으며, 1개의 회사가 액면주식과 무액면주식을 동시에 발행하는 것은 금지하는 취지로 규정하고 있다.

본고에서는 먼저 무액면주식제도를 개관하고, 무액면주식제도에 관한 주요국의 입법례를 살펴본 후, 2006년 상법 개정안이 채택한 무액면주식제도의 도입에 있어 검토하여야 할 과제에 관하여 고찰하기로 한다.

Ⅱ. 무액면주식제도의 개관

1. 무액면주식의 개념

주식은 액면금액이 있느냐 그렇지 않느냐에 따라 액면주식(par value share)과 무액면주식(no-par share)으로 나누어진다. 액면주식은 권면액에 상당하는 금액이 있는 주식으로서 주식을 발행할 때 그 발행가액은 그 액면금액에 의한 제한을 받게 된다. 무액면주식은 자본에 대한 주주의 비례적 지위를 나타낼 뿐 액면금액이 없는 주식을 말한다.

무액면주식은 기재식 무액면주식(stated no-par share)과 진정무액면주식(true no-par share)로 구분된다.[321] 기재식 무액면주식은 주식에는 액면금액이 없으나 정관에는 그 최저 발행가액이 정해져 있어 주식을 발행할 때 그 금액 이하로 발행하지 못하는 주식을 말한다. 일본 구상법과 1998년의 독일 개정주식법이 채택하고 있는 무액면주식은 액면금액이 없다는 점에서 무액면주식이라고 하지만 실질적으로는 액면주식과 동일하다.

진정무액면주식은 정관에 주식의 발행가액에 대한 제한이 없는 주식을 말한다. 진정무액면주식은 그 발헝가액에 대한 제한이 없으므로 주식을 발행할 때마다 시장가격에 따라 그 발행가액을 정하여 발행한다. 통상적으로 무액면주식이라고 하면 이 진정무액면주식을 일컫는다. 미국의 대부분의 주회사법은 이 진정무액면주식제도를 채택하고 있다.

2. 무액면주식의 기능

액면주식은 주식의 액면금액이 주식발행가액의 최저하한선이므로 액면금액 미만의 주식발행은 제한된다. 주식발행가액은 적어도 액면금액과 동일하거나 그 이상이어야 한다. 따라서 모든 주주는 원칙적으로 액면금액 이상으로 그금액을 납입하여야 하므로 액면금액은 주주 사이의 평등과 공정을 보장하는 수단이 된다. 액면

321) Harry G. Henn & John R. Alexander, Laws of Corporations, 3rd Ed., Westing Publishing Co. St. Paul, Minn, 1993, 400면.

주식에 있어서는 다른 주식인수인들도 주식의 액면금액 이상으로 납입할 것이 확실하므로 주식을 인수하고자 하는 자는 안심하고 주식을 인수할 수 있다.

액면주식에 있어서는 회사가 주식을 발행할 때에 액면금액 이상으로 주식을 발행하여야 하므로 자본의 충실을 도모할 수 있다. 회사가 이익배당을 하는 경우에는 회사재산으로부터 이 자본금을 공제한 후 주주들에게 분배하므로 회사의 재산적 기초가 건실해지게 된다. 회사재산은 회사채권자의 담보가 되므로 동시에 회사채권자의 이익도 보호할 수 있다.

또한 회사가 신주를 발행할 때에 액면가와 발행가액의 차액은 그 회사에 신용을 제공하려는 자에게 신용제공 여부와 그 조건을 결정하는데 있어서 심리적인 판단기준으로 된다. 가령 재산적 기초가 튼튼하고 사업전망이 좋은 회사일수록 발행가액과 액면가액의 차액이 큰 것이 보통이다. 따라서 이 차액의 크기는 회사에 신용을 제공하려는 채권자에게는 신용의 제공여부와 그 조건을 정함에 있어서 하나의 고려기준으로 작용할 수 있다.

그러나 액면주식의 가장 큰 문제점은 주식의 시장가격이 액면금액보다 낮은 때에는 주식발행에 의한 자본조달은 불가능하게 된다는 점이다. 주식의 시장가격이 액면가를 밑도는 때에는 투자자로서는 시장에서 액면가 보다 낮은 가격으로 그 주식을 인수할 수 있으므로, 액면가로 주식을 인수할 경우 액면가와 시장가격의 차액만큼 스스로 손실을 부담하여야 하기 때문이다.

물론 이 경우 할인발행을 허용하여 액면가액 미만으로 주식을 발행하는 예외가 인정되나, 이 할인발행에 의한 자본조달도 용이하지 않다. 회사가 주식을 함부로 할인발행하는 것을 방지하기 위하여 주주총회의 특별결의를 얻도록 하는 등 그 요건이 엄격하게 제한되는데, 이 요건을 갖추는 것도 쉽지 않다. 그리하여 주식의 시장가격이 액면가를 밑도는 경우에는 장래의 사업전망이 밝더라도 주식발행을 통한 자기자본 조달의 길이 막혀 회사로 하여금 고금리의 사채를 얻어 쓰는 등 높은 금융비용을 부담시키게 되는 폐단이 생긴다.

액면가도 그 주식의 진정한 가치를 반영하는 것이 아니며, 시장가격과 일치하지 않는 경우가 많다. 주식의 시장가격은 회사 그 자체의 경제적 가치에 의하여 정해지고 주금액과는 관계가 전혀 없다.[322] 그럼에도 불구하고 액면가가 시장가격을 밑

322) 大隅健一郎, 額面株式と無額面株式, 民商法雜誌 제85권 제3호, 1981.12, 376면.

도는 경우에도 액면가가 주식의 가치를 그대로 반영하는 것으로 잘못 오해하게 하는 요인이 될 수 있으며,[323] 주주간의 공평성을 담보하는 기능도 더 이상 발휘할 수 없게 된다. 그리하여 사실상 투자자나 채권자는 액면가에 관심을 가질 필요가 없다.[324]

특히 액면주식제도 아래서는 물탄주(watered shares)의 문제도 발생하기 쉽다. 물탄주는 현물출자의 경우 그 출자재산의 가치를 과대평가하여 실제의 가치를 훨씬 넘는 액면의 주식을 부여한 때의 그 주식을 말한다.[325] 이 물탄주는 주주가 주식을 인수하였을 때 아무런 대가없이 액면가가 있는 다른 종류의 주식을 무상으로 부여하는 보너스주식(bonus shares)과 주식발행가액의 일부를 금전으로 납입하게 하고 그 나머지는 납입을 면제하는 할인주식(discount shares)의 경우에도 생기는데, 주식발행에 있어서 액면금액의 제한을 회피하기 위한 편법으로 이용되어 자본의 충실을 해치게 된다.

이에 비하여 무액면주식은 주식의 액면금액이 없으므로 회사가 주식을 발행할 때 그 발행가액의 산정에 있어서 액면주식과 같은 액면미달발행의 제한을 받지 않는다. 따라서 회사는 자본조달에 있어서 주식의 시장가격이 낮더라도 그 발행가격을 탄력적으로 정하여 주식을 발행할 수 있으므로 자본조달의 기동성과 편의성을 확보할 수 있다.

또 무액면주식은 증자시 이사회가 정하는 발행가액 중 자본과 자본잉여금의 비율을 적절하게 조절할 수 있게 한다. 자본잉여금은 준비금으로 적립하여야 하나 자본결손이 발생한 경우에는 결손전보에 충당할 수 있다. 따라서 자본에 결손이 발생한 회사는 신주를 발행할 때 필요한 자본잉여금을 계상하여 자본결손을 손쉽게 보전할 수 있게 되므로 무액면주식은 자본잉여금을 활용하는 편의를 꾀할 수 있게 한다.[326]

또한 무액면주식은 액면가가 없으므로 주가가 높은 경우에는 주식분할을 쉽게 함으로써 주가를 안정시킬 수 있다. 자본을 감소하는 경우에도 주금액의 감소 등에 따른 주주들의 반발 없이 쉽게 자본감소를 실행할 수 있으므로 합병과 회사분할 등의 구조조정을 용이하게 할 수 있다. 따라서 무액면주식은 회사가 경제사정의 변

---

323) 北擇正啓, 額面株式と無額面株式, 金融·商事判例 제651호, 經濟法令硏究會, 1981.9, 31면.
324) 이대희, "개정상법 하에서의 주식발행제도에 관한 고찰", 상장협 제38호, 1998.10 84면.
325) William L. Cary & Melvin A. Eisenberg, Corporations 6th ed., The Foundation Press Inc., 1995, 1328면.
326) 강희갑, "무액면주식제도의 도입에 관한 고찰", 상장협 제37호, 1998.5, 153면.

화에 비교적 탄력적으로 대응할 수 있게 한다.

다만 무액면주식은 그 발행가액과 잉여금의 비율의 결정에 있어서 회사가 발행가액을 낮게 정하거나 자본잉여금의 비율을 높게 정하는 때에는 자본금액이 극소화되어 회사의 자본충실을 해치고 회사의 신용을 떨어뜨려 신주발행에 걸림돌로 작용할 수 있다. 이렇게 되면 회사재산에 대한 회사채권자들의 담보가치도 감소하여 결국 회사채권자의 이익을 해칠 염려가 있다. 또한 회사자본의 감소는 주주에 대한 이익배당에도 영향을 미쳐 부당한 배당을 합법화하는 등 이익배당이 불공정하게 될 우려가 있으며,[327] 그렇다고 하여 발행가액 전액을 자본으로 구성하게 하는 경우에는 자본잉여금을 계산할 수 없어 무액면주식에 의한 잉여금 활용의 이점도 없어진다[328]는 등의 폐단이 지적되고 있다.

3. 무액면주식의 장단점

(1) 무액면주식의 장점

1) 회사의 입장

회사의 입장에서 회사는 금융상의 편의를 도모할 수 있다. 자금조달을 하려는 회사 주식의 시장가액이 권면액을 하회하는 경우에 신주발행의 액면미달발행의 엄격한 요건을 갖추어야 하지만 무액면주식제도를 채택하게 되면 아무런 장애없이 자금조달이 가능하게 되고 이러한 점이 회사로서는 무액면주식제도에서 누릴 수 있는 최대의 장점이다. 또한 법제에 따라 다르기는 하지만 무액면주식의 발행대가를 회계적으로 처리하는 데에 있어서 그 조절권한이 이사회에 맡겨져 있기 때문에 적절히 그 권한을 사용하는 한 표시자본의 크기를 결정하고 나머지 부분으로서 많은 범위의 납입잉여금을 계상할 수 있고, 이로서 손실이나 자본결손을 전보할 수 있게 된다. 또한 이로서 주주의 이익배당도 허용하는 경우가 있지만 이러한 권한을 남용하는 경우에는 회사·주주 기타 회사채권자에게 큰 피해를 줄 위험이 있다. 회사의 정리 또는 합병의 경우에는 자본의 감소를 수반하게 되는 것이 일반적인데, 이때 주주로서는 주식의 액면총액이 감소됨에 따라 회사의 자본감소에 반대하기 쉬운

327) 服部榮三·星川長七, 基本法コンメンタ—ル 會社法 Ⅰ, 日本評論社, 1991, 168면.
328) 강희갑, 전게논문, 154면.

데[329] 무액면주식의 경우에는 주주가 냉정하게 감자의 이해관계를 고찰하여 회사는 정당한 감자안의 실행을 할 수 있게 된다.

2) 주주의 입장

주주의 입장[330]에서 볼 때 무액면주식의 인수인은 회사채권자 또는 기존주주에 대하여 주식인수계약에 규정된 채무이상으로 책임을 지지 아니한다. 또한 현물·노무에 대한 과대평가로 인한 불확정책임이 면제된다.[331] 무액면주식은 발행대가를 받고 발행하였으면 추징불능으로 취급되기 때문에 주주에게 더 이상의 책임을 지우지 않게 된다. 주주의 입장에서 강조하고 싶은 것은 투자자로 하여금 무액면주식의 실질가치를 탐구할 기회를 부여한다는 점이다. 어느 주식을 구입할 것인가를 결정하여야 하는 투자자의 입장에서 무액면주식의 경우에는 그 주권에 어떠한 형태이든 금전적 수치로서의 금액이 존재하지 않기 때문에 그 주식의 실질적 가치를 판단하도록 되어 있다. 권면액은 그동안 투자자의 주식에 관한 실질가치의 판단을 흐리게 하였으나, 무액면주식에서는 권면액이 제거됨에 따라 투자자는 그의 투자에 관한 결정에 있어 각종의 자료의 신빙성에 따라 판단하면 된다.

3) 회사채권자의 입장

무액면주식을 발행하면 회사채권자의 입장에서 그 채권의 변제가능성이 증대하게 되는 효과가 있다. 즉 주식의 시장가액이 권면액을 하회하는 경우에도 회사는 무액면주식을 발행함으로써 자금을 조달할 수 있게 되어 자기의 채권이 변제되리라는 기대를 할 수 있게 된다. 회사가 조달한 자금으로 직접 변제를 받은 채권자는 물론이고 그렇지 않은 일반채권자의 입장에서도 채권자에 대한 변제로 말미암아 일반채권의 공동담보가 증대하고 또한 무액면주식의 발행으로 회사의 자본이 증가하여 회사가 유보하여야 할 회사재산의 한도가 높아지고 따라서 회사채권의 변제

329) 액면주식의 경우 주금액 감소의 방법으로 자본감소를 할 때에는 자본이 감소하더라도 주주의 회사에 대한 비례적 지위는 변함이 없음에도 불구하고 주식의 액면총액이 감소된다는 점에서 주주가 자본감소에 반대할 가능성이 높다(강희갑, 전게논문, 153면.).

330) 이때의 주주라 함은 무액면주식을 인수하여 발행가액을 지급하고 무액면주식을 갖게 되는 주주를 의미한다.

331) 그 이유는 무액면주식의 경우에 주식이나 재산 또는 노무에 다 같이 평가할 금액이 존재하지 않기 때문이고, 이사회가 현물·노무출자에 대한 무액면주식수를 결정하는 권한을 가지고 있기 때문에 사기의 경우가 아닌 한 그 결정은 적법하기 때문이다.

가능성이 더욱 확실하게 된다. 또한 회사정리의 경우에 있어서 회사정리절차의 실패는 회사채권자의 전손을 초래하게 되지만 무액면주식의 발행으로 인한 회사자금의 조달로 회사정리가 성공할 가능성이 생기고 이로 말미암아 회사채권자의 채권만족의 기회가 증대하게 된다.332)

(2) 무액면주식의 단점

1) 회사의 입장

회사의 입장에서 무액면주식을 발행하는 경우 주식시장에서의 장애요인으로 될 가능성이 있다. 액면주식은 그 권면액의 심리적 효과로 말미암아 주식인수인을 모집하는데 도움을 받을 수 있지만, 무액면주식의 경우에는 단순히 권면액을 보고 투자하는 투자자들에게는 외면받을 가능성이 있다. 또한 일정한 금전적 수치가 없는 경우에는, 액면이 있는 때에 비해 주식의 판매전략상 불리한 조건이 될 수도 있을 것이다. 무액면주식을 발행하는 경우 회사의 신용을 해칠 염려가 있는데 그것은 액면주식의 경우에는 이익배당을 함으로써 회사의 순자산이 발행주식의 액면총액 이하로 내려갈 수 없다는 법률적 보장이 있는데 비하여 무액면주식은 그렇지 못하고, 주식인수인의 책임 및 현물출자의 평가와 관련하여 회사자산의 확보가 미흡한 경우가 생길 수 있기 때문이다. 법제에 따라서는 원칙적으로 주식의 발행대가 전부를 자본구성으로 하는 경우에, 재량에 따라 잉여금으로 계상하지 아니하였거나 할 수 없었을 때에는 오히려 잉여금 활용의 기회가 없어진다. 주식배당시에는 무액면주식으로도 가능하나 금전적 수치가 표시되어 있는 액면주식보다는 그 심리적 효과가 떨어진다는 점도 단점으로 작용할 수 있다.

2) 주주의 입장

무액면주식제도는 원래 주식사기를 방지하기 위하여 창안된 제도라고 하는데, 주주의 입장에서는 도리어 주식사기를 당할 염려가 있다. 즉 투자자로서는 회사의 계산서류에 의하여 주식의 진실가치를 파악하여야 하는데, 그러한 서류내용의 진실성이 담보되지 않는다면 무액면주식제도를 통하여 오히려 주식사기가 행하여 질

---

332) 최병규, “무액면주식제도의 도입가능성 연구”, 상사법연구 제20권 제1호, 한국상사법학회, 2001, 182면.

위험성이 높아지게 된다. 권면액을 제거하여 주식사기에 대한 주주의 자기방어를 도모하고자 하는 취지와 달리 잘못될 경우 종래 존재하던 권면액에 의한 법률상의 보상마저도 받지 못할 염려가 생긴다. 액면주식의 경우와 달리 무액면주식을 발행하는 경우 기존주주의 형평적 이익은 오직 형평적 최소한의 원칙에 의하여만 보호를 받게 된다. 만일 법원에서 이러한 형평적 최소한의 원칙에 입각한 보장을 하지 아니하는 경우에 주식의 소유는 회사 임직원의 양심과 판단에 따라 좌우될 수밖에 없다. 무액면주식의 발행을 허용하는 경우에도 주식의 발행대가로부터 자본을 구성하고 그 나머지 부분을 준비금으로 계상하게 되는데, 법제에 따라서 그 준비금을 즉시 이익으로 배당할 수 있게 하는 경우에 이익배당이 불규칙하게 되고 이는 또한 투기적 요소로 나타날 수 있다.

3) 회사채권자의 입장

회사채권자의 입장에서 볼 때 무액면주식제도에서는 회사가 자본의 구성 및 발행대가의 결정에 관하여 넓은 범위의 재량을 가지게 됨에 따라 회사채권자 기타 제3자는 이사회가 그 권한을 어떻게 행사하느냐에 따라 불측의 손해를 입을 위험이 많다. 자본구성의 자유는 회사채권자의 공동담보로서의 회사자산의 유지를 위태롭게 한다. 무액면주식의 인수인은 회사채권자에 대하여 주식인수계약에 규정된 채무이상으로 책임을 지지 않는다. 이는 상대적으로 볼 때 액면주식의 경우에 비하여 주식인수인에 대한 회사채권자의 권리약화를 초래한다. 무액면주식제도에서는 표시자본과 준비금의 구분비율이 자의적으로 되어 명확하지 않게 될 가능성이 있고 이는 회사채권자의 지위의 불안정을 초래할 염려가 생긴다. 따라서 유보되어야 할 회사자산의 최저한을 나타내는 표시자본의 불명확성은 회사채권자의 불이익으로 될 수 있다.

Ⅲ. 무액면주식제도에 관한 주요국의 입법례

1. 미국

오늘날의 무액면주식제도가 최초로 법제화된 것은 1912년 미국의 뉴욕주회사법이다.[333] 당시 뉴욕주회사법(The New York Stock Corporation Law)은 제12조에서 무액면주식의 발행을 인정함으로써 이 제도가 법률상의 제도로서 확립되었으며, 그 이후 여러 주에서 무액면주식제도를 채택하게 되었다. 그리하여 현재는 네브라스카주를 제외한 모든 주 회사법에서 무액면주식의 발행을 허용하고 있다.[334]

1912년의 뉴욕주회사법은 금융회사와 철도 등 공익위원회(Public Service Commission)의 감독을 받는 회사에 대하여는 무액면주식의 발행을 금지하였으며, 우선주를 무액면으로 발행하는 것도 제한되었다. 그러나 그 후의 회사법 개정으로 그 발행 범위가 확대되었으며, 네브라스카주를 제외한 대부분의 주회사법에서 은행 보험 등의 금융회사를 제외한 모든 회사를 대상으로 보통주뿐만 아니라 우선주에 대하여도 무액면주식의 발행이 허용되고 있다.[335]

주식의 발행가액의 결정방법은 주에 따라 다르다. 뉴욕주회사법은 액면주식의 발행가액은 이사회가 권면액 이상으로 정하고, 무액면주식의 발행가액은 이사회가 수시로 정하도록 하고 있다.[336] 델라웨어주회사법과 캘리포니아주회사법에서는 액면주식과 무액면주식의 발행가액을 모두 이사회가 정하되, 정관에 정함이 있는 때에는 주주들이 수시로 정하도록 하고 있다.[337]

주식발행의 대가는 반드시 재산일 것을 요하지 않는다.[338] 뉴욕주회사법과 델라

333) 16세기경 영국의 주식회사나 1865년경 독일 광산회사의 광업지분(Kuxe)의 제도 등에서 무액면주식과 유사한 명칭의 제도가 있었다고 하나 오늘날의 무액면주식제도와 다르다. 미국에서도 무액면주식제도가 법률상의 제도로서 확립되기 이전에 1833년 메사추세츠주의 East Boston Company는 15만주의 무액면주식을 발행하였고 1854년 설립된 Adams Express Company는 무액면주식 12만주를 발행한 바 있다.

334) 竝木俊守·竝木和夫, 現代アメリカ會社法, 中央經濟社, 1992, 96면.

335) Delaware General Corporation Law §151(a). 네브라스카주는 무액면주식의 발행을 허용하지 않고 있다. 사우스다코타주와 위스콘신주는 보통주에 대하여서만 무액면주식으로 발행하도록 하고 있다.

336) New York Business Corporation Law §504(c)(d).

337) Delaware General Corporation Law §153(a)(b), California General Corporation Code §409(a).

338) Harry G. Henn & John R. Alexander, Laws of Corporations, 3rd Ed., Westing Publishing Co. St. Paul, Minn, 1993, 283면.

웨어주회사법 등 대부분의 주회사법에서는 발행가액을 제한하여 그 전부 또는 일부를 현금, 이미 제공된 노무나 동산, 부동산 또는 그 임차권으로 납입하도록 정하고 있다.[339] 1984년의 개정모범사업회사법(Model Business Corporation Act)은 대가에 대한 제한을 폐지하여 이 밖에 약속어음과 장래의 노무, 회사의 증권을 포함하여 회사에 대한 유형 또는 무형의 재산이나 이익도 납입할 수 있도록 하고 있다.[340] 주식의 발행에 있어서 주식발행 대가의 적정성 여부는 이사회가 결정하여야 하며 그 이사회의 결정은 확정적으로 유효하다. 따라서 이사회에서 정한 대가가 납입되어 주식이 발행된 때에는 전액이 납입되고, 주식인수인은 그 이상의 납입의 최고에 대한 책임을 부담하지 않는 것으로 된다.[341]

주식과 자본의 관계에 대하여는 회사가 액면주식을 발행하는 때에는 그 액면총액이 자본으로 되는 것이 원칙이나, 무액면주식의 경우에는 이사회의 결의에 의하여 발행주식에 대하여 회사가 수령한 대가의 일부만을 자본으로 하고 그 나머지를 납입잉여금으로 할 것을 결정할 수 있다. 델라웨어주회사법에서는 이사회가 현금으로 주식을 발행하는 때에는 그 주식의 발행시에, 현금 이외의 재산에 대하여 발행되는 주식에 대하여는 그 발행 후 60일 내에 그 주식의 대가 중 자본으로 되는 부분을 정하지 아니한 때에는 그 주식에 관한 회사의 자본은 그 액면주식의 액면총액에 무액면주식의 대가를 가산한 것과 동등한 액으로 표시자본(stated capital)을 정하나,[342] 1977년의 캘리포니아주회사법과 1979년 개정모범사업회사법은 액면가와 표시자본의 개념을 폐지하였다.[343]

주식의 전환에 관하여 대부분의 주회사법에서는 회사가 액면주식과 함께 무액면주식을 발행한 때에는 주주는 액면주식을 무액면주식으로, 무액면주식을 액면주식으로 그 전환을 청구하는 것을 인정하고 있다.[344]

339) New York Business Corporation Law §152, Delaware General Corporation Law §152.
340) Model Business Corporation Act §6.21.
341) Model Business Corporation Act §6.21(c), Delaware General Corporation Law §152.
342) Delaware General Corporation Law §154.
343) Harry G. Henn & John R. Alexander, Laws of Corporations, 3rd Ed., Westing Publishing Co. St. Paul, Minn, 1993, 400면.
344) William M. Fletcher, Fletcher Cyclopedia Corporations, vol.11, 1971, 238~239면.

2. 독일

독일 주식법(Aktiengesetz)은 종래 액면주식제도만 인정하여 왔으나, 유럽연합의 유로(Euro)단일통화체제 출범에 대비하여 1998년의 [무액면주식의 허용에 관한 법률(Gesetz über die Zulassung von Stückaktien)]을 제정하여 무액면주식(Stückaktie)을 도입하였다.[345)]

독일 주식법상 기본자본은 주식으로 나누어지며(AktG §1), 기본자본과 주식은 독일 마르크화(DM)에 의한 액면금액으로 표시되어 왔다(AktG §6). 이 주식의 최저액면금액은 5DM이며, 액면금액이 이 보다 적은 주식은 무효이며(AktG §8①), 주식의 발행가액은 이 액면금액 이상이어야 한다(AktG §9). 그런데 유럽연합의 통화단일화에 관한 Euro시행법(Gesetz zur Einführung des Euro)은 2002년 1월 1일부터 Euro에 의하여서만 회사를 설립할 수 있도록 하고, 주식회사의 최저자본금을 5만유로, 주식의 최저액면금액을 1유로로 하고 그 이상의 액면가는 1유로로 분할하도록 하고 있다.

독일의 액면주식의 최저액면금액은 5DM인데, 이는 2.5유로에 해당하므로 이 법에 의하여 주식의 액면가를 1유로로 조정할 경우 기본자본금을 20% 더 증가하지 않으면 안된다. 무액면주식은 액면가가 없으므로 자본증가 비용의 부담을 덜고 주식 전환의 번잡을 해소할 수 있기 때문에 독일 개정주식법이 무액면주식의 발행을 허용하게 된 것이다.[346)]

독일주식법은 기존의 액면주식제도와 병행하여 무액면주식의 발행을 허용하되, 하나의 회사는 이 두 종류의 주식을 병행하여 발행할 수 없고, 그중의 하나를 선택하여야 한다(AktG §8①). 무액면주식을 발행하는 경우에도 기본자본제도와 기본자본의 주식분할 원칙, 자본유지의 원칙은 종래와 같이 유지되어 무액면주식은 기본자본에 균등하게 참여한다. 무액면주식의 가액은 기본자본을 발행주식수로 나눈 금액에 해당한다(AktG §8③). 기본자본에 대한 지분은 액면주식의 경우에는 액면가의 기본자본에 대한 관계에 따라 정해지나, 무액면주식의 경우에는 그 발행주식의 수에 따라 결정된다(AktG §8④).

독일 주식법상 무액면주식은 기본자본에 있어서의 크기는 동일하다. 따라서 무

---

345) 법무부, 각국의 최근 상법 동향, 1998.11, 167면.
346) 법무부, 전게서, 167면.

액면주식에 대하여 정관은 물론 주권에도 주식 1주의 기본자본에 대한 비율을 명시하는 것은 허용되지 않는다.[347] 무액면주식 1주의 기본자본에 대한 지분액은 회사 설립 후에도 1유로 이상이어야 한다(AktG §9①). 이것은 무액면주식의 최저발행가액이 되며, 그 최저발행가액 미만으로 무액면주식을 발행하지 못한다.

3. 일본

일본은 1950년의 상법 개정에 의하여 무액면주식제도를 도입하였다. 일본 구상법은 정관에 의하여 액면주식이나 무액면주식의 어느 하나를 발행하거나 또는 그 비율을 정하여 이 양자를 발행할 수 있도록 하였다. 또 주식의 종류에 따라 어느 종류의 주식은 액면주식으로 다른 종류의 주식은 무액면주식으로 발행하는 것도 가능하였다(일본 구상법 제199조).

그런데 일본은 2001년 6월 상법을 개정하여 액면주식제도를 폐지하였다. 그 폐지이유를 살펴보면, 첫째, 액면주식의 권면액은 발행가액의 하한을 획정하는 기능(일본 구상법 제225조 제1항 제4호)과 발행가액을 자본으로 전입할 때 최저한도액을 설정하는 기능(일본 구상법 제284조의2 제2항 단서)이 부여되어 있지만, 무액면주식제도에서는 권면액 대신 발행가액을 제한할 장치가 마련되어 있고, 액면주식과 무액면주식은 서로 1주의 크기나 그 권리 내용면에서 근본적인 차이가 없는 까닭에 이론적으로 장점을 가지고 있는 무액면주식제도만을 유지하는 것이 옳다고 판단하였기 때문이다. 둘째 신주발행에 있어서도 주주배정에 의한 권면액 발행이 아니라 공모에 의한 시가발행이 일반화되고 있는 까닭에 액면주식의 존재의의가 거의 유명무실한 상태에 있기 때문이었다. 셋째 주식의 시가가 권면액 미만인 경우에는 권면액 미만의 발행이 상법상 금지되어 있어서 액면주식의 발행에 의한 자금조달이 곤란하였기 때문이다. 이러한 액면주식제도의 한계 때문에 액면주식제도가 폐지되었다.[348]

이와 같이 액면주식제도가 폐지되어 주식의 액면가가 없어짐에 따라, 주식을 발행할 때 회사가 발행가액을 자유로이 결정할 수 있게 되었고 자본은 발행가액의

347) Seibert, Die Umstellung des Gesellschaftrechts auf den Euro, in: ZGR 1998, S.15.

348) 原田晃治·泰田啓太·郡谷大輔, "自己株式の取得制限等の見直しに係る改正商法の解說", 商事法務 1608號, 2001, 90면.

총액이 되었다. 다만 회사의 형편에 따라 발행가액의 2분의 1 이내의 금액을 자본에 편입하지 않을 수 없게 되었다(일본 상법 제284조의2 제2항).

한편 액면주식제도 등이 폐지됨에 따라 회사는 정관에 별단의 규정이 있는 경우를 제외하고는 이사회의 결의에 의하여 자유로이 주식을 분할할 수 있게 되었다(일본 상법 제281조 제1항). 또 종래에는 주식병합을 할 수 있는 경우가 법이 정한 경우로 한정되어 있었으나 액면주식제도 등이 폐지됨에 따라 주식병합에 관하여 주주총회에서 주주에게 설명하고 특별결의만 거치면 주식을 병합할 수 있게 되었다(일본 상법 제214조 제1항).

최근 일본에서는 1997년 이후 시작된 경제불황을 타개하기 위하여 회사법에 대한 현대화작업을 꾸준히 진행하여 왔다. 그 결과 2005년 상법 제2편에 편재되어 있던 회사편과 유한회사법·상사특례법을 하나의 법전으로 통합한 회사법이 마련되었다. 회사법에서는 주식제도와 관련하여 회사의 설립·유지를 위해서는 1천만엔 이상의 자본금이 있어야 한다는 규정(최저자본금제도)을 폐지하였으며, 자본금액 4분의 1을 회사의 법정준비금으로 유지해야 한다는 규제를 철폐함으로써 법정준비금 전액의 감소도 가능하게 하였다(신회사법 제448조).

Ⅳ. 무액면주식제도의 도입의 검토과제

1. 발행가액의 공정성 담보

액면주식만의 발행을 허용하는 법제에서 액면주식의 발행가액은 원칙적으로 권면액 이상이어야 하므로 일정한 금액으로서의 권면액은 바로 절대적인 법정최소한으로 되고 각국의 회사법은 액면미달발행의 금지를 원칙으로 하고 있다. 무액면주식의 발행을 허용하는 법제에서 무액면주식을 발행하는 경우 그 발행대가는 권면액자체가 존재하지 않고 따라서 권면액에 구속을 받지 않으므로 그 가액을 보통의 경우에 이사회에서, 때에 따라서는 정관이나 주주총회의 결정으로 자유로이 결정할 수 있다. 따라서 무액면주식제도는 회사에게 금융상의 편의를 제공하게 된다. 그러나 무액면주식제도를 채택하는 경우에도 회사자본을 충실하게 하여야 한다는 원칙에는 변함이 없기 때문에 무액면주식의 발행가액에 관하여 법률상의 여러 제한과 그 밖의 형평상의 제한이 인정되고 있다.

미국에서 출자의 종류는 액면주식이나 무액면주식의 양자에 공통적으로 해당하는 것으로 금전, 노무, 현물로 국한된다. 발행대가로서 금전출자의 경우에는 그 평가에 있어서 하등의 문제가 발생될 여지가 없지만 노무출자와 현물출자에 있어서 출자되는 노무 또는 현물의 평가에 관하여 실질주의(true value rule)와 선의주의(good faith rule)의 2가지 원칙이 적용되며 이는 액면주식의 경우에 적용되는 것으로 발전되어 온 원칙이지만 무액면주식의 경우 그 발행대가로서의 노무출자와 현물출자시 그 평가에도 적용될 수 있는 것으로 해석되고 있다.[349] 미국에서 무액면주식의 발행대가는 양적으로 부진정무액면주식의 경우에는 기재액 이상이어야 하고 진정무액면주식의 경우에는 최소납입자본금(minimum paid-in stated capital)[350] 이상이어야 한다. 미국의 각주에서 무액면주식의 발행을 결정하는 유형은 첫째 회사설립시에는 발기인에 의하여, 둘째 정관의 규정으로 주주에게 결정권을 부여하지 않은 경우에 이사회에 의하여, 셋째 정관에 달리 규정하지 않은 경우에 이사회에 의하여, 넷째 정관의 규정이 없거나 정관의 규정으로 이사회에 결정권을 부여하지 않은 경우에 주주에 의하여, 다섯째 정관에 반대의 규정이 없고 주주에 의한 결정으로 주주 또는 이사회에 의하여 결정하는 방법들이 있다.

일본 구상법에서는 회사 설립시에는 무액면주식의 최저발행가액을 5만엔 이하로 할 수 없다고 제한하고, 회사설립 후 신주발행시에는 발행가액에 관하여 아무런 제한을 두지 않았다. 그러나 2001년 개정상법에서 액면주식을 폐지하고 무액면주식으로 일원화하면서 회사 설립시에는 발기인 전원의 동의로써, 회사설립 후에는 이사회의 결의로써 무액면주식의 발행가액을 정할 수 있도록 하여 발행가액을 제한하고 있지 않다.[351]

우리의 2006년 상법개정안에서는 무액면주식의 발행가액에 대하여 아무런 법률상의 제한을 두고 있지 않다. 따라서 발행가액의 결정은 이사회 또는 주주총회의 결의사항으로 하고, 구주의 가치를 희석시켜 기존 주주의 이익을 해치지 않기 위하

---

349) Harry G. Henn & John R. Alexander, Laws of Corporations, 3rd Ed., Westing Publishing Co. St. Paul, Minn, 1993, 424면.

350) 주에 따라 최소납입자본금을 정하는 경우가 있는데 무액면주식을 발행하는 때에 그 무액면주식의 발행대가에 의하여 구성되는 자본액이 최소납입자본금의 요구를 충족시켜야 한다.

351) 강희갑, 전게논문, 160면.

여 공정한 시가를 발행가액의 결정기준으로 삼는 것이 타당하다. 그러나 일본의 구 상법을 참고하여, 회사 설립시에는 발기인의 설명 이외에 공정한 시가를 산정할 만한 자료가 부족한 사정을 보완하여 회사자본의 충실을 확보하기 위하여 최저발행가액을 제한하고, 회사설립 후 신주발행시에는 공정한 시가를 쉽게 산정할 수 있으므로 이사회 또는 주주총회의 결의로써 발행가액을 자유롭게 정할 수 있도록 하는 방법도 검토할 수 있을 것이다.

무액면주식이 공정한 시가에 미달하는 가격으로 발행되면 구주의 가치가 희석되고 기존주주가 손해를 보게 된다. 이러한 경우에는 미국 형평법법원의 판례법상 인정되는 구체적으로 타당한 발행가의 최소가격 책정의 원칙에 따른 주주의 구제방법을 참고할 수 있을 것이다. 즉 ① 신주발행유지청구권(상법 제424조)을 행사하거나, ② 신주인수인이 구체적으로 타당한 발행가의 최소가격 책정의 원칙에 반함을 알고 있는 경우에는 납입대가를 반환하고 주식의 말소를 명하거나, 구체적으로 타당한 발행가의 최소가격에 미달하는 부족액을 출자하게 하거나, ③ 신주인수인이 구체적으로 타당한 발행가의 최소가격 책정의 원칙에 반함을 알지 못한 경우에는 이사 기타 발행대가를 결정한 자에게 사기의 의사가 있는 때에 한하여 이러한 자에게 부족액의 납입을 청구할 수 있도록 하는 방법이다. 또한 이사회결의에 의해서 결정된 무액면주식의 발행가액이 시가에 크게 미치지 못하는 경우에 주주는 이사에 대하여 주의의무 위반으로 인한 임무해태를 이유로 회사에 대한 책임을 물을 수 있을 것이며(상법 제399조), 이에 대하여 이사는 발행가액 결정에 있어서 경영판단의 원칙으로 항변할 수 있을 것이다.

2. 자본잉여금과 자본충실

무액면주식의 발행 허용 여부와 관련하여 제기되는 또 다른 문제는 그 발행가액과 잉여금의 비율의 결정에 있어서 회사에 폭넓은 재량이 인정되는 결과, 그 폐단 또한 적지 않다는 점이다. 회사가 발행가액 중 자본잉여금의 비율을 높게 정하는 때에는 회사의 자본충실을 해칠 위험이 있고, 이것은 회사의 신용을 떨어뜨려 시장을 통한 신주발행에 걸림돌로 작용할 수 있다는 것이다. 그렇다고 하여 발행가액 전액을 자본으로 구성하게 하는 경우에는 자본잉여금을 계상할 수 없어 무액면주식에 의한 잉여금 활용의 이점도 없어진다.[352)]

사실 회사가 발행가액과 그 자본전입액을 불공정하게 정하는 경우에 채권자에게 최소한의 담보가 되는 자본이 불명확 내지 불공정하게 구성된다. 액면주식을 발행하는 경우에는 액면총액이 자본으로 되어 이것에 상당한 재산이 회사에 유보되어야 하나, 무액면주식의 경우에는 이 같은 자본구성이 불가능하고 자본금액이 극소화될 우려가 있다. 이렇게 되면 회사재산에 대한 회사채권자들의 담보가치가 감소되므로 회사채권자의 이익을 해칠 염려가 있다. 또한 회사자본의 감소는 주주에 대한 이익배당에도 영향을 미쳐 부당배당을 합법화하는 등 이익배당이 불공정하게 될 우려가 있다[353]는 점도 부인할 수 없다.

그러나 이 문제점의 해결도 입법정책적으로 불가능한 것이 아니다. 독일 주식법은 무액면주식을 발행하는 경우에도 기본자본제도와 기본자본의 주식분할 원칙, 자본유지의 원칙을 종래와 같이 유지하고 있어 액면주식의 발행의 경우와 마찬가지로 무액면주식제도가 자본제도의 근간을 흐트리지 않는 방향으로 규율되고 있다. 이 같은 입법례는 우리나라에서 무액면주식의 발행을 허용하는 경우에 참고가 될 수 있다. 이러한 사정을 고려하면 현행법이 무액면주식제도를 도입하는데 큰 무리가 없을 것으로 생각된다.

3. 2006년 상법개정안에 대한 검토

개정 전 상법에 의하면 정관에는 1주의 금액을 정하여야 하고(상법 제289조 제1항 제4호), 자본은 발행주식의 액면총액이므로(상법 제451조) 액면주식만 허용된다. 액면주식의 경우 액면은 발행가액의 최저한이자 자본의 최저구성단위로서의 기능을 갖는 것으로 설명되고 있다. 그러나 액면주식은 순기능보다는 역기능이 더 크다.

먼저 액면은 신주발행가액의 최저한이므로 주식의 객관적 평가액(시가 또는 공정가액)이 액면미달인 경우조차도 액면가 이상으로 주식을 발행하여야 하는 문제가 발생한다. 정상적인 경우라면 시가가 액면미달인 때에는 주식을 발행할 리가 없지만, 실무에서는 이 경우에도 일반투자자들이 신주인수를 기피할 것을 노려 신주를 발행하여 대량실권을 유도한 후 이를 대주주 등이 인수하는 방법으로 지배권을

352) 강희갑, 전게논문, 154면.
353) 服部榮三·星川長七, 전게서, 168면.

공고히 하는데 악용하기도 한다. 물론 시가가 액면미만인 경우에도 신주를 발행할 수 있지만, 이를 위해서는 액면미달발행제도(상법 제417조)를 이용하거나, 액면을 시가이하로 인하한 후 액면가로 주식을 발행하여야 하는데, 액면미달발행제도를 이용하는 경우에는 회사설립 후 2년이 경과하여야 할 뿐만 아니라 주주총회의 특별결의와 법원의 인가가 필요하고(상법 제417조 제1항), 액면을 시가이하로 인하한 후 액면가로 주식을 발행하는 경우에는 정관변경절차를 거쳐야 하므로 기동적인 자금조달이 곤란하고, 주권교체 등 불편과 비용이 유발된다.

이에 차제에 액면주식제도 자체를 폐지하고 무액면주식제도로 일원화하자는 주장이 제기되기도 하였으나,[354] 2006년 상법개정안에서는 액면주식제도에 익숙하다는 점 등을 이유로 액면주식과 무액면주식을 병용하기로 하였다.[355] 따라서 회사는 정관에 정함이 있으면 주식 전부를 무액면주식으로 발행할 수 있으며(상법 개정안 제329조 제3항), 또한 기발행주식의 경우에는 전주식을 액면주식에서 무액면주식으로 혹은 그 반대로 무액면주식에서 액면주식으로 전환할 수 있다(상법 개정안 제329조 제4항). 다만 주식을 나누어 일부는 액면주식과 무액면주식으로 하는 것은 허용되지 않는다.

그런데 무액면주식의 경우에는 액면이 없으므로 무엇을 기준으로 자본금을 구성할지가 문제되는데, 이에 관해서는 상법 개정안에서는 발행가액을 기준으로 "자본금은 발행가액의 2분의 1이상의 금액으로서 이사회에서 자본금을 계상하기로 한 금액의 총액"으로 하기로 하고, 자본에 계상되지 않는 나머지 금액에 대해서는 자

354) 참고로 액면제도폐지의 논거로는 다양한 것이 주장되고 있는데, 예컨대 ① 액면주식과 무액면주식은 액면가의 유무의 차이만 있을 뿐 기본적으로 주식은 균일의 비율적 단위의 형태를 취하고 있기 때문에 1주의 크기나 권리의 내용에 있어서 아무런 차이가 없다. ② 시가발행이 정착할 경우 현재와 같은 액면주식제도는 오히려 기업의 재무자율성을 저해하게 된다. ③ 시가가 액면미만일 경우 주식발행자체가 불가능하게 될 뿐만 아니라 자본은 액면총액이어야 하므로 예컨대 주식분할의 결과 자본이 액면총액을 하회할 경우에는 액면변경절차를 밟아야 하는 등 액면이 오히려 회사의 원활한 자금조달을 방해할 우려가 있다는 것이 그것이다. 그리고 무액면주식제도의 도입시의 장점으로서는 ⅰ) 액면의 존재로 인하여 거쳐야 했던 정관변경이나 액면조정 등의 절차가 불필요하게 됨으로써 자금조달의 기동성을 확보할 수 있고, ⅱ) 자본과 주식의 관련성이 완전히 절단된 것과 관련하여 예컨대 자본감소의 경우 주식수를 감소할 필요성(즉 주식소각이나 주식병합의 필연성)이 없게 되는 등 재무구조의 조정이나 합병, 회사분할 등 기타 구조조정의 원활화가 기대된다는 점이다.

355) 외국의 입법례에 의하면 대부분의 나라에서 무액면주식의 발행을 허용하고 있다. 다만 액면주식과의 병용을 인정하는 나라도 있거니와(미국의 델라웨어주, 캐나다의 일부 주, 독일) 무액면주식으로 일원화한 나라(뉴질랜드, 오스트레일리아, 일본)도 있다. 법률관계의 단순화라는 측면에서 보면 무액면주식으로 일원화하는 것이 바람직하다고 본다.

본준비금으로 계상하도록 하였다(개정안 제451조 제2항).

그리고 자본금은 무액면주식에서 액면주식으로 전환하거나 혹은 그 반대로 액면주식에서 무액면주식으로 전환함으로써 변경할 수 없도록 하였는데(개정안 제451조 제3항), 이는 액면주식과 무액면주식의 전환에 의한 자본금변경은 불가함을 명백히 하기 위한 것이다. 다만 자본금의 계상방법은 액면주식과 무액면주식이 각각 다를 수밖에 없는데,[356] 동 규정은 이러한 차이를 무시하고 양자를 일원화한 것으로 보일 수 있다는 점에서 입법론적으로는 전환 전에 각각의 자본계상방법에 따라 계상한 자본금에 관해서는 그대로 자본금으로 인정하고, 전환 후에는 그 시점부터 각각의 자본계상방법에 따라 자본금을 계상하도록 하는 것이 합리적이라고 생각된다.

V. 결언

종전 상법과 (구)증권거래법은 액면주식제도를 유지하면서 회사의 자본조달과 구조조정을 보다 쉽게 하기 위하여 주식의 최저액면금액을 100원으로 인하하였으나, 액면금액 100원은 액면금액으로서의 실질적 기능을 기대하기는 어렵다. 기업의 입장에서 기동성 있는 자금조달을 위해서는 무액면주식의 도입을 적극적으로 검토할 필요가 있다. 그러한 관점에서 2006년도 회사법 개정안이 무액면주식제도를 명문으로 도입하려고 한 점은 긍정적으로 평가할 수 있겠다. 무액면주식제도를 통해서 주식분할을 쉽게 하고 주식분할을 쉽게 함으로써 회사합병시 합병당사회사의 주식의 합병비율을 조정하기 쉬워 회사의 M&A를 활성화할 수 있으며 유통주식의 수량을 증대하여 시장성을 제고할 수 있고 이는 결국 자본조달을 쉽게 할 수 있는 유인책이 될 것이다.

다만 무액면주식을 도입하는 경우에는 회사내부의 경영감시기능을 보다 활성화하고, 이사회에 의한 발행가액의 자의적인 결정과 자본구조의 부실화 가능성에 대한 대비책을 아울러 마련하여야 할 것이다.

즉 무액면주식제도에서는 발행가액과 자본구성을 결정함에 있어서 공정성을 확

356) 액면주식의 경우에는 발행주식의 액면총액이 자본이다(개정안 제451조 제1항).

보하는 것이 반드시 전제되어야 하므로 시가발행제도에 의하여 발행가액의 공정성이 확보될 수 있는 주권상장법인이나 코스닥상장법인에 한하여 제한적으로 도입되는 것이 타당하다. 그리고 발행가액의 결정은 이사회 또는 주주총회의 결의사항으로 하고, 구주의 가치를 희석시켜 기존주주의 이익을 침해하지 않기 위하여 공정한 시가를 발행가액의 결정기준으로 삼는 것이 합리적이라고 생각된다. 또한 무액면주식의 발행가액 중 자본금에 전입할 금액과 납입잉여금으로 계상할 금액의 비율을 결정하는 자본구성의 문제에 있어서 이사회의 재량을 폭넓게 인정하고 납입잉여금의 활용기회를 확대하여 손실이나 자본결손을 전보하는 등 재무관리상의 편의를 도모할 필요성도 있다. 그러나 자본충실의 원칙에 따라서 회사자본을 안정적으로 확보하고 회사채권자의 이익을 보호하기 위하여 납입잉여금에 할당할 수 있는 금액을 일정 비율 이하로 한정하는 것이 바람직하다고 본다.

참고로 2011년 개정상법에 의하면 회사는 정관에서 정한 때 주식의 전부를 무액면주식으로 발행할 수 있게 되었고, 이러한 경우 액면주식은 발행할 수 없게 된다(제329조 제1항) 또한 정관으로 정하는 바에 따라 발행된 액면주식을 무액면주식으로 전환하거나 무액면주식을 액면주식으로 전환할 수 있다(제329조 제4항)

제10장 종류주식의 다양화에 관한 법적 고찰

I. 서언

2011년 3월 11일 국회를 통과하여 2012년 4월 15일부터 시행되고 있는 개정 회사법을 보면 종래 수종의 주식과 특수한 주식의 분류를 통합하여 종류주식으로 통일하고 종래의 상환주식과 전환주식도 종류주식으로 편입하였다. 그리하여 개정안은 이익의 배당, 잔여재산의 분배, 주주총회에서의 의결권의 행사, 주식의 양도, 상환 및 전환 등에 관하여 내용이 다른 종류의 주식을 발행할 수 있도록 규정함으로써 종류주식의 종류와 태양을 다양화하고 회사의 자금조달을 용이하게 하였다. 즉, 상법 제344조에서 종류주식의 근거에 대하여 총론적으로 규정하고, 이익배당·잔여재산 분배에 관한 종류주식(개정상법 제344조의2), 의결권의 배제·제한에 관한 종류주식(개정상법 제344조의3), 주식의 상환에 관한 종류주식(개정상법 제345조) 및 주식의 전환에 관한 종류주식(개정상법 제346조) 등을 도입하고 있다.

그러나 회사법 개정위원회에서 도입하기로 결정하였던 종류주식의 일부, 예컨대 트래킹주식, 거부권부주식(황금주, golden shares)이나 임원임면권부주식 등은 정부안에서 삭제되었다. 트래킹주식은 법률관계가 복잡하고 주주 간 이해충돌로 인하여 분쟁의 소지가 많은 점에서 도입이 유보되었으며 거부권부주식과 임원임면권부주식은 경영권 방어수단으로서의 남용 가능성을 우려하여 도입하지 않았다고 한다. 그밖에도 적대적 M&A에 대한 방어수단을 염두에 둔 포이즌 필이나 신주예약권과 같은 옵션형 잠재주식제도에 대해서도 경영권방어수단으로서의 남용 가능성이 매우 높다는 지적에 따라 도입이 보류되었다.[357] 미국을 비롯한 선진제국에서는 일찍부터 다양한 유형의 종류주식을 인정하여 왔고 일본도 2001년 개정상법에서 새로운 유형의 종류주식을 도입한 바 있다.

본고에서는 개정상법에서 채택한 종류주식을 먼저 소개하고 종류주식에 관한 외국의 입법동향과 종류주식의 활용 방안에 대하여 살펴본 다음 우리나라 상법이 추구해야 할 종류주식의 바람직한 입법방향에 대하여 언급하고자 한다.

Ⅱ. 개정상법상의 종류주식

개정상법은 종래 수종의 주식과 특수한 주식의 분류를 통합하여 종류주식으로 통일하고, 종래의 상환주식과 전환주식도 종류주식으로 편입하였다. 그리하여 개정법은 이익의 배당, 잔여재산의 분배, 주주총회에서의 의결권의 행사, 상환 및 전환 등에 관하여 내용이 다른 종류의 주식을 발행할 수 있도록 규정함으로써 종류주식의 종류와 태양을 다양화하고, 회사의 자금조달을 용이하게 하였다.

참고로 개정안에 들어있던 '주식양도에 관한 종류주식'은 도입이 보류되었다.

1. 이익배당·잔여재산분배에 관한 종류주식

회사가 자금조달을 원활하게 하기 위하여 가장 활발하게 이용하는 것이 이익배당이나 잔여재산분배에 관한 종류주식이다. 현행상법 제344조는 이익이나 이자의 배당 또는 잔여재산의 분배에 관한 내용이 다른 수종의 주식을 발행할 수 있도록 규정하고 있다(제344조 제1항). 종전에는 이익배당에 관한 우선적 내용이 있는 주식에 대하여는 정관으로 최저배당률을 정하도록 하고 있고(구 제344조 제2항), 또한 이익배당에 관한 우선주에 대해서만 의결권이 없는 것으로 할 수 있다고 되어 있었다(구 제370조 제1항 본문). 그 결과 배당우선주식이나 무의결권우선주식만이 활용되는 결과가 되어 기업의 자금조달 측면에서 유연성이 크게 부족하다는 문제

357) 김순석, "종류주식의 다양화와 자금조달의 유연성에 관한 법적쟁점분석", 한국상사법학회(2008년 춘계학술대회 자료집), 10면.

점이 지적되어 왔다. 따라서 실질적으로 의미가 있는 종류주식은 이익배당에 관한 우선주에 국한되고 그 이외의 종류주식은 발행사례가 별로 없었다. 2008년 상법개정안은 우선주에 대하여 정관에서 최저배당률을 정하도록 한 현행 상법 제344조 제2항 후단의 규정을 삭제하였다(개정안 제344조 제2항). 최저배당률을 미리 정하도록 함에 따라 배당압박에 대한 염려로 우선주의 활용이 부진하여 자금조달이 어려운 점을 감안하여 이를 폐지한 것이다. 그 대신 이익배당에 관한 종류주식을 발행하는 경우에는 정관에서 배당재산의 종류, 배당재산 가액의 결정방법, 이익배당 조건 등을 정하도록 규정함으로써 보다 유연한 규정으로 변경하였다(개정상법 제344조의2 제1항). 이는 잔여재산분배에 관한 종류주식을 발행하는 경우에도 마찬가지로 규정하고 있다(개정상법 제344조의2 제2항).

현행 상법 제344조 제2항의 이익배당우선주에 대한 최저배당률제도는 그동안 악용되어 왔던 1% 배당우선주의 발행을 방지하기 위하여 1995년에 신설된 조항이다. 그러나 이 조항은 효율성이 별로 없고, 이를 운영하는 입법례도 드물며, 배당가능이익이 구체화되기 전에 먼저 최저배당률부터 정한다는 것은 비논리적이라는 비판에 따라 이를 폐지한 것이다.

그러나 이번 개정안은 이익배당이나 잔여재산분배에 관한 종류주식 중 특정한 사업부문이나 자회사에 연동하는 트래킹주식에 대하여는 그 법률관계가 복잡하고 분쟁가능성이 높다는 이유로 그 도입을 유보하였다.

2. 의결권의 배제·제한에 관한 종류주식

회사는 의결권이 없는 종류의 주식이나 의결권이 제한되는 종류의 주식을 발행할 수 있다. 이 경우에는 정관으로 의결권을 행사할 수 없는 사항과, 의결권행사 또는 부활의 조건을 정한 경우에는 그 조건 등을 정하여야 한다(개정상법 제344조의3 제1항). 의결권의 배제 및 제한에 관한 종류주식의 총수는 발행주식 총수의 4분의 1을 초과하지 못한다. 이 경우 의결권이 없거나 제한되는 종류의 주식이 발행주식 총수의 4분의 1을 초과하여 발행된 경우에는 회사는 지체 없이 그 제한을 초과하지 아니하도록 하기 위하여 필요한 조치를 하여야 한다(개정상법 제344조의3 제2항).

이 규정에 의하여 회사는 의결권이 전혀 없는 주식(의결권배제주식, 무의결권주식)과 특정한 사항, 예컨대 이사의 선임, 정관의 변경 등에 한하여 의결권이 없는 주식(의결권제한주식)을 발행할 수 있다. 문제는 이 규정을 근거로 하여 1주에 대하여 1개의 의결권이 아니라 0.3 또는 0.5만큼의 의결권만을 부여하는 이른바 부분의결권주식을 발행할 수 있느냐이다. 문리적으로는 1주에 대하여 0.3 또는 0.5의 의결권을 부여하는 것도 의결권이 제한되는 것이라고 풀이할 수 있지만, 입법의 과정에서 의결권의 분량이 제한되는 부분의결권주의 채택이 부결된 점에 비추어 이는 불가능하다고 본다.358)

따라서 개정상법 제344조의3에 의하여 현재의 다수주주는 완전한 의결권이 있는 주식을 보유하여 자기의 회사지배권을 유지하면서, 의결권이 없거나 제한되는 주식을 타인에게 발행하여 자금을 조달할 수 있고 적대적 M&A를 예방할 수 있다.

3. 주식의 상환에 관한 종류주식

회사는 정관에서 정하는 바에 따라 회사의 이익으로써 소각할 수 있는 종류의 주식을 발행할 수 있다. 이는 종전부터 인정되어 온 상환주식으로서, 회사가 상환권을 가지는 상환조항부 주식이다. 이 경우 회사는 정관에 상환가액, 상환기간, 상환의 방법과 상환할 주식의 수를 정하여야 한다(개정상법 제345조 제1항). 이 경우 회사는 상환대상인 주식의 취득일로부터 2주 전에 그 사실을 그 주식의 주주 및 주주명부에 적힌 권리자에게 따로 통지하여야 한다. 다만, 통지는 공고로 갈음할 수 있다(개정상법 제345조 제2항). 회사는 정관에 정하는 바에 따라 주주가 회사에 대하여 상환을 청구할 수 있는 종류의 주식(상환청구권부 주식)을 발행할 수 있다. 이 경우 회사는 정관에 주주가 회사에 대하여 상환을 청구할 수 있다는 뜻, 상환가액, 상환청구기간, 상환의 방법을 정하여야 한다(개정상법 제345조 제3항). 이것은 주주측이 상환청구권을 가지는 상환주식으로서 종전에 인정되지 않던 새로운 형태의 상환주식이다.

상환조항부 주식이나 상환청구권부 주식의 경우에 회사는 주식의 취득의 대가로 현금 외에 유가증권(다른 종류의 주식은 제외한다)이나 그 밖의 자산을 교부할 수 있다. 예컨대 회사의 사채를 대가로 지급하는 것이다. 다만, 이 경우에는 그 자산의 장부가액이 제462조에 따른 배당가능이익을 초과하여서는 아니 된다.

---

358) 同旨, 정동윤, 「상법(상)」(제4판), 법문사, (2009), 441면.

4. 주식의 전환에 관한 종류주식

회사가 상법 제344조에 따른 종류주식을 발행하는 경우에는 정관으로 정하는 바에 따라 주주는 인수한 주식을 다른 종류의 주식으로 전환할 것을 청구할 수 있도록 할 수 있다. 이 경우 전환의 조건, 전환의 청구기간, 전환으로 인하여 발행할 주식의 수와 내용을 정하여야 한다(개정상법 제346조 제1항). 이것은 주주가 전환권을 가지는 전환주식(전환청구권부 주식)으로서 종전부터 인정되어 온 것이다.

회사가 상법 제344조에 따른 종류주식을 발행하는 경우에는 정관으로 일정한 사유가 발생할 때 회사가 주주의 인수 주식을 다른 종류의 주식으로 전환할 수 있음을 정할 수 있다. 이 경우 회사는 전환의 사유, 전환의 조건, 전환의 기간, 전환으로 인하여 발행할 주식의 수와 내용을 정하여야 한다(개정상법 제346조 제2항). 이것은 종전에 인정되지 않았던 형태의 전환주식으로서 일정한 사유가 발생하면 회사가 일방적으로 전환을 할 수 있는 전환주식(전환조항부 주식)이다. 이 경우에 이사회는 다음 각 호의 사항을 그 주식의 주주 및 주주명부에 적힌 권리자에게 따로 통지하여야 한다. 다만 통지는 공고로 갈음할 수 있다. 즉 ① 전환할 주식, ② 2주 이상의 일정한 기간 내에 그 주권을 회사에 제출하여야 한다는 뜻, ③ 그 기간 내에 주권을 제출하지 아니할 때에는 그 주권이 무효로 된다는 뜻 등이다(개정상법 제346조 제3항).

제344조 제2항에 따른 종류주식의 수 중 새로 발행할 주식의 수는 전환청구기간 또는 전환의 기간 내에는 그 발행을 유보(留保)하여야 한다(개정상법 제346조 제4항).

Ⅲ. 종류주식에 관한 외국의 입법동향

1. 황금주

황금주(golden shares)[359]는 일반적으로는 국영기업을 민영화하는 단계에서 경

359) 황금주는 1980년대 영국정부가 국유기업을 민영화하는 과정에서 처음 도입된 이래 현재는 프랑스, 이탈리아, 벨기에, 네덜란드 등 유럽의 많은 국가에서 채택하고 있다. 그러나 독일의 경우는 1998년 KonTraG에 의한 주식법개정으로 복수의결권은 명시적으로 금지되고 있기 때문에 복수의결권주식

영권의 보호를 위하여 이용되는 주식제도[360])이며, 여기에는 복수의결권주식과 거부권부주식이 있다.

(1) 복수의결권주식

복수의결권주식(dual class shares)은 1주1의결권원칙에 대한 예외를 인정하여 특정의 주식에 대하여 다수의 의결권이 부여된 주식을 말한다. 차등의결권주식이라고도 하며, 주로 지배주주가 회사의 지배권을 유지하기 위하여 이용한다. 이 주식제도는 주로 폐쇄회사에서 이용된다고 볼 수 있고, 상장회사 등 공개회사가 이 주식제도를 채택하는 경우에는 상장이 폐지되는 것이 일반적이다. 주식별 차등의결권을 부여하는 방식은 다양하다. 특정의 주식에 대하여 다수의 의결권을 부여하는 방식, 보유기간별로 의결권을 차등화하는 방식, 의결권수의 상한을 설정하는 방식, 예컨대 100주를 1단원으로 하고 1단원당 1개의 의결권을 부여하는 방식 등이 있다.

미국의 경우에는 회사법상 1주1의결권원칙이 강행규범이 아니므로 다양한 방법으로 복수의결권 또는 차등의결권주식이 허용된다. 모범회사법과 대부분의 주 회사법에서는 1주에 대하여 2개 이상의 의결권이 부여되는 복수의결권주식 또는 1개 미만의 의결권이 부여되는 부분의결권주식(fractional voting right shares)의 발행을 허용하고 있다. 또한 보유기간에 따라 의결권이 변동하는 주식(tenure voting shares), 일정한 주주그룹에 발행된 복수의결권주식이 다른 주주에게 이전되는 때에는 통상 2-3년 동안은 1개 의결권으로 감소되고, 그 기간이 경과되면 다시 원래의 의결권으로 부활하는 조건으로 발행되는 차등의결권주식이 허용되며, 일정한 주식에 대하여 의결권수의 상환을 설정하는 것도 가능하다.[361])

영국의 경우에는 정관의 규정에 의하여 의결권의 내용을 변경할 수 있기 때문에 차등의결권주식을 발행할 수 있다. 이러한 황금주는 주로 국영회사를 민영화하는

의 형태로 황금주를 발행하는 것은 불가능하다고 한다(한국증권법학회, "상법개정연구보고서", 2006. 6, 120면).

360) 거부권부주식은 주주총회 · 이사회 등에서 결의할 사항에 관하여 그 종류의 주식의 종류주주총회의 결의를 얻도록 하여, 그 종류주식의 주주가 동의하지 아니하면 주주총회 등의 결의가 효력을 발생할 수 없도록 한 제도이다. 결과적으로 그 종류주식의 주주가 거부권을 가지는 셈이므로, 이를 거부권부주식이라고 하고 또 그 종류주식의 가치와 힘이 크므로 이를 황금주라고도 한다.

361) 참고로, 뉴욕증권거래소는 상장규정에 의하여 차등의결권주식의 발행을 제한하고 있어서 미국에서의 차등의결권주식은 주로 폐쇄회사에서 발행된다고 한다.

경우에 이용되었지만, 정부가 황금주를 매각한 때에는 복수의결권이 소멸된다. 그러나 회사법 원칙상 차등의결권주식의 발행이 가능하다하더라도, 실제로 국영회사를 제외한 일반 주식회사에서 일부의 주식에 대하여 복수의 의결권을 부여한 사례는 없다고 한다. 프랑스에서는 2년 이상을 보유한 주식에 대하여는 1주에 대하여 2의결권이 부여되는 보유기간별 차등의결권주식의 발행이 허용된다. 그러나 독일에서는 차등의결권주식의 발행이 허용되지 않는다.

그밖에 일본의 경우에는 단원주제도가 허용되기 때문에 이를 이용하여 주식의 일정수를 1단원(예컨대 100주를 1단원으로)으로 정하여 주주의 의결권을 1단원마다 1개로 하면 1단원에 미달하는 주식은 의결권이 없게 된다. 이 단원주제도는 일본판 차등의결권주식제도라고 할 수 있다. 그러나 합리적인 이유 없이 지나치게 큰 단원을 설정하는 것은 1주1의결권원칙에 반할 수 있고, 주식의 유통성을 저해하는 문제가 있어서 실제로 활용될 가능성은 크지 않은 것으로 전망되고 있다.

(2) 거부권부주식

거부권부주식은 차등의결권제도의 하나이지만, 이것은 회사의 중요한 의사결정(예컨대 해산, 합병, 분할, 영업양도, 이사의 선임과 해임 등) 또는 일정비율 이상의 주식취득에 대하여 거부권(right of veto)이 부여된 주식을 말한다. 일반적으로 거부권부주식은 국영기업 등 경영권을 국가가 보호해야 할 필요성이 있는 특별한 경우에 허용된다. 주식에 거부권을 부여하기 위해서는 2종류 이상의 주식을 발행하고 그중 한 종류 이상의 주식에 거부권을 부여하여야 한다.

거부권부주식은 일본 신회사법이 명시적으로 이를 도입하고 있다.[362] 동법에 따르면 주주총회나 이사회의 결의사항에 관하여 정관을 통해 특정종류의 주식에게 거부권 또는 동의권을 부여할 수 있게 하고 있다. 따라서 이 주식제도 하에서는 주주총회나 이사회의 법정 결의사항이 아닌 사항에 관하여도 주주총회나 이사회의 결의사항으로 정하고 동시에 특정의 종류주주총회의 승인을 얻도록 하면 주주총회나 이사회의 결의 이외에도 당해 종류주주총회의 승인을 얻어야 한다.[363]

---

362) 신일본회사법 제108조 제1항 8호.

363) 한편, 동경증권거래소의 상장규정에서는 상장종목에 관하여 주주의 권리내용 및 그 행사가 부당하게 제한되고 있다고 판단한 경우에는 당해 종목의 상장을 폐지할 수 있도록 규정한 바 있다. 이에 따르면 거부권부종류주식 중 이사의 과반수의 선·해임 기타 중요한 사항에 관하여 종류주주총회의

2. 옵션부여형 잠재주식

(1) 미국

옵션부여형 잠재주식으로는 미국의 포이즌 필이 대표적이다. 포이즌 필(poison pill)은 적대적 매수자가 일정비율 이상의 주식을 취득하거나, 1단계에서 대상회사의 지배권을 장악한 다음, 2단계에서 합병이나 영업양수를 통하여 대상회사의 완전한 지배권을 장악하고자 하는 경우에 대비하여, 지배주식취득이나 합병 등 일정한 사실이 발생하면 매수자의 보통주로 전환하거나 상환할 수 있는 증권을 발행하거나, 또는 주주들이 낮은 가격으로 대상회사 또는 매수자의 주식을 매수할 수 있는 권리가 붙은 주식매수권증권(stock warrant)을 발행하는 형식의 방어수단이다. 포이즌 필의 유형에는 전형적인 포이즌 필과 변형적인 포이즌 필이 있다.[364)]

1) 전형적 포이즌 필

전형적인 포이즌 필의 형태로서 전환주식과 상환주식을 발행하는 방법이 있다. 전환주식을 이용하는 방식에서는 대상회사의 이사회가 우선주를 발행하여 보통주주에게 주식배당으로서 전환우선주를 배당하되, 정관의 규정에 의하여 그 전환우선주를 매수자가 대상회사의 지배주식을 취득하는 사유가 발생할 경우에 매수자의 보통주로서 전환할 수 있도록 하는 전환권을 부여한다. 전환비율에는 최고매수가격 또는 대상회사 주식의 현재가격이 반영되도록 하여 매수자에게 막대한 자금부담을 가중하는 것이다. 상환주식을 이용하는 방식에서는 대상회사의 이사회가 우선주를 발행하고 여기에 상환권을 부여하는데, 상환가액은 매수자의 최고매수가격에 우선주를 지급할 배당금을 가산하여 정하는 것이 보통이다.

2) 변형적인 포이즌 필

변형적인 포이즌 필의 형태로는 주식매수권증서를 배정하는 방식(call right plan)과 주식매도권증서를 배정하는 방식(put right plan, back-end pill)이 있다. 전자의

결의를 요하는 주식을 발행하기로 결의 또는 결정하는 경우에는 상장폐지의 대상으로 된다.

364) 송종준, "M&A에 대한 주요 방어대책", 「상사법연구」 제14집 제1호, 한국상사법학회, (1995.8), 186~187면 참조.

방식에는 매수자가 대상회사의 주식을 일정비율 이상 취득하는 등 일정한 사유가 발생하면 대상회사의 보통주주에게 매수자의 주식을 시가보다 현저히 저렴한 가격으로 매수할 수 있는 권리부증서를 이익배당으로 부여하는 방법(flip-over pill, 매수자주식 저가매수권부증서)과 대상회사의 주식을 시가보다 현저히 저렴한 가격으로 매수할 수 있는 권리부증서를 배당으로 부여하는 방법(flip-in pill, 대상회사주식 저가매수권부증서)이 있다. 후자의 주식매수권증서를 배정하는 방식은 전자의 주식매수권증서의 배정과는 달리 매수자가 대상회사를 2단계에서 합병하는 것을 조건으로 하지 않는 경우에도 이용될 수 있는 방법이다. 여기에서는 매수자가 일정비율 이상의 주식을 취득하는 경우에 대상회사의 주주가 보유한 주식을 대상회사의 채무증서 또는 우선주와 교환하거나 대상회사에게 매도할 수 있는 권리를 부여한다. 주식매수권증서는 주식과 분리하여 양도할 수 있고, 권리의 행사주체에서 매수자를 배제할 수 있다는 점이 특징이다.[365)]

(2) 일본

포이즌 필은 일본 상법과 신회사법에서는 신주예약권의 형태로 도입되었다.[366)] 신주예약권이란 미리 정한 가격으로 미리 정한 기간 내에 주식을 교부받을 수 있는 권리를 말한다(일본회사법 제2조 21호). 이 제도에 있어서 신주예약권자가 이 권리를 행사하면 회사는 그 자에 대하여 신주를 발행할 의무를 부담한다. 공개회사(주식양도가 제한되지 아니하는 회사를 말함)가 아닌 회사에서는 신주예약권의 발행사항의 결정에는 주주총회의 특별결의를 요하는 것을 원칙으로 하고(일본회사법 제238조 제1항, 제309조 제2항), 그 결의 후 1년 이내에 배정일이 정해지는 경우에

---

365) 이러한 포이즌 필은 매수자가 지배주식을 취득하는 사유가 발생할 경우에 적용됨에 따라, 매수자가 지배주식취득에 미달하는 주식을 취득한 다음 위임장쟁탈전을 통하여 지배권을 장악하고 필요한 이사를 선임하여 이미 주주에게 배정된 권리를 소각시키는 경우에는 이용할 수 없는 문제가 있다. 그리하여 최근에는 이러한 경우에 대비하여 계속이사조항(continuing director provision), 즉 새로 선임된 이사에 의한 포이즌 필의 상환 또는 권리의 소각을 제한하는 규정(dead hand provision, 신이사상환제한규정)을 두거나, 또는 다수의 이사가 교체된 경우에는 포이즌 필의 상환이나 권리의 소각을 불가능하게 하거나 일정기간 이를 제한하는 조항(no hand provision, 신·구이사상환제한조항)을 가진 포이즌 필이 활용되고 있다고 한다. 김택주, "포이즌 필의 이용방안과 문제점", 한국기업법학회/상사판례학회 공동 학술대회 발표논문집, (2006.6.22), 101면 이하 참조.

366) 이에 대하여는 송옥렬, "포이즌 필의 도입 가능성 : 일본에서의 논의를 중심으로", BFL 제12호(2005), 40~50면. 이 논문에서는 신주의 제3자 발행이나 금융계열사의 의결권행사 등 지분의 확대를 허용하는 방식의 방어수단은 바람직하지 않으며, 포이즌 필이 더 효율적이라고 주장하고 있다.

는 그 결정을 이사 또는 이사회에 위임할 수 있다(일본회사법 제239조). 신주예약권의 발행을 주주배정으로 하는 경우에는 정관이 정하는 바에 따라 그 발행사항의 결정은 이사 또는 이사회(위원회설치회사)의 권한으로 할 수 있다(일본회사법 제241조 제3항). 그리고 제3자 배정에 의한 발행을 주주총회의 특별결의에 관하여 이사 또는 이사회에 수권하는 경우에는 신주예약권의 납입금액의 하한을 가지고 정할 수 있다. 반면에 공개회사의 경우에는 신주예약권은 주주배정에 의하여 부여할 수도 있고 제3자에게 부여할 수도 있다. 원칙적으로 그 발행사항의 결정은 이사회의 권한이며, 제3자에게 배정할 경우에도 특히 유리한 조건으로 발행할 경우에만 주주총회 특별결의를 거쳐야 하고, 유리한 조건의 발행이 아닌 한 이사회 결의만으로 족하다. 그리고 신주예약권은 자유로이 양도할 수 있는 것이 원칙이지만, 그 양도에 이사회의 승인을 거치도록 정할 수 있다. 그리고 신주예약권부사채는 신주예약권이 부착된 사채이며 종전의 전환사채, 신주인수권부사채, 주식매수선택권 등은 신주예약권이 부착된 사채로서 재구성되었다. 그리고 신주예약권은 지주비율에 따라 주주에게 무상으로 배정할 수 있고(신주예약권무상배정, 일본회사법 제277조), 회사가 신주예약권을 강제적으로 취득할 수 있으며(취득조항부신주예약권, 일본회사법 제273조 제1항), 회사는 자기신주예약권을 행사할 수 없다(일본회사법 제280조 제6항).

(3) 프랑스

프랑스도 포이즌 필을 도입하였는데 2006년 신공개매수법을 제정하여 적대적 공개매수의 국면에서 신주매수선택권(warrant)을 모든 주주에게 발행하거나, 사전에 주주총회의 승인이 있는 경우에 한하여 우호적인 제3자에게 주식연계증권(equity-linked securities)을 대상회사의 이사회가 발행할 수 있도록 허용하였다.

3. 임원임면권부주식

임원임면권부주식(class voting stock)이란 종류주주총회에서 선임 또는 해임할 수 있는 이사 및 감사의 수에 있어서 내용이 다른 주식을 말한다. 이 주식제도는 벤처기업이나 합작법인 등의 경우에 출자비율이 아닌 사업관여도에 따라 주주 간

계약으로 임원의 선임 또는 해임을 보증하는 수단으로 활용될 수 있다. 따라서 이 주식제도는 상장회사에서는 허용되지 않는 것이 보통이다.

종류주주총회에서 선임 또는 해임할 수 있는 이사 및 감사의 수에 있어서 내용이 다른 종류의 주식인 임원임면권부주식은 미국과 일본에서 도입하고 있다. 미국의 경우에는 합작법인, 벤처기업 등에서 주주 간 계약으로 합의한 수의 이사 또는 감사를 이사회의 각파가 선임하는 것을 보장하는 방안으로서 이사회 계파별 의결권 행사제도(class voting for classified board of director)가 널리 이용되고 있다.[367)]

또한, 미국에서는 회사의 지분을 전혀 갖지 않은 자(예컨대 고문변호사)에게도 의결권을 부여할 수 있는 종류주식이 인정되고 있다. 이러한 종류주식은 주주가 회사주식을 양분하여 가지고 있을 경우 예상되는 이른바 데드록(deadlock)을 타개하는데 매우 유효한 수단(tie-breaking device)이 될 수 있다고 한다.[368)]

일본의 신회사법에서는 종류주주총회에서 이사, 감사를 선임할 수 있는 주식, 즉 임원선·해임권부 종류주식이라는 용어로 사용되고 있다. 이 주식이 발행되면 이사 및 감사의 선임은 각 종류주주총회 단위로 행하여지며 전체 주주총회는 개최되지 아니한다. 이러한 종류주식은 위원회설치회사와 공개회사를 제외한 회사에 한하여 인정된다.

---

367) 예를 들면 A가 90%의 주식(90주)을 소유하고, B가 10%의 주식(10주)을 소유하고 있는 회사에서 3명의 이사를 선임하면서 그중 1명에 대해서는 B가 선임권을 갖는 것으로 A와 B가 약정한 경우, 이때에는 임원임면권부주식을 이용하면 아주 간단하게 그 약정을 실현할 수 있다. 먼저 정관으로 A소유의 주식은 A종류주식으로 하고 B 소유주식은 B종류주식으로 한 다음 A종류주식에는 이사 2명에 대한 선임권을, B종류주식에는 이사 1명에 대한 선임권을 각각 부여하고, 각 종류주주총회에서 해당이사를 선임하도록 하면 되기 때문이다. 권종호, "적대적 M&A의 일본의 최근 동향", 한국기업법학회·상사판례학회 공동학술대회발표자료집, (2006.6.22), 60면.

368) Lehrman v.Cohen, 222 A.2d 800(Del. 1966)사건이 바로 그것인데, 동사안에서는 식료품회사(Giant Food Corp.)의 주식을 각각 50%씩 보유하고 있던 Lehrman가문(L가문)과 Cohen가문(C가문)이 의결불일치에 의한 경영상의 어려움을 우려한 나머지 주식을 ABC의 3종류로 나누어, 2명의 이사선임권이 있는 A종류주식은 L가문이, 마찬가지로 2명의 이사선임권이 있는 B종류주식은 C가문이 각각 가지고, 1명의 이사선임권이 있는 C종류주식(배당이나 재산에 관해서는 아무런 권한이 없음)은 회사 고문변호사인 D에게 부여한 것이 문제가 되었으나, 델라웨어주 법원은 유효하다는 입장을 취하였다. 권종호, "종류주식의 다양화와 경영권보호에 관한 법적 쟁점 분석", 한국상사법학회 2008년 춘계학술대회 자료집, 40~41면 참조.

4. 트래킹주식

트래킹주식은 주식의 가치가 전통적인 보통주식과 달리 발행회사 전체가 아니라 특정 자회사 또는 사업부문(이하 "사업단위")의 실적에 연동되는 주식을 말한다.[369] 구체적으로 특정 사업단위의 이익 또는 가치에 따라 이익배당 또는 잔여재산분배 등의 권리내용이 결정되는 특별한 종류의 주식이라고 할 수 있다.[370] 그 연동대상이 되는 자회사 또는 사업부문은 양자가 결합될 수도 있고 각 사업실적의 일정비율을 대상으로 할 수도 있다.

트래킹주식의 종류로서는 그 가치가 ① 발행회사 그룹 내 특정한 자회사의 업적에 연동하는 '자회사업적연동형 트래킹주식' ② 발행회사 내의 특정한 사업부문의 업적 등에 연동하는 '부문업적연동형 트래킹주식' ③ 발행회사 그룹 내의 특정한 자회사와 사업부문으로부터 이루어진 특정한 사업단위(business unit)의 업적에 연동하는 '사업단위업적연동형 트래킹주식'으로 크게 구분할 수 있다.

트래킹주식은 1984년 미국에서 발행되기 시작하여 일본(2001년), 프랑스(2000년), 뉴질랜드(1993년), 캐나다(1996년) 등 여러 나라에서 발행되었다. 미국에서는 특정 사업단위에 연동되는 점에서 "targeted stock"으로 불리기도 하고, 실무적으로는 알파벳 문자로 표기하기 때문에 "alphabet stock" 또는 "letter stock"으로 불리기도 한다. 일본에서는 사업부문보다는 자회사에 연동되는 구조로 발행되기 때문에 "자회사연동주식"으로도 불린다.

트래킹주식은 이익배당에 관한 종래의 종류주식의 구분에 있어 보통주에 해당한다. 발행회사의 특정 사업단위의 이익에 연동하여 이익배당을 받는 특별한 종류의 보통주식이라고 할 수 있다. 이는 이익배당 등에 있어 본래의 보통주식과 다른 권리를 보유하지만 우선배당을 받는 것은 아니다. 연동대상이 되는 사업단위에서 발생한 이익이 없거나 자회사가 내부유보를 위하여 이익배당을 실시하지 아니하여 트래킹주식에 대한 배당이 없는 경우에도 발행회사(모회사)의 보통주식에 대하여

---

369) 트래킹주식에 관한 주요 논문으로는 김성호, "트래킹 스톡(Tracking Stock)의 도입을 위한 회사법상 문제점 - 독일주식법상의 논의를 중심으로 - ", 「상사법연구」, 제26권 제1호(2007) 179면 이하 ; 윤영신, "미국법상 트랙킹 스톡(tracking stock)에 대한 고찰", 「21세기 한국상사법의 과제와 전망(심당 송상현선생화갑기념논문집)」,(2002), 224면 이하 참조.

370) Jefferey J. Schidk, "Toward Transaction-Specific Standards of Directorial Fiduciary Duty in the Tracking Stock Context", 75 Washington Law Review 1365, 1368(2000).

는 배당할 수 있으므로 이익배당의 우선성이 인정되지 않는다. 연동대상 사업단위에서 이익이 발생하여 배당을 받는 때에는 사실상 다른 보통주주에 우선하여 이익배당을 받는 결과가 될 수 있으나, 이는 배당연동성의 결과이지 이익배당의 우선권이 인정된 결과는 아니다.

회사분할과 트래킹주식을 비교하면 회사분할의 단점으로서 ① 세무상 흑자부문과 적자부문이 손익을 상계할 수 없고, ② 회사가 복수로 분할됨에 따라 경영관리비용이 높아지며, ③ 기업규모가 축소되기 때문에 적대적 M&A의 대상으로 될 수 있는 우려 등이 거론된다. 트래킹주식을 발행하는 경우에는 발행회사가 법적으로 분할되지 않기 때문에 회사분할에 수반되는 단점을 어느 정도 회피할 수 있다.[371)]

Ⅳ. 종류주식의 활용 방안

1. 주주간 계약의 실효성 확보

회사의 정관을 일종의 주주 간 계약[372)]이라고 보고 주식은 회사와 주주 간 계약적인 관계에서 발생된다고 보는 견해가 있다.[373)] 다양한 종류의 주식의 발행은 벤처기업 등에서 행해지는 주주 간 계약의 실효성을 확보하는 가장 효과적인 방법이 될 수 있다.[374)] 벤처기업의 경우에는 자본을 제공하는 벤처캐피탈이 기업가치의 향상을 위하여 경영에 참여할 때 경영을 통제할 수 있는 수단이 요구된다. 따라서 창업자, 벤처캐피탈, 회사 등 이해관계자간에 주주 간 계약 또는 유가증권 투자계약 등을 체결함에 있어 의결권의 부여, 임원의 선임·해임 또는 파견, 경영권의 배분, 경영악화시의 재산권 행사 등 다양한 사항을 정하고 있다. 그러나 이는 당사자 간 채권적 관계에 불과한 것으로 회사법적 효력이 없기 때문에 벤처캐피탈의 입장에서는 경영에 관한 권리를 법적으로 확보할 수 없는 한계가 있다. 따라서 주주 간 계약의 실효성을 확보하여 벤처기업의 자본 조달을 활성화하기 위해서는 이러한

---

371) 윤영신, "전게논문", 229~234면.
372) 주주 간 계약이란 주주 간의 이사의 선임, 임원의 임명, 이익배당, 주식의 양도 제한, 분쟁해결 등 다양한 내용의 권리의무관계를 지분비율에 관계없이 정하는 계약으로서 다양한 형태로 존재한다.
373) Paul L. Davies, Principles of Modern Company Law, Sweet & Mawwell, (2003), p.616.
374) 곽관훈, "벤처기업에 있어서의 주주 간 계약", 「상사법연구」 제22권 제1호(2003), 351면.

계약의 내용을 제도화하고 그 이행을 강제할 수 있는 수단이 필요하다. 상법이 의결권이나 이사선임에 관하여 내용이 다른 종류주식을 허용하면 이러한 주주 간 계약의 내용이 정관에 반영되어 주주 간 지배권의 분배가 확실히 행해질 수 있게 된다. 종류주식의 다양화는 주주 간 계약, 유가증권 투자계약 등 민사상 합의의 법형식으로 규정되어 있던 것을 종류주식의 내용으로 편입하는 좋은 방안이 될 수 있을 것이다.

또한 합병이나 신주발행, 정관변경 등 중요한 사항에 관해 특정 주주만이 결정하거나 특정주주의 동의 하에 결정하려고 하는 경우에는 의결권제한주식이나 거부권주식을 활용할 수 있다.[375)]

2. 기업구조조정 및 경영수단의 확보

이익배당 등에 관한 종류주식은 기업구조조정의 수단으로도 활용될 수 있다. 우선 자회사 상장의 대체수단이 될 수 있다. 모자회사간에 전략적 관련성이 매우 큰 경우에는 따로따로 사업을 영위하는 것 보다는 그 경영을 일치화하는 것이 유리한데 모자회사그룹의 자본조달 필요에 의하여 자회사를 공개하는 경우에는 모회사의 자회사에 대한 지분율이 감소되어 지배권을 상실하는 문제가 발생된다. 이러한 경우 트래킹주식을 발행하면 기업의 공개와 지배의 유지라는 두 가지 목적을 달성할 수 있다. 뿐만 아니라 모회사가 이미 상장된 자회사를 비공개화하는 경우에도 트래킹주식은 유용한 수단이 된다. 이 경우 자회사의 주식을 모회사가 발행하는 트래킹주식으로 교환하면 모회사는 비공개회사가 되는 자회사를 완전히 지배할 수 있게 되고, 자회사의 주주도 종래와 경제적으로 동일한 가치를 가지는 주식을 취득하게 된다.

또한 트래킹주식은 회사분할의 대체수단으로도 이용될 수 있다. 회사분할은 기업이 주주가치의 극대화를 위하여 구조개편을 실행하는데 유용한 회사법적 수단

---

375) 예를 들어 A종류주식과 B종류주식이 발행된 경우라면 A종류주식의 주주만으로 회사의 중요사항을 결정하려면 B종류주식을 의결권제한주식으로 하면 되고, B종류주식의 주주의 동의하에 결정하려면 B종류주식의 주주에게 동의권, 즉 거부권을 부여하면 된다. 또한 B종류주식의 주주가 다른 주주에게 거부권주식을 양도하는 것을 방지하기를 원한다면 이때에는 거부권주식을 양도제한주식으로 해서 발행하면 된다. 다만, 의결권제한주식은 발행주식총수의 2분의 1을 넘을 수 없으므로 B종류주식의 총수는 발행주식 총수의 2분의 1 이하이어야 한다.

중의 하나인데, 경영자의 입장에서 볼 때 세무상, 사업부문 간 손익통상이 되지 않고 기업전체의 신용을 이용하여 자금을 조달할 수 없으며 회사가 복수의 회사로 분할되어 경영관리 비용이 증가되고 해당사업부문이 종전의 지배구조에서 완전히 분리되는 동시에 기업규모가 축소되어 적대적 M&A의 대상이 될 가능성이 있는 등 많은 문제가 발생할 수 있는데 트래킹주식을 발행하면 이러한 문제를 회피할 수 있다.[376] 사업부문이 법적으로 분리되지 않고 회사의 일부분으로 존속하기 때문이다. 또한 일단 회사를 분할하면 이를 원상회복시키는 것이 쉽지 않으나, 트래킹주식은 기존의 보통주로 전환하는 조건으로 발행하여 필요에 따라 이전의 상태로 환원시킬 수 있는 장점이 있다.

3. 적대적 M&A의 경영권 방어수단 및 경영권 안정 도모

주식에 대하여는 주주가 자신의 경제적 이익을 보호할 수 있도록 하기 위하여 회사 경영에 참여할 수 있는 권리로서 의결권이 부여된다. 이로 인해 주식은 회사의 자본조달 수단이 되는 한편, 주주가 회사를 소유· 지배하고 그 지배권을 유지 · 강화하는 수단이 된다. 그러므로 주식이 갖는 의결권의 내용을 달리할 경우 기업에게 추가적인 경영권 안정 및 적대적 M&A방어수단을 제공할 수 있다. 즉 무의결권 보통주나 이사선임, 합병 등 회사경영상 중요한 사항에 대하여 의결권이 부분적으로 제한되는 주식 등 의결권에 관하여 내용이 다른 종류주식의 발행이 허용된다면 기업들은 경영권에 영향 받지 않고 자기자본을 조달할 수 있으며 적대적 M&A에 대비하여 미리 보통주식을 이익처분안 이외의 사항에 대하여 의결권이 없는 주식으로 발행함으로서 상대방의 경영권 확보를 어렵게 할 수 있다.

방어적 주식제도의 도입과 관련하여 국가가 개입하여 경영권을 보호해야할 필요성이 없는 일반사업회사인 경우에는 순전히 경영권 방어의 목적으로만 활용될 수 있는 의결권조정형 주식제도로서 황금주와 포이즌 필이나 신주예약권제도 등과 같은 옵션부여형 주식제도를 도입하는 것은 바람직스럽지 않다고 본다.[377] 국내의 일

376) Jeffrey J. Hass, "Directorial Fiduciary Duties in a Tracking Stock Equity Structure : The Need for a Duty of Fairness", 94 Michigan Law Review 2089, 2108, 2111(1996).

377) 同旨, 이형규, "주식회사의 재배구조에 관한 회사법 개정시안 토론요지", 「상사법연구」, 제25권 제2호, 한국상사법학회, 2006. 8, 202면: 송종준, "방어적 주식제도의 국제적 입법동향과 법적 과제", 「경영법률」, 제17권 2호 ,(2007), 119면.

반사업회사는 상장회사라고 하더라도 대부분 지배주주가 존재하고 있으며 순환출자방식 등으로 조성된 보유지분율이 상대적으로 높기 때문에 현행 M&A법제 하에서도 국내기업에 대한 경영권 도전이 사실상 불가능하며, 이러한 소유지배구조하에서 포이즌 필 및 차등의결권 주식 등과 같은 방어수단을 늘려주게 되면 지배주주의 사적이익만 추구하는 방향으로 방어권 행사여부가 결정될 우려가 높다. 따라서 향후 M&A방어수단의 확충여부는 소유지배구조의 변화와 연계하여 검토되는 것이 바람직하다.[378)]

공개회사의 경우에도 거래소에 주권을 상장하고자 하는 경우에는 일정한 상장기준을 충족하여야 한다. 일반적으로 경영권방어를 위한 방어적 주식제도를 채택한 경우에 그러한 주식을 상장하는 것은 금지되거나 엄격히 제한되는 것이 일반적이다.[379)]

우리나라에서도 중장기적으로 새로운 방어적 주식제도가 다양하게 추가로 도입되는 경우에 대비하여 한국증권선물거래소는 방어적 주식의 남용을 제한할 수 있도록 현행 상장기준을 외국의 입법례에 따라 합리적으로 조정할 필요가 있다.[380)]

한편 외국인의 적대적 M&A로부터 국내기업의 경영권을 보호하기 위해서는 현행 회사법이외에 별도의 특별법의 제정을 검토할 필요가 있다. 그러나 이러한 새로

---

378) 송옥렬, 기업경영권에 관한 연구-실증분석과 제도정비방안을 중심으로(연태훈편, 2005-07 연구보고서), 한국개발연구원, (2005.12), 416면.

379) 미국의 NYSE, AMEX 등의 거래소와 전국증권업협회의 통일의결권방침에서는 1994년부터 기존의 공개기업이 신규로 복수의결권주식을 발행하는 것을 금지하고 있다. 일본의 동경증권거래소는 2006년 3월부터 포이즌 필의 하나인 라이트 플랜(right plan)으로서 행사가격이 주식의 시가 보다 현저하게 낮은 신주예약권을 도입 시점의 주주에게 배정해 두는 경우, 주주총회에서 이사의 과반수가 교체된 경우에도 여전히 폐지할 수 없도록 한 데드 핸드형 라이프 플랜 조항(dead hand right plan, 신이사상환제한조항)을 둔 경우, 그리고 사업목적, 발행목적, 배정대상자의 속성, 기타 권리내용 등에 비추어 주주의 권리내용과 그 행사를 부당하게 제한하는 거부권부종류주식을 발행한 경우에는 당해 방어적 주식은 상장을 금지하거나 폐지하기로 하였다. 그밖에 기관투자자도 황금주, 차등의결권주식, 데드 핸드형 포이즌 필의 도입에 반대하는 입장을 공표한 바 있다.

380) 참고로, 일본의 동경증권거래소는 2006년 3월부터 포이즌 필의 하나인 라이트 플랜(right plan)으로서 행사가격이 주식의 시가보다 현저하게 낮은 신주예약권을 도입 시점의 주주에게 배정해 두는 경우, 주주총회에서 이사의 과반수가 교체된 경우에도 여전히 폐지할 수 없도록 한 데드 핸드형 라이트 플랜 조항(dead hand right plan, 신이사상환제한조항)을 둔 경우, 그리고 사업목적, 발행목적, 배정대상자의 속성, 기타 권리내용 등에 비추어 주주의 권리내용과 그 행사를 부당하게 제한하는 거부권부종류주식을 발행한 경우에는 당해 방어적 주식은 상장을 금지하거나 폐지하기로 하였다. 권종호, "적대적 M&A의 일본의 최근 동향", 2006년 한국기업법학회 상사판례학회 공동학술대회발표자료, (2006. 6), 70면 참조.

운 입법은 외국자본의 유치에 장애를 초래할 수 있으므로, 공공적 법인에 속하는 해당 기업이 스스로 적대적 M&A에 대한 방어의 자율권을 행사할 수 있도록 하는 입법 시스템을 구축할 필요가 있다. 외국인에 의한 적대적 M&A에 대한 공정한 통제와 그 신뢰성의 확보를 위해서는 엑슨·플로리오법상 외국인투자심의위원회(CFIUS)와 같이 범정부차원의 자문위원회를 구성하여 대통령이 최종적으로 그 타당성을 결정하도록 하는 것이 보다 바람직하다는 견해가 있다.[381]

안보산업, 공공성이 큰 산업에 대한 외국인의 M&A를 규제하기 위하여는 국내기업의 경영권을 보호하기 위한 다양한 방어수단을 검토할 필요가 있다고 본다. 또한 안보관련기업의 경우에는 방위사업법을, 금융기관에 대하여는 은행법을, 기타 공공산업에 대하여는 해당 특별법을 개정하여 공공적 법인의 경영권 방어를 위한 법적 기초를 명시하여야 할 필요가 있다. 이들 특별법의 개정에 있어서는 차등의결권주식과 같은 의결권조정형 주식을 비롯하여, 포이즌 필과 같은 옵션부여형 주식제도의 도입을 고려해 볼 수 있을 것이다.

4. 출자전환이나 사업승계에의 활용

종류주식은 출자전환이나 사업승계의 목적으로 활용될 수 있다.[382] 먼저 출자전환에의 활용도를 보면 금융기관이 대출기업에 대한 채권을 출자로 전환하는 경우 그 대가로 종종 이용되는 것은 우선주인데, 이는 보통주를 이용하게 되면 경우에 따라서는 최대주주가 될 수도 있는 등 기업지배관계상 복잡한 문제가 발생하기 때문이다. 그런데 우선주를 대가로 이용하더라도 우선주의 경우에는 무배당인 때 의결권이 부활하기 때문에 이 역시 완벽하지는 못하다. 이러한 상황에서는 배당우선주를 의결권제한주식으로 발행하면 사실상 사채와 같은 효과를 기대할 수 있기 때문에 소기의 목적을 달성할 수 있다.

또한 주식양도를 통하여 사업승계를 하려고 하는 경우에도 종류주식이 효율적으로 활용될 수 있다. 즉, 주식양도를 통한 경영권승계의 경우 보통주식만 발행된 경

---

381) 이에 관해서는 왕상한, "외국인투자규제를 위한 개정법률안에 관한 소고", 「상사법연구」 제25권 제2호, 한국상사법학회, (2006.8), 19면; 최승재, "한국판 '엑슨·플로리오법'제정에 대한 연구", 「증권법연구」 제7권 제2호, 한국증권법학회, (2006.12), 342면 이하 참조.

382) 이에 대해서는 권종호, "종류주식의 다양화와 경영권 방어", 주식법제개편(종류주식의 다양화)의 전망과 과제, 한국상사법학회 2008년 춘계학술대회 발표자료집, 43면 이하 참조.

우라면 간단히 생각하여 주식의 50%이상을 승계하지 않으면 경영권승계가 곤란하다. 그러나 의결권제한주식을 활용할 수 있는 경우라면 그 비용을 대폭적으로 줄일 수 있다. 발행주식총수의 2분의 1을 의결권제한주식으로 한 후 나머지(2분의1)보통주식의 과반수만을 취득하면 경영권승계가 가능하기 때문이다.[383)]

이 밖에도 종류주식의 용도는 매우 다양하다. 즉, 벤처기업이나 신생기업과 같이 창업자의 경영권은 유지하면서 이익의 사내유보의 필요성이 요구되는 기업의 경우에는 이익배당우선의 의결권제한주식이나 무의결권주식을 발행하는 방법으로 이러한 수요를 충족시킬 수 있다. 또한 투자기간을 제한하거나 투자철회에 대한 옵션을 주주에게 부여하려고 할 경우에는 회사 측이 강제 상환권을 갖는 상환조항부주식을 발행하거나 주주에게 상환청구권이 있는 상환청구권부주식을 발행하는 방안을 강구할 수 있다.

V. 결언

종류주식에 관한 외국의 입법동향과 활용방안들을 고려할 때, 상법상 다양한 주식제도의 채택은 국내기업의 국제경쟁력 강화라는 관점에서 매우 긴요한 과제가 된다고 하겠다. 종류주식의 다양화를 통하여 회사는 자금조달과 지배권의 유지, 사업영역의 확대, 구조조정의 필요 등 다양한 경영상의 수단으로서 그때그때 필요한 주식을 쉽게 설계하고 발행할 수 있다. 자본시장의 글로벌화에 따라, 국제적인 자본거래가 활발해짐에 따라 우리나라도 선진국의 기업규제완화추세를 적극적으로 반영하여 글로벌 기준에 맞게 상법규정을 정비하고, 기업의 자금조달시장에 활력소를 불어넣어야만 한다. 2011년 개정상법은 종전에 비하여 훨씬 다양한 종류주식을 규정하고 있다. 그러나 회사법개정위원회에서 도입하기로 결정하였던 종류주식의 일부, 예컨대 황금주나 이사임면권부주식, 주식의 양도에 관한 종류주식, 신주예약권이 다음 기회로 미루어진 점은 아쉽다고 생각되며, 국가기간산업을 보호하기

383) 특히 거부권주식을 활용하면 사업승계를 더욱 간단하게 할 수 있다. 거부권주식을 후계자에게 부여하는 경우에는 후계자가 거부권주식 하나로 회사의 중요의사결정에 영향력을 행사할 수 있고, 또 현경영자가 거부권주식을 소유하고 후계자에게 지배주식을 양도하는 경우에는 현경영자가 사업승계 후에도 영향력을 그대로 유지할 수 있으므로 사업승계에 대해 적극적으로 나설 유인책이 될 수 있다.

위한 미국의 엑슨· 플로리오법과 유사한 방어장치들이 마련되지 않은 점은 문제점으로 지적될 수 있다. 이들 적대적 M&A에 대한 방어수단은 M&A 시장에서의 공정한 게임을 위하여 도입되어야 할 것이고, 각 기업의 규모에 걸맞은 다양한 자금조달수단에 관한 계속적 연구를 통하여 기업하기 좋은 환경이 조성될 수 있도록 최선을 다해야 할 것이다.

제 11 장 포이즌 필의 도입에 따른 상법개정안에 관한 고찰

I. 서언

IMF이후 우리나라는 외자유치와 기업구조조정을 위해 의무공개매수제도 및 외국인 주식취득한도 폐지 등 대부분의 기업경영권 보호장치가 사라짐에 따라 국가안보와 우리나라의 국가경제에 중추적 역할을 담당하고 있는 기업들마저 외국자본들의 적대적 M&A의 대상이 되고 있다.

최근 법무부는 기업하기 좋은 법제 정비의 일환으로 외국자본에 대한 국내기업의 적대적 인수합병의 위협을 막기 위한 경영권 방어제도의 도입을 추진하기로 하고 상법개정안을 마련하였다.[384] 이는 SK(주), KT&G에 대한 외국계 펀드의 적대적 M&A의 위협을 계기로 전국경제인연합회와 대한상공회의소 등 경제 단체들이 적대적 기업매수에 의한 경영권침탈의 위협에서 적절한 경영권방어를 할 수 있도록 하는 지속적인 입법개선의 요구를 반영한 것이라고 할 수 있다.[385] 이와 관련하

---

384) 법무부는 2008년 4월부터 법률전문가 등 총 16명으로 구성된 경영권방어법제개선위원회를 발족하여 2009년 9월 까지 전체회의 9회, 소위원회 회의 11회를 거쳐 복수의결권주식, 동의권부주식, 이사선해임권부주식, 주주총회 특별결의 요건 가중, 신주인수선택권제도에 관한 개정 초안을 성안하였고, 2009년 11월 9일 포이즌 필의 도입을 내용으로 하는 상법개정시안을 공개한 후 약간의 수정을 거쳐 2009년 12월 1일 상법일부개정법률안을 입법예고하였다(법무부 공고 제2009-171호).

385) 2005년 6월말 현재 국내 1,563개 상장회사 중 단일 외국인이 5% 이상의 지분을 보유하고 있는 회사의 수는 385개사(26.6%)인데, 이들 외국인 투자자의 21.4%가 그 투자목적이 경영참여라고 공시하였다. 김화진, "글로벌 M&A 시장 동향과 경영권 방어", 상장협연구 제53호, 한국상장회사협의회, 2006, 132면 참조.

여 특히 논란이 되고 있는 것이 포이즌 필 제도이다. 포이즌 필 제도는 적대적 M&A로 인해 경영권상실 위기에 처한 경영진이 극약처방을 통하여 용이하게 경영권을 방어하는 수단이다.

선진국의 포이즌 필에 대한 동향을 보면, 먼저 미국에서의 포이즌 필은 적대적 M&A에 대하여 가장 강력한 방어수단으로서의 위치를 점하고 있고, 일본의 경우에도 2001년 상법개정에 의하여 신주예약권이 도입된 이후, 이를 이용하여 포이즌 필을 구성하는 방식으로 적대적 M&A에 대한 방어가 이루어지고 있다. 또한 미국의 포이즌 필은 이사회가 주도한다는 점이 특색이지만, 일본의 경우는 주주총회의 관여가 제도적으로 허용되어 있다는 점에 차이가 있다. 우리나라 법무부의 개정안을 살펴보면 포이즌 필의 남용을 우려하여 그 행사요건을 미국이나 일본에 비해 까다롭게 규정하고 있다.

본고에서는 포이즌 필 제도를 먼저 개관하고, 현재 뜨거운 감자가 되고 있는 포이즌 필의 도입찬성론과 도입반대론의 논거와 주요 쟁점을 정리한 후 포이즌 필에 대한 상법개정안에 대하여 그 구체적 내용을 검토하여 사견을 밝히고자 한다.

Ⅱ. 포이즌 필에 관한 일반론

1. 포이즌 필의 개념

포이즌 필(poison pill)이라 함은 어느 특정한 기업을 상대로 적대적 M&A의 시도가 있는 경우 그 기업의 주주로 하여금 특별한 권한을 행사할 수 있도록 하는 것을 의미한다. 이는 적대적 M&A에 직면한 상황에서 주식가치의 희석화를 통하여 인수시도자(매수자)와 대등하게 교섭하는 것을 가능하게 하는 수단이다. 포이즌 필은 "삼킨 후 시간이 지나서부터 독이 퍼지는 알약"을 처방해 주는 것을 이미지화하고 있다. 폐해가 있는 적대적 M&A("질병")에 대비한 "약"(pill)을 대상회사가 보통 때부터 복용하다가, 인수시도자가 실제로 대상회사를 매수하여 "삼켰을"때에 그에게 "독"(poison)이 퍼지는 것을 비유하고 있다.

포이즌 필은 일반적으로 적대적 인수자가 회사의 주식을 일정한 비율 이상 취득하는 경우에 이사회가 대상회사의 다른 주주들에게 대상회사의 주식을 저렴한 가격으로 인수할 수 있는 선택권을 부여하거나, 또는 공개매수자가 대상회사를 흡수합병하여 존속회사로 남는 경우에 대상회사의 소멸 전에 대상회사의 주주에게 존속회사의 주식을 낮은 가격으로 매수할 수 있는 권리를 부여하고, 적대적 M&A가 시도되는 경우에 당해 주주로 하여금 그 권리를 행사하게 함으로써 적대적 주식취득자가 보유하는 주식의 비율적 가치를 희석시키고, 그 비용부담을 가중시켜 적대적 M&A를 방어하는 수단을 말한다.[386)]

2. 포이즌 필의 유형 및 이용실태

(1) 미국식 포이즌 필

미국에 있어서의 포이즌 필은 어느 회사의 이사회가 주주에 대하여, 그 회사에 대한 적대적인 매수자가 일정비율 이상의 주식을 취득한 경우 그 회사의 신주 또는 합병 후의 회사의 신주를 유리한 가격으로 취득할 수 있는 권리를 부여하는 것을 말한다. 포이즌 필의 정식명칭은 "Shareholders Rights Plan"으로서 이름그대로 주주에게 일정한 권리를 부여함으로써 적대적 M&A시도를 저지하는 효과를 발휘하는 장치이다. 미국에서 포이즌 필은 이사회 결의에 의하여 채택할 수 있으며 주주에게 부여되는 권리의 내용에 따라 여러 가지 유형이 있다.

미국에서 현재 주류가 되고 있는 포이즌 필은 ① 플립 인(flip-in) 형[387)]과 ② 플

386) 포이필에 관한 주요 논문으로는 다음과 같은 것을 둘 수 있다. 권재열, "포이즌 필의 도입에 관한 연구", 중앙법학 제9집 제1호, 2007. 5; 권종호, "적대적 M&A와 회사법개정", 기업법연구 제20권 제3호, 2006.6; 김재형 · 최장현, " 미국의 poisn pill에 관한 동향", 기업법연구 제20권 제1호,2006; 김태진 · 이동건, "미국 법제 하에서의 적대적 M&A 방어방법의 한국법제 하에서의 활용 가능성", 증권법연구 제8권 2호, 2007; 김화진, "M&A 법제의 현황과 과제", 저스티스 통권 제101호, 한국법학원, 2007; 송옥렬, "포이즌의 도입에 따른 법정책적 쟁점", 상사법연구 제27권 제2호, 2008; 이영철, "포이즌 필과 주주평등의 원칙", 기업법연구 제23권 제3호, 2009; 전삼현, "M&A 관련 독약처방(poison pill)에 관한 소고", 법학논총 제19집, 2008.2; 정규, "적대적 M&A와 그 방어책에 관한 연구", 한국법정책학회 제8권 제1호, 2008.6; 정대, "적대적 M&A에 대한 대상회사의 방어행위의 적법성 판단기준에 관한 고찰", 기업법연구 제20권 제2호, 2006.6; 정쾌영, "포이즌 필의 도입에 관한 입법론적 고찰", 기업법연구 제20권 제2호, 2006; 최승재, "한국판 '엑슨-플로리어법' 제정에 대한 연구-입법론을 중심으로", 증권법연구 제7권 제2호, 한국증권법학회, 2006.

387) 가장 대표적인 유형인 "Flip-in Pill"형태의 포이즌 필은 이사회 결의로써 주주에게 회사의 신주를 시가보다 할인된 가격으로 인수할 수 있는 권리를 부여하되 적대적 M&A를 시도하는 공격자는 그 보유주식에 대해 warrant들을 행사할 수 없도록 하는 것을 그 내용으로 한다. 즉 신주의 저가인수권 부여

립 오버(flip-over)형 권리 플랜이며, 많은 공개기업이 채택하고 있다. 먼저 ① 플립 인 형은 매수자가 대상회사의 주식을 일정한 비율 이상으로 취득하는 등 특정한 사유가 발생하는 때에는 대상회사의 주주가 대상회사의 주식을 시장가격보다 싼 가격에 매수할 수 있는 권리를 부여하는 경우이다.

이에 대하여, ② 플립 오버 형은 매수자가 대상회사를 흡수합병하여 존속회사로 남는 경우 대상회사가 소멸하기 전에 대상회사의 주주에게 존속회사의 주식을 아주 낮은 가격으로 매수할 수 있는 권리를 배당의 형태로 부여한 경우이다. 이러한 플립 오버형 포이즌 필은 매수자가 2단계 조항인 축출합병(squeeze-out merger) 등으로 진전되지 않은 경우에도 유용하다. 즉, 이러한 경우 대상회사주식의 상당부분을 매수자가 취득한 시점에서 그 자 이외의 주주가 행사가액을 훨씬 상회한 가치의 대상회사의 보통주식 또는 우선주식을 취득하는 것을 가능하도록 마련한 것이다. 사실상 플립 인 또는 플립 오버 형 권리 플랜은 잠재적인 적대적 매수자가 부정적인 결과가 발생하는 것을 합리적으로 예견하여 적대적 매수를 기도하는 것 자체를 단념하게 되는 것을 그 궁극적인 목적으로 하고 있다. 포이즌 필은 이사회결의에 의하여 채택할 수 있으며 이사회의 판단에 따라 언제든지 비용 없이 또는 무시할 수 있는 정도의 소액의 비용으로 소각할 수 있다. 무엇보다도 미국식 포이즌 필은 이사회 주도로 발행되고 소각된다는 특징이라고 할 수 있다. 또한 미국에서 포이즌 필은 법률에 의해 획일적으로 허용여부가 규정된 것이 아니라 지난 20여 년간 축적된 법원의 판결[388]을 통하여 회사와 주주의 이익보호, 즉 신인의무에 의해 그 유효성 여부가 판단되고 있다.

와 공격자에 대한 차별적 취급이 포이즌 필의 핵심적 내용이라고 할 수 있다. 포이즌 필에서 주주에게 부여된 warrant는 일정한 조건이 성취되어야만 행사할 수 있는데 예를 들어 공격자가 30%이상의 지분에 대한 공개매수를 개시하거나 20%이상의 지분을 취득한 경우 등이 그러한 조건의 예이다. 일단 warrant가 행사되어 대량의 신주가 저가로 발행되면 공격자는 그 보유지분이 대폭 희석되는 경제적 손실을 보게 되며 적대적 M&A에 필요한 지분율을 확보할 수 없거나 인수비용이 크게 증가하게 된다. 따라서 M&A 시도자로서는 이사회와의 협상 또는 이사진 교체 등을 통해 warrant를 취소시키지 않고서는 현실적으로 공개매수 등에 의한 지배권이 불가능하게 된다. 지금까지 포이즌 필에 따라 warrant가 실제로 발동되어 행사된 사례는 거의 없는 것으로 알려져 있고, 이러한 점에서 포이즌 필은 방어비용을 최소화할 수 있는 방법으로 주장되고 있다.

388) 2004년 3월을 기준으로 할 때 포이즌 필은 델라웨어주와 뉴욕주 등을 위시하여 33개주에서 입법 내지 법원의 판결에 의하여 그 유효성이 인정되고 있다. 포이즌 필은 1980년 초반 미국에서 창안된 이래 현재까지 가장 널리 사용되고 있는 대표적인 적대적 M&A의 방어수단이다.

(2) 일본식 포이즌 필

일본에서는 2002년 신주예약권이라는 명칭으로 일반적인 warrant제도를 도입하여 회사법에서 이에 대한 상세한 규정을 두고 있으나, 포이즌 필의 허용여부에 대한 법률상 규정은 없다. 일본 회사법상 신주예약권이라 함은 미리 결정된 일정한 조건아래 회사의 신주 또는 그 대용으로 교부할 수 있는 자기주식을 장래에 있어 취득할 수 있을 권리이며, 이를 증권화하여 신주예약증권을 발행할 수 있다(일본 회사법 제288조). 회사의 주가가 오르면 신주예약권 그 자체를 매각해서 이익을 얻거나 또는 그 권리를 행사하여 주식을 취득한 후 매각해도 이익을 얻을 수 있다. 이러한 신주예약권조항을 근거로 상당수의 일본기업들이 포이즌 필을 채택하고 있는데 다수의 경우 기본적인 계획은 주주총회에서 승인을 받아 도입하고 실제발동여부는 이사회 결의에 의하도록 하고 있다.[389)]

일본의 회사법에는 회사가 신주예약권을 강제로 취득할 수 있는 취득조항부신주예약권제도가 새롭게 도입되어 있고, 강제취득조항이 붙은 신주예약권을 발행한 회사가 필요에 다라 신주예약권을 매수하여 소각할 수도 있다(일본 회사법 제236조 제1항 제7호).[390)] 일본에서 신주예약권을 이용한 포이즌 필의 가장 일반적인 구조는 매수자가 일정비율의 주식을 취득하는 경우 매수자 이외의 주주는 신주예약권을 행사하여 신주를 취득할 수 있는 반면 매수자는 차별적 행사조건에 의해 신주예약권을 행사할 수 없어 그의 지분비율이 감소하게 된다. 그리고 매수자가 일정비율이상의 주식을 취득한 경우에 취득조항부주식(일본 회사법 제108조 제1항 제6호)을 이용하여 매수자의 주식을 강제적으로 의결권제한주식으로 전환하면 신주예약권을 이용한 포이즌 필과 동일한 효과를 얻을 수 있게 된다. 이 방식의 방어수단은 이른바 차별적 행사조건이 붙은 신주예약권을 이용한 것으로서 매수자의 의결권을 희석시키는 기능이 있다.

여기서 미국식 포이즌 필과의 차이점[391)]은 비공개회사에서의 신주예약권의 모

---

389) 2007년 일본최고재판소는 미국계 헤지펀드인 스틸파트너스의 공개매수시도를 저지하기 위해 Bulldog Sauce라는 식품회사가 방어수단으로 채택한 포이즌 필의 유효성을 인정한 바 있다.

390) 일본에서는 매수자를 제외한 주주만이 행사가능한 신주예약권을 이용하거나 일정 비율이상의 주식을 보유한 자 이외의 자에 대해서만 신주예약권을 배정하는 방법으로 미국에서 이용되고 있는 포이즌 필과 유사한 효과를 거둘 수 있다.

391) 참고로 프랑스도 포이즌 필을 도입하였는데 2006년 신공개매수법을 제정하여 적대적 공개매수의 국면에서 신수매수선택권(warrant)을 모든 주주에게 발행하거나, 사전에 주주총회의 승인이 있는

집을 비롯하여 유리한 신주예약권의 발행 등에 주주총회가 관여하고 있으며, 신주예약권의 행사여부는 신주예약권자가 결정할 사항이라는 사실이다. 또한 일본의 회사법에는 회사가 신주예약권의 행사를 강제하는 수단이 없다. 일본에서는 인수시도자를 제외한 주주만이 행사 가능한 신주예약권을 이용하거나 일정 비율이상의 주식을 보유한 자 이외의 자에 대해서만 신주예약권을 배정하는 방법으로 미국에서 이용되고 있는 포이즌 필과 유사한 효과를 거둘 수 있다.[392][393]

Ⅲ. 포이즌 필 도입 찬·반론

1. 도입찬성론

포이즌 필 도입의 찬성론자들은 ① 적대적 M&A의 역기능 억제효과, ② 적극적 투자 환경 조성 및 기업성과 향상, ③중소·중견 기업을 위한 방어수단, ④외국인 투자의 건전성 제고 효과, ⑤적대적 M&A를 위한 외국 투기자본의 차단 효과 등을

경우에 한하여 우호적인 제3자에게 주식연계증권(equity-linked securities)을 대상회사의 이사회가 발행할 수 있도록 허용하였다.

392) 일본의 경우 포이즌 필은 2001년 상법개정 이후 새롭게 등장한 방어방법이다. 2007년 말 현재 일본에서 상장회사의 수는 4,000개에 약간 미달하는 정도인데, 그중에서 381개 회사가 포이즌 필을 도입하였다고 한다.

393) 참고로 우리나라의 포이즌 필의 장애사유로는 ① 미국과 한국회사법의 근본적인 차이로서 미국회사법은 원칙적으로 임의규정으로 이해되고 있어 명시적으로 금지되지 아니한 사항에 대해서는 기업들의 선택이 비교적 자유로운데 비하여 한국의 회사법은 강행법규로서 법률의 규정에 없는 사항은 통상 허용되지 않는 것으로 이해되고 있다는 것이다. ② 포이즌 필은 주주에게 warrant를 부여하는 방법에 의하는데 현행 상법에서는 회사가 warrant만을 별도로 발행할 수 있는 근거 조항이 없다는 점이다. ③ 포이즌 필은 특정주주인 적대적 인수시도자를 차별적으로 취급하는 것인데 상법의 해석상 인정되는 주주평등의 원칙상 이러한 차별취급이 허용되기 어렵다는 점이다. 따라서 포이즌 필을 허용하는 입법에는 공격자에 대한 차별취급의 근거 및 요건이 규정되어야 한다. ④ 포이즌 필에서는 신주를 시가에 비해 할인된 가격으로 인수할 수 있는 권리를 부여한다는 점에서 이러한 warrant를 부여한 이사회 등 경영진의 회사에 대한 임무위배문제가 제기될 수 있으므로 이에 대한 입법적 조치도 필요하다. ⑤ 적대적 M&A시도가 있는 경우 이사회 등 경영진은 어떠한 권한을 갖고 의무를 부담하는지의 문제가 있는바 전통적으로 우리나라는 경영권 분쟁상황 하에서 이사회의 중립성이 강조되어 왔으므로 적대적 M&A방어수단으로서 포이즌 필을 허용함에 있어서는 이와 관련한 이사회의 권한 및 의무를 명확히 할 필요가 있다. (이현철, "방어수단으로서의 신주인수선택권제도", 법무부, 상법개정 공청회 자료, 2009.11. 55~57면 참조)

들어 이 제도의 도입을 찬성하고 있다.

(1) 적대적 M&A의 역기능 억제효과

적대적 M&A의 순기능으로서는 ① 비효율적인 경영진을 보다 효율적인 경영진으로 교체할 수 있고, ② 소액주주도 프리미엄의 형태로 기업지배권거래에 참여할 수 있는 기회가 생기게 되며, ③ 국가 경제적으로는 산업구조조정의 촉진 및 국제경쟁력 제고를 도모할 수 있는 점이 일반적으로 지적되고 있다. 이에 반해 적대적 M&A의 역기능으로서는 ① 경영진이 회사의 장기적인 발전보다는 단기적인 경영성과에 치중하게 되고, ② 인수회사는 인수자금을 조달하는 과정에서 부채가 더 증가하게 되어 경쟁력이 약화되며, ③ 대상회사도 막대한 방어비용을 투입하여야 하는 부담요인이 발생하게 되고, ④ 시장실패의 경우에는 주주, 채권자, 지역사회 등 이해관계자의 이익을 침해할 수도 있다는 점이 지적되고 있다.[394] 기업의 적절한 방어수단이 존재하지 않는다면 무분별하고 부적절한 M&A가 성행할 수 있고 우리나라 기업의 경쟁력은 약화될 수밖에 없다. 기업이 경영권 방어를 위하여 투하되는 과다한 방어비용은 투자위축과 이에 따른 실업문제, 장기성장동력의 상실 등으로 이어질 수 있다. 따라서 포이즌 필 제도의 적절한 도입은 적대적 M&A의 역기능을 억제하되 순기능을 훼손하지 않는 방향으로 기능할 수 있게 된다.

(2) 적극적 투자 환경 조성 및 기업성과 향상

최근 코스닥 업체가 신기술을 개발하자 이에 위협을 느낀 경쟁업체가 적대적 M&A를 시도하는 사례가 있었는데, 기업이 R&D나 과감한 설비투자를 하기 위해서는 경영권 안정화가 매우 중요하다는 점을 지적할 수 있다. 미국의 대표적인 기관투자자 자문사인 ISS(Institutional Shareholder Service)는 2004년 보고서를 통해, 경영권 방어수단을 잘 갖춘 기업이 그렇지 못한 기업들에 비하여 3년, 5년, 10년의 기간 중 어떤 것을 기준으로 하여도 주가상승률이 뛰어 났으며, 수익성, 배당성향, 재무운영 등이 충실하다고 발표했다.[395]

---

394) 임재연, "적대적 M&A 방어수단관련연구" ,증권법학회 M&A연구회, 2009.8 ; 권종호, "적대적 M&A 방어수단의 도입 필요성", 법무부, 상법개정공청회자료, 2009. 11, 4면 참조.

395) 황인학, "적대적 M&A 방어수단 도입 필요성", 법무부, 상법개정공청회자료, 2009.11. 48~49면 참조.

적절한 경영권 방어수단의 도입은 자사주 매입 등 경영권 보호를 위해 사용되었던 자금을 투자 등 생산적인 자금으로 전환할 수 있어 적극적 투자환경 조성에 긍정적 효과로 작용할 수 있다.

(3) 중소·중견 기업을 위한 방어수단

핵심기술을 보유하고 있는 중소·중견 상장기업이 상대적으로 규모가 작고 지분도 분산되어 있기 때문에 적대적 M&A 공격에 더 취약하다. 이러한 기업들은 포이즌 필과 같은 방어수단 드입을 강력히 희망하고 있다. 이러한 점에 비추어 볼 때 경영권 방어수단의 도입은 결코 대기업만을 위한 것이라고 볼 수 없다. 미국, 일본, 프랑스 등 선진 각국에서 인정되고 있는, 포이즌 필 제도를 도입하는 것은 우리기업의 역차별적 족쇄를 풀어주고 동등한 경쟁환경을 조성하기 위한 것으로, 글로벌 스탠다드에도 부합된다. 일부 논자는 이제도가 경영자를 위한 특혜라고 주장하기도 하나 포이즌 필은 주주들의 의사에 반하는 기업파괴자가 나타났을 때만 작동하는 것이기 때문에, 현 주주들이 주주총회를 통해 무능한 경영진을 심판하고 교체하는 데 아무런 제약이 없다. 시장에서 적대적 M&A 가능성은 여전히 남아있기 때문에 경영진에 대한 참호구축(entrenchment effect) 효과가 발생한다고도 보기 어렵다. 포이즌 필의 남용에 관하여 우려하는 목소리가 있으나, 포이즌 필을 도입하기 위해서는 주주 2/3이상의 동의를 얻어야 하기 때문에 주주의 의사에 반하여 이제도를 시행할 수 없고, 제3자 배정도 금지되기 때문에 특정주주를 위한 특례가 될 수도 없다. 남용사태가 우려된다면, 주주가 회사를 상대로 금지 가처분이나 무효 소송을 제기할 수 있으며, 경영진에 대해서는 민·형사상의 책임을 물을 수도 있다.

(4) 외국인 투자의 건전성 제고 효과

외국인 투자 중 그린필드형 투자는 기업의 경영권 방어수단과는 전혀 무관하며, 우호적인 방법에 의한 M&A 투자 역시 방어수단 유무와 무관하기 때문에, 포이즌 필 제도로 인해 외국인 투자가 위축될 가능성은 거의 없다고 본다. 극히 일부의 기업가치 파괴적 M&A의 영향을 받을 수 있으나, 이는 오히려 규제해야 할 대상임으로 적절한 경영권 방어수단은 외국인 투자의 건전성을 제고하는 효과가 있다. 참고로 가장 강력한 기업의 방어수단을 보유하고 있는 미국은 전 세계에서 M&A가 가장 발달하였고, 일본도 포이즌 필 도입 이후 오히려 외국인 투자가 증가하고 있다. 영국도 의무공개매수제도[396]라는 가장 강력한 매수규제제도가 존재함에도 불구하고 전 세계 자본시장의 중심적 위치를 유지하고 있다.[397]

(5) 적대적 M&A를 위한 외국 투기자본의 차단 효과

우리나라는 외국인 주식 보유 비중이 여전히 높은 편이여서 우리기업들은 여전히 적대적 M&A에 노출되어 있는 상황이다. 최근 외국인에 의한 적대적 M&A 시도가 잠시 줄어든 것은 세계적 금융위기 여파로 인하여 M&A 시장 자체가 위축되었기 때문이라고 볼 수 있다. 그러나 경제상황이 호전되기 시작하면 본격적인 적대적 M&A가 시작될 가능성을 배제할 수 없다. 1997년 ~2007년 우리나라에서 시도된 적대적 M&A 35건 중 14건이 성공하였다. 외국자본들은 우리나라 경영권 방어수단이 미흡한 점을 이용하여 경영권을 위협하고 높은 수익을 올린 바 있다. 이에 따라 우리기업들은 경영권 불안으로 인하여 과감한 투자보다는 과도한 자사주 매입, 현금확보 등에 치중하는 경향을 보이고 있다. 이와 같은 피해를 직·간접적으로 줄이기 위해서는 경영권 방어수단 도입은 절실한 것으로 평가할 수 있다.

2. 도입반대론

포이즌 필 도입의 반대론자들은 ① 경영진 또는 지배주주의 사적편익의 활용 우려, ② 공격법제와 방어법제의 불균형, ③ 포이즌 필의 오용·남용 방지책 미흡, ④ 경영권 위협과는 무관한 기업역량 낭비, ⑤ '저비용·고효율 경영권 보호장치' 이미 존재의 이유를 들어 반대하고 있다.

(1) 경영진 또는 지배주주의 사적편익의 활용 우려

포이즌 필의 옹호론자들은 외부 소액주주들의 경우 회사의 사정을 잘 모르기 때문에 잘못된 정보에 입각해서 주식을 매각할 수 있기 때문에 경영진이 소액주주를 대신해서 지배권 이전거래의 적절성을 판단해줄 필요가 있다고 주장한다. 따라서

---

396) 30% 이상 주식취득시 잔여주식 전체를 의무적으로 매입하는 제도를 말한다.
397) 영국은 유럽 내 M&A 차지 비율은 37%(2005), FDI는 1,711억 달러로 세계 2위(2007)이다.

기업가치를 올리는 적대적 공개매수의 경우 포이즌 필을 통하여 인수를 차단시켜야 한다고 주장한다. 또한 법무부의 개정안도 '회사의 가치 및 주주일반의 이익을 유지 또는 증진시키기 위하여 필요한 경우'에 한하여 신주인수선택권(독약증권)을 부여할 수 있도록 하고 있다. 그러나 비판론자들은 경영진 또는 이사회가 공개매수 성사 여부에 대해 개인적인 이해관계가 전혀 없어서 객관적인 판단을 내릴 수 있는 위치에 있다면 일부 설득력이 있는 측면이 있으나, 이들은 공개매수 성사 여부에 따라서 경영진으로 남느냐 아니면 퇴출되느냐의 중대한 기로에 서 있는 직접적인 이해 당사자라는 점에서 설득력이 없다고 주장한다. 따라서 이 견해에 따르면 포이즌 필은 경영진이나 일부 지배주주의 사적편익을 위한 수단으로만 활용될 수 있는 우려가 있다고 본다.

(2) 공격법제와 방어법제의 불균형

포이즌 필 도입반대론자들은 현재의 법제가 기업을 인수하려는 측에게는 불리하게 되어있다고 주장한다. 적대적 공개매수란 인수의도가 있는 자가 회사의 소액주주들이 소유하고 있는 주식을 공개매수의 방법을 통해 매입하는 것을 말하는 것으로서 매수가 공개적이고, 다량으로 이루어진다는 점을 제외하고는 일반적인 주식매입과 전혀 차이가 없다. 반면 적대적 공개매수에 대한 방어는 당연히 회사 소액주주들이 인수의도가 있는 자에게 보유 주식을 매각하지 않도록 소액주주들을 설득하거나, 경영을 잘해 주가를 공개매수가격 이상으로 끌어 올리거나, 대항매수(counter bid)를 하는 것이다. 이때의 최종결정권은 소액주주들이 가지게 되고 기업을 인수하고자 하는 자와 경영진은 동일한 수단을 동원해서 소액주주들의 마음을 사려고 경쟁해야 하는 것이다. 그 이상의 권한을 기존 경영진에게 부여하면 그때부터 불공정경쟁이 되는 것이다. 즉, 이렇게 볼 때 포이즌 필은 인수하고자 하는 자의 정당한 경쟁을 가로막는 제도에 불과하다는 것이다. 따라서 포이즌 필의 도입은 공격법제와 방어법제 간의 균형을 도모하는 것이 아니라 오히려 그 균형을 깨뜨리는 제도가 될 수 있다고 한다.

(3) 포이즌 필의 오용·남용 방지책 미흡

법무부 개정안을 보면 포이즌 필의 오용·남용을 막는 방법으로 다음 두 가지를 들고 있다. ① 신주인수선택권의 부여와 일부 주주에 대한 행사 제한은 정관에 근거해야 하기 때문에 외부 주주들이 결집해서 포이즌 필을 허용하는 정관개정안에 반대할 수 있다. ② 일부 주주에 대한 행사제한이 회사의 가치 및 주주 일반의 이익을 유지 또는 증진시키기 위하여 필요한 경우에 해당하지 않는다고 판단될 경우 유지청구권 또는 신주발행무효의 소를 제기할 수 있다. 그러나 포이즌 필이 정관개정을 통하여 도입이 되고 나면 위의 두 가지 소송이외에는 포이즌 필의 오용·남용을 방지할 방법이 없게 된다. 법무부의 개정안은 포이즌 필의 부여·상환·소각과 관련해서 이사회에게 상당한 재량권을 부여하고 있고, 불법성의 판단기준이 매우 모호하기 때문에 포이즌 필의 부여는 거의 법정분쟁으로 비화될 가능성이 있다. 이렇게 될 경우 법정다툼이 길어지고 소송비용이 늘어나면서 결국 모든 이해 당사자들이 피해를 보게 된다. 따라서 포이즌 필은 오·남용 방지책이 미흡하다고 볼 수밖에 없다고 주장한다.[398]

(4) 경영권 위협과는 무관한 기업역량 낭비

포이즌 필 도입 옹호론자들은 경영권 위협 때문에 회사의 재원이 설비 투자 및 기술개발 등 생산적인 투자에 집중되지 않아 기업역량이 낭비되고 있어서 포이즌 필을 도입해야 한다고 주장하나, 포이즌 필 도입 반대론자들은 생산적인 투자에 사용되어야 할 재원이 출자나 자사주 매입 등에 사용하기 위해 현금형태로 기업에 쌓여 있다는 도입 옹호론자의 주장은 타당성이 없다고 한다. 즉, 경제연구소는 재계의 주장의 타당성을 검토한 결과, 다음과 같은 검증결과를 얻었다고 한다.[399] ① 외환위기 이후 나타난 현금자신비율 증가는 일부 대기업에 국한된 현상이다. ② 국제비교 결과 우리나라가 대부분의 중요국가들보다 현금자산비율이 결코 높지 않다. ③ 현금자산비율이 늘어난 대기업에 국한시켜 분석한 결과 실물투자의 불확실성(대용변수 : 영업이익률 변동성)이 가장 중요한 현금자산비율 증대요인인 것으로 나타났고, 주주권한 강화 또는 경영권 위협(대용변수 : 외국인지분율)은 전혀 설득력이 없는 것으로 나타났다고 한다. 따라서 포이즌 필 등 경영권 방어수단 허용은

398) 그럼에도 불구하고 포이즌 필 도입반대론자들은 신주인수선택권을 반드시 도입해야 한다면 방지책들을 정관이 아닌 상법에 규정해야 한다고 주장한다.

399) 김우찬, "적대적 M&A 방어수단 도입을 위한 상법개정 공청회 토론문", 법무부, 상법개정공청회자료, 2009.11. 26~28면 참조.

결국 주주에 대한 책임경영과 무능력한 경영진 퇴출을 불가능하게 만들어 기업구조조정과 경영혁신을 어렵게 하고 결국 장기적으로 경제성장에도 부정적인 영향을 미칠 수 있다고 한다.

(5) '저비용 · 고효율 경영권 보호장치' 이미 존재

독약증권 옹호론자들은 우리나라에서 경영권방어수단으로 널리 활용되고 있는 계열사 출자나 자사주 매입 등의 경우 회사재원이 별도로 소요되기 때문에 고비용 · 저효율의 경영권보호수단이고, 따라서 저비용 · 고효율 경영권보호장치인 포이즌 필을 도입해야 한다고 주장한다.[400] 그러나 우리나라의 경우 경제개혁연대가 발간한 보고서에 따르면 우리나라 상장기업 전체의 17.8%인 298개 회사가 이미 정관상 저비용 · 고효율의 경영권보호장치를 도입하고 있는 것으로 나타나고 있다고 한다.[401] 한편, 경제개혁연구소는 이러한 경영권보호장치 도입 이후 해당 기업들의 투자와 기업가치에 대한 자료를 분석하였는데 그 결과는 다음과 같이 요약할 수 있다. ① 경영권보호장치 도입 이후에도 전체적으로 투자가 전혀 늘어나지 않았고 내부지분이 10% 이하 기업들은 도리어 투자가 대폭 늘어났다. ② 경영권 보호장치 도입 이후에도 기업의 가치는 전혀 감소하지 않았고, 도리어 내부지분이 30% 이하인 기업들의 경우 기업가치가 하락하였고, 투자를 늘린 내부지분 10% 이하 기업들의 경우 기업가치 하락의 정도가 가장 심했다. 즉, 투자가 증가하는 동시에 기업의 가치가 떨어지는 이러한 분석결과는 경영권보호장치 도입에 따른 참호구축(entrenchment effect) 가설을 뒷받침하고 있다. 따라서 인위적인 경영권 보호장치의 도입은 적대적 인수 합병이라는 외부견제장치가 사라짐과 함께 과잉투자의 문제로 이어져 기업의 가치가 급락하게 된다고 주장한다.

---

400) 이번 법무부가 도입하고자 하는 신주인수선택권은 기본적으로 미국의 독약증권(poison pill)에 해당하는데, 독약증권은 '적대적 공개매수'(hostile tender offer)로부터 현재의 경영진을 보호하기 위한 수단이지만 위임장 대결을 통한 이사회장악 시도로부터 경영진을 보호하지는 못한다. 결국 법무부는 공개매수를 통한 경영권 위협이 상당하다는 것을 전제로 신주인수선택권의 도입을 제안하고 있다.

401) 김우찬, "전게토론문", 법무부, 상법개정공청회자료, 29~31면 참조.

IV. 포이즌 필에 관한 상법 개정안에 대한 검토

1. 상법 개정안의 기본방향

미국과 일본의 선례 및 포이즌 필의 장애사유를 감안할 때 포이즌 필을 허용하기 위한 상법개정안의 초안을 만드는 데 있어서는 ① 상법개정의 범위를 최소화하여 warrant발행의 일반적인 근거 조항만을 규정하고 나머지 부분, 즉 차별적 취급 및 저가발행, 유효성의 판단기준에 대해서는 향후 기업들의 실무운영 및 전문가들의 논의와 법원의 판단에 맡기는 방안과, ② warrant발행의 근거뿐만 아니라 차별적 취급 조건 및 저가 발행의 근거 및 유효성 판단기준까지도 규정하는 방안이 고려되었다고 한다. 위의 ① 방안은 미국과 일본의 회사법 규정 및 선례와 부합하는 방식이라고 할 수 있는데 포이즌 필 제도의 운영 경험이 없는 우리나라에서는 상법상 warrant조항만으로는 포이즌 필의 원활하고 합리적인 도입, 운영 및 남용 방지를 기대하기는 어렵고 불확실성과 혼란만 초래할 우려가 높다는 점에서 채택하지 않았고 이번 상법개정안에서는 위의 ② 방안을 선택하였다고 한다.[402][403]

2. 상법 개정안의 세부내용

이번 상법 개정안에서는 포이즌 필의 장애사유를 해소하기 위해 ① 신주인수선택권이라는 명칭으로 warrant 부여의 근거를 마련하고, ② 주주평등의 원칙에 대한 예외로서 적대적 인수시도자에 대한 차별적 취급을 허용하며, ③ 포이즌 필의 경우에는 신주의 저가발행이 가능하도록 하는 규정을 신설하였다. 한편 개정안에서는 포이즌 필의 남용을 방지하기 위해, ① 정관상 근거 규정이 필요하도록 하였고, ② 포이즌 필의 실체적인 요건을 "회사의 가치 및 주주일반의 이익을 유지 또는 증진" 시키기 위한 것인지 여부로 규정하여 개별사안에서 이사회 및 법원의 판단 기준을 제시하였으며, ③ 주주의 유지청구권을 규정하여 위법하거나 회사와 주주 일반에

402) 이현철, "방어수단으로서의 신주인수선택권제도", 법무부, 전게 자료, 2009.11. 57면 참조.
403) 이러한 입법의 기본방향에서 해결하여야 할 문제로는 차별적 취급 및 저가 발행의 근거 및 판단 기준을 어떻게 합리적으로 규정할 것인지와 비교법적 측면에서 포이즌 필 자체를 입법적으로 지원하였다는 문제제기 가능성을 어떻게 해소, 완화할 것인지가 지적되었다고 한다.

게 이익이 되지 않는 신주인수선택권을 저지할 수 있는 근거를 마련하였고, ④ 주주총회 결의로써 신주인수선택권을 소각할 수 있도록 하여 주주에 의한 통제가 가능하도록 하였다. 개정법률안은 상법 제3편 회사편 제4장(주식회사) 제4절의2(신주인수선택권)를 신설하여 상법 제432조의2부터 제432조의9까지 9개 조항으로 구성되어 있다.[404)]

(1) 신주인수선택권(warrant)의 근거조항 신설

개정안에서는 회사가 주주에게 warrant를 부여할 수 있는 법률상 근거를 마련하였다(개정안 제432조의2 제1항). warrant의 명칭에 대해서는, 기존 법률에서 사용되고 있는 신주인수권부사채 또는 주식매수선택권, 그리고 일본 회사법에 규정된 신주예약권 등과 구분하기 위하여, "신주인수선택권"이라는 명칭을 사용하였다. 개정안에서 신주인수선택권은 소정의 행사가격 및 행사기간에 따라 회사에 대하여 신주의 발행을 청구할 수 있는 권리로 정의되어 있다.

(2) 제한적인 내용의 신주인수선택권

개정안에서는 회사가 발행할 수 있는 신주인수선택권의 내용을 제한하여, ① 신주인수선택권을 기존 주주에게만 부여할 수 있도록 하고(제432조의2 제1항), ② 무상으로만 부여할 수 있도록 하였으며(동조 제2항), ③ 주식과 별도로 신주인수선택권만을 양도하는 것을 허용하지 않고, 주식이 이전되면 신주인수선택권과 수반하여 함께 이전되는 것으로 규정하였다(제432조의5 제1항, 제2항).[405)]

이에 따라 개정안에서는 두 단계로 나누어서, 먼저 제한적 내용이긴 하지만 신주인수선택권의 부여 자체를 허용하고, 그 다음으로 일정한 요건을 충족하는 경우 특정주주를 차별적으로 취급할 수 있도록 하였다. 따라서 개정안에 따르면 기업들은

---

404) 구체적인 내용은 이현철, "전게논문", 법무부, 상법개정 공청회 자료 58면 이하 참조.

405) 신주인수선택권의 허용범위와 관련하여 개정안 초안과정에서 논의되었던 사항 중 하나는, 포이즌 필 형태의 신주인수선택권, 즉 공격자에 대한 차별적 취급을 내용으로 하는 신주인수선택권만을 허용할 것인지 하는 점이었다. 차별적 취급이 포이즌 필의 핵심내용이라는 점에서 이러한 신주인수선택권만을 허용하더라도 포이즌 필의 도입은 가능하다. 그러나 논리적인 측면 및 입법기술상 차별적인 조건의 신주인수선택권은 허용하면서 모든 주주를 동등하게 취급하는 신주인수선택권을 허용하지 않는 것이 적절하지 않다고 판단되었다고 한다. (이현철, "전게논문", 법무부, 상법개정 공청회 자료 59면 참조).

포이즌 필이 아닌 경우에도 신주인수선택권을 주주에게 무상으로 부여할 수 있게 된다.

(3) 신주인수선택권의 부여절차 및 내용

개정안에서는 회사가 주주에게 신주인수선택권을 부여하기 위해서는 가장 먼저 정관상 근거 규정이 필요하다(제432조의2 제1항). 따라서 포이즌 필을 채택하기 위해서는 주주총회의 특별결의에 의한 정관개정이 선행되어야 한다. 이 점에서 금번 개정안에 의해 도입되는 포이즌 필 제도는 주주의 사전 승인을 필요로 한다.

정관상 근거가 마련되면, 실제 신주인수선택권의 부여 여부 및 내용은 이사회가 결정하게 된다(제432조의3 제1항).[406] 신주인수선택권 부여시 행사조건을 정하게 되면, 주주는 행사조건이 성취된 경우에 한하여 신주인수선택권을 행사하여 신주를 배정 받을 수 있다. 포이즌 필의 경우 통상 행사조건(triggering event)은 적대적 인수시도자에 의한 공개매수 개시 또는 일정 비율 이상의 지분 취득 등이 된다. 신주인수선택권의 부여 시점은 현실적인 인수시도 이전 또는 이후에 모두 가능하다.

(4) 차별적 취급의 허용 및 요건

개정안에서는 다음의 두 가지 요건을 갖춘 회사의 경우 회사가 신주인수선택권의 행사 또는 상환에 있어 특정 주주를 차별적으로 취급할 수 있도록 허용함으로써 주주평등의 원칙에 대한 예외를 명시적으로 인정하였다. 적대적 M&A 시도자에 대한 차별적 취급은 포이즌 필의 핵심적인 내용이다.

① 절차적인 요건으로서는, 정관에서 차별적 취급에 관한 근거규정이 마련되어야 한다. 차별취급에 대해서도 주총 특별결의에 의한 주주의 사전 승인을 요건으로 한다. ② 실체적인 요건으로서는, "회사의 가치 및 주주의 일반의 이익을 유지 또는 증진시키기 위하여 필요한 경우에 한하여" 특정 주주에 대한 차별적 취급이 허용된다. 이 요건은 적대적 M&A 시도에 대한 방어수단으로서 포이즌 필을 채택함에 있어 이사회가 회사 및 주주 일반에 대해 부담하는 의무 및 이사회의 판단 기준

406) 이는 회사에 대하여 선관의무 및 충실의무를 부담하는 이사회가 적대적 M&A 시도에 대하여 신속하게 방어수단을 채택할 수 있도록 하기 위한 취지이다. 또한 주주총회 결의에 의한 신주인수선택권의 소각을 인정함으로써 이사회의 부여권한과 균형을 맞추도록 하였다.

을 제시한 것이다. 지금까지는 적대적 M&A상황 하에서 이사회가 어떠한 의무를 부담하는 지가 명확하지 않았고 전통적으로 이사회의 중립성 유지가 강조되어 왔는데, 개정안에서는 이러한 요건을 규정함으로써 적대적 M&A 시도에 대한 방어도 회사의 가치 및 주주 일반의 이익을 유지 또는 증진시키기 위한 것이라면 이사회의 정당한 업무가 될 수 있음을 명시적으로 인정한 것이다.[407] 이러한 상법개정안의 실체적 요건은 이사가 회사에 대하여 부담하는 통상의 선관의무 및 충실의무와 맥락을 같이 하는 것이다. 또한, 이는 포이즌 필 등 방어수단의 유효성을 이사의 신인의무(fiduciary duty) 충족 여부로 판단하는 미국의 판례 및 포이즌 필의 유효성을 인정한 일본 최고재판소의 판단기준과 실질적으로 유사한 기준을 제시한 것이다. 포이즌 필을 채택하는 방어기업의 입장에서는, 포이즌 필의 유효성을 인정받기 위해서는, 우선 어떠한 근거에서 적대적 M&A 시도로부터 현재의 경영권을 방어하는 것이 회사 및 주주 일반에게 이익이 되는 것인지에 대한 합리적 설명이 필요할 것이다. 특히, 통상 적대적 M&A 시도자가 제시하는 공개매수가격이 시장주가에 비해 상당히 높다는 점을 감안할 때, 그러한 가격을 차이에도 불구하고 어떠한 이유에서 현재의 경영진 및 지배주주가 회사를 경영하는 것이 회사와 주주의 이익에 보다 도움이 되는 지에 대한 설명이 필요하다. 또한 관련 절차의 객관성 및 공정성 등 절차적 정당성의 확보도 중요할 것으로 생각된다.

실제 포이즌 필이 이러한 요건을 충족하는 지 여부는 구체적인 사안에서 법원에 의해 판단될 것이다.[408] 향후 법원의 재판과정에서 고려되어야 할 사항으로는 다음의 항목들을 상정해 볼 수 있다. ① 포이즌 필을 채택한 이사회의 결정에 대해 경영판단의 법칙(Business Judgment Rule)을 적용하여 이사회의 판단을 원칙적으로 존중할 것인지 여부이고, ② 회사의 가치를 고려함에 있어 주주 이외의 이해관계자

407) 포이즌 필의 핵심인 차별적 취급의 허용요건을 어떻게 규정할 것인지에 대해서는 두 가지 접근방법이 고려되었다. 하나의 방법은 요건을 구체적이고 개별적으로 규정하는 이른바 Rule-based approach이고, 다른 하나는 일반적인 기준을 제시하는 Standard-based approach이다. Rule-based approach의 경우, 발생할 수 있는 모든 경우를 상정하여 상세한 규정을 둔다는 것이 입법기술상 매우 어려울 뿐 아니라, "적대적 인수합병"과 같은 표현을 상법에 직접 규정하는 경우에는 포이즌 필의 남용 가능성을 높이거나 반대로 포이즌 필의 허용범위를 과도하게 축소할 우려가 있고, 비교법적 측면에서도 좋은 입법례가 아니라고 판단되었다고 한다. 이현철, "전게논문", 법무부, 상법개정공청회자료 61면 참조.

408) 이 점에 대하여 미국 델라웨어주 법원은, 적대적 M&A 방어에 관한 이사회의 결정은 이해상충이 없는 duty of care의 영역과 이해상충이 존재하는 duty of loyalty의 영역의 중간에 해당한다는 판단기준을 제시하고 있다.

(stakeholder)인 임직원, 채권자, 거래처, 지역사회 등에 미치는 영향도 고려할 것인지의 문제이다. ②에 대한 문제는 회사의 가치와 주주 일반의 이익이 동일한 것인지, 아니면 회사의 가치는 주주의 이익에 한정된 것이 아니라 그 밖의 이해관계자까지 고려하는 보다 넓은 개념인지의 문제라고 볼 수 있다.[409)]

개정안에서는 적대적 M&A 시도자에 대한 두 가지 유형의 차별적 취급을 규정하고 있다. ① 신주인수선택권의 행사에 대한 차별취급의 경우, 적대적 M&A 시도자에 대하여 신주인수선택권의 행사를 허용하지 않거나 그 행사 내용을 다른 주주와 다르게 정하는 것이고, ② 상환에 대한 차별취급의 경우, 회사가 신주인수선택권을 상환하여 신주를 교부함에 있어 적대적 인수 시도자를 배제하거나 상환내용을 다르게 정하는 것이다.

(5) 주식의 실질가액에 미달하는 신주인수선택권의 행사가액

이사회가 적대적 M&A를 방어하기 위해 신주를 그 시가보다 낮은 가격으로 발행하게 되면 회사에 대한 임무위배 문제가 제기될 수 있다. 이를 해소하기 위해, 개정안에서는 "회사의 가치 및 주주 일반의 이익을 유지 또는 증진"시키기 위해 정관에 따라 일부 주주를 차별적으로 취급하는 조건의 신주인수선택권을 부여하는 경우, 그 행사가액을 신주의 실질가치 또는 권면액에 미달하는 가액으로 정할 수 있도록 명시적으로 허용하고 있다(개정안 제432조의2 제5항).

(6) 주주의 유지청구권

개정안에서는 이사회에 의한 신주인수선택권의 남용을 방지하기 위하여, 법령 또는 정관에 위반하거나 현저하게 불공정한 방법에 의한 신주인수선택권에 대하여 주주가 그 신주인수선택권의 부여, 행사제한 또는 상환이나 그에 기한 신주 발행의 유지(중지)를 법원에 청구할 수 있도록 규정하였다(개정안 제432조의8). 또한 이러한 유지청구권을 피보전권리로 한 가처분신청도 가능하다.[410)]

---

409) 또한 이와 관련된 문제로는 '적대적 인수자의 인수 이후 계획이 어떠한 의미를 갖는지'라는 문제가 있다. 예컨대, 회사를 인수하여 100% 자회사로 만든 다음, 주요 사업과 자산을 분할 매각할 계획을 가지고 있는 경우(Bust-up takeover), 이를 남용적 매수자(abusive bidder)로 보아 회사의 가치를 훼손할 우려가 있는 것으로 판단할지, 아니면 기존 주주의 입장에서 주식의 매각가격을 극대화하면 충분하다고 판단할 것인지의 의문이 제기될 수 있다.

(7) 신주인수선택권의 상환 및 무상소각

신주인수선택권의 행사조건이 충족되면 신주인수선택권자인 주주는 이를 행사하여 신주를 교부받을 수 있다. 개정안에서는 주주가 신주인수선택권을 행사하지 않는 경우에도 회사가 신주인수선택권을 상환하는 방법으로 신주를 교부할 수 있도록 규정하고 있다(개정안 제432조의4).

개정안에서는 회사가 신주인수선택권을 부여한 이후 행사기간이 개시되기 전까지는 이사회 또는 주주총회의 결의에 의해 신주인수선택권을 무상으로 소각할 수 있도록 규정하고 있다(개정안 제432조의5 제3항). 신주인수선택권의 무상소각(redemption)은 다음 세 가지 경우에 이루어질 수 있다.

첫째, 현재의 경영진과 인수시도자 사이에 인수조건 등에 대한 합의가 이루어져서 이사회가 신주인수선택권을 자진 소각하는 경우를 상정할 수 있다. 포이즌 필 등 방어수단을 허용해야 한다는 논거의 하나로서, 이사회가 주주의 이익을 대변하는 "협상대리인(bargaining agent)"으로서 인수시도자와 협상을 하기 위해서는 유효한 방어수단이 인정되어야 한다는 주장과 관련하여, 협상타결시 이사회가 자진하여 포이즌 필을 취소할 수 있도록 규정한 것이다. 신주인수선택권의 부여와 마찬가지로 소각에 있어서도 이사회의 판단기준은 "회사의 가치 및 주주 일반의 이익을 유지 또는 증진"시키는 것인지 여부가 되어야 할 것이다.

둘째, 적대적 인수시도자가 의결권위임장 권유를 통해 이사회를 교체한 다음, 그 교체된 이사회에서 신주인수선택권의 소각을 결의하는 경우이다[411].

셋째, 개정안에서는 주주총회 결의에 의한 신주인수선택권의 소각을 인정하고 있으므로 신주인수선택권에 반대하는 인수시도자 또는 일반 소액주주로서는 주주제안을 통해 주주총회에서 신주인수선택권의 소각 결의안을 상정하는 방법으로 포이즌 필을 해소할 수 있다. 개정안은 방어수단의 신속성을 확보할 수 있도록 이사

410) 주주의 유지청구소송 또는 가처분신청에 따른 법원의 재판에서는 해당 신주인수선택권이 "회사의 가치 또는 주주 일반의 이익을 유지 또는 증진"시키기 위해 필요한지 여부가 핵심 쟁점사항이 될 것으로 보인다.

411) 포이즌 필이 채택된 경우 이를 소각하지 않고서는 인수시도자로서는 지배권행사에 필요한 지분을 확보할 수 없으므로, 미국에서는 위임장 권유(proxy contest)를 통해 지분확보 없이 이사회를 교체한 다음 포이즌 필을 소각하여 방어장벽을 해소토록 하는 것이 사실상 유일한 대안으로 받아들여지고 있다. 방어회사측에서는 이를 저지하기 위해 이사회를 일시에 교체할 수 없도록 시차임기제(staggered board)를 채택하기도 한다.

회의 결의에 의해 신주인수선택권 부여가 가능하도록 하면서, 이와 균형을 맞추어 남용 가능성을 낮추기 위해 주주총회에서 신주인수선택권의 소각을 결의할 수 있도록 하고 있다.

3. 상법 개정안에 대한 사견

(1) 도입목적

포이즌 필의 도입에 관해서는 찬반양론이 팽팽히 맞서는 가운데, 찬성론자들은 우리나라 기업의 경쟁력 저하와 과다한 경영권 방어비용을 고려할 때 투자위축과 실업문제를 해결하기 위하여는 포이즌 필을 도입하여야 한다고 주장하고, 반대론자들은 포이즌 필 도입은 경영권의 고착화와 사익추구의 만연으로 인해 외국자본의 국내유치의 장애요인으로 기능할 것이라는 우려를 하고 있다.

기업의 적대적 M&A에 대한 방어방법은 어느 것이든지 순기능과 역기능을 동시에 가지고 있고 포이즌 필도 예외는 아니다. 따라서 이를 도입할지 여부는 입법정책적인 판단에 달려있다고 볼 수 있다. 참고로 일본은 자금조달의 수단의 다양화 목적으로 신주예약권을 도입하였지만 실제로는 이를 응용하여 포이즌 필로 사용하고 있다.[412)]

일부론자들은 포이즌 필의 부정적인 측면[413)]을 강조하고 있으나 우리나라의 대표기업인 삼성전자나 현대자동차의 경우 외국인 보유 지분이 40% 내외를 차지하고 있고 특수관계인을 포함한 대주주 지분은 20%에 불과한 실정이다. 자칫 방심하는 사이 우리기업들은 외국기업의 먹이감 표적이 될 수 있는 위험성을 내포하고

---

412) 일본회사법상 신주예약권이라 함은 미리 결정된 일정한 조건아래 회사의 신주 또는 그 대용으로 교부할 수 있는 자기주식을 장래에 있어 취득할 수 있는 권리이며 이를 증권화하여 신주예약권증권을 발행할 수 있다(일본회사법 제288조 참조). 회사의 주가가 오르면 신주예약권 그 자체를 매각해서 이익을 얻거나 또는 그 권리를 행사하여 주식을 취득한 후 매각해도 이익을 얻을 수 있다.

413) 일본의 경우 상법이 신주예약권을 도입한 후 포이즌 필을 우회적으로 채택하였음에도 불구하고 2006년 중반부터 2007년 Bulldog Sauce판결이 나온 시점까지 일본에서 시도된 7건의 적대적 M&A는 모두 실패로 끝났고 그로인하여 일본사회가 적대적 M&A에 지나치게 보수적으로 대응하여 외국인 투자를 크게 위축시켰다고 하며, 최근에는 그간 채택한 과도한 방어수단을 폐지하고 있는 회사의 수가 점차 증가하고 있다는 보도가 있다. 일본의 신주예약권에 해당하는 상법개정안상의 신주인수선택권을 오직 방어수단만을 전제로 하여 도입하는 것은 우리나라가 적대적 M&A에 대하여 폐쇄적인 국가로 비난받을 가능성이 있다는 주장도 있다.(권재열, "방어수단으로서의 신주인수선택권 제도의 토론문" 법무부, 상법개정공청회자료, 2009.11. 71면 참조).

있는 것이 사실이다. 실제로도 2003년 소버린이 SK를, 2004년에는 에르메스가 삼성물산을, 2006년에도 칼 아이칸이 KT&G를 상대로 각각 적대적 M&A를 시도하여 재계를 긴장시킨 바 있다. 이러한 현실을 감안할 때 포이즌 필은 선진각국이 인정하고 있는 글로벌 스탠다드로 파악되며 이를 도입하는 것은 우리기업의 역차별적 족쇄를 풀어주고 동등한 경쟁 환경을 조성하기 위한 것으로써 꼭 필요한 제도라고 생각한다.

(2) 적절한 방어수단의 도입

기업의 방어수단은 적대적 M&A자체를 불가능하게 하는 것을 목적으로 하는 것이 아니라 부절적한 M&A 시도로부터 회사와 주주의 공동이익을 보호하는 것을 목적으로 하는 것이므로 방어수단의 도입이 바로 적대적 M&A 불가로 이어진다고 보는 것은 과장된 것이다. 지금까지 대기업 집단을 대상으로 한 적대적 M&A의 성공사례가 한 건도 없었다는 것이 향후에도 적대적 M&A가 없을 것이라는 것은 근거가 되지 않는다.[414] 공개매수를 이용한 적대적 M&A는 거의 매년 발생하고 있다.[415] 따라서 적절한 방어수단의 도입은 꼭 필요하다고 볼 수 있다. 또한 다수의 재벌그룹 소속사들에는 순환 출자나 우호적인 계열사의 존재 등 간접적인 방어수단이 존재하기도 하지만, 재벌그룹에 속하지 않는 중소규모의 많은 회사들은 그러한 보호장치가 마련되어 있지 않고 적대적 M&A로부터 매우 취약한 것이 사실이다. 따라서 이러한 문제를 해결 하고 중소규모 회사의 입장을 감안하더라도 적절한 방어수단으로서의 포이즌 필 제도는 반드시 우리 상법에 규정되어야 한다고 본다.

(3) 경영판단의 원칙과의 관계

미국의 경우 포이즌 필의 재정법상 근거규정으로는 델라웨어 주 회사법 제141조와 151조를 들고 있다. 즉 델라웨어 주 회사법에서는 정관의 특별한 규정을 마련하

---

414) 우리나라 상장회사들의 지배주주가 보유한 지분율은 평균적으로 33% 내외를 차지하고 있는데 이러한 소유 집중현상은 외국에 비해 과도한 것으로 보이는 측면이 있으나 그렇다고 해서 상장회사들이 적대적 M&A의 잠재적 대상으로부터 벗어날 수 있음을 의미하는 것은 아니다.

415) 1994년 한솔그룹이 동해투자금융의 경영권인수를 위해 적대적 공개매수를 최초로 한 이래 우리나라에서는 거의 매년 적대적 공개매수가 이루어지고 있고 2000년부터 2006년까지 발생한 총 11건의 공개매수 중 4건이 적대적 공개매수이었다.(송종준, "적대적 M&A 방어수단관련연구", 증권법학회 M&A연구회, 2008. 9, 5면 참조).

지 않은 한 회사의 경영권한은 이사회에 귀속하며 이사회의 승인이 있다면 회사가 Rights와 Option을 발행할 수 있다. 이는 경영판단의 원칙에 근거하여 이사회의 광범위한 재량권을 인정하고 있는 것이다. 그러나 우리나라의 경우 대법원판례상의 경영판단의 원칙은 이사의 경영판단에 대하여 번복시키기 어려운 정도의 추정력을 인정하고 있지 않을 뿐만 아니라 법원의 사후 심사를 억제하고 있지 않아서 미국법상의 경영판단의 원칙과는 그 본질에 있어서 양상을 전혀 달리하고 있다. 상법개정안은 신주인수선택권의 부여여부 및 내용, 그리고 상환의 조건을 이사회가 결정하도록 하고 있는데(제432조의3 제1항, 제432조의4 제1항) 이들도 법원의 심사대상에 포함될 것이 확실하다. 따라서 미국식의 경영판단의 원칙이 인정되지 않는다면 이사회가 포이즌 필의 발동조건을 정한 것이 사후적으로 문제가 될 수 있다. 즉 포이즌 필을 방어수단으로 도입한 이후에는 현재와는 달리 개별적이고 구체적인 내용·상황에 대응하여 유연한 해석론이 전개되어야만 도입의 취지를 살릴 수 있을 것이다.

(4) 포이즌 필의 소각방안

상법개정안에 따르면 이사회는 인수시도자와 진행한 협상의 결과로서 포이즌 필을 소각할 수 있으며 그 이외에도 주주총회의 결의에 의하여도 소각할 수 있다(상법 제432조의5 제3항). 결의요건과 관련하여 상법이나 정관에 다른 정함이 없으면 보통결의에 의한다는 현행상법 제368조 제3항의 요건이 적용될 것이다. 그러나 현실적으로 볼 때 기업의 지배구조상 주주총회의 결의로서 이를 소각하는 것을 기대하는 것이 쉽지 않다. 특히 미국과 같이 포이즌 필에 대한 적절한 감시시스템이 제대로 될 수 있을지 의문이다. 따라서 포이즌 필에 대한 남용가능성을 줄이려면 2년 또는 3년마다 주주총회가 그것을 승인할 것인지 소각할 것인지를 결정할 수 있다는 취지 및 주주총회에서의 유효한 승인이 없는 한 2년 후 또는 3년 후 소정시기에 해당 포이즌 필은 자동적으로 소멸된다는 취지의 이른 바 일몰조항(Sunset)을 첨부하도록 강제하는 방안을 고려할 필요가 있다.

(5) 신주인수권선택과 관련한 증권제도

상법개정안은 제432조의5에서 단순히 신주인수선택권의 양도제한 또는 수반성만을 규정하고 있는데 미국의 포이즌 필 증권에는 보통 포이즌 필이 행사 가능하게 된 이 후 10일 정도 까지만 이러한 성질을 인정하고 그 이후에는 별개로 양도가 가능하도록 하고 있다. 물론 이러한 수반성을 계속 인정하더라도 인수회사로서는 심각한 위협이 되는 것은 사실이지만 만일 주주를 설득할 수 있다면 심각한 위협으로 생각하지 않을 수 있다. 따라서 이러한 구조는 기업지배권의 이전에 관한 결정 권한을 주주에게 부여한 것이라고 이해할 수 있다. 다만, 신주인수선택권을 인정하면서 그 양도 방법으로써의 증권에 대해서는 아무런 언급이 없다는 점은 문제점으로 지적할 수 있다.416)

(6) 방어수단 발동의 합리성

상법개정안 제432조의2 제4항에서는 "회사의 가치 및 주주일반의 이익을 유지 또는 증진시키기 위하여 필요한 경우에 한하여"라고 규정하고 있다.417) 그러나 이 규정은 이사가 회사의 가치는 물론이고 직접적으로 주주일반의 이익을 유지 또는 증진시켜야 하는 것을 의미하는데 과연 이사의 방어수단채택행위를 주주의 이익증진과 어떻게 연계시킬 수 있는지는 의문이다.418) 참고로 미국에서는 이사가 신인의무를 부담하므로써 그 이익 수혜자가 누구인가에 대해서는 오랫동안 그 견해가 대립되었다.419) 미국연방대법원의 Frankfurter 판사는 "이사는 누구에 대한 수탁자인

---

416) 이 문제는 포이즌 필을 행사함에 있어 주주총회의 권한으로 할 것인가 아니면 이사회의 고유권한으로 할 것인가의 문제와 관련이 있는데, 참고로 미국에서는 이를 이사회의 권한으로 하고 있어 강력한 방어수단이 발동되도록 하고 있다. 상법개정안은 발행과 상환 모두 주주총회가 간섭할 수 있도록 함으로써 방어수단으로서의 기능은 다소 약화된 측면이 있다.

417) 우리 상법상 이사는 주주총회에서 선임되기는 하지만 주주의 대리인이나 사용인이 아니고 이사는 회사의 수임인이다. 이에 따라 민법의 위임에 관한 규정을 준용하여 이사에게 선관주의의무를 부담시키고 있다(상법 제382조 2항). 대법원 판례에서는 한 때 1인회사의 경우 주주의 이익과 회사의 이익을 동일시하는 경우도 있었으나 지금은 1인주주가 회사재산을 횡령한 경우에도 횡령죄가 성립되며 또한 1인주주가 임무를 위배하여 회사에 손해를 가한 경우에도 배임죄의 성립을 인정하고 있다.

418) 참고로 미국의 델라웨어 주 법원은 Unocal Corp. v. Mesa Petroleum Co. 사건에서 이사가 방어행위를 하기 위해서는 회사의 정책과 효율성에 대하여 위험이 존재한다고 믿을 합리적인 근거가 있어야 하고 또한 그 방어행위의 정도가 기업인수 시도를 통해 나타난 위협에 대하여 합리적이어야 한다고 판시하였는데 이는 기존의 주요목적기준에다가 방어행위의 정도에 대하여 합리성을 부가하여 방어행위의 합리성기준을 제시한 것으로 판단된다. 따라서 Unocal기준에서의 위협에는 회사의 효율성 외에 회사의 정책에 대한 위협도 포함된다고 볼 수 있다.

419) 예컨대, 미국의 초기 판결인 Percival v. Wright 사건 등에서는 이사는 회사에 대해서만 신인의무를 부담한다고 판시하였다. 이 판결이 내려진 후 회사는 회사의 소유주와는 구분이 된다고 믿었다. 그러나 Dodge v. Ford Motor Co. 사건에서는 이사는 배타적의 주주의 이익을 위하여 회사 업무를 수행

가" 라는 근본적 의문을 제기한 바 있다.[420] 이에 관한 미국의 최근의 학설은 이사는 회사에 대한 수탁자이기는 하지만 회사의 이익을 주주의 이익과 동일시하는 입장이 대세를 이루고 있다. 상법 개정안 432조의2 제4항의 규정은 방어수단 발동의 합리성과 관련하여 보다 명확한 개념 정의가 요구된다고 하겠다.

V. 결언

회사의 가치나 일반주주의 이익을 해치려는 기업의 적대적 매수자의 공격에 대응하여 이에 상응하는 회사의 방어체계를 구축함으로써 대상회사와 그 소수파 주주들의 이익을 옹호할 수 있는 제도는 반드시 필요하다고 생각된다. 포이즌 필은 미국, 일본, 프랑스 등 선진 각 국에서 인정되고 있는 글로벌 스탠다드에 적합한 제도로서 이를 도입하는 것은 우리기업의 역차별적 족쇄를 풀어주고 동등한 경쟁환경을 조성하기 위한 것이라고 할 수 있다. 일부 논자들은 포이즌 필의 도입시 무능한 경영진의 교체에 문제가 생길 것이라고 우려하고 있으나 포이즌 필은 주주들의 의사에 반하는 기업파괴자가 나타났을 때에만 작동하는 것이기 때문에 현재의 주주들이 주주총회를 통해 무능한 경영진을 심판하고 교체하는데 아무런 제약이 없다고 할 수 있다. 포이즌 필을 도입하기 위해서는 주주의 2/3이상의 동의를 얻어야 하기 때문에 주주의 의사에 반하여 도입할 수 없으며, 제3자 배정도 금지되기 때문에 특정주주를 위한 특혜를 부여할 수는 없는 구조이다. 만일 이를 남용할 경우에는 발행절차, 방식 등이 부당하면 주주가 회사를 상대로 금지가처분이나 발행무효 소송을 제기할 수 있으며 경영진에 대해서는 민·형사상 책임까지 물을 수 있도록 되어있다. 즉, 강화된 견제장치가 함께 마련되기 때문에 남용가능성은 없다고 생각된다. 또한 일부에서는 외국인 투자나 M&A 시장의 위축을 초래할 것이라는 우려를 제기하기도 하나 외국인 투자 중 그린필드형 투자는 경영권방어수단과 전혀 무관하며 우호적 방법에 의한 M&A 투자 역시 방어수단 유무와 무관하기 때문에 방어수단으로 인하여 외국인 투자가 위축될 가능성도 거의 없다고 생각된다.

하여야 한다고 판시한 바 있다.

420) 참고로 1940년 Litwin v. Allen 사건은 "이사는 회사에 대하여 충실과 충성할 의무를 부담하는 것이 분명하다"고 판시한 바 있다.

최근 비중이 많이 낮아지긴 했지만 우리나라는 외국인 주식보유 비중이 여전히 높은 편임을 감안하여 볼 때 우리기업들은 여전히 적대적 M&A에 노출되어 있는 상황이다. 우리기업들은 경영권불안으로 투자보다는 과도한 자사주 대입이나, 현금확보 등에 치중하는 경향을 보이고 있으므로 경영권 방어수단의 도입필요성은 오히려 높아졌다고 볼 수 있다. 기업이 자사주 매입 등 경영권 보호를 위해 사용되었던 자금을 투자 등 생산적 자금으로 전환할 수 있다는 점에서 포이즌 필과 같은 방어수단 도입은 적극적 투자환경 조성에 긍정적인 결과를 낳을 수 있다고 본다.421)

기업의 글로벌화에 따라 우리기업들은 주식제도와 관련한 보다 경쟁력 있는 자본조달 수단을 갈망하고 있다. 이러한 상황에서 '포이즌 필'을 비롯한 종류주식의 다양화는 회사의 자금조달과 지배권의 유지, 사업 영역의 확대 등 다양한 경영상의 목적을 달성할 수 있는 유용한 수단이다. 결론적으로 이번 법무부의 상법 개정안은 기업의 적대적 M&A의 방어수단으로서 포이즌 필 제도에 관하여 합리적으로 규정하였다고 평가한다.

421) 참고로 미국의 대표적 기관투자자 자문사인 ISS는 보고서를 통해 경영권방어수단을 잘 갖춘 기업이 그렇지 못한 기업에 비하여 3년, 5년, 10년의 기간 중 어떠한 것을 기준으로 하여도 주가 상승률이 뛰어 났으며, 수익성, 배당성향, 재무운영 등이 충실하다고 발표한 바 있다.

제 12 장 이중대표소송제도에 관한 법적 고찰

I. 서언

이중대표소송이란 지배·종속관계에 있는 회사에서 종속회사가 그 이사의 책임을 추궁하는 소를 제기하지 않는 경우에 지배회사의 주주가 종속회사를 대표하여 종속회사의 이사의 책임을 추궁하는 소를 제기하는 것을 말한다.

원래 이중대표소송제도는 미국의 판례를 통하여 형평법을 근거로 전개된 제도인바, 이를 우리 상법에 도입할 것인가에 관하여 찬성하는 견해와 반대하는 견해가 대립되는 가운데 법무부는 회사법개정위원회를 통하여 이중대표소송제도의 신설에 관한 상법 개정시안을 마련하여 2006년 10월 입법예고하였다.

본고에서는 이중대표소송에 관한 일반론으로서 이중대표소송의 개념과 필요성을 먼저 소개하고, 미국과 일본의 이중대표소송제도의 법리와 관련하여 판례의 논거 및 입법동향을 서술한 다음, 우리나라의 이중대표소송에 관한 법원의 판례의 검토를 통하여 이중대표소송의 인정근거를 알아보고, 회사법수용 찬반론에 대해서 살펴보고자 한다.

Ⅱ. 이중대표소송 일반론

1. 이중대표소송의 개념

이중대표소송(double derivative suit)이란 모회사 또는 지배회사[422]의 소수주주가 자회사 또는 종속회사의 이사의 책임을 추궁하는 대표소송을 제기하는 것을 말한다. 일반 대표소송의 경우는 당해 회사의 소수주주가 자기 회사의 이사 등 경영진의 책임을 추궁하는 소를 제기하는 것인데 비하여,[423] 이중대표소송은 모회사 또는 지배회사의 소수주주가 자회사 또는 종속회사의 경영진을 상대로 그 책임을 추궁하는 소를 제기하는 것이다.

이중대표소송제도는 상법이 당해 회사의 소수주주에게 인정하는 소송권을 모회사 또는 지배회사의 주주에게까지 확장하여 인정한다는 의미에서 주주대표소송의 당사자 적격을 확장한 것으로 볼 수 있다. 이와 같은 의미에서 이중대표소송은 '주주인 회사의 주주'가 소를 제기할 수 있다는 개념이다. 모회사의 주주가 자회사를 위하여 제기하는 주주대표소송을 이중대표소송이라고 하는데, 모회사의 주주가 손회사를 위하여 제기하는 대표소송은 3중대표소송(triple derivative suit)라고 한다. 두 개의 회사가 지배·종속관계에 있거나 또는 여러 회사가 두 단계 이상에 걸쳐 계속적으로 지배·종속관계에 있는 경우에 지배회사의 주주가 종속회사를 위하여 제기하는 대표소송을 통틀어 다중대표소송(multiple derivative suit)이라고 한다.[424]

---

422) 주식회사의 외부감사에 관한 법률 제1조의2 제2호는 회사의 지배·종속의 관계에 관하여 정하고 있다. 즉 동법 시행령 제1조의3 제1항은 주식회사가 당해 사업연도 말 현재 다른 주식회사의 무의결권 주식을 제외한 발행주식총수의 ① 100분의 50을 초과하여 소유한 경우 또는 ② 100분의 30을 초과하여 소유하면서 당해 다른 주식회사의 최대주주인 경우 또는 ③ 위 ①과 ②의 경우에 해당하는 지배회사와 종속회사(종속회사의 종속회사를 포함한다)가 합하거나, 종속회사와 종속회사가 합하여 다른 주식회사의 발행주식총수의 100분의 30을 초과하여 소유하면서 당해 다른 주식회사의 최대주주인 경우, 그 주식회사를 '지배회사'라고 하고, 그 다른 주식회사를 '종속회사'라고 한다.

423) 현행 상법상 대표소송제도 일반론에 대하여는 졸저, 상법학강의, 법문사, 2005, 356~357면 참조.

424) Harry G. Henn & John R. Alexander, Laws of Corporations, 3rd Ed., Westing Publishing Co. St. Paul, Minn, 1983, 1459면.

2. 이중대표소송의 필요성

이중대표소송제도는 회사가 이사의 책임을 추궁하지 않을 경우에 주주가 회사를 대신하여 이사의 책임을 추궁하는 것으로서 주주가 소송에서 이길 경우에도 그 이익은 회사에 귀속되는 것이므로 지배회사, 종속회사 및 주주 모두에게 유익한 제도가 된다.[425] 즉 자회사의 이사의 불법행위나 임무해태행위로 인하여 자회사에 손해를 끼치고, 그 결과 모회사의 이익이 침해되는 경우에 자회사의 주주나 모회사의 경영진이 아무런 조치를 취하지 않고 있거나 취할 의사가 전혀 없는 경우에는 모회사의 소수주주가 직접 자회사의 이사의 책임을 추궁할 수 있도록 할 장치가 요구되는데, 자회사가 그룹의 대부분의 자산을 가지고 있는 경우에는 이와 같은 소를 제기할 필요가 클 것이고, 비상장 자회사를 이용한 각종 편법·불법행위를 이중대표소송을 통하여 차단하여 주주이익을 보호할 수 있는 이점이 있다.[426]

최근 우리나라는 금융지주회사법의 제정(2000년) 및 2001년 개정상법의 '주식의 포괄적 교환과 이전'에 관한 규정의 마련 등 일련의 입법조치로 인하여 지주회사제도가 크게 활성화되었고 우리나라에서 지주회사제도는 지배구조의 투명성을 확보하기 위한 수단으로 인식되고 있다.[427] 그런데 종속회사의 경영자를 견제할 수 있도록 주주에게 주어진 회사법상의 장치로서 '이사의 선임과 해임', '보수의 결정', '위법행위의 감독제도' 등이 있으나, 지주회사의 주주는 이와 같은 권리를 종속회사에 직접 행사할 길이 없으므로, 지주회사 또는 지배회사의 소수주주 보호 차원에서 입법이나 해석에 의해 주주대표소송의 원고적격[428]을 확대하여 이중대표소송을 허용할 필요가 있다는 주장이 제기되고 있다.[429]

---

425) 김동훈, "주주대표소송의 이용범위 확대", 외법논집 제13집, 2002, 182면.

426) 참여연대, 38개 재벌 총수일가의 주식거래에 대한 보고서-회사기회의 편취금지 및 이중대표소송제도 입법운동을 시작하며-, 2006.4.6, 51~52면.

427) 공정거래위원회(편), 공정거래백서, 2003, 255면.

428) 이와 관련하여서는 안수현, "이중대표소송과 원고적격", 상사판례연구Ⅵ, 박영사, 2006, 101~126면 참조.

429) 이동원, 지주회사, 2001, 세창출판사, 314면.

Ⅲ. 이중대표소송의 판례의 논거 및 입법동향

1. 미국

(1) 판례의 논거

미국 법원이 이중대표소송을 최초로 인정한 것은 1879년의 Ryan v. Leavenworth, Atchison & Northwestern Railway Co. 사건[430]이었다. 이 사건에서 캔자스주 최고법원은 지배회사와 종속회사 간에 형평법상의 주식소유관계를 기초로 하여 지배회사 주주의 종속회사의 이사에 대한 손해회복청구를 인정하였다. 그러나 오늘날과 같은 형태의 이중대표소송이 본격적으로 나타난 것은 1900년대 이후의 일이다. 그 대표적인 예가 1913년 델라웨어주 형평법원의 Martin v. D.B.Martin Co. 사건[431]이다. 이 사건에서 법원은 종속회사 이사에 대한 이중대표소송에서 지배회사 주주의 원고적격을 인정하였다. 그 후 1938년의 United States Lines, Inc. v. United Stated Lines Co. 사건[432]에 대한 판결이 나온 이후 계속된 판결에서 이중대표소송제도가 본격적으로 인정되었다.

특히 미국에서의 이중대표소송의 법리는 1987년의 Brown v. Tenney 사건[433]을 통하여 부각되었다. 이 사건에서 법원은 이중대표소송을 형평의 법리에 따라 해석하여 비록 당사자자격이 없다하더라도 이중대표소송을 적극적으로 인정하지 않으면 형평에 어긋나는 결과를 초래할 수 있으므로 특별한 사정이 있는 경우에는 종속회사의 법인격을 무시하고 이중대표소송을 인정하여야 한다고 판시하였다. 그리고 법인격을 부인하기 위한 전제조건으로 ① 이해관계와 소유가 통합되어 있고, ② 회사와 소유자를 별도의 인격으로 볼 수 없어야 하며, ③ 종속회사가 독립된 법인격을 가진 회사로 존속하게 된다면 사기나 부정행위가 계속될 가능성이 있어야 하고, ④ 지배회사와 종속회사의 자본의 불충분과 자산의 혼동, 회사형태의 형해화, 양 회사 간의 이사나 임원이 겸임하고 있어야 한다는 요건을 제시하였다.[434]

---

430) Ryan v. Leavenworth, Atchison & Northwestern Railway Co., 21 Kan. 365(1879).

431) Martin v. D.B.Martin Co., 10 Del Ch. 211, 88 A. 612(1913).

432) United States Lines, Inc. v. United Stated Lines Co., 96 F. 2d 148(2d Cir. 1938). 이 사건에서는 손해가 발생한 회사와 그 주식을 보유한 회사 간에 지배관계 없이 자매회사관계에 있는데드 불구하고 위법행위가 양사를 지배하고 있다는 사실로 이중대표소송을 인정하였다.

433) Brown v. Tenney, 504 N. E.2d 347(Ill.App.1 Dist.1987).

참고로 미국의 판례에서 나타나는 이중대표소송을 보면 그 논거에 따라 이중대표소송이 허용되는 범위가 다르게 나타나고 있다. ①「법인격부인론(piercing the corporate veil theory)」을 적용하는 경우 지배회사와 종속회사는 하나의 법인이 되어 원고주주가 자회사의 청구권을 행사할 수 있게 된다.435) 그러나 이 경우 법인격부인론의 엄격한 적용요건들로 인하여436) 제소에 어려움이 있고, 법인격부인에 의한 결과 단순대표소송이 가능해지므로,437) 이중대표소송을 도입할 필요도 없고, 상법의 해석으로 문제를 해결할 수 있다. ②「대리이론(agency theory)」은 종속회사가 지배회사의 대리인으로 행동하였음을 이유로 이중대표소송이 허용된다는 견해로 이 견해에 의하면 기본적으로 종속회사가 지배회사의 대리인에 불과하다는 증명이 필요하고, 이러한 요건은 동시에 법인격부인론의 근거도 된다는 점에서 법인격부인론의 경우와 사실상 동일하게 된다. ③「동일인지배이론(common control theory)」은 동일한 임원이 양회사를 지배하면서 완전종속회사의 이익을 해하는 경우 가해임원에 대한 종속회사 또는 지배회사의 책임추궁을 통제할 수 있으므로 지배회사 주주의 이중대표소송만이 책임추궁의 수단이 된다고 한다.438) 동일인지배이론은 회사의 지배구조가 복잡한 경우에는 지배회사와 종속회사를 공동으로 지배하고 있는 동일인이 누구인지 확정하기가 쉽지 않고,439) 공동의 지배력을 보유한 동일인에 해당하지 않는 제3자의 부정행위로 인하여 종속회사에 손해가 발생한 경우에는 이중대표소송을 제기할 수 없기 때문에 이중대표소송의 허용범위가 줄어든다는 난점이 있다고 한다.440) ④「공동지배이론」은 지배종속관계에 있는 회사가 공동의 지배하에 하나의 기업집단으로 결합되어 있기 때문에 이중대표소송이 허용된다고 본다. 지배회사 주주는 기업집단 전체의 이익이나 손실을 함께 하므로 기업

434) 최준선, "이중대표소송제도의 입법론에 대한 검토", 성균관법학 제18권 제3호, 성균관대학교 법학연구소, 2006, 444면.

435) 법인격부인론을 적용할 경우 부인되는 것은 지배회사의 법인격이다. 송옥렬, "현행 상법상 이중대표소송의 허용여부", 민사판례연구 제29집, 2006, 543면.

436) 주주에 의한 회사의 완전한 지배, 주주와 회사의 업무 및 재산의 혼용 기타 저자본화 등이 그 요건으로 제시된다.

437) 유진희, "이중대표소송의 도입에 관한 입법론적 고찰", 상사판례연구 제19집 제4권, 한국상사판례학회, 2006, 135면.

438) 대표소송의 남용을 방지하고 경영자 업무감시효과와 회사 및 주주 이익보호를 조화시키려면 동일인 지배설이 타당하다는 견해로 안수현, 전게논문, 120면.

439) David W. Lacascio, "The Dilemma of the Double Derivative Suit", 83 Nw. U.L.Rev.729(1989), 747면.

440) 김대연, "지배·종속회사에서의 대표소송", 상사법연구 제19권 제2호, 2000, 464면.

집단에서 발생하는 부정행위를 시정할 권리를 가지며, 이중대표소송제기권도 갖는다고 한다. ⑤「주주의 손해회복과 위법행위 억제이론(deterrent and compensatory theory)」에 의하면 대표소송과 마찬가지로 이중대표소송은 지배회사와 종속회사 모두에게 이익이 되며, 종속회사에서 부정행위가 발생하는 것을 억제하는 효과가 있으므로 인정된다고 한다.

(2) 입법동향

미국법률협회(American Law Institute: ALI)의「회사지배구조의 원칙: 분석과 권고(Principles of Corporate Governance: Analysis and Recommendation)」도 주주대표소송의 원고적격과 관련하여 '주식동시소유의 원칙(contemporaneous ownership rule)'을 규정하면서, 지배회사가 피해를 입은 종속회사에 대하여 적어도 사실상 지배적 이익(de facto controlling interest)을 보유하고 있는 경우에 한하여 다중대표소송이 인정되어 왔던 것으로 설명하고 있다.441)

따라서 미국의 이중대표소송의 법리는 실질주주임은 분명한데 형식상 주주가 아닌 경우 이를 구제하기 위하여 일시적으로 종속회사의 법인격을 부정하고 대표소송권을 인정하고자 하는 형평의 원리에 입각하고 있다고 할 수 있다.

한편 미국 회사법상 대표소송제기권은 단독주주권으로 되어 있으며, 주주의 원고적격과 관련하여 '주식동시소유의 원칙'이 인정되고 있다. 이 원칙을 규정하고 있는 미국의 개정모범사업회사법(Revised Model Business Corporation Act(R.M.B.C.A.))에 의하면 주주는 그가 파악한 이사의 부정행위가 행해졌을 때 이미 그 회사의 주식을 소유하고 있었던 경우에 한하여 주주대표소송을 제기할 수 있다.442) 대표소송제기권은 종래부터 주주명부에 기명된 주주는 물론이고 주식의 실질적 소유자에게도 부여되고 있는 것으로 이해되고 있다. 그 이유는 배당청구권이나 의결권과 달리 주주대표소송의 경우에는 주주자격의 여부를 엄격하게 확정할 필요가 없으므로 실질적인 주식소유관계를 가지고 있는 자의 제소권을 배제할 이유가 없다고 보기 때문이다. 예컨대 주식을 양도받았지만 아직 주주명부상의 명의변경을 하지 않은 주주, 주식의 수유자, 주식을 신탁재산으로 한 경우의 수익자 및 주식의 질권자 등에

441) American Law Institute, Principles of Corporate Governance: Analysis and Recommendation Proposed Final Draft, 1992, §7.02 Comment f.

442) RMBCA §7.41.

게 대표소송의 제기권이 인정되고 있다. 이와 같이 모범사업회사법과 일부 주법은 대표소송제기권을 주식의 실질적 소유자에게 인정하고 있기 때문에 종속회사의 실질적 소유자인 지배회사의 주주는 이중대표소송의 원고적격을 갖는다고 할 수 있다.443)

2. 일본

(1) 판례의 논거

일본에서는 2001년 동경지방법원의 판결444)을 계기로 이중대표소송의 인정 여부에 관한 논의가 전개되었다. 그 사안을 살펴보면, 원고인 A회사 주주 甲이 적법한 대표소송을 제기하였는데 회사(A)가 주식이전의 방법으로 다른 회사(B)의 완전자회사가 되었고, 이에 따라 원고는 본래의 소를 제기한 회사(A)의 주주의 지위를 상실하였다. 이 사건에서 동경지방법원은 '일본 상법 제267조 제1항에서 주주대표소송을 제기할 수 있는 자를 6개월 전부터 계속하여 주식을 보유한 주주로 정하고 있는 것은 주주대표소송의 원고적격을 결정하는 것이며, 여기서 주주란 문리적 해석에 의해 피고인 이사가 속한 회사(A)의 주주로 보아야 할 것'이라고 하였다. 따라서 '주식이전으로 인해 원고가 A회사의 주주로서의 자격을 상실한 경우에 주주대표소송의 당사자적격을 유지한다고 볼 수 있는 특별한 규정이 없고 또한 법문의 유추해석으로 원고의 당사자적격을 유지할 수 있다고 할 만한 특단의 이유가 없다'고 하여 원고의 당사자적격을 부인하고 소를 각하하였다.

이 판결에 대하여 일본의 다수의 학설은 비판적인 입장을 취하였는데, 본 판결에서 주주 甲은 정당한 원고적격자로서 대표소송을 제기하여 소송계속 중에 주식이전이라는 회사의 행위에 의하여 A회사의 주주인 지위를 상실한 것이어서 자기의 의사로 주식을 타인에게 양도한 것이 아닌 점, 그리고 B회사의 주주가 된 甲은 B회사의 완전자회사인 A회사에 대하여 계속해서 이해관계를 가지고 있다는 점을 고려할 때, 甲은 원고적격을 상실하지 않은 것으로 보아야 한다고 하였다.445)

---

443) 동지: 권재열, "이중대표소송의 허부에 대한 비교법적 검토-서울고등법원 2003.8.22. 선고, 2002나13746 판결을 대상으로 하여-", 비교사법 제11권 제2호, 한국비교사법학회, 2004, 452면.
444) 東京地裁 東京地裁評 13·3·29 金判 제1120호 53면.
445) 田邊光政, 新版 會社法要說, 財務經理協會, 2006, 238~239면.

(2) 입법동향

일본은 2005년 상법을 개정하기 전에는 이중대표소송을 명시적으로 허용하는 법규정이 없었다. 다만 대표소송제기권을 단독주주권으로 하면서 6개월 전부터 주식을 계속 보유하고 있는 주주에게 원고적격을 부여하고 있을 뿐이었다(일본 구상법 제267조 제1항). 1999년과 2001년에 이중대표소송을 입법화하려는 시도가 있었으나 무산되었다.[446]

일본의 법원이 이중대표소송을 허용하지 않았던[447] 이유는 이중대표소송에 관한 규정이 없다는 것이었는데, 2005년 개정상법은 이 문제를 해결하기 위하여 신회사법 내에 주식교환·주식이전 및 합병에 의해 원고적격을 상실한 경우에 한하여 이중대표소송을 인정하는 방법으로 간접적 이중대표소송제도를 도입하였다. 즉 주주대표소송의 계속 중에 주식교환이나 주식이전, 합병에 의해 원고인 주주의 지위에 변동이 발생한 경우에 주주대표소송의 향방과 관련하여 우선, 완전자회사가 되는 회사에 관해 계속 중인 주주대표소송의 원고가 주식교환·주식이전에 의해 완전자회사로 되는 회사의 주주로서의 지위를 상실하는 경우이더라도 당해 주식교환·주식이전에 의해 완전모회사로 되는 회사의 주주가 될 때에는 그 원고는 당해 주주대표소송의 원고적격을 상실하지 않는다는 명문의 규정을 마련하였다(일본 회사법 제851조 제1항 제1호). 그리고 합병 등에 의해 소멸되는 소멸회사에 있어서 계속 중인 주주대표소송의 원고가 합병으로 소멸회사의 주주로서의 지위를 상실당하게 되는 경우에도 당해 합병으로 존속회사(또는 신설회사)의 주주가 된 때에는, 당해 원고는 그 주주대표소송의 원고적격을 상실하지 않는다는 명문규정을 두었다(일본 회사법 제851조 제1항 제2호).

3. 한국

(1) 판례의 논거

우리 상법은 대표소송을 제기할 수 있는 자를 '발행주식 총수의 100분의 1 이상

446) 김대규, "지배회사주주의 이중대표소송", 증권법연구 제5권 제2호, 한국증권법학회, 2004, 131~132면 참조.

447) 위 판례 외에도 주식교환이나 주식이전에 의해 원고가 주주의 지위를 상실하였다고 하여 주주대표소송이 각하된 사례가 몇 건 더 있었다(東京地判 2003.2.6. 判例時報 1812호 143면 등).

에 해당하는 주식을 가진 주주'로 한정하고 있다(상법 제403조 제1항). 따라서 그 주주의 개념에 '회사인 주주의 주주', 즉 지배회사의 주주까지 포함되는지에 관하여 논란이 제기되어 왔다.

이중대표소송을 인정하는 우리나라 최초의 판결은 2003년 8월 23일 서울고등법원에서 선고되었다.[448] 판결의 사안을 보면, 원고는 A회사의 발행주식 총수의 29.24%의 주식을 소유한 주주인데, A회사는 소 제기 당시 소외 B회사가 발행한 주식총수의 80.55%를 소유한 사실상의 지주회사일 뿐 달리 영위하는 다른 사업은 없었다. 피고는 B회사의 대표이사로 재직하던 중 보증금 및 임대료 5억 7천여만 원을 회사에 입금하지 아니하고 횡령하였다. 이에 원고는 A회사의 주주로서 종속회사인 B회사의 대표이사인 피고에 대하여 이중대표소송을 제기하였다.

이 사안에서 서울고등법원은 이중대표소송의 필요성을 긍정하여, 우리 상법 제403조의 해석상 대표소송을 제기할 수 있는 주주의 개념에 '회사인 주주의 주주'라고 할 수 있는 지배회사의 주주를 포함한다고 해석하였다. 이에 따라 법원은 종속회사의 대표이사였던 자의 위법행위에 대해 지배회사의 주주가 종속회사를 위한 대표소송을 제기하여 그 손해배상을 직접 청구할 수 있다고 판시하여, 피고의 업무상 횡령에 대한 손해배상책임을 인정하였다.

이러한 서울고등법원의 판결에 대하여 대법원은 2004년 9월 23일의 판결[449]을 통하여, '지배회사와 종속회사는 상법상 별개의 법인격을 가진 회사이고, 대표소송의 제소자격은 상법상 책임추궁을 당하여야 하는 이사가 속한 당해 회사의 주주로 한정되어 있으므로, 종속회사의 주주가 아닌 지배회사의 주주는 상법 제403조, 제415조에 의하여 종속회사의 이사 등에 대하여 책임을 추궁하는 이중대표소송을 제기할 수 없다'고 하여 원심의 판단을 파기하였다.

(2) 판결의 검토

원심판결은 우리나라에서 처음으로 이중대표소송을 인정한 판결로서 그 의의는 있으나, 동 판결은 그 해석론적 근거를 제시하지 못하였고 사전의 제소청구 절차를 간과하였다는 점을 지적할 수 있다. 동 판결이 제시하는 '억제와 보상효과(deterrent

448) 서울고법 2003.8.22. 선고, 2002나13746 판결.
449) 대법원 2004.9.23. 선고, 2003다49221 판결.

and compensatory)'[450]라는 불법행위책임의 일반적 효과는 그것만으로 성문법의 한계를 뛰어넘기는 어렵다고 할 것이며, 바로 이 점 때문에 대법원에 의해 파기된 것이다.

원심판결은 이중대표소송을 인정하기 위하여 상법의 제소권자인 주주의 개념에 '회사인 주주의 주주'가 포함된다고 보았다. '지배회사와 종속회사는 상법상 별개의 법인격을 가진 회사이고, 대표소송의 제소자격은 책임추궁을 당하여야 하는 이사가 속한 당해 회사의 주주로 한정되어 있으므로' 이중대표소송이 허용되지 않는다고 본 대법원의 판단은 이 점에서 옳다고 할 것이다. 다만 본 사안과 관련하여 대법원이 미국에서 논의되고 있는 이중대표소송 허용의 하나의 논거인 법인격부인론을 살펴보지 않은 것은 아쉬운 점이라고 하겠다. 법인격부인론은 우리나라에서도 판례를 통해 이미 받아들여진 이론으로, 법인격부인의 근거가 되는 신의칙 내지 권리남용금지의 원칙은 비록 백지규정이지만, 정의의 관념이 명하는 사법의 최상위 규범으로서 성문법 체계의 한계를 보완해 주는 역할을 한다. 따라서 법인격부인에 필요한 요건을 갖춘 사건의 경우에는 이중대표소송을 허용하는 것이 합리적이라고 판단된다. 이는 이중대표소송을 특별히 인정한 것이라기보다는 오히려 단순대표소송을 법인격부인과 결합시키는 것에 불과하기 때문이다.[451]

이 사건의 경우 종속회사 대표이사의 횡령이 이루어진 때 지배회사는 특별한 사업을 영위함이 없이 종속회사의 주식만을 소유하고 있었다. 지주비율도 대략 81%로 지배권을 행사하기에 충분하였고, 실제로 종속회사의 대표이사와 이사, 감사를 지배회사의 경영진이 겸직하였다. 이러한 사실관계는 법인격의 독립성을 부인하는데 필요한 지배요건과 업무의 혼융요건을 우선 충족하는 것으로 보인다. 재산의 혼융이라는 요건과 관련해서는, 채무이행 등과 관련하여 종속회사의 전재산이 형식적으로 지배회사의 것과 구분되어 처리되었으므로 이 사건이 법인격을 부인할 수 있을 정도에 이른 것인가 하는 의문이 있을 수 있다. 그러나 비록 양 회사가 구분된

450) David W. Locascio, "The Dilemma of the Derivative Suit", 83 NW. U. L. Rev. 758면(1989).

451) 법인격부인론에 근거하여 이중대표소송을 허용하는 경우에도 사전절차인 제소청구가 일반적으로 면제된다고 할 수는 없다. 법인격의 부인은 이중대표소송을 단순대표소송으로 파악하는 것에 그치기 때문이다. 따라서 무익한 사전절차의 면제나 폐쇄회사의 예외 등 미국의 이론을 받아들이지 않는 한 제소청구절차를 거치지 않은 이중대표소송은 부적법하다고 할 것이다. 다만 이러한 사전절차를 거치지 않은 경우 청구를 각하하더라도 기판력이 부여되지 않아 다시 제소하게 되는 번잡함이 발생한다는 점에서 흠결된 제소청구절차를 보완할 수 있는 기회를 부여하는 편이 바람직할 것이다.

회계처리 등 재산관계의 독립성을 형식적으로 유지하였다고 하더라도, 채무이행을 장기간 방치하고 있었다는 점 등 실질적인 재산의 혼융을 추정할 수 있는 사실들도 나타나 법인격을 부인하는데 필요한 요건을 충족하므로 이 사건에서 법인격부인론에 근거하여 이중대표소송을 인정할 수 있을 것으로 판단된다.

Ⅳ. 이중대표소송의 회사법수용 찬반론 검토

이중대표소송을 인정할 필요가 있다고 하더라도 이를 우리 회사법에 도입하여 명문의 규정을 마련해야 할 것인가에 관하여는 견해가 나뉘어져 있다. 미국은 판례 및 ALI의 기업지배구조원칙[452]의 해석을 통하여 이중대표소송을 인정하고 있음에 비하여, 우리나라 대법원 판례는[453] 이와 같은 종류의 대표소송을 인정하지 않고 있다. 이와 같은 판례의 태도를 비판하면서 미국판례의 해석론을 근거로 하여 이를 인정하여야 한다는 견해[454]가 있는가 하면, 이중대표소송제도를 회사법에 입법화해야 한다는 견해[455]가 제기되고 있다. 한편 현행법의 해석상 이중대표소송은 인정되기 어려우며, 상법의 개정 또는 포괄적인 '모자회사관계법' 등의 제정을 통하여 허용하여야 할 것이라는 주장도 있다.[456]

1. 입법찬성론

입법을 찬성하는 견해로는 「미국법 계수론」과 「제한적 인정론」을 들 수 있는 바, 「미국법 계수론」은 우리 상법이 미국의 대표소송제도를 도입한 이상, 미국 판례에서 인정되어 온 이중대표소송제도 역시 도입하여 미국법과 동일한 기준으로 이를

---

452) Principles of Corporate Governance: Analysis and Recommendations §7.02(a).

453) 대법원 2004.9.23. 선고, 2003다49221 판결.

454) 이태종, "미국회사법상의 이중대표소송", 재판실무연구 제2권, 1997; 김대연, "지배 · 종속회사에서의 대표소송", 상사법연구 제19권 제2호, 2000; 김동석, "주주의 대표소송과 중복대표소송", 경영법률 제10집, 2000; 김재형 · 최장현, "이중대표소송의 인정근거(Brown v. Tenny, 155 Ⅲ. App. 3d 605), 상사판례연구 제15집, 2003 등이 있다.

455) 이동원, 전게서, 331면; 김문재, "지주회사의 도입에 따른 회사법의 방향-지배와 책임을 중심으로-", 상사법연구 제18권 제1호, 1999, 103면.

456) 김대규, 전게논문 참조.

인정하여야 한다는 견해이고,[457] 「제한적 인정론」은 지배회사 스스로가 종속회사의 이사의 부정행위에 대한 책임추궁을 하기 어려운 경우에 한해 예외적으로 지배회사의 주주에게 이중대표소송을 인정하여야 한다는 견해이다. 이중대표소송을 입법할 경우 위협소송이나 남소 등을 방지하기 위하여 미국의 경우와 같이 제소청구요건을 강화하여야 한다고 주장한다.[458]

한편 국제통화기금(IMF)은 2003년 11월 우리 정부와의 연례협의에서 최근 다수의 한국기업이 지주회사로 전환하고 있는 상황에서 기업지배구조개선의 방안으로서 다중대표소송제도의 도입을 권고하였고,[459] 참여연대는 2004년 SK(주)가 최대주주인 SK해운(주)의 이사의 책임을 묻고자 양 회사 이사회에 각각 제소청구를 하였으나 받아들여지지 않자, 2007년 3월 직접 모회사인 SK(주)의 주주를 모집하여 대표소송을 제기한 바 있다.

2. 입법반대론

(1) 단순대표소송 충분론

이 견해는 지배회사의 이사에 대한 종래의 주주대표소송, 즉 단순대표소송(single derivative suit)만으로도 종속회사에 대한 감시목적을 충분히 달성할 수 있기 때문에 이중대표소송은 허용할 필요가 없다는 견해이다.[460] 지배회사의 주주는 지배회사 이사회에 종속회사의 주주로서 대표소송을 제기하라는 제소청구를 할 수 있다. 또한 만약 지배회사의 이사회가 대표소송을 제기하지 않는 경우, 종속회사의 손실이 지배회사의 직접적인 손실로 이어지는 한, 지배회사의 주주가 지배회사 이사를 상대로 그들이 지배회사의 종속회사에 대한 투자분을 보호하는 조치를 취하지 않는 데 대한 책임을 물을 수 있다. 따라서 이중대표소송은 불필요하다고 한다.[461] 특히 부당내부거래는 독점규제 및 공정거래에 관한 법률상 부당내부거래

457) 여하윤, "미국 회사법상의 이중대표소송에 관한 연구", 서울대학교 석사학위논문, 2003, 48면.
458) 정동윤, "주주의 대표소송-실무상의 문제점을 중심으로 하여", 사법논집 제2집, 법원행정처, 1972, 365면; 이태종, 전게논문, 510면.
459) 동아일보, 2003년 11월 24일자 B3면.
460) 최성근, "지주회사의 해금과 상법관련법제에 관한 연구", 연구보고 99-01, 한국법제연구원, 1999, 55면, 66면; 권재열, 전게논문, 443면 이하.
461) 권재열, 전게논문, 443면 이하.

규정, 이사의 횡령, 배임 등의 불법행위는 형법 및 특정경제범죄 가중처벌 등에 관한 법률상 업무상 횡령죄, 배임죄의 규정, 이사와 회사 간의 거래는 상법상 이사의 자기거래 승인규정 및 (구)증권거래법상의 공시규정, 이익의 부당제공의 경우에는 세법상의 증여의제, 추징 규정 등 기존제도로서도 규제가 충분히 가능하다고 한다.462)

(2) 이사회의 책임증가로 인한 소극적인 기업경영의 우려

최근 제조물책임법, 증권관련집단소송제도, 소비자의 단체소송 등 새로운 소송제도의 도입으로 이사들의 책임이 크게 가중되고 있는 추세인데, 주주의 대표소송과 증권집단소송에 이어 이중대표소송까지도 법정될 경우 경영진의 입장에서는 과감한 투자를 회피하고 소극적이고 안전한 경영만을 추구하게 될 우려가 있다고 한다. 이렇게 되면 신속하고 과감한 투자결정을 지연시켜 회사경영에 차질을 가져올 수 있고, 나아가 민감한 사안에 대하여는 의사결정을 회피하려는 경향이 생겨나 유능한 이사 및 사외이사의 영입에도 장애가 된다는 주장이다.463)

(3) 남소의 가능성

국내기업을 인수합병하려는 투기성 외국자본이 이중대표소송제도를 악용할 경우 대책이 없게 되고, 이중대표소송제도 도입의 주요 목적이 소수주주권을 보호하는 데 있지만, 이 제도가 악용될 경우 남소의 가능성이 있다는 주장이 제기되고 있다. 특히 국제투기자본이 국내 상장회사의 자회사에 이중대표소송을 제기한 후 이를 이용하여 경영권에 개입하거나 이중대표소송의 제기로 인해 하락한 모회사의 주식을 매입한 후 소를 취하하여 단기차익을 노리는 경우에는 이른바 작전세력으로 부상하게 되는 문제점이 발생한다고 한다. 이중대표소송제도의 도입과 함께 자회사의 장부열람권까지 부여되므로 부수적으로 영업기밀이 유출될 가능성도 생겨난다고 한다.464)

---

462) 박신호, "이중대표소송제도 도입의 문제점", 전국경제인연합회, CEO REPORT, CER 006-12, 2006. 10면.

463) 박신호, 전게논문, 7면.

464) 박신호, 전게논문, 9면.

(4) 기타

이 밖에 입법반대론으로 제시되는 논거들을 살펴보면, 현행 상법상 자회사의 이사에 대하여 손해배상책임을 추궁하거나 그 책임을 면제할 권한은 당연히 자회사의 주주가 가짐에도 불구하고 모회사의 소수주주가 자회사의 주주의 의사를 무시하고 이중대표소송을 제기한다면 자회사의 주주의 권리를 침해하는 결과가 될 수 있으며, 특히 모회사와 자회사의 이해가 상반되는 거래가 있는 경우, 자회사의 이익을 고려하여야 함에도 모회사의 주주의 이익을 고려하여야 하는 모순이 발생할 수 있다고 한다.[465)]

또한 자회사의 손실이 지주회사의 지분가치의 감소와 반드시 일치하지 않고 지주회사의 손해는 자회사 자산의 감소로 인한 주식가치의 하락이라는 간접적인 손해로 나타나게 되므로 손해의 인과관계를 입증하기 어려워 이중대표소송을 인정하는 것은 문제가 있고, 지배회사의 손해를 산정하기 어려우므로 종속회사의 손실에 대하여 지배회사의 책임을 묻는데도 어려움이 있다고 한다.[466)]

이중대표소송이 미국의 판례에서 인정되고 있으나, 미국의 판례의 경우에도 모회사와 자회사가 실제로는 하나의 회사인 경우 등 매우 엄격한 요건 하에서만 인정되는 경향이 있으며, 무엇보다도 이중대표소송을 정면으로 회사법에 규정한 입법례가 거의 없다는 것도 이 제도 도입에 있어 큰 문제점으로 지적되고 있다.

V. 결언

법무부의 2006년 상법개정안에 따르면 상법 제406조의2(이중대표소송 등)에서 '① 발행주식의 총수의 100분의 1 이상에 해당하는 주식을 가진 모회사의 주주는 자회사의 이사의 책임을 추궁할 수 있다. 이 경우 제403조 내지 제406조를 준용한다. ② 발행주식의 총수의 100분의 3 이상에 해당하는 주식을 가진 모회사의 주주는 자회사의 회계장부열람권을 행사할 수 있다. 이 경우 제466조를 준용한다.'고 하여 자회사 이사의 부정행위를 억제하여 모회사 전체 주주를 보호하고 자회사의

465) 박신호, 전게논문, 8면.
466) David W. Locascio, "The Dilemma of the Derivative Suit", 83 NW. U. L. Rev. 729, 735면(1989).

손해전보의 효과를 기대한다고 되어 있고, 이중대표소송의 실효성을 확보하기 위하여 모회사의 주주에게 자회사의 회계장부열람권을 행사할 수 있도록 하고 있는데, 이 경우 소수주주권은 발행주식 총수의 100분의 3 이상에 해당하는 주식을 가진 주주에게 인정하고 있다.

이렇게 되면 종속회사의 50% 이상 지분을 소유하고 있는 지배회사의 주주, 즉 모회사의 주식을 1% 이상을 소유하고 있는 소수주주는 자회사의 이사나 감사가 법령이나 정관을 위배하였거나, 그 임무를 해태함으로써 자회사의 손실이 발생하였고 그 영향으로 인해 모회사가 간접적으로 손해를 본 경우에 자회사의 이사 등을 상대로 이중대표소송을 제기할 수 있게 된다. 아울러 이러한 이중대표소송의 실효성을 확보하기 위하여 모회사 주식의 3% 이상 소유한 주주들에게 자회사의 회계장부를 열람할 수 있는 권한이 부여되게 된다. 그러나 이렇게 상법이 개정되는 경우 우리나라는 이중대표소송제도를 세계 최초로 입법화하는 국가가 된다. 미국의 경우에도 일부 판례를 통하여 극히 제한적으로 허용하고 있는 제도를 상법에 도입하게 될 경우 경영권을 크게 위축시킬 가능성이 높다고 본다.

이중대표소송제도를 도입하려는 기본취지는 출자총액제한제도가 폐지될 경우에 대비하기 위한 것이라는 주장도 있다. 그러나 이러한 접근방식은 바람직한 방향이 아니라고 본다. 즉 규제를 폐지한다고 하면서 그것을 대체할 또 다른 수단을 찾는다면 별 의미가 없게 되는 것이다. 기업들이 요구해 온 경영권 보호장치는 외면하면서 소액주주의 권익만 과도하게 보호한다면 불합리한 결과가 될 것이다.

우리나라의 현실에서 볼 때 이중대표소송은 경영투명성을 보다 높일 수 있다는 장점은 있으나, 주주대표소송도 활성화가 되지 않는 현실에서 이 제도를 도입하는 것이 과연 실효성이 있는 것인지도 의문이다.

따라서 이중대표소송의 요건을 상법 속에 규정할 것이 아니라 개별 사례별로 판례법으로 인정하는 것이 타당하다고 생각한다.

제 13 장 증권집단소송제도에 관한 법적 고찰

-증권관련집단소송법의 문제점을 중심으로-

I. 서언

증권시장에서는 다수의 투자자들이 기업의 자본구성에 참여하고 있으나 불공정거래행위 등으로 인하여 피해를 보는 사례가 증가하고 있다. 증권시장에서의 불공정거래행위 등으로 인하여 집단적 피해의 발생이 빈번하게 일어나지만 피해자들이 그 손해를 회복하기란 쉽지 않다. 즉 피해자가 다수 발생하는 경우에 개인이 직접 단독으로 소송을 수행하는 것은 증거수집의 어려움과 비용부담의 문제 및 소송절차에 대한 이해부족으로 인하여 만족할 만한 손해배상을 받기가 매우 어려운 것이 사실이다. 따라서 공통적인 이해관계를 가지고 있는 집단의 이익을 최소한의 비용과 노력으로 실현시킬 수 있는 제도가 필요한데 그것이 집단소송의 형태라고 할 수 있다. 집단소송제도는 동일한 소의 이익을 가지고 있는 동일한 사건에 의한 피해자가 그 손해배상을 공동으로 이루어 내는 제도이다. 특히 피해를 본 집단의 규모가 크면 클수록 일반적인 민사소송제도에 의해서 피해를 회복하는 것은 그 절차의 복잡성 및 소송비용의 부담으로 인하여 소송제기가 현실적으로 만족하게 이루어지기란 쉽지 않다. 그러나 집단소송제도는 공통의 이익을 가진 다수의 피해자 중 일부가 소송을 제기하여 그 결과의 혜택을 집단 전체가 누리도록 함으로써 소송절차에 익숙하지 않은 피해자나 입증책임의 수단을 효과적으로 가지지 못하는 투자자들에게 피해보상을 해줄 수 있는 좋은 제도라고 할 수 있다.[467][468]

467) 참고로 미국에서 시행되고 있는 집단소송(class action)이란 다수의 소비자나 투자자들이 원인이나

우리나라의 증권집단소송제도는 많은 논의를 거쳐 1998년 하반기에 처음으로 증권관련집단소송법률안시안이 마련되었다가 폐기된 바 있고 대량 소액 다수의 증권투자자집단에 한하여 집단소송제도의 도입에 대하여 정부와 국회에서 논의를 거듭한 끝에 2004년 1월 20일 법률 제7074호로 제정되어 2005년 1월 1일부터 시행되게 되었다.

본고에서는 먼저 증권집단소송제도를 개관하고 증권관련집단소송법의 주요 내용과 문제점을 검토한 후 몇 가지 관련 논의사항을 살펴봄으로써 이 제도가 원활하게 운영될 수 있는 방안을 모색하고자 한다.

Ⅱ. 증권집단소송제도의 개관

1. 집단소송의 개념

집단소송은 유사한 소의 이익을 가지고 있는 집단을 대신하여 그 집단의 일부가 집단의 대표자로서 소송을 제기하거나 소의 제기를 당하였을 때 그 결과가 전체 구성원들에게 미치게 하는 제도를 말한다. 소송법상 어떠한 한 집단이 소송을 제기하는 경우, 즉 넓은 의미의 집단소송의 형태를 대륙법계에서는 단체소송이라고 하여 왔고, 미국에서는 집단소송(class action)이라고 부르는데 지금 우리나라에서 논

쟁점을 공통으로 하는 소액의 손해배상청구권을 가지고 있는 경우, 그 피해자 집단(class) 중에서 대표자가 나서서 집단구성원(class member) 전원의 청구총액을 일괄하여 제소함으로써 일거에 전체의 권리를 실현시키는 소송형태로서, 집단의 대표자가 구성원 전원을 대표하여 소송을 진행하는 점을 강조하여 대표당사자소송이라고 부르기도 한다. 이와 같은 집단소송제도는 영미법계 국가에서 판례를 통하여 생성, 발전되어 오다가 1938년 미국 연방법원의 연방민사소송규칙(Federal Rules of Civil Procedure: FRCP) 제23조에 채택되어 성문화되었고 1966년에 전면적으로 개정된 바 있다. 환경 및 공해사건, 소비자피해사건, 증권불공정거래사건 등 ① 피해자가 불특정 다수이고, ② 전체 피해액이 막대하나, ③ 각자 입은 피해는 소액이고, ④ 소송비용, 절차 등이 과다하고 복잡하여, ⑤ 개별적으로 피해구제를 하기가 어려운 경우, 다수 피해자 구제에 유용한 제도라고 할 수 있다.

468) 일본의 경우 1975년부터 증권집단소송제도의 도입 논의를 시작하였으나, 최종적으로 1999년에 도입불가 결정을 하고 그 대안으로 선정당사자제도를 개선하는 것으로 결론을 내린 바 있다. 일본이 증권집단소송제 도입을 거부한 이유는 첫째 증권집단소송제도는 개개인의 소송을 받을 권리를 침해한다는 점, 둘째 현존 민사소송체계와는 괴리가 있어 법적용상의 혼란을 초래할 우려가 높다는 점, 셋째 사회적인 공감을 얻지 못하였다는 점, 넷째 미국에서와 같이 변호사의 이익확보수단과 기업에 대한 부당한 압력용으로 증권집단소송제도가 남용될 수 있다는 점 때문이었다.

의되고 있는 것은 바로 미국식의 집단소송 또는 대표당사자소송이라고 할 수 있다[469]. 현행 민사소송법에는 집단관계분쟁의 해결에 사용될 수 있는 제도로서 선정당사자소송제도[470]가 규정되어 있으며 이 때문에 증권관련집단소송법의 도입에 반대하는 논자들은 이미 유사한 제도가 법에 있다는 점을 지적하기도 한다. 그러나 미국식의 집단소송, 즉 집단 중의 일부가 수행한 소송의 결과가 소송에 직접적으로 참여하지 아니한 전체 구성원에게 미치는 경우를 의미하는 형태의 소송과 현행 민사소송법상 규정되어 있는 선정당사자소송제도와는 상이한 것이다. 즉, 현행 민사소송법상 선정당사자제도는 다음과 같은 몇 가지 한계가 있다. 첫째, 대표자선정에 참여하지 않은 자들에 의한 별도의 소송이 제기되어 동일한 사건에 대한 여러 가지 소송이 중복될 가능성이 있을 뿐만 아니라 관할 법원이 상이한 여러 개의 동일한 사안에 대한 사건에서는 경우에 따라 전혀 다른 내용의 판결이 나올 수 있고 그 결과 법원에 대한 신뢰에도 문제가 있을 수 있다.[471] 둘째, 다수의 당사자로부터 당사자선정을 위하여 시간이 낭비되고 선정절차의 결정 및 선정비용의 지출로 인하여 신속한 제소가 어렵다는 문제점이 있다.[472] 셋째, 승소의 결과 판결이 집행될 대상인 피고의 재산이 적을 경우 먼저 소송을 제기한 피해자만 손해배상을 받게 되고 나중에 소송을 제기했던 피해자는 제대로 손해배상을 받을 수 없게 되어 피해자간의 불평등성이 야기될 수 있다.[473] 넷째, 선정당사자는 소송대리인이 아니고 소송당사자이기 때문에 소송수행에 있어 화해 · 소의 취하 · 청구포기 등을 할 수 있으므로 만일 이러한 부분에 관하여 당사자들 간에 존재하는 내부적인 제한이 있더라도 법원이나 상대방에게 대항할 수 없다는 단점이 있다.[474]

---

469) 미국의 대표당사자소송에 대하여는 강태원, "미국 대표당사자소송의 최근동향에 대하여", 비교사법 제8권 2호, 한국비교사법학회, 2001, 1007~1037면 참조.

470) 선정당사자제도는 각각의 피해자인 선정자가 개별적으로 선정당사자에게 수권을 하여 선정당사자가 소송을 수행하게 하는 임의적 소송담당의 하나이다. 이는 공동의 이해관계가 있는 사건에 관하여 공동으로 소송을 하려고 하는 당사자가 여러 명 있는 경우 그 다수자 중에서 하나 또는 수인을 선출하여 그 선출된 자가 다른 사람을 위하여 소송을 수행하는 자격을 취득하고 그가 다른 사람을 위하여 소송을 수행하여 판결이 나면 그들 대표자로 선출한 다른 사람들도 그 판결의 효력을 받는 제도를 말한다.

471) 정윤모, "집단소송이 증권시장에 미치는 영향", 「증권」 제109호, 2001년 가을, 37면.

472) 한선옥, "집단분쟁해결제도의 경제적 분석", 「법과 경제학」, 김정호 편, 한국경제연구원, 1997, 286~287면.

473) 유병현, "증권관련집단소송법 제정안에 대한 검토", 「상사법연구」 제20권 제4호, 한국상사법학회, 2002, 116면.

474) 김상균, "증권관련집단소송법 시안에 대한 토론", 사단법인 한국법제발전연구소 설립기념세미나

2. 집단소송제도의 특성

집단소송제도의 특성은 먼저 법적인 면에서 다수를 대신하는 소수의 대표자에 의한 소송수행의 결과가 명시적인 소송권한의 위임을 하지 않은 전체구성원에게 미친다는 것으로서 소송법의 일반원칙에 벗어난다는 점을 들 수 있고, 입증책임의 문제에 있어서도 통상적인 소송에 있어서 원고가 피고의 고의 내지 과실을 입증할 책임을 부담하는 것에 비해서 상당히 완화된 경우가 많고 또는 입증책임이 전환되는 경우가 많다는 점을 들 수 있다. 경제적인 면에서는 손해배상책임존재와 관련하여 당해 시장의 규모를 확대시키는 경향이 생겨나게 된다. 즉 증권시장의 경우에는 손해배상책임제도가 없다면 잠재적 피해자는 거래를 피할 가능성이 높고 그로 말미암아 시장에서의 거래 규모가 축소되며 결과적으로 기업들의 자본조달비용을 증가시킬 수도 있다. 한편 피해를 보는 자의 입장에서도 손해배상책임제도가 있다고 하여서 무책임하게 행동하게 되지는 않을 것이고 피해를 입지 않기 위한 방어적 행동 내지 자기판단이 있게 된다. 이러한 점은 투자행위가 이루어지는데 있어서 주어진 최선의 상황에서 책임 있는 투자결정을 내리게 할 수 있다. 한편 집단소송은 개인에 의한 단독소송과는 달리 소송의 핵심을 이전시키는 작용을 하기도 한다[475]. 즉, 집단소송은 단순히 집단의 이익을 대변하여 대표자가 소송을 수행한다는 차이뿐만 아니라 소송수행의 핵심이 당사자가 아닌 유능한 변호사에게로 이전되고 손해배상액의 액수보다는 변호사의 보수로, 그리고 소송수행(litigation)보다는 합의(settlement)로 결말이 난다는 특성이 있다.

3. 집단소송제도의 효용성

(1) 소송경제상의 이점

집단소송은 동일한 또는 유사한 소송이 반복되는 것을 피할 수 있는 소송경제상의 장점이 있다[476]. 이러한 점은 집단소송에 있어서 매우 긍정적인 평가를 가능하게 하는 부분이다. 미국 연방민사소송규칙(Federal Rules of Civil Procedure) 제23

자료, 2001. 11. 30., 52~53면.

475) Stephen C. Yeazell, Civil Procedure 4th ed. 1996, p.966.

476) 정윤모·손영락「증권집단소송과 투자자 보호」한국증권연구원 조사보고서 01-01 (2001.2) 41면

조인 FRCP Rule 23의 입법초기에 있어서도 공정한 소송의 진행과 시간·비용에 있어서의 소송경제를 실현한다는 것이 주요목적이었던 것이 사실이다[477]. 한편 소송경제의 측면을 다른 각도에서 접근하는 시각도 있는데, 즉 집단소송의 결과 발생하는 손해배상은 개개인의 각 원고에게는 별로 중요하지 아니한 경제적 회복이지만 피고에게는 엄청난 경제적 부담으로 작용하기 때문에 기업에게는 부담이 된다는 것이다. 그러나 손해배상이 피고기업의 부담으로 된다고 하더라도 경제적 열세에 놓여있는 개인투자자에게는 회복할 수 없는 손해의 발생을 방지하게 된다는 점에서 이러한 비판은 옳지 않다고 생각한다.

(2) 법원의 부담경감

집단소송은 개인이 입은 경제적 손해가 미미하여 개인적 소송을 통하여 이를 회복하는 것이 힘든 경우에 국가공권력의 하나인 법원을 통하여 손해회복을 할 수 있도록 도움을 줄뿐만 아니라 동일한 소의 이익을 가진 수많은 사건들을 처리하여야 하는 법원의 부담을 경감시킬 수 있다[478]. 즉 집단소송제도는 많은 소송을 다루어야 하는 법원이 소의 이익이 동일한 많은 사건들을 한꺼번에 처리하도록 함으로써 법원의 과중한 업무와 시간적 부담을 경감시켜 주는 장점이 있다. 또한 집단소송제도의 존재는 소송절차를 진행하게 됨으로써 발생하게 되는 장기간의 시간적 낭비와 증거수집의 어려움을 가지는 소송당사자들로 하여금 소송을 진행하지 않고 화해절차를 택할 수 있는 기회를 줌으로써 양 당사자 간의 이익을 도모할 수 있다는 장점이 있다.

(3) 법적·경제적 정의의 실현과 분배의 형평성의 제고

집단소송은 대기업과 다투는 개인에게 분쟁해결을 함에 있어 평등한 토대를 제공한다는 점에서도 의미가 있다. 즉 개인이 혼자 변호사를 선임하여 막대한 소송비용을 부담하면서까지 소송수행을 하게 되면 아예 소송을 포기할 수도 있으나, 유사혹은 동일한 소의 이익을 가진 여러 분쟁들을 한꺼번에 해결할 수 있는 길이 열린다면 소송경제상의 이익과 개인의 소송비용의 부담을 경감함으로써 결국 법적·경

477) FRCP Rule 23 (b) (3) advisory committee's note
478) Richard Posner, Economic analysis of Law 626 (5th ed. 1998)

제적 정의의 실현이 가능하게 된다. 회사제도와 관련된 최근의 추세는 기업의 경제활동에 있어서는 기업의 자율성을 최대한 보장하고 각종의 규제를 완화하는 것이다[479]. 그러나 회사라고 하여 영업활동이 아닌 분쟁해결에 있어서도 우월적인 지위를 제공받는 것은 정의에 반하는 것이고 기업의 경제활동과 수반되어 생겨나는 경제적, 사회적 문제는 회사제도의 폐해로 지적되고 있다. 따라서 회사가 회사라는 제도에 의해서 이익을 누리면서 동시에 불법행위 등으로 인한 책임으로부터 면제되는 모순이 없도록 하는 것이다.

(4) 소송수행의 어려움 극복

집단소송은 고도로 발달된 현대 산업환경 하에서 거대기업과의 거래로부터 피해를 보고 있는 소비자들에게 소송수행의 어려움을 덜어준다는 장점이 있다[480]. 즉 엄청난 소송비용과 장기간의 소송수행에 대한 부담으로 인하여 예상되는 손해배상을 포기할 수밖에 없는 일반적인 개인투자자들에게 집단소송은 소송수행의 어려움을 극복하는데 큰 도움을 주는 제도라고 할 수 있다. 더구나 집단소송의 경험이 많은 유능한 변호사를 선임하여 소송수행의 어려움으로 인하여 소송제기 자체를 하지 못하는 동일한 소의 이익을 가진 집단을 대신하여 소송을 수행토록 하고 그 이익을 분배한다는 점에서 투자자를 보호하는 긍정적인 효과가 나타날 수 있다. 또한 원고 개개인이 막대한 소송비용을 부담한다는 것은 매우 힘든 일이기 때문에 회사를 상대로 하여 소송을 시작하는 일은 매우 어렵고 소송수행에 필요한 중요한 자료들이 대다수 회사의 수중에 있기 때문에 이를 확보하는 일도 쉽지 않다. 따라서 집단소송제도는 이러한 원고 개개인의 행위를 대신하여 소송수행에 필요한 지원을 해주는 역할을 할 수 있다.

Ⅲ. 증권관련집단소송법의 주요 내용과 문제점

증권관련집단소송법은 시장의 사기적 행위로 인하여 집단적으로 손해를 입은 피

479) 김준기·김선웅·박근용 "증권집단소송제의 도입에 대한 논의" JURIST Vol. 380 (2002. 5) 35면
480) James D. Cox "Making Securities Fraud Class Actions Virtuous" 39 Arizona Law Review 497 (1997)

해자들을 효율적으로 구제하고, 이를 통해 간접적으로 기업의 경영투명성을 높이는 것을 입법목적으로 하고 있다(증권관련집단소송법 제1조). 그러나 이러한 증권관련집단소송법은 유가증권의 원활한 유통을 통한 국가경제발전의 진작이라는 점보다는 피해자의 효율적 구제에만 초점을 맞추어 입법이 된 느낌이 있다. 즉 동법은 피해자 구제의 측면에만 중점을 두어 입법이 되어, 증권관련집단소송이 남용될 경우 나타날 수 있는 문제점과 이에 대한 방지책을 위한 충분히 갖추지 못하고 있다고 할 수 있다.

이하에서는 증권관련집단소송법의 각 장별 주요 내용과 문제점을 검토해 보고자 한다.

1. 제1장 「총칙」 부분

(1) 증권관련집단소송의 적용범위(대상행위)

현행 증권관련집단소송법은 제3조 제1항에서 증권집단소송을 이용하여 손해배상청구를 할 수 있는 경우로 네 가지를 들고 있다. ① 유가증권신고서, 사업설명서(예비사업설명서와 간이사업설명서 포함) 중 허위의 기재 또는 표시가 있거나 중요한 사항이 기재 또는 표시되지 아니함으로 인한 손해배상청구((구)증권거래법 제14조), ② 사업보고서·반기보고서·분기보고서 중 허위의 기재 또는 표시가 있거나 중요한 사항을 기재 또는 표시하지 아니함으로 인한 손해배상청구((구)증권거래법 제186조의5, 제14조), ③ 미공개정보를 이용한 내부자거래 또는 시세조작행위로 인한 손해배상청구((구)증권거래법 제188조의3, 제188조의5), ④ 감사인의 분식회계 또는 부실감사로 인한 손해배상청구((구)증권거래법 제197조)의 경우로 한정하여 열거하고 있다.

이에 대하여 법 제정 전 의원입법안에서는 공개매수신고서·공개매수설명성의 허위기재 및 부실기재의 경우와 수시공시사항의 허위기재 및 부실기재의 경우, 또는 간접투자자산운용업법(구 증권투자신탁업법과 증권투자회사법) 위반행위를 원인으로 한 손해배상청구의 경우를 포함하고 있었으나, 이것은 입법과정에서 제외되었는데,[481] 이를 포함시켜 규정하자는 주장이 제기되고 있다.[482]

481) 증권시장에서 주식투자와 관련한 손익은 매우 다양한 형태로 여러 가지 요인에 따라 수시로 발생하

그러나 참고로 미국의 경우를 보면 적용범위에 제한을 두고 있지는 않으나, 실제로 제기된 증권집단소송의 건수는 내부자거래와 회계부정에 집중되고 있다. 따라서 제소대상 불법행위 유형의 범위를 공개매수신고서·공개매수설명서의 허위기재 및 부실기재의 경우와 수시공시사항의 허위기재 및 부실기재의 경우, 또는 간접투자자산운용업법 위반행위를 원인으로 한 손해배상청구의 경우를 포함하여 그 범위를 확대하여 규정하더라도 무방할 것이다.483)

(2) 증권관련집단소송의 대상기업

증권과 관련되는 불법행위가 증권관련집단소송법 제3조 제1항의 집단소송청구대상행위에 해당하는 경우에도 모든 기업 및 관련행위자를 대상으로 하여 피해를 입은 투자자들이 소송을 제기할 수 있는 것은 아니며, 청구대상기업의 범위에 대하여 증권관련집단소송법 제3조 제2항에서는 '제1항의 규정에 의한 손해배상청구는 (구)증권거래법 제2조 제3호의 규정에 의한 주권상장법인 또는 동법 제2조 제15항의 규정에 의한 협회등록법인이 발행한 유가증권의 매매 그 밖의 거래로 인한 것이어야 한다'라고 규정하고 있다.

한편 증권관련집단소송법 부칙 제3항에 의하면, 증권관련집단소송법 시행일을 기준으로 직전 사업연도 말 현재 자산총액 2조 원 미만인 (구)증권거래법 제2조 제13조 제3호의 규정에 의한 주권상장법인 또는 동법 제2조 제15항의 규정에 의한 협회등록법인이 발행한 유가증권의 매매 그 밖의 거래로 인한 손해배상청구로서 제3조 제1항 제1호, 제2호 및 제4호의 규정에 의한 손해배상청구에 대하여는 2007

고 있으며, 기본적으로 자율적 투자의사 결정에 기인하고 있다. 그러나 증권관련집단소송이 남용되어 시장손실에 대한 일종의 보장보험격으로 투자실패책임을 전가시키려는 수단으로 악용될 소지가 있어 그 적용대상 범위를 엄격하게 제한할 필요가 있다(한국상장회사협의회, "증권관련집단소송법(안)에 대한 의견", 2002.1.). 특히 공개매수신고서·공개매수설명서의 허위기재 및 부실기재((구)증권거래법 제25조의3) 등과 같이 피해자를 용이하게 확정할 수 있어 선정당사자제도를 이용할 수 있는 경우와 수시공시사항((구)증권거래법 제186조)의 허위기재 및 부실기재 등과 같이 손해와의 사이에 인과관계의 추정이 어려운 경우는 제외하기로 하였다(법무부, 증권관련집단소송법 시안 해설, 2001.11.).

482) 참여연대, 증권집단소송제의 실효성 확보를 위한 보완조치가 강구되어야-법무부의 증권집단소송법 입법예고안에 대한 입장-, 김은영, 2001.10.15.

483) 공개매수신고서의 부실기재로 인한 책임은 그 성질상 발행공시책임과 별반 다를 바 없으므로 집단소송의 대상이 될 수 있다(이준섭, '증권관련집단소송제 도입의 몇 가지 전제와 문제점', 상장협 제44호, 2001, 27~28면).

년 이후 최초로 행하여진 행위로 인한 손해배상청구분부터 증권관련집단소송법을 적용한다고 하고 있다.

본래 증권관련집단소송법 시안 제3조 제2항에서는 적용대상과 관련하여 '시세조작행위 및 미공개정보 이용행위'는 기업규모와 무관하게 집단소송의 대상이 되는 것으로 하는 반면, 유가증권신고서·사업설명서의 허위기재, 사업·반기·분기보고서의 허위기재, 감사인의 부실감사 및 분식회계로 인한 청구행위에 대하여는 청구대상기업을 한정하여 자산총액이 2조 원 이상인 주권상장법인 또는 협회등록법인이 발행한 유가증권의 거래로 인한 손해배상청구에 한하여 집단소송을 제기할 수 있도록 하여 많은 논란이 되었다. 즉 증권관련집단소송은 근본적으로 소액투자자의 피해구제를 목적으로 하는 것이기 때문에 청구대상기업의 규모에 따라 소액투자자의 피해구제를 차별해야 할 이유가 없다는 것이다. 그러나 이 문제에 대해 증권관련집단소송법에서는 부칙 제3항에 유예기간을 둠으로써 적절히 해결하고 있다고 평가된다.

그리고 증권관련집단소송법에 의하면 주권상장법인 또는 협회등록법인이 아닌 기업과 집단소송대상의 범위에 해당하는 경우에도 종전의 불법행위는 비록 증권관련집단소송법 시행 이후에도 집단소송이 아니라, 종전의 소송방식을 따라야 한다. 이러한 취지는 해당 기업 등이 집단소송이라는 새로운 소송제도에 대처할 수 있는 충분한 시간적·환경적 여건을 조성해 주는 것이 필요하다는 재계의 의견이 반영된 것으로 증권관련집단소송법의 시행일을 연기함으로써 갑작스런 제도의 도입과 시행에 따른 사회경제적 파급효과를 줄이고, 기업들이 스스로 당해 불법행위를 시정할 수 있도록 유예기간을 부여한 것이다.

2. 제2장「소의 제기 및 허가절차」부분

(1) 대표당사자 및 소송대리인의 요건

법원은 소장 및 소송허가신청서를 접수한 날로부터 10일 이내에 ① 증권관련집단소송의 소가 제기되었다는 사실, ② 총원의 범위, ③ 청구의 취지 및 원인의 요지, ④ 대표당사자가 되기를 원하는 구성원은 공고가 있는 날로부터 30일 이내에 법원에 신청서를 제출하여야 한다는 사실을 공고하여야 한다(증권관련집단소송법

제10조 제1항). 법원은 이러한 공고를 한 날로부터 50일 이내에 증권관련집단소송을 제기한 자와 대표당사자신청서를 제출한 구성원 중 총원의 이익을 공정하고 적절히 대표할 수 있는 자를 결정으로 대표당사자를 선임한다(증권관련집단소송법 제10조 제4항, 제11조). 이는 민사소송에서와는 달리 대표당사자가 되기 위하여 증권관련집단소송을 제기하였다 하더라도 소제기자가 바로 대표당사자가 되는 것이 아니라, 대표당사자가 되기를 원하는 구성원으로부터 신청서를 제출받아 소제기자 및 신청서 제출자 중 총원의 이익을 공정하고 적절히 대표할 수 있는 자를 대표당사자로 선임하는 것이다. 따라서 증권관련집단소송의 당사자로서 직접 참여하지 않는 구성원 역시 당해 소송에서 적법한 절차보장을 받아야 하기 때문에 대표당사자의 선임절차에 대한 법원의 적극적인 관여와 조사가 필요하다.

증권관련집단소송법 제11조에 의하면, 대표당사자는 구성원 중 그 증권집단소송으로 인하여 얻을 수 있는 경제적 이익이 가장 큰 자 등 총원의 이익을 공정하고 적절히 대표할 수 있는 구성원이어야 하며, 최근 3년간 3건 이상의 증권집단소송에 대표당사자로 관여하였던 자는 대표당사자가 될 수 없다. 다만 제반사정에 비추어 보아 제1항의 요건을 충족하는데 지장이 없다고 법원이 인정하는 자는 그러하지 아니하다고 규정하고 있다. 여기서 3년간 3건이라는 요건은 소송대리인의 경우에도 그대로 적용된다고 규정한다.

증권관련집단소송을 수행할 수 있는 대표당사자의 자격요건을 '3년간 3건의 이상'의 증권집단소송에 관여한 자는 대표당사자가 될 수 없는 것으로 규정하고 있는데, 이는 미국의 사적증권소송개혁법((Private Securities Litigation Reform Act of 1995년)에서와 마찬가지로 소위 상습적인 원고에 의한 남소를 방지하기 위한 취지로 보인다.[484] 그러나 이는 증권관련집단소송법 제11조 제1항의 공정하고 적절한 대표성 요건에 적합한가를 기준으로 판단하면 충분하고, 부가하여 3년간 3건이라는 한도를 설정하는 것은 부당하다고 생각된다. 즉 단순히 기간별 제소횟수로 대표당사자의 자격요건여하를 평가할 것이 아니라 소송목적을 고려하여 부당한 목적으로 제소한 자의 집단소송이라면 불허하여야 할 것이다.

484) 미국의 경우에는 3년간 5건으로 제한하고 있으며(1933년 증권법 Section 27 a.3.B. iv. 및 1934년 증권거래법 Section 21D a.3.B. iv.), 법원의 재량에 의한 예외인정이 가능하도록 규정하고 있다(1933년 증권법 Section 27 a.3.B. iv., 1934년 증권거래법 Section 21D a.3.b. iv.).

(2) 소송허가요건

1) 인원 및 지주요건(제12조 제1항 제1호)

증권관련집단소송법 제12조 제1항 제1호에 의하면, 증권집단소송사건은 '구성원이 50인 이상이고, 청구의 원인이 된 행위 당시를 기준으로 이 구성원의 보유 유가증권의 합계가 피고 회사의 발행유가증권 총수의 1만분의 1 이상일 것'이라고 규정하고 있다.

증권관련집단소송법 제12조 제1항 제1호 전단은 미국의 연방민사소송규칙(Federal Rules of civil procedure)상의 다수성 요건(FRCP 23(a))을 우리 법의 기준에 맞추어 구체화한 것으로 볼 수 있다. 이에 대해 '구성원이 50인 이상일 것'이라고 규정하는 것은 집단소송의 입법취지를 몰각한 것으로 볼 수 있다는 주장이 제기될 수 있다.[485] 따라서 소송허가 요건으로서의 구성원 인원수는 명문의 규정으로 제한하는 것보다 미국의 집단소송 판례에서와 같이 법원의 재량에 의하여 판단하도록 하는 것이 타당할 것이다.[486]

또한 제1호 후단의 규정에 의하면 소액 피해자들의 경우는 집단소송을 제기하는 것이 매우 어렵다. 즉 소송실무상 원고 측에서는 증권관련집단소송의 소송원인이 발생한 기간에 해당하는 구성원 중에서 다시 적합한 보유자를 찾고 다시 그 구성원의 보유 유가증권의 합계가 피고회사의 발행 유가증권 총수의 1만분의 1을 넘어야 하므로 현실적으로 이 요건을 갖추기는 매우 어려울 것이다. 구성원 보유 유가증권의 총수를 1만분의 1 이상으로 규정한 것은 물론 소송남용 억제에 있어 강력한 효력을 발휘할 것으로 생각이 드나, 남소예방 방법으로는 소송허가신청서와 소장의 기재사항을 엄격하게 함으로써 해결하는 것이 타당하다고 본다.

2) 공통성요건(제12조 제1항 제2호)

증권관련집단소송법 제12조 제1항 제2호에서는 소송이 허가되기 위하여는 손해배상청구로서 법률상 또는 사실상의 중요한 쟁점이 모든 구성원에게 공통될 것을 요구하고 있다. 이러한 규정은 미국의 사적증권소송개혁법(PSLR of 1995)과 증권

485) 이상복, '증권관련집단소송법의 몇 가지 쟁점에 관한 소고', 금융법무 Vol. 2, 2004년 10월호, 21면 참조.

486) 미국의 경우에는 판례상으로 대략 25인 이하인 경우에는 불허하고, 40인 이상이면 허용하는 경향이 있지만, 사실상 원고가 소송상 주장을 얼마나 잘하는가의 여부에 집단소송허가 여부가 결정된다(송상현, '미국 Class Action의 재고', 서울대학교 법학 제21권 제1호, 1980년, 107면).

소송통일표준법(1998)에서 요구하는 허가요건 중 공통성요건과 유사하다.[487] 미국에서 의미하는 공통성요건이란 구성원들의 청구 사이에 사실상 또는 법률상 공통성이 있어야 한다는 것을 의미한다. 이때 공통성 요건을 해석함에 있어 이를 모든 구성원이 동일한 문제를 가져야 하는 것으로 제한적인 해석을 하기보다는 어느 정도의 유사성이 인정되면 구성원 간에 약간의 상이성이 있어도 집단의 구성이 인정되는 것으로 해석될 가능성이 높다. 그러나 미국의 법원은 1934년 증권거래법 Section 10(b) 및 SEC Rule 10(b)-5에 의거하여 제기된 중대한 허위공시 및 기망행위에 대한 손해배상청구소송에서 투자결정을 함에 있어 문제가 된 허위공시에 대한 구성원들의 신뢰정도가 서로 다를 경우 허위공시행위와 투자결정 사이의 인과관계를 원고가 구체적으로 입증하도록 함으로써 공통성의 요건을 상대적으로 엄격하게 적용하고 있다.[488]

이러한 점을 고려할 때 우리 증권관련집단소송법 내에 구성원들이 공통성을 갖는다는 점에 대한 입증책임을 원고가 부담하여야 한다는 단서조항을 신설하는 것이 바람직하다고 본다.

3) 효율성 요건(제12조 제1항 제3호)

증권관련집단소송법상 소송을 제기하기 위하여는 법원의 허가를 얻어야 하며, 허가를 얻기 위하여는 당해 소송이 총원의 권리실현이나 이익보호에 적합하고 효율적인 수단이어야 한다(증권관련집단소송법 제12조 제1항 제3호). 그러나 이러한 규정내용은 매우 추상적이고 포괄적인 규정이라고 할 수 있어, 경우에 따라서는 법관이 자의적으로 허가 여부를 결정할 가능성이 있다. 특히 증권집단소송은 소송물가액이 천문학적 숫자가 될 뿐만 아니라 당해 소송으로 인하여 기업의 운명이 좌우될 수도 있기 때문에 허가 여부를 결정함에 있어서 법관의 자의적 판단 가능성을 최대한 축소시킬 필요가 있다.

이와 관련하여 미국의 FRCP 23(b)에서 집단소송의 허가요건을 구체적으로 정하

487) 증권감독원 조사부. 미국 사적증권소송개혁법 개요, 증권경제정보, 1996-1호, 80면 이하 참조.

488) Broussard v. Meinekee Discount Muffler Shop 사건을 예로 들면 비록 원고들이 피고가 제공한 동일한 문서에 기초해서 투자결정을 내렸다고 하더라도 구두로 들은 내용이 다르기 때문에 집단소송의 성립을 불허한다는 판결이 내려진 바 있다. 전삼현, '증권관련집단소송법의 개선과제', 금융법무, 2004. 10., 6-7면 참조.

고 있는데, 이에 따르면 ① 개별소송에 의할 경우 모순되는 판결이 나오거나 다른 당사자의 권리를 해하게 되는 경우 즉 이해상충을 방지하기 위해 필요한 경우, ② 유지청구나 확인청구를 하는 경우, ③ 원고들의 입장에서 볼 때 총원 모두에게 법리상으로나 사실관계상 집단소송을 제기하는 것이 다른 개별적 이해관계에 비하여 현저하게 중요한 경우 중 최소한 어느 하나의 요건을 구비할 것을 요구하고 있다.[489] 이러한 미국법의 규정과 우리 증권관련집단소송법의 효율성요건을 비교하여 보면 우리법상의 '당해 소송이 총원의 권리실현이나 이익보호에 적합하고 효율적인 수단이어야 한다'는 것이 미국법의 개별소송에 의할 경우 모순되는 판결이 나오거나 다른 당사자의 권리를 해하게 되는 경우 즉 이해상충의 방지를 위해 필요한 경우와, 손해배상을 구하는 경우로서 모든 원고들에 대하여 공통되는 법리나 또는 사실관계가 다른 개별적 이해관계에 비하여 현저하게 중요한 경우 모두를 상정한 규정이라고 할 수 있다. 이처럼 미국의 FRCP 23(b)나 우리 증권관련집단소송법 제12조 제1항 제3호는 그 해석상 유사하다고 할 수 있으나, 미국의 FRCP 23(b)는 구체적인 반면에 우리 증권관련집단소송법 제12조 제1항 제3호는 추상적이고 포괄적이어서 허가 여부를 결정하는데 있어 법관의 자의적 판단이 가능하다고 할 수 있다.

증권관련집단소송을 그 소송물가액이 천문학적인 숫자가 될 것일 뿐만 아니라 당해 소송으로 인하여 기업의 운명이 달라질 수 있으며, 경제에 엄청난 타격을 줄 수도 있다. 따라서 가능한 한 이러한 법관의 자의적인 판단의 여지를 줄이는 것이 바람직하다고 할 수 있다. 이러한 문제를 해결하기 위하여 효율성 요건을 구체화할 필요가 있으며, 그 구체적인 요건으로는 미국의 경우와 같이 ① 이해상충의 방지를 위해 필요한 경우, ② 유지청구나 확인청구를 하는 경우, ③ 손해배상을 구하는 경우로서 이해관계가 현저히 중요한 경우 중 하나의 요건을 충족하도록 요건을 구체화하는 것이 바람직할 것이다.

(3) 소송허가결정의 고지

법원이 집단소송의 허가결정을 하는 경우에 증권관련집단소송법 제18조 제1항

---

489) Robert H. Klonoff, Edward K.M. Billich, Class Action and other multi-party litigation(American Casebook Series), West Group, 2000, p.158.

에서는 이를 구성원 전원에 대하여 고지하도록 하고 있는데, 이는 구성원뿐만 아니라 상대방 당사자에게도 송달하여 알리도록 하는 것이 소송공평의 이념에 합치된다고 볼 수 있다.

그리고 소송허가결정이 있는 경우 증권관련집단소송법 제18조 제3항에서는 소송허가결정에 대한 고지방법에 관하여 규정하고 있는데, 전국을 보급지역으로 하는 일간신문에 게재하도록 하고 있고, 한국거래소 또는 한국증권업협회에 통보하도록 하고 있다(증권관련집단소송법 제19조). 고지제도의 이상과 목적은 집단의 구성원 전원에게 그 결정을 빠짐없이 알리려는 데에 있음에도 불구하고 그 고지방법을 한 가지로 특정함으로써 우리의 현실에 비추어 생각할 때 고지제도의 본래 목적 달성에 미흡한 결과가 초래될 우려가 있다. 이 부분은 파산법, 화의법, 회사정리법에서 채권자 등 이해관계인들에게 대하여 하는 고지방법의 수준에도 미치지 못한다고 생각한다.

이와 같이 고지나 공시방법이 불완전하기 때문에 증권관련집단소송의 계속사실을 알지 못하는 구성원이 있는 경우 본인도 모르는 상태에서 집단소송에 참여하게 되고, 판결의 효력을 받게 되어 기존 민사소송법상의 대원칙인 처분권주의와 기판력제도와 모순될 수 있으며, 나아가 대표당사자의 부적절한 소송으로 인하여 패소하거나 별개의 소송으로 제기하였을 경우에 집단소송의 분배절차에 의한 분배금보다 다액의 배상금을 받을 수 있었던 구성원에게 재판받을 권리에 대한 침해의 결과가 발생할 수 있다.

따라서 우리의 현실에 비추어 수회이상의 TV 공고와 일간신문에 수회이상을 게재하도록 하는 등의 필요적 고지방법을 정하고, 그 이외에 보충적으로 소송허가결정 사실을 알고 있는 구성원에게는 개별적 송달을 하도록 하는 등 자세하고 치밀한 검토를 통한 고지방법에 관한 보완이 있어야 할 것으로 생각한다.

3. 제3장「소송절차」부분

(1) 손해배상액의 산정

증권관련집단소송에서의 청구대상은 증권관련집단소송법 제3조에서 규정하고 있는 것처럼 모두 불법행위책임의 성질을 가지고 있으며, 동법 제34조는 이러한 불법행위에 대한 증권관련 피해구성원들의 손해배상청구에 있어서 손해액 산정에 대해 규정하고 있다. 그러나 기본적으로 증권거래로 인한 손해배상의 산정은 1주당 손실액 및 피해기간 중 거래 주식수의 산정을 통해 결정될 것이지만, 증권거래의 특성상 가해자의 불법행위가 피해기간 동안 문제된 유가증권의 취득자에게 입힌 손해의 정확한 산정은 사실상 불가능하다 할 것이다. 더구나 증권관련집단소송법이 손해배상액 산정과 관련하여 (구)증권거래법 그 밖의 규정이 있으면 우선적으로 적용하고(증권관련집단소송법 제34조 제1항), 정확한 손해액의 산정이 어려운 경우에는 제반사정을 참작하여 표본적, 평균적, 통계적 방법 등으로 이를 정하도록 하고 있어서(동법 동조 제2항), 문제점으로 지적되고 있다. 즉 이러한 포괄적인 규정은 손해배상액의 산정과 관련하여 논란을 불러일으킬 소지가 있다.

1) 유가증권서신고서 및 사업설명서의 허위기재에 대한 손해배상액 산정

자본시장법 제126조에 의하여 유가증권신고서나 사업설명서에 허위기재를 한 경우 또는 자본시장법 제162조 및 제170조에 의하여 사업보고서·븐기보고서·반기보고서 등에 허위기재를 한 경우와 감사인의 부실감사책임의 경우에는 소송의 변론종결시까지 유가증권을 소유하고 있다면 유가증권의 실제 취득가격에서 변론종결시 시장가격을 공제한 금액을, 소송의 변론종결 이전에 유가증권을 처분하였다면 유가증권의 실제 취득가격에서 변론종결 전 처분가격을 공제한 금액을 불법행위로 인한 손해배상액으로 확정하고 있다. 이처럼 증권거래법 제15조에 의한 손해배상의 산정은 일단 법규정에 따른 산정절차인 일률적인 계산방식을 통해 이루어진다.[490] 그러나 증권관련집단소송은 그 특성상 불법행위를 확인하는 것이 쉽지 않기 때문에 일반적으로 상당기간 감독관청 등의 조사결과에 의존하여 부실기재가 밝혀진 상태에서 제기되는 것이어서, 변론종결시 해당 회사의 증권가격은 당해 집단소송과 관련이 없는 회사의 내부사정이나 주식시장의 상황변화와 같은 외부적인 요소들이 개입되어 변동이 있을 수 있다. 또한 원고인 유가증권의 취득자가 소송계속 중에 언제든지 자신의 위험부담으로 유가증권을 자유롭게 처분할 수 있기 때문에 자본시장법 제126조 제2항이 규정하는 손해배상액의 산정기준이 합리적인 방식

490) 증권과 관련하여 발생하는 손해는 증권관련시장의 특성상 그 발생요소가 복잡하게 구성되어 있고, 또한 불법행위와 손해 사이의 인과관계의 증명에 있어서 곤란하기 때문에 손해액을 미리 법률에 규정하여 당사자의 책임관계를 신속하게 확정하도록 하는 것이다.

이 될지는 의문이다.

자본시장법 제126조 제2항에서 제1항의 규정에 불구하고 제125조에 의한 배상책임자가 청구권자가 입은 손해액의 전부 또는 일부를 허위로 기재·표시하거나 중요한 사항을 기재·표시하지 아니함으로써 발생한 것이 아님을 증명한 경우에는 책임의 전부 또는 일부를 면제할 수 있도록 하였다. 즉 증권관련집단소송에서의 손해배상액의 산정은 일률적인 산정방식에 의하여 결정되지만, 추정되는 인과관계의 경우에는 피고에게 손해범위의 인과관계에 관한 증명책임을 부담하도록 하여 원고에게 입증책임의 부담을 줄여주고 있다. 그러나 불법행위 구성요건에 대한 입증책임을 완화시키거나 피고에게 전환시키는 것은 그 입증자료와의 근접성, 입증의 간이도 등을 고려하여 형평의 이념에 따라 정할 문제이다. 따라서 일률적으로 피고에게 입증책임을 전환시키는 자본시장법 제126조 제2항의 규정은 개정될 필요가 있다고 본다.

2) 표본적, 평균적, 통계적 방법에 의한 손해배상액 산정

증권관련집단소송법 제34조 제2항은 표본적, 평균적, 통계적 방법에 의한 손해배상액의 산정방식에 대해 규정하고 있는데, 이러한 방식은 증권관련집단소송의 구성원을 특정함이 없이 집단구성원 전체의 손해배상액을 산정하는 것으로 그 개념이 너무 추상적이고 불분명한 것이 아닌가 생각된다. 환경소송이나 소비자소송 등과는 달리 증권관련집단소송에서는 동일한 위법행위로 손해가 발생한 경우라도 원고의 거래주식수, 거래주식단가, 주식거래형태 등 여러 가지 요인에 따라 실제 배상되어야 할 집단구성원 개개인의 손해액이 서로 달리 판단될 수밖에 없기 때문에 이러한 손해배상액의 산정방식이 합리적인지에 대해서는 의문의 여지가 있다.

3) 내부자거래행위와 시세조작행위에 대한 손해배상액 산정

증권관련집단소송법은 내부자거래행위 및 시세조작행위에 대한 손해배상액의 산정과 관련해서는 별도의 규정을 두고 있지 않다. 자본시장법은 제175조 제1항에서 단순히 미공개정보 이용금지를 위반한 자는 당해 유가증권의 매매 기타 거래를 한 자가 그 매매 기타 거래와 관련하여 입은 손해를 배상할 책임이 있다라고만 규정하고 있으며, 제15조에 대한 명시적인 준용규정은 없다. 이와 관련하여 하급심판결은 주식의 불법상장을 원인으로 하는 불법행위로 인한 손해배상책임 및 내부자거래금지규정 위반으로 인한 자본시장법 제174조 제1항에 의한 손해배상책임의 경우에 있어서의 손해배상의 범위도 자본시장법 제126조 제2항에서 규정하는 손해배상의 범위와 같다고 봄이 상당하다고 판시한 바 있다.[491] 그러나 증권시장에서 발생하는 유가증권신고서, 사업설명서, 사업보고서 등의 허위·부실기재에 의한 손해는 이외에 주식가격에 영향을 미칠 다른 사유가 없다고 가정한다면 허위 또는 부실기재의 사실이 밝혀진 후 피고가 매수한 주식가격의 하락이라는 단순한 결과로 나타나는 것을 어느 정도 예측할 수 있겠지만, 내부자거래에 있어서는 이로 인한 손해가 주식가격의 하락이라는 결과로 나타나는 것만은 아니기 때문에 내부자거래가 이로 인해 발생하는 손해에 어느 정도의 영향을 미쳤는지에 대한 파악은 현실적으로 불가능하다 할 것이다. 또한 자본시장법 제175조 제1항에서 규정하는 손해는 내부자거래행위가 없었더라면 형성되었을 증권의 실질적인 가격과 내부자가 실제로 거래한 것과 같은 종목의 유가증권을 동일한 시기에 반대방향으로 거래한자(손해배상청구권자)가 매매한 증권의 가격과의 차액이라고 보아야 할 것이므로, 여기서 손해배상의 범위를 자본시장법 제126조 제2항에 따라 산정하는 것은 타당하다고 볼 수 없다. 따라서 내부자거래에 있어서 손해배상의 범위는 내부자거래행위가 없었더라면 형성되었을 증권의 실질적인 가격이 기준이 될 것이고, 입법적으로도 이와 같은 손해액 산정기준에 관한 규정의 보완이 필요하다고 생각한다.

자본시장법 제177조 제1항에 의하면 자본시장법 제176조에서 규정하는 시세조작행위로 인하여 형성된 가격에 의하여 유가증권시장 또는 코스닥시장에서의 당해 유가증권의 매매거래 또는 위탁을 한 자가 그 매매거래 또는 위탁에 관하여 입은 손해를 배상할 책임을 진다. 즉 시세조작의 경우에도 내부자거래와 마찬가지로 손해배상액 산정과 관련하여 명확한 규정이 없다. 그러나 이 경우에도 시세조작행위로 인한 피해자가 가해행위인 시세조작행위의 존재, 이로 인하여 형성된 가격으로 유가증권의 매매거래 또는 위탁을 한 사실 그리고 손해의 발생과 범위에 대해 증명할 책임을 부담해야지만, 이와 같은 증명이 현실적으로 간단한 문제가 아니다. 따라서 시세조작의 경우 이로 인하여 형성된 거래가격과 시세조작행위가 없었더라면 형성되었을 실질적인 가격과의 차액이 손해액 산정의 기준이 될 수 있도록 입법적

491) 서울남부지방법원 1994.5.6. 선고, 92가합11689 판결.

으로 해결하는 것이 바람직하다 할 것이다.

(2) 화해

증권관련집단소송법 제35조에 의하면, 증권관련집단소송에 있어서 소의 취하, 소송상의 화해 또는 청구의 포기는 법원의 허가를 받지 아니하면 그 효력이 없고, 법원이 위의 허가에 관한 결정을 하고자 하는 때에는 미리 구성원에게 이를 고지하여 의견을 진술할 기회를 부여하여야 하며, 이 경우에는 제18조 제2항 및 제3항의 규정에 의한 고지를 하여야 하고, 민사소송법 제268조의 쌍방불출석시의 소취하 간주에 관한 규정을 적용하지 아니한다고 규정하고 있다.

증권집단소송제도의 도입과 관련하여 도입에 부정적이었던 입장에서는 화해로 소송이 종결되는 경우가 많을 것임이 예상되어 증권집단소송제도의 도입취지를 반감시키게 될 것이고, 화해는 변호사 좋은 일만 시킬 것이라는 인식을 가지고 있으나, 이러한 인식은 잘못된 것이다. 오히려 화해제도는 판결의 단점을 보완해 주는 면이 강하다고 할 것이다. 그리고 참고로 미국의 경우에는 많은 증권집단소송이 사실상 화해로 종결되는 경우가 많은바, 이러한 현상은 우리나라의 경우에도 제기된 집단소송이 화해로 종결될 가능성이 높을 수 있음을 보여준다. 그런데 현행 증권관련집단소송법을 보면 화해제도에 관하여 제35조 단 한 개의 조항만을 두고 있을 뿐이다.

증권집단소송에서 화해를 하는 경우 집단구성원들 사이의 이해관계가 대립할 수 있다. 이와 관련하여, 법원이 당사자 사이의 화해의 공정성과 정확성을 증명하는 요약서로서 선서진술서와 함께 화해에 관한 당사자 사이의 공동설명서를 제출해야 한다는 내용을 규정할 필요가 있을 것이다. 또한 화해와 관련하여 법원에게 많은 재량이 있을 것으로 보이지만, 화해절차에 관한 규정을 둠으로써 화해제도를 적극적으로 활용할 수 있게 하는 것이 당사자의 소송경제상으로도 바람직할 것이다.

4. 제4장「분배절차」부분

증권관련집단소송법에서의 분배절차는 판결 확정 후 별도의 분배절차에서 대표당사자가 집행권원에 의거 집행을 하고, 권리신고와 확인절차를 통해 구성원을 특정하여 분배관리인으로 하여금 피고로부터 집행된 손해배상액을 분배하는 구조로 되어 있다. 물론 증권관련집단소송법 제39조는 분배법원을 제1심 수소법원으로 하고 있어서 분배절차가 판결절차와 분리되어 있지 않은 부분도 있다.

(1) 분배관리인

증권관련집단소송법 제41조 제1항에 따르면 법원은 직권 또는 대표당사자의 신청에 의하여 분배관리인을 선임하도록 하고 있다. 이처럼 분배관리인의 자격에 대해서 특별히 규정하지 않고 있으며, 일반적으로는 원고측이든 피고측이든 은행원과 같은 전문적인 관리인을 분배관리인으로 선임하고자 할 것이다. 또한 대표당사자는 집단소송에 적극적으로 참여한 집단 구성원 중에서 분배관리인을 선임하는 것도 당연하다. 법원은 손해배상금액을 피고에 의해 분배하는 것이 가장 적절하다고 판단하면 피고 역시 분배관리인으로 선임될 수 있을 것이다. 결국 분배절차에 따라 적절하게 손해배상액의 분배업무를 수행할 수 있는 자는 대표자의 신청 또는 법원의 직권에 의하여 분배관리인으로 선임될 수 있다.

선임된 분배관리인은 법원의 감독 하에 분배업무를 하며(증권관련집단소송법 제41조 제2항), 법원은 분배관리인이 분배업무를 적절히 수행하지 못하거나 그 밖의 중대한 사유가 있는 때에는 직권 또는 신청에 의하여 분배관리인을 변경할 수 있다(동조 제3항). 이와 같이 법원의 감독 하에 권리를 실행하고 또한 분배관리인을 변경할 수 있기 때문에 분배관리인 자격에 관해 별도의 규정을 둘 필요는 없었을 것으로 보인다. 이 외에도 분배관리인은 일정한 기간 내에 분배계획안을 작성·제출하여야 하고(증권관련집단소송법 제42조), 법원은 이 분배계획안이 공정하고 형평에 맞는다고 인정되는 경우에는 이를 인가하여야 한다(증권관련집단소송법 제46조 제1항).

(2) 소송비용부담

악의적 소송을 예방하는 또 하나의 방법은 원고 패소시의 "원고의 소송비용부담 규정" 등을 두는 것이 일반적이다. 그러나 증권관련집단소송법에서는 단지 소송허가결정을 하는 때에는 고지·공고·감정 등에 필요한 비용의 예납을 명하도록 규정하고 있을 뿐(동법 제16조), 소송비용부담에 관한 규정을 두고 있지 않다. 다만 민사소송법상 소송비용은 패소한 당사자가 부담하고, 변호사보수는 일정범위만 소송비용으로 인정하게 되어 있다(민사소송법 제98조, 제109조 제1항).

따라서 원고가 승소하여 얻을 수 있는 수익에 비해 패소시 부담해야 할 소송비용이 미미한 수준이기 때문에 남소가 조장될 우려가 있다. 특히 증권집단소송은 전체 배상청구액이 개별 민사소송에 비해 훨씬 크므로 상대적 격차는 확대될 것으로 예상된다.

이와 관련하여 미국의 경우에는 1995년 증권민사소송개혁법 제정으로 패소한 당사자로 하여금 변호사보수를 포함한 소송관련비용의 부담을 의무화한 바 있다. 우리나라의 경우 상법은 대표소송에서 원고인 주주가 패소한 때에는 주주가 악의의 경우에 한하여 회사에 대하여 손해배상책임을 지도록 규정하고 있다(상법 제405조 제2항).

또한 회사설립무효의 소에서 원고가 패소한 경우 원고에게 악의 또는 중대한 과실이 있는 경우에는 회사에 대하여 연대하여 손해배상책임을 지도록 하는 규정을 두고 있다(상법 제191조, 제328조 제2항).

따라서 이러한 문제를 해결하기 위하여는 변호사 보수전액을 소송비용으로 인정하도록 하는 규정을 증권관련집단소송법상 특칙 규정으로 신설하거나, 또는 소송비용에 산입할 변호사 보수를 10% 이상 상향조정하는 규정을 대법원 규칙에 특칙으로 신설할 것을 검토할 필요가 있다.

Ⅳ. 증권집단소송과 관련된 기타 논의사항

1. 손해배상책임의 문제

(1) 배상책임의 법적 성격

우리나라의 경우 증권관련 불법행위로 인하여 증권거래법상 배상책임을 지는 가해자가 수인인 경우에는 가해자들은 고의·과실을 막론하고 부진정연대채무를 지는 것으로 보고 있다. 그런데 미국에서는 사적증권소송개혁법 제정 이전에는 증권관련 불법행위자가 수인인 경우에 상호 연대채무를 지도록 한 결과, 변제자력있는 자만을 상대로 막대한 청구금액의 증권관련집단소송을 제기한 후, 전체 손해의 부담가능성을 위협수단으로 삼아 화해를 거의 강요하다시피 하는 소송을 남발하는 사례가 많았다고 한다. 특히 증권관련집단소송의 청구금액은 천문학적이면서도 각자의 불법행위 가담정도는 현격하게 차이가 나는 경우가 많으므로, 피고로서는 판결시 받게 될 막대한 금억의 전체 손해에 대한 부담위험을 피하기 위하여 화해에 쉽게 응하게 되고, 원고로서는 실체관계와는 무관하게 소송이 각하되는 경우만 면하면 변제자력 있는 모든 피고를 상대로 증권관련집단소송을 제기하고 화해를 받아내곤 하였다는 것이다.[492] 이러한 남소를 방지하기 위하여 1995년 사적증권소송개혁법에서는 증권관련 불법행위자가 수인인 경우에 고의가 없는 한 각자의 책임비율에 따라 배상책임을 부담하도록 하는 비례책임제도(Proportionate Liability)를 도입하였다.[493] 수인의 증권관련 불법행위의 경우에는 공인회계사나 사외이사 등 가해자의 입장에 따라서 피해발생에 대한 관여정도가 현저히 다른 경우가 많고, 증권상 불법행위를 억제시킨다는 제도적 목적은 각자가 자신의 행위에 따른 책임을 부담하게 될 때 가장 효과적으로 달성되는 것이다. 따라서 증권관련집단소송의 제소 대상 행위유형 중 과실에 의한 허위·부실공시 및 부실감사의 경우에는 각자의 관여정도에 따른 비례책임을 지는 것으로 하고, 나머지 미공개정보이용, 시세조작 또는 고의에 의한 허위·부실공시 및 부실감사의 경우에는 종전처럼 부진정연대채무로 남도록 증권거래법 등을 개정할 필요가 있다.

(2) 입증책임 문제

자본시장법 제125조, 제162조 및 주식회사의 외부감사에 관한 법률 제17조 제5항의 해석상 유가증권신고서·사업설명서 등의 허위·부실공시와 부실감사로 인한 손해에 관하여는 가해자의 고의·과실 및 인과관계의 입증책임이 피고에게 전환된다고 보는 것이 통설이다. 이에 반하여 미국의 경우에는 증권관련집단소송의 대부분을 차지하는 1934년 증권거래법 10(b) 및 증권거래위원회규칙(SEC Rule) 10b-5에 기한 사기나 허위·부실공시로 인한 손해배상청구의 경우에 원고가 가해자의 고의, 자신이 그 공시된 기재나 진술을 신뢰한 사실, 이러한 신뢰는 원고가 입은 피

492) Edward J. Yodowitz, Steven J. Kolleeny, 'Changing the Standard of Joint and Several Liability to a Proportionate liability Rule', Securities Class Action: Abuses and Remedies, July 1994, pp.35~37.

493) 증권감독원 조사연구부, 증권경제정보, 1997-3호, 80~81면.

해의 직접원인이 된 사실 등 가해자의 고의 및 인과관계의 입증책임도 원고가 부담하는 것으로 보고 있다.[494] 다만 연방대법원은 이른바 '시장에 의한 사기이론'[495]으로 그 입증책임을 완화하고 있을 뿐이다.[496] 원래 불법행위 구성요건에 대한 입증책임은 원고에게 있는 것이지만, 특별히 이를 완화시키거나 피고에게 전환시키는 것은 그 입증자료와의 근접성, 입증의 간이도 등을 고려하여 형평의 이념에 따라 정할 문제이다. 이는 개개 사건의 유형에 따라 사정을 달리할 수 있는 문제이므로, 일률적으로 피고에게 입증책임을 전환시키는 우리 증권거래법 등의 규정은 불합리하고 남소의 우려도 있으므로 이를 개정할 필요가 있다고 본다.

2. 담보제공명령의 문제

모든 소송에 있어서 법이란 양당사자 모두에게 패소시 부담하는 위험이 존재하여야 소송이 남발되지 않는다.

그러나 현행 증권관련집단소송법상으로는 피고의 위험이 큰 반면에 원고의 부담은 전혀 없는 실정이다. 즉 기업은 법 위반사실과 관계없이 소송이 제기된 사실만으로 기업신용도 하락 등 막대한 손해를 입게 되며, 법원에서 승소하더라도 변호사 비용조차도 배상받기 어렵다. 물론 원고가 패소시 피고인 기업이 일반 불법행위책임법리에 따라 손해배상청구를 할 수 있으나, 증권집단소송의 경우 원고를 확정하기 어렵고 원고가 소액주주인 경우 배상능력이 없어 실효성도 없다.

따라서 악의적인 소송으로 인한 주가하락, 자금조달의 어려움, 매출의 급감 등의 피해는 소송에 참여하지 않은 다수의 주주들에게 전가될 것으로 예상된다.

이러한 점에서 볼 때 소수주주의 피해구제도 중요하지만, 선의의 기업과 다수의 건전한 투자자들의 피해방지도 그에 못지않게 중요하다고 할 수 있다.

물론 우리나라의 증권관련집단소송법은 이러한 점을 고려하여 당사자자격을 제

---

494) David L. Ratner, Securities Regulation in a Nutshell, 6th de., St. paul, minn, West Pub., 1998, p.141.

495) 증권투자자들은 모든 적절한 정보들이 즉시 증권가격에 반영되어 효율적인 시장에서 증권거래를 하는 경우에는 그들이 허위·부실공시를 신뢰하고 거래하였음을 입증하지 않더라도 허위·부실공시와 손해발생 사이의 인과관계는 추정된다는 이론이다. 그러나 이 경우에도 원고는 자신이 매매한 주식이 효율적인 시장에서 거래되었다는 사실을 주장·입증하여야 한다.

496) Jonathan R. Macey, Geoffrey P. Miller, Mark L. Mitchell, Jeffry M. Netter, Lessons from Finantial Economics: Materiality, Reliance and Extending the Reach of Basic v. Levinson, 77 Va. L. Rev. 1071, August 1991, p.3.

한하는 규정을 두기는 하였으나, 남소방지책 중의 가장 중요한 하나로 인식되고 있는 담보제공규정을 두고 있지 않다. 이러한 입법이유에 대하여 일각에서는 증권집단소송의 경우 다른 소송의 경우와는 달리 법원의 허가를 필요로 하기 때문에 담보제공장치가 필요하지 않다는 설명을 하고 있다.

그러나 미국의 경우 2001년 2월부터 6월까지 집단소송으로 제소된 NASDAQ회사 43개사를 대상으로 제소직전 주가대비 제소 후 3개월간 주가 평균하락률을 본 결과, 전체 NASDAQ 회사의 평균하락률을 크게 상회하였고, 1991년부터 1999년 동안 제소된 집단소송 중 807건의 화해사례를 분석한 연구(2000년)에 따르면 소송건당 화해금액은 1,230만달러인데 비하여, 집단소송제기에 따른 주가하락으로 발생한 잠정손실액은 평균 6억 9,648만 달러에 이르고 있다.[497] 더욱이 이미 1934년부터 증권거래법을 통하여 소송비용공탁제도를 운용하고 있는 미국의 현실이 이러하다는 점은 자본시장의 규모가 미국의 1%도 안되는 우리의 경제현실을 고려하여 볼 때에 매우 심각한 상황이라고 판단된다.

그리고 증권관련집단소송의 경우에는 기판력의 과도한 확장과 인지대액의 특례 등으로 다른 소송에 비해 지나치게 원고에게 유리한 소송이다.[498]

따라서 상습적인 원고의 도덕적 해이를 방지하기 위하여는 필요한 경우 법원이 원고에게 담보제공을 명령할 수 있도록 하는 제도적인 장치가 필요하다.

미국의 경우 증권민사소송개혁법(1995년) 제정 이전에는 담보제공규정이 없어 소송전문가들에 의하여 시험적 소송이 남발된 바 있다. 이와 관련하여 일각에서는 담보제공이 원고에게 지나치게 불리하거나 재판청구권 침해라는 주장을 하고 있으나 사실상 담보제공은 우리 상법에서 인정하고 있는 제도이며,[499] 미국도 무분별한 남소방지를 위해 원고에게 담보제공의무를 부과하고 있다.[500] 또한 담보금액은 소송가액, 원고의 지불능력 등을 감안하여 원고가 감당할 수 있는 적절한 수준에서

497) 서석호, "증권집단소송 시행과 대응전략 세미나" 교재, 한국상장회사협의회, 2005. 2. 1.

498) 증권집단소송의 인지대액은 민사소송등인지법 제2조 제1항, 제2항에 따라 산출된 금액의 50%이며, 상한은 5000만 원에 불과하다(증권관련집단소송법 제7조 제2항).

499) 국내법상 담보제도 관련규정을 보면 상법상 회사해산명령청구 이해관계인(상법 제176조 제3항), 총회결의 취소 소송 제기 주주(상법 제377조), 주주대표소송 제기 주주(상법 제403조 제7항), 외국소재원고(민사소송법 제117조 제1항), 가집행면제(민사소송법 제213조 제2항) 등의 경우 원고에게 담보제공명령을 할 수 있다.

500) 미국의 경우 법원은 원고와 원고변호사 또는 피고와 피고변호사 양측에 소송비용의 공탁을 요구할 수 있다(증권집단소송개혁법(PSLRA) section 101(b)).

법원이 결정하며, 담보제공도 소액주주가 부담하는 것이 아니라 경제적 능력이 있는 대표당사자가 부담하며, 특히 기관투자가가 대표당사자가 될 경우에는 담보제공이 소액주주들에게는 전혀 부담이 되지 않는다. 더욱이 원고가 승소하거나, 화해로 종결되는 경우에는 담보를 반환받기 때문에 전혀 문제가 되지 않는다.

그리고 전세계적으로 모든 국가들이 회사관련법 모두에 남소방지 장치로서 당사자자격제한규정과 담보제공규정을 두고 있다. 이러한 회사법상의 원칙들은 증권집단소송의 경우에도 예외는 아니어서 본 제도를 운용하고 있는 모든 국가들이 이러한 당사자자격제한뿐만 아니라 담보제공을 명문화하고 있다.[501)]

따라서 증권관련집단소송의 경우 절차상 남소를 방지할 수 있는 방안으로는 담보제공명령제도를 증권관련집단소송법 내에 신설하는 것이 필요하다.

3. 변호사보수의 문제

증권관련집단소송은 그 전문적, 공익적 특성상 재판장인 법관과 원고·피고의 소송대리인이 주도적으로 소송을 진행하게 된다. 그러므로 증권관련집단소송제도의 성공적인 정착을 위하여는 법관과 소송대리인인 변호사의 전문성과 직업윤리가 중요시된다. 그중에서도 남소방지를 위하여는 원고의 소송대리인인 변호사의 보수와 직업윤리가 문제된다.

증권관련집단소송법상 변호사 보수가 허가신청서에 기재될 것을 요구하고 있고(증권관련집단소송법 제9조 제1항 제7호), 소송허가결정 고지시 이를 함께 고지하며(증권관련집단소송법 제18조), 법원은 분배관리인, 대표당사자 또는 구성원의 신청이 있는 경우에 소송의 진행과정, 결과 등 여러 사정을 참작하여 이러한 변호사 보수를 감액할 수 있도록 규정하고 있다(증권관련집단소송법 제44조 제3항). 이는 개개 사건의 구체적 상황에 따른 변호사 보수를 인정하되 소송허가절차시 이를 공개하도록 하고 그 금액이 과다할 경우 법원이 분배절차에서 이를 감액할 수 있도록 하고 있는 규정으로 남소방지를 위하여 진일보한 규정이라고 평가할 수 있다.

---

501) 이와 관련하여 우리 상법은 주주대표소송에 있어서 소수주주가 악의로 대표소송을 제기하는 경우, 피고인 이사는 원고인 주주의 악의를 소명하여 주주에게 상당한 담보를 제공하게 할 것을 법원에 청구할 수 있도록 규정하고 있다(상법 제403조 제7항). 또한 이해관계인이 법원에 당해 회사의 해산명령을 청구하는 경우 회사는 이해관계인의 청구가 악의임을 소명하여 원고에게 상당한 담보를 제공할 것을 명할 것을 내용으로 하는 청구를 할 수 있도록 하고 있다(상법 제176조 제3항, 제4항).

미국의 경우에는 한 걸음 더 나아가 집단소송의 변호사 보수는 법원의 승인을 받도록 규제하고 있는데, 사적증권소송개혁법에 의하면 소송대리인의 보수 및 비용의 총액은 원고 집단이 실질적으로 추심한 배상액의 합리적 비율을 초과할 수 없도록 규제하고 있다.

증권관련집단소송은 소액의 피해자인 집단구성원들보다 소송대리인인 변호사의 주도하에 제소나 소송진행이 이루어질 수밖에 없고, 변호사 보수도 승소조건부 후불제로 하고 소송비용조차 변호사가 이를 체당하여 진행하는 경우가 대부분일 것이므로, 변호사보수도 다른 민사소송의 경우보다 고액이 되기 쉽고 그 금액도 소송의뢰인보다는 변호사에 의하여 정하여 지는 것이 대부분일 것이다. 그런데 증권관련집단소송의 원고 소송대리인은 대표당사자뿐만 아니라 집단구성원 전원으로부터 그 보수를 받게 되는 것임에도 불구하고 대표당사자 이외의 다른 구성원들은 그 보수액 결정에 관여하지 못한 채 법원에 그 감액청구만 할 수 있을 뿐이다. 그러나 증권관련집단소송의 공익성을 감안하고 변호사에 의한 남소를 방지하기 위하여서는 구성원 등의 감액청구가 없다 하더라도 미국의 경우처럼 원고 소송대리인의 변호사보수는 법원의 승인을 받도록 규제를 강화할 필요가 있다고 본다.

4. 과거분식회계책임

2003년 증권관련집단소송법이 국회를 통과한 후 증권관련전문가와 학자들이 줄곧 동법 제정 후 1년 만에 시행되는 것과 관련하여 많은 우려의 목소리를 낸 바 있다. 그 주요 내용은 남소에 대한 우려와 과거분식회계에 대한 유예기간 없는 법 적용시 발생할 수 있는 부작용에 대한 우려였다. 특히 과거분식회계는 우리 경제가 급성장하는 과정에서 발생할 수밖에 없었던 우리 기업들이 갖고 있는 구조적 문제였다는 점에서 이에 대한 사면이나 법적용유예를 인정하여야 한다는 의견이 많았다.[502] 이와 관련하여 법률전문가 및 회계전문가, 학자들로 구성된 기업소송연구회

502) 전경련 조사보고서에 의하면 조사업체 129곳 중 85.6%가 과거 분식회계로 인한 무분별한 집단소송을 우려하고 있다고 밝혔다. 보고서에 따르면 기업들은 과거 분식회계를 바로잡으려 해도 △대외신인도 하락에 따른 경영 악화(48.3%) △민·형사상 책임(27.5%) △기업 자율적 해소 곤란(12.5%) △증권 관련 집단소송 우려(10.8%) 등으로 수정 공시에 나서지 못하는 것으로 조사됐다. 이에 따라 85.4%가 범정부차원의 해결책 마련이 필요하다고 제안했고, 주된 해결방안으로 민·형사상 책임 면제를 골자로 하는 특별법 제정(53.3%)을 가장 많이 꼽았다(전경련,'과거 분식 해소 관련 애로실태 및

도 과거분식회계와 관련하여서는 사면보다는 법적용을 유예하는 방식으로 동법 부칙개정이 이루어져야 한다는 견해를 언론과 증권집단소송모의재판을 통하여 주장해 온 바 있다.[503] 그 결과 만족스럽지는 않지만 다소나마 시행유예 주장이 반영되어 과거분식회계에 대한 증권관련집단소송법의 적용유예를 내용으로 하는 개정작업이 이루어졌다.

증권관련집단소송법 부칙에서의 과거분식회계에 대한 법적용 유예는 증권집단소송제도의 연착륙이라는 목적을 위해 국회와 행정부, 그리고 재계 모두의 공감대가 형성된 결과라고 할 수 있다.[504] 그리고 현실적으로 금융감독원의 감리조치에 의해 부당하게 피고가 될 수 있는 가능성이 높은 현실 속에서 재계가 반대의사표시를 하고 이를 관철시키고자 한 노력은 당연한 것이다.

참고로 이미 증권집단소송제가 운용되고 있는 미국의 경우 증권집단소송제도의 폐해 때문에 남소를 방지하는 사적증권소송개혁법(PSLA of 1995), 증권소송통일표준법(Securities Litigation Uniform Standard Act of 1998)을 제정하여 시행하고 있다. 심지어는 2005년 2월 상원에서는 기업의 발목만 잡는다는 이유로 집단소송을 억제하는 법안을 통과시킨 바 있다.

우리나라의 경우 2005년 3월 개정된 증권관련집단소송법 부칙 제4항에 따르면 모든 과거분식회계가 2년간 적용대상에서 제외되는 것이 아니라 과거분식의 결과를 가감없이 그대로 공시하고 과거분식을 바로 잡은 때 한하여 집단소송에서 2년간 유예되도록 되어 있다. 따라서 해당 기업이 과거분식회계사실을 그대로 공시할 경우 집단소송 대상에선 제외되지만 투자자들이 개별적으로 증권거래법이나 상법에 의거하여 이사를 상대로 민사소송을 제기하는 경우 당해 이사들은 손해배상책임을 질 수밖에 없는 상황이다. 그리고 형법이나 특정경제가중처벌법, 증권거래법, 주식회사외부감사에 관한 법률 등의 형사처벌 규정에 따라 형사고소하는 경우 형사처벌도 감수하여야 하는 상황이다.

그리고 설령 이것이 문제가 안된다고 하더라도 분식회계에 대한 증권집단소송제

보완과제', 2004. 9. 4.).

503) 미증권집단소송 '한국기업도 안심 못한다', 2004년 6월 1일자 동아일보, 집단소송제 앞둔 기업실태 점검, 2004년 8월 27일자 매일경제, 기업소송 천국서 사업 못해, 재계비상, 2004년 12월 27일자 한국경제신문, 증권집단소송 모의재판 - 분식회계 어떻게 적용할 것인가?, 기업소송연구회 주최, 2004년 6월 15일 등에서 볼 수 있듯이 과거분식회계에 대한 증권관련집단소송법 적용 유예를 계속해서 주장한 바 있다.

504) 전삼현, "증권관련집단소송법의 개선과제", 금융법무 Vol. 2, 2004년 10월호, 14~15면 참조.

기의 가장 큰 유인이 될 수 있는 금융감독원의 최근 감리조치현황을 보면 유예의 불가피성은 더욱 명백하다고 할 수 있다. 현재 금융감독원 홈페이지어 공개되어 있는 2001년부터 2005년 2월까지 감리결과조치 내용을 보면, 동기간 중 총 202건의 감리조치가 있었다. 그리고 해당 기업들에게는 최소한 '주의'정도라도 분식회계에 대한 감독기관의 조치를 취한 바 있고, 이러한 조치를 받은 자산 2조 원 이상되는 기업은 당장 올해부터 증권집단소송의 대상이 될 수 있는 상황이다. 그리고 감리조치결과를 정리해 보면 2001년에는 9개건의 감리조치가 내려진바 있다. 그리고 2002년에는 59건, 2003년도에는 49건, 2004년도에는 78건, 그리고 2005년 2월까지는 6건의 감리조치가 있었다. 그리고 증권관련집단소송법 시행 바로 전년도인 2004년과 2005년도에는 총 84개사의 분식회계 사실에 대한 감리조치를 한 바 있다. 이는 2003년도에 총 49개사에 대하여 감리조치를 한데 비하여 2004년도에는 84개사를 상대로 감리조치를 하였다는 것을 의미한다. 이처럼 2003년도와 2004년도를 비교해 볼 때 증권관련집단소송법의 시행을 앞둔 상황에서 더욱 감리가 엄격하여졌다는 것을 알 수 있다. 물론 이들의 감리대상 연도는 2002년과 2003년도 회계를 중심으로 하여 감리가 이루어졌다는 점에서 집단소송의 대상은 되지 않는 분식회계로 볼 수 있으나, 지속적으로 감리조치가 많아지면 비례적으로 증권집단소송제기율 증가로 이어질 가능성이 매우 높을 것으로 생각된다.

그러나 분명한 것은 감리의 유예이든 적용대상의 유예이든 이는 단지 증권집단소송의 대상에서 2년간 제외될 뿐이라는 점이다. 그리고 해당기업에 대한 형사처벌 가능성은 여전히 존재하며, 증권거래법상의 손해배상책임도 존재하는 상황임을 고려하여 볼 때에 분식회계에 대한 민형사상책임문제는 기업들에게 큰 부담으로 작용할 것은 분명하다. 따라서 과거분식회계사실을 공개하고 2년간 이를 정산한 경우에 한하여 소송대상에서 제외되도록 한 이번 개정은 기업측에 사실상 도움이 되기는 어려울 것으로 예상된다. 더욱이 미국에 비하여 남소장치가 미비한 우리 증권관련집단소송법은 여전히 논란의 여지를 남겨두고 있다.

V. 결언

증권관련집단소송법이 제정·시행됨으로써 증권거래에 있어서 증권발행기업 등의 불법행위로 인하여 손해를 입은 대량 소액 다수의 증권투자자들은 집단소송제도를 통해서 기업과 실질적으로 대등한 소송주체가 되어 효율적으로 손해배상청구권을 보다 쉽게 행사할 수 있게 되었다. 그리고 대량 소액 다수의 증권투자자들의 손해배상청구권의 행사를 쉽게 할 수 있게 함으로써 증권거래에 있어서 증권발행기업 등의 불법행위에 대한 제재와 앞으로의 위법한 증권의 발행을 방지하는 효과를 동시에 달성할 수 있게 되었다. 집단소송제도는 소송수행을 함에 있어서 경제적·법률적 약점을 가지고 있는 원고에게 크게 도움을 줄 수 있는 제도라고 할 수 있고 대기업을 상대로 하는 손해배상청구소송이 대중투자자에게도 어느 정도 가능하게 되는 긍정적인 면이 있다고 하겠다.

물론 이러한 제도가 남용되었을 때 나타날 수도 있는 문제점과 부작용도 있을 것이다. 이 증권관련집단소송제도의 도입에 있어서 특히 문제가 된 것은 집단소송이 남용되는 경우에 기업측의 새로운 부담이 되고 자칫 기업활동을 위축시킬 우려에 관한 부분이다. 즉 집단소송이 남용될 경우 기업측의 대외적 신용에 큰 상처를 주고 재판에서 시비가 가려지기도 전에 매스컴에 의한 일방적으로 매도될 가능성이 있다. 이리하여 이번에 제정된 증권관련집단소송법은 남소방지를 직접·간접으로 엄격하게 규정하고 있다.

생각건대 증권집단소송제도는 제대로 운영되기만 한다면 우리나라의 경제현실에 비추어 볼 때 획기적인 개혁입법으로 평가될 수도 있을 것이다. 집단소송제도는 증권사기의 피해자들이 다수이어서 현실적으로 소송제기가 불가능한 경우 이를 가능하도록 소송참여절차를 간소화하는 제도일 뿐 새로이 기업활동에 규제를 가하는 법은 아니다. 일부에서는 집단소송제가 도입되어 운영되는 것에 대해 크게 우려하고 있으나 경영의 투명성과 지배구조개선을 위하여 대주주와 경영진의 불법행위를 견제할 수 있는 좋은 장치가 될 수 있다고 생각된다. 또한 집단소송제는 주가조작이나 분식회계 등 이미 법이 엄격히 금지하는 증권사기행위로 피해를 입은 경우에만 제기할 수 있고 결코 단순히 주가가 하락했다고 해서 제기하거나 경쟁기업이 음해의 목적으로 제기할 수 있는 소송은 아니다. 또한 집단소송은 다른 일반소송과는 달리 사전에 법원의 허가를 얻어야 진행되고 법원은 증권집단소송의 제기가 있을 경우 과연 집단소송의 대상이 되는 주가조작이나 분식회계의 의혹이 있는지, 대표당사자가 전체피해자를 대표하기에 적당한 사람인지, 피해자가 다수이어서 일반소송으로 하기에 적합하지 않은 것인지를 심사하여 허가여부를 결정하도록 되어있다. 따라서 대부분의 선량한 회사들은 소수의 범법자들로 인하여 증시가 침체되고 자본조달이 경색되고 주식의 저평가 등 많은 고통을 받아 온 점을 고려할 때 이 제도가 원만하게 운영된다면 도리어 혜택을 받을 소지도 있다고 생각된다. 증권집단소송은 증권시장에서 투자자들이 투자결정을 함에 있어서 기업에 관한 정보를 정확하게 제때에 접하여 이를 바탕으로 하여 책임 있는 투자결정을 내리는 데도 꼭 필요한 제도라고 할 수 있다. 공시제도의 중요성이 강조되고 있는 이 시점에서 증권집단소송의 중요성도 같이 고려되어야 한다고 생각된다. 다만 집단소송제도가 미국에서 발달한 제도인 점에 비추어 우리의 현행 민사소송법체계와의 충돌과 모순을 극복하여 통일성과 적합성에 관한 실제적이고 보다 깊은 연구가 수반되어야 할 것이다.

제14장 기업구조조정의 바람직한 방향

I. 서언

1997년 갑자기 찾아온 외환위기는 잠재부실이 누적된 상황에서 변화된 경영환경에 적응하지 못하고 차익경영을 통해 무분별한 사업확장에 나섰던 대기업이 상당수 퇴출되는 상황을 야기하였다. 이를 계기로 부실기업에 대한 기업구조조정 문제가 본격적으로 논의되기 시작하였다.[505)]

과거 경제성장의 화두는 정부의 특혜에 의존한 산업고도화 및 수출산업 육성이었다면 80년대 중반 이후 진행된 시장개방은 기업 스스로의 능동적이고 효율적인 경영을 요구하는 경제환경으로 탈바꿈하는 계기가 되었다.[506)]

---

505) 기업구조조정과 관련하여 외환위기 직후 민간자본에 의한 구조조정 기구로서 CRF(Corporate Restructing Fund : 기업구조조정증권투자회사), CRC(Corporate Restructing Company : 기업구조조정전문회사), CRV(Corporate Restructing Vehicle : 기업구조조정투자회사) 등이 도입되었으나, 가시적인 성과를 거두지 못하고 기능이 축소되면서 향후 사모투자전문회사로 편입되었다.

506) 〈국내 경제의 발전과정〉

	성장초기 (1955 ~ 1970)	고도성장기 (1971 ~ 1987)	전환기 (1988 ~ 1997)	1998 ~ 현재
성장산업	경공업	건설, 중화학공업	전자산업	IT산업
성장모멘텀	정부 경제개발계획	중화학 육성 수출드라이브 정책	선택과 집중	신사업 진출
리스크요인	자원부족	오일쇼크	시장개방	금융위기 글로벌 경쟁

자료 : 「한국기업 성장 50년의 재조명」, 삼성경제연구소

2008년 글로벌 경영위기 이후 국내외 경기회복이 지연되면서 국내주요기업 및 대기업의 재무상황이 크게 악화되고, 여러 가지 문제점이 발생하면서 기업부실을 모니터링하기 위한 체계적인 접근이 필요하게 되었다. 현재 운영되고 있는 기업구조조정제도는 기업부실을 사전에 방지하기 위한데 목적이 있기 보다는 은행건전성 유지를 목적으로 채권은행으로 하여금 기업의 채무상황을 감시하도록 하는 형식이기 때문에 그 효용성이 낮다고 볼 수 있다. 채권금융기관 주도의 기업구조조정 절차는 은행업 감독규정에 명시된 主채무계열에 대한 재무구조 개선약정과 기업구조조정 촉진법에 따른 워크아웃[507], 채권금융기관과의 자율협약에 의하여 진행되고 있다. 그런데 이러한 방식은 외형상의 자율성과는 달리 금융당국의 개입가능성이 크고 형평성과 도덕적 해이 때문에 효율성이 낮다는 문제점이 지적되고 있다. 채권금융기관이 주도적으로 추진하는 워크아웃은 기업경영의 전략과 대치되는 경우가 발생하였고, 문제 해결에 있어 主채권은행의 판단이 최우선시 되고 있으므로 금융당국의 개입이 용이해지는 부작용이 나타나게 되는 것이다.

또한, 채무기업의 입장에서 볼 때에도 자율 협약의 내용이나 정보 공개에 있어서 투명성이 확보되지 않으므로 많은 위험성을 안게 된다. 기업이 워크아웃을 개시한다는 것 이외에는 명확한 정보와 절차가 공개되지 않기 때문에 재무 부실에 대한 막연한 불안감과 재무구조개선 약정은 곧 파산의 전단계라는 신호가 되어 시장에서의 기업에 대한 평가를 왜곡시키게 되는 것이다.

이와 관련하여 정부는 '2015년 경제정책방향'에서 2015년 말 종료되는 기촉법을 보완, 상시화 해 부실징후 기업을 선제적이고 안정적으로 구조조정 할 계획이라고 밝혔다. 그 주요 내용을 보면 ① 소액채권이나 일정 비율이하의 채권에 대해서는 主채권단이 매입할 수 있도록 하여 채권단 합의에 소요되는 시간을 단축하도록 하고, 채권단 협의회에서 신규자금 지원안에 찬성하고는 정작 약정체결 단계에서 자금지원을 거부하는 금융기관에 대해서는 위약금이나 손해배상 책임을 지우도록 하는 방안, ② 관치금융 비판을 피하기 위해 채권금융기관조정위원회의 선제적 조정기능을 보완하여 공적 중재기능을 강화하고 부당한 외부 압력에 대해서는 상법상

507) 워크아웃제도는 기업입장에서는 금융권으로부터 신규 자금을 지원받아 위기를 극복할 수 있는 기회가 다시 주어진다는 점, 신속하게 재무 조정절차가 진행될 수 있다는 점, 그리고 기업의 대외적인 신용도 하락이 법정 관리 등의 경우보다 정도가 약하다는 점에서 기업구조조정 방법의 유용한 수단으로 인식되고 있다.

.업무집행지시자의 책임을 물을 수 있게 하는 방안, ③ 워크아웃에 들어간 기업은 채권단의 기업신용위험평가 결과에 이의를 제기할 수 있고, 또 3년이 지나도 워크아웃을 완료하지 못한 경우는 외부평가위원회의 조사를 받는 방안, ④ 워크아웃에 반대하는 채권기관에게는 지분액의 1~5%의 낮은 청산가치를 적용하던 반대매수권의 가치는 청산가치+알파(α)를 적용하는 방안 등이 담겨있다. 또 기업이 새로운 사업 분야에 진출하기 위해 사업을 재편할 때 절차 특례 등을 지원하는 사업재편지원특별법(가칭)[508]을 제정할 계획이라고 한다.[509]

본고에서는 먼저 기업조정제도의 의의와 현황을 살펴보고 현행 기업구조조정제도에 관한 개선필요성과 문제점을 지적하고자 한다. 이어서 기업구조조정촉진법의 개괄적 고찰을 통하여 기촉법에 대한 비판과 대안을 모색하고 기촉법상시화에 대한 찬반론을 검토한 다음 기업구조조정제도의 바람직한 개선방향을 제시하고자 한다.

Ⅱ. 기업구조조정제도의 개관

1. 기업구조조정의 의의

기업구조조정은 기업가치가 높으나 일시적인 어려움을 겪고 있는 기업들의 경쟁력 향상을 돕고, 청산가치가 높은 부실기업들을 제거해 나가는 프로세스를 말한다. 즉, 한정된 경제적 자원이 부실기업으로 유입되는 낭비를 막아 경제전반의 효율성을 높이고 투자자 및 채권자의 이익을 보호함으로써 금융시스템의 건전성을 높이

---

508) 기획재정부 관계자에 의하면 제조업 등 국내 주력산업의 경쟁력이 떨어지고 있어(지난 4년간 국내 제조업의 매출액 증가율은 전년대비 2010년 18.5%에서 2011년 13.6%, 2012년 4.2%, 2014년 0.5%까지 하락) 기업의 선제적 · 자발적인 사업재편 노력을 적극적으로 지원할 필요가 있으므로 한계기업이 아닌 일반기업을 위해서 '사업재편지원특별법'을 제정하고 인수 · 합병 관련 세제를 개선해 이들이 재빠르게 사업을 재편하도록 유도할 방침이라고 한다.

509) 정부는 건설 · 조선 · 해운 등 경기민감 사업에 대해서도 선제적인 관리에 나설 예정이다. 건설산업기본법 시행규칙을 개정해 부도 · 법정관리 등 부실화된 건설사는 내년 실적부터 시공능력평가를 수시로 재평가해 공시하도록 할 방침이라고 한다. 또 해운사들의 구조조정을 위해 해운보증기구와 연계해 1조 원 규모의 중고선을 매입하는 선박은행을 조성하기로 했다고 한다. ChosunBiz(2014. 12. 22 일자), "[2015년 경제정책]기촉법 상시화 · 사업재편지원 특별법.. 1조 원 선박은행 조성", 정책 · 금융면 참조. (http://biz.chosun.com/site/data/html_dir/2014/12/22/2014122200215.html, 2015.3.26방문).

는 경제적 의의를 지니고 있다.

기업구조조정을 기업구조조정 주체에 따라 구별하면 ① 기업 자구노력(기업 주도), ② 워크아웃(채권금융기관 주도), ③ 법정관리(법원 주도)의 3가지로 나누어 볼 수 있다.

기업구조조정 시스템은 ① 기업구조조정촉진법 등 채권은행 주도의 절차, ② 통합도산법 등 법원에 의한 절차, ③ 사모투자펀드(PEF : Private Equity Fund) 등 시장에 의한 방법 등이 있다. 현재 신용공여액 5백억 원 이상의 기업은 기업구조조정촉진법(이하 기촉법)상의 워크아웃 대상이 되고, 신용공여액 500억 원 미만의 기업은 채권은행협의회 운영협약에 의한 워크아웃 대상이 된다.[510]

우리나라는 과거에 주식회사의 특성을 고려하면서 그 갱생을 꾀하는 회사정리제도를 도입한 바 있다. 그런데 회사정리제도는 회사 재산을 빼돌린 기업인이 파산을 모면하는 수단으로 악용된다는 비난을 받아왔으므로, 정부는 1998년 초 파산법·화의법과 함께 회사정리법을 대폭 개정하여 악덕 기업인이 이를 악용할 수 있는 소지를 크게 줄였다. 이어서 2005년 종래의 파산법, 회사정리법, 화의법 및 개인채무자회생법을 아울러 이른바 통합도산법(채무자 회생 및 파산에 관한 법률)을 제정하였고, 이 법은 2006년 4월 1일부터 시행되고 있다.

2. 우리나라 기업구조조정의 현황

우리나라는 1997년 외환위기 이후 2003년 카드사태, 2008년 금융위기 등 위기발생의 주기가 짧아지고 있다. 현재에도 건설, 조선업의 기업구조조정이 진행되고 있는 등 구조조정이 상시화 되고 있는 양상을 보이고 있다.[511]

국내의 기업구조조정 제도는 ① 채권단자율협약 ② 워크아웃 ③ 법정관리로 나눌 수 있는 바, ① 채권단자율협약은 일시적 도산위기에 처한 기업에 대해서 채권

510) 이와 관련하여 정부는 현재 신용공여액 500억 원 이상인 기업을 대상으로 하는 '기업구조조정촉진법'이 2016년부터 모든 기업에 적용될 수 있도록 확대하고, 기촉법 적용대상 금융기관도 금융감독의 대상이 되는 국내 채권금융기관에서 모든 금융채권자로 확대하는 방안을 추진하고 있다. 기촉법 적용대상 기업을 늘린 것은 현재 신용공여액 500억 원 미만 중소기업이 기촉법 대신 채권은행의 자율협약에 따라 구조조정을 진행하도록 되어 있어 형평성에 어긋난다는 지적에 따른 것이다.

511) 이에 대한 상세는 조항래 · 박상진, "기업구조조정제도 현황 및 개선방향" 「금융경제분석 정책연구(2013-03)」, 우리금융경영연구소(2013. 9) 참조.

〈표 1〉 연도별 기업구조조정(워크아웃) 대상 현황

연도	2009년	2010년	2011년	2012년	2013년
기업수	79개	65개	32개	36개	40개

주 : 금융권 신용공여액 500억 원 이상 대기업 기준
자료 : 금융감독원

단과 기업이 포괄적인 협약을 통해 경영정상화를 추진하는 제도이고, ② 워크아웃은 회생가능성이 있는 부실징후 기업에 대해 채권단이 금융지원 등을 통해 기업정상화를 도모하는 제도이며, ③ 법정관리는 재무적 어려움으로 파산에 직면한 기업에 대해 채권자, 주주 등 이해관계인이 법률관계를 조정하여 효율적 회생을 도모하는 제도라고 할 수 있다.

현재 국내기업은 장기간 경제침체가 지속되면서 수익성 및 채무상환능력이 악화되고 있고, 시장에 의한 상시적 구조조정기능이 취약하여 사후적 구조조정제도에 의존하고 있는 실정이다. 현재 우리나라의 기업구조조정제도는 채권단 중심의 손실부담을 원칙으로 하고 있어 금융기관이 부실화될 경우, 공적자금 지원을 필요로 하는 넓은 의미의 Bail-Out제도이다. 따라서, 채권단, 회사채 투자자 등이 명확히 손실을 부담하는 Bail-In제도의 도입필요성이 제기되고 있다.

기업구조조정제도의 차이점을 도표로 설명하면 다음과 같다.

〈표 2〉 기업구조조정제도의 차이점

	자율협약	워크아웃	법정관리
시행근거	채권단자율협약	구조조정촉진법	통합도산법
주관	은행중심채권단	채권금융기관	법원
대상기업	일시적 유동성위기	신용평가등급 C등급	부실기업
대상채권	협약채권	협약채권	모든 채권
적용조건	채권단 100% 동의	채권액 75% 동의	법원 회생계획 인가

Ⅲ. 현행 기업구조조정제도에 관한 비판적 검토

1. 현행 기업구조조정제도의 문제점

(1) 구조조정대상기업 선정기준 문제

기업구조조정 대상을 선정함에 있어 가장 기본적인 논란은 채무불이행이 현실화되지 않은 상황에서 부실 위험의 정도를 판단하는 기준이 명확하지 않다는 점이다. 부실 징후를 판단하는 기준 자체도 문제이지만, 아직 현실화되지 않은 위험으로 인해 정상적인 영업활동 중인 기업에 제약이 되는 결과를 가져올 수도 있기 때문이다. 또한 主채무계열에 대해서는 계열사 간에 도산 위험을 공유하는 것으로 간주되어 대기업집단 전체를 기업구조조정 대상으로 취급하게 되므로 현실과 맞지 않다. 즉, 계열사 간 상호지급보증이 전면적으로 금지된 현실과 동떨어진 제드라는 비판을 면할 수 없다. 한편, 계열사 간 지급 보증을 통한 신규 여신이 불가능하게 되며 기존 계열사 간 채무보증을 모두 해소해야 하는 부담이 있어 정상적인 계열사에게 부담이 확산되는 점도 결정적 단점이 된다. 이러한 관점에서 주채무계열에 의한 대기업 계열의 기업구조조정 판단은 계열의 재무상황을 정확하게 파악하지 못한 상태에서 오히려 부작용만 확산시키게 되는 문제점이 있다.

이와 관련하여 정부는 기촉법에 따른 구조조정 절차에서 부실징후 기업에 대한 판정기준이 불투명하고 구조조정 관련 정보가 공개되지 않아 사전·사후 통제가 이루어지지 않는다는 지적과 관련하여 개선안을 마련하고 주채권은행이 공정하게 관리절차를 진행하고 필요한 정보를 다른 금융채권자들과 공유하도록 하며, 금융채권자가 주채권은행에 필요한 정보 제공을 요청할 권리가 있다고 명시할 방침이라고 한다.[512] 이와 함께 채권금융기관 협의회의 관리절차가 지나치게 길어질 경우, 제3자가 참여하는 경영평가위원회가 개입해 관리절차가 계속될 필요성에 대해 판단하도록 해 구조조정의 투명성을 높이는 방안도 검토하고 있다고 한다.

---

512) ChosunBiz(2014. 11. 26일자), "기업구조조정촉진법 적용 대상 모든 기업으로 확대 추진", 정책 · 금융면, 참조. (http://biz.chosun.com/site/data/html_dir/2014/11/26/2014112602334.html, 2015.3.25 방문)

(2) 관치금융 가능성

채권은행을 통한 현행 워크아웃제도의 가장 큰 문제점으로 지적되는 것은 정부 주도로 추진되는 관치금융의 폐해이다. 채권금융기관과 채무기업 간의 자율적인 협약을 촉진하기 위해 법제화한 것이 '기업구조조정촉진법'인데, 이는 보다 효율적으로 구조조정을 시행하기 위하여 '자율성에 강제성을 부여한 것'이다. 이러한 관점에서 시장의 자율적인 구조조정체계를 특별한 국가적 요구에 의해 관계당국이 금융기관의 감시체계를 강화하는 것으로 볼 수 있다. 기업의 구조조정에 대한 채권금융기관의 행동을 금융감독당국이 규율하고, 채권단의 재산권 행사를 제약하고 있다는 단점을 극복하지 않으면 자율적인 구조조정이라는 당위성이 크게 훼손된다. 채권자와 채무자 간의 자율적인 협의에 의한 구조조정이 아닌 금융당국의 감독권을 채권은행에 위임하는 성격을 가지게 된다면 전형적인 관치금융이 될 가능성이 있다.[513)]

(3) 현실화 되지 않는 위험으로 인한 시장교란

기업구조조정은 기업의 경쟁력을 강화하고 재무적 건전성을 제고시킬 목적으로 진행되지만 정확한 정보를 제공받지 못한 시장에서는 기업부실의 위험신호로 받아들여질 가능성이 많다. 특히 主채무계열의 구조조정에 대한 정보와 주채권은행의 주도로 이루어지는 특정계열의 약정체결 사실과 약정의 내용 및 이행내역 등을 전혀 공개하지 않는다. 이와 같은 정보의 제약으로 인한 정보의 비대칭성은 시장에서의 역선택과 도덕적 해이의 원인이 될 수 있다. 즉, 부정확한 정보의 흐름이나 폐쇄적인 구조조정절차와 진행과정은 오히려 재무적 위험이 현실화될 가능성을 높이는 부작용을 초래하게 된다.

(4) 이해상충조정방법 부재의 문제

채권단의 권한과 기업경영진과의 의견차가 있을 경우 이를 해결할 수 있는 명시

---

513) 이와 관련하여 정부는 금융기관들이 신규신용공여를 할 수 없다고 판단한 기업에 대해 금융감독기관이 채무조정 뿐 아니라 신규신용공여를 하도록 압력을 행사한다는 '관치금융' 논란과 관련, 신규신용공여의무 발생시점을 채권금융기관과 채무기업의 약정 시점으로 명시해 채권자의 자율 의사결정에 따르도록 하는 개선안을 마련 중이라고 한다. ChosunBiz 전게보도자료(주 8) 참조.

적 방안이 없다는 문제점이 있다. 즉, 채권단의 권한과 기업 경영진고의 의견 차이로 마찰을 빚는 경우 이를 해결할 수 있는 적절한 방법이 없는 것이다. 현행 채권금융기관 중심의 기업구조조정 제도는 자율적인 성격을 지향하는 일반적인 의미의 워크아웃제도와는 달리 강제성을 띄며 그 주도권이 일방에 주어져 있다는 점에서 자율성이 보장되기 어렵다. 예를 들어 구조조정의 주도권을 가진 채권은행이 기업의 지속적 경쟁력을 저해하면서 채무변제에 우선을 둔 의사결정을 하는 등 기업의 경영적 판단과는 다른 방향으로 구조조정이 이루어지는 경우에도 제어할 수 있는 방법이 없다는 점이 지적된다. 반대로 일반 대기업(기촉법 적용 대상)이나 여신규모 500억 원 이하의 기업에 대해서는 재무구조개선을 위한 채권금융기관의 역할이 상대적으로 약한 점이 구조조정의 효과를 반감시키는 원인이 되고 있다.

특히 중소기업이 채무자인 경우 사회적으로 채무면제를 통한 구조조정을 당연시하는 경우도 있으며 채권자가 개인이 많고 채권액도 소규모인 경우가 많아 대부분 채권단에 매수청구권을 행사하고자 한다. 이런 상황에서는 채권은행에 상대적으로 불리한 구조조정이 진행될 수 있다는 점에서 채권은행이 문제를 제기하게 되어 복잡한 문제가 야기된다.

(5) 자율협약의 문제점

우리나라의 경우 기업존속에 필요한 적정 규모의 이익을 창출하지 못하는 '한계기업'의 수가 계속 증가하고 있으며, 그 결과 경제전반에 악영향을 미치고 있다.[514] 따라서 이들 기업이 부실단계로 진행되지 않고 회복할 수 있도록 하기 위한 제도의 마련이 필요한데 이것이 '자율협약'이다.[515] '자율협약'은 본래 말 그대로 사적, 자율적 협약을 기본이념으로 삼고 있다. 따라서 자율협약의 가장 중요한 특징은 「기업구조조정촉진법」에 따른 워크아웃이나 「채무자 회생 및 파산에 관한 법률」에 따

514) 한국은행에 따르면 3년연속 이자보상비율 100% 미만인 한계기업의 수는 외감법에 따른 외부감사대상 기업 중 2009년 2,019개에서 2012년 2,965개로 증가하였다. 한계기업의 증가는 실물경제에도 악영향을 미치고 있다. 즉, 한계기업의 증가에 따라 설비투자가 위축되고 있으며, 고용의 경우도 정상기업의 1/3 수준에 미치는 등 고용이 위축되고 있는 모습을 보이고 있다. 또한 이로 인한 금융기관의 익스포저 규모도 2013년 말 현재 총 85.8조 원에 이르고 있는 상황이다. 한국은행, 「금융안정보고서」(2014.4.), 137면 이하 참조.

515) 이에 대한 문제점으로는 최준선, "자율협약인가, 강압협약인가", 「바람직한 기업 구조조정 방안 모색」 정책토론회 자료(2014. 10. 21.), 10면, 참조.

른 기업회생절차와는 달리 법률적 강제성이 없다는 점이다.[516] 채권단과 기업이 구조조정계획, 유동성 지원 등에 대한 포괄적이고 자율적인 협약을 맺고, 기업은 이 협약에 따라 구조조정을 실시하여 경영정상화를 추진한다는 것이 그 목표이다.[517] 그런데 최근 체결되는 자율협약은 채권단이 우월적 지위를 적극적으로 활용하여 자산가치 평가나 감자비율을 자의적으로 결정함으로써 채무자인 구조조정대상 기업을 부당하게 압박하여 경영권을 포기하게 만드는 경우가 많아 문제가 되고 있다. 구체적 과정을 들여다보면, 자율협약 이행시 채무기업의 자산가치를 평가하여 미회수채권액을 출자로 전환한 후 대규모 감자를 실시하여 기존 대주주의 지분을 대폭 소각하고 정상화를 위한 자금지원을 하는 방식을 취하고 있는데, 이 과정에서 출자전환액이 많든 적든 간에 부실책임이 기존 경영자에게 부과되어 경영권을 박탈하는 것이 일반적이다. 따라서 출자전환규모가 적은 기업의 경우에는 채권단이 작은 규모의 부실채권액에도 불구하고 채권자라는 지위를 남용하여 경영권을 박탈하는 소위 '권한남용'이 될 수 있다. 특히 채무자 측에서 강도 높은 자구노력과 사업정상화를 통해 조기에 신규지원자금과 기존차입금 상환을 제안하였음에도 불구하고, 주채권단이 일방적으로 이러한 자구계획안을 거부하고, 채권단 주도의 구조조정이 지연되면서 발생된 비용에 대한 책임을 채권단이 최소화하기 위하여 그 책임을 대주주에게 대폭 전가하면서, 구조조정 대상기업의 경영의 계속성 유지나 우선매수권, 증자참여 등 경영정상화에 대한 참여기회를 원천적으로 배제한 사례도 있다고 한다.[518] 이것이 사실이라면 자율적 협약의 이름으로 자행되는 강압적 협약이라고 보아도 마땅할 것이다.[519] 그러므로 자율협약의 진정한 의미와 운영 방향에 대한 보다 면밀한 검토가 요구된다.

---

516) 기존의 자율협약을 대신하여 기업의 사전적 구조조정을 위한 제도를 마련할 필요가 있는데 이에 대한 입법례로 참고 할 수 있는 것이 일본의 '산업경쟁력강화법'이다. 2014년 1월부터 시행된 '산업경쟁력강화법'은 기존의 '산업활력의 재생 및 산업활동의 혁신에 관한 특별조치법'을 계승한 것으로 일본경제의 고질적인 문제인 '과소투자', '과잉규제', '과당경쟁'의 문제를 해결하기 위해 제정되었다. 구조조정과 관련해서는 부실기업이 아닌 정상기업이나 우량기업이 동법에 따라 사업재편계획을 작성하여 주무부처의 승인을 얻으면, 상법상 절차를 간소화하는 특례를 부여하고 세제 및 금융지원이 이루어지게 된다.

517) 전삼현, "구조조정기업의 경영권행사, 본질은 정상화이다.", 자유경제원, 기업구조조정의 현안과 대응, 과제 발표자료, 2014.10.6.

518) 전삼현, 전게자료(주 13), 참조.

519) 이에 대해 국가기관이 자율협약이라는 수단을 통하여 경영정상화보다는 채권회수를 우선시하는 경우, 국책은행의 사명인 국가경제발전과 국가경제활성화에 기여하기는 어렵다는 견해가 있다. 전삼현, 전게자료(주 13) 참조.

(6) 금융당국 및 금융기관의 전문성 결여

기업구조조정의 성공에 있어 핵심적인 요소는 일시적 위험에 있는 기업을 선별하고 적기에 지원하여 기업의 경쟁력을 재확보하는 것이라고 할 수 있다. 이를 위해서는 구조조정의 경험과 노하우가 충분한 인력의 개발과 이를 위한 조직운영 시스템이 뒷받침되어야 한다. 그러나 기업구조조정에 있어 우리나라의 금융기관은 기업구조조정을 주도하기에는 전문적 지식이 많이 부족하다. 더구나 기업이 직면한 경영적 상황과 시장 및 산업 현황, 전망 등에 대한 전문적 판단은 금융기관보다는 기업 측의 판단이 더 정확할 수 있는데도, 채권단 중심의 의사결정 및 계획안 추진에만 의존할 경우 효과적인 구조조정이 힘들게 되고 선제적인 전략 및 판단이 신속하게 이루어 질 수 없게 된다. 결국 채권은행의 지나친 간섭은 기업의 경쟁력 하락과 경영권만 약화되는 결과를 가져올 수 밖에 없다.

(7) DIP제도에 대한 논란

우리나라는 2006년 「채무자 회생 및 파산에 관한 법률」에서 「기존 경영자 관리인 제도」(DIP : Debtor in Possession)를 도입하였다. 이는 기업관리자 선임 대상을 '채무자의 대표'(채무기업 대표이사)로 한정해 경영권을 유지할 수 있는 제도적 장치이다(동법 제74조). 그런데 이 제도의 부작용에 대한 논란이 계속 되어왔다.[520] 부실경영을 이끈 경영자가 또다시 경영권을 맡게 되다 보니 기업정상화를 통한 채무 변제보다는 경영권 유지 또는 경영권 사익을 도모하는 도덕적 해이가 초래될 수 있고, 재무구조 개선작업으로 회생이 가능함에도 기업이 워크아웃을 거부하면 어쩔 수 없는 상황이 되기도 한다는 것이다. 또한 이로 말미암아 대주주의 자본 빼돌리기가 횡행하게 된다고 한다.[521]

그러나 DIP제도에 대한 긍정적 견해도 많다. 기존 경영진을 능가하는 전문경영능력을 갖춘 관리인 집단이 확립되지 못하고 있고, 부실경영의 누적으로 도산상태

---

520) 유해용, "기존경영자 관리인 제도의 명암", 한국법학원, 「저스티스」, 제117호(2010.6.), 32~71면 참조.

521) 이는 수치로도 증명되는데, 서울중앙지방법원에 따르면 DIP제도가 도입되기 이전에 법정관리를 신청한 기업은 2001년부터 2005년까지 54건에 불과하였지만 도입 후인 2006년부터는 기업의 회생절차 신청이 한해 800여건 이상으로 급증하고, 서울중앙지법에 계속 중(2012.11)인 법인회생절차사건 186건 중 166건이 기존 법인대표자를 관리인으로 선임(89.2%)한 것으로 나타났다고 한다. DIP제도의 맹점은 2014년 4월 세월호의 침몰에 따른 속칭 '유병언 사건'을 계기로 확실하게 드러나게 되었다.

라는 이유로 경영진을 배척한다면 어느 기업도 쉽게 회생절차에 나가기 어려운 것이 현실이다. 따라서, 현행법상으로도 중대한 사유가 있는 경우에는 법원이 관리인으로 선임하지 않을 수 있도록 하는 등(동법 제74조 제2항) 제어장치가 있는 점에 비추어 이 제도를 완전히 폐지하기에는 적절한 대안이 없다. 기존 경영자는 기업의 가치를 증진시키는 것이 채무변제 이후 자신의 이익을 위해서도 필요하기 때문에 최대한 기업의 가치를 증진시키려고 노력할 것이므로, 기존 경영자에게 일차적인 기업회생의 책임을 지도록 하는 것이 보다 타당한 이유가 될 수 있다. 오히려 제3자가 들어오면 직원들이 동요할 수 있고 실질 경영참모진들이 관리인한테 끌려가 효율성이 저하될 수 있다는 것이다. 그러므로 채권자 동의 시 담보권 비율을 조정하는 등 방안을 강구할 수 있지만 DIP제도를 완전히 없애는 것은 실현가능성이 거의 없다고 생각된다.[522] 이와 관련하여 법정관리보다 더 약한 절차인 워크아웃(기업개선작업), 더 나아가 자율협약제도에도 기존 경영자에 대한 경영권 보장 규정이 없어서 문제라는 지적이 있다. 즉, 기존의 경영자 입장에서는 경영권을 유지할 목적으로 기업을 부실하게 하여 법정관리로 나아가게 되면 최종적인 피해는 사회전체가 떠맡게 되어 문제라는 것이다. '파산'이라는 말 속에는 청산과 재건이라는 의미가 함축되어 있는 것처럼 기업회생이라는 말 속에는 경영권 회생이라는 의미가 담겨져 있으므로 '채무자회생법'에서 규정하고 있는 DIP제도를 채권단의 자율협약의 경우에도 동일하게 준용하는 가이드라인을 마련해야 할 것이다.[523]

Ⅳ. 기업구조조정촉진법(기촉법)의 개괄적 고찰

1. 기업구조조정촉진법의 개요

기업구조조정촉진법에 의한 기업구조조정은 금융권 신용공여액이 500억 원 이상인 대기업을 대상으로 한다. 이것은 외환위기 직전 재무상황의 부실징후가 있으나 회생가능성이 있는 대기업을 대상으로 채무상환유예, 신규자금지원 등을 통해

522) 최준선, 전게자료(주 11), 13면 참조.

523) 박양진, "자율협약 이행시 DIP제도 적극적 준용해야 한다", 바람직한 기업 구조조정 방안 모색 정책토론회 (2014. 10. 21.), 토론문 참조.

회생을 지원하기 위한 제도적 장치가 시급하였기 때문에 마련된 기준이다. 당시 대기업의 경우 관련 채권금융회사가 수십 개에 달하고 채권의 성격이 이질적임에 따라 기업부실이 심화되고 기업가치가 훼손되어 국가경제 및 금융시장의 불안요인이 되었다. 따라서 채권단 간의 시장규칙을 명확하게 정립하고 채권단 협의회, 채권금융기관 조정위원회 등 채권금융회사간의 이해조정제도를 구축할 필요성이 제기되었다. 이러한 배경에서 '기업구조조정촉진법'이 제정되었다. 제1차 기업구조조정촉진법 제정은 2001년 9월 15일에 이루어졌고 그 효력을 2005년 12월 31일까지로 제한하고 있어 한시적인 성격의 법제로 출발하였다. 기촉법의 주요 내용은 기업부실 조기발견을 위한 제도 강화, 채권금융기관을 중심으로 한 기업구조조정 추진, 구조조정 기업에 대한 사후관리강화, 도산법에 의한 구조조정 추진 등을 명시하고 원활한 기업구조조정 기업에 대한 사후관리강화, 도산법에 의한 구조조정 추진 등을 명시하고 원활한 기업구조조정 지원제도를 담고 있었다. 이후 기촉법의 효력이 만료되고 부실기업에 대한 금융채권단의 기업재무구조개선 요구가 어려워짐에 따라 기존의 기촉법을 일부 수정하여 제2차 기촉법을 시행하게 되었다. 그 이후 제3차 기촉법 시행을 거쳐 현행 기촉법에 이르고 있다.[524]

기업구조조정촉진법은(기촉법) 2001년 처음 제정된 이후 지금까지 모두 4차례 한시법으로 제정되었다. 기촉법의 목표는 ① 부실기업에 대한 채권은행의 신용위험 평가, 부실징후 기업에 대한 지속적인 관리에 필요한 채권금융기관의 여신관리 규범 설정 ② 법정 외 구조조정절차의 확립에 있다.

구조조정이 법적 강제성을 갖게 되면 채권자의 권리를 제한하게 되는데, 이때 채권자 권리제한의 최대한도는 「채무자 회생 및 파산에 관한 법률」(통합도산법)에서 허용하는 수준이다. 즉 채무자회생법 수준 이상으로 채권자의 권리가 제약되어서는 안된다.

기촉법에서는 여신관리에 관한 채권금융기관의 의무사항, 의무 위반시 금융감독기관이 취할 수 있는 조치가 명시되어야 하고, 당사자가 원하는 경우에만 절차를 진행하되, 의사결정은 3/4이상의 찬성, 반대채권자의 매수청구권 인정, 조정위원회 조정에 대한 사후적 사법심사 보장 등의 내용이 포함되어야 한다.

---

524) 제2차 기촉법 시행은 2007년 11월 4일부터 2010년 12월 31일까지 3년의 시한으로, 제3차 기촉법 시행은 2011년 5월 19일부터 2013년 12월 31일까지 2년 7개월의 시한으로 시행되었다. 현행 기촉법은 2014년 1월 1일 재시행되어 2년 시한으로 2015년 12월 31일 일몰될 예정이다.

〈표 3〉 기촉법에 의한 워크아웃이 진행된 업체 추이

2009년	2010년	2011년	2012년
60	37	11	12

자료 : 금융위원회

현행 기촉법에 의한 기업구조조정은 채권금융기관이 아닌 채무기업이 신청하여 워크아웃을 개시할 수 있게 되어있다. 부실징후 기업이 워크아웃을 신청하고 주채권은행은 채권금융기관 공동관리절차를 개시하기 위한 협의회를 소집하거나 채권은행공동관리 절차를 개시하기 위한 채권은행협의회를 소집하게 된다. 참여대상 채권자는 은행법에 따라 인가를 받은 금융기관을 위시하여 증권, 보험, 신탁, 신용카드회사, 한국자산관리공사 등 금융업을 영위하는 기관을 망라하게 된다. 대상기업의 효율적인 구조조정을 위하여 필요한 경우 소액채권금융기관(총 금융기관 채권액의 5% 범위 내)은 참여 대상 채권자에서 제외할 수 있다.[525)]

참고로 기촉법에 기초한 워크아웃과 도산법에 기초한 회생절차 모두 자금 압박을 받고 있는 기업의 구조를 조정하는 절차라는 점에서 동일하다. 기업의 구조를 조정한다는 점에서 두 절차 사이에 기본적인 성격차이는 없다. 파산절차와 다르게 회생을 도모한다는 점에서 동일하다. 그러나 두 절차는 개시부터 진행까지 법률상 차이를 매우 가지고 있고 실제 운용에서도 차이가 있다.

한편, 기촉법과는 별도로 중소기업을 대상으로 하는 '중소기업 사업전환 촉진에 관한 법률'의 경우, 경영상 어려움으로 사업전환을 추진하는 기업에 대해 상법상 절차의 간소화, 금융지원, 세제지원을 하고 있다. 즉, 적절한 지원책을 통해 기업이 부실화하기 전에 사업전환을 유도하고 있는 것이다.[526)] 또한, 중소기업에 대해서는

525) 이와 관련하여 기업이 워크아웃 절차에 돌입할 때 정리해야 하는 금융채권의 범위를 은행, 보험, 증권 등 금융기관 채권으로만 한정하고 있는 것에 대하여 최근들어 기업이 연기금과 각종 공제회의 투자, 개인을 통한 회사채 조달 등 비협약채권 부문의 비중을 늘리면서 기업 개선작업의 양상이 달라진 점을 반영해야 한다는 의견이 있다. 즉, 현재는 정부의 부실징후기업 진단에서 D등급을 담으면 법정관리, C등급을 받으면 워크아웃으로 가고 있지만 C등급을 받고도 비협약채권 이해관계자들의 반대로 법원의 법정관리를 받는 기업이 나오는 문제점을 해결하자는 것이다.(쌍용건설의 경우 군인공제회 등 비협약채권의 비중이 상당했고 군인공제회 측과 협의가 잘 되지 않아 충분히 워크아웃으로 갈 수 있었으나 결국 법정관리 절차를 밟았다.)

526) 이러한 사례는 일본의 '산업경쟁력강화법'에서도 찾아볼 수 있다. 동법은 기업이 스스로 작성한 사업재편계획에 대해 주무부처의 승인을 얻는 경우 절차간소화 및 금융, 세제지원 등의 인센티브가

〈표 4〉 기촉법과 도산법의 절차상 차이점

	기촉법상 기업구조조정절차	도산법상 회생절차
대상채권자	채권금융기관(일반 상거래 채권자, 해외채권자 제외)	모든 채권자
대상채무자 (또는 절차개시원인)	부실징후기업	사업의 계속에 현저한 지장을 초래하지 아니하고는 변제기에 있는 채무를 변제할 수 없는 경우, 채무자에게 파산의 원인인 사실이 생길 염려가 있는 경우
절차의 진행	금융감독원장의 금융기관채권행사 유예요청/채권금융기관이 절차 진행	법원의 보전처분으로 채무 동결 후 관리인이 회생계획 작성 등 진행
신규자금 지원	채권금융기관의 신규자금 활발함	금융기관의 신규자금 지원 거의 없음
감독기관	금융감독원	법원
소관부처	금융위원회	법무부

채권은행이 개별적으로 부실징후기업에 대하여 정상화를 추진할 수 있는 '사전공동관리절차'도 있어 중소기업의 신속한 구조조정이 진행될 수 있다는 점이 특기할 사항이다. 특히 중소기업을 대상으로 하는 '패스트 트랙 프로그램(Fast-Track Program, FTP)'은 일시적으로 자금난을 겪고 있는 중소기업에 유동성을 지원함으로써 중소기업의 경영정상화 및 채권은행의 자산 건전성을 개선하는 데 중점을 둔 제도이다.[527]

부여되는 구조를 가지고 있다.

527) 이 프로그램을 통해 2008년 시행 이후 2013년까지 총 12,239개의 중소기업에 32.3조 원이 지원되었는데, 글로벌 금융위기 직후인 2009년까지 상당한 규모의 지원이 이루어졌으나 2010년 경제위기로 인한 영향이 줄어들면서 중소기업의 지원 또한 큰 폭으로 감소하였다. 하지만 대내외 경제의 불안정과 중소기업 구조조정의 필요성 등을 감안하여 한시적으로 지원제도를 연장하여 시행하고 있다. 글로벌 금융위기 당시 신용도가 낮고 자금조달에 어려움을 겪고 있는 중소기업에 대한 집중적인 금융지원을 위하여 2008년부터 시행되어 온 것으로 2014년 말까지 한시적으로 시행하고 있다. 중소기업의 금융지원 FTP은 은행이 평가한 신용등급 7~8등급의 중소기업을 신용위험평가를 하여 A~D등급으로 분류한 뒤 일시적인 유동성 부족으로 부실징후기업이 될 가능성이 큰 기업(B등급)을 대상으로 한다. 채권의 만기연장, 신규자금지원, 출자전환 등을 통해 긴급자금을 지원하게 되는 구조이다. 은행은 통상 1년 단위로 당해기업의 신용위험평가를 실시하고 FTP지원을 지속할 것인지를 판단하도록 되어 있으며 지원기간은 연장을 포함하여 전체 3년 이내로 제한되어 있다.

2. 현행 기촉법의 장단점

1) 현행 기촉법은 ① 신규자금의 지원이 용이하고, ② 감자 없이 채무유예와 이자율 조정만으로 채무재조정이 완료될 수 있으며, ③ 경우에 따라서는 절차가 다소 신속하고 융통성 있게 진행될 수 있고, ④ 회사경영에 있어 시장의 변화에 따른 유연한 대처가 용이하다. 이밖에 ⑤ 상거래 채권자들과는 정상적인 영업거래를 하면서, 금융기관만의 채권만을 재조정하므로 경제적, 사회적 파장의 최소화가 가능하다는 장점과 이점이 있다.

2) 기촉법의 단점으로는 ① 경영권 보장이 불투명하고, 자본감소 및 출자전환으로 경영권을 상실하는지 여부는 채권금융기관들의 결정에 좌우되어 경영권보장 여부가 불안정하며, ② 채권금융기관들의 영향력이 커서 불합리한 결과가 생기더라도 이를 바로 잡기 어렵다는 점과, ③ 절차의 투명성과 예측가능성이 떨어지고, ④ 다수결에 동의하지 않는 소수 금융 채권자들의 권리침해 가능성이 있다는 점이 지적되고 있다.

〈표 5〉 기촉법의 장점 및 단점

단점	장점
· 경영권 보장이 불투명함. 자본감소 및 출자전환으로 경영권을 상실하는지 여부는 채권금융기관들의 결정에 좌우되어 경영권보장여부가 불안정 · 절차의 개시부터 성공적인 종결에 이르기까지 채권금융기관들의 영향력이 크게 발휘되어 채권금융기관들의 결정에 따라서는 불합리한 결과가 생기더라도 이를 바로 잡기 어려움 · 당해 회사에 맞는 사례식으로 절차가 운영되다 보니 절차의 투명성과 예측가능성이 떨어짐, 확립된 선례나 방침이 정해져 있지 않는 부분이 많고, 장기적으로 어떻게 절차가 진행될 지에 대한 예측이 어려움. · 다수결에 동의하지 않는 소수 금융 채권자들의 권리침해 가능성이 있음.	· 신규자금 지원이 용이함 · 회사의 재무상태가 나쁘지 않다면 자본감소 없이 채무유예와 이자율 조정만으로 채무재조정이 완료될 수 있고 이 경우 장기적으로 경영권 보장에 유리 · 주채권은행의 적극적인 협력에 따라서는 절차 진행이 신속하고 다소간의 융통성이 발휘될 수 있고, 회사의 경영과 영업에 있어서 시장 상황의 변화에 따른 유연한 대처가 용이 · 상거래 채권자들과는 정상적인 영업거래를 하면서 금융기관만의 채권만을 재조정하므로 경제적, 사회적 파장을 최소화할 수 있음.

3. 기촉법에 대한 비판과 대안

기존 기촉법과 관련하여 적용대상을 신용공여액 500억 원 이상인 것으로 한정한 것에 대하여 합리적 이유가 없다는 비판과 함께 다음과 같은 대안이 제시되고 있다.

① 기촉법에서 금융채권자의 개별의사와 상관없이 협의회가 채무조정과 신규신용공여를 의결하는 것과 관련하여 반대채권자의 매수청구권의 실행방법이나 가치평가에 대한 구체적 규정이 없어 재산권 침해의 소지가 있다는 비판이 있으므로, 매수청구권 행사시 공정한 가치가 반영되지 않은 경우 조정위원회에 조정을 신청하거나 그 조정결과에 대해 이의를 제기할 수 있도록 하는 방안이 필요하다.

② 금융감독기관이 채무조정뿐만 아니라 신규신용공여를 하도록 압력을 가하는 관치금융에 대한 논란이 있으므로, 신규신용공여 의무의 발생시점을 채권금융기관과 채무기업간의 약정시로 명시할 필요가 있다.

③ 부당한 신규신용공여에 대해서는 금융기관 주주들이 이사에 대한 손해배상책임을 묻고 외부의 압력에 대해서는 상법에서 규정하고 있는 업무집행지시자 등의 책임을 묻도록 할 필요가 있다.

④ 도산법상 회생절차와는 달리 기촉법상 회생절차에서는 신규자금을 공급받기 쉽고 금융채권자 외에 상거래 채권자의 권리행사에 제한을 받지 않으므로 정상적인 경영활동이 가능하여 경제전체에 미치는 영향은 적으나, 기촉법에 대한 문제점을 지속적으로 개선하고 절차의 투명성과 기존 경영자 유지(DIP:debtor in posession)를 명문화 할 필요가 있다.

현재의 기업구조조정제도들은 외환위기 및 금융위기 시기에 마련된 것들로써 현재의 기업구조조정상의 문제점을 해결하는데 적합하지 않다. 따라서 시장원리와 법·질서의 원칙이 합리적으로 지켜지는 가운데 공정하게 구조조정이 이루어지도록 하여야 한다. 또한 기업구조조정제도를 시장친화적으로 발전시켜 나가는 것이 필요하다.

Ⅴ. 기업구조조정촉진법의 상시화 논의

국회에서 한시법인 기업구조조정촉진법(기촉법)의 상시화 여부를 2014년 말까지 마무리하라는 의견을 제시함에 따라 기촉법의 상시화 여부에 대한 논쟁이 계속되고 있다.528) 기촉법은 입법당시인 2001년부터 위헌소지가 있다는 지적이 계속되어 왔고 일부 개선은 되었지만 이러한 지적은 지금도 계속되고 있다.529) 법조계에서는 이러한 위헌성을 가진 기촉법을 상시화하는 것은 법치주의 관점에서 문제가 있다며 반대하고 있다. 기촉법이 추구하는 효율적인 기업회생이라는 목적은 도산법상의 회생절차를 통해서도 충분히 달성할 수 있으므로 굳이 위헌성이 있는 기촉법을 상시화 할 필요는 없다는 것이다. 반면 금융계에서는 기촉법은 효율적 구조조정 수단이라는 점을 강조하며 상시화 할 것을 요구하고 있다. 도산법상의 회생절차는 법원이 주도하는 법정절차이므로 효율성과 신속성 측면에서 기촉법에는 못 미친다는 것이다. 결국 기촉법의 운명을 두고 '효율성'이라는 경제적 가치와 '법치주의'라는 법적 가치가 충돌하고 있는 것이다.530)

1. 기촉법 상시화 반대론

기촉법은 IMF구제금융체제였던 2001년 당시 타율적 방법을 통해서라도 신속히 구조조정을 하지 않으면 국가가 파산할 수도 있다는 위기감에서, 법치주의를 희생하고 5년이라는 시한을 정해 만든 법이라고 평가할 수 있다. 그러나 그 이후에도 기간이 계속 연장되며 최근까지 유지되고 있어 상시화 논쟁이 지속되고 있다.

기촉법 상시화를 반대하는 측의 논거를 보면 ① 기촉법이 없더라도 부실기업은

---

528) 2014년 11월 26일에 열린 기업구조촉진법(기촉법) 상시화를 위한 공청회는 대체로 개선된 기촉법을 존치하는 쪽으로 의견이 수렴되었다. 다만, 존치된 기촉법의 조속한 상시화에 대해서는 부정적 기류가 적지 않았다. 기촉법 적용 대상을 모든 기업으로 확대하는 방안에도 의견이 갈렸다. 참고로 한국금융연구원이 은행 및 부실징후 기업, 협력업체 및 금융회사, 일반기업 및 전문가 총 935명에게 설문조사를 한 결과 응답자의 86%가 '워크아웃이 경영정상화에 유용했다'고 답했고 77.6%는 기촉법의 상시법제화 추진 필요성에 찬성했다.

529) 이에 대한 상세는 오수근, "기업구조조정촉진법 상시화 방안 연구 -기촉법의 법률적 분석-", 이화여자대학교 도산법센터(2014. 11), 참조.

530) 이병기 · 신석훈 · 김미애 · 정승영 · 김수연, "시장친화적인 기업구조조정 제도 구축방안" 「정책연구(2014-07)」, 한국경제연구원(2014. 8.), 27면 참조.

얼마든지 통합도산법에 따른 회생절차를 신청할 수 있고 채권은행간의 자율협약에 의해서도 얼마든지 구조조정을 할 수 있다. ② 합의된 금융기관끼리 워크아웃을 진행하고 동의하지 않는 채권자는 알아서 채권추심을 하면 되고 이것이 시장경제논리에 부합하고 민주주의 논리에 부합된다. ③ 기촉법이 추구하는 효율적인 기업회생이라는 목적은 도산법상의 회생절차를 통해서도 충분히 달성할 수 있으므로 굳이 위헌성이 있는 기촉법을 상시화할 필요는 없다는 주장이다.[531)]

2. 기촉법 상시화 찬성론

기촉법 상시화를 찬성하는 측의 논거를 보면 ① 기촉법이 폐지될 경우 채권금융기관 중심의 신속한 의사결정에 의해 부실징후 기업의 조기정상화에 긴요한 신규자금지원이 용이한 경영정상화 추진 옵션이 없어지는 것이므로, 구조조정을 필요로 하는 기업들에게는 큰 타격이 되고, 구조조정을 위한 사회적 비용이 크게 증가할 것이다. ② 기촉법은 채권금융기관 입장에서도 바람직한 제도이다. 즉, 상대적으로 부실화 초기에 채권금융기관이 기업과의 자율적 합의를 통해 신속하게 구조조정을 추진함으로써 조기에 회수율을 제고할 수 있는 워크아웃의 틀이 없어질 수 있다. 기촉법이 없으면 채권금융기관들은 부실화 징후를 조기에 포착하여 부도가 발생하기 전에 여신을 회수하는데 주력하게 될 것이므로 부도 및 회생절차를 통할 경우보다 채권의 회수율을 높일 수 있는 옵션을 잃어버리게 되고, 이는 결국 채권금융기관의 자산건정성 악화 및 위기상황 발생 시 금융위기를 심화시킬 우려가 있다. ③ 기촉법상 금융당국은 워크아웃 전 일정기간동안 채권유예를 요청할 수 있을 뿐, 워크아웃과정에 개입할 어떠한 권한도 없으며 실질적으로 관여하는 것도 불가능하다. 과거의 관치금융은 금융기관의 여신의사결정에 당국이 금융기관의 경제적 판단과 어긋나게 정권이나 정치권의 이해관계를 반영하여 개입한 것이었는데 이런 식의 관치금융은 현재는 존재하지 않는다. 즉, 지난 10년간 기촉법은 부실징후 기업의 확산을 차단하고 조기 경영 정상화를 도와 우리경제가 글로벌 금융위기 등 두 차례 금융위기를 극복하는데 크게 기여했으므로, 상시화 할 필요가 있다고 주장

531) 김상조 교수(한성대)는 "기촉법을 폐지할 만큼의 준비가 안 돼 있다. 회계 공시가 부실하고, 시장에서 부실기업이 사모펀드(PEF) 등을 통해 자체적으로 정리되는 데 미흡하다"며 "기촉법을 보완해 존치해야 한다"고 주장한다.

한다.532)

〈표 6〉 기촉법 상시화 논쟁

쟁점		상시화 반대 논거	상시화 찬성 논거
채무자측면	· 채무자는 기촉법과 도산법 중 하나를 선택할 진정한 자유가 있는가? · 구조조정이 기업의 의견을 무시한 채 채권단 중심으로 진행되는 것은 아닌가?	· 채무자로서는 사실상 주채권은행의 통보를 받고 워크아웃절차로 진행하는 것을 거절하기 어려움. · 워크아웃 진행 중 채권금융협의회가 사실상의 경영권을 행사	· 진정한 선택권이 존재 · 기업정상화는 기업과 채권단이 긴밀한 협조 없이는 불가능
채권자측면	· 4분의3의 채권단 결의에 따라야 하는 4분의 1의 채권자 권리를 침해하는 것은 아닌가?	· 채권자의 자기결정권 침해	· 반대채권자는 매수청구권을 행사하여 탈퇴할 수 있으므로 권한 침해 없음.
관치금융측면	· 금융당국의 실질적 개입은 존재하는가?	· 외형적으로는 채권금융기관들의 주도로 절차가 추진되지만 실질적으로는 금융당국의 의사에 따라 절차 진행	· 금융당국은 채권유예를 요청할 수 있을 뿐 구조조정과정에 개입할 권한도 없고 실질적으로 관여하는 것도 불가능
평등권측면	· 기촉법이 국내 금융기관을 적용 대상으로 하면서도 외국 금융기관을 배제함으로써 국내 금융기관과 외국 금융기관을 부당하게 차별하는 것은 아닌가?	· 국내 금융기관들의 출혈로 외국금융기관의 채무를 갚아주는 것은 평등권 침해	· 특별히 언급 없음.

3. 사견

기촉법은 외환위기를 겪으면서 유동성 부족으로 자금난을 겪고 있는 부실 징후 기업을 채권금융회사(채권단) 부담으로 신속하고 효율적으로 정상화하기 위해 만들어진 법이다. 생각건대, 기촉법은 지난 10년간 기업의 조기경영정상화와 글로벌

532) 기촉법의 상시화와 관련하여 '워크아웃과 법정관리(기업회생절차) 비율은 대략 6대4 정도라 기촉법이 폐지되면 금융기관이 아니라 기업이 가장 반대할 것이다. 구조조정에 대한 채무자의 다양한 선택을 보장한다는 측면에서도 기촉법은 반드시 필요하다'는 견해(정용석 산업은행 기업구조조정부장)와 '기촉법과 도산법 모두 기본적인 공통의 목표가 있기 때문에 통합하는 쪽으로 가야 한다. 기촉법을 5년이나 10년의 한시법으로 연장해서 존치하되 그 사이 전문가들이 두 법을 통합하기 위한 TF 등을 통해 개선안을 낼 필요가 있다'는 견해(김성용 성균관대 법학전문대학원 교수)가 있다.

금융위기 등에 대처하는데 있어 나름대로 역할을 충실히 하였다고 평가되고 있다. 따라서 위헌성이 있다는 이유만으로 기촉법의 상시화에 반대할 필요는 없다고 생각한다. 기촉법을 상시화할 경우에는 「채무자 회생 및 파산에 관한 법률」(통합도산법)을 제외하고 다른 기업구조정에 관한 법률에 우선하여 적용하도록 한다. 개별기업들이 자신들이 처한 재므적 상황에 따라 가장 적합한 회생절차를 활용할 수 있도록 다양한 선택지를 제공해준다는 차원에서 기업 회생법제 개선 방안이 모색되어야 한다.

Ⅵ. 결언

지금까지 고찰한 내용을 중심으로 기업구조조정제도의 개선방향을 다음과 같이 제시하고자 한다. ① 기업구조조정·회생제도와 관련해 자율적 구조조정 수단인 '법정 외 워크아웃 절차'와 함께 '법원 주도형 법정관리 절차' 등 다양한 구조조정 절차를 기업들이 재무상황에 맞추어 선택하도록 하는 것이 세계적인 추세이므로 우리나라도 이에 발맞출 필요가 있다. ② 한계기업 구조조정에 있어서는 기존 공적자금 투입방식인 베일-아웃(Bail-out) 방식만 고집할 것이 아니라, 기업과 은행 등 당사자가 부담을 감수하는 베일-인(Bail-in) 방식을 적극적으로 채택할 필요가 있다고 본다. 기업의 손실을 국민세금으로만 메울 것이 아니라 주주, 채권자, 경영자, 근로자 등 당사자들이 함께 부담하는 구조로 바꿀 필요가 있다. ③ 채권금융기관에 의한 기업구조조정제도의 문제점으로는 대상기업의 명확한 선정기준의 미흡, 관치금융, 전문성결여 등을 들 수 있다. 즉, 채권은행의 채무변제에 우선을 둔 의사결정, 기업구조조정에 있어서 금융당국의 공공연한 개입, 국내금융기관의 전문적 지식부족 등에 대한 개선방안이 마련되어야 한다. ④ 채권자와 채무자 간의 합의에 의한 구조조정이라고 할지라도 추진단계에서 발생할 수 있는 이해관계 충돌을 막기 위하여 객관적·중립적 중재인을 참여시킬 필요가 있다. ⑤ 채권 금융기관이 채권 회수보다 기업의 잠재적 가치, 지속적 가치를 제고하는 전략을 수립하도록 기존의 경영진이나 대주주가 채권은행에 스톡옵션 등을 인센티브로 제공하는 방안을 모색할 필요가 있다. ⑥ 기업구조조정 기구로서 사모투자전문회사의 활성화를 도모할 필요가 있다. 사모투자가 잘 발달된 미국과 EU의 경우에 펀드운용자 규제는 있지만 사모투자펀드자체에 대한 규제는 거의 없다. 사모투자펀드의 모집은 소수의 전문투자자를 대상으로 하므로 가능하면 사적 자치의 원칙에 따라 펀드운용에 있어 많은 자율권을 주는 것이 바람직하고 합리적인 조세지원 방안도 마련할 필요가 있다.

⑦ 부실기업의 경우 강력한 구조조정을 통해 피해를 최소화 하는 것이 필요하겠지만, 일시적인 위기에 빠진 기업에게는 스스로 회생할 수 있는 기회를 부여하는 것이 필요하다. 따라서 기업이 자율적으로 사전에 구조조정을 적극 추진할 수 있는 제도적 환경을 구축하는 것도 중요하다.

제 15 장 「기업지배구조 상법개정안」에 관한 종합적 검토

I. 서언

법무부는 최근의 글로벌 금융위기 이후 전 세계적으로 바람직한 기업지배구조에 관한 관심이 고조되고, 국내에서도 경영투명성 제고를 위한 제도 개선의 필요성이 제기되고 있다고 하면서 기업지배구조 관련 상법 일부개정법률안을 입법예고하였다. 법무부에 따르면 새로운 기업지배구조 상법개정안의 제안이유는 이사 및 감사위원회 위원의 선임 절차를 개선하고, 이사회의 기능과 역할을 정비하는 한편, 경영진의 위법행위에 대한 사법적 구제수단을 확대하며, 주주총회의 활성화를 도모함으로써 투명하고도 건정한 경영 및 기업문화를 유도하기 위한 법적 기반을 구축하는데 있다고 한다. 주지하다시피 그동안 회사법을 중심으로 한 상법개정논의는 2005년부터 시작되어 6년여를 끌다가 2011년 4월 14일에 새로운 회사법이 공포되어 공포 후 1년이 경과한 2012년 4월 15일부터 시행되고 있다. 2011년 개정회사법은 장기간의 논의를 거쳐 250개 조문을 개정한 건국이래 상법개정으로서는 최대의 규모로 이루어졌던 것이다. 새로운 개정회사법이 시행된지 1년 3개월 정도의 시간이 경과된 상황에서 또다시 지배구조 상법개정안이 입법예고됨으로써 많은 논란이 제기되고 있다.

그 주요 내용을 보면 ①다중대표소송제의 도입, ②이사회의 업무감독 기능강화, ③집중투표제 단계적 의무화, ④감사위원회 위원 분리선출 방식 도입, ⑤전자투표제 단계적 의무화로 되어 있다. 본고에서는 기업지배구조 관련 상법개정안에 관하여 각 사안별로 먼저 그 내용을 살펴보고 찬성론과 반대론을 소개한 다음 문제점과 사견을 제시하여 바람직한 입법방향을 모색해보고자 한다.

Ⅱ. 다중대표소송제도의 도입(개정안 제406조의2, 제542조의6 제6항)

1. 개정안

현행 상법은 회사의 발행 주식의 1% 이상의 주식을 보유한 주주(상장회사의 경우에는 6개월 전부터 0.01% 이상을 보유한 경우에도 가능)는 회사의 이사를 상대로 대표소송을 제기할 수 있도록 되어 있다.[533] 그런데 이러한 권한은 당해 회사의 주주에게만 인정되고 당해회사를 지배하는 회사의 주주에게는 인정하지 않는 것이 대법원 판례의 태도이다. (대법원 2004. 9. 23 선고 2003다 49221 판결 : '대표소송의 제소자격은 책임추궁을 당하여야 하는 이사가 속한 당해 회사의 주주로 한정되어 있으므로, 종속회사의 주주가 아닌 지배회사의 주주는 종속회사의 이사 등에 대하여 책임을 추궁하는 이른바 이중대표소송을 제기할 수 없다.') 우리나라는 1998년 독점금지법에서 지주회사를 해금한 이후에 지주회사에 대한 대응책으로서 이중대표소송에 대한 논의가 제기된 이후 2006년 상법개정안은 이중대표소송제도를 도입하려고 시도하였고 2013년에 들어와 다중대표소송제도 도입안이 일부 국회의원(김영주, 이명수)의 명의로 발의되기도 하였다.

이번에 법무부가 발의한 상법개정안은「모회사의 발행주식총수의 100분의 1이상에 해당하는 주식을 가진 주주는 자회사에 대하여 자회사 이사의 책임을 추궁할 소의 제기를 청구할 수 있다」고 규정하고 있다. 이는 자회사 이사의 위법행위로 자회사에 손해가 발생하고, 이로 인해 모회사 역시 손해를 입게 되었음에도 자회사나 그 주주 또는 모회사가 책임을 추궁하지 않는 경우, 모회사의 주주가 권리를 구제

533) 1997년부터 2012년 12월 말까지 법원에 제기된 주주대표소송 중 판결이 내려진 사건을 대상으로 분석을 실시한 보고서에 의하면 이 기간 중 판결이 내려진 주주대표소송은 총 58건으로 확인되었고, 전부 각하된 사건이 13건, 본안 판결을 받은 45건(77.6%) 가운데 원고의 청구취지가 인용된 것은 24건(53.3%) 이라고 한다. 총 24건의 평균청구액은 최종심 기준으로 약 377억 원 이었고, 이중 157억 원이 인용되어 평균 인용율은 41.72%라고 한다. 강정민/김영희, "주주대표소송의 현황과 관제", ERRI 경제개혁리포트 2013-08호, 경제개혁연구소, 2013, 6면 이하.

받는 데에 어려움이 있기 때문이라고 한다.

2. 찬성론

다중대표소송제도의 도입을 찬성하는 논거[534]를 보면 지배회사 주주의 실질적 보호를 위해서는 지배회사 주주에게 종속회사를 대표하여 소송을 제기할 권한이 인정되어야 하고 특히 종속회사에 지배회사 이외의 다른 주주가 없거나 매우 적은 경우에는 그 필요성이 크고 이러한 다중대표소송은 지배회사 및 종속회사 모두에게 이익이 되고 종속회사에서 부정행위가 발생하는 것을 억제하는 효과가 있다고 주장한다. 즉 종속회사의 이사의 위법행위에 대해 종속회사 또는 그 주주인 지배회사가 권리행사에 나서지 않는 경우에는, 실직적인 이해관계를 갖는 지배회사의 주주에게 권리행사를 인정하는 것이 타당하고, 종속회사의 직접손해로 인한 지배회사와 지배회사 주주의 간접손해를 전보시키려는 것이 이중대표소송의 근본적인 취지라고 이해한다.[535] 또한 지주회사의 소수주주에게 대표소송의 원고적격을 확장함으로써 형해화된 지주회사의 소수주주의 이익을 보호할 수 있게 되고, 이를 통하여 지주회사의 지배구조의 투명성을 제고하는데 있어서 다중대표소송은 유용한 수단이 된다는 것이다. 아울러 다중대표소송은 단순대표소송의 경우와 같이 손해전보와 부정행위의 억제기능을 하며, 기업의 일탈행위를 억제하는 공익적 성격을 가지고 있고 더욱이 이러한 기능을 효율적으로 대체할 수단이 없다는 점에서 정책적으로 인정할 필요가 있다고 주장한다.[536]

한걸음 더 나아가 경제개혁연대는 다음과 같은 주장을 펴고 있다.[537] 즉 "다중대표소송과 관련하여 입법예고안은 50% 기준 모자회사 관계에 대해서만 다중대표소

534) 입법을 찬성하는 견해로는 「미국법 계수론」과 「제한적 인정론」을 들 수 있는 바, 「미국법 계수론」은 우리 상법이 미국의 대표소송제도를 도입한 이상, 미국 판례에서 인정되어 온 이중대표소송제도 역시 도입하여 미국법과 동일한 기준으로 이를 인정하여야 한다는 견해이고, 「제한적 인정론」은 지배회사 스스로가 종속회사의 이사의 부정행위에 대한 책임추궁을 하기 어려운 경우에 한해 예외적으로 지배회사의 주주에게 이중대표소송을 인정하여야 한다는 견해이다. 이중대표소송을 입법할 경우 위협소송이나 남소 등을 방지하기 위하여 미국의 경우와 같이 제소청구요건을 강화하여야 한다고 주장한다. 최완진,「기업지배구조법 강의」, 한국외대 지식출판원, 2011, 8, 245~246면 이하 참조.

535) 천경훈, "전자투표, 다중대표소송", 법무부 상법개정안 공청회자료, 2013, 6, 14, 52면.

536) 김재범, "이중대표소송제도의 도입-상법에 대한 정합성 여부-"「상사법연구(25권 4호)」, 한국상사법학회. 2007, 2, 48면.

537) 경제개혁연대, 상법 일부개정안 입법예고에 대한 의견서, 2013, 8, 22, 4면~5면 참조.

송을 허용하고 있는데, 이는 회사법적 규율을 확보하기에 부족한 것으로 판단된다. 경제개혁연구소의 분석에 따르면, 50% 기준 모자회사에 대해 다중대표소송을 허용할 경우 약 61.8%의 비상장계열사에 대해 외부주주의 견제가 가능할 것으로 예상되었는데, 이를 30% 기준요건으로 완화할 경우 약 80%의 비상장계열사가 대상이 되는 것으로 확인되었다. 통상적으로 30%이상 지분을 보유한 경우 지배관계가 형성되는 것으로 보고 있으며, 또 주주대표소송의 목적이 공익적 성격임을 감안할 때 법무부 입법예고안의 지분율요건을 30%기준 또는 공정거래법에 정한 기업집단에 소속된 회사의 경우 지배적 영향력을 행사하는 것으로 보아 다중대표소송을 허용할 것을 제안한다."고 하고 있다.[538] 또한 다중대표소송의 실효성을 확보하는 수단으로서 다중장부열람권 도입도 주장하고 있다.

3. 반대론[539]

다중대표소송제도의 도입을 반대하는 논거를 보면 먼저, "지배회사와 종속회사는 서로 독립된 법인격을 가지고 있음에도 불구하고 지배회사 주주가 종속회사 이사의 책임을 묻는 소송을 제기하는 것은 모회사와 자회사 사이의 독립된 법인격을 부인하는 결과가 되고, 다중대표소송의 대상이 되는 회사의 손해는 이사의 법령위반행위는 물론이고 정관위반, 임무해태 등으로 인한 모든 회사의 손해가 적용대상이 되므로 그 적용범위가 매우 넓고 지배회사의 소수주주가 종속회사 이사를 상대로 동시 다발적으로 소송이 제기될 수 있어 남소의 위험이 도사리고 있다고 주장한다."[540]

---

538) 참고로 국제통화기금(IMF)은 2003년 11월 우리 정부와의 연례협의에서 최근 다수의 한국기업이 지주회사로 전환하고 있는 상황에서 기업지배구조개선의 방안으로서 다중대표소송제도의 도입을 권고하였고, 참여연대는 2004년 SK(주)가 최대주주인 SK해운(주)의 이사의 책임을 묻고자 양 회사 이사회에 각각 제소청구를 하였으나 받아들여지지 않자, 2007년 3월 직접 모회사인 SK(주)의 주주를 모집하여 대표소송을 제기한 바 있다.

539) 입법반대론에 대한 상세한 논의는 최완진, 「기업지배구조법 강의」, 한국외대 지식출판원, 2011, 8, 246면 이하 참조.

540) 참고로 일본의 경제산업성은 다중대표소송의 도입에 소극적인데 그 이유로는 다음의 3가지를 들고 있다. 첫째, 다중대표소송의 원고적격을 가진 모회사 주주의 요건을 어떻게 설정할지가 힘들다고 한다. 예를 들면, 자회사가 완전자회사가 아닌 경우에 일정비율 이상의 모회사 주식을 보유하는 주주에게 원고적격을 주는 경우, 모회사 주주가 자회사 소수주주를 넘어서서 책임추궁할 수 있게 되어버려 자회사 소수주주의 이익에 반할 가능성이 생긴다는 것이다. 둘째, 어떤 경우에 다중대표소송

또한 두 회사가 순수지주회사 관계가 아닌 단순 모자회사 관계일 경우 다른 소수주주가 존재하고, 자회사의 이해관계자가 모회사의 주주에게 직접 영향을 미치는 것은 아니기 때문에 다중대표소송을 도입할 실익이 적다고 주장한다.

아울러 다중대표소송이 제기되면 자회사의 경영환경이 악화될 가능성이 매우 높으며, 악의적인 다중대표소송이 제기될 경우 현실적으로 자회사의 다른 주주들의 손해가 불가피하게 나타난다고 주장한다. 이러한 내용을 보다 구체적으로 정리해 보면 다음과 같다.

(1) 단순대표소송충분론

이 견해는 지배회사의 이사에 대한 종래의 주주대표소송, 즉 단순대표소송(single derivative suit)만으로도 종속회사에 대한 감시목적을 충분히 달성할 수 있기 때문에 다중대표소송은 허용할 필요가 없다는 견해이다.541) 지배회사의 주주는 지배회사 이사회에 종속회사의 주주로서 대표소송을 제기하라는 제소청구를 할 수 있다. 또한 만약 지배회사의 이사회가 대표소송을 제기하지 않는 경우, 종속회사의 손실이 지배회사의 직접적인 손실로 이어지는 한, 지배회사의 주주가 지배회사 이사를 상대로 그들이 지배회사의 종속회사에 대한 투자분을 보호하는 조치를 취하지 않는 데 대한 책임을 물을 수 있다. 따라서 다중대표소송은 불필요하다고 한다.542) 특히 부당내부거래는 '독점규제 및 공정거래에 관한 법률'상 부당내부거래 규정, 이사의 횡령, 배임 등의 불법행위는 '형법' 및 '특정경제범죄 가중처벌 등에 관한 법률'상 업무상 횡령죄, 배임죄의 규정, 이사와 회사간의 거래는 '상법'상 이사의 자기거래 승인규정 및 '자본시장법'상의 공시규정, 이익의 부당제공의 경우에는 '세법'상의 증여의제, 추징 규정 등 기존제도로서도 규제가 충분히 가능하다고 한다.543)

을 제기할 수 있는지에 대해서도 요건설정에 어려움이 따르게 된다. 예를 들면, 자회사에 손해가 발생하고 있지만, 그에 따라 모회사에는 이익이 발생하는 경우 모회사 주주에게 자회사 이사의 책임추궁을 인정하는 것은 적절하지 않다고 한다. 셋째, 종래 소송리스크가 작은 자회사에서 만일 다중대표소송제도가 도입된다면, 그룹경영이 위축 될 수 있다고 한다. 손영화, "다중대표소송제도의 도입에 관한 쟁정사항 검토", 「상법개정안의 주요쟁점과 그 평가」 자료집. 2013. 8. 19. 49면 참조.

541) 최성근, "지주회사의 해금과 상법관련법제에 관한 연구", 연구보고 99-01, 한국법제연구원, 1999, 55면, 66면.

542) 권재열, "이중대표소송의 허부에 대한 비교법적 검토-서울고등법원 2003. 8. 22 선고, 2002나13746 판결을 대상으로 하여-" 비교사법 제11권 제2호, 한국비교사법학회, 2004, 452면.

(2) 이사회의 책임증가로 인한 소극적인 기업경영의 우려

최근 제조물책임법, 증권관련집단소송제도, 소비자의 단체소송 등 새로운 소송제도의 도입으로 이사들의 책임이 크게 가중되고 있는 추세인데, 주주의 대표소송과 증권집단소송에 이어 다중대표소송까지 상법에 도입할 경우 경영진의 입장에서는 과감한 투자를 회피하고 소극적이고 안전한 경영만을 추구하게 될 우려가 있다고 한다. 이렇게 되면 신속하고 과감한 투자결정을 지연시켜 회사경영에 차질을 가져올 수 있고, 나아가 민감한 사안에 대하여는 의사결정을 회피하려는 경향이 생겨나 유능한 이사 및 사외이사의 영입에도 장애가 된다는 주장이다.544)

(3) 남소의 가능성

국내기업을 인수합병하려는 투기성 외국자본이 다중대표소송제도를 악용할 경우 마땅한 대책이 없게 되고, 다중대표소송제도 도입의 주요 목적이 소수주주권을 보호하는 데 있지만, 이 제도가 악용될 경우 남소의 가능성이 있다는 주장이 제기되고 있다.545) 특히 국제투기자본이 국내 상장회사의 자회사에 다중대표소송을 제기한 후 이를 이용하여 경영권에 개입하거나 다중대표소송의 제기로 인해 하락한 모회사의 주식을 매입한 후 소를 취하하여 단기차익을 노리는 경우에는 이른바 작전세력으로 부상하게 되는 문제점이 발생한다고 한다. 다중대표소송제도의 도입과 함께 자회사의 장부열람권까지 부여되면 부수적으로 영업기밀이 유출될 가능성도 생겨난다고 한다.

(4) 기타

이 밖에 입법반대론으로 제시되는 논거들을 살펴보면, 현행 상법상 자회사의 이사에 대하여 손해배상책임을 추궁하거나 그 책임을 면제할 권한은 당연히 자회사의 주주가 가지게 됨에도 불구하고 모회사의 소수주주가 자회사의 주주의 의사를 무시하고 다중대표소송을 제기한다면 자회사의 주주의 권리를 침해하는 결과가 될

---

543) 박신호, "이중대표소송제도 도입의 문제점", 「CER006-12」, 전국경제인연합회(CEO-REPORT), 2006, 10면.

544) 박신호, 전게논문, 7면.

545) 김정호, "이중대표소송관련 상법개정시안에 대하여", 「법률신문(3484호)」, 2006, 8, 24.

수 있으며, 특히 모회사와 자회사의 이해가 상반되는 거래가 있는 경우, 자회사의 이익을 고려해야 하는데도 모회사의 주주의 이익을 고려해야 하는 모순이 발생할 수 있다고 한다.

또한 자회사의 손실이 지주회사의 지분가치의 감소와 반드시 일치하지 않고 지주회사의 손해는 자회사 자산의 감소로 인한 주식가치의 하락이라는 간접적인 손해로 나타나게 되므로 손해의 인과관계를 입증하기 어려워 다중대표소송을 인정하는 것은 문제가 있고, 지배회사의 손해를 산정하기 어려우므로 종속회사의 손실에 대하여 지배회사의 책임을 묻는데도 난관이 있다고 한다.[546)]

4. 검토

우리나라 현실에서 볼 때 다중대표소송은 경영투명성을 보다 높일 수 있다는 장점은 있으나 주주대표소송도 활성화되지 않는 현실에서 이 제도를 도입하는 것이 과연 얼마나 실효성이 있을지 의문이다. 또한 기업들이 요구해온 포이즌 필 같은 경영권보호장치는 외면하면서 소액주주들의 권익만 과도하게 보호하는 것은 불합리한 측면이 많다고 생각된다. 상법이 개정될 경우 우리나라는 다중대표소송을 세계최초로 입법화하는 국가가 되고 미국의 경우에도 일부 판례를 통하여 극히 제한적으로 허용하고 있는 제드를 우리 상법에 도입하게 될 경우 경영권을 크게 위축시킬 가능성이 높다고 본다. 참고로 외국의 입법례를 보면 미국은 델라웨어, 뉴욕 주 회사법에서 대표소송에 관해서만 명문근거를 두고 있고, 이중대표소송에 관해서는 명문규정 없이 판례상 인정되고 있다. 또한 독일도 2005년에 대표소송제도가 도입되었으나 별로 활용되지 않고 있으며, 이중대표소송제도 역시 입법이나 판례로 인정되지 않고 있다. 또한 일본도 대표소송에 관해서는 명문규정이 있으나 이중대표소송 내지 다중대표소송은 아직 인정되지 않고 있다.(참고로 2012년 8월 1일 '회사법제의 개정에 관한 요강안[547)]'에서는 다중대표소송의 도입을 제안하고 있음)

---

546) David W. Locascio, "The Dilemma of the Derivative Suit", 83 NW. U. L. Rev. 729, 735면(1989).

547) 이 안을 보면 ① 다중대표소송이 인정되는 자회사는 모회사가 100% 지분을 보유하는 완전자회사로 제한되고, ② 모든 완전자회사가 아니라 '책임발생의 원인사실이 발생할 당시 주식의 장부가액 기준으로 모회사 총자산의 5분의 1을 초과하는' 중요한 자회사에 대해서만 인정되며, ③ 이중만이 아니라 다중대표소송을 인정하고, ④ 단독주주권이 아닌 소수주주권으로 하고 있다. 천경훈, 전게자료 53면 참조.

이번 상법 개정안을 보면 다중대표소송의 도입을 추진하는 것으로 되어 있는데 이는 이중대표소송제도와 함께 남소를 부추기고 국제투기자본에 의한 악용가능성(국제적 투기자본에 다중대표소송을 제기 한 후 이를 이용하여 경영권에 개입하거나 다중대표소송 제기로 인해 하락한 모회사 주식을 매집한 뒤 소송을 취소하여 단기차익을 노릴 가능성)도 있으므로 도입을 보류하는 것이 옳다고 생각된다. 참고로 현재 판례를 통해 다중대표소송이 인정되고 있는 미국의 경우에도 ① 주주는 지배회사의 종속회사의 이사회에 제소청구를 하도록 하고 있으며, ② 이사회가 제소청구를 거절한 경우 주주는 그 부당성을 입증하여 소송을 제기하여야 하고, ③ 법원은 해당 결정의 부당성 심사에 있어서 '경영판단의 원칙'을 적용하여 판단하고 있다. 따라서 만일 다중대표소송제도의 도입논의가 본격화 된다면 이와 함께 '경영판단의 원칙'의 도입에 대한 논의도 같이 진행되는 것이 사리에 맞다고 본다.

Ⅲ. 이사회의 업무감독 기능강화(집행임원제의 제한적 의무화) (개정안 제415조의2 등)

1. 개정안

집행임원제도는 집행임원이 이사회로부터 업무에 관한 의사결정권과 집행권을 위임받아 이를 결정·집행하고 이사회는 집행임원의 이러한 결정 및 집행을 감독하는 구조이다. 즉 이사회에 집중된 업무집행권과 업무집행감독권을 제도적으로 분리하기 위한 장치라고 할 수 있다. 이사회가 업무집행권과 업무집행에 대한 감독권을 동시에 가지게 되면 결국은 자신이 행한 업무집행에 대해 자신이 감독하는 이른바 자기감독현상이 나타날 수 밖에 없고 엄정한 감독기능의 집행은 기대하기 어렵게 된다. 따라서 집행임원제도는 이러한 이사회의 자기감독상의 문제를 구조적으로 개선하고 업무집행을 전담하는 자를 통해 업무집행의 효율성을 제고하고 업무집행에 따른 책임소재를 명확히 하자는 것이 도입취지라고 이해할 수 있다.

특히 법무부는 이번 개정안에서 감사위원회 설치회사의 경우, 업무집행 및 감독기능이 모두 이사회에 집중되어 자기감독의 모순이 발생하고, 견제와 균형이 유지되기 어려운 문제가 발생하므로 감사위원회 설치회사는 집행임원을 의무적으로 도입하여 업무집행을 전담하게 하고, 이사회 의장을 집행임원이 아닌 자로 제한함으로써 업무집행기관과 업무감독기관의 분리를 보다 명확하게 하고자 한다고 주장한다. 이렇게 되면 이사회가 업무감독에 전념하게 되어 기업지배구조에 있어서 견제와 균형의 원리가 회복되고 지배구조의 투명성이 제고될 것으로 기대된다고 한다.

2. 찬성론

집행임원제도의 도입을 찬성하는 견해의 논거는 대체로 다음과 같이 정리해 볼 수 있다.

(1) 이사회의 감독기능 강화

현행상법 제408조의 4의 규정을 보면 집행임원의 권한은 “1. 집행임원 설치회사의 업무집행, 2. 정관이나 이사회의 결의에 의하여 위임받은 업무집행에 관한 의사결정”이라고 되어 있어 회사의 업무집행은 이사회와 집행임원에게 맡기고 있다.

즉 개정상법은 이사회의 감독기능을 보다 강화하기 위하여 미국식 집행임원제도를 도입하여 이사회는 기업의 중요한 경영전략에 대한 의사결정과 업무집행에 대한 감독기능만 행하도록 하고, 회사의 업무집행은 집행임원이 담당함으로써 회사의 경영감독과 업무집행을 제도적으로 분리하는 방안[548]을 채택한 것이다. 이처럼 집행임원제도를 채택함으로써 회사의 경영감독기능과 업무집행기능을 분리하게 되어 기업지배구조의 투명성을 보다 강화할 수 있다는 것이다.

또한 상법상 주식회사의 업무집행기관인 이사회(상법 제393조 1항)가 다시 업무집행기관(대표이사)에 대한 감독기관의 역할을 한다는 것은 문제가 있고, 업무집행기관에 대한 감독의 실효성도 기대하기 어렵게 된다고 하면서 이를 보완하는 차원

548) 회사의 업무집행기능과 업무감독기능을 분리하여 의사결정의 투명성을 제고하는 것은 오늘날 기업지배구조에 있어서 세계적인 추세라고 할 수 있다. 회사 내 별도의 감독기관이 존재하지 않는 미국식 일원적 경영구조(one-tire system) 하에서도 이사회에서 사외이사의 비중이 높아질수록 회사의 업무집행은 최고경영자를 비롯한 임원들이 행하고 이사회는 최고경영자 내지 집행임원에 대한 감독에 치중함으로써 이사회 내 기능의 분화를 가져올 수 있다. 이와 달리 회사 내 이사회와 감독기관인 감사회가 별도로 존재하는 독일식 이원적 경영구조(two-tire system)에서는 감사회는 경영을 담당하는 이사회의 임면권을 가지지만, 회사의 업무집행에는 직접 관여하지 않는 것이 원칙이다. 또한 독일의 경우는 이원적 경영구조 체제하에서 집행임원에 대한 개념은 존재하지 않는다.

에서 집행임원제도의 도입이 필요하다고 주장한다.

(2) 집행임원의 법적지위 명확화

회사의 이사는 회사와 위임관계에 있기 때문에 회사는 언제든지 이사를 해임할 수 있다. 그러나 등기이사와 같이 활동하는 집행임원에 대하여는 판례는 그 지위를 위임계약에 의한 임원이 아닌 고용계약에 의한 노동자로 보고 있다. 따라서 회사가 집행임원을 업무실적부진 등의 이유로 해임할 경우 노동법상 부당해고라고 하여 회사 임원 사이 분쟁이 야기 되었고, 기업에서는 해당임원의 임기를 1년으로 정하고 임기만료 때 해임여부를 결정하고 있는 바, 이는 집행임원들로 하여금 단기실적에 집착한 나머지 기업의 경영계획 수립과 집행에 방해가 되는 부작용을 낳는다. 집행임원 도입 찬성론자들은 집행임원의 도입과 운용에 관하여 그 지위나 임기 등을 명확히 하고 등기하도록 함으로써 안정적 경영활동을 보장하고, 경우에 따라 발생할 수 있는 회사 및 제3자에 대한 손해를 담보할 수 있다고 본다.[549] 이러한 관점에서 집행임원의 법적지위를 명확히 할 필요가 있다고 주장한다.

(3) 집행임원의 법적책임 강화

집행임원은 주요 대기업에서 적어도 전체임원의 과반수를 차지할 정도로 많이 활용되고 있는 실정이다. 그러나 기업의 현실을 보면 집행임원은 종래(등기)이사에 상응하는 권한을 행사하면서도 상법상 근거규정이 없었기 때문에 법적 지위나 권한· 책임 및 임기 등에 있어서 많은 문제점이 발생하였다. 회사의 정관이나 내규를 보더라도 집행임원에 대해 규율하고 있는 사항은 회사와 집행임원 사이의 내부관계에 국한될 뿐 대외적인 권한이나 책임관계에 대하여는 규율하고 있지 않다. 따라서 집행임원의 도입을 찬성하는 견해에서는 기업의 책임경영의 확립을 위해서는 집행임원의 책임추궁의 근거를 법적으로 명확하게 규율할 필요가 있다고 주장한다.

(4) 사외이사제도의 보완수단

외환위기 이후 기업경영의 투명성을 제고하기 위하여 상장회사에 도입된 사외이

---

549) 황근수, 한국에 있어서 집행임원제도의 현황과 향후의 운용방안", 『서울대학교 법학』, 제49권 제2호, 2008. 147면.

사제도는 그 운영상 많은 문제점을 야기하였고 기업들은 사외이사의 수를 최소화할 목적으로 등기이사의 수를 대폭 축소하였다. 이는 사외이사의 수가 증가함에 따른 기업의 비용부담, 기업경영에 대한 의사결정의 지연, 기업정보의 외부유출 등에 대한 우려가 제기되었기 때문이었다. 기업의 운영현실을 살펴보면 등기이사를 줄이고 정관이나 회사내규 등에 의해 집행임원(비등기임원)을 두어 과거 등기이사가 수행하던 직무를 담당하게 하고, 보수 및 기타 각종 대우도 등기이사에 준하여 처리하고 있다. 이와 같은 실정을 감안할 때 도입찬성론자들은 "집행임원제도는 사외이사제도의 보완수단으로서 그 역할을 기대할 수 있다"고 주장한다.[550]

(5) 집행임원의 「강행규정화」를 통한 실효성 확보

각 기업들은 사외이사제도가 도입됨에 따라 이사회에서 결의한 사항을 직접 집행할 경영 실무진이 부족하여 업무공백이 우려되었고, 이를 해결하기 위한 방안으로 자체적으로 사실상의 집행임원을 선임하여 경영활동의 업무공백 상태를 보완·대체 하였다. 집행임원제도의 도입을 찬성하는 논자들은 만일에 집행임원제도를 상법상 강행규정이 아닌 임의규정으로 방치한다면 법적인 의미에서 경영의 공백상태가 계속되고 기업들이 자발적으로 상법상의 집행임원을 채택하지 않는 한 집행임원제도의 실효성을 확보하기가 어렵다고 주장한다.

또한 우리나라의 경우 많은 상장기업들이 집행임원제도를 자체적인 제도로 도입하고 있는 상황이므로 기존의 내규상 집행임원제도('사실상 집행임원'이라 함)를 유지할 경우, 사실상 집행임원의 법적위상과 상법상의 집행임원과의 관계가 문제될 수 있다고 한다.[551] 따라서 도입 찬성론자들은 집행임원제도를 강행규정을 통하여 도입한다면, 이러한 문제도 해결되고 실효성도 확보할 수 있다고 주장한다.

3. 반대론

집행임원제도의 도입을 반대하는 논거는 대체로 다음과 같이 정리해 볼 수 있

550) 황근수, "전게 논문", 2008. 147면.
551) 원동욱, "기업지배구조관련 상법개정안의 주요 내용 및 향후과제", 『법학논집』, 제32권 제1호, 2008, 245면.

다.[552]

(1) 갈등구조 형성 및 경영효율성 약화

집행임원제가 도입될 경우 집행기능과 감독기능이 분리되어 회사 내부에 갈등구조가 형성될 가능성이 크고 그 결과 회사내부의 일사불란한 지휘체계가 가동되기 어렵게 된다고 한다. 또한 경영위기가 닥칠 경우 이를 돌파하기가 어렵고, 경영효율성이 약화되어 모험투자나 공격경영이 힘들어 지게 된다고 본다. 기업들이 등기이사 수를 축소하고 비등기임원을 운용하는 것은 경영환경의 급변에 대처하기 위한 것이고 이사회를 슬림화하여 신속하고 효율적인 경영을 하는 것이 세계적 추세인 점을 감안할 때 구태여 집행임원제도를 도입할 필요가 없다고 주장한다.[553]

---

552) 집행임원제도의 도입의 문제점을 주로 다룬 논문으로는 서완석, "집행임원제도의 도입에 따른 문제점 및 개선방안 연구", 「성균관법학」, 제20권 제1호(2008. 4); 홍복기, "주식회사에 있어서 집행임원제도의 도입과 그 과제" 「상사판례연구」, 제19권 제4호(2006); 이영주, " 집행임원제도 도입에 따른 법적 제문제", 「기업법연구」, 제10권(2002) 등을 들 수 있다.

553) 이에 대한 반대의견으로는 "회사의 사정을 잘 알지 못하는 사외이사들이 경영에 관한 의사결정에 참여하는 것을 많이 꺼리고, 특히 회사의 기밀이 사외이사를 통하여 외부에 유출되지 않을까 하는 우려가 있는 점 등으로 인하여 사외이사의 수를 최소화하고자 등기이사 수를 축소하는 것이 솔직한 현실이고, 기업들이 등기이사 수를 축소하는 것이 설사 사외이사 수를 줄이고자 하는 목적보다 이사회를 슬림화하여 신속하고 효율적인 경영을 하고자 하는 것이라고 하여도 회사의 영업범위가 업종 및 지역별로 매우 확대된 대회사의 경우에는 이와 같이 슬림화된 이사회에서 회사의 모든 업무결정을 할 수 없는 것이 솔직한 현실이다. 따라서 그러한 대회사의 경우 이사회는 회사의 중요하거나 기본적인 업무에 대해서만 의사를 결정하고 각 업종 및 지역별로 이러한 업무를 집행할 수많은 집행임원을 두고 있는 것이 현실이고, 이러한 집행임원은 사실상 과거에 상법상 이사가 하던 업무를 그대로 수행하고 있는 것이 현실이다. 그런데 이러한 집행임원에 대하여 현재 근거법이 전혀 없고 각 회사의 정관 또는 내규 등에만 규정되어 있고 내규 등도 집행임원의 선임에 대하여만 규정하고 있고 그의 지위·의무·책임 등에 대하여는 규정이 거의 없다. 따라서 자주 법률분쟁이 발생하고 있는데 상법개정안에서는 이러한 현실을 반영하여 집행임원에 대하여 법률상의 제도로서 규정함으로써 법의 흠결에서 발생하는 법률문제를 해결하고 또한 글로벌 스탠다드에 맞는 기업 지배구조를 갖출 수 있도록 하고자 하는 것이다. 따라서 이는 기업에 대하여 새로운 부담을 준다거나 기업 활동에 지장을 가져오는 제도가 아니라, 기업 활동의 효율성을 도모하고 이에 대한 법률문제를 사전에 방지하기 위하여 현재 각 기업이 실시하고 있는 현실을 반영한 입법일 뿐이다. 사실상 시행되고 있는 집행임원에 대하여 그에 대한 법적 근거가 없어 많은 분쟁이 야기되고 있는데, 이를 기업의 내규에만 맡기고 입법을 하지 않고 방치한다면 국가 및 법의 목적에 반하는 것"이라고 주장한다(정찬형, " 주식회사의 지배구조", 『한국상사법학회 2009년 하계학술대회-상법학의 현대적 과제와 전망』, 2009, 7, 23~24면).

(2) 집행임원의 책임문제(현행 제도의 보완 · 활용 가능)

집행임원제도의 도입긍정론자들은 집행임원의 책임추궁 문제 때문에 새로운 제도를 도입해야 한다고 주장하나, 이 문제는 현행 감사위원회제도나 업무집행지시자의 책임규정 등을 보완하여 어느 정도 해결될 수 있다고 본다.[554] 현재 기업에서 운용하는 비등기 이사를 모두 집행임원으로 선임하면 효율적 업무집행이라는 제도의 도입의 취지에 반하게 되고, 일부만 집행임원으로 선임하면 나머지 임원의 처리문제가 미해결로 남게 된다고 한다. 또한 집행임원의 책임이 법에 명시되면 개별 집행임원의 업무집행에 대한 책임추궁이 용이해지기 때문에 집행임원들은 신속 과감한 의사결정보다는 위험회피적인 의사결정을 하게 될 가능성도 배제할 수 없다고 주장한다. 집행임원의 책임 추궁은 등기이사가 아니라도 사실상 업무집행을 하거나 업무집행을 지시한 자를 이사로 간주하여 책임을 물을 수 있는 업무집행 지시자의 책임규정이나 표현대표이사제도 등 현행 법규를 통해서도 충분히 해결할 수 있다고 주장한다.

---

554) 이에 대한 반대의견으로는 "집행임원제도는 이사회에서 업무집행 기능을 분리하여 집행임원에게 업무집행권을 부여하고 이사회는 업무집행기관(집행임원)에 대한 업무감독의 임구를 보다 더 충실히 하도록 하고자 하는 제도이다. 즉 이러한 이사회와 분리된 집행임원을 둠으로써 이사회는 보다 더 업무집행기관에 대한 감독업무를 충실히 할 수 있고, 이러한 감독기관에 종속한 이사회 내 위원회의 하나인 감사위원회는 보다 더 충실한 감사업무를 수행할 수 있는 것이다. 현재와 같이 집행임원제도가 없어 이사회가 업무집행기능을 갖게 되면 이사회는 업무집행기능과 업무감독기능을 공유하므로 이사회의 업무감독기능은 유명무실하게 되고 이에 종속된 감사위원회의 감사기능도 따라서 유명무실하게 되어 종래의 감사보다 훨씬 그 효율성이 떨어지는 것이다. 따라서 감사위원회의 감사기능의 효율성을 더 높이기 위하여는 이사회와는 분리된 집행임원을 두도록 하여야 하는 것이다. 또한 상법은 IMF 환란 직후인 1998년 개정상법에서 지배주주가 사실상 경영권을 행사하면서 이사 등으로 등기가 되지 않은 사실상 이사가 이사로서 면책되는 것을 방지하기 위하여 업무집행 지시자 등의 회사 및 제3자에 대한 책임을 인정한 것이다.(상법 제401조의 2) 그런데, 집행임원은 이러한 지배주주에 의하여 업무집행을 위하여 선임된 자로서 위의 업무집행지시자 등과는 반대의 입장이다. 이러한 집행임원에 대하여 그의 책임을 묻기 위하여 상법상 업무집행지시자 등의 책임에 관한 규정(상법 제401조의 2)을 유추 적용하는 것은 동 규정의 입법취지와도 맞지 않는다. 또한 집행임원에 관한 입법에서는 그의 책임에 관한 사항도 있지만 그의 지위·의무·권한 등의 사항이 있으므로 이를 종합적으로 규정할 필요가 있다. 따라서 집행임원에 관한 종합적인 사항을 입법하여 집행임원에 관한 제반 법적 문제를 사전에 해결하고 예측 가능하도록 하는 것이 타당하다고 보며, 이에 관한 입법은 하지 않고, 입법취지가 달라 논쟁을 가져올 수 있는 업무집행지시자 등의 책임에 관한 규정(상법 제 401조의 2)을 그의 책임에 관해서만 억지로 유추 적용하는 것은 타당하지 않다고 본다"고 주장한다.(정찬형, "주식회사의 지배구조", 『한국상사법학회 2009년 하계학술대회-상법학의 현대적 과제와 전망』, 2009, 7,24면).

(3) 기업가 정신의 훼손(이사회의 추진력 약화)

집행임원제도를 도입할 경우 집행임원의 독립성은 일부 강화될 수 있으나 대표이사를 중심으로 한 신속한 의사결정과 협력시스템의 작동이 어려워짐에 따라 한국경제모델의 장점인 '진취적 기업가 정신'이 훼손될 가능성이 있다고 한다. 또한 집행임원이 이사회에 의해 임면되는 경우 CEO(대표집행임원)의 영향력이 약화되어 위험을 회피하고 안일한 의사결정을 할 가능성이 높아 업무역동성이 떨어질 가능성이 있다고 본다.[555] 참고로 200대 기업에 대한 설문조사 결과, 기업들은 집행임원제도를 도입하면 신속한 의사결정 및 추진력 훼손으로 경영효율성이 저하되는 것을 가장 큰 문제점으로 지적하였다고 한다.[556]

(4) 기업지배구조의 자유로운 선택권 제한

기업지배구조의 선택에 영향을 미치는 요소를 보면 금융업이냐 제조·서비스업이냐에 따른 업종별 차이, 시장에서의 경쟁정도, 기업의 역사, 자본시장 및 M&A 시장의 발달정도, 사외이사제의 정착도, 각국의 문화사회적 성향 등 매우 다양하게 나타나고 있고, 여러 요소로 구성된 경영환경이 집행기능과 감독기능의 분리·통합 여부를 결정짓는다. 따라서 자산 2조 원 이상의 상장회사는 무조건 집행임원을 두어야 한다고 하는 것은 특정 지배구조를 강제하는 것으로 기업의 자유로운 선택권을 제한하는 결과가 된다.

---

555) 이에 대한 반대의견으로는 "현행 상법상 이사는 주주총회에 선임되나(상법 제382조 1항) 대표이사는 원칙적으로 이사회에서 선임되므로(상법 제389조 본문) 현행 대표이사에 해당하는 대표집행임원(CEO)이 이사회에 의하여 선임되는 점(상법개정안 제408조의 5 제1항 본문)에서 양자는 선임기관이 같다. 상법개정안에 의하면 집행임원을 이사회가 선임하나(상법개정안 제408조의 2 3항 1호) 이는 주주총회에 의하여 선임된 이사들로 구성된 이사회에 의하여 선임되므로 이러한 집행임원은 주주총회에 의한 복 대리인이라고 볼 수 있으므로 현행 업무를 집행하는 이사와 그 지위에 있어서 큰 차이가 없다고 본다. 또한 상법개정안에 의하면 이사회 의장과 대표집행임원(CEO)의 겸직을 금하고 있지 않으므로 대표집행임원이 이사회의장을 겸하면 그는 현행 대표이사의 지위와 같게 되므로 현재의 대표이사보다 대표집행임원이 그 영향력이 약화되거나 추진력이 떨어진다고 볼 수는 없다"고 주장 한다. 정찬형, " 주식회사의 지배구조",『한국상사법학회 2009년 하계학술대회-상법학의 현대적 과제와 전망』, 2009, 7, 24~25면)

556) 임상혁, "집행임원제도 도입의 문제점", 전경련(CEO-Report), 2006. 8, 8면 참조.

(5) 정관을 통한 자율적 도입

도입 반대론자들은 집행임원제도를 상법에 규정하기보다는 기업이 필요시 구체적인 권리와 의무 등을 정관으로 정해 자율적으로 도입하는 것이 바람직하다고 본다. 현재 집행임원제도를 운용하는 기업들은 대부분 개정안과 다른 방식으로 운영하고 있으며, 회사마다 특성을 고려하여 다양한 방식으로 운용되고 있는 실정이라고 한다. 따라서 기업지배구조는 기업의 경쟁력을 훼손하지 않으면서 개별 기업의 특성에 따라 경영 투명성을 제고할 수 있는 최적의 지배구조를 스스로 선택하도록 기업의 자율에 맡기는 것이 바람직하다고 주장한다. 따라서 정관을 통해 자율적으로 도입하도록 하는 것이 보다 합리적이라고 주장한다.

4. 검토

상법개정안이 집행임원제를 자산 2조 원 이상의 기업에 의무화하는 것에 대하여는 기업들의 거센 반발을 불러오고 있다. 집행임원제도는 본질적으로 집행과 감독을 분리하는 것이다. 이사회를 감독형으로 하고 업무집행의 실행은 집행임원에 맡기는 것이다. 집행임원제도는 본질적으로 집행과 감독을 분리하는 것이다. 이사회를 감독형(monitoring board)으로 하고, 업무집행의 실행은 집행임원(officer)에게 맡기는 것이다. 집행과 감독의 분리는 결국 회사의 리더쉽구성을 이사회와 집행임원으로 양분하는 것이다. 한 회사의 경영지배구조를 분리형으로 하느냐 통합형으로 하느냐에 대해서는 국내·외적으로 많은 논의가 진행되고 있으며 정답이 없다. 즉 기업별로 천차만별의 결과를 보이고 있어 어느 하나로 명쾌히 결론을 내릴 상황이 아니다. 특히 일본에서는 집행임원제를 시행한 소니(SONY)社가 이를 도입하지 않은 도요다(Toyota)社나 캐논(Canon)社 보다 경영실적 면에서 뒤떨어진다는 연구결과도 있었다. 어떤 경영지배구조를 취하느냐는 매우 복잡다기한 문제이며, 결국 개개 기업의 경영전략적 선택사항이다.

집행임원제도는 회사의 경영감독기능과 업무집행기능을 분리하게 되어 기업지배구조의 투명성을 보다 강화할 수 있는 장점이 있다. 따라서 2011년 개정상법도 이사회의 감독기능을 강화하고 회사의 업무집행의 효율성을 제고하기 위하여 이사회의 업무집행기능을 분리하여 이를 전담할 집행임원제도를 도입하였으나 이 제도의 도입여부는 개별회사가 자율적으로 선택하도록 한 것이다. (상법 제408조의 2~408조의 9 참조) 집행임원제도는 궁극적으로 경영전문화를 통하여 주주와 기업의 이익을 다같이 도모하기 위한 것이므로 그 도입여부도 주주와 기업의 선택에 맡기는 것이 보다 합리적이라고 본다. 집행임원제도가 도입 · 시행 된지 1년 3개월 밖에 안 된 시점에서 이 제도를 성급하게 의무화하는 것은 바람직하지 않다고 생각한다. 비교법적으로 보더라도 집행임원제도를 강제로 도입한 국가는 없다. 미국의 경우 상장회사 대부분이 집행임원제도를 도입하였다고는 하나 주회사법으로 이를 강제하고 있지 않으며, 기업지배구조에 대해서는 광범위한 정관자치가 인정되고 있다. 또한 일본도 대규모 회사가 주요 대상인 위원회설치회사(이사3인 이상으로 구성된 감사위원회, 지명위원회, 보수위원회가 설치되어 있는 자본금 5억엔 이상 또는 총자산 200억엔 이상인 대회사와 역시 3개 위원회가 설치된 외부 감사인의 회계감사를 받는 회사)에 집행역 제도를 도입하였으나 기업들이 전통적 지배회사와 위원회설치회사 중 선택 할 수 있도록 하고 있다.

Ⅳ. 집중투표제의 단계적 의무화(개정안 제542조의7)

1. 개정안

집중투표제는 1998년 상법에 처음 도입된 후 최근까지 기업지배구조 개선을 위한 노력의 일환으로 소수주주권 보호를 위해 각 기업이 자율적으로 도입하도록 정부가 적극 권장한 사항이다. 원래 집중투표제는 이사회 구성의 다양성 및 투명성 증진에 기여할 것으로 기대되었으나, 대부분의 회사가 정관으로 이를 배제하여 실효성이 취약하였다. 이번 상법개정안은 경영의 투명성 요청이 높은 일정 자산 규모 이상의 상장회사는 소수주주권으로 집중투표를 청구할 경우 회사는 정관배제와 관계없이 이를 채택하도록 의무화하고 있다. 즉 "자산규모 등을 고려하여 대통령령으로 정하는 상장회사에서 2인 이상의 이사의 선임을 목적으로 하는 총회가 있는 경우 제542조의 6 제2항에 해당하는 주식을 보유한 주주(6개월 전부터 계속하여 상장회사의 의결권 없는 주식을 제외한 발행주식총수의 1,000분의 10<대통령령으로 정하는 상장회사의 경우에는 1,000분의 5> 이상에 해당하는 주식을 보유한 자)는 집중투표의 방법으로 이사를 선임할 것을 청구할 수 있다"고 규정하여(상법개정안 제542조의 7), 이러한 상장회사의 경우에는 정관으로 집중투표의 배제 여부에 불구하고 소수주주의 청구가 있으면 집중투표의 방법으로 이사를 선임하도록 하고 있다.

2. 찬성론

집중투표제도의 찬성론자들은 집중투표제를 실시할 경우에는 다음과 같은 장점이 있다고 주장한다. 즉 지배주주 이외의 소수주주도 이사 선임에 영향력을 행사할 수 있게 되어 지배주주와 기타 주주간의 견제와 균형을 통해 지배주주에 의한 기업경영의 전횡을 방지할 수 있으며, 이로써 소액주주들의 권리를 강화시키는 역할을 할 수 있다고 한다.[557] 또한 이사회에서 지배주주의 간섭을 받지 않는 이사로 하여금 지배주주의 은밀한 사익추구에 관한 정보를 사전에 파악함으로서, 지배주주의 개인적 이익 추구를 방지하는 중요한 역할을 할 수 있다고 한다. 아울러 대주주집단과 경영자 사이에 이익배당과 관련하여 의견이 대립되는 경우 소수파집단에 의하여 선출된 이사의 조정자로서의 역할을 기대할 수 있고, 다수파에 의하여 선출된 이사의 활동을 감독할 수 있다고 한다. 즉 지배주주뿐만 아니라 소수주주를 위한 이사들이 선임되어 이사회의 구성원으로서 회사의 경영에 참여할 수 있어서 민주적이며 발행주식총수의 과반수 이상을 소유하는 대주주들의 지배권이 침해되지 않는 가운데 이를 견제할 수 있다고 본다.

3. 반대론

집중투표제를 실시할 경우 여러 가지 문제점이 있다고 주장하는 견해는 다음과 같다. 먼저 이사회 구성원의 이질성으로 인하여 이사회 내부에 당파적 대립이 발생할 우려가 있고 그러한 경우에는 각 계파의 의견조정 및 타협과정에서 장시간이 소요되어 이사회의 운영의 기동성과 효율성을 상실하게 된다고 한다.[558] 아울러 집

---

557) 정경영, "독립적 사외이사, 집중투표", 기업지배구조상법개정 공청회 자료집, 2013.6, 14면.

558) 이처럼 집중투표제는 집중투표제를 효과적으로 이용할 수 있는 특정 소수주주의 독자적인 이익을 위해 기능할 뿐이고, 주주가 소수의 가족으로 구성된 비상장회사인 경우 기업경영과 관련한 가족간의 불화를 방지하는 역할을 할 수 있지만, 상장회사의 경우 기업지배구조를 더 악화시킬 수 있다는 주장이 있다. Frank H. Eaterbrook Daniel R Fischel, The Economic Structure of Corporate Law

중투표제를 실시하게 되면 출석주주의 확정·투표의 관리·투표의 집계 등 선임에 관한 사무절차가 번잡하게 되고 빈번한 투표에 따르는 많은 분쟁이 야기될 수 있다고 한다. 또한 지배주주의 사익추구와 함께 소액주주를 포함한 다른 주주들의 사익추구행위가 나타나게 되면 회사의 영업비밀과 같은 중요한 정보가 유출될 가능성이 높아지게 된다고 본다.

4. 검토

이사 선임시 집중투표제를 도입할 경우 지배주주 이외의 소수주주도 이사 선임에 영향력을 행사할 수 있게 되어 지배주주와 기타주주간의 견제와 균형을 통해 지배주주에 의한 기업경영의 전횡을 방지할 수 있는 이점이 있다.559)

집중투표제도는 동일한 주주총회에서 2인 이상의 이사를 선임하는 경우에 소수주주가 1주마다 선임할 이사의 수와 동일한 의결권을 가지는 제도를 말하며, 이사 선임에 관한 일종의 비례대표제라고 할 수 있다.560) 집중투표제를 적극 활용하자는 논거를 보면 ① 집중투표는 수인의 이사를 따로 선임할 때 행사할 수 있는 주주의 투표권을 동시에 행사하는 것에 지나지 않고 상법상 감사선임 시 지배주주의 3% 이상 의결권을 제한하고 있는 점 등을 고려하면 자본다수결 또는 주식의 비례적 가치에 반하지 않고, ② 이사는 회사에 대하여 선관의무 및 충실의무를 부담하므로 집중투표로 선임된 이사들이 회사의 전체이익을 무시하고 분파적 행동을 할 것이라는 것은 기우에 불과하다고 주장한다.

(Havard University Press, 1991), pp, 73-74.

559) 상장회사의 경우 2009년 상법개정을 통해 집중투표에 관한 자세한 규정을 마련하였는데, 전자문서에 의한 청구, 집중투표청구기간을 주주총회 6주전으로 하고 소수주주권 지주비율의 완화 등을 내용으로 하였다. 즉 상장회사의 경우 정관으로 집중투표를 배제하거나 그 배제된 정관을 변경하려는 경우에는 의결권 없는 주식을 제외한 발행주식총수의 100분의 3을 초과하는 주식을 가진 주주로 하여금 그 초과하는 주식에 관하여 의결권을 행사하지 못하도록 하였다. 상장회사가 주주총회 목적사항으로 집중투표의 배제에 관한 정관변경안을 상정하려는 경우 그 밖의 사항에 관한 정관변경안과 구분하여 별도로 상정하여 의결하도록 규정하였다.

560) 현재 집중투표제를 도입하고 있는 상장회사는 734개사 중 포스코 등 57개사(7.8%)에 불과하고 시가총액 상위100대 기업 중 집중투표제를 채택하고 있는 기업은 4개에 불과하다. 정관에 이사 선임시 집중투표를 배제하고 있는 상장기업의 수는 677개사로서 상장기업 전체의 92.2%에 달하고 있다. (정경영, 전게 발표자료, 15면 참조) 이와 같이 대부분의 상장기업이 정관의 규정에 의해 집중투표제를 배제함으로써 집중투표제도는 거의 사문화되었고, 이로 인해 주주의 지분율에 비례한 회사지배구조에의 영향력 행사라는 집중투표제도 도입의 취지가 퇴색되었다고 볼 수 있다.

그러나 집중투표제를 드입할 경우 이사회의 효율적인 운영이 어려워질 수 있고 소수주주를 대표하는 이사와 최대주주를 대표하는 이사가 이사회에 공존하여 당파적인 행위를 할 가능성이 높다. 2006년 영국계 해지펀드가 다른 외국계 기관들과 손잡고 집중투표를 통해 KT&G의 경영진 교체요구 등 경영권을 간섭한 선례가 있다. 또한 실무상으로도 집중투표제도는 기업의 업무부담과 불필요한 비용을 야기할 수 있다. 참고로 집중투표제를 도입한 국가는 미국, 일본, 러시아, 대만 등 여러 국가가 있으나 강행법규로 채택한 국가는 러시아, 멕시코, 칠레 3개국에 불과하다. 미국은 애리조나주 등 5개 주만 강행규정으로 되어 있고 일본은 주주간 파벌싸움 등으로 회사 경영상의 혼란만 야기한다는 비판이 제기 되어 정관상 집중투표를 배제한 경우에는 이 제도를 청구할 수 없도록 상법을 개정한 바 있다. 현재의 시점에서 집중투표제를 기업에게 의무적으로 도입하도록 하는 것에 대하여는 반대한다.

V. 감사위원회 위원 분리선출 방식 도입(개정안 제542조의12)

1. 개정안

현행 상법 제542조의12 제2항을 보면 감사위원회 위원을 선출함에 있어 일괄선출방식을 채택하여 제1단계로 이사를 선임하고, 제2단계로 선임된 이사 중에서 감사위원회 위원을 선임하도록 되어있다. 즉 집중투표제는 이사 선임시에만 적용되므로(상법 제382조의2) 제1단계에서만 적용되고, 3% 의결권제한은 감사위원회 위원 선임시에만 적용되므로(상법 제542조의12 제3항 및 제4항) 제2단계에서만 적용되게 된다.

이에 대해 상법개정안 제542조의 12에서는 제542조 11 제1항의 상장회사는 주주총회에서 감사위원회위원이 되는 이사를 다른 이사들과 분리하여 선임하고(제2항), 그리고 최대주주, 최대주주의 특수관계인, 그 밖에 대통령령으로 정하는 자가 소유하는 상장회사의 의결권 있는 주식의 합계가 그 회사의 의결권 없는 주식을 제외한 발행주식총수의 100분의 3을 초과하는 경우 그 주주는 그 초과하는 주식에 관하여 감사 또는 감사위원회위원이 되는 사외이사가 아닌 이사를 선임하거나 해임할 때에 의결권을 행사하지 못하도록 (제3항) 규정하고 있다. 상법개정안은 현행의 감사위원회위원 독립성 보장 규정의 미흡한 점을 보완하고자 하는 것이라고 한다.[561] 즉 현행규정은 감사위원회위원을 선임된 이사 중에서 대주주의 의결권을 3%로 제한하여 선임하도록 규정하고 있는데, 이 규정은 감사위원회위원을 의결권 제한없이 이미 선임된 이사 중에서 (3% 의결권 제한 규정을 적용하여)선임하는 결과를 가져오게 된다. 또한 현행 규정은 감사 선임시에 대주주등의 의결권이 3%로 제한되는 것과도 균형을 이루지 못하고 있는 문제를 안고 있다고 한다.

현행 감사 선임시 대주주의 의결권이 3%로 제한되나, 감사에 갈음하는 감사위원회 위원은 선임된 이사 중 선임되므로 사실상 의결권 제한 규정이 배제되어 감사에 비해 선임시 독립성이 저해되는 문제점이 있으므로 개정안은 감사위원회 위원을 맡을 이사를 다른 이사와 분리하여 선출하도록 함으로써, 선임 단계에서부터 3%의 의결권 제한 규정이 적용되도록 개선하자는 것이다. 즉 선임단계에서부터 감사위원회 위원의 독립성을 확보함으로써 감사위원회의 감사 기능이 충실해지고, 경영투명성 강화에 기여할 것으로 기대된다고 한다.

2. 찬성론

2009년 상법개정으로 상장회사에 있어서 감사위원회 위원의 선임은 주주총회의 권한사항으로 되었고(상법 제 542조의12 제1항) 주주총회에서 먼저 이사를 선임한 후 선임된 이사 중에서 감사위원회 위원을 선임하는 일괄선출방식을 채택하게 되었다(상법 제 542조의12 제2항). 현행 일괄선출방식과 관련하여 일괄선출방식의 이사선임 1단계에서는 주주총회 결의시 대주주의 3% 의결권 제한규정이 적용되지 않아 지배주주의 의사에 따라 선임된 이사 중에서 감사위원회위원을 선임하게 되며, 2단계에서는 의결권제한규정이 있지만 사실상 대주주의 3% 의결권제한규정의

561) 현행 상법상 감사위원회는 감사에 갈음하여 이상의 직무집행을 감사하는 권한을 가진 이사회내 위원회이다(상법 제415조의2). 현행법상 2가지 유형의 감사위원회가 존재한다. ① 자산 2조 원이상인 상장회사가 의무적으로 설치하여야 하는 감사위원회(상법 제542조의1), ② 그 밖의 회사가 임의적으로 선택할 수 있는 감사위원회(상법 제415조의2)(단 자산 1천억 원 이상 2조 원 미만인 상장회사는 상근감사를 두거나 유형①의 감사위원회 중에서만 택일 가능하고 유형②의 감사위원회는 둘 수 없다. 상법 제542조의10 참조)의 두가지 유형이 있다. 감사위원회의 선임·해임기관 측면에서 두 유형은 상이한 방식을 채택하고 있다. 즉 유형①의 감사위원회는 주주총회가, 유형②의 감사위원회는 이사회가, 각각 선임·해임권한을 가진다(상법 제393조의제2항, 제542조의12제1항).

취지가 반영되지 않는 문제점이 있다는 지적이 있다. 즉 일괄선출방식의 경우에는 지배주주 및 특수관계인의 의결권제한규정이 적용되지 않으므로 소수주주들은 이사선임을 위한 지분율이 부족하여 소수주주를 위한 감사위원회위원을 선임하는 것이 어렵게 된다는 것이다. 따라서 찬성론자들은 이번 상법개정시안은 이 문제를 해결하기 위하여 제542조의12 제2항을 개정하여 분리선출방식을 도입하는 것이므로 합리적이라고 평가하고 있다.[562] 즉 분리선출방식은 주주총회에서 이사를 선임하는 단계부터 감사위원회위원을 분리하여 선출하므로 감사위원회위원 후보에 대하여서는 3% 의결권제한규정을 적용할 수 있어, 선임단계에서 지배주주로부터 감사위원회위원의 독립성을 확보할 수 있다고 보고 있다. 따라서 분리선출할 경우 감사위원회위원이 되기 위해 먼저 일반 이사로 선임되어야 하는 의무조항이 삭제되므로, 감사위원회위원인 이사 선출시 지배주주 및 특수관계인의 3% 의결권 제한규정이 적용될 수 있어 지배주주 이외의 주주들이 감사위원회위원을 선임함에 있어 영향력이 강화될 수 있으며, 감사위원회위원인 이사를 선임할 경우 대주주의 의결권을 제한할 수 있어 감사선임시의 대주주에 대한 의결권제한제도와 형평을 기할 수 있다고 한다.[563]

3. 반대론

기업실무계에서는 감사위원의 분리선임에 대해 큰 우려를 표시하고 있다. 감사위원 분리선임시 대주주의 의결권이 제한된다는 것 자체도 큰 문제인데, 특히 집중투표제의무화까지 결합될 경우에는 감사위원회에는 대주주측의 추천자는 선임될 가능성이 거의 없게 되는 문제점이 발생한다고 한다.[564] 감독기능을 하는 감사위원회 구성에 대주주의 의견이 전혀 반영되지 않는다고 할 때 투명한 감독기능이 이루

562) 정재규, 기업지배구조 상법 개정 공청회 토론문, 38면 참조.

563) 이와 관련하여 경제개혁연대는 한 걸음 더 나아가 최대 주주 및 특수관계인이 보유한 지분을 모두 합쳐 3%를 초과할 때 그 초과분의 의결권을 제한하는 방식을 모든 감사위원 선출이 동일하게 적용할 것을 제안하고 있다.

564) 감사위원의 분리선임 관련 개정안의 가장 심각한 문제는 소액주주의 제안으로 집중투표를 이용하여 사내이사인 감사위원을 선임하는 것이라고 한다. 이 경우 7명의 이사 중 4명은 사외이사이고, 사내이사 3명중 1명은 주주제안을 통하여 선임된 이사이므로 실질적 사내이사는 2명만 남게 된다고 한다. 최준선, "감사위원의 분리선임에 관한 쟁점사항 검토", (한국경제법학회 하계학술대회 자료집, 「상법개정안의 주요쟁점과 그 평가」 2013.8.19, 3면).

어질 수 있을 것으로 보여지지만, 동 제도에 있어 자본력이 있는 투기자본이나 최대주주와 대립적 관계에 있는 제2, 3대 주주들이 원하는 자들로 감사위원회가 구성된다면 이로 인한 과도한 경영권 간섭이나 위협이 발생할 가능성이 있다는 점이 문제점으로 지적될 수 있다고 한다. 따라서 개정안이 확정·시행될 경우 상당수의 상장기업이 국제·국내 투기자본에 의한 경영권 위협상황에 놓일 수 있으며 특히 상장회사 중 KT&G나 포스코 등 국가의 기간산업을 영위하는 상장회사도 큰 위협이 될 수 있다고 본다. 이와 같은 부작용을 생각할 때 대주주는 심각한 재산권의 침해를 받고 투기자본 등에 의한 경영권 간섭 및 회사재산의 유출 등으로 결국 개정안이 보호하려는 소액주주의 이익마저 침해되고 이는 합리성을 결여한 것으로 위헌적 소지도 있다고 주장한다.[565)]

4. 검토

상법개정 입법예고안대로라면 자산총액 2조 원 이상인 148개 대규모 상장회사가 반드시 3명 이상 두게 되어 있는 감사위원의 대부분이 소액주주나 펀드, 연기금 등의 대표로 선임될 가능성이 있다. 감사위원은 단순히 감사만 하는 것이 아니라 본질적으로 이사이기 때문에 이사회에 참석하여 집행임원을 선임하는 등 회사의 주요 업무를 결정하고 대표이사를 비롯한 다른 이사들을 감독하는 기능을 겸하고 있다. 상법개정안의 일부 찬성론자들은 분리선출방식을 도입하게 되면 주주총회에서 이사를 선임하는 단계부터 감사위원회 위원을 분리하여 선출하므로 감사위원회 위원 후보에 대하여는 3% 의결권제한규정을 적용할 수 있어, 선임단계부터 지배주주로부터 감사위원회 위원의 독립성을 확보할 수 있는 장점이 나타나게 된다고 한다.[566)]

그러나 감사위원 분리선출은 감사위원 선임을 위해 도입되는 제도이지만 결과적으로는 최대주주의 이사선임권을 제한하게 되어 불합리한 결과가 생길 수 있다고 생각한다.

이사회는 기업의 전략적 의사결정과 업무집행의 가장 중요한 역할을 수행하는 집합체로서 감사위원도 이사회의 구성원이 되는 것이다. 즉 이사회는 기업의 중요

---

565) 고창현, 기업지배구조 상법 개정 제2차 공청회 토론문, 2013, 9, 10, 3면 참조.
566) 정경영, 전게 발표자료, 11~12면 참조.

한 의사결정 기관으로 '1주1의결권 원칙'에 따라 이사회가 구성되어야 하며, 최대주주가 가장 큰 영향력을 행사하여 개별 기업의 경영환경에 맞는 이사를 선택할 수 있어야 한다고 본다. 따라서 감사위원의 분리선출이 강제될 경우 이사회 구성에 있어 최대주주의 권한이 약해지고 이는 주주권 및 재산권 침해로 위헌소지가능성도 제기될 수 있다. 또한 감사위원의 분리 선임 및 해임제도와 3% 의결권 제한 연계 방안은 기업지배구조체계와 경영전반에 혼란을 가중시킬 염려가 있다. 참고로 2006년 3월 세계적 기업사냥꾼으로 알려진 칼 아이칸 연합은 리히텐슈타인씨를 주주총회에서 표대결을 통하여 KT&G의 이사회에 진출시켜 그를 통하여 KT&G에 부동산 매각, 자사주 소각, 회계장부제출, 한국인삼공사의 기업공개 등을 요구한 바가 있었으며 칼 아이칸은 배당금과 주가차익 등 1482억 원의 수확을 올린 후 2006년 12월 철수하였다. 이 건과 관련하여 KT&G는 경영권 방어를 위하여 총 2조 8천억 원 가량을 출혈하였다고 한다. 최근의 보도를 보면 법무부는 당초의 안을 완화하여 감사위원 1명만을 분리선임하는 법안을 마련 중이라고 한다.

Ⅵ. 전자투표제의 단계적 의무화(개정안 제542조의14)

1. 개정안

현재 주주총회 전자투표제는 이사회 결의로 시행할 수 있도록 되어 있지만(상법 제368조의4) 실무에서는 거의 이용되고 있지 않는 실정이다. 즉 주주총회 활성화 및 이를 통한 건전한 경영의 촉진을 위해 도입된 전자투표제는 회사의 선택사항에 맡겨져 있어 활용도가 낮은 문제가 있다. 따라서 주주의 분산 정도에 비추어 주주총회 활성화의 필요성이 높은 일정 주주의 수 이상의 상장회사부터 우선적으로 전자투표 실시를 의무화한다는 것이다. 이렇게 되면 일반 주주의 주주총회 참여 방식이 용이하게 됨으로써 주주총회가 활성화될 것으로 기대된다고 한다.

2. 찬성론

전자투표제도의 의무화 찬성론을 보면 ① 소액주주의 적극적 의결권 행사로 주주총회가 활성화될 수 있다는 점, ② 소액주주들의 적극적 의결권 행사를 통해 지배주주의 전횡을 막을 수 있다는 점, ③ 전자투표는 소액주주의 의결권행사를 위한 유용한 수단으로 작용할 수 있다는 점, ④ 주주의 적극적 의결권행사로 기업에 대한 관심도가 높아지고 이는 직접적으로 증권시장의 확대와 발전에 긍정적인 영향을 미친다는 점 등이 주장되고 있다.[567)][568)]

3. 반대론

반대론의 논거는 ① 토론을 기본으로 하는 회의체로서의 본질을 왜곡시켜 주주총회의 형해화를 가속시킬 수 있다는 점, ② 본인인증이 어렵고 확인되지 않은 루머에 따라 의사결정이 좌우될 수 있다는 점, ③ 해킹, 시스템 오류 등 온라인 상의 불안정 요소로 인한 주주의 의결권행사 제약이 발생할 수 있으며, 주주총회 결의의 효력에 직접적 영향을 미칠 수 있다는 점, ④ 전자투표제 의무화는 기업민주주의에 반한다는 점, ⑤ 주요선진국의 입법례에서도 볼 수 없는 과도한 규제라는 점 등을 들고 있다.[569)]

4. 검토

전자투표제도는 주주총회에 참여하기 어려운 주주들, 특히 소액주주 또는 비지배주주가 인터넷을 통해 의결권을 행사할 수 있도록 하면서 지배주주의 일방적 의

567) 전자투표제도의 활성화방안으로 전자투표제도의 도입을 의무화하거나 opt-out방식으로 도입하자고 제안한 견해로는 곽관훈, "전자투표제도활성화를 위한 법적과제" 「IT와 법연구」 제7집(2013.2) 164면 참조.

568) 주주총회에 참석할 수 없는 주주에게 의결권을 행사할 수 있는 기회를 주는 방안으로서는 최선의 입법이라고 주장하는 견해가 있다. 권종호, "전자투표제도의 단계적 의무화의 필요성과 그 이유", 「상법개정안의 주요쟁점과 그 평가」 자료집, 2013, 8, 19, 90면 참조.

569) 재계는 인터넷상의 왜곡된 정보에 의한 폐해, 보안상 위험성, 의결권 행사의 역차별 현상 발생 등을 이유로 의무화에 반대하면서 현행의 자율방식을 유지할 것을 주장하고 있다. 이승렬, 「바람직한 기업지배구조관련 상법개정방안」, (KERI정책세미나자료집, 2013. 7. 8) 129면~130면.

사결정을 견제할 수단으로 활용할 수 있고 상장회사들의 주주총회가 일정한 시기에 몰리는 경우 복수의 회사에 투자한 주주들에게는 매우 유용한 제도가 될 수 있다. 이러한 배경 속에서 현 정부의 경제민주화 정책과 맞물려 소액주주의 보호를 위한 해법의 일환으로 전자투표제도의 부활 논의가 전개되었다. 그러나 실제로는 제도의 본래 의도와는 달리 실무에서는 전자투표제도는 번거롭고 유명무실하다는 평가를 받고 있다.

전자투표제도는 회사의 의사결정의 신속성과 비용절감 등 효율성 · 경제성을 증진할 수 있는 좋은 제도이다. 그러나 현행 상법하에서도 주주들의 의결권행사를 활성화하기 위한 제도적 수단으로 '서면투표제', '의결권대리행사' 등의 여러 장치가 이미 마련되어 있고 자본시장법상 'Shadow voting제도'가 폐지되어 상장회사는 주주의 의결권 행사를 독려하기 위하여 계속적으로 노력하여야 하는데 구태여 이 제도를 의무화하여 기업에게 부담을 줄 필요는 없다고 생각한다. 참고로 미국, 일본, 영국, 독일 등에서는 전자투표제도를 도입하여 시행하고는 있으나 각의가 '이사회 결의' 등 회사자율로 전자투표제도를 채택할 수 있도록 하고 있고 의무화 하고 있지는 않다.[570]

Ⅶ. 결언

지금까지 이번에 새로이 입법예고된 「기업지배구조 상법 개정안」에 대하여 찬성론과 반대론을 상세히 살펴보고, 각 사안별로 문제점을 지적하여 바람직한 입법 방향을 제시하였다. 이번 개정안과 관련하여 일부 찬성론자들은 이번 법무부의 상법개정안이 기업지배구조 개선을 위해 반드시 필요한 사항들을 담고 있다고 주장하면서 지배구조 개선을 위한 실효성 확보와 정책적 완성도를 높이기 위한 방안으로 보다 강화된 개정안이 나와야 한다고 의견서를 제출하였고, 이에 대해 19개 경제단체들은 현재 입법예고된 상법개정안은 개별기업의 경영환경은 고려하지 않은 채 획일적인 지배구조를 강제하고 있다고 강력한 반대의견을 밝힌 바 있다.

570) 전자투표제도의 문제점을 지적한 논문으로는 김병태, "주주총회의 전자투표제도 '의무화'와 문제점", 「바람직한 기업지배구조 관련 상법개정 방안」 자료집, 2013, 7, 8, 93~120면 참조.

생각건대, 기업지배구조 개선의 궁극적인 목적은 기업의 효율적인 의사결정과 집행을 통해 기업가치를 극대화하는 것이고 이를 위해서는 기업이 각자 처한 환경에서 최적의 지배구조를 선택할 수 있도록 하는 것이 바람직하다고 본다. 선진각국의 기업지배구조를 보면 매우 다양한 형태를 취하고 있으며 개별 기업의 특성에 맞게 운용되고 있는 것이 현실이다. 따라서 특정한 지배구조를 강요할 필요는 없을 것이다. 또한 이 시점에서 당장 기업지배구조 상법개정안의 제도들의 도입을 강제한다고 해서 단번에 기업지배구조의 투명성이 담보되는 것도 아니라고 본다.

결론적으로 상법은 기업을 옥죄는 법이 아니라 기업활동을 원활하게 하고 기업을 유지·발전 시키는데에 주목적이 있는 법이라고 파악할 때 기업에게 부담을 가중시키는 입법보다는 기업의 부담을 완화해주는 방향으로 입법이 이루어지는 것이 바람직하다고 생각한다. 최근 일부 재벌기업의 총수의 잘못된 기업경영으로 인하여 국민의 따가운 시선이 있는 것도 사실이나, 현재의 국내외 경제여건을 고려할 때에 '기업가 정신'을 강조하여 기업들이 보다 과감한 투자를 통하여 경제를 살리는데에 보탬이 되도록 하여야 할 것이다. 또 하나 지적하고 싶은 것은 이번에 새로이 입법예고되어 현재 논의되고 있는 기업지배구조 상법개정안은 이미 2006년 상법개정안과 2008년 상법개정안이 제출되었을 때 치열하게 논쟁하였던 사항이라는 점이다. 2011년 우여곡절 끝에 해방 이후 최대 규모인 250여개의 조문이 개정되어 새로운 회사법이 탄생되어 2012년 4월 15일부터 새로이 시행 된지 겨우 1년 4개월 남짓한 이 시점에서 또 다시 회사법 개정에 관한 논쟁을 재연시키는 것은 결코 바람직하지 않다고 본다. 새로운 회사법을 좀 더 시행해 본 후 여러 의견들을 종합하여 지혜를 모은 다음 이 문제를 논의해도 늦지 않을 것이다.

부록

· 상법총칙 · 상행위편의 주요 개정내용 및 쟁점검토

· 2011년 개정상법(회사법)의 주요 내용 소개

· 2015년 M&A 관련 개정상법(회사법)의 입법과정과 주요 내용

상법총칙·상행위편의 주요 개정내용 및 쟁점검토

I. 서언

1962년 상법이 제정된 이래 상법총칙·상행위편을 제외한 다른 영역은 여러 차례 개정이 이루어졌으나 상법총론 부분의 개정은 1984년과 1995년에 개정된 이후에 14년 만에 개정안이 나오게 되었다. 기업을 둘러싼 환경의 급격한 변화에 따라 상법총론의 규정들도 개정될 필요성이 절실한 상황에서 법무부는 2009년 1월 5일 「상법총칙·상행위편 개정안」을 국회에 제출하였고, 이 개정안은 2010년 4월 21일 국회본회의를 통과하였다.[571) 이어서 2010년 5월 14일 「상법 총칙·상행위편의 개정 법률」이 공포되었다. 이 법률은 6개월 후인 2010년 11월 15일부터 시행된다. 이번에 공포된 「상법총칙·상행위편 개정법률」은 상법 해상편(2007. 8. 3 법률 제8581호 공포, 2008. 8. 4 시행), 회사편(2011. 4. 14 법률 제10600호 공포, 2012. 4. 15 시행), 보험편(2014. 3. 11 법률 제12397호 공포, 2015. 3. 12 시행), 항공운송편(2011. 5. 23 법률 제10696호 공포, 2011. 11. 24 시행)과 함께 선진 상사법제의 구축작업의 일환으로 개정·추진된 것이다.

본고에서는 상법총론부분의 주요 개정내용을 먼저 소개하고, 개정조문별로 주요 쟁점을 검토하고자 한다.

---

571) 이번 개정의 경과를 살펴보면 2008년 법무부 상법 총칙·상행위편 개정특별분과위원회의 열정적인 노력으로 개정안 초안이 작성되었고, 개정안 초안에 대한 학술적 토론과 논의도 여러 차례 이루어졌다. 2009년 1월에 국회에 제출된 총칙·상행위편 개정안은 특별한 쟁점사항이 없었음에도 불구하고 바로 처리되지 못하고 1년여의 시간이 흐른 뒤에 일부의 수정을 거쳐 2010년 4월 21일 국회 본회의를 통과하였다. 이에 관한 자세한 내용은 이철송, "상법상의 입법착오의 시정을 위한 연구(1)-상법총칙·상행위를 중심으로"-, 「비교사법」 제12권 제4호(2005), 한국비교사법학회 ; 임홍근, "상법전의 총칙·상행위 : 과거, 현재 및 미래", 「상사법연구」 제21권 제3호(2002), 한국상사법학회 ; 정경영, "상법총칙·상행위편 개정 과정과 주요 쟁점-국회 법제사법위원회 심사과정을 중심으로-", 「선진상사법률연구」 통권 제51호(2010.7), 법무부 ; 진정구, "상법 일부개정법률안 전문위원 검토보고", 2009 참조.

Ⅱ. 주요개정 내용

이번 개정 법률은 빠르게 발전하는 금융리스·가맹업·채권매입업 등에 대한 기본적인 법률관계를 규율하고, 신용카드·전자화폐 등 지급결제업무의 인수를 새로운 상행위로 규정하는 등 현행 상법규정의 미비점을 보완하였다. 또한 그동안 누누이 제기 되었던 공중접객업자의 임치물에 대한 비현실적인 엄격책임을 완화하고 상법상 회계기준과 기업회계기준과의 불일치를 해소하는 등 변화된 경제현실을 반영한 점을 특색으로 들 수 있다.

1. 금융리스·가맹업·채권매입업의 법률관계를 구체적으로 규정

(1) 금융리스572)

현재의 기업현실을 보면 금융리스 거래가 활발히 이루어지고 있음에도 불구하고 이에 관한 명확한 법률관계가 상법에 규정된 바 없어, 약관이나 공법 규정에 따라 금융리스의 법률관계 해석을 의존하여 왔다. 리스는 크게 운용리스(operating lease)와 금융리스(finance lease)로 나눌 수 있는데, 운용리스는 주로 임대차의 규정이 준용되므로 개정상법은 금융거래로서의 성격이 분명한 금융리스에 대하여만 규정을 신설하였다. 즉, 총칙·상행위편에 금융리스업자, 금융리스이용자, 물건 공급자 등 금융리스를 둘러싼 3자간의 기본적인 법률관계와 금융리스 계약이 해지된 경우 상호 정산 관계에 대하여 규정하여, 금융리스업자와 금융리스이용자간의 계약관계가 정당하고 공평하도록 규율하였다.

① 금융리스이용자의 중도 해지를 허용

현재 대부분의 금융리스 약관에 의하면 금융리스이용자는 리스계약의 중도해지가 불가능하였지만, 개정상법은 금융리스이용자에게 금융리스물건을 계속 사용할 수 없는 중대한 사정변경이 발생한 경우 손해를 배상하고 중도해지를 허용하였다.

---

572) 이에 관한 자세한 내용은 강정혜, "금융리스에 대한 개정상법개정안의 쟁점", 「상사법연구」 제28권 제2호(2009.8), 한국상사법학회, 39~59면 참조.

② 금융리스 계약 해지 후 손해 정산 방법 수정

현재까지의 판례에 의하면 금융리스이용자의 책임있는 사유로 금융리스 계약이 해지된 경우, 이용자는 남은 리스료를 모두 지급함은 물론 리스물건도 반환한 뒤 손해를 정산하여야 했으나, 개정상법은 남은 리스료 또는 리스물건 반환 중 하나만 청구하도록 규정하여 리스이용자에게 가혹하였던 손해정산방법을 균형있게 수정하였다.[573)]

(2) 가맹업(프랜차이즈)[574)]

가맹업은 이미 우리 유통업계의 총아로 성장하였음에도 상법에 아무런 규정이 없이 당사자 자치의 영역으로 방치되어 왔다.[575)] 이에 따라 개정상법은 가맹업자와 가맹상의 의무를 명확히 규정하여 분쟁을 예방하고, 가맹상과 가맹업자는 부득이 한 사정이 있는 때에는 가맹계약의 해지가 가능하도록 하여 가맹업의 상호 자율성을 제고하였다.

① 가맹업자와 가맹상의 의무 규정

가맹업자는 가맹상의 영업을 위하여 필요한 지원을 하여야 하고(영업지원 의무), 가맹상의 영업 지역 내에 동일 또는 유사한 업종의 가맹계약을 체결할 수 없는 의무(경업금지 의무)를 부담 하도록 하였다. 이에 대응하여 가맹상은 가맹업자의 영업에 관한 권리가 침해되지 않도록 하고(영업권 침해 금지 의무), 계약 종료 후에도 가맹업자의 영업상의 비밀을 준수할 의무(영업비밀 준수 의무)를 부담하도록 하였다.

② 가맹상의 영업양도 확대

가맹상은 가맹업자의 동의를 얻어 영업을 양도할 수 있도록 하되, 가맹업자에게

---

573) 참고로 연도별 금융리스 실적을 보면 아래와 같다.

※ 연도별 금융리스 실적 (단위 : 억 원)

연 도	2002	2003	2004	2005	2006	2007	2008
금융리스 실적	17,934	19,263	24,813	30,220	44,246	64,575	67,265

574) 이에 관한 자세한 내용은 최영홍, “프랜차이즈 관련 상법 개정안의 고찰”, 「상사법연구」 제28권 제2호(2009. 8), 한국상사법학회, 69~100면 참조.

575) 2008년 말 기준 우리나라의 가맹업자는 2,426개, 가맹상은 257,247개, 가맹업종사자는 약100만명, 시장규모 약 97조 원(국민경제 GDP의 10.4% 차지)에 이른다.

특별한 사유가 없는 한 영업양도에 동의할 의무를 부과하여, 가맹상이 투자자본을 회수할 수 있는 가능성을 확대하였다.

③ 가맹계약의 해지

가맹계약상의 존속기간이 만료되기 전이라도 부득이한 사정이 있으면 가맹업자 또는 가맹상의 가맹계약 해지를 허용하였다.

(3) 채권매입업(팩토링)576)

채권매입업은 기업들의 외상매출금 등을 담보로 금융을 제공하는 수단으로 활용되는 것임에도, 법적 뒷받침 부족으로 인해 거래관계의 불확실성이 지적되어 왔다. 이에 따라 채권매입업의 의의를 명확히 하고, 거래 현실을 반영하여 부진정팩토링(제3채무자가 채무를 이행하지 않는 경우 채권매입업자가 거래 상대방에게 채권액의 상환 청구 가능)을 채권매입업의 원칙적인 형태로 규정하여 채권매입업의 발전 기반을 마련하였다. 577)

2. 신용카드 등을 이용한 지급결제업무 인수를 상행위로 신설

신용카드·전자화폐 등을 이용한 전자상거래 발전에 따라 인터넷 상점, 소비자, 은행 등 3자 사이의 지급결제 업무를 인수하여 중개하는 영업을 상행위로 규정할 필요가 높아지게 되었다. 이에 따라 신용카드 등 지급결제업무 인수 행위에 적용되는 법률관계는 상법에 따라야 함을 명확히 하였다.578)

---

576) 이에 관한 자세한 내용은 김홍기, "채권매입업(factoring)의 법적 쟁점과 상법개정안의 검토", 「상사법연구」 제28권 제2호(2009.8), 한국상사법학회, 107~145면 참조.

577) 참고로, 우리나라 기업들의 외상매출금이 회사자산에서 차지하는 비중은 2008년 3분기 40.8%, 2008년 연말 37.9%에 이르고 있다. 즉, 이러한 제도가 활성화 되면 A 기업이 B 거래처에 물건을 납품하고 가지고 있는 외상매출채권을 채권매입업자 C를 통하여 현금화하여 기업의 새로운 투자·생산이 가능하게 된다.

578) 참고로, 2009년도 지급수단별 통계를 보면 다음과 같다.

(단위 : 천건, 십억 원)

구분	신용카드	직불카드	체크카드	선불카드	전자화폐
건수	4,880,058	1,027	1,049,027	30,003	105,371
금액	466,358	44	36,461	1,290	90

3. 공중접객업자의 임치물에 대한 엄격 책임 완화

여관, 식당 등 공중접객업자가 고객으로부터 임치물을 보관 받은 경우에 불가항력을 증명한 경우에만 책임을 면할 수 있도록 한 현행 상법규정은 공중접객업자에게 현실에 맞지 않는 과도한 책임을 지우는 입법이라는 지적이 꾸준히제기 되어왔다. 현행 상법규정은 고대 로마시대에 선주(船主), 역사(驛舍), 여관(旅館) 주인에게 운송물 또는 귀중품을 보관한 이상 손님에게 안전하게 반환해야 할 절대적 의무를 부담하는 로마법의 레셉툼(receptum) 책임이 일본을 통해 우리나라에 전해진 입법연혁에 기인한 것이었다. 그런데, 미국, 영국 등 해외 입법례를 보면 공중접객업자의 엄격책임을 이미 폐지하였고, 우리나라 상법도 운송업자와 창고업자에 대하여는 이미 엄격책임을 폐지한 바 있다. 그 결과, 귀중품을 각각 운송업자, 창고업자, 공중접객업자에게 맡겼다가 과실없이 도난당한 경우, 운송업자와 창고업자는 책임지지 않으나, 공중접객업자는 엄격책임을 부담하는 불균형이 발생하게 되었다. 개정된 상법 규정은 공중접객업자가 임치물 보관에 관하여 주의를 게을리하지 아니하였음을 증명하면 손해배상책임을 면할 수 있도록 하여 변화된 경제현실을 반영하는 한편, 입증책임을 공중접객업자에게 부담 지워 고객을 보호할 수 있게 하였다.

4. 기업회계기준과의 불일치 해소

상법에 규정된 자산평가 원칙이 변화하는 기업회계기준 등 회계관행과 불일치하여 기업 회계실무에 애로점으로 지적되어 왔다. 즉, 상법은 원가주의에 따르고 기업회계기준은 사실상 시가주의에 따르는 결과로, (예를 들어 취득가액 5천 원이던 주식이 장부작성시 시가 7천 원이 된 경우) 상법에 따르면 배당가능이익이 없던 주식회사에 기업회계기준에 따르면 배당가능이익이 발생하는 등 혼선이 초래되었다. 따라서 상법의 자산평가 규정을 삭제함으로써 기업회계에 대한 상법의 관여를 최소화하고 기업이 준수해야 할 회계기준을 일원화하였다. 참고로 현재 국회에 계류되어 있는 상법 회사편 개정안에서도 주식회사의 회계 규정을 삭제하고 있어, 향후 회계실무 기준은 기업회계기준으로 일원화될 예정이다.

Ⅲ. 개정조문별 주요쟁점 검토

1. 표현지배인의 예시 및 법문표현 변경(제14조)

(1) 개정 내용

개정조문은 표현지배인의 예시 및 법문표현과 관련하여 "영업주임 기타 유사한 명칭을 가진 사용인"을 "본부장, 지점장, 그 밖에 지배인으로 인정될 만한 명칭을 사용하는 자"로 변경하였다.[579]

현 행	개정조문
第14條(表見支配人) ① 本店 또는 支店의 營業主任 其他 類似한 名稱을 가진 使用人은 本店 또는 支店의 支配人과 同一한 權限이 있는 것으로 본다. 그러나 裁判上의 行爲에 關하여는 그러하지 아니하다. ② 前項의規定은相對方이惡意인境遇에는適用하지아니한다.	제14조(표현지배인) ① 본점 또는 지점의 본부장, 지점장, 그 밖에 지배인으로 인정될 만한 명칭을 사용하는 자는 본점 또는 지점의 지배인과 동일한 권한이 있는 것으로 본다. 그러나 재판상 행위에 관하여는 그러하지 아니하다. ② 제1항은 상대방이 악의인 경우에는 적용하지 아니한다.

(2) 주요쟁점 및 검토

표현지배인제도는 지배인이 아니면서 지배인으로 오인될 만한 명칭을 사용한 자에 대하여 상대방이 선의인 경우에 그를 포괄적 상업사용인인 지배인으로 의제함으로써 거래 상대방을 보호하고, 거래의 안전을 도모하려는 필요에서 인정되고 있다. 현행 「상법」은 표현지배인의 예시로서 '영업주임'이라는 오래된 표현을 사용하고 있으며, '사용인'이라는 법문표현으로 인하여 마치 상업사용인만이 표현지배인될 수 있는 것처럼 보이나, 상업사용인이 아닌 단순한 피용자도 지배인으로서 외관을 갖추면 거래의 안전을 위하여 표현지배인으로 인정하여야 할 것이므로 개정내용은 달리 문제가 없다고 본다.

---

579) 우리기업은 실무에서 영업주임이라는 직책은 본점 또는 지점을 총괄하는 최고책임자의 위치에 있다고 하기보다는 주로 말단의 직책을 나타내는 것이 일반적이기 때문에 지배인 정도의 직책을 나타내는 표현으로 부적합하다(신현윤, "상법총칙·상행위법 개정안의 주요쟁점", 『상사판례연구』 제21호 제3권, 2008. 한국상사판례학회, 6면).

2. 자산평가의 원칙에 관한 규정 삭제(제31조 삭제)

(1) 개정 내용

자산평가와 관련하여 일반적인 회계관행에 따르도록 자산평가의 원칙을 규정한 현행 제31조를 삭제하였다.

현 행	개 정
第31條(資産評價의 原則) 會計帳簿에 記載될 資産은 다음의 方法에 의하여 評價하여야 한다. 1. 流動資産은 取得價額·製作價額 또는 時價에 의한다. 그러나 時價가 取得價額 또는 製作價額보다 현저하게 낮은 때에는 時價에 의한다. 2. 固定資産은 取得價額 또는 製作價額으로부터 상당한 減價額을 控除한 價額에 의하되, 豫測하지 못한 減損이 생긴 때에도 상당한 減額을 하여야 한다.	〈 삭 제 〉

(2) 검토

상법총칙상 자산평가기준이 "시가주의"를 선택할 수 있도록 하고 있어 실무상 사용되는 기업회계기준과 큰 차이가 없으나 기업회계기준이 보다 구체적으로 세분화 되어 있어 실무회계 처리시에는 차이가 발생할 소지가 있다.[580] 시대의 흐름에 따라 변화무쌍한 기업회계기준에 대한 상법의 관여를 최소화 하고 기업회계에 관한 기준을 일원화하기 위하여 자산평가의 원칙에 관한 현행 제31조의 규정을 삭제한 것은 타당한 것으로 생각한다. 또한, 법률[581]에 구체적인 회계관련 규정을 두지 않는 국제적 추세에 부합하고, 변화하는 기업회계관행에 신속하게 대응할 수 있다는 점에서 바람직하다고 본다.

580) 조동관, "상법총칙·상행위편 개정 과정과 주요쟁점-국회 법제사법위원회 심사과정을 중심으로-", 「선진상사법률연구」 통권 제51호, 법무부, 2010, 145면 참조; 정병덕, "상행위법의 현대화 과제", 「기업법연구」 제24호 제3호(통권 제42호), 한국기업법학회, 2010, 14~15면 참조.

581) 「상법」 회사편 개정안도 같은 취지에서 제452조(자산평가의 방법)부터 제457조의2(연구개발비의 계상)까지의 조항을 삭제하고, 기업회계를 "일반적으로 공정하고 타당한 회계관행"에 따르도록 하는 제446조의2를 신설하고 있다.

3. 지급결제 업무의 인수 등 새로운 상행위 도입(제46조)

(1) 개정 내용

개정조문은 신용카드·전자화폐 등을 이용한 지급결제업무의 인수[582]를 새로이 기본적 상행위에 추가하고, “객의 집래를 위한 시설에 의한 거래”를 “공중이 이용하는 시설에 의한 거래”로, “물융”을 “금융리스”로 각각 법문표현을 변경하고 있다. 참고로 처음의 개정안에서는, 상법 제46조의7의 광고, 방송, 통신 또는 정보에 관한 행위도 기본적상행위에 포함되는 것으로 하였으나, 개정조문에서는 제46조의7을 광고, 통신 또는 정보에 관한 행위로 하였다. 그 이유는 방송은 그 영리성보다는 공영성이 중시되므로 새로운 상행위에서 방송을 삭제하였다고 한다.[583]

현행	개정조문
第46條(基本的 商行爲) 營業으로 하는 다음의 行爲를 商行爲라 한다. 그러나 오로지 賃金을 받을 目的으로 物件을 製造하거나 勞務에 從事하는 者의 行爲는 그러하지 아니하다.	第46條(基本的 商行爲) ---.
1.~3. (생략)	1. ~ 3. (현행과 같음)
4. 電氣, 電波, 가스 또는 물의 供給에 關한 行爲	4. 전기, 전파, 가스 또는 물의 공급에 관한 행위
5.·6. (생략)	5.·6. (현행과 같음)
7. 廣告, 通信 또는 情報에 關한 行爲	7. 광고, 통신 또는 정보에 관한 행위
8. (생략)	8. (현행과 같음)
9. 客의 集來를 爲한 施設에 依한 去來	9. 공중이 이용하는 시설에 의한 거래
10. ~ 18. (생략)	10. ~ 18. (현행과 같음)
19. 機械·施設 기타 財産의 物融에 관한 행위	19. 기계, 시설, 그 밖의 재산의 금융리스
20.·21. (생략)	20.·21. (현행과 같음)
〈신 설〉	22. 신용카드, 전자화폐 등을 이용한 지급결제 업무의 인수

582) 지급결제(Payment and Settlement)는 경제주체들이 지급수단을 이용하여 거래당사자 간 채권·채무관계를 화폐적 가치의 이전을 통해 청산하는 행위를 의미한다(김선광, “ 상행위개념의 변화와 상법개정”, 「상사법연구」, 제28권 제2호 통권 제63호, 한국상사법학회, 2009. 23면 참조).

583) 방송업을 굳이 기본적 상행위로 인정하여 방송업의 영리성을 바탕으로 방송업자를 상인으로 취급하기보다는 회사는 태생적 상인 점을 고려하여 의제상인으로 보아 상법을 적용하는 것이 좋다고 생각한다. 다양한 형태로 전개될 것이 쉽게 예상되면서 고도의 공익성이 요구될 “방송”업자의 영업성 여부를 판단하고 상인으로 인정하는 것은 그리 쉬운 일은 아닐 것이라고 판단된다(권재열, “상법총칙 및 상행위편 토론문(2), 상법 총칙 및 상행위편 개정안·상법항공운송편 제정안 공청회 자료집”, 법무부. 2008, 54면 참조).

(2) 주요쟁점 및 검토

먼저 방송[584]은 그 영리성보다는 공영성이 중시된다는 관점에서 새로운 상행위의 유형에서 삭제한 것은 상당한 근거가 있는 것으로 보여 진다. 또한 개정조문 제46조제9호는 현행 "객의 집래를 위한 시설"을 "공중이 이용하는 시설"로 법문표현을 변경하였는데, 다수의 고객이 왕래하는 시설이라는 뜻이 명확히 전달된다는 점에서 바람직한 개정내용으로 보인다. 다만, 불특정 다수인이 이용한다는 의미로 "다중이 이용하는 시설"로 법문표현을 하자는 방안도 제기 되었다고 한다.[585] 개정조문 제46조제19호는 현행 '물융(物融)'을 '금융리스'로 개정하였고 물융이란 말은 현행 「여신전문금융업법」 전의 구 「시설대여업법」에서 금융리스를 '물적금융'으로 표현한 것을 다시 줄인 말로서 관용화된 표현이 아니므로 이를 변경한 것이나, '리스'라는 외래어를 법률용어로 사용하는 것의 적절성에 대한 논의는 계속 필요할 것으로 보인다.[586]

4. 격지자간 청약의 구속력에 관한 규정 삭제(제52조 삭제)

(1) 개정 내용

개정조문은 격지자간 계약의 청약에 있어서 승낙기간이 없으면 상대방이 상당한 기간 내에 승낙의 통지를 발송하지 아니한 때에 그 효력을 잃도록 규정한 현행 제52조를 삭제하였다.

---

584) 방송에 대해 기본적 상행위로 추가하는 부분에 대하여 부정적인 입장은 홍대식, "상행위개념의 변화와 상법개정에 대한 토론문", 「상사법연구」 제28권 제2호(2009.8), 한국상사법학회, 35면 참조.

585) '다중'이라는 표현을 사용하는 현행 법률로는 「다중이용업소의 안전관리에 관한 특별법」, 「다중이용시설 등의 실내공기질관리법」 등이 있음. '다중이 이용하는 시설'로 법문표현을 변경하면 제10장의 '공중'과 '공중접객업자'는 '다중'과 '다중접객업자'로 용어를 변경할 수 있을 것이다.

586) 「여신전문금융업법」은 '시설대여'라는 용어를 사용하고 있으나, 이는 금융리스와 운용리스를 포괄하여 정의한 것임. 동법 제2조제10호는 "시설대여"의 정의를 "대통령령이 정하는 물건을 새로이 취득하거나 대여받아 거래상대방에게 대통령령이 정하는 일정기간 이상 사용하게 하고, 그 기간에 걸쳐 일정대가를 정기적으로 분할하여 지급받으며, 그 기간종료 후의 물건의 처분에 대하여는 당사자간의 약정으로 정하는 방식의 금융을 말한다"고 규정하고 있다.

현행	개정
第52條(隔地者間의 請約의 拘束力) ① 隔地者間의 契約의 請約은 承諾期間이 없으면 相對方이 相當한 期間內에 承諾의 通知를 發送하지 아니한 때에는 그 效力을 잃는다. ② 民法 第530條의 規定은 前項의 境遇에 準用한다.	〈삭 제〉

(2) 주요쟁점 및 검토

현행 제52조는 격지자 간 계약에 있어서 승낙기간이 없는 경우에는 발신주의를 채택하여 발송한 때에 확정적으로 효력이 발생함을 명확히 하고 있는 규정이다. 그러나 승낙기간이 있는 경우에는 「상법」에 특별한 규정이 없어 「민법」 제528조와 제531조[587])가 적용됨에 따라 승낙기간 유무에 따라 효력발생시기가 서로 상이해지는 문제가 있었다. 따라서 현행 제52조를 삭제하여 격지자 간의 청약에 관하여는 승낙기간 유무와 관계없이 모두 「민법」 규정의 적용을 받도록 하였다. 이러한 개정은 타당한 것으로 생각된다.

5. 상인의 비상인에 대한 금전대여에 「상법」상 법정이자청구권 인정 (제55조)

(1) 개정 내용

개정조문은 「상법」상 법정이자를 청구할 수 있도록 한 경우를 “상인 간에서 금전의 소비대차를 한 때”에서 “상인이 영업에 관하여 금전을 대여한 경우”로 변경하였다.

587) 「민법」 第528條(承諾期間을 定한 契約의 請約) ① 承諾의 期間을 定한 契約의 請約은 請約者가 그 期間內에 承諾의 通知를 받지 못한 때에는 그 效力을 잃는다.
② 承諾의 通知가 前項의 期間後에 到達한 境遇에 普通 그 期間內에 到達할 수 있는 發送인 때에는 請約者는 遲滯없이 相對方에게 그 延着의 通知를 하여야 한다. 그러나 그 到達前에 遲延의 通知를 發送한 때에는 그러하지 아니하다.
③ 請約者가 前項의 通知를 하지 아니한 때에는 承諾의 通知는 延着되지 아니한 것으로 본다.
「민법」 第531條(隔地者間의 契約成立時期) 隔地者間의 契約은 承諾의 通知를 發送한 때에 成立한다.

현행	개정조문
第55條(法定利子請求權) ① 商人間에서 金錢의 消費貸借를 한 때에는 貸主는 法定利子를 請求할 수 있다. ② 商人이 그 營業範圍內에서 他人을 爲하여 金錢을 替當한 때에는 替當한날 以後의 法定 利子를 請求할 수 있다.	第55條(법정이자청구권) ① 상인이 그 영업에 관하여 금전을 대여 한 경우에는 법정이자를 청구할 수 있다. ② 상인이 그 영업범위 내에서 타인을 위하여 금전을 체당(替當)한 때에는 체당한 날 이후의 법정이자를 청구할 수 있다.

(2) 주요쟁점 및 검토

현행 제55조제1항은 상인 간의 금전소비대차의 경우에만 「상법」상 법정이자를 청구할 수 있도록 되어 있어, 상인이 비상인에게 금전을 대여하는 경우에는 그 행위가 상행위에 해당함에도 불구하고 「상법」상의 법정이자를 청구할 수 없다는 문제가 있었다. 이는 현행 제61조에서 상인이 비상인에 대하여도 보수청구권을 행사할 수 있고, 제55조제2항에서 상인이 비상인을 위하여 체당[588]한 금액에 대하여도 이자청구권을 인정하고 있는 것과 비교해 볼 때 균형을 잃고 있으므로, 상인 간에는 물론이고 상인이 그 영업에 관하여 비상인에게 금전을 대여한 경우에도 「상법」상 법정이자를 청구할 수 있도록 하였다. 이 개정안은 타당하다고 생각한다.

6. 지점거래의 채무이행장소에 관한 규정 한정(제56조)

(1) 개정 내용

개정조문은 지점거래의 채무이행장소를 정함에 있어서 단순히 '지점'으로 규정되어 있는 것을 '채권자의 지점'으로 한정함으로써 채권자의 지점 거러의 경우에만 「상법」으로 규율하고, 채무자의 지점 거래의 경우에는 「민법」의 규정(제467조제2항 단서)에 따르도록 하였다.

588) 체당(替當)이란 금전의 소비대차에 의하지 아니하고 널리 타인을 위하여 금전을 출연하는 것을 말함. 예를 들어, 부동산중개인이 매수인의 등기이전비용을 대납하는 경우이다.

현행	개정조문
第56條(支店去來의 債務履行場所) 支店에서의 去來로 因한 債務履行의 場所가 그 行爲의 性質 또는 當事者의 意思表示에 依하여 特定되지 아니한 境遇에는 特定物의 引渡以外의 債務의 履行은 그 支店을 履行場所로 본다.	제56조(지점거래의 채무이행장소) 채권자의 지점에서의 거래로 인한 채무이행의 장소가 그 행위의 성질 또는 당사자의 의사표시에 의하여 특정되지 아니한 경우 특정물의 인도이외의 채무의 이행은 그 지점을 이행장소로 본다.

(2) 주요쟁점 및 검토

현행 제56조에 의할 경우 채무자의 지점에서 거래가 이루어진 경우에는 채무자의 지점이 채무이행의 장소가 되는데, 이는 「민법」 제467조제2항 단서[589]에 배치된다. 따라서 이러한 거래에 따른 채무이행장소는「민법」에 맡기고, 「상법」에서는 '채권자의 지점에서의 거래'에 한하도록 하려는 것으로서 타당하다고 생각된다.

7. 위탁매매인의 개입권 대상에 유가증권 추가(제107조)

(1) 개정 내용

개정조문은 위탁매매인이 개입권을 행사할 수 있는 대상에 "거래소의 시세가 있는 유가증권"도 포함시키고 있다.

현행	개정조문
第107條(委託賣買人의 介入權) ① 委託賣買人이 去來所의 時勢있는 物件의 賣買를 委託받은 때에는 直接 그 賣渡人이나 買受人이 될 수 있다. 이 境遇의 賣買代價는 委託賣買人이 賣買의 通知를 發送한 때의 去來所의 時勢에 依한다. ② 前項의 境遇에도 委託賣買人은 委託者에 對하여 報酬를 請求할 수 있다.	第107條(위탁매매인의 개입권) ① 위탁매매인이 거래소의 시세있는 물건 또는 유가증권의 매매를 위탁받은 경우에는 직접 그 매도인이나 매수인이 될수 있다. 이 경우의 매매대가는 위탁매매인이 매매의 통지를 발송한 때의 거래소의 시세에 의한다. ② 제1항의 경우에 위탁매매인은 위탁자에 대하여 보수를 청구할 수 있다.

---

589) 「민법」 第467條(辨濟의 場所) ② 前項의 境遇에 特定物引渡以外의 債務辨濟는 債權者의 現住所에서 하여야 한다. 그러나 營業에 關한 債務의 辨濟는 債權者의 現營業所에서 하여야 한다.

(2) 주요쟁점 및 검토

위탁매매인은 위탁자로부터 물건 등의 매매를 위탁받고 이를 자기 이름으로 제3자와 매매하여 그 결과로 얻은 대금 등을 위탁자에게 귀속시키는 것을 업으로 하는 자를 말한다. 이러한 위탁매매인은 거래소의 시세있는 물건에 대하여 개입권, 즉 직접 그 매도인이나 매수인이 될 권리가 있는데, 개정조문은 그 개입권의 대상을 거래소의 시세있는 유가증권에까지 확대한 것이다. 거래소의 시세있는 유가증권인 경우에는 위탁매매인이 가격 등을 스스로 결정할 수 없어 위탁자의 이익을 해할 우려가 없으므로 개입권의 범위를 유가증권에까지 확대한 것은 특별히 문제가 없다고 생각된다. 다만, 증권선물거래소에서 거래되는 유가증권은 「자본시장과 금융투자업에 관한 법률」 제67조[590] 에 따라 위탁매매인의 개입권이 금지되어 있기 때문에 「상법」에서 유가증권에 대한 개입권을 허용하여도 큰 의미는 없을 것으로 보인다.[591]

8. 화물상환증에 운송계약의 추정적 효력 부여(제131조)

(1) 개정 내용

개정조문은 화물상환증이 발행된 경우 화물상환증에 기재된 대로 운송계약이 체결되고 운송물을 수령한 것으로 추정하며, 화물상환증을 선의로 취득한 소지인에 대하여 운송인이 화물상환증에 기재된 대로 책임을 지도록 하고 있다.

현 행	개정조문
第131條(貨物相換證의 文言證券性) 貨物相換證을 作成한 境遇에는 運送에 關한 事項은 運送人과 所持人間에 있어서는 貨物相換證에 記載된 바에 依한다. 〈신 설〉	第131條(화물상환증 기재의 효력) ① 제128조에 따라 화물상환증이 발행된 경우 운송인과 송하인 사이에 화물상환증에 적힌 대로 운송계약이 체결되고 운송물을 수령한 것으로 추정한다. ② 화물상환증을 선의로 취득한 소지인에 대하여 운송인은 화물상환증에 적힌 대로 운송물을 수령한 것으로 보고 화물상환증에 적힌 바에 따라 운송인으로서 책임을 진다.

590) 「자본시장과 금융투자업에 관한 법률」 제67조(자기계약의 금지) 투자매매업자 또는 투자중개업자는 금융투자상품에 관한 같은 매매에 있어 자신이 본인이 됨과 동시에 상대방의 투자중개업자가 되어서는 아니 된다.

591) 현실적으로 상품권 등이 그 대상으로 될 것이다.

(2) 주요쟁점 및 검토

현행 상법 제131조는 운송인과 화물상환증 소지인 사이에 운송에 관한 사항은 화물상환증에 기재된 바에 의한다고 규정하고 있다. 이에 따라 화물상환증의 소지인은 운송인에 대하여 화물상환증의 기재사항에 따라 권리를 행사하고 운임지급 등의 의무를 부담하나, 화물상환증의 기재사항과 운송계약의 내용이 서로 다를 경우 어느 쪽에 의할 것인가 하는 문제가 발생되었다. 이에 대하여 화물상환증은 운송계약의 존재를 바탕으로 하여 발행되는 것이므로 운송물 없이 발행한 화물상환증(즉, 공권)은 원인을 결한 것으로 되어 무효가 된다는 주장과, 화물상환증의 소지자는 증권의 문언에 따라 운송물인도청구권 등의 권리를 행사할 수 있으므로 공권인 경우에도 화물상환증은 유효하고 다만 운송인이 이행할 수 없으므로 채무불이행의 책임을 진다는 주장 등이 제기되었다. 개정조문은 이에 관하여 「상법」 해상편 제854조[592]의 선하증권의 경우와 일치되게 화물상환증이 발행된 경우 운송인과 송하인 사이에는 화물상환증에 기재된 대로 운송계약이 체결되고 운송물을 수령한 것으로 추정되도록 화물상환증에 '추정적 효력'을 부여하되, 운송인이 계약내용과 화물상환증의 개재내용이 다름을 입증하는 경우에도 선의의 제3자를 보호하여 채무불이행책임을 지도록 하였다. 종전에 학설로 논란이 되고 있던 것을 입법을 통하여 해결하고, 「상법」 해상편 제854조의 선하증권과 그 효력을 일치시키려는 개정내용은 타당하다고 평가된다.

9. 운송인의 불법행위 손해배상책임에 대한 제한 인정(제135조) 및 공중접객업의 의의(제151조)

(1) 개정 내용

개정조문은 어려운 한자로 된 조문을 알기 쉬운 한글로 표현하였다.

---

592) 「상법」 제854조(선하증권 기재의 효력) ① 제853조제1항에 따라 선하증권이 발행된 경우 운송인과 송하인 사이에 선하증권에 기재된 대로 개품운송계약이 체결되고 운송물을 수령 또는 선적한 것으로 추정한다.
② 제1항의 선하증권을 선의로 취득한 소지인에 대하여 운송인은 선하증권에 기재된 대로 운송물을 수령 혹은 선적한 것으로 보고 선하증권에 기재된 바에 따라 운송인으로서 책임을 진다.

현행	개정조문
第135條(損害賠償責任) 運送人은 自己 또는 運送周旋人이나 使用人 其他 運送을 爲하여 使用한 者가 運送物의 受領, 引渡, 保管과 運送에 關하여 注意를 解怠하지 아니하였음을 證明하지 아니하면 運送物의 滅失, 毁損 또는 延着으로 因한 損害를 賠償할 責任을 免하지 못한다. 第151條(의의) 극장, 여관, 음식점 기타 객의 집래를 위한 시설에 의한 거래를 영업으로 하는 자를 공중접객업자라 한다.	第135條(손해배상책임) 운송인은 자기 또는 운송주선인이나 사용인, 기타 운송을 위하여 사용한 자가 운송물의 수령, 인도, 보관과 운송에 관하여 주의를 게을리 하지 아니하였음을 증명하지 아니하면 운송물의 멸실, 훼손 또는 연착으로 인한 손해를 배상할 책임이 있다. 第151條(의의) 극장, 여관, 음식점, 그 밖의 공중이 이용하는 시설에 의한 거래를 영업으로 하는 자를 공중접객업자라 한다.

(2) 주요쟁점 및 검토

이해하기 어려운 한자를 고집하기 보다는 용어를 알기 쉬운 한글로 바꾼 것은 바람직한 개정으로 평가한다. 참고로 법무부는 운송계약의 특수성을 고려하여 운송인이 불법행위책임을 지는 경우에도 책임완화를 위한 특칙이 적용될 수 있도록 하여 육상운송인의 책임을 해상운송과 같이 경감하는 개정안을 제출하였다. 그러나 육상운송인의 운송물은 해상운송인의 운송물에 비해 저가이고 운송기간도 짧기 때문에 육상운송의 위험도가 상대적으로 낮아 육상운송인을 해상운송인과 같이 보호할 필요가 없고, 판례 또한 육상운송인보다 보호하고 있으므로 개정에 반대하는 의견이 우세하였고 이에 따라 법무부 안은 삭제되었는 바 운송인의 불법행위책임의 완화에 대해서는 보다 심도 있는 논의가 필요하다고 본다.[593)]

10. 공중접객업자의 엄격책임 완화(제152조)

(1) 개정 내용

개정조문은 임치받은 물건의 보관에 관하여 주의를 게을리 하지 아니하였음을

593) 법무부의 개정안에서는 "현행법은 육상운송인이 운송물의 멸실, 훼손 등에 대한 채무불이행 책임을 지는 경우에 운송행위의 특성을 고려하여 운송물 인도일의 도착지 가격으로 배상하는 정액배상주의, 고가물의 종류와 가격을 명시한 경우에 한해 배상하는 고가물 책임에 관한 특칙, 책임의 1년 단기소멸시효 적용 등의 운송인 보호를 위한 특례를 두고 있다". 그런데 "육상운송인의 불법행위책임에 이러한 특례규정을 적용하지 못하면 법이 육상운송인 보호를 위해 특별히 특례규정을 둔 취지가 몰각될 수 있어 불법행위책임에도 특례규정이 적용됨을 명백히 하려는 것이고 현재의 판례는 불법행위책임의 경우에는 특례규정이 적용되지 않는다고 판시하고 있어서 이를 입법적으로 바꾸려는 것"이라고 한다.

증명한 경우에는 공중접객업자의 책임이 면책될 수 있도록 하였다.

현행	개정조문
第152條(公衆接客業者의 責任) ① 公衆接客業者는 客으로부터 任置를 받은 物件의 滅失 또는 毁損에 對하여 不可抗力으로 因함을 證明하지 아니하면 그 損害를 賠償할 責任을 免하지 못한다.	第152條(공중접객업자의 책임) ① 공중접객업자는 자기 또는 그 사용인이 고객으로부터 임치를 받은 물건의 보관에 관하여 주의를 게을리 하지 아니하였음을 증명하지 아니하면 그 물건의 멸실 또는 훼손으로 인한 손해를 배상할 책임이 있다.

(2) 주요쟁점 및 검토

현행 공중접객업자의 임치물에 대한 책임은 불가항력을 증명하여야만 면책되는 엄격책임으로서, 물건보관을 업으로 하는 운송인·창고업자[594] 등의 책임과도 형평에 어긋나므로 이를 현실에 적합하도록 완화하는 개정내용은 타당하다고 본다. 다만, 숙박업자와 그 외 공중접객업자의 책임의 정도를 별개로 취급할 것인지에 대하여는 외국의 입법례[595] 등을 참고하여 추가로 논의할 필요가 있을 것이다.

11. 금융리스업의 법률관계 구체화 (제12장 신설, 제168조의2부터 제168조의5까지 신설)

(1) 개정 내용

1995년「상법」 개정 시 새로운 유형의 상행위로 리스(Lease)를 제46조제19호에

594) 「상법」 제135조(손해배상책임) 운송인은 자기 또는 운송주선인이나 사용인 기타 운송을 위하여 사용한 자가 운송물의 수령, 인도, 보관과 운송에 관하여 주의를 해태하지 아니하였음을 증명하지 아니하면 운송물의 멸실, 훼손 또는 연착으로 인한 손해를 배상할 책임을 면하지 못한다.
「상법」 제160조(손해배상책임) 창고업자는 자기 또는 사용인이 임치물의 보관에 관하여 주의를 해태하지 아니하였음을 증명하지 아니하면 임치물의 멸실 또는 훼손에 대하여 손해를 배상할 책임을 면하지 못한다.

595) 일본은 「상법」 594조에서 우리나라의 현행 「상법」상 공중접객업자의 책임과 유사한 규정을 두고 있고, 프랑스는 숙박업자, 육상·해상운송인에 대해서만 엄격책임을 규정하고 있으며, 독일 「민법」은 숙박업자에 대해서만 엄격책임을 규정(BGB 제701조)하고 있다.
독일 「민법」은 임치 여부를 기준으로 숙박업자의 책임을 달리 정하지는 않고 반입된 물건 모두에 대해 엄격한 책임을 부과하고 아울러 책임의 상한선(최저 1천 마르크이고 최고 1일 숙박비의 100배이면서 6000마르크 한도 내)을 정함하고 있음. 그러나 숙박업자나 그 사용인의 과실에 의해 손해가 발생한 경우에는 무제한의 책임을 지도록 규정하고 있음(BGB 제702조). 그리고 물품의 손상이 불가항력, 임치물 자체의 하자, 자연소모, 고객의 과실에 기한 때에는 주인의 책임은 면제된다.(BGB 제701조제3항).

신설하면서도, 구체적인 법률관계에 대해서는 규율하지 않아서 리스의 법률관계는 당사자 간의 약정 또는 약관에 의존하고 있다. 개정법률은 리스공급자의 의무 등 리스거래의 법률관계를 명확히 하기 위하여 「상법」에 관련 규정을 둘 필요가 있어서, 기본적 상행위로 열거한 안 제46조제19호의 '기계, 시설, 그 밖의 재산의 금융리스'와 관련하여 제12장을 신설하여 금융리스의 법률관계에 대해서 규정하였다. 구체적으로는 임대차와 유사한 운용리스[596]를 제외하고 금융거래로서의 성격이 분명한 금융리스에 한정하여 규정하였으며, 리스업자의 의무와 책임, 리스계약의 성립시기 및 물건 인도와 관련된 리스이용자 및 공급자의 책임, 리스계약 해지 등에 관하여 필요한 최소한도로 규정하였다.

(2) 주요쟁점 및 검토

개정법률과 같이 금융리스의 법률관계를 「상법」에 규정하는 것은, 다른 약정이나 약관이 없는 한 리스업자와 리스이용자간의 계약관계가 정당하고 공평하도록 규율되도록 하여 리스업의 활성화에 기여할 수 있으므로 적정하다고 생각된다. 또한 운용리스는 제외하여 이를 임대차계약에 맡기고 금융리스에 관하여만 법률관계를 규정한 것은 양자의 기본적 성격이 구분된다는 점에서 타당하다고 본다. 다만, 새로운 유형의 상행위로 프랜차이즈(franchise)는 가맹업, 팩토링(factoring)은 채권매입업이라고 명명하면서도, 금융리스업만 리스라는 외래어를 그대로 표기하고 있는 점은 재검토할 필요가 있다.

1) 금융리스업자의 정의(제168조의2 신설)

① 개정 내용

개정조문은 금융리스업자를 타인이 공급자로부터 금융리스물건을 취득하거나 대여받아 이용하게 하는 것을 영업으로 하는 자로 정의하고 있다.

---

596) 운용리스는 금융리스에 비하여 단기간이며, 금융보다는 컴퓨터, 자동차, 비행기 등의 물건의 대여라는 서비스에 중점이 있어서 언제든 리스계약을 해지할 수 있고, 물융이용자는 서비스료만 납부하면 물융물건의 수선, 납세 등에 책임을 지지 않으며, 운용리스의 법적 성질은 임대차와 유사하다.

현행	개정조문
〈신 설〉	제168조의2(의의) 금융리스이용자가 선정한 기계, 시설, 그 밖의 재산(이하 이 장에서 "금융리스물건"이라 한다)을 제3자(이하 "공급자"라 한다)로부터 취득하거나 대여 받아 금융리스이용자에게 이용하게 하는 것을 영업으로 하는 자를 금융리스업자라 한다.

② 주요쟁점 및 검토

금융리스업자의 의의를 금융리스이용자가 공급자와 리스대상 물건을 선정하고, 금융리스업자와 금융리스계약을 체결하는 거래현실 및 거래특징을 반영하여 정의한 것은 타당하다고 본다.

2) 금융리스업자와 금융리스이용자의 의무(제168조의3 신설)

① 개정 내용

첫째, 금융리스업자에게도 금융리스이용자가 금융리스물건을 수령할 수 있도록 하는 의무를 부과하고, 둘째, 금융리스이용자는 금융리스물건을 수령함과 동시에 금융리스료를 지급하여야 하되, 금융리스이용자가 물건수령증을 발급한 경우에는 금융리스계약 당사자 사이에 적합한 금융리스물건이 수령된 것으로 추정하며, 셋째, 금융리스물건을 수령한 후에는 금융리스이용자가 물건에 대한 유지 및 관리 책임을 지도록 하고 있다.

현행	개정조문
〈신 설〉	제168조의3(금융리스업자와 금융리스이용자의 의무) ① 금융리스업자는 금융리스이용자가 금융리스계약에서 정한 시기에 금융리스계약에 적합한 금융리스물건을 수령할 수 있도록 하여야 한다. ② 금융리스이용자는 제1항에 따라 금융리스물건을 수령함과 동시에 금융리스료를 지급하여야 한다. ③ 금융리스물건수령증을 발급한 경우에는 제1항의 금융리스계약 당사자 사이에 적합한 금융리스물건이 수령된 것으로 추정한다. ④ 금융리스이용자는 금융리스물건을 수령한 이후에는 선량한 관리자의 주의로 금융리스물건을 유지 및 관리하여야 한다.

② 주요쟁점 및 검토

개정조문은 제168조의3 제3항에서 금융리스물건수령증을 발급한 경우에는 금융리스계약 당사자사이에 적합한 금융리스물건이 수령된 것으로 추정하여 리스업계의 현실을 반영하였다. 또한 금융리스업자는 금융리스이용자의 금융리스물건 수령 이후에는 금융리스물건에 대한 유지 및 관리에 책임이 없음을 명확히 하는 개정내용도 타당하다고 본다.

3) 금융리스물건 공급자의 의무(제168조의4 신설)

① 개정 내용

개정조문은 공급자는 금융리스물건에 대한 인도의무가 있으며, 금융리스이용자는 그 물건이 공급계약에 따라 공급되지 아니하면 공급자에게 직접 손해배상의 청구나 적합한 금융리스물건의 인도청구를 할 수 있도록 하고, 이 경우 금융리스업자는 금융리스이용자가 권리행사를 하는데 필요한 협력을 하도록 하고 있다.

현행	개정조문
〈신설〉	제168조의4(공급자의 의무) ① 금융리스물건의 공급자는 공급계약에서 정한 시기에 그 물건을 금융리스이용자에게 인도하여야 한다. ② 금융리스물건이 공급계약에서 정한 시기에 공급계약의 내용에 따라 공급되지 아니한 경우 금융리스이용자는 공급자에게 직접 손해의 배상을 청구하거나 공급계약의 내용에 적합한 금융리스물건의 인도를 청구할 수 있다. ③금융리스업자는 금융리스이용자가 제2항의 권리를 행사하는데 필요한 협력을 하여야 한다.

② 주요쟁점 및 검토

금융리스이용자는 금융리스계약의 당사자가 아닌 공급자에게 금융리스업자를 대위하여 책임을 묻거나 직접 물을 수 있도록 하며, 금융리스업자는 공급자에게 리스이용자의 손해를 근거로 하여 직접 책임을 묻지는 않지만, 금융리스업자로 하여금 금융리스이용자가 공급자에 대하여 책임을 묻는 데 협조하도록 하는 개정내용은 타당하다고 본다.

4) 금융리스계약의 해지(제168조의5 신설)

① 개정 내용

개정조문은 금융리스업자는 금융리스이용자의 책임있는 사유로 계약을 해지하는 경우 금융리스료의 일시지급이나 금융리스물건의 반환을 청구할 수 있도록 하고, 금융리스이용자는 금융리스계약 당시 예견 할 수 없었던 중대한 사정변경이 발생한 경우 계약을 해지할 수 있되, 그 손해를 배상하도록 하고 있다.

현 행	개정조문
〈신 설〉	제168조의5(금융리스계약의 해지) ① 금융리스이용자의 책임있는 사유로 금융리스계약을 해지하는 경우에는 금융리스업자는 잔존 금융리스료 상당액의 일시 지급 또는 금융리스물건의 반환을 청구할 수 있다. ② 제1항에 따른 금융리스업자의 청구는 금융리스업자의 금융리스이용자에 대한 손해배상청구에 영향을 미치지 아니한다. ③ 금융리스이용자는 중대한 사정변경으로 인하여 금융리스물건을 계속 사용할 수 없는 경우에는 3개월 전에 예고하고 계약을 해지할 수 있다. 이 경우 금융리스이용자는 계약의 해지로 인하여 금융리스업자에게 발생한 손해를 배상하여야 한다.

② 주요쟁점 및 검토

개정조문이 금융리스계약의 해지에 관하여 규정하면서 해지에 따른 다른 약정이 없으면 금융리스업자는 금융리스료의 일시지급이나 금융리스물건의 반환을 선택적으로 청구[597]할 수 있도록 하는 개정내용은 타당하다고 본다. 또한 금융리스물건의 경우 통상 범용성이 없는 고가의 물건이므로 현행 금융리스업계의 약관은 리스이용자가 중도해지를 못하도록 하고 있지만, 이는 리스이용자에게 불합리한 측면이 있다고 할 것이므로 리스이용자에게 중대한 사정변경이 있을 경우에 중도해지 할 수 있도록 허용하는 것은 타당하다고 생각된다.

597) 여신금융협회는 리스료의 일시지급과 리스물건 반환이 함께 청구되어야 한다는 의견을 제시하였으나 이는 금융리스이용자에게 지나치게 불리하다고 할 것이다.

12. 가맹업의 법률관계 구체화(제13장 신설)

(1) 개정 내용

1995년 「상법」 개정 시 새로운 유형의 상행위로 프랜차이즈(franchise)를 제46조 제20호에 "상호·상표 등의 사용허락에 의한 영업에 관한 행위"로 신설하였지만, 구체적인 법률관계에 대해서는 규율하지 않아서 프랜차이즈의 법률관계는 당사자 간의 약정 또는 약관에 의존하고 있다. 개정법률은 유통거래에 빈번한 프랜차이즈 거래의 법률관계의 명확한 정리를 위하여 「상법」상 규정을 둘 필요가 있어서, 제13장을 신설하여 그 법률관계에 대하여 규정하고 있다.

(2) 주요쟁점 및 검토

구체적으로는 프랜차이즈업과 프랜차이즈계약을 가맹업과 가맹계약으로, 프랜차이저(franchisor)와 프랜차이지(franchisee)를 가맹업자와 가맹상으로 칭하고, 가맹업의 의의, 가맹업자와 가맹상의 의무, 가맹상의 영업양도 제한, 계약의 해지 등 기본적 사항에 관하여 규정하고 있다. 현재 프랜차이즈 거래가 약관에만 의존하고 있는 상황에서 발생할 수 있는 분쟁의 소지를 줄이며, 프랜차이즈 산업의 발전을 도모할 수 있다는 점에서 본 장의 신설은 필요하다고 생각된다.

1) 가맹상의 정의(제168조의6 신설)

① 개정 내용

개정조문은 가맹상이 가맹업자의 상호·상표를 사용하고 그 품질기준과 영업방식에 따라 영업을 하는 가맹계약의 특성을 반영하여 가맹상을 정의하고 있다.

현행	개정조문
〈신 설〉	제168조의6(의의) 자신의 상호·상표 등(이하 "상호 등"이라 한다)의 제공하는 것을 영업으로 하는 자(이하 "가맹업자"라 한다)로부터 상호 등을 사용할 것을 허락 받아 가맹업자가 지정하는 품질기준이나 영업방식에 따라 영업을 하는 자를 가맹상이라 한다.

② 주요쟁점 및 검토

개정조문이 「가맹사업거래의 공정화에 관한 법률」에 의한 가맹사업의 정의[598]를 참조하되, '가맹본부'라는 용어는 적절하지 아니하므로 이를 '가맹업자'로 한 것은 달리 문제가 없는 것으로 보인다.

2) 가맹업자의 의무(제168조의7 신설)

① 개정 내용

개정조문은 가맹상을 보호하기 위하여 가맹업자에게 가맹상의 영업을 지원할 의무와 경업금지의무를 부여하되, 경업금지 의무를 당사자 간의 약정으로 배제할 수 있도록 하고 있다.

현 행	개 정 조 문
〈신 설〉	제168조의7(가맹업자의 의무) ① 가맹업자는 가맹상의 영업을 위하여 필요한 지원을 하여야 한다. ② 가맹업자는 다른 약정이 없으면 가맹상의 영업지역 내에서 동일 또는 유사한 업종의 영업을 하거나, 동일 또는 유사한 업종의 가맹계약을 체결할 수 없다.

② 주요쟁점 및 검토

「가맹사업거래의 공정화에 관한 법률」에 규정된 가맹본부의 의무[599]를 참조하

598) 「가맹사업거래의 공정화에 관한 법률」 제2조(정의) 이 법에서 사용하는 용어의 정의는 다음과 같다.
1. "가맹사업"이라 함은 가맹본부가 가맹점사업자로 하여금 자기의 상표 · 서비스표 · 상호 · 간판 그 밖의 영업표지(이하 "영업표지"라 한다)를 사용하여 일정한 품질기준이나 영업방식에 따라 상품(원재료 및 부재료를 포함한다. 이하 같다) 또는 용역을 판매하도록 함과 아울러 이에 따른 경영 및 영업활동 등에 대한 지원 · 교육과 통제를 하며, 가맹점사업자는 영업표지의 사용과 경영 및 영업활동 등에 대한 지원 · 교육의 대가로 가맹본부에 가맹금을 지급하는 계속적인 거래관계를 말한다.

599) 「가맹사업거래의 공정화에 관한 법률」 제5조(가맹본부의 준수사항) 가맹본부는 다음 각 호의 사항을 준수한다.
1. 가맹사업의 성공을 위한 사업구상
2. 상품이나 용역의 품질관리와 판매기법의 개발을 위한 계속적인 노력
3. 가맹점사업자에 대하여 합리적 가격과 비용에 의한 점포설비의 설치, 상품 또는 용역 등의 공급
4. 가맹점사업자와 그 직원에 대한 교육 · 훈련
5. 가맹점사업자의 경영 · 영업활동에 대한 지속적인 조언과 지원
6. 가맹계약기간중 가맹점사업자의 영업지역 안에서 자기의 직영점을 설치하거나 가맹점사업자와 유사한 업종의 가맹점을 설치하는 행위의 금지

여 가맹업자의 가맹상에 대한 지원의무를 규정하고, 당사자의 약정으로 배제하지 않는 한 가맹업자의 가맹상의 영업지역 내에서 경업금지의무를 명시하여 분쟁을 방지하려는 개정안의 개정내용은 타당하다고 본다. 다만, 「가맹사업거래의 공정화에 관한 법률」에 따르면 가맹본부의 가맹점사업자에 대한 지원·교육·통제가 가맹사업의 필수적 요소로 되어 있음을 고려할 때, 향후에는 가맹업자의 가맹상에 대한 교육에 관한 사항을 추가하는 방안도 검토될 필요가 있다고 본다.

3) 가맹상의 의무(제168조의8 신설)

① 개정 내용

개정조문은 가맹업자를 보호하기 위하여 가맹상은 가맹업자의 명성이나 영업에 관한 권리를 침해하지 않도록 하고, 계약 종료 후 영업상의 비밀을 준수하도록 하고 있다.

현행	개정조문
〈신 설〉	제168조의8(가맹상의 의무) ① 가맹상은 가맹업자의 영업에 관한 권리가 침해되지 아니하도록 하여야 한다. ② 가맹상은 계약이 종료한 후에도 가맹계약과 관련하여 알게 된 가맹업자의 영업상의 비밀을 준수하여야 한다.

② 주요쟁점 및 검토

가맹상 외에 가맹업자도 보호하여 가맹업의 지속적인 유지·발전이 가능하도록 하기 위하여 가맹상에게 가맹업자의 영업에 관한 권리침해금지의무, 영업비밀 준수 의무를 부과하는 개정내용은 타당하다고 본다.

4) 가맹상의 영업양도 제한(제168조의9 신설)

① 개정 내용

개정조문은 가맹상은 가맹업자의 동의를 얻어 영업양도를 할 수 있되, 가맹업자는 특별한 사유가 없는 한 가맹상의 영업양도에 동의하도록 하고 있다.

---

7. 가맹점사업자와의 대화와 협상을 통한 분쟁해결 노력

현행	개정조문
〈신 설〉	제168조의9(가맹상의 영업양도) ① 가맹상은 가맹업자의 동의를 받아 그 영업을 양도할 수 있다. ② 가맹업자는 특별한 사유가 없으면 제1항의 영업양도에 동의하여야 한다.

② 주요쟁점 및 검토

가맹업자가 요구하는 품질기준과 영업방식을 충족하지 못하는 자에게 영업이 양도됨으로써 가맹업자의 명성이 저하되는 상황을 방지하기 위하여 가맹업자의 동의를 얻어야 가맹상이 영업의 양도를 할 수 있도록 하며, 가맹업자는 특별한 사유가 없으면 영업양도에 동의를 하도록 하는 개정내용은 타당하다고 본다.

5) 가맹계약의 해지(제168조의10 신설)

① 개정 내용

개정조문은 가맹계약의 존속기간에 관한 약정에 관계없이 부득이한 사정이 있으면 가맹계약을 해지할 수 있도록 하고 있다.

현행	개정조문
〈신 설〉	제168조의10(가맹계약의 해지) 가맹계약상 존속기간에 대한 약정의 유무와 관계없이 부득이한 사정이 있으면 각 당사자는 상당한 기간을 정하여 예고한 후 가맹계약을 해지할 수 있다.

② 주요쟁점 및 검토

가맹계약의 존속기간에 관한 약정의 유무와 상관없이 양당사자의 가맹계약에 대한 해지권을 명시하는 개정내용은 타당하다고 본다.

13. 채권매입업의 법률관계 구체화(제14장 신설)

(1) 개정 내용

1995년 「상법」 개정 시 새로운 유형의 상행위로 팩토링(factoring)을 제46조제21호에 "영업상 채권의 매입·회수 등에 관한 행위"로 신설하면서도, 구체적인 법률관계에 대해서는 규율하지 않아서 팩토링(factoring)[600]의 법률관계는 당사자 간의 약정 또는 약관에 의존하고 있다. 개정법률은 팩토링 거래[601]의 법률관계의 명확화를 위하여 「상법」상 규정을 둘 필요가 있어서 제14장을 신설하여, 현행 제46조제21호에 규정된 내용을 중심으로 하여 팩토링업자(factor)를 채권매입업자로 명명하고, 채권매입업자의 기본적 의무에 관한 규정, 영업상 채권의 양도통지에 관한 특칙 규정, 부진정팩토링을 원칙으로 하는 팩토링업자의 상환청구에 관한 규정 등 기본적으로 필요한 규정을 마련하였다.

(2) 주요쟁점 및 검토

현재 팩토링 거래가 약관에만 의존하고 있는 상황에서 발생할 수 있는 분쟁의 소지를 줄이고, 팩토링 산업의 발전을 도모할 수 있다는 점에서 본 장의 신설은 필요하다고 본다. 다만, 본래적 의미의 팩토링은 진정팩토링[602]이 원칙임에도 불구하고 우리나라의 특수한 현실을 반영하여 부진정팩토링을 기본으로 한 점에 대하여는 팩토링 산업 발전이라는 측면에서 논란의 여지가 있을 수 있다.

---

600) 현재 팩토링에 관하여 국제적으로 1988년 UNIDROIT 팩토링 협약이 통용되고 있다.
- 1988년 5월 28일 오타와에서 체결된 국제협약으로 국제금융리스의 법적 미비점을 제거하여 국제금융리스를 활성화하기 위하여 체결됨.
- 국제팩토링을 규율하기 위하여 팩토링업자와 팩토링이용자의 권리의무관계와 등 협약의 적용방법을 내용으로 하고 있다.

601) 현재 팩토링에 관한 감독규정으로는 금융위원회가 고시한 「여신금융업감독규정」이 있다.

602) 영업채권의 채무자(제3채무자)의 무자력, 물건매매계약의 무효·취소 등으로 인하여 채권매입업자가 채권을 변제받지 못할 경우 그 위험부담을 누가 부담하느냐의 문제로서, 채권매입업자가 위험부담을 하는 팩토링을 진정팩토링(즉, 채권매입계약의 채무자에게 상환청구 불가능), 채권매입계약의 채무자가 위험부담을 하는 팩토링을 부진정팩토링(즉, 채권매입계약의 채무자에게 상환청구 가능)이라 한다.

1) 채권매입업자의 정의(제168조의11 신설)

① 개정 내용

개정조문은 타인의 물건·유가증권의 판매, 용역의 제공 등에 의하여 취득하였거나 취득할 영업상의 채권을 매입하여 회수하는 것을 영업으로 하는 자를 채권매입업자라 정의하고 있다.

현행	개정조문
〈신 설〉	제168조의11(의의) 타인이 물건·유가증권의 판매, 용역의 제공 등에 의하여 취득하였거나 취득할 영업상 채권(이하 이 장에서 "영업채권"이라 한다)을 매입하여 회수하는 것을 영업으로 하는 자를 채권매입업자라 한다.

② 주요쟁점 및 검토

팩토링업자를 채권매입업자라 명명하고, 채권매입업자의 채권매입의 대상에 상인의 물건·유가증권의 판매, 용역의 제공 등에 의하여 취득한 채권뿐만 아니라 장래 취득할 영업상의 채권도 포함되도록 하면서, '영업채권의 매입·회수'라는 행위를 중심으로 채권매입업자를 정의하는 개정내용은 타당하다고 본다.

2) 채권매입업자의 상환청구(제168조의12 신설)

① 개정 내용

개정조문은 채권매입업자가 제3채무자로부터 변제를 받지 못하는 경우 채권매입계약의 채무자에게 그 매출채권액의 상환을 청구할 수 있게 하되, 계약에 다르게 정한 경우에는 그러하지 않도록 하고 있다.

현행	개정조문
〈신 설〉	제168조의12(채권매입업자의 상환청구) 영업채권의 채무자가 그 채무를 이행하지 아니하는 경우 채권매입업자는 채권매입계약의 채무자에게 그 영업채권액의 상환을 청구할 수 있다. 다만 채권매입계약에 다르게 정한 경우에는 그러하지 아니하다.

② **주요쟁점 및 검토**

진정팩토링이 팩토링의 원래적 양태이자 국제적으로 통용되고 있으나, 우리나라 팩토링 업계의 현실인 부진정팩토링을 원칙으로 함으로써 거래상대방(채권매입계약의 채무자)으로부터 매출채권을 취득한 채권매입업자가 제3채무자(영업채권의 채무자)로부터 변제를 받지 못하는 경우 거래상대방에 대하여 그 매출채권액의 상환을 청구할 수 있게 하되, 당사자 간에 다른 약정을 허용하여 진정팩토링도 가능하게 하는 개정내용은 타당하다고 본다.

Ⅳ. 결언

국민경제생활의 기초를 이루는 상법은 많은 법률관계의 근간을 이루는 법으로서 개정작업을 수행함에 있어서는 경제현실을 직시하여 살아있는 법이 되도록 노력하여야 한다. 이번 법무부의 상법총칙·상행위법 개정법률은 변화된 경제현실을 반영하여 지급결제 업무의 인수 등 새로운 상행위를 신설하고, 공중접객업자의 비현실적 엄격책임을 완화하며, 새로운 상행위인 리스(lease), 프랜차이즈(franchise), 팩토링(factoring)의 법률관계를 구체적으로 규정하였다. 이는 현행 상법규정의 미비점을 보완하고 법률관계를 명확히 하려는 것으로서 타당한 개정으로 평가된다. 다만 개정안의 몇 개의 조문이 최종안에서는 손질된 점을 유의해야 한다. 즉, 방송은 공영성을 중시하는 차원에서 새로운 상행위 유형에서 삭제하였고, 금융리스계약에 적합한 금융리스물건수령 추정규정의 표현을 계약당사자간의 효력으로 명확하게 수정하고 가맹상의 의무규정에서 지나친 의무를 부여할 여지가 있는 포괄적 개념을 삭제하며, 계약기간 만료 외에 중도해지의 경우까지 고려하여 표현을 수정하고, 기본 의무를 규정함에 있어 당사자 간의 형평이 이루어지도록 관련된 조항을 삭제하였다. 아울러 채권매입업자의 양도통지에 관한 규정을 채무자의 이중변제 위험 및 현행 실무관행을 고려하여 삭제하였다.

국회에 제출되었던 법무부의 「상법총칙·상행위편」의 개정안은 국회 법제사법위원회의 심의과정을 거치면서 타당하게 수정된 부분이 있고, 더욱 더 심도있는 논의가 필요한 부분도 있다고 보인다. 상법이 제정된 지 어언 50년의 세월이 흘렀고 입법당시의 경제상황과 기업의 거래환경은 엄청난 변화가 나타나고 있다. 상법의 개정작업은 경제현실의 변화에 따라 중단 없이 계속적으로 이루어져야 한다. 앞으로의 상법개정작업도 기업거래환경의 정보화·세계화 추세를 반영하는 데에 주안점이 두어져야 한다고 생각한다. 글로벌 스탠더드에 부합하고 국가 경제발전에 기여하는 선진상사법제 구축을 위해 다 같이 지혜를 모아야 할 것이다.

2011년 개정상법(회사법)의 주요 내용 소개

1. 개 관

2011년 3월 11일 「상법 회사편」이 6년 만에 국회를 통과하였고, 이후 국무회의를 거쳐 4월 14일에 공포되어, 공포 후 1년 뒤인 2012년 4월 15일부터 시행된다. 이번 개정상법(회사법)의 취지는 ① 자유롭고 창의로운 기업경영을 지원하고 ② 투명한 기업경영으로 공정사회를 구현하여 ③ 국제 기준에 맞게 회사 제도를 선진화하여 글로벌 경쟁력을 강화하는데 있다고 볼 수 있다. 또한 기업경영의 투명성과 효율성을 높이기 위해 자금 및 회계관련 규정을 정비하고, 정보통신 기술을 활용하여 주식·사채의 전자등록제를 도입하였고 합자조합과 유한책임회사 등 다양한 기업형태를 도입함으로써 국제적 기준에 부합하는 회사법제로 재편하였다. 그리고 이사의 자기거래 승인 대상범위를 확대하고 이사의 회사기회 유용금지 조항을 신설하여 기업경영의 투명성을 높임으로써 활발한 투자 여건을 조성하고 급변하는 기업경영환경에 기업이 적절히 대응할 수 있는 법적 기반을 마련하려는 것이다.

개정상법 회사편의 주요 내용을 보면 첫째로, 개정상법 회사편은 자유롭고 창의로운 기업 경영을 보장하기 위하여, ① 유한책임회사(LLC), 합자조합(LP) 같은 새로운 기업 형태를 도입하였고, ② 의결권, 이익배당, 잔여재산 분배 등에 관하여 다양한 주식 발행을 허용하여 비전과 가치가 있는 기업은 투자자로부터 직접 자본을 쉽게 조달할 수 있도록 하였으며, ③ 준비금 제도와 사채발행절차를 완화하고, 이사 책임을 연봉액 기준으로 감면할 수 있게 하여 경영의 자율성을 최대한 보장하고 있다. 둘째로, 기업 경영의 투명성을 제고하기 위하여, ① 이사 본인에게만 적용되던 자기거래 제한범위를 배우자 등 친인척 및 계열사로 확대하고, 이사의 2/3 동의가 필요하도록 요건을 강화하여 부당한 자기거래를 원천적으로 봉쇄하였고, ② 이사가 회사에게 유리한 사업기회를 친인척 등에게 몰아주지 못하도록 사업기회 유용금지 조항을 신설하였으며, ③ 기업의 의사결정과 업무집행을 분리하여 투명한 업무감독 시스템을 구축하는 집행임원제도를 도입하였고, ④ 일정한 규모의 상장회사는 준법지원인을 의무적으로 두도록 하여 준법윤리경영의 토대를 마련하였다. 셋째로, 국제 기준에 맞게 기존 제도를 업그레이드하기 위하여, ① 올해부터 시행중인 국제회계기준(IFRS) 등 회계방식 변화에 발맞춰 공정·투명한 회계원칙을 준수하도록 명시하였고, ② IT강국 '디지털 코리아'의 명성에 걸맞게 전자주식·사채를 도입하여 전자유가증권거래를 가능하게 하였다.

2. 구체적 개정 내용

(1) 새로운 기업 형태 도입(개정상법 제86조의2부터 제86조의9까지 및 제287조의2부터 제287조의45까지 신설)

최근 인적 자산의 중요성이 높아짐에 따라 인적 자산을 적절히 수용(收用)할 수 있도록 공동기업 또는 회사 형태를 취하면서 내부적으로는 조합의 실질을 갖추고 외부적으로는 사원의 유한책임이 확보되는 기업 형태에 대한 수요가 늘어나고 있다. 따라서 업무집행조합원과 유한책임조합원으로 구성된 합자조합을 신설하고, 사원에게 유한책임을 인정하면서도 회사의 설립·운영과 기관 구성 등의 면에서 사적 자치를 폭넓게 인정하는 유한책임회사를 신설하는 것으로 되어 있다. 이와 같은 유한책임회사제도를 도입함으로써 사모(私募)투자펀드와 같은 펀드나 벤처 기업 등 새로운 기업 형태에 대한 수요에 부응할 것으로 기대된다.

(2) 회사 설립의 편의 제고(개정상법 제291조, 제329조 및 제546조)

액면주식은 액면미달 발행 및 주식 분할에 어려움이 있고, 아이디어나 기술은 있으나 자본이 없는 사람이 회사를 설립하는 경우 최저자본금제는 진입 장벽으로 작용할 수 있다. 따라서 무액면주식(無額面株式)을 도입하여 회사가 액면주식과 무액면주식 중 한 종류를 선택하여 발행할 수 있도록 하고, 최저자본금제도를 폐지하는 것으로 되어 있다. 이와 같이 무액면주식제도를 도입함으로써 주식발행의 효율성 및 자율성이 높아지고 소규모기업의 원활한 창업이 확대될 것으로 기대된다.

(3) 다양한 종류의 주식 도입(개정상법 제344조, 제345조 및 제346조, 개정상법 제344조의2부터 제344조의3까지 신설)

현재는 주주평등의 원칙상 법에서 정한 주식만 발행하도록 허용하고 있으나, 현행 주식의 종류만으로는 급변하는 시장 환경에 대응하여 효율적으로 자금을 조달하는 데에 어려움이 있다. 주식회사가 특정 사항에 관하여 의결권이 제한되는 주식 등 다양한 주식을 발행할 수 있도록 한다. 이와 같이 무의결권주 발행한도를 확대하고, 시장 상황에 따라 다양한 종류주식을 발행할 수 있도록 함으로써 자금조달을 원활하게 할 수 있을 것으로 기대된다.

(4) 주식 · 사채의 전자등록제 도입(개정상법 제356조의2 및 제478조제3항 신설)

발달된 정보통신 기술을 주식 및 사채 제도에 반영하고, 세계적 추세인 유가증권의 무권화(無券化) 제도를 도입할 필요가 있다. 주권과 사채권을 실물로 발행하지 아니하고 전자등록기관에 등록한 후 증권을 소지하지 아니하고도 권리의 양도, 담보의 설정 및 권리행사가 가능하도록 주식 및 사채의 전자등록제를 도입하는 것으로 되어 있다. 따라서 앞으로 주식과 사채를 전자등록한 기업은 실물발행의 부담을 덜고, 주주나 사채권자는 손쉽게 권리행사를 할 수 있을 것으로 기대된다.

(5) 소수주식의 강제매수제도 도입(개정상법 제360조의24부터 제360조의26까지 신설)

특정주주가 주식의 대부분을 보유하는 경우 회사로서는 주주총회 운영 등과 관련하여 관리비용이 들고 소수주주로서는 정상적인 출자회수의 길이 막히기 때문에 대주주가 소수주주의 주식을 매입함으로써 그 동업관계를 해소할 수 있도록 허용할 필요가 있다. 발행주식총수의 95퍼센트 이상을 보유하는 지배주주가 소수주주의 주식을 공정한 가격에 매입할 수 있도록 하는 한편, 소수주주도 지배주주에게 주식매수청구권을 행사할 수 있게 하여 소수주주 보호방안을 마련하는 것으로 되어 있다. 이와 같은 소수주식의 강제매수제도를 통하여 회사의 주주 관리비용이 절감되고 경영의 효율성이 향상될 것으로 기대된다.

(6) 회사의 사업기회 유용금지제도 신설(개정상법 제397조의2 신설)

이사가 직무상 알게 된 회사의 정보를 이용하여 개인적인 이익을 취득하는 행위를 명확히 규제할 필요가 있다. 이사가 직무를 수행하는 과정에서 알게 된 정보 또는 회사가 수행하고 있거나 수행할 사업과 밀접한 관계가 있는 사업기회를 제3자에게 이용하도록 하는 경우에도 이사회에서 이사 3분의 2 이상 찬성으로 승인을 받도록 하는 것으로 되어 있다. 이와 같이 사업기회 유용금지제도를 도입함으로써 이사의 회사 사업기회 유용에 대한 인식을 새롭게 하고 이사의 관련 위법행위에 대한 책임 근거로 활용될 것으로 기대된다.

(7) 이사의 자기거래 승인대상 확대(개정상법 제398조)

이사가 본인의 이익을 위하여 이사의 친인척이나 그들이 설립한 개인 회사 등을 이용하여 회사와 거래하는 경우 회사의 이익을 희생시킬 가능성이 많으므로 적절한 통제가 필요하다. 따라서 이사와 회사 간 자기거래의 요건을 더욱 엄격히 규정하여 이사뿐만 아니라 이사의 배우자, 이사의 직계존비속, 이사의 배우자의 직계존비속과 그들의 개인회사가 회사와 거래하는 경우까지 이사회에서 이사 3분의 2 이상 찬성으로 승인을 받도록 규정하고, 거래의 내용이 공정하여야 한다는 요건을 추가하는 것으로 되어 있다. 이와 같이 이사의 자기거래 승인대상을 확대함으로써 이사나 이사와 밀접한 관계에 있는 자가 자기거래를 통하여 회사의 이익을 침해하면서 부당한 이득을 취하는 행위를 방지할 수 있을 것으로 기대된다.

(8) 이사의 책임 감경(개정상법 제400조제2항)

유능한 경영인을 쉽게 영입하여 보다 적극적인 경영을 할 수 있도록 하기 위하여 이사의 회사에 대한 책임을 완화할 필요성이 있으나, 현행 「상법」은 총주주의 동의로 면제하는 것 외에는 책임감면 규정이 없다. 회사에 대한 이사의 책임을 고의 또는 중대한 과실로 회사에 손해를 발생시킨 경우를 제외하고는 이사의 최근 1년간의 보수액의 6배(사외이사는 3배) 이내로 제한하고, 이를 초과하는 금액에 대하여는 면제할 수 있도록 이사의 책임제도를 개선하는 것으로 되어 있다. 이와 같이 이사의 책임제도를 개선함으로써 유능한 경영인을 쉽게 영입하고 이사의 진취적 경영이 활성화될 것으로 기대된다.

(9) 집행임원제도 도입(개정상법 제408조의2부터 제408조의9까지 신설)

대규모 상장회사(上場會社)의 경우 실무상 정관이나 내규로 집행임원을 두고 있으나 이를 뒷받침할 법적 근거가 없어 많은 문제가 발생하고 있다. 이사회의 감독하에 회사의 업무 집행을 전담하는 기관인 집행임원에 대한 근거 규정을 마련하되, 제도의 도입 여부는 개별 회사가 자율적으로 선택할 수 있도록 하는 것으로 되어 있다. 이와 같이 집행임원제도의 법적 근거를 마련함으로써 대내적으로 경영의 안정성을 확보하고 대외적으로 거래의 안전을 도모할 수 있을 것으로 기대된다.

(10) 「상법」상 회계 관련 규정과 기업회계기준의 조화(개정상법 제446조의2 신설, 개정상법 제447조 및 제447조의4, 현행 제452조, 제453조, 제453조의2, 제454조부터 제457조까지 및 제457조의2 삭제)

근래 기업회계기준은 국제적인 회계규범의 변화에 맞추어 꾸준히 변모하고 있으나 상법의 회계규정은 이를 제대로 반영하지 못하여 기업회계기준과 「상법」의 회계규정 사이에 상당한 차이가 있다. 회사의 회계는 일반적으로 공정·타당한 회계관행에 따르도록 원칙 규정을 신설하는 한편, 구체적인 회계 처리에 관한 규정들은 삭제하고, 대차대조표와 손익계산서를 제외한 회계서류는 대통령령으로 규정하여 회계규범의 변화에 신속하게 대응하도록 하는 것으로 되어 있다. 앞으로 「상법」의 회계규정과 기업회계기준의 불일치가 해소되어 회계규범이 이원화되는 현상을 방지할 수 있을 것으로 기대된다.

(11) 법정준비금제도 개선(개정상법 제460조, 개정상법 제461조의2 신설)

준비금의 채권자보호 역할이 감소되었을 뿐만 아니라 이익준비금의 적립한도가 주요 선진국에 비하여 지나치게 높게 설정되어 있으며, 준비금의 운용이 지나치게 경직되어 있다. 자본금의 150퍼센트를 초과하는 준비금에 대하여는 주주총회의 결의에 따라 준비금을 배당 등의 용도로 사용할 수 있도록 허용하는 것으로 되어 있다. 이에 따라 자본전입과 감자절차(減資節次)를 거칠 필요 없이 과다한 준비금을 주주에게 분배할 수 있게 되고, 이익준비금과 자본준비금의 신축적인 사용이 가능하게 된다.

(12) 배당제도 개선(개정상법 제462조제2항, 개정상법 제462조의4 신설)

현재 정기 주주총회에서 배당액을 결정하므로 배당 기준일인 사업연도 말일부터 정기 주주총회까지는 배당액이 확정되지 아니하여 투자자들이 주식가치를 판단하기 어려우며, 금전배당 외에 회사가 보유하는 주식과 같은 현물로 배당할 필요가 있다.

정관에서 배당에 관한 결정 권한을 이사회에 부여할 수 있도록 하고, 금전배당 외에 현물배당도 허용하는 것으로 되어 있다. 앞으로 회사의 자금조달을 결정하는 기관인 이사회가 배당도 결정하게 되어 자금운용의 통일성을 기할 수 있고, 배당에 관한 선택의 폭이 넓어져 재무관리의 자율성이 높아질 것으로 기대된다.

(13) 사채제도의 개선(개정상법 제469조 및 제481조부터 제485조까지, 현행 제470조부터 제473조까지 삭제, 개정상법 제480조의2 및 제480조의3 신설)

사채의 발행한도 제한이 비현실적이고 법에서 허용하는 사채 종류가 지나치게 제한적이며 현행 수탁회사제도는 사채권자 보호에 미흡하다는 지적이 있다. 사채의 발행총액 제한 규정을 폐지하고, 이익배당참가부사채 등 다양한 형태의 사채를 발행할 수 있도록 법적 근거를 마련하며, 수탁회사의 권한 중 사채관리 기능 부분을 분리하여 사채관리회사가 담당하도록 하는 것으로 되어 있다. 이와 같이 사채제도를 개선함으로써 회사의 사채발행에 대한 자율성이 증대되고, 사채권자를 효과적으로 보호할 수 있을 것으로 기대된다.

(14) 준법지원인 제도 도입(개정상법 제542조의13 신설)

「은행법」에 따라 금융기관에는 준법감시인이 설치되어 있으나, 대규모 기업에도 준법경영을 위한 제도가 미비하여 윤리경영이 강화되고 있는 세계적 추세에 맞지 않는다는 지적이 있다. 자산 규모 등을 고려하여 대통령령으로 정하는 상장회사는 준법통제기준을 마련하도록 하고, 이 기준의 준수에 관한 업무를 담당하는 준법지원인을 1인 이상 두도록 하는 것으로 되어 있다. 준법지원인 제도가 도입됨으로써 기업의 준법경영과 사회적 책임이 강화될 것으로 기대된다.

(15) 유한회사에 대한 각종 제한 규정 철폐(현행 제545조 삭제, 개정상법 제556조, 제571조 및 제607조)

유한회사는 폐쇄적으로 운영되는 소규모 기업을 전제로 하고 있으나, 폐쇄적 운영을 위한 규정들은 유한회사에 대한 각종 제한으로 작용하여 유한회사의 이용에 불편을 초래하고 있다. 유한회사의 사원 총수 제한 규정을 삭제하고, 유한회사 사원의 지분 양도를 원칙적으로 자유롭게 하되 정관으로 지분 양도를 제한할 수 있도록 하며, 사원총회 소집방법으로 서면에 의한 통지 외에도 각 사원의 동의를 받아 전자문서로 통지를 발송할 수 있도록 하고, 유한회사를 주식회사로 조직을 변경하는 사원총회 결의 요건을 정관에서 완화할 수 있도록 하는 것으로 되어 있다. 이와 같이 유한회사에 대한 대표적인 제한 규정들을 폐지함으로써 유한회사제도의 이용이 증대될 것으로 기대된다.

3. 회사법 개정에 따른 기대 효과

(1) 창의적인 청년 창업으로 제2의 벤처붐 조성

스마트폰 앱 개발 등 모바일 사업, 바이오·생명공학 등 친환경 녹색성장 산업을 비롯한 지식기반사업은 물적 시설보다는 창의적인 아이디어가 중요한데, 기존의 획일적이고 경직된 주식회사는 지식기반산업을 발전시키는데 한계가 있었다. 즉, 이번 상법 개정으로 쉽게 만들 수 있고 다양한 지배구조를 자율적으로 설계할 수 있는 LLC, LP가 도입됨으로써 제2의 '벤처 붐'을 기대할 수 있게 되었다.

(2) 불공정한 관치금융에서 투명한 자본시장으로의 진입

① 기업경영에 필요한 자금을 은행 대출 위주로 조달하다 보니 산업자본이 금융자본에 예속되고 대출브로커 등 각종 금융비리가 발생하는 풍토가 만연하였는바, 기업이 다양한 종류의 주식을 발행할 수 있게 허용하여 투자자들의 취향에 맞는 투자상품 개발을 통해 기업의 비전과 신용을 담보로 주식시장에서 직접 자본을 조달할 수 있게 되었다.

② 주식·사채를 실물증권으로 발행하면서 유통과정에서 위험이 따를 뿐 아니라 불투명한 음성적 거래가 만연하였으나, 주식·사채를 전자적으로 발행·유통

할 수 있도록 하여 이용자의 편의를 도모하고 자본시장이 투명해지게 되었다.

③ 2011년부터 국제회계기준(IFRS)가 도입되어 많은 기업들이 회계기준으로 사용하고 있는바, 기존 상법상의 회계 규정은 종전의 방식을 고수하고 있어 기업의 불편과 혼선을 초래하였다. 이번 개정상법에서는 '일반적으로 공정하고 투명한 회계관행'을 사용하도록 명시하여 기업회계상 혼란을 방지하게 되었다.

(3) 선진국 수준에 버금가는 공정하고 투명한 기업경영

① 최근 대기업 비자금 사건에서 보듯이 회사 내부 정보에 밝은 오너 경영인이나 이사들이 가족 명의로 회사와 거래하거나 회사의 사업기회를 가로채는 방법으로 개인적 이득을 취하여 일반 투자자에게 손실을 끼치는 사례가 빈번하였는바, 이번 개정상법은 이사의 자기거래 규제 범위를 대폭 확대하고 회사기회를 유용할 수 없도록 금지조항을 신설하여 내부자 거래를 투명하게 하여 일반 투자자를 보호할 수 있게 되었다.

② 금융기관에는 준법감시인이 있음에도 기업에는 준법경영을 위한 제도적 장치가 없어 국제적 윤리경영 흐름에 뒤처지고 있다는 비난이 있었는바, 이번 개정상법은 일정 규모 이상의 상장회사는 법률전문가인 준법지원인을 의무적으로 1명 이상 두도록 하여 기업의 준법경영을 지원하고 투명한 의사결정이 가능하도록 하였다.

③ 이번 상법 개정으로 회사 지배구조가 보다 투명해지고, 투자자 보호방안이 마련됨으로써 외자 유치, 국제 신용도 평가 상승 등 부수적 경제효과도 기대된다고 하겠다.

2015년 M&A 관련 개정상법(회사법)의 입법과정과 주요 내용*

I. 서 언

지난 2015년 11월 12일 상법 회사편 개정안이 국회 본회의를 통과하였고, 2016년 3월 2일부터 시행되고 있다. 2011년 상법 회사편의 대대적인 개정이 있었고, 그 후 2014년 무기명주식을 폐지하는 개정이 있은 후 1년만에 이루어진 상법 회사편의 개정이다. 이번 상법 회사편 개정은 M&A와 관련한 제도의 개선을 내용으로 하는데, 이는 경제 활성화라는 정부 정책기조에 맞추어 정부가 공동으로 발표한 「M&A 활성화 방안」의 후속조치라는 점에서 특징이 있다. 2014년 3월 정부의 7개 부처[603]는 M&A 시장의 침체는 기업의 자율적인 사업구조 재편을 제약할 뿐 아니라 당면한 기업 구조조정과 중소·벤처기업 투자자금의 원활한 회수가 어려워 M&A를 통한 제2의 성장 기회를 제한한다는 문제점을 지적하며, M&A 활성화를 위해 25개의 개선과제를 추진하겠다고 발표하였다.[604] M&A 시장 참여 확대를 위하여 조성·투자·관리·회수 단계의 정책 과제 10개,[605] M&A 세제 및 금융지원 확충을

---

* 이 부분은 2016년 2월 17일 한국경영법률학회 동계학술대회에서 발표된 황현영 국회입법조사처 입법조사관의 논문을 수정·보완한 것이다.

603) 기획재정부(자금시장과, 법인세제과, 금융세제팀), 법무부(상사법무과), 안전행정부(지방세운영과), 해양수산부(해운정책과), 금융위원회(자본시장과, 자산운용과) 공정거래위원회(기업집단과, 기업결합과), 중소기업청(벤처투자과)가 관계부처 합동회의를 개최하고 M&A 활성화 방안을 발표하였다.

604) 국내 M&A 거래는 '05년 이후 증가하다가 금융위기 이후 하락세로 전환된 가운데 '13년 들어서는 크게 위축되고 있고, 국내 M&A 거래 규모도 주요 선진국에 비해 작은 것이 우리 현실이므로, M&A 활성화를 통해 자율적인 사업 구조조정을 촉진하고 중소·벤처기업 활성화를 유도하여 우리 경제의 역동성을 제고할 필요가 있다고 추진 배경을 밝혔다(2014년 3월 6일 기획재정부 보도자료, "M&A 활성화 방안").

605) M&A 시장 참여 확대를 위하여 조성·투자 단계의 정책 과제로 ① PEF의 영업양수도 방식 기업인수 허용을 위한 자본시장법 시행령 개정 ② 금융기관이 PEF 설립시 사후 승인을 허용하는 감독규정 개정 ③ 보험사의 PEF 투자규제를 완화하는 보험업 감독규정 개정 ④ PEF 설립시 기업결합 신고를 면

위하여 세제·금융 지원의 정책 과제 10개,[606] M&A 제도 및 절차 개선을 위한 과제 5개를 제안하였고,[607] 이 중 세 번째인 M&A 제도 및 절차 개선을 위한 상법 개정사항으로 역삼각합병, 삼각분할, 삼각주식교환·간이영업양수도 제도를 도입하겠다고 밝혔다. 이에 법무부는 2014년 3월 28일 「상법 회사편 특별분과위원회[608]」를 발족하여, 6월 30일까지 8차례의 회의를 거쳐 개정시안을 마련하였다. 위원회에서는 새로운 제도의 도입에 국한되지 않고 M&A 관련 제도 전반에 대해 논의하여 주식매수청구권의 법률관계를 명확히 하고, 합병시 자기주식 교부에 대한 내용을 규정하고, 분할·분할합병 등의 규정을 정비하는 법안을 마련하였다.[609] 다만 법무부 내부 회의를 통해 입법예고안을 확정하는 과정에서 위원회에서 마련한 개정시안에서 일부 내용을 삭제하거나 수정하였다.[610] M&A활성화를 위한 상법 개정안

제하는 공정거래법 개정 ⑤ 대형화주가 구조조정 중인 해운사 인수를 허용하는 행정조치 ⑥ 일반지주회사의 금융자회사 보유를 허용하는 공정거래법 개정 ⑦ 기업재무안정 PEF의 투자대상 확대를 위한 자본시장법 개정을 추진할 계획이라고 밝혔다. 또한 관리 단계의 정책 과제로 ① 전문 PEF의 대기업 집단 지정에 따른 규제 완화를 위한 자본시장법 개정 및 ② 대기업의 중소기업 인수시 계열사 편입 유예를 확대하는 공정거래법 시행령 개정을 검토하겠다고 하였고, 회수단계로 PEF가 최대주주인 기업의 상장을 허용하는 한국거래소의 상장 가이드라인을 개정할 계획이라고 밝혔다.

606) M&A 세제 및 금융지원 확충을 위하여 세제 지원의 정책 과제로 ① 기업간 주식교환시 양도차익의 과세를 이연하는 조세특례제한법 개정 ② 기술혁신형 M&A시 법인세 감면 대상을 확대하는 조세특례제한법 시행령 개정 ③ 적격합병·분할시 과세특례 요건을 완화하는 조세특례제한법 개정 ④ 기업재무안정 PEF에 대한 세제를 지원하기 위한 조세특례제한법 개정 ⑤ 과점주주에 대한 취득세 면제대상을 확대하기 위한 지방세기본법시행령 개정을 추진하겠다고 하였고, 금융지원 확대를 위하여 ① 성장사다리펀드 내 중소·벤처 M&A 펀드 규모 확대를 위한 펀드 조성 ② 기업정상화 촉진 PEF 조성을 위한 협약 체결 ③ IB의 M&A 관련 신용공여 규제 완화를 위한 자본시장법 시행규칙 및 감독규정 개정 ④ 차입매수(LBO)관련 유의사항 마련 ⑤ 기업인수목적회사(SPAC) 관련 규제 완화를 위한 외감법 시행령 개정 및 상장규정 개정을 추진할 계획이라고 발표하였다.

607) M&A 제도 및 절차 개선을 위해 ① 상장법인 합병시 합병가액 산정규제를 완화하기 위한 자본시장법 시행령 개정 ② 역삼각합병, 삼각분할, 삼각주식 교환 등을 도입하는 상법 개정 ③ 간이영업양수도 제도를 도입하는 상법 개정 ④ 소규모·간이합병 특례대상을 확대하는 중소기업 기술혁신촉진법(이하 '중소기업기술혁신법'이라 함) 개정 ⑤ 의무공개매수의 예외 범위를 확대하는 증권발행·공시규정을 개정할 계획이라고 밝혔다.

608) 「상법 회사편 특별분과위원회」는 최준선 교수(성균관대)를 위원장으로, 송종준 교수(충북대), 강희주 변호사(법무법인 광장), 권재열 교수(경희대), 김홍기 교수(연세대), 김형찬 지점장(메릴린치 인터내셔날 인코포레이티드 증권 서울지점장), 노혁준 교수(서울대), 천경훈 교수(천경훈), 황남석 교수(경희대)를 위원으로 하고, 법무부 채희만 검사, 이규철 사무관, 황현영 연구관을 간사로 하여 구성되었다.

609) 개정 작업의 기초 자료로 2013년에 법무부가 발주한 연구용역 결과물이 활용되었다(권재열/황남석, "상법상 기업조직재편제도 개선방안 연구", 법무부 연구용역 보고서, 2013).

610) 위원회 안에서 삭제된 부분 중 주요 내용은 다음과 같다. ① 역삼각합병과 관련하여 위원회 안에서는 특칙 규정을 두어 모회사가 직접 인수대상회사의 주식을 이전받는 내용을 규정하였으나 입법예

은 경제활성화를 위해 정부부처가 공동으로 추진하는 주요 법안인 만큼 현행 법제의 큰 변화를 가져오거나 이해관계자들의 반대가 예상되는 내용은 제외하여 신속한 입법을 하기 위함이었다. 동일한 이유로 입법예고 기간도 단축하여 2014년 8월 6일부터 8월 26일까지 입법예고를 하였고, 법제처에도 사전심사를 의뢰하여 9월 22일에 법제처 심사를 완료하였다. 동 법안은 9월 30일에 국무회의를 통과하여 10월 6일자로 국회에 제출되었고, 2015년 4월 29일에 법제사법위원회에 상정되어 법안소위에서 논의를 거쳐 10월 20일에 법안소위를 통과하고 10월 28일에 전체회의를 통과하여 국회 본회의에 회부되었다. 특별한 쟁점이 없었던 법안인 관계로 11월 12일자 본회의에서 이견없이 통과되었고, 12월 1일에 공포되어 3개월의 유예기간을 거쳐 2016년 3월 2일부터 시행하게 되었다.

법무부는 법안의 개정이유로 기업 인수·합병 시장의 확대 및 경제 활성화를 도모하기 위하여 기업의 원활한 구조 조정 및 투자 활동이 가능하도록 다양한 형태의 기업 인수·합병 방식을 도입하는 한편, 반대주주의 주식매수청구권 제도를 정비하는 등 현행 제도의 운영상 나타난 일부 미비점을 개선·보완하려는 것이라고 밝혔다. 이를 위해 구체적으로 24개 조문을 개정하고, 1개 조문을 신설하며, 2개 조문을 삭제하였는데, 내용을 기준으로 크게 분류하면 삼각주식교환 등 새로운 제도의 도입과 합병과 분할 관련 제도의 정비로 나누어 볼 수 있다. 아래에서는 해당 내용을 구체적으로 살펴보도록 한다.

고안에서는 이를 삭제하였다. ② 소규모 조직개편과 관련하여 위원회안에서는 소규모 조직재편의 기준을 '순자산액의 100분의 20'으로 정하였으나 입법예고안에서는 현행 소규모 합병 기준인 '발행주식총수의 100분의 10'은 그대로 유지하고 소규모 주식교환의 요건인 '발행주식총수의 100분의 5'를 '100분의 10'으로 완화하는 것으로 변경하였다. ③ 반대주주의 주식매수청구권과 관련하여 위원회안에서는 회사의 동의가 있는 경우 반대주주의 주식매수청구권 행사를 철회할 수 있도록 하고 주주의 일부 주식매수청구권 행사를 허용하며 회사가 공정한 것으로 인정하는 가액을 주권과 상환으로 지급하고 이를 주주가 거부한 경우 공탁할 수 있도록 하였으나 입법예고안에서는 이를 삭제하였다.

1. 삼각주식교환의 도입

2011년 개정상법은 합병시 존속회사가 소멸회사의 주주에게 합병의 대가로 존속회사의 모회사의 주식을 취득하여 지급할 수 있도록 함으로써 '삼각합병'이 가능하도록 하였다(제523조의2). 삼각합병제도를 활용할 경우 모회사는 실질적으로 대상회사를 인수하는 효과를 얻으면서도 모회사의 주주총회 와 모회사 주주의 주식매수청구권을 회피할 수 있고, 자회사를 통해 기업인수에 따른 부담을 최소화할 수 있게 된다. 삼각합병의 구조는 다음과 같다.

〈삼각합병의 모습〉611)

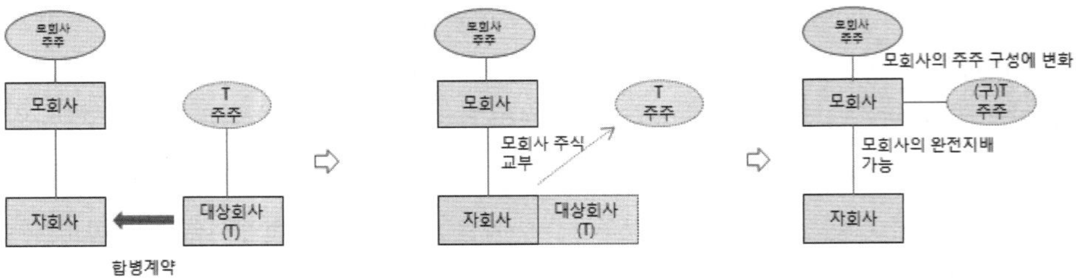

자회사를 존속회사로 하고 인수대상 회사를 소멸시키는 삼각합병은 가능하나, 인수대상 회사를 존속회사로 하고 자회사를 소멸시키는 '역삼각합병'은 제523조의2 문언상 허용되지 않는다는 것이 일반적인 해석이었다.612) 제532조의2에서는 "회사의 주주에게 제공하는 재산이 존속하는 회사의 모회사주식을 포함하는 경우에는 존속하는 회사는 그 지급을 위하여 모회사주식을 취득할 수 있다"라고 규정하여 삼각합병 이후 존속하는 회사는 자회사만이 가능한 것으로 해석되었다. 인수대상회사를 소멸시키지 않고 존속시킬 필요가 있는 경우, 예컨대 대상회사가 양도할 수

611) 2014년 9월 30일자 법무부 보도자료, "경제활성화를 위한 새로운 인수합병(M&A) 방식 도입"

612) 김지환, "삼각합병의 활용과 법적 과제", 「기업법연구」, 제25권 제4호, 2011, 75면 ; 송종준, "삼각합병의 구조와 관련 법적 문제", 「기업법연구」, 제27권 제3호, 2013, 144면; 윤영신, "삼각합병제도의 도입과 활용상의 법률문제", 「상사법연구」, 제32권 제2호, 2013년, 18면; 황현영, "상법상 교부금합병과 삼각합병의 개선방안 연구", 「상사판례연구」, 제25집 제4권, 2012, 261면.

없는 독점적 사업권, 장기 리스, 상표권, 제3자의 동의가 없으면 양도할 수 없는 계약상의 권리를 가지고 있는 경우에 역삼각합병을 허용하면 복잡한 재산 또는 권리 양도 절차를 밟을 필요가 없으므로 이를 인정할 필요가 있다.[613] 이에 개정위원회에서는 역삼각합병의 도입방법에 대해서 치열한 논의를 하였다. 미국[614]과 같이 역삼각합병이 가능하도록 규정할 것인가 일본[615]과 같이 삼각주식교환을 규정하고 삼각주식교환 이후 역합병을 통해 역삼각합병의 효과를 달성하도록 규정할 것인가를 논의한 결과 후자와 같은 방식으로 규정하기로 정하였다. 역삼각합병을 허용하는 조문을 만드는 작업도 어려워 개정시안 전체를 검토하는 개정위원회의 마지막 회의에서까지도 여러 개의 조문 시안을 놓고 고민할 정도로 현행 법제에서 역삼각합병을 규율하는 것이 쉽지 않았다. 뿐만 아니라 미국의 경우 자회사에 의한 모회사의 주식취득이 허용되고 합병대가의 유연화라는 법적 환경이 갖추어졌다는 점에서 우리나라와 차이가 있고, 역삼각합병을 명시적으로 규정할 경우 포괄적 주식교환이라는 현행법상 제도를 탈피하는 수단을 허용하게 된다는 우려가 있기 때문에 역삼각합병을 직접적으로 허용하는 특칙을 두지 않는 것으로 하였다.

2015년 개정상법에서는 주식의 포괄적 교환시 대상회사의 주주에게 모회사 주식을 지급하여, 자회사가 대상회사를 완전히 지배할 수 있도록 하고, 삼각주식교환 후 자회사를 대상회사에 흡수합병(역합병) 시킬 경우 '역삼각합병' 의 효과를 달성할 수 있도록 하였다.

주식의 포괄적 교환 부분에 삼각주식교환 관련 조문을 별도로 신설하려 하였으나, 현행 우리 법제상 "00조의0의0"과 같은 방식은 허용되지 않아, 이미 제360조의2로부터 시작된 포괄적 주식교환 조문에 새롭게 조문을 추가할 수 없었다. 이에 제360조의3(주식교환계약서의 작성과 주주총회의 승인)에 6항과 7항을 신설하되, 조문의 제목을 변경하여 "주식교환대가가 모회사주식인 경우의 특칙"이라는 내용을 규정해 삼각주식교환이 도입되었음으로 명시적으로 반영하였다.[616] 먼저 3항 4호에 주식교환대가 유연화 규정을 두어 완전 모회사가 되는 회사는 완전 자회사가

---

613) 송종준, "역삼각합병제도의 도입을 둘러싼 상법상의 쟁점", 「상사법연구」, 제33권 제1호, 2014, 39-40면; 김홍식, "삼각합병과 삼각주식교환의 법률관계에 관한 연구", 「기업법연구」, 제11권 제3호, 2014, 205면.

614) 미국 모범회사법 §11.02(c)(3), 델라웨어회사법 §251(b)(5).

615) 일본회사법 제768조 제1항 제2호.

616) 조문의 제목변경은 법제사법위원회 심의과정에서 수정된 것이고, 그 외 입법예고안과 개정상법의 문구가 달라진 부분은 법제처 심사과정에서 문구가 수정된 것이다.

〈삼각주식교환의 모습〉617)

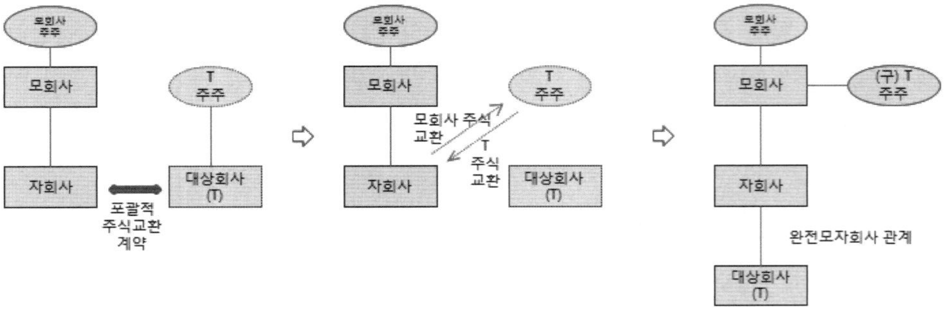

되는 회사의 주주에게 신주에 갈음하여 금전이나 그 밖의 재산을 지급할 수 있도록 하고, 이 때 주주에게 제공되는 재산이 모회사의 주식인 경우에는 이를 취득할 수 있다는 특칙 조항을 마련하였다(6항). 또한 자본충실의 원칙을 위해 자회사가 삼각합병 및 삼각주식교환 이후에도 계속 보유하고 있는 모회사 주식에 대해서는 6개월 이내에 처분하도록 하는 조항을 신설하였다(제360조의3 제7항, 제523조의2 제2항).

현행	법무부 입법예고안	2015 개정상법
제360조의3(주식교환계약서의 작성과 주주총회의 승인) ③	제360조의3(주식교환계약서의 작성과 주주총회의 승인 등) ③	제360조의3(주식교환계약서의 작성과 주주총회의 승인 및 주식교환대가가 모회사주식인 경우의 특칙) ③
4. 완전자회사가 되는 회사의 주주에게 지급할 금액을 정한 때에는 그 규정	4. 완전자회사가 되는 회사의 주주에게 제2호에도 불구하고 그 대가의 전부 또는 일부로서 금전이나 그 밖의 재산을 제공하는 경우에는 그 내용 및 배정에 관한 사항	4. 완전자회사가 되는 회사의 주주에게 제2호에도 불구하고 그 대가의 전부 또는 일부로서 금전이나 그 밖의 재산을 제공하는 경우에는 그 내용 및 배정에 관한 사항
〈신 설〉	⑥ 제342조의2제1항에도 불구하고 제3항제4호에 따라 완전자회사가 되는 회사의 주주에게 제공하는 재산이 완전모회사가 되는 회사의 모회사주식을	⑥ 제342조의2제1항에도 불구하고 제3항제4호에 따라 완전자회사가 되는 회사의 주주에게 제공하는 재산이 완전모회사가 되는 회사의 모회사 주식을

617) 2014년 9월 30일자 법무부 보도자료, "경제활성화를 위한 새로운 인수합병(M&A) 방식 도입"

현행	법무부 입법예고안	2015 개정상법
	포함하는 경우에는 완전모회사가 되는 회사는 그 지급을 위하여 그 모회사주식을 취득할 수 있다.	포함하는 경우에는 완전모회사가 되는 회사는 그 지급을 위하여 그 모회사의 주식을 취득할 수 있다.
〈신 설〉	⑦ 완전모회사가 되는 회사가 제6항에 따라 취득한 그 회사의 모회사 주식을 주식교환 이후에도 계속 보유하고 있는 경우에는 주식교환의 효력이 발생하는 날로부터 6월 이내에 처분하여야 한다.	⑦ 완전모회사가 되는 회사는 제6항에 따라 취득한 그 회사의 모회사 주식을 주식교환 후에도 계속 보유하고 있는 경우 주식교환의 효력이 발생하는 날부터 6개월 이내에 그 주식을 처분하여야 한다.
제523조의2(합병대가가 모회사주식인 경우의 특칙) ①		제523조의2(합병대가가 모회사주식인 경우의 특칙) ①
〈신 설〉		② 존속하는 회사는 제1항에 따라 취득한 모회사의 주식을 합병 후에도 계속 보유하고 있는 경우 합병의 효력이 발생하는 날부터 6개월 이내에 그 주식을 처분하여야 한다.

2. 삼각분할합병의 도입

2011년 개정상법에서 삼각합병제도가 도입되었지만 인수 대상회사를 분할한 뒤 합병하는 경우에는 모회사의 주식 취득이 허용되지 않아, 회사가 모회사 주식을 활용하여 대상회사의 필요한 부분만 인수하려 하는 경우에는 제약이 존재하였다. 이에 대하여 삼각합병을 허용하고 있으므로 삼각분할합병을 허용하지 않을 이유가 없다는 주장도 있고,[618] 실제로 일본에서는 삼각합병 보다 삼각분할합병이 더 많이 이용된다는 사실로 인해 삼각분할합병의 도입 필요성이 제기되었다.[619] 삼각합병과 삼각분할합병은 결과적으로는 같은 효과를 발생시키지만 삼각분할합병의 경우 완전지주회사체제를 그대로 유지할 수 있고 분할승계회사가 자기주식을 대가로 교부하는 경우에도 연결납세제도의 요건을 충족할 수 있으며, 승계자산 또는 채무를

618) 윤영신, 앞의 논문, 17면.
619) 권재열/황남석, 전게 연구용역 보고서, 85면.

선택할 수 있다는 이점이 존재한다.620)

이에 2015년 개정상법에서는 분할합병시에도 회사가 모회사 주식을 취득하여 인수 대상 회사 주주에게 지급할 수 있도록 하여 삼각분할합병을 허용하였다. 삼각분할합병은 대상회사를 분할하여 합병하면서 그 합병대가로 모회사의 주식을 상대방 대상회사의 주주에게 교부하는 것을 말한다.

〈삼각분할합병의 모습〉621)

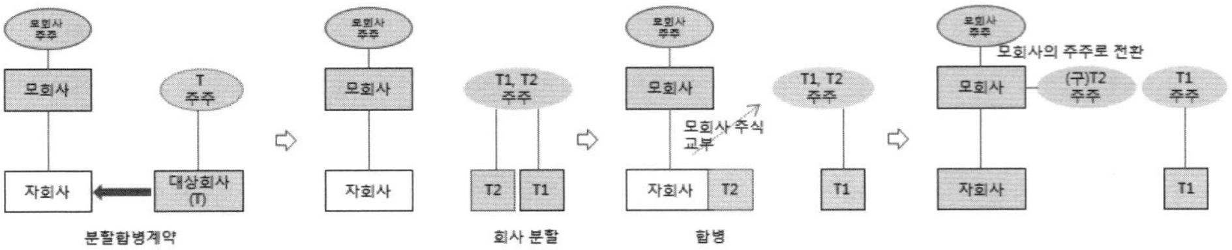

삼각분할합병의 규정 방식도 삼각주식교환과 동일하다. 제530조의6(분할합병계약서의 기재사항)에 4항과 5항을 신설하되, 조문의 제목을 변경하여 "분할합병대가가 모회사주식인 경우의 특칙"이라는 내용을 규정해 삼각분할합병이 도입되었음으로 명시적으로 반영하였다.622) 먼저 1항 4호에 분할합병대가 유연화 규정을 두어 분할승계회사는 분할회사의 주주에게 금전이나 그 밖의 재산을 지급할 수 있도록 하고, 이 때 주주에게 제공되는 재산이 분할승계회사의 모회사 주식인 경우에는 이를 취득할 수 있다는 특칙 조항을 마련하였다(4항). 또한 5항에서는 삼각분할합병을 위해 분할승계회사가 취득한 모회사 주식은 6개월 이내에 처분하도록 하였다.623)

현행	법무부 입법예고안	2015 개정상법
第530條의6(<u>分割合併契約書의 기재사항</u>) ①	제530조의6(<u>분할합병계약서의 기재사항</u>) ①	제530조의6(<u>분할합병계약서의 기재사항 및 분할합병대가가 모회사 주식인 경우의 특칙</u>) ①

620) 권재열/황남석, 전게 연구용역 보고서, 86면.

621) 2014년 9월 30일자 법무부 보도자료, "경제활성화를 위한 새로운 인수합병(M&A) 방식 도입"

622) 조문의 제목변경은 법제사법위원회 심의과정에서 수정된 것이고, 그 외 입법예고안과 개정상법의 문구가 달라진 부분은 법제처 심사과정에서 문구가 수정된 것이다.

623) 분할승계회사, 분할회사 등 새로운 용어가 등장하였는데, 이는 Ⅲ. 6.에서 설명하도록 한다.

현행	법무부 입법예고안	2015 개정상법
4. 分割되는 會社의 株主에 대하여 分割合併의 相對方 會社가 지급할 금액을 정한 때에는 그 規定	4. 분할승계회사가 분할회사의 주주에게 제3호에도 불구하고 그 대가의 전부 또는 일부로서 금전이나 그 밖의 재산을 제공하는 경우에는 그 내용 및 배정에 관한 사항	4. 분할승계회사가 분할회사의 주주에게 제3호에도 불구하고 그 대가의 전부 또는 일부로서 금전이나 그 밖의 재산을 제공하는 경우에는 그 내용 및 배정에 관한 사항
〈신 설〉	④ 제342조의2제1항에도 불구하고 제1항제4호에 따라 분할회사의 주주에게 제공하는 재산이 분할승계회사의 모회사 주식을 포함하는 경우에는 분할승계회사는 그 지급을 위하여 모회사 주식을 취득할 수 있다.	④ 제342조의2제1항에도 불구하고 제1항제4호에 따라 분할회사의 주주에게 제공하는 재산이 분할승계회사의 모회사 주식을 포함하는 경우에는 분할승계회사는 그 지급을 위하여 모회사 주식을 취득할 수 있다.
〈신 설〉	⑤ 분할승계회사는 제4항에 따라 취득한 모회사주식을 분할합병 이후에도 계속 보유하고 있는 경우에는 분할합병의 효력이 발생하는 날로부터 6월 이내에 처분하여야 한다.	⑤ 분할승계회사는 제4항에 따라 취득한 모회사의 주식을 분할합병 후에도 계속 보유하고 있는 경우 분할합병의 효력이 발생하는 날부터 6개월 이내에 그 주식을 처분하여야 한다.

3. 간이영업양수도의 도입

상법은 합병과 포괄적 주식교환에 대해서는 주주총회 결의를 이사회 결의로 갈음할 수 있는 간이한 절차를 규정하고 있으나, 이와 동일한 경제적 기능을 하는 영업양수도의 경우에는 반드시 주주총회를 거쳐야 하는 문제점이 있다.[624] 모회사와 자회사 사이에서 자회사가 그 영업의 전부 또는 중요한 일부를 모회사에게 양도하거나 자회사가 그 영업에 중대한 영향을 미치는 영업을 모회사로부터 양수받거나, 영업 전부의 임대 또는 경영위임 등을 하는 경우에는 그 실질이 합병과 비슷함에도 자회사 주주총회의 특별결의가 필요하게 된다. 이 경우 자회사 주주총회에서 모회사는 특별이해관계인으로 되어 의결권을 행사할 수 없다는 문제도 발생한다. 따라서 제도의 정합성을 갖추는 측면에서 뿐 아니라 모회사의 의결권이 제한되는 불합리를 개선하는 측면에서 간이영업양수도를 인정하는 것이 타당하다.[625]

624) 간이합병(제527조의2), 간이분할합병(제530조의11), 간이주식교환(제360조의9).

2015 개정상법에서는 ① 영업을 양수하려는 회사가 상대방 회사 주식의 90% 이상을 소유하는 경우, ② 상대방 회사의 총주주의 동의가 있는 경우에 상대방 회사의 주주총회 결의를 이사회 승인으로 갈음할 수 있도록 허용하고 대신 반대주주의 주식매수청구권을 인정하였다.626) 간이합병에서는 별도로 주식매수청구권 규정을 두고 있지 않은데, 이는 합병 반대주주의 주식매수청구권에 관한 일반 규정이 당연히 간이합병에도 적용된다고 보기 때문이다. 그러나 상법 제374조의 특별결의는 영업의 전부 또는 중요한 일부의 양도에 적용되는 것이므로 간이영업양수도에서 주식매수청구권을 인정할 경우 별도의 규정을 두어야 하므로 3항을 신설한 것이다. 다만 법인격이 합일되는 합병과 달리 영업양수도 등은 거래행위이고 그 대가가 공정하면 되는 것이므로 별도의 채권자 보호절차는 요구하지 않는 것으로 하였다.627)

현행	법무부 입법예고안	2015 개정상법
〈신 설〉	제374조의3(간이영업양도, 양수, 임대 등) ① 제374조제1항 각 호의 어느 하나에 해당하는 행위를 하는 회사의 총주주의 동의가 있거나 그 회사의 발행주식총수의 100분의 90 이상을 당해 행위의 상대방이 소유하고 있는 때에는 그 회사의 주주총회의 승인은 이를 이사회의 승인으로 갈음할 수 있다. ② 제1항의 경우에 회사는 영업양도, 양수, 임대 등의 계약체결일부터 2주내에 주주총회의 승인을 얻지 아니하고 영업양도, 양수, 임대 등을 한다는 뜻을 공고하거나 주주에게 통지하여야 한다. 다만, 총주주의 동의가 있는 때에는 그러하지 아니하다.	제374조의3(간이영업양도, 양수, 임대 등) ① 제374조제1항 각 호의 어느 하나에 해당하는 행위를 하는 회사의 총주주의 동의가 있거나 그 회사의 발행주식총수의 100분의 90 이상을 해당 행위의 상대방이 소유하고 있는 경우에는 그 회사의 주주총회의 승인은 이를 이사회의 승인으로 갈음할 수 있다. ② 제1항의 경우에 회사는 영업양도, 양수, 임대 등의 계약서 작성일부터 2주 이내에 주주총회의 승인을 얻지 아니하고 영업양도, 양수, 임대 등을 한다는 뜻을 공고하거나 주주에게 통지하여야 한다. 다만, 총주주의 동의가 있는 경우에는 그러하지 아니하다. ③ 제2항의 공고 또는 통지를 한 날

625) 김홍기, "간이조직재편", 상법특별위원회 회의자료, 18-19면.

626) 법무부 입법예고안에서는 간이영업양수도에 인정되는 반대주주의 주식매수청구권을 제374조의2(반대주주의 주식매수청구권)에 규정하였으나, 법제처 심사 과정에서 뒤에 나오는 조문(제374조의3)을 앞(제374조의2)에서 인용하는 방식은 적절하지 않다는 지적을 받아 제374조의3조에 3항을 신설하는 것으로 하였다. 그 외에 달라진 부분들도 법제처 심사 과정에서 수정된 부분이다.

627) 김홍기, "간이조직재편", 상법특별위원회 회의자료, 19면.

현행	법무부 입법예고안	2015 개정상법
		부터 2주 이내에 회사에 대하여 서면으로 영업양도, 양수, 임대 등에 반대하는 의사를 통지한 주주는 그 기간이 경과한 날부터 20일 이내에 주식의 종류와 수를 기재한 서면으로 회사에 대하여 자기가 소유하고 있는 주식의 매수를 청구할 수 있다. 이 경우 제374조의2제2항부터 제5항까지의 규정을 준용한다.
第374條의2(反對株主의 株式買受請求權) 〈신 설〉	제374조의2(반대주주의 주식매수청구권) ⑥ 제374조의3제2항의 공고 또는 통지를 한 날부터 2주내에 회사에 대하여 서면으로 영업양도, 양수, 임대 등에 반대하는 의사를 통지한 주주는 그 기간이 경과한 날부터 20일 이내에 주식의 종류와 수를 기재한 서면으로 회사에 대하여 자기가 소유하고 있는 주식의 매수를 청구할 수 있다.	제374조의2(반대주주의 주식매수청구권) ⑥ 〈삭 제〉

Ⅲ. 합병 · 분할 관련 제도 정비

1. 반대주주의 주식매수청구권 관련 정비

(1) 무의결권 주주의 권리관계 명확화

반대주주의 주식매수청구권은 합병, 분할합병, 주식교환, 영업양수도 등 주주의 이해관계에 중대한 영향을 미치는 회사의 행위시 그 결의에 반대하는 주주가 회사에 대하여 공정한 가격으로 자신의 소유 주식을 매수하도록 청구할 수 있는 권리이다. 자본시장과 금융투자업에 관한 법률(이하 '자본시장법'이라 함)에서는 상법상 반대주주의 주식매수청구권과 관련하여 의결권이 없거나 제한되는 종류주식의 주주도 포함된다고 명시적으로 규정하고 있다(자본시장법 제165조의5). 그러나 상법에서는 분할합병의 경우에만 의결권 없는 주주에게도 의결권을 부여하여 결과적으로 주식매수청구권을 부여하고 있을 뿐(상법 제530조3 제3항), 그 밖의 경우에는 명문을 규정을 두고 있지 않고 있다.[628)]

그러나 2011년 개정상법으로 종류주식이 다양화됨에 따라 보통주에 대해서도 의결권을 배제 또는 제한하는 종류주식을 발행할 수 있어 의결권이 배제된 주식으로 발행가능한 유형이 증가한 상황이고, 주주가 가지는 이익배당청구권이나 의결권을 회사가 탈취하는 대가로 주식매수청구권을 인정한다는 점을 고려한다면 의결권의 유무에 상관없이 반대주주의 주식매수청구권이 인정되어야 한다고 보았다.[629)] 이에 의결권의 유무와 관계없이 주주의 이해관계에 중대한 영향을 미치는 회사의 행위에 대해 반대주주의 주식매수청구권을 인정하도록 명문화하고, 의결권 없는 반대주주가 주식매수청구권을 행사할 수 있도록 그들에게도 주주총회의 승인사항 내지 결의사항에 관한 취지를 통지하도록 규정하였다.[630)]

현행	법무부 입법예고안	2015 개정상법
제360조의5(반대주주의 주식매수청구권) ①제360조의3제1항의 규정에 의한 승인사항에 관하여 이사회의 결의가 있는 때에 그 결의에 반대하는 주주는 주주총회전에 회사에 대하여 서면으로 그 결의에 반대하는 의사를 통지한 경우에는 그 총회의 결의일부터 20일 이내에 주식의 종류와 수를 기재한 서면으로 회사에 대하여 자기	제360조의5(반대주주의 주식매수청구권) ①-- 주주(의결권의 유무를 불문한다. 이하 이 조에서 같다)는 --.	제360조의5(반대주주의 주식매수청구권) ①-- 주주(의결권이 없거나 제한되는 주주를 포함한다. 이하 이 조에서 같다)는 ---.

628) 법제사법위원회 전문위원 심태규, 상법 일부개정법률안(정부제출) 검토보고, 2015.4, 40-41면.
629) 권재열, "주식매수청구권", 상법특별위원회 회의자료, 1면.
630) 개정위원회 논의 과정에서 무의결권 주주도 반대주주의 주식매수청구권을 행사할 수 있다는 것에 대해 해석상 이론이 없는데 굳이 문구를 추가해서 논란을 살 필요가 없다는 의견이 있었으나, 반대주주의 권리관계를 명확히 하기 위해 이를 규정하는 것으로 정하였다. 다만 이를 표현하기 위한 문구를 정하는 과정에서 자본시장법과 동일하게 규정할 것인가 아니면 "의결권의 유무를 불문한다"고 규정할 것인가 논의하던 중에 제363조 7항의 "의결권 없는 주주에게는 적용하지 아니한다"라는 문구로 인해 후자로 정하였다. 그러나 법제처 심사 과정에서 자본시장법과의 정합성을 위해 자본시장법과 동일하게 "의결권이 없거나 제한되는 주주를 포함하다"로 수정되었다. 그 외 문구의 수정도 법제처 심사 과정에서 수정된 것이다.

현행	법무부 입법예고안	2015 개정상법
가 소유하고 있는 주식의 매수를 청구할 수 있다.		
第363조(소집의 통지) ①~⑥ (생 략)	第363조(소집의 통지) ①~⑥(현행과 같음)	第363조(소집의 통지) ①~⑥(현행과 같음)
⑦ 제1항부터 제4항까지의 규정은 의결권 없는 주주에게는 적용하지 아니한다. 〈단서 신설〉	⑦ ------------- ---------. 다만, 제1항의 통지서에 적은 회의의 목적사항에 제360조의5, 제360조의22, 제374조의2, 제522조의3 및 제530조의11의 규정에 의하여 반대주주의 주식매수청구권이 인정될 수 있는 사항이 포함된 때에는 그러하지 아니하다.	⑦ ------------- ---------. 다만, 제1항의 통지서에 적은 회의의 목적사항에 제360조의5, 제360조의22, 제374조의2, 제522조의3 또는 제530조의11에 따라 반대주주의 주식매수청구권이 인정되는 사항이 포함된 경우에는 그러하지 아니하다.
第374條의2(反對株主의 株式買受請求權) ① 第374條의 規定에 의한 決議事項에 반대하는 株主는 株主總會전에 會社에 대하여 書面으로 그 決議에 反對하는 의사를 통지한 경우에는 그 總會의 決議日부터 20日내에 株式의 종류와 數를 기재한 書面으로 會社에 대하여 자기가 所有하고 있는 株式의 買受를 請求할 수 있다.	제374조의2(반대주주의 주식매수청구권) ① 제374조의 규정에 의한 결의사항에 반대하는 주주(의결권의 유무를 불문한다. 이하 이 조에서 같다)는 주주총회전에 회사에 대하여 서면으로 그 결의에 반대하는 의사를 통지한 경우에는 그 총회의 결의일부터 20일내(이하 "매수청구기간"이라 한다. 이하 이 조에서 같다)에 주식의 종류와 수를 기재한 서면으로 회사에 대하여 자기가 소유하고 있는 주식의 매수를 청구할 수 있다.	제374조의2(반대주주의 주식매수청구권) ① 제374조에 따른 결의사항에 반대하는 주주(의결권이 없거나 제한되는 주주를 포함한다. 이하 이 조에서 같다)는 주주총회 전에 회사에 대하여 서면으로 그 결의에 반대하는 의사를 통지한 경우에는 그 총회의 결의일부터 20일 이내에 주식의 종류와 수를 기재한 서면으로 회사에 대하여 자기가 소유하고 있는 주식의 매수를 청구할 수 있다.
第522條의3(合併反對株主의 株式買受請求權) ① 第522條第1項의 規定에 의한 決議事項에 관하여 理事會의 決議가 있는 때에 그 決議에 反對하는 株主는 株主總會전에 會社에 대하여 書面으로 그 決議에 反對하는 의사를 통지한 경우에는 그 總會의 決議日부터 20日 이내에 株式의 종류와 數를 기재한 書面으로 會社에 대하여 자기가 所有하고 있는 株式의 買受를 請求할 수 있다.	제522조의3(합병반대주주의 주식매수청구권) ① 제522조제1항의 규정에 의한 결의사항에 관하여 이사회의 결의가 있는 때에 그 결의에 반대하는 주주(의결권의 유무를 불문한다. 이하 이 조에서 같다)는 주주총회전에 회사에 대하여 서면으로 그 결의에 반대하는 의사를 통지한 경우에는 그 총회의 결의일부터 20일 이내에 주식의 종류와 수를 기재한 서면으로 회사에 대하여 자기가 소유하고 있는 주식의 매수를 청구할 수 있다.	제522조의3(합병반대주주의 주식매수청구권) ① 제522조제1항에 따른 결의사항에 관하여 이사회의 결의가 있는 때에 그 결의에 반대하는 주주(의결권이 없거나 제한되는 주주를 포함한다. 이하 이 조에서 같다)는 주주총회 전에 회사에 대하여 서면으로 그 결의에 반대하는 의사를 통지한 경우에는 그 총회의 결의일부터 20일 이내에 주식의 종류와 수를 기재한 서면으로 회사에 대하여 자기가 소유하고 있는 주식의 매수를 청구할 수 있다.

(2) 매수청구기간 신설

현행 상법은 반대주주의 주식매수청구권 행사에 따른 회사의 매수의무 발생시기를 '매수 청구를 받은 날'로 규정하여(상법 제374조의2 제2항), 주주가 상이한 시기에 회사에 주식매수청구를 할 경우 회사로서는 각 주주별로 매수의무시기의 기산점이 달라져서 절차상 부담이 있었다. 이에 2015년 개정상법은 주주총회 결의일로부터 20일 이내를 매수청구기간으로 설정하고, 회사의 매수 의무 발생 시기는 일괄적으로 매수청구기간이 종료하는 날로 정하여 업무 처리의 효율을 도모하고자 하였다.

현행	법무부 입법예고안	2015 개정상법
第374條의2(反對株主의 株式買受請求權) ①第374條의 規定에 의한 決議事項에 반대하는 株主는 株主總會전에 會社에 대하여 書面으로 그 決議에 反對하는 의사를 통지한 경우에는 그 總會의 決議日부터 20日내에 株式의 종류와 數를 기재한 書面으로 會社에 대하여 자기가 所有하고 있는 株式의 買受를 請求할 수 있다.	제374조의2(반대주주의 주식매수청구권) ① 제374조의 규정에 의한 결의사항에 반대하는 주주(의결권의 유무를 불문한다. 이하 이 조에서 같다)는 주주총회전에 회사에 대하여 서면으로 그 결의에 반대하는 의사를 통지한 경우에는 그 총회의 결의일부터 20일내(이하 "매수청구기간"이라 한다. 이하 이 조에서 같다)에 주식의 종류와 수를 기재한 서면으로 회사에 대하여 자기가 소유하고 있는 주식의 매수를 청구할 수 있다.	제374조의2(반대주주의 주식매수청구권) ① 제374조에 따른 결의사항에 반대하는 주주(의결권이 없거나 제한되는 주주를 포함한다. 이하 이 조에서 같다)는 주주총회 전에 회사에 대하여 서면으로 그 결의에 반대하는 의사를 통지한 경우에는 그 총회의 결의일부터 20일 이내에 주식의 종류와 수를 기재한 서면으로 회사에 대하여 자기가 소유하고 있는 주식의 매수를 청구할 수 있다.
② 會社는 第1項의 請求를 받은 날부터 2月 이내에 그 株式을 買受하여야 한다.	② 회사는 제1항의 매수청구기간이 종료하는 날부터 2월 이내에 그 주식을 매수하여야 한다.	② 제1항의 청구를 받으면 해당 회사는 같은 항의 매수 청구 기간(이하 이 조에서 "매수청구기간"이라 한다)이 종료하는 날부터 2개월 이내에 그 주식을 매수하여야 한다.
④ 제1항의 청구를 받은 날부터 30일 이내에 제3항의 규정에 의한 협의가 이루어지지 아니한 경우에는 회사 또는 주식의 매수를 청구한 주주는 법원에 대하여 매수가액의 결정을 청구할 수 있다.	④ 매수청구기간이 종료하는 ---.	④ 매수청구기간이 종료하는 ---.

2. 소규모 조직재편 관련 정비

(1) 소규모 합병 기준 관련 자기주식 합산 명문화

현행 상법은 소규모 주식교환에 대해서는 자기주식을 신주로 본다고 규정하고 있었으나, 소규모합병의 경우 명문의 규정이 없어 이에 대한 해석상 논란이 있었다. 소멸회사의 주주에게 존속회사의 신주가 아닌 자기주식을 이전한 경우 이를 신주로 보아 발행하는 신주와 합산할 경우 100분의 10이라는 기준이 더 엄격하게 적용되게 되고, 이를 신주로 보지 않고 발행하는 신주로만 산정할 경우 100분의 10이라는 기준이 더 완화되어 적용되게 된다. 그러나 자기주식의 교부이든 신주의 발행이든 존속회사의 주주 구성에 변화가 초래되어 기존 주주들의 이익에 변경이 발생한다는 점은 동일하고 주식교환과 소규모 주식교환에서는 이미 명문의 규정을 두고 있는 점을 고려하여 자기주식의 이전도 신주의 발행과 동일한 것으로 보아 이를 합산하도록 하는 명문의 규정을 마련하였다.

현행	법무부 입법예고안	2015 개정상법
第527條의3(小規模合併) ① 合併후 存續하는 會社가 合併으로 인하여 발행하는 新株의 總數가 그 會社의 發行株式總數의 100분의 10을 초과하지 아니하는 때에는 그 存續하는 會社의 株主總會의 승인은 이를 理事會의 승인으로 갈음할 수 있다. 다만, 合併으로 인하여 消滅하는 會社의 株主에게 지급할 금액을 정한 경우에 그 금액이 存續하는 會社의 최종 貸借對照表상으로 현존하는 純資産額의 100분의 5를 초과하는 때에는 그러하지 아니하다.	제527조의3(소규모합병) ① 합병 후 존속하는 회사가 합병 ----------------신주 및 교부하는 자기주식의 총수가 그 회사의 발행주식총수 ----------------- 존속하는 회사의 주주총회의 ---------- 이사회의 -------. ----- 합병으로 인하여 소멸하는 회사의 주주-------------------- 존속하는 회사의 최종 대차대조표상으로 현존하는 순자산액-----------------------.	제527조의3(소규모합병) ① 합병 후 존속하는 회사가 합병으로 인하여 발행하는 신주 및 이전하는 자기주식의 총수가 그 회사의 발행주식총수의 100분의 10을 초과하지 아니하는 경우에는 그 존속하는 회사의 주주총회의 승인은 이를 이사회의 승인으로 갈음할 수 있다. 다만, 합병으로 인하여 소멸하는 회사의 주주에게 제공할 금전이나 그 밖의 재산을 정한 경우에 그 금액 및 그 밖의 재산의 가액이 존속하는 회사의 최종 대차대조표상으로 현존하는 순자산액의 100분의 5를 초과하는 경우에는 그러하지 아니하다.

(2) 소규모 주식교환 요건 완화

2011년 개정상법에 의해 소규모합병의 요건과 소규모 분할의 요건은 발행주식총수의 100분의 5에서 100분의 10으로 완화되었으나 실질적으로 동일한 기능의 소규모 주식교환의 요건은 그대로 유지되고 있어 유사한 제도간 규율에 불균형이 존재하였고, 이에 대해 입법의 불비라는 지적이 있었다.[631] 이에 소규모 합병과 요건과 동일하게 소규모 주식교환 요건을 정비하였고, 결과적으로 발행주식총수 기준 100분의 5에서 100분의 10으로, 교부금 합병시 순자산액 기준 100분의 2에서 100분의 5로 요건이 완화되었다. 소규모 합병에서 신주와 자기주식을 합산하여 발행주식총수 기준을 산정하도록 개정하면서 소규모 주식교환도 동일하게 규정하였고, 따라서 자기주식을 신주로 본다고 규정한 2항을 삭제하였다.

현행	법무부 입법예고안	2015 개정상법
제360조의10(소규모 주식교환) ① 완전모회사가 되는 회사가 주식교환을 위하여 발행하는 신주의 총수가 그 회사의 발행주식총수의 100분의 5를 초과하지 아니하는 경우에는 그 회사에서의 제360조의3제1항의 규정에 의한 주주총회의 승인은 이를 이사회의 승인으로 갈음할 수 있다. 다만, 완전자회사가 되는 회사의 주주에게 지급할 금액을 정한 경우에 그 금액이 제360조의4제1항제3호에서 규정한 최종 대차대조표에 의하여 완전모회사가 되는 회사에 현존하는 순자산액의 100분의 2를 초과하는 때에는 그러하지 아니하다.	제360조의10(소규모 주식교환) ① －－－－－－－－－－－－－－－ 신주 및 교부하는 자기주식－－ －－－－－－－－－－－－－－－ 100분의 10－－－－－－－－－ －－－－－－－－－－－－－－－ －－－－－－－－－－－－－－－ －－－－－－－. －－－－－－－ －－－－－－－－－－－－－－－ －－－－－－－－－－－－－－－ －－－－－－－－－－－－－－－ －－－－－－－－－－－－－－－ －－－－－－－－－－－－－－－ －－－－－－－－－－－－－－－ －－－－－－ 100분의 5－－－ －－－－－－－－－－－－－－.	제360조의10(소규모 주식교환) ① －－－－－－－－－－－－－－ 신주 및 이전하는 자기주식 －－ －－－－－－－－－－－－－－ 100분의 10을 －－－－－－－ －－－－－－－－－－－－－－ －－－－－－－－－－－－－－ －－－－－－－－－－－－. －－ －－－－－－－－－－－ 제공할 금전이나 그 밖의 재산을 정한 경우에 그 금액 및 그 밖의 재산의 가액이 －－－－－－－－－－－－ －－－－－－－－－－－－－－ －－－－－－－－－－－－－－ －－－－－－－－ 100분의 5－－ －－－－－－－－－－－－－.
② 제360조의6의 규정에 의하여 완전자회사가 되는 회사의 주주에게 이전하는 주식은 제1항의 규정을 적용함에 있어서 이를 주식교환을 위하여 발행하는 신주로 본다.	② ~ ⑦ (현행과 같음)	〈삭 제〉

631) 홍복기, "M&A에 대한 상법상의 규제와 몇가지 문제점", 「선진상사법률연구」, 통권 제67호, 2014, 23면.

3. 신주발행에 갈음하는 자기주식 관련 정비

합병, 주식교환시 대가로 신주발행이나 자기주식을 이전할 수 있으나, 현행 상법에서는 주식의 포괄적 교환에 대해서만 자기주식을 이전할 경우 신주 발행으로 본다고 규정하고 있었다(제360조의 6). 한편 2011년 개정상법에서 자기주식취득 규정을 완화함으로써 회사의 자기주식 취득 및 보유가 용이해 진 만큼 이를 조직재편시에도 활용할 수 있게 되었다. 이에 합병, 주식교환 등 회사의 조직재편시 신주발행에 갈음하여 자기주식을 이전할 수 있도록 명문화하는 규정을 마련하였다. 해당 조문마다 신주발행과 자기주식의 이전을 병행해서 규정하였으므로, 주식의 포괄적 교환시 신주 발행에 갈음하는 자기주식 이전에 대해 규정하던 제360조의 6은 삭제하였다.

현행	법무부 입법예고안	2015 개정상법
제360조의2(주식의 포괄적 교환에 의한 완전모회사의 설립) ① (생략)		제360조의2(주식의 포괄적 교환에 의한 완전모회사의 설립) ① (현행과 같음)
② 주식의 포괄적 교환(이하 이 관에서 "주식교환"이라 한다)에 의하여 완전자회사가 되는 회사의 주주가 가지는 그 회사의 주식은 주식을 교환하는 날에 주식교환에 의하여 완전모회사가 되는 회사에 이전하고, 그 완전자회사가 되는 회사의 주주는 그 완전모회사가 되는 회사가 주식교환을 위하여 발행하는 신주의 배정을 받음으로써 그 회사의 주주가 된다.		② ---그 완전모회사가 되는 회사가 주식교환을 위하여 발행하는 신주의 배정을 받거나 그 회사 자기주식의 이전을 받음으로써 -------------.
제360조의3(주식교환계약서의 작성과 주주총회의 승인) ③	제360조의3(주식교환계약서의 작성과 주주총회의 승인 등) ③	제360조의3(주식교환계약서의 작성과 주주총회의 승인 등) ③
2. 완전모회사가 되는 회사가 주식교환을 위하여 발행하는 신주의 총수·종류와 종류별 주식의 수 및 완전자회사가 되는 회사의 주주에 대한 신주의 배정에 관한	2. -------------신주를 발행하거나 자기주식을 이전하는 경우 발행하는 신주 또는 이전하는 자기주식의 총수, 종류, - 발행 또는 자기주식의	2. -------------신주를 발행하거나 자기주식을 이전하는 경우에는 발행하는 신주 또는 이전하는 자기주식의 총수·종류, - 신주의 배정 또는 자

현행	법무부 입법예고안	2015 개정상법
사항	이전 -----------	기주식의 이전 ------
8. 제360조의6의 규정에 의하여 회사가 자기의 주식을 이전하는 경우에는 이전할 주식의 총수·종류 및 종류별 주식의 수	〈삭 제〉	〈삭 제〉
제360조의4(주식교환계약서 등의 공시) ①	제360조의4(주식교환계약서 등의 공시) ①	제360조의4(주식교환계약서 등의 공시) ①
2. 완전자회사가 되는 회사의 주주에 대한 주식의 배정에 관하여 그 이유를 기재한 서면	2. ----------- 주주에게 신주를 발행하거나 자기주식을 이전하는 때에는 그 배정 또는 이전에 관한 ----------	2. 완전모회사가 되는 회사가 주식교환을 위하여 신주를 발행하거나 자기주식을 이전하는 경우에는 완전자회사가 되는 회사의 주주에 대한 신주의 배정 또는 자기주식의 이전에 관하여 그 이유를 기재한 서면
제360조의6(신주발행에 갈음할 자기주식의 이전) 완전모회사가 되는 회사는 주식교환을 함에 있어서 신주발행에 갈음하여 회사가 소유하는 자기의 주식으로서 제342조의 규정에 의하여 상당한 시기에 처분하여야 할 주식을 완전자회사가 되는 회사의 주주에게 이전할 수 있다.	〈삭 제〉	〈삭 제〉
제360조의14(주식교환무효의 소) ③주식교환을 무효로 하는 판결이 확정된 때에는 완전모회사가 된 회사는 주식교환을 위하여 발행한 신주 또는 제360조의6의 규정에 의하여 이전한 주식의 주주에 대하여 그가 소유하였던 완전자회사가 된 회사의 주식을 이전하여야 한다.	제360조의14(주식교환무효의 소) ③ -- 이전한 자기주식 ---------------------------------------.	제360조의14(주식교환무효의 소) ③ -- 이전한 자기주식 ---------------------------------------.
第522條의2(合併契約書 등의 公示) ①理事는 第522條第1項의 株主總會 會日의 2週전부터 合併을 한 날 이후 6月이 경과하는 날까지 다음 各號의 書類를 本店에 비치하여야 한다.	제522조의2(합병계약서 등의 공시) ①이사는 제522조제1항의 주주총회 회일의 2주전부터 합병--- ---------- 6월-- ----------- 각호의 서류를 본점---------.	제522조의2(합병계약서 등의 공시) ①이사는 제522조제1항의 주주총회 회일의 2주 전부터 합병을 한 날 이후 6개월이 경과하는 날까지 다음 각 호의 서류를 본점에 비치하여야 한다.

현행	법무부 입법예고안	2015 개정상법
2. 合併으로 인하여 消滅하는 會社의 株主에게 발행하는 株式의 配定에 관하여 그 이유를 기재한 書面	2. 합병으로 인하여 소멸하는 회사의 주주에게 신주를 발행하거나 자기주식을 이전하는 때에는 그 배정 또는 이전에 관한 이유를 기재한 서면	2. 합병을 위하여 신주를 발행하거나 자기주식을 이전하는 경우에는 합병으로 인하여 소멸하는 회사의 주주에 대한 신주의 배정 또는 자기주식의 이전에 관하여 그 이유를 기재한 서면
第523條(吸收合併의 合併契約書)	제523조(흡수합병의 합병계약서)	제523조(흡수합병의 합병계약서)
3. 存續하는 會社가 合併當時에 發行하는 新株의 總數, 種類와 數 및 合併으로 因하여 消滅하는 會社의 株主에 對한 新株의 配定에 關한 事項	3. 존속하는 회사가 합병당시에 신주를 발행하거나 자기주식을 이전하는 때에는 발행하는 신주 또는 이전하는 자기주식의 총수, 종류와 수 및 합병으로 인하여 소멸하는 회사의 주주에 대한 신주의 배정 또는 자기주식의 이전에 관한 사항	3. 존속하는 회사가 합병을 하면서 신주를 발행하거나 자기주식을 이전하는 경우에는 발행하는 신주 또는 이전하는 자기주식의 총수, 종류와 수 및 합병으로 인하여 소멸하는 회사의 주주에 대한 신주의 배정 또는 자기주식의 이전에 관한 사항
第530條의6(分割合併契約書의 기재사항) ①	제530조의6(분할합병계약서의 기재사항) ①	제530조의6(분할합병계약서의 기재사항 등)
2. 分割合併의 相對方 會社가 分割合併을 함에 있어서 발행하는 新株의 總數, 종류 및 종류별 株式의 數	2. 분할승계회사가 분할합병을 함에 있어서 신주를 발행하거나 자기주식을 이전하는 때에는 그 발행하는 신주 또는 이전하는 자기주식의 총수, 종류 및 종류별 주식의 수	2. 분할승계회사가 분할합병을 하면서 신주를 발행하거나 자기주식을 이전하는 경우에는 그 발행하는 신주 또는 이전하는 자기주식의 총수, 종류 및 종류별 주식의 수
3. 分割되는 會社의 株主에 대한 分割合併의 相對方 會社의 株式의 配定에 관한 사항 및 配定에 따른 株式의 倂合 또는 分割을 하는 경우에는 그에 관한 사항	3. 분할승계회사가 분할회사의 주주에게 신주를 발행하거나 자기주식을 이전하는 때에는 분할승계회사의 신주의 발행 또는 자기주식의 이전에 관한 사항 및 주식의 병합 또는 분할을 하는 경우에는 그에 관한 사항	3. 분할승계회사가 분할합병을 하면서 신주를 발행하거나 자기주식을 이전하는 경우에는 분할회사의 주주에 대한 분할승계회사의 신주의 배정 또는 자기주식의 이전에 관한 사항 및 주식의 병합 또는 분할을 하는 경우에는 그에 관한 사항
第530條의7(分割貸借對照表 등의 公示) ①	제530조의7(분할대차대조표 등의 공시) ①	제530조의7(분할대차대조표 등의 공시) ①
4. 分割되는 會社의 株主에게 발행할 株式의 配定에 관하여 그 이유를 기재한 書面	4. 분할회사의 주주에게 발행할 주식의 배정에 관하여 그 이유를 기재한 서면	4. 분할 또는 분할합병을 하면서 신주가 발행되거나 자기주식이 이전되는 경우에는 분할회사의 주주에 대한 신주의 배정 또는 자

현행	법무부 입법예고안	2015 개정상법
		기주식의 이전에 관하여 그 이유를 기재한 서면
② 3. 分割되는 會社의 株主에게 발행할 株式의 配定에 관하여 그 이유를 기재한 書面	② 3. 분할회사의 주주에게 신주를 발행하거나 자기주식을 이전하는 때에는 그 배정 또는 이전에 관한 이유를 기재한 서면	② 3. 분할합병을 하면서 신주를 발행하거나 자기주식을 이전하는 경우에는 분할회사의 주주에 대한 신주의 배정 또는 자기주식의 이전에 관하여 그 이유를 기재한 서면

4. 교환·분할 대가의 유연화 반영

2011년 개정상법에서 교부금 합병을 규정하여 합병대가를 유연화 하였고, 이와 균형을 맞추어 주식교환 및 분할합병에도 동일하게 교부금 규정을 두어 대가의 전부 또는 일부를 금전이나 그 밖의 재산으로 줄 수 있도록 하는 대가의 유연화 규정을 마련하였다. 조직재편시 대가를 유연화 하는 규정을 통해 모회사의 주식을 대가로 줄 수 있도록 하는 근거를 마련하고, 삼각주식교환과 삼각분할합병을 도입하였음은 앞에서 설명한 바와 같다.

현행	법무부 입법예고안	2015 개정상법
제360조의3(주식교환계약서의 작성과 주주총회의 승인) ①	제360조의3(주식교환계약서의 작성과 주주총회의 승인 등) ①	제360조의3(주식교환계약서의 작성과 주주총회의 승인 및 주식교환대가가 모회사주식인 경우의 특칙) ①
4. 완전자회사가 되는 회사의 주주에게 지급할 금액을 정한 때에는 그 규정	4. 완전자회사가 되는 회사의 주주에게 제2호에도 불구하고 그 대가의 전부 또는 일부로서 금전이나 그 밖의 재산을 제공하는 경우에는 그 내용 및 배정에 관한 사항	4. 완전자회사가 되는 회사의 주주에게 제2호에도 불구하고 그 대가의 전부 또는 일부로서 금전이나 그 밖의 재산을 제공하는 경우에는 그 내용 및 배정에 관한 사항
제360조의7(완전모회사의 자본금 증가의 한도액) ①완전모회사가 되는 회사의 자본금은 주식교환의	제360조의7(완전모회사의 자본금 증가의 한도액) ① ------ ---------------	제360조의7(완전모회사의 자본금 증가의 한도액) ① ------ ---------------

현행	법무부 입법예고안	2015 개정상법
날에 완전자회사가 되는 회사에 현존하는 순자산액에서 다음 각호의 금액을 뺀 금액을 초과하여 증가시킬 수 없다.	---.	---.
1. 완전자회사가 되는 회사의 주주에게 지급할 금액	1. -------------- 금전이나 그 밖의 재산의 가액	1. -------------- 제공할 금전이나 그 밖의 재산의 가액
2. 제360조의6의 규정에 의하여 완전자회사가 되는 회사의 주주에게 이전하는 주식의 회계장부가액의 합계액	2. 제360조의3제3항제2호의 규정에 의하여 ---------- 자기주식의 장부가액 --------------	2. 제360조의3제3항제2호에 따라 -------------- 자기주식의 장부가액 --------------
第530條의6(分割合併契約書의 기재사항) ①	제530조의6(분할합병계약서의 기재사항) ①	제530조의6(분할합병계약서의 기재사항 및 분할합병대가가 모회사 주식인 경우의 특칙) ①
4. 分割되는 會社의 株主에 대하여 分割合併의 相對方 會社가 지급할 금액을 정한 때에는 그 規定	4. 분할승계회사가 분할회사의 주주에게 제3호에도 불구하고 그 대가의 전부 또는 일부로서 금전이나 그 밖의 재산을 제공하는 경우에는 그 내용 및 배정에 관한 사항	4. 분할승계회사가 분할회사의 주주에게 제3호에도 불구하고 그 대가의 전부 또는 일부로서 금전이나 그 밖의 재산을 제공하는 경우에는 그 내용 및 배정에 관한 사항
제360조의16(주주총회에 의한 주식이전의 승인) ①		제360조의16(주주총회에 의한 주식이전의 승인) ①
4. 완전자회사가 되는 회사의 주주에 대하여 지급할 금액을 정한 때에는 그 규정		4. ----------- 주주에게 제2호에도 불구하고 금전이나 그 밖의 재산을 제공하는 경우에는 그 내용 및 배정에 관한 사항
제360조의18(완전모회사의 자본금의 한도액) 설립하는 완전모회사의 자본금은 주식이전의 날에 완전자회사가 되는 회사에 현존하는 순자산액에서 그 회사의 주주에게 지급할 금액을 뺀 액을 초과하지 못한다.		제360조의18(완전모회사의 자본금의 한도액)--------------------------------------- 제공할 금전 및 그 밖의 재산의 가액 ------------.
第524條(新設合併의 合併契約書)		제524조(신설합병의 합병계약서)

현행	법무부 입법예고안	2015 개정상법
4. 各 會社의 株主에게 支給할 金額을 定한 때에는 그 規定		4. 각 회사의 주주에게 제2호에도 불구하고 금전이나 그 밖의 재산을 제공하는 경우에는 그 내용 및 배정에 관한 사항
5. 前條第5號와 第6號에 揭記한 事項		5. 제523조제5호 및 제6호에 규정된 사항
第530條의5(分割計劃書의 기재사항) ① 分割에 의하여 會社를 設立하는 경우에는 分割計劃書에 다음 各號의 사항을 기재하여야 한다.	제530조의5(분할계획서의 기재사항) ① 분할에 의하여 회사를 설립하는 경우에는 분할계획서에 다음 각호의 사항을 기재하여야 한다.	제530조의5(분할계획서의 기재사항) ① 분할에 의하여 회사를 설립하는 경우에는 분할계획서에 다음 각 호의 사항을 기재하여야 한다.
5. 分割되는 會社의 株主에게 지급할 금액을 정한 때에는 그 規定	5. 분할회사의 주주 ―――――――――――――― 규정	5. 분할회사의 주주에게 제4호에도 불구하고 금전이나 그 밖의 재산을 제공하는 경우에는 그 내용 및 배정에 관한 사항
第530條의6(分割合併契約書의 기재사항) ①	제530조의6(분할합병계약서의 기재사항) ①	제530조의6(분할합병계약서의 기재사항 및 분할합병대가가 모회사주식인 경우의 특칙)
4. 分割되는 會社의 株主에 대하여 分割合併의 相對方 會社가 지급할 금액을 정한 때에는 그 規定	4. 분할승계회사가 분할회사의 주주에게 제3호에도 불구하고 그 대가의 전부 또는 일부로서 금전이나 그 밖의 재산을 제공하는 경우에는 그 내용 및 배정에 관한 사항	4. 분할승계회사가 분할회사의 주주에게 제3호에도 불구하고 그 대가의 전부 또는 일부로서 금전이나 그 밖의 재산을 제공하는 경우에는 그 내용 및 배정에 관한 사항

5. 무증자 교환·합병 반영

채무초과회사를 상대로 하는 경우이거나 자기주식을 활용한 경우 무증자 분할합병도 가능하므로 이를 반영하여 조문을 수정하였다.[632] 자본금이 증가하는 경우에 한하여 증가할 자본금이나 준비금에 관한 사항을 주식교환 및 합병계약서에 기재하도록 문구를 조정하여 자본금이 증가하지 않는 합병이 원칙적인 형태인 것으로 규정함으로써 무증자 합병이 인정됨을 명확히 하였다.[633]

632) 노혁준, "분할일반조항", 상법특별위원회 회의자료, 11면.
633) 법제사법위원회 전문위원 심태규, 앞의 보고서, 26면.

현행	법무부 입법예고안	2015 개정상법
제360조의3(주식교환계약서의 작성과 주주총회의 승인) ③	제360조의3(주식교환계약서의 작성과 주주총회의 승인 등) ③	제360조의3(주식교환계약서의 작성과 주주총회의 승인 등) ③
3. 완전모회사가 되는 회사의 증가할 자본금과 자본준비금에 관한 사항	3. ――――――――― 자본금 또는 준비금이 증가하는 때에는 증가할 자본금 또는 준비금―――	3. ――――――――― 자본금 또는 준비금이 증가하는 경우에는 증가할 자본금 또는 준비금 ――
第523條(吸收合倂의 合倂契約書)	제523조(흡수합병의 합병계약서)	제523조(흡수합병의 합병계약서)
2. 존속하는 회사의 증가할 자본금과 준비금의 총액	2. 존속하는 회사의 자본금 또는 준비금이 증가하는 때에는 증가할 자본금 또는 준비금에 관한 사항	2. 존속하는 회사의 자본금 또는 준비금이 증가하는 경우에는 증가할 자본금 또는 준비금에 관한 사항
第530條의6(分割合倂契約書의 기재사항) ①	제530조의6(분할합병계약서의 기재사항) ①	第530條의6(분할합병계약서의 기재사항 등)
5. 分割合倂의 相對方 會社의 증가할 資本의 總額과 準備金에 관한 사항	5. 분할승계회사의 자본금 또는 준비금이 증가하는 때에는 증가할 자본금 또는 준비금에 관한 사항	5. 분할승계회사의 자본금 또는 준비금이 증가하는 경우에는 증가할 자본금 또는 준비금에 관한 사항

6. 분할 관련 조문의 정비

(1) 분할 관련 회사의 명칭

분할과 관련하여 회사의 명칭을 약칭으로 정의하였다.634)

	현행법상 용어	개정법상 용어
제530조의5 (단순분할)	분할되는 회사	분할회사
	설립되는 회사	단순분할신설회사
제530조의6 제1항 (흡수분할합병)	분할되는 회사	분할회사
	분할합병의 상대방 회사	분할합병의 상대방회사
		분할승계회사635) (분할합병의 상대방회사 중 존속회사)
제530조의6 제2항 (신설분할합병)	분할되는 회사	분할회사
	설립되는 회사	분할합병신설회사

634) 명칭변경으로 인하여 개정된 조문이 많아서, 이를 다 열거하지 않고 주요 조문만 발췌하였다.
635) 개정위원회가 마련한 개정안과 법무부 입법예고안에서는 분할합병의 상대방회사를 모두 분할승계

현행	법무부 입법예고안	2015 개정상법
第530條의4(分割에 의한 會社의 設立) ①이 章 第1節의 會社設立에 관한 規定은 第530條의2의 規定에 의한 會社의 設立에 관하여 이를 準用한다. ② 第1項의 規定에 불구하고 分割에 의하여 設立되는 會社는 分割되는 會社의 出資만으로도 設立할 수 있다. 이 경우 分割되는 會社의 株主에게 그 株主가 가지는 그 會社의 株式의 比率에 따라서 設立되는 會社의 株式이 발행되는 때에는 第299條의 規定을 적용하지 아니한다.	제530조의4(분할에 의한 회사의 설립) 이 장 제1절의 회사설립에 관한 규정은 제530조의2의 규정에 의한 회사의 설립에 관하여 이를 준용한다. 다만 분할되는 회사(이하 "분할회사"라 한다)의 출자만으로 회사가 설립되는 때에는 제299조의 규정을 적용하지 아니한다.	제530조의4(분할에 의한 회사의 설립) 제530조의2에 따른 회사의 설립에 관하여는 이 장 제1절의 회사설립에 관한 규정을 준용한다. 다만, 분할되는 회사(이하 "분할회사"라 한다)의 출자만으로 회사가 설립되는 경우에는 제299조를 적용하지 아니한다.
第530條의5(分割計劃書의 기재사항) ① 分割에 의하여 會社를 設立하는 경우에는 分割計劃書에 다음 各號의 사항을 기재하여야 한다.	제530조의5(분할계획서의 기재사항) ① 분할에 의하여 회사를 설립하는 경우에는 분할계획서에 다음 각호의 사항을 기재하여야 한다.	第530條의5(分割計劃書의 기재사항) ① 분할에 의하여 회사를 설립하는 경우에는 분할계획서에 다음 각 호의 사항을 기재하여야 한다.
1. 設立되는 會社의 商號, 目的, 本店의 所在地 및 公告의 방법	1. 설립되는 회사(이하 "단순분할신설회사"라 한다)의 상호, 목적, 본점의 소재지 및 공고의 방법	1. 분할에 의하여 설립되는 회사(이하 "단순분할신설회사"라 한다)의 상호, 목적, 본점의 소재지 및 공고의 방법
2. 설립되는 회사가 발행할 주식의 총수 및 액면주식 · 무액면주식의 구분	2. 단순분할신설회사 ------------------------	2. 단순분할신설회사 ------------------------
3. 설립되는 회사가 분할 당시에 발행하는 주식의 총수, 종류 및 종류주식의 수, 액면주식 · 무액면주식의 구분	3. 단순분할신설회사 ----------------	3. 단순분할신설회사 ----------------

회사로 정의하였으나, 법제처 심사과정에서 분할합병 이전의 대상회사까지 포함할 수 있는 개념으로 분할합병의 상대방회사를 정의하고 분할합병 이후 존속회사를 분할승계회사로 정의하도록 수정하였다. 이에 대해 법제사법위원회 심사과정에서 분할합병 후 존속하는 회사이든 소멸하는 회사이든 분할회사의 주주들에게 정보를 제공할 필요가 있음에도 이를 개정함으로써 기존 분할회사 주주에게 제공되는 정보의 범위가 축소되는 결과가 발생하였다고 하여 분할대차대조표의 공시에 대한 제530조의7 제1항 제3호에서는 분할합병승계회사가 아닌 분할합병의 상대방 회사의 대차대조표로 규정하는 것으로 하였다. 그런데 이를 구분하여 정의함으로써 도리어 혼란을 주는 것 같아, 분할 상대방회사를 분할승계회사로 통일적으로 규정하는 입법예고안이 더 합리적이었다고 생각한다.

현행	법무부 입법예고안	2015 개정상법
4. 分割되는 會社의 株主에 대한 設立되는 會社의 株式의 配定에 관한 사항 및 配定에 따른 株式의 병합 또는 分割을 하는 경우에는 그에 관한 사항	4. 분할회사의 주주에 대한 단순분할신설회사의 주식의 배정 – – – – – – – – – – – – – – 배정에 따른 주식 – – – – – – – – – – – – – – 분할 – – – – – –	4. 분할회사의 주주에 대한 단순분할신설회사의 주식의 배정에 관한 사항 및 배정에 따른 주식의 병합 또는 분할을 하는 경우에는 그에 관한 사항
第530條의6(分割合併契約書의 기재사항) ①分割되는 會社의 일부가 다른 會社와 合併하여 그 다른 會社(이하 "分割合併의 相對方 會社"라 한다)가 存續하는 경우에는 分割合併契約書에 다음 各號의 사항을 기재하여야 한다.	제530조의6(분할합병계약서의 기재사항) ① 분할회사의 일부가 다른 회사와 합병하여 그 다른 회사(이하 "분할승계회사"라 한다)가 존속하는 경우에는 분할합병계약서에 다음 각호의 사항을 기재하여야 한다.	第530條의6(분할합병계약서의 기재사항 등) ①분할회사의 일부가 다른 회사와 합병하여 그 다른 회사(이하 "분할합병의 상대방 회사"라 한다)가 존속하는 경우에는 분할합병계약서에 다음 각 호의 사항을 기재하여야 한다.
1. 分割合併의 相對方 會社가 分割合併으로 인하여 발행할 株式의 總數를 증가하는 경우에는 증가할 株式의 總數, 종류 및 종류별 株式의 數	1. 분할승계회사가 분할합병 – – – – – – – – – – – 주식의 총수 – – – – – – – – – – – – 주식의 총수 – – – – – – – – – – – 주식의 수	1. 분할합병의 상대방 회사로서 존속하는 회사(이하 "분할승계회사"라 한다)가 분할합병으로 – – – – – – – – – – – – 주식의 총수 – – – – – – – – – – – – 주식의 총수 – – – – – – – – – – – 주식의 수
第530條의7(分割貸借對照表 등의 公示) ①	제530조의7(분할대차대조표 등의 공시) ①	제530조의7(분할대차대조표 등의 공시) ①
3. 分割合併의 경우 分割合併의 相對方 會社의 貸借對照表	3. 분할합병의 경우 분할승계회사의 대차대조표	3. 분할합병의 경우 분할합병의 상대방회사의 대차대조표

(2) 분할기일 신설

분할합병의 경우 "분할합병을 할 날(제530조의6 제1항 제9호), 합병의 경우 "합병을 할 날(제523조 제6호, 제524조 제5호)"을 기재하게 되어 있고, 실제로 단순분할의 경우에도 분할기일이 필요하므로, 법조문으로 명시하였다.

현행	법무부 입법예고안	2015 개정상법
第530條의5(分割計劃書의 기재사항) ① 分割에 의하여 會社를 設立하는 경우에는 分割計劃書에 다음 各號의 사항을 기재하여야 한다.	제530조의5(분할계획서의 기재사항) ① 분할에 의하여 회사를 설립하는 경우에는 분할계획서에 다음 각호의 사항을 기재하여야 한다.	第530條의5(分割計劃書의 기재사항) ①분할에 의하여 회사를 설립하는 경우에는 분할계획서에 다음 각 호의 사항을 기재하여야 한다.
〈신 설〉	8의2. 분할을 할 날	8의2. 분할을 할 날

(3) 분할에 따른 책임 규정

분할회사의 기존 채권자 보호를 위하여 분할회사도 연대책임을 부담한다는 점을 분명히 하고, 연대책임의 대상도 분할 전에 성립한 분할회사의 채무로서 분할 후에 분할회사에 잔존하는 채무 및 분할에 의하여 각 단순분할신설회사, 분할승계회사 또는 분할합병승계회사로 이전된 채무임을 분명하게 하였다. 또한 분할당사회사가 합의하여 이전하기로 약정한 채무에 관하여 각자 책임을 질 수 있도록 하며 분할회사가 출자한 재산에 관한 모든 채무를 이전하는 것을 요건에서 제외하였다.636)

현행	법무부 입법예고안	2015 개정상법
第530條의9(分割 및 分割合併후의 會社의 責任)	제530조의9(분할 및 분할합병후의 회사의 책임)	제530조의9(분할 및 분할합병 후의 회사의 책임)
② 第1項의 規定에 불구하고 分割되는 會社가 第530條의3第2項의 規定에 의한 決議로 分割에 의하여 會社를 設立하는 경우에는 設立되는 會社가 分割되는 會社의 債務중에서 出資한 財産에 관한 債務만을 부담할 것을 정할 수 있다. 이 경우 分割되는 會社가 分割후에 存續하는 때에는 分割로 인하여 設立되는 會社가 부담하지 아니하는 債務만을 부담한다.	② 제1항의 규정에 불구하고 분할회사가 제530조의3제2항의 규정에 의한 결의로 분할에 의하여 회사를 설립하는 경우에는 단순분할신설회사는 분할회사의 채무중에서 분할계획서에 승계하기로 정한 채무에 대한 책임만을 부담하는 것으로 정할 수 있다. 이 경우 분할회사가 분할후에 존속하는 때에는 단순분할신설회사가 부담하지 아니하는 채무에 대한 책임만을 부담한다.	② 제1항에도 불구하고 분할회사가 제530조의3제2항에 따른 결의로 분할에 의하여 회사를 설립하는 경우에는 단순분할신설회사는 분할회사의 채무 중에서 분할계획서에 승계하기로 정한 채무에 대한 책임만을 부담하는 것으로 정할 수 있다. 이 경우 분할회사가 분할 후에 존속하는 경우에는 단순분할신설회사가 부담하지 아니하는 채무에 대한 책임만을 부담한다.
③ 分割合併의 경우에 分割되는 會社는 第530條의3第2項의 規定에 의한 決議로 分割合併에 따른 出資를 받는 存立 중의 會社가 分割되는 會社의 債務 중에서 出資한 財産에 관한 債務만을 부담할 것을 정할 수 있다. 이 경우에는 第2項 後段의 規定을 準用한다.	③ 분할합병의 경우에 분할회사는 제530조의3제2항의 규정에 의한 결의로 분할합병에 따른 출자를 받는 분할승계회사 또는 분할합병신설회사가 분할회사의 채무 중에서 분할합병계약서에 승계하기로 정한 채무에 대한 책임만을 부담하는 것으로 정할 수 있다. 이 경우에는 제2항 후단의 규정을 준용한다.	③ 분할합병의 경우에 분할회사는 제530조의3제2항에 따른 결의로 분할합병에 따른 출자를 받는 분할승계회사 또는 분할합병신설회사가 분할회사의 채무 중에서 분할합병계약서에 승계하기로 정한 채무에 대한 책임만을 부담하는 것으로 정할 수 있다. 이 경우 제2항 후단을 준용한다.
④ 第439條第3項 및 第527條의5의	④ (현행과 같음)	④ 제2항의 경우에는 제439조제3

636) 황남석, "회사분할 개정안(Ⅱ)", 상법특별위원회 회의자료, 7-8면.

현행	법무부 입법예고안	2015 개정상법
規定은 第2項의 경우에 이를 準用한다		항 및 제527조의5를 준용한다.

7. 기타

(1) 벌칙 규정

현행 상법은 자회사가 취득이 금지되어 있는 모회사 주식을 취득하거나 이미 취득한 주식을 6개월 이내에 처분하지 아니하면 2천만 원 이하의 벌금에 처하도록 하는 규정을 두고 있었다. 2015년 개정상법에서 삼각주식교환, 삼각분할합병을 위해 자회사가 모회사 주식의 취득을 인정하며 6개월의 처분 의무를 규정하였으므로, 이를 위반한 경우 현행 규정과 동일하게 2천만원 이하의 벌금에 처하드록 규정한 것이다.

현행	법무부 입법예고안	2015 개정상법
제625조의2(주식의 취득제한 등에 위반한 죄) 제342조의2제1항 또는 제2항을 위반한 자는 2천만원 이하의 벌금에 처한다.		제625조의2(주식의 취득제한 등에 위반한 죄) 다음 각 호의 어느 하나에 해당하는 자는 2천만원 이하의 벌금에 처한다. 1. 제342조의2제1항 또는 제2항을 위반한 자 2. 제360조의3제7항을 위반한 자 3. 제523조의2제2항을 위반한 자 4. 제530조의6제5항을 위반한 자

(2) 영업권 회계 관련 규정 삭제

2011년 개정상법에서 상법상 회계규정을 모두 삭제하고 기업회계기준에 맡기도록 하였으나, 분할 및 분할합병에 관한 계산 조문이 남아있었다. 이를 삭제하여 입법적 오류를 바로잡은 것이다.

현행	법무부 입법예고안	2015 개정상법
第530條의8(分割 및 分割合併에 관한 計算) 分割 또는 分割合併으로 인하여 設立되는 會社 또는 分割合併의 相對方 會社가 營業權을 취득한 경우에는 그 取得價額을 貸借對照表의 資産의 部에 計上할 수 있다. 이 경우에는 設立登記 또는 分割合併의 登記를 한 후 5年내의 每 決算期에 均等額 이상을 償却하여야 한다.	〈삭 제〉	〈삭 제〉

Ⅳ. 향후 과제

M&A 활성화를 위한 상법 개정으로 여러 제도상 변화가 있었으나, 신속한 입법을 목적으로 이견이 없는 법안을 제출하려다 보니 그간 학계에서 논의되던 부분들을 충분히 반영하지 못하고 개정위원회에서 논의되었던 내용 중에도 일부 삭제된 내용들이 있다. 그 중에서 향후 개정을 준비하며 더 논의해야 할 필요성이 있다고 생각되는 과제를 제안하는 것으로 결론에 갈음하고자 한다.

첫째. 삼각조직재편시 모회사에 의한 신주의 직접 발행 허용여부이다. 2011년 개정상법에서 도입된 삼각합병제도에서 모회사는 합병의 당사자도 아니고 모회사의 신주발행에 대하여 소멸회사의 주주가 주금을 납입하는 것도 아니므로 모회사는 직접 소멸회사에게 주식을 발행할 수 없다고 해석하는 견해가 있고,[637] 이에 대해 모회사가 직접 소멸회사에게 신주를 발행할 수 있도록 규정을 둘 필요가 있다는 주장이 제기되어 왔다.[638] 역삼각합병, 삼각주식교환, 삼각분할합병을 도입한 2015년 개정상법에 대해서도 동일한 문제가 제기되고 있다.[639] 삼각조직재편제도의 활성화를 위해서는 모회사가 직접 신주발행을 할 수 있도록 입법적으로 허용하는 것

637) 김지환, 앞의 논문, 79면; 송종준, 앞의 논문(삼각합병의 구조와 관련 법적 문제), 147면
638) 윤영신, 앞의 논문, 36면.
639) 이영철, "2014년 상법개정안의 삼각주식교환제도에 관한 법적 검토", 「기업법연구」, 제29권 제3호, 2015, 194-195면; 최수정, "2014년 상법 개정안상 역삼각합병에 관한 비교법적 소고", 「경영법률」, 제26권 제1호, 2015, 142면.

이 필요할 것이나 이와 관련된 법적 문제도 함께 고민할 필요가 있다. 모회사가 소멸회사의 주주에게 신주를 배정하는 것이 모회사 입장에서 제3자 배정의 요건을 충족하는지 여부, 모회사의 신주발행에 대한 납입대가를 무엇으로 볼 것인가에 대한 검토가 필요하다.[640] 이에 대해 자회사는 그 가치에 상응하는 대가를 모회사에게 직접 지급 또는 납입한다는 내용을 함께 명시하여야 하고, 그렇지 않을 경우 납입 없는 신주발행을 용인하는 것으로 해석될 수 있고 삼각합병 등 조직재편의 악용을 초래할 수 있다는 견해도 함께 고려하여야 할 것이다.[641] 이와 같은 문제의식을 바탕으로 2012년 법무부 상법 특별위원회가 마련했으나 입법절차는 진행되지 않은 개정안을 참고할 수 있을 것이다.[642]

둘째. 소규모 조직재편의 요건 정비이다. 2015년 개정상법에서는 소규모합병과 소규모주식교환의 요건을 발행하는 신주와 이전하는 자기주식이 발행주식총수의 100분의 10을 초과하지 않고, 교부금 합병을 할 경우 그 금액이 존속하는 회사의 최종 대차대조표 상으로 현존하는 순자산액의 100분의 5를 초과하지 않을 것으로 정하고 있다. 현행법제는 소규모 조직재편에서 적극적 요건과 소극적 요건을 모두 충족하도록 정하고 있는데, 적극적 요건으로 합병 신주 및 자기주식 기준과 소극적 요건으로 합병 교부금 기준이 존재한다. 이에 대해 개정위원회에서는 합병 대가 전체를 기준으로 소규모 합병 여부를 판단하도록 하는 개정안을 마련하여 소규모 주식교환에도 동일하게 적용하도록 한 바 있다.[643] 비록 신속한 입법을 위해 현행 법체계를 크게 바꾸지 않는 선에서 입법예고안이 마련되어 동 개정안이 수정되었으

640) 윤영신, 앞의 논문, 36면; 홍복기, 앞의 논문, 10면.

641) 송종준, 앞의 논문(삼각합병의 구조와 관련 법적 문제), 155면.

642) 2012년 상법 특별위원회 마련 개정안 제523조의2 (합병대가가 모회사주식인 경우의 특칙) ① 제523조 제4호에 따라 소멸하는 회사의 주주에게 제공하는 재산이 존속하는 회사의 모회사가 합병대가로 발행하는 신주인 경우에는 제421조 제1항, 제423조 제1항에도 불구하고 소멸하는 회사의 주주는 제528조 제1항의 등기가 이루어진 날에 존속하는 회사의 모회사의 주주가 된다.
② 제418조 제2항 단서 및 제4항은 전항의 신주발행에 준용한다.
③ 존속하는 회사는 제523조 제4호의 대가를 지급하기 위하여 그 회사의 모회사주식을 취득할 수 있다.

643) 2014년 상법 특별위원회(개정위원회) 마련 개정안 제527조의3 (소규모합병) ① 합병후 존속하는 회사가 합병으로 인하여 제공하는 다음 각호의 가액의 합계액이 합병계약체결일 당시 현존하는 순자산액의 100분의 20을 초과하지 아니하는 때에는 그 존속하는 회사의 주주총회의 승인은 이를 이사회의 승인으로 갈음할 수 있다.
1. 제523조 제3호에 따라 합병후 존속하는 회사가 합병으로 인하여 발행하는 신주 및 이전하는 자기주식의 총수에 그 존속하는 회사의 1주당 순자산액을 곱한 금액
2. 제523조 제4호에 따라 금전이나 그 밖의 재산을 제공하는 경우에는 해당 재산의 장부가액

나 향후 재검토 필요성이 있다고 본다. 또한 소규모 조직재편에서 반대주주의 주식매수청구권을 인정할지에 대한 부분도 검토가 필요하다. 소규모 조직재편의 요건이 완화되는 입법이 진행되고 있다. 벤처기업 육성에 관한 특별조치법과 중소기업기술혁신법에서는 벤처기업과 이노비즈 기업이 소규모 합병을 할 경우 그 기준을 발행주식총수의 100분의 20으로 완화하고 있다. 2016년 2월 국회를 통과한 기업활력제고를 위한 특별법에서도 소규모 합병의 기준을 발행주식총수의 100분의 20으로 완화하고 있다. 일반법에서 규정하고 있는 기준을 특별법에서 완화한다고 볼 수도 있으나, 기업 실무에서 소규모 조직재편에 대한 수요가 높아 이를 완화하고자 하는 요구는 앞으로도 계속될 것으로 보인다. 개정위원회에서도 소규모 합병에 반대주주 주식매수청구권을 인정할 것인지 여부가 논의되었으나, 소규모 합병의 장점 중 하나가 반대주주의 주식매수청구권이 없다는 것이고 동 개정안이 M&A 활성화를 위한 개정이다 보니 반대주주의 주식매수청구권을 인정하지 않도록 하자는 다수의견을 따라 현재와 동일하게 인정하지 않도록 하였다. 이에 대해 법무부 입법예고 기간 중에 의견을 제출한 서울지방변호사회에서는 개정안의 내용에 찬성하면서 다만 소규모 합병에 반대주주의 주식매수청구권을 인정할 필요가 있다고 제안한 바 있다. 소규모 합병의 취지와 기업 실무의 활용도를 검토하되 주주보호를 위해 반대주주의 주식매수청구권을 인정할지 여부도 검토할 과제라고 본다.

셋째. 반대주주의 주식매수청구권 정비 관련이다. 반대주주의 주식매수청구권과 관련하여 개정위원회가 마련한 안에서는 회사의 동의가 있는 경우 반대주주의 주식매수청구권 행사를 철회할 수 있도록 하고 주주의 일부 주식매수청구권 행사를 허용하며 회사가 공정한 것으로 인정하는 가액을 주권과 상환으로 지급하고 이를 주주가 거부한 경우 공탁할 수 있도록 하였으나 입법예고안에서는 이를 삭제하였다. 개정위원회에서 반대주주의 주식매수청구권에 대해 심도있는 논의를 하였으나, 입법예고안에는 대부분이 누락되고 무의결권 주주와 매수청구기간만 포함되어 아쉬움이 남는다. M&A 과정에서 기업의 절차적 효율성과 주주 보호의 측면의 균형을 갖추는 측면에서 해당 내용이 필요한지 여부를 재검토하여 새로운 입법에 반영할 필요가 있다.

넷째. 세제혜택 관련 개정이다. 역삼각합병과 삼각주식교환 등 새로운 제도가 도입되었다고 하나 이에 대한 적격합병 인정이 되지 않는다면 현실적으로 이용이 어려우므로, 이에 대한 조세특례제한법의 개정이 함께 이루어져야 제도 활성화가 가능할 것이다.

찾아보기

ㄱ

ㄴ

ㄷ

ㅁ

ㅂ

ㅅ

ㅇ

ㅈ

ㅊ

ㅋ

ㅌ

ㅍ

ㅎ

저자 최완진(崔完鎭)

- 한국외국어대학교 법학과 졸업(법학사)
- 고려대학교 대학원 법학과, 석사과정 수료(법학석사)
- 고려대학교 대학원 법학과, 박사과정 수료(법학박사)
- 국립 강원대학교 법대 교수 ·비교법학연구소장 역임
- 미국 Univ. of Washington, Law School 교환교수
- 미국 Univ. of Pittsburgh, Law School 교환교수
- 일본 규슈대학 법학부 초빙교수
- Lee International IP & LAW GROUP 법률고문
- 사법시험 · 군법무관시험 · 외무고시 · 입법고시 · 세무사시험 위원 역임
- 한국상사법학회 회장
- 한국경영법률학회 회장
- 대한상사중재원 중재인
- 한국외국어대학교 대학원 교학처장
- 한국외국어대학교 대외협력본부장
- 한국외국어대학교 법학연구소장
- 한국외국어대학교 법과대학 학장
- 한국외국어대학교 교수협의회 회장
- 한국외국어대학교 재직동문교수회 회장
- 현 한국외국어대학교 법학전문대학원 교수

- 주요저서 :

『신상법총론』, 한국외국어대학교 지식출판원
『신회사법요론』, 한국외국어대학교 지식출판원
『기업지배구조법강의』, 한국외국어대학교 지식출판원
『상법판례강의』, 법문사
『상법학강의』, 법문사
『신상법사례연습』, 박영사
『상법사례연구』, 한국외국어대학교 지식출판원
『신법학통론』, 세창출판사
『주석상법(IV, V, VI)』, 한국사법행정학회(공저)
『주식회사법 대계(I, II, III)』, 법문사(공저)

기업지배구조법

초　판 1쇄 발행 2011년 8월 30일
개정판 1쇄 발행 2016년 4월 11일

지 은 이　최완진
발 행 인　김인철
기　　획　장지호 Director, University Press
편 집 장　신선호 Executive Knowledge Contents Creator
도서편집　김민정 Contents Creator
　　　　　진수연 Contents Creator
도서・전자책편집 최인우 e-Contents Creator
마 케 팅　곽용창 Chief Marketing Creator
재무관리　권미경 Chief Managing Creator
　　　　　김은혜 Managing Creator
발 행 처　한국외국어대학교 지식출판원
　　　　　02450 서울시 동대문구 이문로 107
　　　　　전화 02)2173-2493~7
　　　　　팩스 02)2173-3363
　　　　　홈페이지 http://press.hufs.ac.kr
　　　　　전자우편 press@hufs.ac.kr
출판등록　제6-6호(1969. 4. 30)
디자인・편집　(주)이환디앤비 02)2254-4301
인쇄・제론　네오프린텍(주) 02)718-3111

ISBN 979-11-5901-068-2 93360　　정가 30,000원

* 잘못된 책은 교환하여 드립니다.

HU:iNE 은 한국외국어대학교 지식출판원의 어학도서, 사회과학도서, 지역학 도서 Sub Brand이다. 한국외대의 영문명인 HUFS, 현명한 국제전문가 양성(International+Intelligent)의 의미를 담고 있으며, 휴인(携引)의 뜻인 '이끌다, 끌고 나가다'라는 의미처럼 출판계를 이끄는 리더로서, 혁신의 이미지를 담고 있다.